Rudolf Kallner

# Herzl und Rathenau

Wege jüdischer Existenz an der Wende des 20. Jahrhunderts

Ernst Klett Verlag Stuttgart

Gewidmet
dem Andenken meiner Eltern, deren Zeit hier beschrieben wird,
meiner Frau, die mir geholfen hat, die schweren Folgen dieser Zeit zu durchleben, und
meinem Sohn, der mit uns zusammen ein neues Leben in der alt-neuen Heimat aufgebaut hat.

CIP-Kurztitelaufnahme der Deutschen Bibliothek

**Kallner, Rudolf**
Herzl und Rathenau: Wege jüd. Existenz an d. Wende d. 20. Jh. —
1. Aufl. — Stuttgart: Klett, 1976.
ISBN 3-12-910350-3


Satz und Druck: L. Auer, Heilig-Kreuz-Straße 21, 8850 Donauwörth

# Inhalt

# Vorwort

*Sedulo curavi humanas actiones non ridere, non lugere neque detestari, sed intellegere.*
*Spinoza*

Die vorliegende Arbeit enthält die Lebensbeschreibungen zweier hervorragender Juden, deren Schicksale die Probleme des jüdischen Volkes am Ende des vorigen und am Beginn dieses Jahrhunderts in besonders signifikanter Weise widerspiegeln.
Ihr Leben war durch eine geschichtliche Entwicklung vorbestimmt, die mit der Epoche der Aufklärung eingesetzt hatte, und an der Wende dieses Jahrhunderts zu einer von zwei Lösungen drängte: entweder konnte das jüdische Volk durch die Gewinnung natürlicher Lebensbedingungen wieder zu einem natürlichen Volk werden, oder es mußte sich an die Völker, in deren Mitte es seit Jahrtausenden eine leidvolle Rolle spielte, assimilieren, mit ihnen verschmelzen und sich schließlich auflösen.
Das, was diese beiden Männer – Herzl und Rathenau – in besonderem Maße geeignet macht, als Repräsentanten des jüdischen Volkes in ihrer Zeit zu gelten, ist nicht nur, daß sie diametral entgegengesetzte Standpunkte vertraten, sondern daß sie dies auch in der Öffentlichkeit ernsthaft und mit dem Einsatz ihrer ganzen Kraft taten und schließlich ihren Ideen ihr Leben opferten.
Herzl erschöpfte seine Kräfte allzufrüh. Er starb mit 44 Jahren im Kampf um die Verwirklichung seiner Ideen für sein Volk, dem er im letzten Jahrzehnt seines Lebens seine Gedanken fast ausschließlich gewidmet hatte.
Rathenau stellte seine hohe Intelligenz und seine ungewöhnliche Arbeitskraft dem Volk zur Verfügung, an das er seinen „Volksstamm" – wie er es nannte – „anarten" wollte. Die führenden Männer Deutschlands erkannten seine Fähigkeiten und stellten ihn in den letzten fünf Jahren seines Lebens auf den Gebieten der Wirtschaftsorganisation und der Politik auf Posten, in denen er für Deutschland in den schweren Jahren nach der Beendigung des Ersten Weltkriegs Außerordentliches leistete. Das deutsche Volk aber lehnte ihn ab und die Mörder, die seinem Leben im Alter von 55 Jahren ein Ende setzten, fanden sich gerade in der Reihe derer, die er idealisiert hatte.
Das jüdische Volk ehrt das Andenken an Herzl, an den Mann, der in seinen Augen die Grundlagen für einen jüdischen Staat schuf. Vielleicht ist auch dies schon zuviel gesagt. Die vorliegende Arbeit will dieses fundamentale Problem nicht lösen. Sie setzte sich die bescheidenere Aufgabe, die

gedanklichen Extreme der jüdischen Geschichte an der Wende des 20. Jahrhunderts festzustellen. Und sie will am Leben Herzls und Rathenaus die Wege jüdischer Existenz zu diesem Zeitpunkt aufzeigen.

Diese Arbeit wurde im Dezember 1973 abgeschlossen. Es war mir daher nicht möglich, auf später erschienene Literatur, insbesondere auf das Buch von Amos Elon, „Morgen in Jerusalem", Bezug zu nehmen. Durch die Freundlichkeit von Herrn Dr. A. Bein, des früheren Leiters der Central Zionist Archives, Jerusalem, mit dem ich auch während meiner Arbeit korrespondiert habe, und seines Nachfolgers, Herrn Dr. Heymann, denen ich auch an dieser Stelle danken möchte, stand mir das gesamte Material dieses Archivs zur Verfügung.

Es ist mir ein besonderes Bedürfnis, Herrn Professor Gerhard Schulz, Tübingen, auch an dieser Stelle meinen Dank für seine Unterstützung beim Zustandekommen dieser Arbeit auszusprechen.

Haifa/Tübingen, im März 1976 *R. K.*

# 1. Kapitel
# Tendenzen in der jüdischen Geschichte

## I.

Das Ende des 19. Jahrhunderts stellte einen entscheidenden Wendepunkt im Leben des jüdischen Volkes dar.

Das jüdische Volk mit seiner vieltausendjährigen Geschichte, die mit Ausnahme weniger und verhältnismäßig kurzer Zeiträume eine Geschichte des Leidens war, war im Begriff zu erwachen, seine Haltung sich selbst gegenüber zu revidieren, von sich und der Welt zu verlangen, daß es wieder in die Gemeinschaft der Völker aufgenommen werde und eine Stellung erhalte, die ihm so lange versagt war und von der es überzeugt war, daß sie ihm zustehe. Seine Sprecher begannen – zunächst vor allem vom jüdischen Volk selbst – zu verlangen, daß es sich seiner Kraft bewußt werde, daß es sich von dem Los der Passivität, des Herumgestoßenwerdens unter den Völkern, befreien solle, und sie hofften, bei den Völkern der Welt die Anerkennung der Forderung zu finden, daß auch die Juden als Volk berechtigt sind, ein Leben zu führen wie die anderen Völker, und wie sie selbst es vor Jahrtausenden geführt hatten: autonom und im eigenen Land.

Herzl formulierte dieses Streben in einem seiner Aufsätze so: „Das jüdische Volk will der Bruder anderer Völker sein, aber mit gehobener Stirn; es will weder um seine Freiheit betteln, noch jemand etwas zu leide tun."[1]

Diese Ideen, so selbstverständlich für alle anderen Völker, waren umwälzend für das jüdische Volk. Sie setzten sich nur langsam und gegen große Widerstände durch. Die neuen Ideen und Forderungen wurden auch nicht von Männern vorgetragen, die sich als Propheten empfanden und als solche vorstellten. So wurden die neuen Ideen auch nicht ohne weiteres als berechtigt akzeptiert, sondern dienten zunächst nur als Themen für Diskussionen mit Argumenten pro und contra. Oft wurden sie nicht ernst genommen, manchmal wurden sie als Phantasien verspottet, lange Zeit als utopistisch und irreal angesehen. Nicht selten wurden sie als ein Rückfall in überlebte Gedankengänge bekämpft. Langsam fanden sie aber doch einen Widerhall – im jüdischen Volk und in der Welt. Die Auseinandersetzungen zwischen den Befürwortern dieser Ideen und ihren Gegnern dauerten länger als zwei Generationen an.

Als schließlich in der Mitte des 20. Jahrhunderts die Ideen jener Visionäre und Denker des 19. Jahrhunderts Wirklichkeit wurden, entsprach die Realität des Gewordenen nur in geringem Ausmaße den ursprünglichen Vorstellungen. Herzl hatte dies geahnt und trotz aller Schwierigkeiten nie den Mut verloren. Ihn tröstete die Zuversicht: „... alles (geht) in Erfüllung, was ich mir vorgenommen habe, wenn auch in anderer Zeit, in anderer Form; und das Ziel wird zweifellos erreicht werden, wenn ich selbst es auch schwerlich sehen werde“[2]. Es gehörte in der Tat ein starkes Selbstvertrauen zu dieser Zuversicht; denn die Argumente der Gegner waren wohlbegründet und damals, nach der Lage der tatsächlichen Verhältnisse, auch berechtigt.

Die mühselige Arbeit der Vorkämpfer der neuen Ideen war nicht überflüssig. Sie war unerläßlich, um die Entwicklung in Gang zu setzen. Diese nahm dann ihren eigenen Verlauf entsprechend den Gegebenheiten einer späteren Gegenwart, die anders war, als die Künder der Ideen im 19. Jahrhundert auch nur ahnen konnten.

Die Gegner der nationaljüdischen Renaissance bildeten keine einheitliche Front. Viele fanden in dem Bestehenden – wie fragwürdig es auch war – ihr Genüge. Viele begnügten sich mit größeren oder kleineren Reformen auf dem Gebiete der Religion, der Wirtschaft und des sozialen Lebens.

Eine extreme Gruppe verlangte eine grundsätzliche Wandlung der jüdischen Gemeinschaft selbst, nicht ihrer Religion, nicht ihres Kulturgutes, sondern der Juden als Menschen. Für sie waren die Juden, die sie kannten, degeneriert. Rathenau, ihr bedeutendster Sprecher, propagierte einen Veredelungsprozeß, nicht in dem Sinne, daß sich die angeblich degenerierten Juden in höherwertige entwickeln oder zurückverwandeln, sondern daß sie sich an ein anderes Volk „angleichen“ sollten. Er verlangte eine Assimilation, die keine „Mimicry“ sein sollte. Er nannte es ein „Ereignis ohne geschichtlichen Vorgang: die bewußte Selbsterziehung einer Rasse zur Anpassung an fremde Anforderungen“. Rathenau hielt einen solchen Entwicklungsprozeß für möglich, ja, für aussichtsreich. „Ein Zwischenstand (wird sich) bilden müssen, der, von beiden Seiten anerkannt, ein Trennungs- und Verbindungsglied zwischen Deutschtum und Stockjudentum vorstellt: ein jüdisches Patriziertum – nicht des Besitzes –, sondern der geistigen und körperlichen Kultur. Dieser Stand wird durch seine Wurzeln von unten herauf immer neue Nahrung aufsaugen und mit der Zeit alles verarbeiten, was an umwandlungsfähigem und verdaulichem Material vorhanden ist.“[3]

Rathenau hatte zu seiner Zeit unter den Juden viele Gleichgesinnte. Im weiteren Verlauf der Geschichte des jüdischen Volkes fand Rathenaus

Idee keine praktische Auswirkung. Es gab zwar eine Assimilation, die zum Teil extreme Formen annahm. Sie führte dann zumeist zur Taufe und zur Aufsaugung der Getauften in der Umwelt in der nächsten, spätestens in der dritten Generation. Es war dies nicht das, was sich Rathenau gedacht hatte; denn das jüdische Volk blieb, wie und was es war.
Es wäre interessant, ist aber nicht die Aufgabe dieser Untersuchung, zu diskutieren, ob seine Grundthese einer Assimilationsmöglichkeit richtig war und ob – bei ausreichender Zeit – der von Rathenau propagierte Erfolg hätte erreicht werden können. Herzl leugnete das Vorhandensein eben dieser Voraussetzung: den Zeitraum der Ruhe, in dem diese Verwandlung vor sich gehen konnte[4]. Die Historie dieses Jahrhunderts hat – wie Herzl ahnte – eine derartige Experimentierperiode nicht gewährt und Rathenaus Theorie grausam ad absurdum geführt.
Rathenau ist in der vorliegenden Untersuchung nur als ein Gegenstück zu Herzl von Interesse.
Beide Männer waren hervorragende Vertreter ihres Volkes und charakteristische Erzeugnisse ihrer Zeit. Als solche betrachtet, ermöglichen sie einen guten Einblick in die Entwicklungsgeschichte des jüdischen Volkes an der Wende des 20. Jahrhunderts, allerdings nur für den Teil der Judenheit, der im deutschsprachigen Raum lebte.

## II.

Die Wandlung, die sich im jüdischen Volk vollzog, war die Folge der großen Veränderungen in der Menschheitsgeschichte, die mit der Philosophie der Aufklärung und den politischen Bemühungen um ihre Durchsetzung einsetzte.
Der moderne Nationalismus in Westeuropa und Nordamerika entwickelte sich langsam im 17. und 18. Jahrhundert und erreichte im 19. Jahrhundert einen vorläufigen Höhepunkt. Dem Rationalismus der Aufklärungszeit mit seinem die ganze Menschheit umfassenden Kulturbewußtsein trat in fortschreitendem Maße eine Höherbewertung nationaler Vergangenheiten und Traditionen entgegen[5].
In Wechselwirkung mit dem Erstarken der Ideen des Nationalismus nahm die bis dahin beherrschende Kraft des dynastischen Denkens in der Politik und der religiösen Macht der Kirchen ab.
Obwohl die Juden seit dem Beginn der langen Diaspora nach der Zerstörung des zweiten Tempels im Jahre 70 nach Christus bis zur Französischen Revolution ein Pariadasein unter den Völkern zu führen gezwungen waren, nahmen sie am geistigen Leben ihrer Wirtsvölker regen Anteil.

Sie waren daher am Ende dieser Zeit weder von den Ideen der Aufklärung noch von denen des Nationalismus unberührt geblieben.
Die Zahl der jüdischen Denker, die sich mit Problemen beschäftigten, die jenseits der Ghettomauern die Welt bewegten, war gering; und geringer noch war der Einfluß, den sie auf ihre eigene Gemeinschaft ausübten, denn die Gedankenwelt des jüdischen Volkes, d. h. der jüdischen Gemeinschaft als einer besonderen Volkseinheit, bewegte sich nicht so sehr in der philosophischen wie in der religiösen Sphäre. Die weltlichen Philosophen der Juden suchten daher und fanden auch in der überwiegenden Mehrzahl einen Weg zur allgemeinen Philosophie und heraus aus dem Judentum, aber nur selten wieder zurück.
Die nichtjüdischen Philosophen der Aufklärung, begrenzt durch eine Vorstellung vom „Juden", die vor mehr als tausend Jahren geschaffen und durch die neue Philosophie nur modifiziert, nicht rektifiziert war, hatten vom Wesen und von der Welt des jüdischen Volkes nur doktrinäre Vorstellungen, die sich von Ideen und nicht von der Wirklichkeit herleiteten. Der „Jude" als solcher wurde ein Phantom. Und es ergab sich als etwas nahezu Natürliches, daß man mehr vom Judentum als vom jüdischen Volk zu sprechen begann. Der einzelne Jude war nur der Repräsentant einer – allerdings angefeindeten und verachteten – Religion. Er lebte unter einem diffamierenden Sonderrecht; aber als Mensch war er ein Mensch. Die Denker und – als die Männer der Französischen Revolution – die Exekutoren der Aufklärung stellten – wie Nordau in seinem Referat auf dem ersten Zionistenkongreß in Basel im Jahre 1897 ausführte – „eine regelrechte Gleichung auf. Jeder Mensch hat von Natur bestimmte Rechte; die Juden sind Menschen; folglich haben die Juden von Natur Menschenrechte. Und so wurde in Frankreich die Gleichberechtigung der Juden verkündet, nicht aus brüderlichem Gefühl für die Juden, sondern weil die Logik es erforderte." Die Gleichberechtigung der Juden war, wie Nordau es abschließend beschrieb, ein Rechtsakt, geboren „aus Prinzipienreiterei". Die übrigen Völker Westeuropas ahmten das Beispiel Frankreichs nach, nicht aus Mitleid, sondern weil sie ihre Lebensweise mit ihrer aufgeklärten Philosophie in Übereinstimmung bringen wollten und „eine Art sittlicher Nötigung empfanden, sich die Errungenschaften der großen Umwälzung anzueignen"[6].
Die Juden selbst spielten, wenngleich sie sich bei den zuständigen Institutionen mit Petitionen und Vorstellungen für sich selbst einsetzten, keine eigentlich aktive Rolle. Sie hatten in den entscheidenden Gremien keine eigenen Vertreter, sondern nur freiwillige Fürsprecher, die sich für sie nicht auf Grund eines Mandats, sondern aus eigenem Entschluß, basierend auf humanitären und philosophischen Erwägungen, einsetzten. Als Ge-

meinschaft waren die Juden damals von der Umwelt ausgeschlossen. In ihren Ghetti führten sie ein eigenes, der Umwelt fremdes Leben. Die Verbindung mit der Außenwelt bestand in einem commercium, das durch harte Gesetze auf ein Mindestmaß beschränkt war und dessen Form noch im 19. Jahrhundert einen diffamierenden, zumeist mittelalterlichen Charakter trug. So existierten die Juden – mit wenig Ausnahmen, die nur für die Reichen gemacht wurden – in einer Welt, die sie kaum kannte, aber bedrückte, entrechtete und doch fürchtete und wegen dieser Furcht, die wie eine Gespensterfurcht anmutet, bereit war, sie immer noch härter zu verfolgen, es aber wegen ihrer philosophisch-humanitären Einstellung nun wiederum nicht durfte. Es gibt kaum eine bessere Darstellung dieser grotesken Situation – gesehen mit den Augen eines Judenfeindes! – als die des Philosophen Fichte in seiner Betrachtung über die Französische Revolution, in der er vom „Judenthum" (er meint natürlich die Judenheit oder die jüdische Gemeinschaft) „als von einem mächtigen, feindselig gesinnten Staat" spricht, der „abgesondert und so fest verkettet" ... „auf den Haß des ganzen Menschengeschlechts aufgebaut", und darum so „fürchterlich" ist[7]. Fichte zittert geradezu vor Angst und warnt im Jahre 1795: „Fällt Euch denn hier nicht der begreifliche Gedanke ein, daß die Juden, welche ohne Euch Bürger eines Staates sind, der fester und gewaltiger ist als die eurigen alle, wenn Ihr ihnen auch noch das Bürgerrecht in Euren Staaten gebt, Eure übrigen Bürger völlig unter die Füße treten werden." Und in seiner Verzweiflung kommt er, der ganz naiv betont, daß er sich nie mit einem Juden eingelassen habe, der sich sogar rühmt, „mit eigener Gefahr und zu eigenem Nachteil, Juden in Schutz genommen zu haben" ... „die man neckte"[8], zu dem Ergebnis: „... ihnen Bürgerrechte zu geben, dazu sehe ich wenigstens kein Mittel als das, in einer Nacht ihnen allen die Köpfe abzuschneiden und andere aufzusetzen, in denen auch nicht eine jüdische Idee sei. Um uns vor ihnen zu schützen, dazu sehe ich wieder kein anderes Mittel, als ihnen ihr gelobtes Land zu erobern, und sie alle dahinzuschicken"[9]. Fichte war es mit seinem Vorschlag, den Juden die Köpfe abzuschneiden, wohl genau so wenig ernst wie mit dem, für sie das Gelobte Land zu erobern. Aber seine Vorstellungen von den Juden und über die Maßnahmen, die man gegen sie ergreifen müßte, waren die Ideen eines gebildeten Mannes seiner Zeit. In Preußen galt damals freilich noch das harte Judenreglement Friedrichs des Großen von 1750, das Graf Mirabeau ein „loi digne d'un canibale" nannte[10].

Zutreffend an der bizarren Darstellung Fichtes, die um die Wende des 18. Jahrhunderts der herrschenden Vorstellung entsprach, war, daß die Juden in der Tat von der Umwelt separiert waren, sich aber auch selbst aus berechtigter Furcht vor dieser Umwelt abschlossen und insofern ein nahezu irreales Leben führten, als sie von der Sehnsucht nach einem Land erfüllt waren, das sie vor weit mehr als einem Jahrtausend hatten verlassen müssen, und daß sie für die physische und religiös-rituelle Wiederherstellung ihres Staates beteten, der vor noch längerer Zeit vernichtet worden war. Es störte sie dabei nicht, daß die politische Konstellation sie nicht im geringsten zu der Hoffnung berechtigte, daß sie selbst je in das Land ihrer Sehnsucht würden zurückkehren, selbst je die Erneuerung ehemaliger politischer Größe würden erleben dürfen.

Nun trifft es zwar zu, daß religiöses Brauchtum in allen Religionen eine eigenartige, geradezu überlange Lebensdauer besitzt und sich in Form und Inhalt von den Lebensverhältnissen unabhängig macht. Im speziellen Fall der jüdischen Religion übte und übt auch heute noch das religiöse Ritual und die Liturgie eine besondere, den Volkscharakter konservierende Funktion aus, die nur auf Grund der speziellen Grundlage der jüdischen Geschichte zu verstehen ist. Die ungewöhnlich lange Dauer dieses Zustandes, der sich auf weit über zweitausend Jahre erstreckt, macht ihn zu einer Besonderheit, die des Versuchs einer Erklärung bedarf.

## III.

Eine normale Geschichte – im Sinne der Geschichte anderer Völker – hatte das jüdische Volk nur bis zum achten vorchristlichen Jahrhundert. Dann ging zuerst das „Nord“- oder „10-Stämme“-Reich zugrunde. Die Bevölkerung wurde exiliert; seine politische Existenz war beendet[11]. Das Südreich Juda hielt sich noch 140 Jahre länger. Dann stürzte auch die dort herrschende Dynastie der Davididen[12]. Auch die judäische Bevölkerung wurde exiliert. Die sogenannte „70jährige Babylonische Gefangenschaft“ begann[13].

Als Exil, als erzwungene Entfernung von der Heimat, dauerte dieser Zustand weniger als 50 Jahre. Die seelische Verbindung mit der Heimaterde bestand weiter und wurde durch die Sehnsucht intensiviert, die die Vertriebenen empfanden. Die Psalmen 126 und 137 sind damals entstanden. Als dann nach dem Regierungsantritt Cyrus’ des Großen das Rückkehrverbot aufgehoben wurde[14], kehrte „ein Rest zurück“[15]. Die große Mehrheit des jüdischen Volkes, nicht mehr als „Männer von Juda“ und „Männer von Israel“ getrennt, sondern zu einem einheitlichen Volk verschmolzen, blieb freiwillig in der Diaspora, in der sie eine neue Heimat gefunden hatten.

Unter den Rückkehrenden aber gab es – nach dem Bericht im Buche

Esra[16] – noch viele, die sich der alten Zeiten und des ersten Tempels erinnerten und nunmehr an der Errichtung des neuen Tempels und eines neuen Staatswesens mitwirkten.
Volksexilierungen waren im Altertum häufig. Sie führten ausnahmslos zum Verlust der nationalen Identifizierbarkeit, zum Untergang der Volkspersönlichkeit. Die Tatsache, daß das Exil des jüdischen Volkes – unter dem Gesichtswinkel der Weltgeschichte – nur ganz kurz gedauert hat, hatte dem Schock seine tödliche Kraft genommen, im Wesen des jüdischen Volkes aber eine Narbe zurückgelassen, die es für alle Zukunft von den anderen Völkern der Welt unterscheiden sollte.
Eine allgemein anerkannte Definition des Begriffes „Volk" gibt es nicht[17]. Manche Gelehrte bezweifeln, daß sich eine solche Definition je wird finden lassen[18]. Daß ein bestimmtes Territorium für den Bestand jedes Volkes von Bedeutung ist, wird fast nie geleugnet. Für das jüdische Volk, dessen Uranfänge mit der Verheißung eines „Gelobten Landes" beginnen, dem in seiner „heiligen Schrift" ewige Eigentumsrechte an einem bestimmten Territorium immer wieder bestätigt wurden und das seine Rechte an der biblischen Heimat während seiner ganzen, jahrtausendelangen Exilszeit in seinen Gebeten Tag für Tag betont hat, war diese Verbindung mit seinem Lande mehr als nur bedeutungsvoll; sie war so wesentlich, so selbstverständlich wie für jedes andere Volk auch, wenngleich sie durch die lange Diaspora unrealistisch geworden zu sein schien[19].
Die Exilierung nach der Zerstörung des Tempels, nicht etwa irgendeines Tempels, sondern des Tempels des einen Gottes, dessen Priester das jüdische Volk sein sollte als ein „heiliges Volk", hatte weder den Glauben an den „einen Gott", noch den an seine „Landverheißung" ins Wanken gebracht. Sie gab der im Exil zu einem einheitlichen Volk zusammengeschweißten – und nicht mehr aus Stämmen bestehenden – Gemeinschaft ein verstärktes Bedürfnis, seinem Gotteskult und seiner Heimatliebe einen neuen Ausdruck zu geben. Es geschah dies in einer vielhundertjährigen Entwicklung, die in dem sich nunmehr entwickelnden rabbinischen Gesetzessystem seinen Ausdruck fand. Diese Entwicklung ging sicherlich unbewußt vor sich, in der Rückschau läßt sie sich aber erkennen.
Das Volk, das seinen Staat hatte untergehen sehen, das erlebt hatte, daß die erkorene Zentralstelle des religiösen Kultes vernichtet werden konnte wie irgendein anderer Staat und ein anderer Tempel, löste sich von der Politik los und begann, einem an einen bestimmten Ort gebundenen Tempeldienst weniger Bedeutung zuzumessen als dem Studium der ubiquitären Gotteslehre. In dem Mischnah-Traktat[20] Avóth, einem der ältesten der jüdischen Lehre, wird eine Reihenfolge der wichtigen jüdisch-historischen Ereignisse gegeben, die völlig abweicht von der Historiographie des Alter-

tums bei allen Völkern. Kein Wort über Staatsgründer oder Könige oder Feldherrn, sondern Moschéh (= Moses) empfing die Thoráh (= Lehre) am Sinai und übergab sie an Jehoschúa (= Josua), Jehoschúa gab sie den „Alten“, die „Alten“ den Propheten, die Propheten den Männern der „großen Synode“[21]. Und dann folgt ein dreigliedriger Kernspruch, der wie ein Bruch mit aller Politik anmutet: „Sie (die Männer der großen Synode) lehrten: Seid mäßig im Gericht, erwerbet viele Schüler und machet einen Zaun um die Thoráh“. Wenige Sätze später wird ein Kernspruch des Lehrers Schemájah wiederholt: „Liebe die Arbeit, hasse das Herrschen und suche nicht die Gesellschaft der Obrigkeit“[22]. Diese Grundforderungen, die sich auch in den kanonisierten Büchern der Schrift finden, lassen sich als Leitsätze für die folgenden Jahrtausende erkennen. Sie wurden auch nicht geändert, als für einige Jahrhunderte das jüdische Volk unter eigenen Fürsten einen selbständigen oder halbselbständigen Staat bildete.

Die Forderung nach Schaffung eines „Zaunes um die Thoráh“ führte zu einem Gesetzessystem, das für alle menschlichen Betätigungen, alle Regungen, ja, nahezu für alle Gedanken Vorschriften enthielt, die wiederum zu einer scharfen Separierung des jüdischen Volkes von der Umwelt führten. Vorschriften in der Thoráh, die ursprünglich der Unterscheidung zwischen „rein“ und „unrein“ im religiösen Sinne dienten, die an die dauernde Vergegenwärtigung der göttlichen Lehre erinnern sollten, behielten zwar ihren Charakter, erfüllten aber noch viel schärfer den Zweck der Separierung von der Umwelt. Ein Speiseritual entwickelte sich, das es den Juden unmöglich machte, von Nicht-Juden bereitete Speisen zu genießen. Für den Genuß von Wein, für den die ursprüngliche Lehre keine Vorkehrungen getroffen hatte[23], wurden besondere Regeln geschaffen[24]. Vorschriften über die Kleidung machten die Juden untereinander überall erkenntlich[25], lange bevor die Kirchen und Staaten diffamierende Judentrachten einführten. Häuser wurden durch Kennzeichen unterscheidbar[26]. Und sogar ein rudimentäres Gemeindewesen[27] wurde vorgesehen, durch das – auch ohne besondere Institution, ja ohne besonderen Rahmen – ein Zusammenhalt über den Familienkreis hinaus gewährleistet wurde.

Es ist eine theoretische Frage, ob diese interne Regelung allein ausgereicht hätte, eine allmähliche Aufsaugung der Judenheit in der Umwelt während eines Zeitraumes von weit mehr als nur 60 Generationen zu verhindern und ob die judenfeindliche Haltung der christlichen und islamischen Kirchen und der von ihnen geleiteten weltlichen Gewalten nicht auch eine entscheidende Rolle gespielt hat.

Der Antagonismus zwischen Judentum und Christentum setzte bereits im ersten Jahrhundert ein. Für die Christen waren die Juden Messiasleugner und Gottesmörder. Für die Juden waren die Christen Häretiker und Verleumder. Die Feindschaft blieb nicht nur theoretisch, auch nicht nur eine Angelegenheit der verschiedenen Messiasauffassung. Und sie wuchs im Laufe der Zeit, bis es im vierten Jahrhundert soweit war, daß die Lehre des Kirchenvaters Augustin, „Judaeus est servus Christiani", als gültig angesehen wurde, und man vom Judenmord im großen Stil nur deshalb absah, weil der Jude als testis iniquitatis suae et veritatis nostrae galt[28]. Aber gerade dadurch trug die Kirche – wie später auch der Islam – für viele Jahrhunderte das Ihre bei zur Erhaltung des Judentums und des jüdischen Volkes. Durch diffamierende Gesetze, durch die Schaffung von Ghetti und die Anordnung besonderer Judentrachten, bemühten sich die Religionen und Staaten alle Lücken zu schließen, die den Juden ein Entkommen aus ihren, ihnen so elend gemachten Lebensverhältnissen ermöglicht hätte.

Ein Volk, wie immer man es definieren mag, ist – im Gegensatz zu einem Staat – eine Menschengemeinschaft, die sich von anderen, benachbarten Völkern in unscharfen und fließenden Übergängen unterscheidet. Ein Staat ist eine Organisation, die die Beziehungen seiner Angehörigen nach innen regelt und seine Begrenzung nach außen genau festlegt. Die im jüdischen Volk wirkenden Kräfte schufen mit einer unbewußten, nie in diesem Sinne ausgesprochenen Gradlinigkeit einen solchen Staat, der geographischer Grenzen entbehren konnte und der auch dann nicht aufhörte zu bestehen, als unter dem Einfluß der „Zerstreuung" unter die Völker der Welt die verschiedenen Gruppen der Juden begannen, die physiognomischen Züge zu verlieren, die sie ursprünglich wohl gehabt haben mögen, und statt ihrer diejenigen der Völker erwarben, in deren Mitte sie lebten. Aus einem Volk mit seinem eigenen Territorium wurde, nach Heine, ein Volk mit einem „portativen Vaterland", ein „tragbarer Staat"[29].

Es war daher nicht weiter erstaunlich, daß jene Völker, die an den Juden zu ihrem Erstaunen – nolens volens – nur eine Ähnlichkeit mit sich selbst feststellen konnten, aber von der spirituellen Sonderart des jüdischen Volkes nichts ahnten, die Frage nach einem Unterschied nur nach dem nach außen deutlich erkennbaren Zeichen der Verschiedenheit der Religion beantworteten.

## IV.

Als die zwei Jahre währende Diskussion über die Emanzipation der Juden in der französischen Nationalversammlung am Beginn der Revolution stattfand (1789–1791), befürwortete der aufgeklärte Graf Clermont-

Tonnère die Gleichberechtigung der Juden mit folgenden Worten: „Den Juden als Nation ist allerdings alles zu verweigern, den Juden als Individuen ist alles zu gewähren: sie sollen Bürger werden! Nun behauptet man, sie selbst wollen keine Bürger sein; mögen sie es nur ausdrücklich erklären – dann sollen sie des Landes verwiesen werden, denn es darf keine Nation in der Nation geben."[30] Clermont-Tonnères Worte enthielten ein doppeltes Mißverständnis; das eine über das Wesen des Judentums, wie wir es vorstehend erklärt haben, und das andere über das Verhältnis von Volkszugehörigkeit zu Staatszugehörigkeit. Die Deputierten der Nationalversammlung nahmen daran keinen Anstoß und emanzipierten schließlich die Juden durch ein Edikt vom 28. 9. 1791. Aber der „Instinkt der Massen", wie Treitschke es 90 Jahre später nannte[31], fand sich mit einem papierenen Gesetz nicht ab. Schon fünfzehn Jahre später hob Napoleon, der als General während seines ägyptischen Feldzuges von „seinem Hauptquartier in Jerusalem" aus[32] die Juden der Welt aufgefordert hatte, das – angeblich – von ihm bereits eroberte „Land Israel" wieder in Besitz zu nehmen, als Kaiser die Emanzipation in Frankreich durch ein Gesetz wieder auf, das in der Geschichte unter dem Namen „das schimpfliche Dekret"[33] bekannt geworden ist. Dieses Dekret war in Frankreich – mit gewissen Erleichterungen, die nach und nach gewährt wurden – jahrzehntelang gültig. Für die jüdische Geschichte war es nur eine traurige Episode; die Ideen der Aufklärung setzten sich dennoch durch. In jene Zeit fiel aber unter dem Regime Napoleons ein anderes, bedeutsameres Doppelereignis: die Einberufung der „Notabelnversammlung" von 1806[34] und des „Großen Sanhedrins" von 1807[35].

Napoleon, der ein geniales Empfinden für politische Entwicklungen hatte, war sich darüber im klaren, daß das Emanzipationsedikt von 1791 nur ein einseitiger Rechtsakt zugunsten der Juden war, daß aber sie selbst – als Gesamtheit, als Volk – sich nicht geäußert hatten. Diese noch fehlende eigene Erklärung der Juden ließ er durch die beiden von ihm berufenen Gremien abgeben. Seine Absicht war es, entweder die Grundlage für eine endgültige Assimilation durch Vermischung zu erreichen, oder – bei fehlender Kooperation der Juden – diese in der Tat des Landes zu verweisen[36]. Den Notabeln und den Deputierten des Sanhedrin war der Ernst der Situation klar, wenngleich sie von dem internen Briefwechsel zwischen Napoleon und seinem Innenminister Champagny damals noch keine, mindestens keine genaue Kenntnis haben konnten. So gaben sie die von ihnen erwarteten Erklärungen ab, die ihrem Inhalt nach auf einen Verzicht auf den Volkscharakter der jüdischen Gemeinschaft, auf den Versuch eines nationalen Selbstmordes hinausliefen. Die jüdischen Historiker Graetz[37] und Dubnow[38] empfanden die Erklärung, die das Sanhedrin seinen „Décisions doctrinales“ vorausschickte, als erpreßt. Ich kann mich dieser Ansicht nicht anschließen; denn sie entsprach dem Geiste jener Zeit. Sie lautete:

„Nous avons déclaré, que ne formant plus un corps de nation et jouissant de l'avantage d'être incorporés dans la grande nation, nous ne pouvions mettre dans nos rapports moraux aucune différence entre nos concitoyens et ceux de notre croyance ...“[39]

Daß diese Erklärung aufrichtig gemeint und ehrlich abgegeben war, machte sie objektiv nicht richtig. Die Juden waren ein Volk und blieben ein Volk. Nur die Deputierten des Sanhedrins fühlten sich nicht als Volk. Ihre Erklärung änderte nicht den wirklichen Sachverhalt, sondern nur ihre eigene Einstellung zur Sache und diejenige ihrer Gesinnungsgenossen. In dieser Einschränkung war sie wirksam!

Die Wirkung dieser Erklärung, deren Bedeutung darin lag, daß sie offen und autoritativ für einen bedeutsamen Sektor der Judenheit, wenn auch nicht für die Gesamtheit der Juden[40], abgegeben worden war, ging weit über die Grenzen Frankreichs hinaus. Sie entsprach der Haltung der aufgeklärten jüdischen Intelligenzschicht des kontinentalen Westeuropas, die nur noch geringe religiöse Bindungen hatte, und die den Lockungen der christlichen Kirche um so weniger widerstand, als für die Konversion zum Christentum kaum noch irgendwelche seelischen oder intellektuellen Opfer verlangt wurden. Die Folgen dieses Schrittes traten in den Ländern Westeuropas sofort ein. Über die Verhältnisse der Juden in den großen Städten Preußens schrieb Graetz:

„Vom tausendjährigen Bande einer nationalen Religion losgelöst, fielen die oberflächlichen Vernünftler ... massenhaft dem Christentum zu ... Wozu noch die Fesseln des ‚General-Privilegiums‘ (i. e. des ‚Judenreglements‘ Friedrichs des Großen von 1750 [s. o. S. 13]), wozu noch die Schmach von Schutzjuden tragen, wenn sie vermittels einer inhaltsleeren Form den Christen gleichgestellt werden können! ... Die Gemeinden von Berlin, Breslau und Königsberg sahen besonders täglich den Abfall ihrer Glieder zum Christentum; es waren die Reichsten und äußerlich Gebildeten.
... In drei Jahrzehnten war die Hälfte der Berliner Gemeinde zur Kirche übergetreten.“[41]

Die zahlenmäßige Darstellung von Graetz ist bestritten worden[42]. Der Streit um Ziffern ist aber in diesem Zusammenhang bedeutungslos. Unbestreitbar ist, daß dort, wo – wie in Deutschland – die diskriminierenden Gesetze gegen die Juden noch nicht aufgehoben waren, in den intellektuellen Schichten eine Flucht aus dem Judentum einsetzte, die kaum durch Skrupel beeinträchtigt war. Die Taufe bedeutete keinen Religionswechsel,

da die Taufkandidaten ihre eigene Religion nicht verließen, um sich einer neuen Religion anzuschließen. Die Taufe war einfach, wie der Dichter Heine, zunächst nur für sich selbst, in Wirklichkeit aber für die ganze Schicht von gebildeten, assimilierten, religiös indifferenten und sich ihrer jüdischen Volkszugehörigkeit nicht bewußten Juden, sagte „ein Entreebillett zur europäischen Kultur". Heine sprach auch nicht von einem Wechsel in der Gesinnung zum Staat, in dem er und seine Gruppe lebte. In dieser Hinsicht gab es für die Juden aller Zeiten nie auch nur den geringsten Zweifel. Das Wort des Propheten Jeremias, das er 2500 Jahre zuvor in feierlicher Botschaft an die Exilanten nach Babel gerichtet hatte, hatte einen ewigen Präsenzwert: „Betet um den Frieden der Stadt, in die ich Euch verbannt habe; betet für sie zu Gott, denn in ihrem Frieden werdet ihr Frieden haben."[43] So verstand es sich für die Juden von selbst, daß sie ihre Verpflichtungen gegenüber den Staaten, deren Schutz, wenn auch nicht Bürgerrechte, sie genossen, korrekt zu erfüllen hatten. Von diesem Prophetenwort hatten naturgemäß nur diejenigen Juden Kenntnis, die die religiösen Vorschriften kannten und die Bibel lasen, also die Frommen. Die an religiösen Fragen wenig, dafür aber um so mehr an der bürgerlichen Gleichberechtigung interessierten assimilierten Juden waren mit dem Text dieser Botschaft aus der heiligen Schrift vielleicht nicht vertraut. Sie waren aber aus eigener Initiative bemüht, durch ein patriotisches Verhalten ihren Gegnern jeden Anhalt zu nehmen, ihnen die bürgerliche Gleichstellung vorzuenthalten oder wieder zu nehmen. Der Erfolg war derselbe und zwar in doppelter Hinsicht: die Juden waren bemüht, sich einer Gleichberechtigung würdig zu erweisen; ihre Gegner nahmen von diesen Bemühungen entweder keine Kenntnis oder leugneten sie oder stellten ihre Aufrichtigkeit in Zweifel und betonten in jedem Falle die Fremdartigkeit der Juden in ihrer Gesamtheit.
Herzl beschrieb in seiner Programmschrift „Der Judenstaat" diese Situation mit folgenden Worten:

„Wir haben überall ehrlich versucht, in der uns umgebenden Volksgemeinschaft unterzugehen und nur den Glauben unserer Väter zu bewahren. Man läßt es nicht zu. Vergebens sind wir treue und an manchen Orten sogar überschwängliche Patrioten, vergebens bringen wir dieselben Opfer an Gut und Blut wie unsere Mitbürger, vergebens bemühen wir uns, den Ruhm unserer Vaterländer in Künsten und Wissenschaften, ihren Reichtum durch Handel und Verkehr zu erhöhen. In unseren Vaterländern, in denen wir ja auch schon seit Jahrhunderten wohnen, werden wir als Fremdlinge ausgeschrien; oft von solchen, deren Geschlechter noch nicht im Lande waren, als unsere Väter da schon seufzten. Wer der Fremde im Lande ist, das kann die Mehrheit entscheiden; es ist eine Machtfrage wie alles im Völkerverkehre".[44]

Die Situation der Juden war und blieb kompliziert, zumal gerade diejenigen im Kampf um die Emanzipation standen, die kaum noch eine Verbindung zur Religion hatten und gerade sie es waren, die die Existenz eines jüdischen Volkes aufs heftigste leugneten. Die oben erwähnte Deklaration vor den Décisions doctrinales des Großen Sanhedrin von 1807[45] mit seiner formellen Absage an das Bestehen eines jüdischen Volkes blieb in Kraft, obwohl in Frankreich die Emanzipation – wie oben erwähnt (S. 18) – widerrufen wurde.

## V.

Die Trennung der Begriffe „Judentum“ und „Judenvolk“ wurde erst nach der Französischen Revolution erforderlich. Bis dahin hatten Kirchen und Staaten das Judenproblem einfach und autoritativ so geregelt, daß die Trennung von Juden und Nicht-Juden fast vollständig war. Die Juden – sie wurden an ihrer Religion erkannt – waren wehrlos und hatten ihr Schicksal hinzunehmen; und sie erlitten das Schicksal von recht- und wehrlosen Menschen[46]. Erst als im Zuge der Französischen Revolution den Juden die „Menschenrechte“ und die Rechte als Staatsbürger zuerkannt wurden, schienen sich Juden und Nicht-Juden nur noch durch die Verschiedenheit der Religion zu unterscheiden. Die Denker der Aufklärung untersuchten die Unterschiede der Fundamente sowohl der jüdischen wie der christlichen Religion erneut und stellten unter dem Einfluß der damaligen Philosophie eine weitgehende Übereinstimmung fest, die zwar nicht zu einer Verschmelzung der Religionen führte, aber denjenigen Juden, die sich ohnehin nicht mehr an das jüdische Ritual gebunden fühlten, den Weg zur Taufe erleichterten. Die Existenz eines jüdischen Volkes leugnete gerade diese Schicht um so eifriger, als sie sich zu dem Volk gehörig fühlte, in dessen Mitte sie – und oft auch ihre Vorfahren – aufgewachsen war, dessen Sprache und Kultur sie angenommen hatte, dem sie willig und mit voller Hingabe diente und dessen Schicksal sie in Freud, aber auch in Leid mit zu tragen bereit war. Zudem verband sie nichts mit den Juden in anderen Ländern. Diese waren für sie Fremde, oder, wenn die politische Situation es mit sich brachte, Feinde.
Während diese spirituelle Wandlung bei einem großen Teil der „kultivierten“ Juden Zentraleuropas, vor allem also in Deutschland und Österreich-Ungarn stattfand, vollzog sich eine nationale und nationalökonomische Wandlung der „Wirtsvölker“, die zu den politischen und Wirtschaftskämpfen des vorigen Jahrhunderts zwischen den Völkern und den sie beherrschenden Klassen führte. Diese Kämpfe beschränkten sich nicht

auf diese beiden Gruppen, sondern sie führten auch zu erneuter Aggression gegen die Juden, die von den Massen nunmehr nicht so sehr als Angehörige einer fremden Religion, sondern als ein unerwünschtes Sondervolk im eigenen Volkskörper angesehen wurden. Die an die Macht strebenden Massen der „Wirtsvölker“ waren nicht bereit, den Juden dieselben Rechte einzuräumen, die sie für sich selbst erstrebten.

In Deutschland führte dies im Jahre 1819 – ausgehend von der Universität Würzburg und als Folge von aufreizenden Schriften vor allem einiger Berliner Professoren[47] – zu Ausschreitungen gegen die Juden, die in den Begründungen, die für sie gegeben wurden, an das Mittelalter, im Ausmaß an die späteren Pogrome in Rußland und im nationalsozialistischen Deutschland erinnerten. Der Historiker Heinrich von Treitschke, selbst ein erklärter Antisemit, nannte diese Ausschreitungen verächtlich „die teutonische Hetze des Jahres 1819“[48].

Die lauten Judenverfolgungen flauten wieder ab. Sie wurden durch weniger geräuschvolle Verwaltungsmaßnahmen der Regierungen ersetzt. Dennoch ließ sich die formelle Gleichberechtigung der Juden mit den nichtjüdischen Staatsbürgern nicht länger aufhalten. Und in der zweiten Hälfte des Jahrhunderts wurde sie in den Verfassungen der deutschen Länder festgelegt. Aber der Kampf war damit noch nicht beendet. Am Ende der achtziger Jahre flammte er mit erneuter Schärfe, diesesmal unter dem neuen Namen „Antisemitismus“[49] wieder auf. Im preußischen Landtag kam es 1880 zu einer mehrtägigen Judendebatte[50], in Ungarn 1882 zu dem Ritualmordprozeß von Tisza-Eszlar, in Westdeutschland 1891 zu dem von Xanten, in Ostdeutschland 1900 zu dem von Konitz.

## VI.

Die dauernde Bedrohung der jüdischen Existenz in Westeuropa führte – abgesehen von den erwähnten Bestrebungen nach einer religiösen Reform – auch zu einer Revision des Begriffes „Jude“ innerhalb der Judenheit.

Erste Ansätze finden sich interessanterweise schon bei der „Rahel“, berühmt durch ihren „Dachstubensalon“ in Berlin, die sich 1814 hatte taufen lassen, um ihren Freund, den Diplomaten Varnhagen von Ense zu heiraten, sich aber kurz vor ihrem Tode ihrer jüdischen Herkunft erinnerte und schrieb: „Mit erhabenem Entzücken denke ich an meinen Ursprung und an den Zusammenhang der Geschichte ... Was Zeit meines Lebens meine größte Schmach war, möchte ich jetzt um keinen Preis missen.“[51]

Der „Kommunistenrabbi“ Moritz Hess[52], dem bereits im Anschluß an die

Damaskus-Affäre von 1840 – ein Ritualmordprozeß, dessen besondere Note in der Beteiligung des französischen Konsuls Ratti-Menton lag – zum Bewußtsein gekommen war, daß er einem „unglücklichen, verleumdeten, von aller Welt verlassenen, in allen Ländern zerstreuten, aber nicht getöteten Volk angehöre“, fühlte sich durch seinen Kampf für den Sozialismus daran gehindert, sich damals für sein Volk einzusetzen. Er holte es 1862 in seinem Buch „Rom und Jerusalem“ nach und nannte sich von nun an mit seinem „alttestamentarischen“ Namen Moses. Die Zeit war für seine Ideen noch nicht reif. Sein Buch fand nur ein geringes Echo; zumeist wurde es verspottet[53].

Das zaristische Rußland war in seiner kulturellen Entwicklung noch um mehr als ein Jahrhundert hinter der Westeuropas zurück. Hier hatten die Ideen der Aufklärung in bezug auf die Rechtsstellung der Juden kaum Anklang gefunden. Die jüdische Gemeinschaft war durch Religion, Sprache, Brauchtum und diskriminierende Gesetze innerhalb des russischen Volkes so isoliert, daß die Frage, ob die Juden ein besonderes Volk mit einer besonderen Religion seien, nur bei einer dünnen Schicht von Assimilanten diskutiert wurde[54]. Zu dieser gehörte auch der aus Polen stammende, in Odessa lebende Arzt Dr. Leo Pinsker, ursprünglich ein Förderer der Assimilation „an den russischen Geist“, der – interessanterweise – zeit seines Lebens die deutsche Sprache besser beherrschte als jede andere. Die Pogrome um die Wende der achtziger Jahre[55] führten bei Pinsker zu einem Sinneswechsel. Im Jahre 1882 veröffentlichte er sein Pamphlet „Autoemanzipation, Mahnruf an seine Stammesgenossen von einem russischen Juden“, in einer lapidaren, eindrucksvollen Sprache, in dem er schon damals dieselben nationalen Ideen vertrat wie vierzehn Jahre später Herzl[56]. Dieser Mahnruf hatte einen bedeutenden Einfluß auf die Juden – in Rußland. Im Westen blieb die Schrift fast unbekannt. Der Wiener Rabbiner, Dr. Adolf Jellinek, berühmt als Kanzelredner und Gelehrter, dem Pinsker seine Ideen persönlich vortrug, war entsetzt. Er fürchtete, Pinsker sei unter dem Druck der Geschehnisse in Rußland geisteskrank geworden und empfahl ihm eine Nervenkur[57]. Die russischen Juden, in denen die Chibat Zion[58] (= Liebe zu Zion) lebte, stellten Pinsker dennoch an die Spitze ihrer Bewegung[59]. Aber Pinsker war alt und – vor allem – keine Führernatur. So konnte er für seine Ideen keine Organisation schaffen, die diese verwirklicht hätte. Die „Zionsliebe“ allein genügte nicht.

Die nationalen Ideen von Hess und Pinsker tauchten wieder und wieder auf, zum Teil unabhängig voneinander, zum Teil gegenseitig beeinflußt. 1883 veröffentlichte der Memeler Rabbiner Dr. I. Rülf seine Schrift „Aruchas-bas-Ami“[60], 1891 der Hamburger Bankier Gustav C. Cohen seine Broschüre „die Judenfrage und die Zukunft“[61].

Auch die konsequenten jüdischen Assimilanten, die den Weg der Assimilation bis zur Taufe gingen und denen jüdisch-nationale Ideen, wie sie erst in der zweiten Hälfte des Jahrhunderts auftauchten, noch unbekannt waren, blieben trotz ihrer Trennung vom jüdischen Volk von der neuen Strömung nicht unberührt.
Männer wie Ludwig Börne und Heinrich Heine erhoben in aller Öffentlichkeit ihre Stimme. Beide ließen sich taufen: Börne im Jahre 1818, Heine 1825. Beide setzten auch nach der Taufe ihren Kampf für die Juden fort. Börne verlor allerdings am Ende seines kurzen Lebens das Interesse am Judentum und am jüdischen Volk. Er war auch innerlich ein Christ geworden[62]. Heine schämte sich seines Glaubenswechsels und leugnete in aller Öffentlichkeit seine Bedeutung[63].

Eine Generation später lebte Gabriel Riesser (1806—1863), ein Mitglied der Frankfurter „Deutschen Verfassunggebenden Nationalversammlung" von 1848[64], vorübergehend Vizepräsident der Versammlung, aber als Jude in seiner Geburtsstadt Hamburg nicht gleichberechtigt. Er, den man nach Beendigung seines juristischen Studiums dort als Jude weder zur Rechtsanwaltschaft noch zur akademischen Laufbahn zuließ[65], wurde als freier Schriftsteller der Anwalt seines Volkes. Er hielt am 29. 8. 1848 vor dem Parlament eine eindrucksvolle Rede zugunsten der Juden. Seinem Auftreten war es zu verdanken, daß — entgegen dem Antrag des Stuttgarter Deputierten Moritz Mohl — in den im Frühjahr beschlossenen „Grundrechten des deutschen Volkes" die Gleichberechtigung den Bekennern aller Konfessionen, also auch den Juden, gewährt wurde. Es war das Unglück der Juden, daß diese „Deklaration der Menschenrechte" nicht Reichsgesetz wurde.
Mohl hatte verlangt, daß in den Verfassungsentwurf, der den Genuß der bürgerlichen und staatsbürgerlichen Rechte unabhängig von einem Glaubensbekenntnis machen sollte, der Zusatz aufgenommen werde: „Die eigentümlichen Verhältnisse des israelitischen Volksstammes sind Gegenstand besonderer Gesetzgebung und können vom Reich geordnet werden. Den israelitischen Angehörigen Deutschlands werden die aktiven und passiven Wahlrechte gewährleistet."[66] Riesser nahm hieran Anstoß. Ihn störte vor allem, daß man die Juden als einen besonderen „Volksstamm" bezeichnete.

„Ich nehme das Recht in Anspruch", sagte Riesser, „vor Ihnen aufzutreten im Namen einer seit Jahrhunderten unterdrückten Klasse, der ich angehöre durch die Geburt und der ich ... ferner angehöre durch das Prinzip der Ehre, das es mich hat verschmähen lassen, durch einen Religionswechsel schnöde versagte Rechte zu erwerben. Der Vorredner hat seinen Antrag in eine Unwahrheit gefaßt. Er will nämlich den israelitischen Volksstamm durch Ausnahmegesetze von dem für alle gleichen Rechte ausgeschlossen haben. Sie haben nun durch einen feierlichen Beschluß den nicht deutschredenden Volksstämmen, die in Deutschland leben, Gleichheit vor dem Gesetz, Gleichheit alles dessen, was den Deutschen Deutschland teuer macht, zugesichert. Sollen wir Juden es für unser Unglück erachten, daß wir deutsch reden? Soll die Geschichte von Ihnen sagen, daß sie mächtige Volksstämme, die zerstörend in die Geschichte Deutschlands eingreifen könnten, die gewaffnet und gerüstet vor Ihnen stehen, durch Verleihung gleicher Rechte haben versöhnen wollen ... einer schwachen Religionspartei dagegen, die in bürgerlicher Hinsicht nichts als in Deutschland aufgehen, eine Klasse, die keine Nationalität haben will, die ihr von ihren Feinden aufgebürdet wird, die deutsch denkt und fühlt, mit Mißhandlungen entgegentreten und zu ihrem Nachteil Ausnahmegesetze bestehen lassen?"[67]

Dem Historiker sind die Termini wichtig, die dieser wortgewandte Redner verwendet hat: Er spricht von einer „Klasse", von einer „Religionspartei" und davon, daß den Juden eine besondere Nationalität „von ihren Feinden aufgebürdet" worden sei. Die Argumente Riessers, unterstützt von den Reden und Anträgen anderer Deputierter, die die reaktionäre Gesinnung Mohls verurteilten, drangen schließlich durch. Es war ein Sieg von Argumenten über Gefühle oder – wie Bismarck 1847 sagte – „Vorurteile"[68] des Volkes. Die Gefühle des Volkes oder, wie Heinrich von Treitschke es nannte, der „Instinkt der Massen"[69] war mit Argumenten nicht zu überwinden.

Für die jüdische Gemeinschaft – vor allem in Deutschland – war Riessers Argumentation allerdings überzeugend. Von ihr bis zu der programmatischen Erklärung des 1893 gegründeten „Centralvereins deutscher Staatsbürger jüdischen Glaubens" war nur ein Schritt: der von der Erklärung eines einzelnen zu der einer Gesamtheit.

Die Erklärung lautete:

„Wir stehen auf dem Boden der deutschen Nationalität. Wir haben mit den Juden anderer Länder keine andere Gemeinschaft als die Katholiken und Protestanten anderer Länder."

Der „Centralverein" sprach nicht nur im Jahre 1893, sondern bis zum Jahre 1933 für die überwiegende Mehrzahl der in Deutschland wohnenden Juden.

Die Bewegung, die 1890 in Berlin, 1891 in Wien dazu führte, daß eine Elite nicht-jüdischer Männer (in Berlin: Theodor Mommsen, Rudolf von Gneist, Rudolf Virchow; in Wien: Baron Leitenberger, Nothnagel, Baron Suttner und andere) „Vereine zur Abwehr des Antisemitismus" gründete, ist hier nur zu erwähnen, da sie bezeichnend dafür ist, daß die „Vorurteile" und „Instinkte" anderer Kreise im deutschsprachigen Raum zwar

eine quantitative, aber keine qualitative Charakterisierung der Wirtsvölker enthielt.
Auf die Wege jüdischer Existenz waren diese Vereinigungen ohne Einfluß.

Für die vorliegende Untersuchung nicht aller, aber wenigstens einiger wichtiger „Wege jüdischer Existenz an der Wende zum 20. Jahrhundert" wurden Herzl und Rathenau ausgewählt, weil sie, die zu entgegengesetzten Ergebnissen gelangt sind, die repräsentativsten Vertreter ihrer Ansichten waren und weil sie ihr Leben bis zum letzten Augenblick gemäß ihren Überzeugungen geführt haben.

## Anmerkungen

[1] zitiert bei *Sokolow:* Herzl, der Heimgekehrte, in: Zeitgenossen, S. 193. Sokolow, der 1929 — als er diesen Artikel schrieb — Präsident der Exekutive der zionistischen Weltorganisation war, fügte hinzu: „... das entspricht der Wirklichkeit".
[2] TB 19. 7. 96, II, 490.
[3] „Höre, Israel!", in: Impressionen, S. 10.
[4] „Der Judenstaat", Einleitung, GZW I, 26.
[5] *Kohn:* Propheten ihrer Völker, S. 1.
[6] Sten. Protokoll d. 1. Zionistenkongresses, S. 25.
[7] *Fichte:* Beiträge, S. 188 ff.
[8] a. a. O., S. 191, Anm.
[9] a. a. O., S. 190.
[10] *Dubnow* VIII, S. 22.
[11] 725 v. Chr. (unter dem König Hoschéa [Hoseas]).
[12] 587 v. Chr. (unter dem König Zidkijahu [Zedekias]).
[13] *Jirmijahu (Jeremias),* Kap. 29: 10; 2 Chron. 36, 21.
[14] 538 v. Chr.
[15] Die hebräischen Worte „Scheár jaschúv" (= „ein Rest wird Buße tun" oder „ein Rest wird zurückkehren"), die in der Prophezeiung des Jeschajahu (Jesajas) 10: 21 erwähnt sind, beziehen sich auf eine Rückkehr zu Gott. Im Wandel der Zeiten wurden sie auf die physische Rückkehr des Volkes nach der historischen Heimat des jüdischen Volkes angewendet. In diesem Sinne wurden sie als Namen verwendet, der noch heute recht häufig anzutreffen ist.
[16] Kap. 3, Vers 12 f.
[17] *von Wiese:* Volk, in: Handbuch der Sozialwissenschaften, Bd. 11, S. 362 ff.
[18] *Kohn:* Nationalismus, S. 9.
[19] *Buber:* Israel und Palästina, S. 8 ff.; *Balfour:* Introduction, in: *Sokolow:* History of Zionism: „The position of the Jews is unique. Für them Race, religion and country are interrelated as in the case of no other race, no other country on earth" (S. XXX).
[20] Die „Mischnah" (= die „Lehre", die „Wiederholung") besteht aus Lehrsätzen, die im Laufe von Jahrhunderten entwickelt wurden. Als Gesetzeswerk wurde sie im zweiten Jahrhundert n. Chr. kodifiziert.

[21] Avoth, I, 1.
[22] a. a. O., I, 10.
[23] s. Buch Daniel, 1: 5 und 8 ff.
[24] *Fichte,* a. a. O., nahm besonders Anstoß daran, daß die Juden durch ihre Religion „von unseren Mahlen, von unserem Freudenbecher und dem süßen Austausch des Frohsinns mit uns von Herz zu Herzen ausgeschlossen" sind.
[25] „Zizith" (= Schaufäden), 4 Mos. 15: 37 und 38.
[26] „Mesusóth" (= Pfosten) 5 Mos. 11: 20.
[27] „Minján" (= Zahl), d. h. die Mindestzahl von 10 Männern, die verlangt wird, um einen „Gemeindegottesdienst" abzuhalten.
[28] *Augustin:* Tractatus adversus Judaeos.
[29] *Klatzkin:* Krisis und Entscheidung, S. 43.
[30] *Höxter:* Quellenbuch, Bd. V, S. 8.
[31] *von Treitschke:* Ein Wort über unser Judentum, S. 1.
[32] Napoleons Aufruf vom 20. 4. 1799 (siehe: *Halevy:* Napoleons „Land of Israel", Jerusalem Post Magazin, 14. 11. 1969 (Englisch). Napoleon hatte übrigens nie sein Hauptquartier in Jerusalem.
[33] Das Dekret datiert vom 17. 3. 1808. (Wegen der Bezeichnung „Das schimpfliche Dekret", s. *Graetz* XI, S. 302 ff.; Dubnow VIII § 23, S. 157—166; *Elbogen:* Ein Jahrhundert, S. 20; *Sachar:* The Course of Modern Jewish History, S. 64.
[34] *Graetz,* S. 275 ff.; *Dubnow* VIII, § 20, S. 139 ff., § 21, S. 141 ff.
[35] *Graetz,* Bd. 11, S. 293 ff.; *Dubnow* VIII, § 22, S. 153 ff.
[36] Napoleon an Champagny, 3. 9. 1806 (s. *Dubnow,* a. a. O., S. 148 f.).
[37] *Graetz,* a. a. O.
[38] *Dubnow,* a. a. O.
[39] *Dubnow,* a. a. O., S. 156 Anm. 1.
[40] Die Abgeordneten des „Großen Sanhedrin" betonten ausdrücklich, daß die Juden der verschiedenen Länder durch keinerlei Zusammengehörigkeitsgefühl verbunden seien: Die französischen Juden fühlten sich den Juden Englands gegenüber durchaus fremd, wie sie auch keine Bedenken trügen, den in den Reihen der feindlichen Heere kämpfenden Stammesgenossen mit bewaffneter Hand entgegenzutreten ... Dubnow kommentiert hierzu: „So ward denn die Formel der nationalen Selbstverleugnung feierlich proklamiert" (*Dubnow* VIII, S. 146/7). Die englischen Juden, deren geschichtliche Entwicklung anders verlaufen war als die der kontinentalen westeuropäischen Juden, hatten für diese — aus Furcht und Servilität geborene — Erklärung kein Verständnis (vgl. den von *Graetz,* XI, S. 301 zitierten Letter to the Sanhedrin, 1808).
[41] *Graetz* XI, S. 160. Graetz bezieht sich in diesem Zusammenhang auf einen Brief der „Rahel" (Levin-von Ense) an ihren Bruder Robert vom 29. 8. 1819 (s. Freund's Monatsschrift, 1843, S. 182).
[42] s. Note 7 auf S. 599—601 von Dr. S. Neumann in der 2. Auflage des 11. Bandes von Graetz (1900).
[43] *Jirmijáhu (Jeremias)* 29: 7.
[44] GZW I, 26.
[45] s. o. S. 19.
[46] Persönlichkeiten wie Josel von Rosheim, der „Befehlshaber der Judenschaft im Heiligen Römischen Reich Deutscher Nation" (um 1478—1554), der mehr als 40 Jahre die Lebensrechte der Juden an den Höfen der deutschen Fürsten und Kaiser vertrat, waren überaus selten. Männer dieser Art (im Hebräischen „Schtadlanim" genannt), konnten natürlich mit den Regierungen, von denen sie aner-

kannt wurden (den Titel „Befehlshaber“ erhielt Josel offenbar von den jüdischen Gemeinden, die er vertrat; er wurde von deutschen Behörden übernommen; s. *S. Stern:* Josel von Rosheim, S. 74 ff.) nicht als gleichberechtigt verhandeln. Sie waren lediglich — wie das hebräische Wort üblicherweise übersetzt wird — „Fürsprecher“, die unentgeltlich tätig waren und deren Ansehen auf dem Gewicht ihrer Persönlichkeit beruhte.

[47] Führend waren der Geschichtsprofessor Rühs und der Jurist und Gründer der historischen Rechtsschule, von Savigny (*Dubnow* IX, 16 ff.).

[48] *Treitschke:* Ein Wort über unser Judentum, S. 1.

[49] Die Prägung dieses Terminus, der die Judenfeindschaft von jedem religiösen Beiklang freimachte, wird dem Gründer der „Antisemiten-Liga“, Wilhelm Marr, einem Halbjuden, zugeschrieben; indessen behauptet der berühmte jüdische Gelehrte Moritz Steinschneider, diesen Ausdruck schon in seinem „persönlichen Kampfbrief gegen Ernest Renan“ verwendet zu haben (hierzu: *Elbogen:* Ein Jahrhundert, S. 635, Anm. 1).

[50] Nach der preußischen Landtagsdebatte schrieb Berthold Auerbach (1812 bis 1882), der volkstümliche Schriftsteller und Spinoza-Forscher, dessen Ehefrau 1848 bei den judenfeindlichen Ausschreitungen in Heidelberg getötet worden war, und der trotzdem während seines langen Lebens um ein friedliches Zusammenleben von Juden und Deutschen bemüht gewesen war, am 23. 11. 1880 an seinen Vetter Jacob Auerbach: „Vergebens gelebt und gearbeitet! Das ist der zermalmende Eindruck, den ich von dieser zweitägigen Debatte im Abgeordnetenhaus habe ...“ (*von Börries:* Selbstzeugnisse, S. 17).

[51] Varnhagen v. Ense: Andenken an Rahel, Bd. I, S. 43; *Graetz,* XI, S. 180; *Dubnow* VIII, S. 262.

[52] „Rom und Jerusalem“, Brief Nr. 5, S. 35 und Nr. 6, S. 56.

[53] *Silberner:* Moses Hess, Abschnitt XIV. 6, S. 427—444.

[54] hierzu: *Dubnow* X, § 22, S. 212—225.

[55] hierzu: *Dubnow* X, S. 122.

[56] Herzl las Pinskers Schrift erst, als seine eigene Programmschrift „Der Judenstaat“ bereits im Druck war (TB 10. 2. 96, II, S. 344). Herzls Schrift, die wie ein „Blitzstrahl“ (*Bein:* Herzl, S. 281) wirkte, reicht weder an Schönheit der Sprache noch an Klarheit der Gedankenführung an Pinskers „Autoemanzipation“ heran.

[57] *Sokolow:* Hibbath Zion, S. 188.

[58] „Chibath Zion“ und „Hibbath Zion“ unterscheiden sich nur in der Schreibweise.

[59] s. hierzu: *Dubnow* X, S. 216 ff.; *Elbogen:* Ein Jahrhundert, S. 250—255. — *Böhm:* Zion. Bewegung, Bd. 1, S. 110 ff. Die Kattowitzer Konferenz, in der Dr. Pinsker zum Vorsitzenden gewählt wurde, und zu der 34 Delegierte kamen, fand vom 6.—11. 11. 1884 statt. Es war die erste Palästina-Konferenz der neuen Zeit (*Elbogen:* Ein Jahrhundert, S. 253). Mit ihr wurde auch der erste zionistische Weltverband geschaffen.

[60] Der Titel der Schrift ist *Jeremias* 8: 22 entnommen.

[61] Die kaum noch erhältliche Schrift wurde mir von Frau Dr. Hanne Lenz, der Enkelin des Verfassers, der ich auch hier meinen Dank aussprechen möchte, zur Verfügung gestellt.

[62] Gegen Ende seines Lebens geriet Börne in den Bann des revolutionären Katholizismus des Abbé Lamennais (*Dubnow* IX, S. 125).

[63] Schon vor seiner Taufe hatte Heine an seinen Freund Moser geschrieben: „Aus

meiner Denkungsart kannst Du es Dir wohl abstrahieren, daß mir die Taufe ein gleichgültiger Akt ist, daß ich ihn auch symbolisch nicht wichtig achte und daß ich mich der Verfechtung der Rechte meiner unglücklichen Stammesgenossen mehr weihen würde." Kurz nach der Taufe schrieb er: „Ist es nicht närrisch. Kaum bin ich getauft, so werde ich als Jude verschrieen ... ich bin jetzt bei Christ und Jude verhaßt. Ich bereue sehr, daß ich mich getauft hab'." Im Jahre 1849 ließ Heine in verschiedenen deutschen Zeitungen eine Erklärung veröffentlichen, in der er — im Stil spöttisch, im Inhalt aufrichtig — schrieb: „... ich bin nicht mehr der ‚freieste Deutsche nach Goethe', wie mich Ruge in gesünderen Tagen genannt hat, ... kein lebensfreudiger, etwas wohlbeleibter Hellene mehr, der auf trübsinnige Nazarener heiter herablächelt — ich bin jetzt nur ein armer, todkranker Jude, ein abgezehrtes Bild des Jammers, ein unglücklicher Mensch." Und einem Freund gegenüber äußerte er sich über seine Taufe: „Ich mache kein Hehl aus meinem Judentum, zu dem ich nicht zurückgekehrt bin, da ich es niemals verlassen habe." (s. Heine-Biographie von *G. Karpeles* in der „Neuen Ausgabe in 12 Bänden" (1887), 1. Bd., S. 77, 79, 145 f.).

64 Außer Riesser waren noch drei andere Juden als Deputierte in Frankfurt: Veit aus Berlin, Kuranda und Hartmann aus Wien (*Dubnow* IX, 321). Keiner dieser Männer genoß damals das volle Bürgerrecht in der Stadt, von deren Bevölkerung er gewählt worden war.

65 Erst vier Jahre vor seinem Tode konnte Riesser in seinem juristischen Beruf tätig sein; er wurde Obergerichtsrat in Hamburg.

66 Für die einschlägigen Zitate siehe *Lichtheim:* Geschichte S. 81—83; einen ähnlichen Standpunkt vertrat der Staatsrechtler Robert von Mohl in seinem Werk „Staatsrecht, Völkerrecht, Politik", in dem er unter der Überschrift „Übereiltes, Unbedachtes und Unfertiges in der Tagespolitik" sich gegen die Emanzipation der Juden aussprach; dabei war er nicht etwa der Vertreter der politischen Reaktion, sondern ein ausgesprochen liberaler Staatsrechtler.

67 *Dubnow* IX, S. 322 f.

68 *Dubnow* a. a. O. und S. 323. — Bismarck erklärte 1847 vor dem Vereinigten Landtag in Preußen: „Ich bin kein Feind der Juden ... ich gönne ihnen auch alle Rechte, nur nicht das, in einem christlichen Staat ein obrigkeitliches Amt zu bekleiden ... Ich gestehe ein, daß ich voller Vorurteile stecke; ich habe sie mit der Muttermilch eingesogen ..." (Zit. bei *Dubnow* IX, S. 56). Es muß darauf hingewiesen werden, daß Bismarcks Erklärung aufrichtiger war als die Robert von Mohls (s. Anmerkung 66 oben), der den Juden politische Rechte einzuräumen bereit war (aktives und passives Wahlrecht), nicht aber die zivilen (Wohnrecht, wirtschaftliche Betätigung usw.), von deren Gewährung die Existenz der Juden — wie die aller Staatsbürger — abhing.

69 *von Treitschke:* Ein Wort über unser Judentum, S. 1: „Sind diese Ausbrüche (scil. die Propaganda gegen die Wahl von Juden in den Landtag) eines tiefen, langverhaltenen Zorns wirklich nur eine flüchtige Aufwallung ...? Nein, nein, der Instinkt der Massen hat eine schwere Gefahr ... des neuen deutschen Lebens richtig erkannt ...".

## 2. Kapitel
## Familiengeschichtliche Hintergründe und frühe Jugend

### I.

Der jüngste Wandel in der jüdischen Geschichte, von dem im vorigen Kapitel die Rede war, vollzog sich mit besonderer Prägnanz in dem Raum, der ungefähr mit dem des „Heiligen Römischen Reiches Deutscher Nation" in seiner weitesten Ausdehnung übereinstimmt. Die relativ kleinen jüdischen Gemeinschaften, die nach den großen Landesverweisungen der Juden aus England, Frankreich, Spanien und Portugal in diesen Ländern noch vorhanden waren[1], vor allem in Frankreich, befanden sich an der Wende zum 20. Jahrhundert bereits in einem so weit fortgeschrittenen Zustand der Assimilation und Auflösung, daß sie von diesem Wandel fast nicht mehr betroffen wurden und daß selbst judenfeindliche Aggressionen, wie sie durch Panamaskandal und Dreyfus-Affäre ausgelöst worden waren, keine renaszierende Wirkung mehr auslösen konnten. Im Osten hingegen waren die großen Massen der Juden, die dort im 19. Jahrhundert unter dem zaristischen Regime oder seinem Einfluß lebten, noch so stark auf sich beschränkt und so intensiv in ihrer Tradition verwurzelt, aber auch so völlig von der sie umgebenden feindlichen Umwelt ausgeschlossen, daß für sie das dieser Untersuchung zugrunde liegende Hauptproblem, die Renaissance des jüdischen Volkes als einer ethnischen und politischen Gemeinschaft, kaum erst entstanden war. Der durch die Ideen der Aufklärung und die ihr folgende Emanzipation geschaffene Wandel in der gesellschaftspolitischen Haltung der Judenheit wirkte sich daher zunächst und hauptsächlich in dem oben bezeichneten Raum aus.

Innerhalb dieses Gebietes gab es im 19. Jahrhundert wiederum wesentliche Unterschiede zwischen der Lebens- und Empfindungsweise in den Ländern der Habsburger Monarchie mit ihrem zentrifugalen Völkergemisch und dem neuen Deutschen Reich mit seiner zentripetalen Tendenz zur Vereinigung der verschiedenen Volksstämme.

Theodor Herzl fühlte sich als ein österreich-ungarischer Jude[2], Walther Rathenau als ein preußisch-deutscher[3].

Dies allein würde die Auswahl dieser beiden Männer für die vorliegende Untersuchung noch nicht rechtfertigen. Maßgebend war vor allem, daß beide demselben Sprach- und Kulturkreis entstammten, daß beide in diesem „Milieu" aufgewachsen und von ihm geprägt worden waren. Ihr

Leben verlief zudem derart, daß ihre Ähnlichkeiten und Verschiedenheiten auch im übrigen einen Vergleich ermöglichen.
Beide lebten in gesellschaftlichen und wirtschaftlichen Verhältnissen, in denen der Umstand, daß sie Juden waren, ihren beruflichen Aufstieg nicht hemmte. Beide erreichten Spitzenpositionen. Beide waren sich auch ihres Jude-Seins bewußt. Beide waren hochbegabte „Männer von Welt", Politiker und Organisatoren besonderen Ranges. Sie hatten beide die Fähigkeit, mit Regenten und Staatsmännern gute und enge Beziehungen zu unterhalten, und sie besaßen beide – jeder in seiner Art – Wirkung auf die Massen.
Herzl wurde im jüdischen Volk der Führer einer Bewegung, die von Jahr zu Jahr mächtiger wurde. In der Auswirkung des von ihm Begonnenen wurde er zum Vater eines Staates – nach seinem Tode.
Rathenau ermöglichte es dem Lande, dem seine ganze Liebe gehörte, den Ersten Weltkrieg weit über die Zeitspanne hinaus zu führen, den Militärs und Fachpolitiker in Betracht gezogen, ja, auch nur für möglich gehalten hatten. Nach dem Zusammenbruch wurde ihm das Ministerium des Wiederaufbaus, später das Außenministerium übertragen, weil er für die damals entscheidenden Männer Deutschlands der einzige zu sein schien, der diese Aufgaben meistern konnte. Aber weite Kreise machten ihn für das Unglück Deutschlands verantwortlich und verfolgten ihn mit einem tödlichen Haß.
Herzl lebte im letzten Jahrzehnt seines Lebens fast nur noch für sein, das jüdische Volk. Er starb, betrauert wie ein Vater, der nicht vergessen wird. Nach der Gründung des Staates Israel überführte sein Volk, gemäß einer letztwilligen Verfügung Herzls, seine Gebeine in das Land, für das er gekämpft und sein Leben geopfert hatte. Der Berg, auf dem er seine letzte Ruhestätte fand, wurde nach ihm benannt.
Auch Rathenau lebte für das Volk, das er liebte. Es war nicht das jüdische, sondern das deutsche, aus dessen Mitte seine Mörder hervorgingen. Unmittelbar nach seinem Tode ging – für eine kurze Zeit – eine Welle ernster und aufrichtiger Trauer durch das deutsche Volk. Es wurde ihm ein feierliches Staatsbegräbnis gewährt. Aber die Welle der Trauer ebbte schnell wieder ab. Ein Archiv, das über „den Mann und sein Werk" in erschöpfender Weise Auskunft geben könnte, hat einmal bestanden. Es existiert nicht mehr[4]. In Deutschland ist Rathenau heute nur noch Gegenstand wissenschaftlicher Untersuchungen; sein Andenken im Volk ist so gut wie völlig erloschen. Das jüdische Volk aber, aus dem er kam, das er nie geliebt und nie verstanden hat, erinnert sich seiner als eines seltsamen Zeitphänomens. Es haßt ihn nicht, obwohl er ihm mehr Schaden und Leid zugefügt hat, als er wohl selbst wußte. Es ist auch nicht stolz auf ihn, wie

es zuweilen stolz auf andere Juden ist, auch auf solche, die das jüdische Volk verlassen haben, und es ehrt sein Andenken nicht einmal in der posthumen Form der Namensgebung für eine Straße, wie es das Andenken an Heine, Disraeli und andere ehrt. Für das jüdische Volk ist Rathenau zu einem Namen geworden, an dessen Erhaltung ihm nicht gelegen ist[5].

So bringen es die Umstände mit sich, daß die beiden Männer wie Pendants einander gegenüberstehen.

Es kommt schließlich noch hinzu, daß, obwohl von den schriftlichen Zeugnissen Herzls noch vieles unveröffentlicht und von denen Rathenaus vieles verloren gegangen ist, doch genügend persönliche Dokumente von beiden vorhanden und dem Interessenten zugänglich sind, um einen genauen Einblick in die innere Einstellung dieser beiden Männer zu den uns hier beschäftigenden Problemen zu gewähren.

Bei der Verwertung des vorhandenen Materials war das Hauptgewicht auf ihre eigenen Äußerungen und auf die Aussagen von Personen zu legen, die mit ihnen in direktem und persönlichem Kontakt gestanden haben. Daß in beiden Fällen eine Prüfung notwendig war, ob gewisse Äußerungen zutreffen, versteht sich von selbst.

Hierbei ist auf eine grundsätzliche Verschiedenheit bei Herzl und Rathenau hinzuweisen: Herzl, der Dichter und Journalist, war sich von dem Zeitpunkt an, als er sich der „Judensache" zu widmen begann, seiner historischen Bedeutung bewußt. Er schrieb – wie ein Chronist – seine „Tagebücher" als Geschichtsquelle[6] und war aufrichtig und erkennbar bemüht, sie mit äußerster Genauigkeit und Zuverlässigkeit zu führen.

Rathenau, der Wirtschaftler und Organisator, war gerade in bezug auf sich selbst ein Künstler, dessen Objekt der Darstellung er selber war. Er hätte die Lüge verachtet, vielleicht als eine unwürdige Konzession an das profanum volgus angesehen, aber er war zu stolz, um seinem Publikum, auf das er mit großer Arroganz herabsah, „die ganze Wahrheit" zu sagen.

Herzl wollte der Nachwelt direkte und genaue Zeugnisse bieten, Material, das in einer späteren Zeit jeder Nachprüfung standhalten konnte. Er wollte keine „Memoiren" hinterlassen, die manchmal sogar unvermeidlicherweise durch Erinnerungsfehler unrichtig werden.

Rathenau haßte es, Auskunft zu geben. Wegen der Anfeindungen, denen er ausgesetzt war, glaubte er zuweilen Auskunft geben zu müssen. Was er dann sagte, war selten falsch, aber es war eben nur das, was er wünschte, daß Umwelt und Nachwelt von dem wahren Sachverhalt erfahren sollten. Oft waren es nur Halbwahrheiten; und er war Künstler genug, seine Darstellung so zu gestalten, daß die Diskrepanz zwischen ihr und der völligen Wahrheit nicht immer bemerkt wurde. Sein Kollege Hans

Fürstenberg sagte einmal von Rathenau: „Es gab bei ihm keinen Platz für eigene Korrekturen, und, wenigstens auf den ersten Blick, auch keinen Platz für fremde Einwände.“[7] Das galt für Tatsachen wie für Ansichten; „auf den ersten Blick“ war kein Raum für fremde Einwände – manchmal aber auf den zweiten Blick.

## II.

Herzl wurde am 2. 5. 1860 in Pest geboren, das erst 1872 mit dem auf dem gegenüberliegenden Ufer der Donau gelegenen Buda oder Ofen zu der Einheits- und Hauptstadt Ungarns, Budapest, vereinigt wurde. In den siebziger Jahren hatte Pest, in dem der größte Teil der jüdischen Gemeinde wohnte, einen durchaus deutschen Charakter. Herzls Freund und erster[8] Biograph, Prof. Leon Kellner, berichtet: „Die Juden waren eben in Ungarn nördlich von der Donau die unbewußten Vorposten der deutschen Sprache und Kultur. Der Meister der deutschen Sprache Max Nordau war in Ungarn geboren und erzogen (worden). Theodor fühlte – so unverständlich es heute[9] den ungarischen Juden und deutschen Christen klingen mag – aufrichtig deutsch wie nur irgendein Gymnasiast in einer national umstrittenen Gegend an der Moldau oder Weichsel.“[10] Daß er durch den Zufall seiner Geburt die ungarische Staatsangehörigkeit besaß, erzeugte in Herzl keine besonderen Gefühle der Liebe zu diesem Land, dessen Antisemitismus er aus der Geschichte seiner Familie und aus seinen eigenen Jugenderlebnissen zur Genüge kannte.

Die Habsburger Monarchie umfaßte ja viele Nationen, Deutsche, Polen, Böhmen, Ungarn, Italiener usw. Sie alle hatten ihre eigenen nationalen Sprachen und irgendwo auch innerhalb des gesamten Reiches eigene Territorien. Sie alle verlangten die Anerkennung ihrer Nationalität, sei es als mehr oder weniger autonome Länder, sei es als privilegierte nationale Minderheiten; vor allem aber verlangten sie überall weitgehende autonome Befugnisse. Die Kämpfe gegen die Regierung und die rivalisierenden Nationalitäten wurden durch viele Jahrzehnte hindurch mit großer Heftigkeit geführt. Eine besondere Rolle spielten in diesem Zusammenhang die Juden, die sich zwar nach der Sprache[11] von den anderen Minoritäten unterschieden, aber nirgendwo ein eigenes Territorium besaßen und darum nicht als nationale Minorität anerkannt wurden[12]. Auf Grund ihrer besonderen historischen Entwicklung fehlte ihnen eine politische Führung und ihren religiösen Führern das Verständnis für die politische Situation. So schlossen sie sich je nach der persönlichen Neigung oder der Bewertung der politischen Kräfteverhältnisse irgendwelchen „anerkannten nationalen Minoritäten“ an, die sie während der Dauer von Wahlkämpfen u. a. duldeten und bereitwillig Wahlspenden von ihnen entgegennahmen, in „normalen Zeiten“ aber befeindeten[13].

Die auffallende Tatsache, daß die Juden der Habsburger Monarchie diesen merkwürdigen Zustand fast klaglos hinnahmen und trotz ihrer traurigen Erfahrungen anscheinend zu keinen neuen Erkenntnissen gelangten, hatte besondere historische Gründe. Noch unter Maria Theresia, von der die jüdischen Historiker sagen, daß sie den Juden mehr Leid zugefügt habe als irgendeiner ihrer männlichen Vorgänger[14], waren die Juden in den Habsburgischen Ländern völlig recht- und schutzlos gewesen. Dies hatte sich langsam, mit Unterbrechungen und Rückschlägen, vom Ende des 18. Jahrhunderts an geändert.

In Ungarn, wo sich Magyaren, Deutsche und Slawen untereinander und mit der Reichsgewalt stritten, war den Juden 1842 auf dem Wege eines Kompromisses zwar nicht die von der ungarischen Ständetafel vorgeschlagene Gleichberechtigung, aber wenigstens – und auch das nur gegen den Widerstand der Magnatentafel und der Wiener Regierung – das allgemeine Wohnrecht (allerdings mit der Ausnahme des Wohnrechts in Bergbaubezirken) und die Befugnis zur Ausübung von Handwerken bewilligt worden[15]. Auf Grund dieser Konzession setzte unter den dankbaren Juden bereits eine Magyarisierungswelle ein, die auch dann nicht aufhörte, als der Nationalistenführer Ludwig Kossuth eine weitergehende Emanzipation verhinderte[16].

Als dann der ungarische Freiheitskampf von 1848/49 begann, und den ungarischen Separatisten wiederum an der Hilfe der Juden und vor allem an ihrem Geld lag, hielten sie die Zeit für eine Neuerörterung des Emanzipationsproblems für gekommen. Die Gleichberechtigung wollten sie ihnen nicht geben, wohl aber das Wahlrecht. Obwohl dies das tägliche Leben der Juden (mit seiner wirtschaftlichen Diskriminierung) nicht gebessert, die Lage der Nichtjuden nicht verschlechtert hätte, also nichts geändert haben würde, genügte es schon, um in einer Reihe von Städten Pogrome der Massen gegen die Juden auszulösen[17]. Die nationale Regierung Kossuth-Batthyany schützte daraufhin nicht etwa die Juden vor dem Mob, sondern benutzte diese Ereignisse als Vorwand, um diejenigen Juden, die inzwischen als Freiwillige in die Nationalgarde eingetreten waren, aus dieser wieder zu entfernen[18].

Der Banus Jelačić fiel auf Verlangen der Wiener Regierung mit seinen Kroaten in Ungarn ein. Sofort wurden die Juden von den Nationalisten wiederum zu Hilfe gerufen. Dieses Mal erhielten sie die uneingeschränkte Gleichberechtigung. Sie eilten in Tausenden zu den Waffen[19] und spendeten große Summen für die Kriegskasse[20]. Es war zu spät. Die Ungarn kapitulierten bei Világos am 13. 8. 1849, zwei Wochen nach der Gewährung der Gleichberechtigung. Der Rest war eine Sache für den Henker. Fürst Windischgraetz, „der Henker von Wien", und General Haynau, „die Hyaene von Brescia", liquidierten den Aufstand mit Massakern unter Juden und Christen. Den jüdischen Gemeinden Ungarns wurde außerdem eine besondere Rechnung wegen ihrer Sympathie für die Revolution und für die Gleichberechtigung präsentiert. Ihnen wurde eine Kriegskontribution von 2 300 000 Gulden auferlegt, eine Summe, die so exorbitant war, daß der Kaiser Franz Joseph sie später auf eine Million ermäßigte.

Es dauerte dann fast 20 Jahre, bevor das Thema der Emanzipation der Juden in Ungarn wieder aktuell wurde. Es geschah dies nach dem österreichisch-ungarischen „Ausgleich" von 1867. Ungarns Bemühungen waren nun begreiflicherweise darauf gerichtet, die komplizierten Verhältnisse im eigenen Land zu konsolidieren und die jüdische Bevölkerung — mehr als 600 000 Menschen[21] — in ihrem Volkskörper zu resorbieren[22]. Die Emanzipation der Juden wurde beschlossen[23]. Der Kultusminister Eötvös versuchte bei dieser Gelegenheit, „die Grundlagen des Judentums dem neuzeitlichen Geist entsprechend zu reformieren"[24]. Zu diesem Zweck berief er im Jahre 1868 einen Kongreß der Führer der jüdischen Gemeinden nach Pest ein, auf dem sich dann die ganze Zerrissenheit, politische Unreife und Unfähigkeit der ungarischen Juden herausstellte. Die „orthodoxen" Juden weigerten sich, mit den „liberalen" (neologen) Juden zu kooperieren. Weder Orthodoxe noch Neologen waren geschlossene Einheiten. Der Kongreß endete damit, daß anstelle einer einheitlichen jüdischen Gemeindeorganisation zwei große und zwei kleine Repräsentationen entstanden[25]. Die jahrtausendelange Entpolitisierung der Juden manifestierte ihre Folgen.

Die Familien Herzl und Diamant, von denen Theodor Herzl abstammte, gehörten zu den Neologenkreisen, die weder an jüdisch-religiösen, noch jüdisch-politischen Fragen interessiert waren. Sie empfanden auch keine besonderen Sympathien für die Magyarisierungsbestrebungen der Regierung. Sie hatten keinen Grund dazu. So pflegten sie — wie die Mehrheit der Pester Juden[26] — nicht die ungarische, sondern die deutsche Sprache und Kultur. Die Familie Herzl im besonderen hatte keine Veranlassung für eine besondere Liebe zu Ungarn. Sie hatte im Laufe der letzten drei Generationen ihre eigenen Erfahrungen mit Ungarn und den ungarischen Behörden gemacht.

## III.

Die Herzls stammten ursprünglich aus dem schlesisch-böhmischen Raum[27]. Die Legende, daß ein Vorfahre Herzls ein spanischer Marrane gewesen sei[28], die durch Herzls brünette Hautfarbe unterstützt wurde, ist unwahrscheinlich. In der ersten Hälfte des 18. Jahrhunderts lebten sie in Belgrad, das durch den Frieden von Passarowitz (1718) zu Österreich gekommen, aber schon 20 Jahre später durch den Frieden von Belgrad (1739) wieder der Türkei zugeteilt worden war.

Die Herzls wanderten damals in das benachbarte Semlin aus, das unter ungarischer Verwaltung stand und „slavonisch"[29] war. Für diesen Akt der „Anhänglichkeit und Treue" an Österreich erhielten sie und dreißig andere jüdische Familien ein lebenslanges Wohnrecht[30]. Lebenslang, aber nicht für alle Zeit. Das Wohnrecht wurde der Familie Herzl wiederholt bestätigt; 1857 aber sollte die Familie dann doch ausgewiesen werden, und es bedurfte erst eines Immediatgesuchs an Kaiser Franz Joseph in Wien, um zu erreichen, daß der Großvater Simon Löb Herzl (1805 bis 1879), der damals schon 52 Jahre alt war, noch einige Jahre in seiner Geburtsstadt leben durfte.

Herzls Großvater war ein kleiner Kaufmann und sehr religiös. Er war der einzige von drei Brüdern, der Jude geblieben war. Die beiden anderen hatten sich taufen lassen[31]. Es war dies um die Zeit, als die Taufe in religiöser Hinsicht zwar kaum mehr als eine Formsache, aber ein sehr brauchbares Mittel war, um der legalen Diffamierung und den Schikanen der Behörden zu entgehen. Was aus diesen beiden Brüdern geworden ist, ist unbekannt. Für ihre Familie waren sie gestorben.

Simon Löb Herzl war ein Zeitgenosse des Vorläufers des Zionismus, Jehuda ben Schlomo Chaj Alkalai (1792–1878)[32], der als Lehrer und Kantor der Sefardischen Gemeinde in Semlin tätig war. Der alte Herzl, obwohl zur aschkenasischen Gemeinde gehörend, wird ihn sicher gekannt haben, wie dies in einer kleinen Stadt unvermeidlich ist. Von einem Einfluß Alkalais auf ihn ist nichts bekannt[33].

Der Vater Theodor Herzls, Jakob (1835–1902), war ein Selfmademan. Seine schulische Ausbildung war rudimentär. Als Kind besuchte er einen „Cheder"[34], wo er die Anfangsgründe des Hebräischen und die jüdische Gebetsliteratur erlernte. Da der Cheder von einem polnischen Juden geleitet wurde[35], war die Lehrsprache Jiddisch, eine Tatsache, die darauf schließen läßt, daß auch im Hause des Großvaters Jiddisch die Umgangssprache war. Ein korrektes Deutsch lernte Jakob Herzl erst in den vier Klassen der „Deutschen Normalschule", mit denen er seine formelle Schulbildung begann und beendete; die Landessprache selbst – Ungarisch – erlernte er erst, als er mit 15 Jahren in Debreczin in die Lehre kam[36]. Als Einundzwanzigjähriger etablierte er sich dann in Pest als Spediteur und Kommissionär. Bereits nach zwei Jahren waren seine Wirtschaftsverhältnisse so gut fundiert, daß er heiraten und eine Familie gründen konnte. Seine Frau Jeanette (1836–1911) war die jüngste Tochter eines begüterten Textilkaufmanns, Hermann Diamant (1805–1871). Aus der Ehe gingen zwei Kinder hervor: eine Tochter Pauline (1859–1878) und Theodor (= Tivadar), Benjamin-Seév[37].

Um wirtschaftlich schneller vorwärts zu kommen, gab Jakob Herzl nach einigen Jahren sein Geschäft auf und wurde Bankier. 1870 war er vermögend genug, um sich zur Ruhe zu setzen. Sein wirtschaftlicher Ehrgeiz veranlaßte ihn jedoch, sich dem spekulativen Holzhandel zuzuwenden, mit dem Erfolg, daß er in der Weltwirtschaftskrise von 1873 sein Vermögen verlor und wiederum von unten beginnen mußte. Er wurde nun Börsenagent und brachte es im Laufe von fünf Jahren wiederum zu einem Vermögen. Da traf die Familie das Unglück, daß die Tochter Pauline an Typhus starb. Die Mutter, die den wirtschaftlichen Zusammenbruch ohne zu klagen und tapfer überstanden hatte, verfiel in eine Depression. Um seine Frau aus ihrem Krankheitszustand zu befreien, beschloß Jakob Herzl, den Wohnsitz zu wechseln[38]. Die Stadt, die den kulturellen und politischen Bedürfnissen der Familie Herzl am ehesten entsprach, war Wien. Hier war Jakob Herzl beruflich nicht mehr tätig. Sein Vermögen reichte aus, um ihm und seiner Familie ein komfortables Leben zu gewähren und dem Sohn Theodor ein sorgenloses Studium zu ermöglichen.

Theodor Herzl, der damals unmittelbar vor dem Abitur stand, verließ die Schule, Geburtsort und Geburtsland mit den Eltern, die sich von ihrem nunmehr einzigen Kind nicht mehr trennen wollten, ohne großes Bedauern. Er hatte in der Schulzeit eigene Erfahrungen gemacht, die ihm die Trennung von Ungarn nicht schwer und die Umsiedlung nach Wien wünschenswert machten.

## IV.

Herzl berichtet in seiner Selbstbiographie über seine Schulzeit mit den Worten: „Ich kann nicht leugnen, daß ich in die Schule ging."[39] Positiveres konnte er offenbar nicht sagen, wohl aber Negatives.

Die ersten Jahre (1866–70) verbrachte Herzl in der „Pester Israelitischen Normalhauptschule", also in einem so völlig jüdischen Milieu, daß die Bezeichnung „Ghetto" nahezu gerechtfertigt gewesen wäre. Daß er aber dabei viel über das Judentum gelernt hätte, wird nicht berichtet. Seine fast völlige Unwissenheit auf jüdischem Gebiet spricht gegen eine solche Annahme. 1870 trat er dann in die „Pester Städtische Oberrealschule“ ein, da er damals – ein Kind von 10 Jahren – große Pläne hatte: Er wollte – dem Beispiel seines Idols, Ferdinand von Lesseps, folgend – auch einen Panama-Kanal bauen[40]. Den Eltern war es gleichgültig, ob Herzl eine realistische oder eine humanistische Schulbildung erhielt. So besuchte er denn fünf Jahre lang diese Schule, die – sozusagen – eine „offizielle“ Mittelschule war. Er lernte dort zwar nicht viel, machte aber dafür seine ersten Erfahrungen mit dem ungarischen offiziellen Antisemitismus, der an dieser Schule herrschte. Die Spannung zwischen Christen und Juden wurde Herzl um so stärker fühlbar, als 1873 seine „Konfirmation“ stattfand. Dieses religiöse Ereignis, das auf Hebräisch „Bar-Mizvah“ („Sohn des Gesetzes“) heißt und bedeutet, daß das Kind nunmehr formell als „erwachsen“[41] gilt, wurde durch einen Sonderunterricht vorbereitet, in dem er der Geschichte seines Volkes nähergebracht wurde.

Kurz vor seinem Tode erzählte er seinem Biographen Brainin[42], er habe damals geträumt, Moses habe ihn zu dem König Messias gebracht und diesem gesagt: „Um dieses Kind habe ich gebetet“. Dann habe er sich an das Kind gewandt mit den Worten: „Geh, und verkünde den Juden, ich werde bald kommen und Wunder und Großtaten vollführen für mein Volk und die ganze Welt.“ Ich glaube nicht, daß diesem Traum, der von manchen Forschern[43] untersucht worden ist, eine besondere Bedeutung zukommt. Er ist einer der üblichen Großtaten- und Rettungsphantasien der Adoleszenz, durch den Bar-Mitzvah-Unterricht auf dieses spezielle Thema gelenkt. Im übrigen traten besondere Empfindungen für das jüdische Volk, falls sie überhaupt bestanden hatten, bald wieder in den Hintergrund.

1874 gründete Herzl mit sechs Mitschülern, die alle charakteristische jüdische Namen führten[44], einen kurzlebigen „belletristischen Verein“ mit dem bescheidenen Namen „Wir“, verfaßte seine Statuten, wurde sein erster und einziger Präsident[45] – er war damals 14 Jahre alt – und offenbar auch sein aktivstes Mitglied. Es ist bezeichnend, daß dieser Verein ausschließlich die deutsche Sprache kultivierte, offenbar als Gegengewicht zu der Schule mit ihrem betonten ungarischen Patriotismus. Die „Werke“, die dort verfaßt und vorgetragen wurden, behandeln nicht ein einziges jüdisches Thema.

Herzl, der damals seinen Traum, ein zweiter Lesseps zu werden, bereits ausgeträumt hatte, wollte nunmehr Schriftsteller, und zwar ein deutscher Schriftsteller werden. Jüdische Interessen hatte er jedenfalls nicht.

Die antisemitischen Spannungen in der Realschule müssen mit der Zeit für Herzl unerträglich geworden sein. Das Beispiel, das er selbst erwähnt, daß nach der Ansicht des Klassenlehrers die Juden zu den „Heiden“ zu

rechnen seien und daß dies ihn verletzt habe, ist nicht überzeugend. Überzeugender ist, daß er „von der Realschule genug" hatte[46].
Um seine formelle Mittelschulbildung abzuschließen, trat er nunmehr (1875) in das „Evangelische Gymnasium"[47] ein. Der Grund, den er selbst angibt, war, daß er eine „klassische" Anstalt besuchen wollte. In der Tat hat sich Herzl eine ausgezeichnete klassische Bildung angeeignet[48]. Mit ein Grund dürfte gewesen sein, daß die jüdischen Schüler in diesem „Evangelischen Gymnasium" die Mehrzahl bildeten, und deshalb nicht über irgendwelche Judenhetzen zu klagen hatten[49].
Herzl war in der neuen Schule ebensowenig ein Musterschüler wie in der alten. Er verfügte über eine rasche Auffassungsgabe, ein gutes Gedächtnis und eine große geistige Beweglichkeit, die ihm ermöglichten, mit seinen Klassenkameraden Schritt zu halten, auch wenn er, wie zumeist, unvorbereitet zur Schule kam. Er war freundlich im Umgang, witzig in der Ausdrucksweise, gewandt in der Diskussion, alles Eigenschaften, die wir bei Herzl, dem Mann, wiederfinden werden. Seinem Alter gemäß gab er sich sarkastisch, manchmal ironisch und liebte es, den Eindruck zu erwecken, dem damals modischen Nihilismus zu huldigen. Er war nicht gerade beliebt, aber für seine Mitschüler und Lehrer recht interessant. Dem Judentum stand er fern. Über religiöse Dinge äußerte er sich mit einem spöttischen Zynismus[50].
Schülerfreundschaften, die zu Bindungen für sein ganzes Leben geworden wären, hatte er weder mit Juden noch mit Nicht-Juden. Seine Haltung zu den Ungarn kommt in einem Brief zum Ausdruck, den er in seiner Studentenzeit im Jahre 1882 an seinen Freund Kana schrieb:

„In der Zeit meines Fernseins ist Ungarn noch viel ungarischer geworden. Leider! Wie manche meiner Freunde und Kollegen und socii malorum beim Professor, der Ungarisch vortrug, haben sich mittlerweile zu äußerst ungarischen Trotteln herangebildet! Sie können zwar kein Ungarisch, sprechen es aber doch mit großer Hartnäckigkeit, und wer Sonnenberg hieß, heißt jetzt Muranyi, wer Feigelstock Figalyi ... Das ist doch stramm. Ich habe hier mit großer Konsequenz keine Silbe Ungarisch geredet ..."[51]

## V.

Das Berlin, in dem Walther Rathenau am 29. September 1867 geboren wurde, war nicht mehr dasselbe, in das der junge Moses Mendelssohn etwas mehr als 100 Jahre zuvor verängstigt und halb verhungert gekommen war. Ausnahmegesetze gegen Juden bestanden zwar formell zum Teil noch, waren aber praktisch weitgehend und für den reichen Juden so gut wie völlig obsolet geworden. Auch die Stadttore waren noch vorhanden, sie waren aber nur noch Platz- und Straßenbezeichnungen. Man fragte die neu zugewanderten Juden nicht mehr nach dem Ziel und Zweck ihrer Reise. Das christliche wie das jüdische Berlin hatte sich – nicht zuletzt unter dem Einfluß von Juden – gewandelt. Die „Salons“[52] der Rahel Levin, der Henriette Herz, der Dorothea Mendelssohn, in denen sich um die Wende des 18. Jahrhunderts alles zu versammeln pflegte, was geistiges Interesse hatte, beginnend bei dem Prinzen Louis Ferdinand, den Gebrüdern Humboldt, Schleiermacher, Schlegel, Gentz hatten Berlin ein kulturell neues Gesicht gegeben, und aus der dumpfen Stadt der Militärs und Polizeigewaltigen eine geistig aufgeschlossene gemacht.

Das gebildete christliche Publikum jener Zeit erkannte in Berlin und zum Teil im übrigen Deutschland ein Anrecht der Juden auf eine Gleichberechtigung nach und nach an[53], auf wirtschaftlichem Gebiet allerdings mit der Reservation für – sozusagen – „wohlerworbene Rechte“, die den Juden den Zugang zum Detailhandel und den handwerklichen Gewerben erschwerten, und auf den geistigen Gebieten, vor allen Dingen denen, die vom Staat beherrscht wurden, die Zulassung durch Nichtberücksichtigung von Bewerbungen um Ämter in der Verwaltung und an den Universitäten und – selbstverständlich – durch Nichtaufnahme in das Offizierskorps unmöglich machten. Im Großhandel, der Finanzwirtschaft, der Industrie, den freien Berufen, der Presse, dem Theater usw. fanden sie Betätigungsgebiete und erregten Widerstände nur bei denen, mit denen sie im Wettbewerb standen und die dann leicht von „Verjudung“ sprachen.

Eine Verschmelzung von Christen und Juden, besonders in den geistig und kulturell aufgeschlossenen, vor allem aber in den Kreisen, die „das jüdische Geld“ anzog, bahnte sich an. Viele der kultivierten und assimilierten, vor allem aber der reichen Juden, darunter die Nachkommen Mendelssohns, ließen sich taufen. Sie legten dann gewöhnlich kein Gewicht mehr auf die Betonung ihrer jüdischen Herkunft. Der „Goodwill“, den ihre jüdisch gebliebenen Eltern für sich selbst, aber auch für die jüdische Gemeinschaft im Ganzen erworben hatten, geriet – zusammen mit den Salons – langsam in Vergessenheit. Und nach einer Reihe von Jahrzehnten erinnerte, wie Rathenau es in seinem ersten Aufsatz nannte, in dem er sich mit den Juden befaßte, „nur noch ein gewisser ironischer Atavismus des Äußeren, eine Malice Abrahams, an den Glauben der Väter“[54].

In seinem zweiten Buch, „Reflexionen“, gab er jener Epoche eine Deutung eigener Prägung:

„Etwa um 1790 entstand in Deutschland die Gesellschaft in der Bedeutung einer Gemeinschaft der Gebildeten. Sie war bürgerlich, denn der Adel bedurfte keines Bindemittels.

In Berlin traten, neusüchtig und wohlhabend, die Juden in den Vordergrund.
Die Kennzeichen dieser embryonischen Gesellschaft: Bespiegelung, Kunstsucht, Bildungsehrgeiz, Geistreichheit finden sich heute in den Übergangsgesellschaften, die jetzt peripherisch geworden sind, wie aller Zentralluxus von heute zum peripherischen Luxus von morgen wird.
In den obskuren Vierteln der Großstadt und in den Provinzen findet man heute die Rahel Levin, Henriette Herz, David Veit und alle Größen von 1820 wieder."[55]

Rathenaus Deutung war originell, wie vieles, das er schrieb. Es war deshalb noch nicht richtig. Seine Bemerkung könnte übergangen werden, wenn sie nicht auf eine wesentliche Stufe in seiner eigenen Entwicklung hinweisen und über ihn selbst Auskunft geben würde. Rathenau sah in jener Zeit – und er war damals bereits ein erwachsener Mann – alles, was mit Juden und Judentum zusammenhing, unter einem negativen Vorzeichen, und er gab seiner Ansicht über „die Juden" in seinem ebenso offenen wie schamlosen Aufsatz „Höre, Israel!" Ausdruck. Auf diesen gehe ich weiter unten (im 9. Kapitel) ein. Zunächst gebe ich ein Situationsbild der deutschen Judenheit gegen Ende des 19. Jahrhunderts.

## VI.

In Preußen, wo zu Beginn des 19. Jahrhunderts Männer wie Hardenberg noch den Grundsatz „Gleiche Rechte, gleiche Pflichten" vertreten und den Juden gegenüber eine emanzipationsfreundliche Haltung eingenommen hatten, die schließlich dazu führte, daß wenigstens den Juden des „alten Preußens" durch das Emanzipationsedikt von 1812 eine Gleichberechtigung gewährt wurde, wurde in der Zeit der erneuten Reaktion (zwischen 1815 und 1848) die Lage der Juden zum mindesten im öffentlichen Leben wieder so eingeschränkt, daß von einer Gleichberechtigung selbst in dem beschränkten Raum, in dem das Judenedikt galt, nicht mehr die Rede sein konnte[56]. Unter dem Eindruck der Märzrevolution von 1848 hatte der Vereinigte Landtag zwar in aller Eile einen Verfassungsentwurf gutgeheißen[57], der „den Genuß der bürgerlichen und staatsbürgerlichen Rechte vom religiösen Bekenntnis unabhängig" machte, die „revidierte Verfassung" vom 31. 1. 1850 hatte sogar die Gleichberechtigung von Staatsangehörigen verschiedener Religionen in dem die Religionsfreiheit garantierenden Artikel 12 ausdrücklich bestätigt; die Praxis war aber anders. Was gesetzlich nicht erlaubt war, wurde durch Verwaltungsanordnungen erreicht. Auf Grund ministerieller Anweisungen wurden Juden nicht zu Richterämtern, ja, nicht einmal zu den juristischen Prüfungen zugelassen und damit nicht nur von den Richterämtern, sondern auch von der Anwaltschaft ausgeschlossen. Dasselbe galt für die Lehrtätigkeit und zwar nicht nur an den Universitäten, sondern auch an den Schulen. Eine Grundsatzentscheidung von 1851 sanktionierte diesen Zustand mit dem Hinweis darauf, daß Juden zwar nicht versagt werden könne, „die Qualifikation zu Staatsämtern jeder Art zu erwerben, daß aber die Erlangung dieser Qualifikation noch kein Recht auf Verleihung eines bestimmten Staatsamtes begründe . . .“[58]

Dem reaktionären Herrenhaus war dies nicht genug. Gemäß der von Friedrich Julius Stahl[59] vertretenen Theorie vom „christlichen Staat“ verlangte es die Aufnahme einer Verfassungsklausel, daß für die Ausübung eines Staatsamtes die Zugehörigkeit zur christlichen Kirche erforderlich sein solle. Das ging aber sogar dem reaktionären Minister Manteuffel zu weit. Er hielt eine derartige Verfassungsänderung nicht für nötig, da die Juden ja ohnehin bereits auf dem Verwaltungswege von den Staatsämtern ferngehalten wurden[60].

An dieser Verwaltungspraxis änderte sich auch nichts, als 1869 zunächst der Norddeutsche Bund und 1871 das neue Deutsche Reich „alle noch bestehenden, aus der Verschiedenheit des religiösen Bekenntnisses hergeleiteten Beschränkungen der bürgerlichen und staatsbürgerlichen Rechte“ aufhob und in der Verfassung ausdrücklich erklärte: „Insbesondere soll die Befähigung der Teilnahme an der Gemeinde- und Landesvertretung und zur Bekleidung öffentlicher Ämter vom religiösen Bekenntnis unabhängig sein“[61].

Für viele Juden war die (praktische) Diskrimination, die weiter anhielt, zwar beschämend, auch wenn sie nicht beabsichtigten, öffentliche Ämter auszuüben. Sie verglichen dann aber die noch beschämenderen Verhältnisse, unter denen ihre Väter gelebt hatten, mit den Rechten, die ihnen nunmehr widerwillig und nur mit halber Hand zugestanden worden waren, und begnügten sich mit dem Erreichten. Nicht alle empfanden – wie der Historiker Heinrich Graetz (1817–1891) – die Gleichberechtigung als nichts anderes als „ein wohlerworbenes Recht für tausendfache Leiden, wie sie kaum ein Volk auf Erden in diesem Maß und in dieser Dauer erduldet hat, und für überraschende Leistungen, wie sie wiederum kaum eine Rasse in dieser Art hervorgebracht hat“[62].

Es gab noch eine dritte Gruppe, die das Verhalten der Staatsorgane sogar in Ordnung fand. Zu dieser Gruppe gehörte Walther Rathenau. In dem bereits erwähnten Aufsatz „Höre, Israel!“ schrieb er:

„Der Staat hat Euch zu Bürgern gemacht, um Euch zu Deutschen zu erziehen.“

Und er fuhr mit der Gehässigkeit, die den ganzen Artikel erfüllt, fort:

„Ihr seid Fremde geblieben, und verlangt, er (der Staat!) solle nun die volle Gleichberechtigung aussprechen? Ihr redet von erfüllten Pflichten: Kriegsdienst und Steuer. Aber hier war mehr zu erfüllen als Pflichten: nämlich Vertrauen. Man redet viel vom Rechte des Schwächeren; dieses Recht besteht, aber es läßt sich nicht ertrotzen. Keinen Stein wird man Euch wegräumen und keinen Schritt ersparen ...“[63]

Die Diskriminierung fand er im Grundsatz berechtigt, aber er war davon überzeugt, daß es zwei verschiedene Gruppen von Juden gab: „Das Stockjudentum“, gegen das sich zu wehren der Staat berechtigt, und ein „Patriziertum unter den Juden“, das nur „wenigen außen Stehenden“ bekannt sei, die „ihren höchst konservativen Neigungen gemäß bereitwillig anerkannt werden“, nämlich von der nichtjüdischen Umwelt[64]. Er selbst rechnete sich natürlich zu den Patriziern. Über die „bereitwillige Anerkennung“, die er selbst erfuhr, wird weiter unten zu berichten sein.
Wäre er nicht der hochbegabte, vermögende, einflußreiche und stets Aufsehen erregende Mann gewesen, der er wirklich war, so wäre die jüdische und auch die deutsche Geschichte über ihn vielleicht mit einem Achselzucken hinweggegangen. Aber Rathenau war eine Persönlichkeit, die stets im Rampenlicht stand; und sein Schicksal war darum auffallend und ungewöhnlich. So wurde er einer jener Männer, die in der deutschen Geschichte und zum Wohle Deutschlands eine bedeutsame Rolle spielten. Aber gewertet wurde er als Jude mit allen Nebenerscheinungen einer jüdischen Existenz seiner Zeit.

Es erscheint angebracht, die soeben erwähnten drei Gruppen im Rahmen der historischen Entwicklung des 19. Jahrhunderts zu klassifizieren:
Die erste Gruppe setzte nur die Entwicklung fort, die die jüdische Gemeinschaft im Prinzip seit dem Beginn der Diaspora durchgemacht hatte. Dies waren Juden – orthodox oder liberal –; in jedem Fall Juden, die Juden bleiben wollten, die sich nicht von der jüdischen Gemeinschaft trennen wollten, von der sie annahmen, daß sie nur eine Religionsgemeinschaft sei; sie blieben selbst dann Juden, wenn sie areligiös waren und wußten, daß nicht das Band der Religion sie mit ihren „Brüdern in der Diskrimination durch die Umwelt“ verbindet. Sie folgten dem Rat des Propheten Jeremias an die Exilanten in Babylon[65], erfüllten getreulich die ihnen vom Staat auferlegten persönlichen (militärischen) und wirtschaftlichen (steuerlichen) Verpflichtungen, beteten für den Frieden des Staates, in dem sie lebten, und hofften, daß sie „in seinem Frieden Frieden haben“ würden. Sie litten damals weniger als ihre Vorfahren, deren größere Unterdrückungen und Leiden ihnen nur allzu gegenwärtig waren,

und sie trösteten sich damit, daß sie selbst zwar keine „auserwählten" Menschen waren, daß aber ihre Gemeinschaft, sei sie nun Volk oder Religionsgemeinschaft, Träger einer Mission für die Menschheit sei[66].
Die zweite Gruppe war stolz und selbstbewußt genug, ihren eigenen Wert zu kennen. Sie litt nicht so sehr unter der wirtschaftlichen wie unter der gesellschaftlichen Diffamierung durch eine Umwelt, die sich weigerte, alte Vorurteile einer sachlichen Nachprüfung zu unterziehen. Sie hoffte, daß auch die sie umgebenden Völker einmal die Ungerechtigkeit ihrer Vorurteile einsehen würden, wenn man sie nur hinreichend aufklärte[67]. Sie waren stolz auf ihr Judentum, obwohl die Umwelt ihnen ununterbrochen zu verstehen gab, daß kein Grund für einen Stolz gegeben sei.
Die dritte Gruppe hatte die Grenzlinie zwischen Juden und Nichtjuden bereits überschritten. Sie sah sich selbst mit den Augen ihrer Feinde. Rathenau gehörte zu dieser Gruppe. Er war zu klug um anzunehmen, daß seine Feinde an ihm jemals „die Malice Abrahams" übersehen würden. So bekannte er sich formell zum Judentum, dessen Verleugnung ihm nichts geholfen hätte. Später folgte eine winzige Splittergruppe von deutschen Juden, die sogenannten, Naumannianer, seinen Lehren, die er inzwischen selbst — allerdings nur stillschweigend — wieder verlassen hatte. Die „Naumannianer"[68] wurden durch die Entwicklung der dreißiger Jahre aus den Blättern der Geschichte fortgewischt, ohne Spuren zu hinterlassen.

## VII.

Die Eltern Rathenaus waren ein sehr ungleiches Paar. Emil Rathenau (1838–1915) war der typische Unternehmer-Kapitalist der zweiten Hälfte des vorigen Jahrhunderts: ein Mann, der die wirtschaftlichen Möglichkeiten neuer Ideen und ihre Grenzen erfaßte, diese Möglichkeiten in rastloser Arbeit ausschöpfte, weder sich noch seine Mitarbeiter dabei schonte und die Aufgaben, die er sich gestellt hatte, im Rahmen der allgemeinen Volkswirtschaft so vorzüglich zu lösen verstand, daß es ihm gelang, innerhalb der Gesamtwirtschaft ein eigenes Wirtschaftsimperium zu errichten, wie es nur wenige in Europa und kein anderes auf seinem Spezialgebiet gab. Daß er selbst dabei enorm reich wurde, war für ihn nicht das Wesentliche, denn er war persönlich bedürfnislos. Aber — zum Kummer seiner Familie und der Belegschaften seiner Unternehmen — begriff er nicht, daß andere Bedürfnisse haben können. Sein Freund und Bankier, der wegen seines scharfen ausgesprochen jüdischen Witzes berühmte Carl Fürstenberg, prägte auf ihn das Wort: „Emil Rathenau begreift und bewilligt alles bis zum Betrage von drei Mark, dann kommt eine große Lücke, innerhalb deren er finanzblind ist. Erst bei drei Millionen fängt sein Verständnis wieder an."[69] Die Bedürfnisse seiner Familie, seiner Angestellten und Arbeiter waren natürlich immer in diesem Zwischenraum der Finanzblindheit. Sie litten alle, vor allem seine Familie[70]. Seine Frau war von Haus aus an einen anderen Lebensstil gewöhnt; sie nahm die Knauserigkeit ihres Ehemannes nicht einfach widerspruchslos hin. Heftige Auseinandersetzungen, manchmal in Anwesenheit des besonders sensitiven Sohnes Walther, waren unvermeidlich[71]. Emil Rathenau war dabei nicht ohne Familiensinn. Es zeigte sich dies allerdings hauptsächlich in seiner Verbundenheit mit dem zweiten Sohn, Erich (1871 bis 1903), dessen vorzeitiger Tod ihn so erschütterte, daß seine Freunde ernsthaft für den Verstand dieses Beherrschers eines Riesenkonzerns fürchteten[72]. Erich Rathenau war allerdings, im Gegensatz zu seinem vier Jahre älteren Bruder, ein unauffälliger Mensch und gehorsamer Sohn.

Die Beziehungen zwischen Walther Rathenau und seinem Vater waren so lange gespannt, ja, geradezu ausgesprochen feindlich, als der Sohn in einem wirtschaftlichen Abhängigkeitsverhältnis zu seinem Vater stand. Rathenaus Biograph Graf Kessler verglich diese Beziehungen mit denen zwischen Friedrich Wilhelm I. und seinem genialen Sohn, Friedrich II. Emil Rathenau baute ein Wirtschaftsimperium auf, das im Rahmen des in jener Zeit Erreichbaren gewaltig war. Walther Rathenau ging weit darüber hinaus. Der Aufbau dieses Riesenkonzerns erschöpfte weder seine Fähigkeiten noch seine Arbeitskraft. Er strebte nach weiteren Horizonten: Das „Reich der Seele" war sein Persien, die große Politik sein ersehntes Betätigungsfeld, die Wiederherstellung des guten Namens des besiegten und gedemütigten Deutschlands die Aufgabe, für die er sein Leben hingab.

Bei dieser Konstellation, die im Beginn der achtziger Jahre natürlich noch nicht erkennbar war, obwohl die Voraussetzungen für sie schon bestanden, war eine Katastrophe kaum zu vermeiden. Ein Selbstmordversuch, den Walther Rathenau beabsichtigte und vielleicht sogar machte, scheiterte. Er war vielleicht nicht völlig ernst gemeint, denn er hätte sein Leben zur Unzeit abgebrochen, und Rathenau mußte sein Schicksal erfüllen, in dem Sinn, mit dem Kessler die Einleitung seiner Biographie beschließt:

„Rathenau trug in sich Schicksal! Man fühlte ein geheimnisvoll und unerbittlich wie ein körperliches Organ in ihm Wirkendes, dem äußere Umstände bloß Stufen auf der Leiter zu einem innerlich geahnten und gefürchteten Ziele waren. Und Schicksal in diesem Sinne hat unter Millionen Einer!"[73]

Emil Rathenaus erster Wirtschaftsaufstieg begann, als er, 1863, im Alter

von 25 Jahren zusammen mit seinem Schulfreund Vallentin für 75 000 Thaler die kleine Maschinenfabrik von N. Weber im Norden von Berlin erwarb. Zehn Jahre später – im Krisenjahr 1873, in dem der Vater Herzl sein Vermögen verlor – veräußerte er diesen Betrieb und erlöste dabei für seinen Anteil ein Vermögen von 900 000 Mark[74].
Nicht der enorme Kapitalgewinn ist hier das Wesentliche, sondern die Einsicht dieses werdenden Industrietitanen, daß sein Betrieb ihm auch bei sich erholender Wirtschaft kein geeignetes Betätigungsfeld eröffnet haben würde. Er suchte zehn Jahre lang nach einer solchen Wirtschaftschance, bis er sie in den europäischen Patenten Edisons fand. Diese Jahre rastlosen Suchens müssen für seine Familie schwer erträglich gewesen sein. Geld war ja vorhanden, denn auch Frau Rathenau stammte aus einem zur Zeit der Eheschließung wohlhabenden Hause, und Emil Rathenau war nach dem Verkauf seines Unternehmens ja schon fast ein Millionär; aber das Kapital und sogar die Zinsen waren nicht für den Verbrauch bestimmt. An dem wachsenden Reichtum des alten Rathenau war die Familie nur insofern beteiligt, als er ihr ständig seine Sorgen, seine Pläne und die Überlegungen, die er über sie anstellte, mitteilte[75]. Dabei neigte er zu depressiven Verstimmungen, die er seiner Familie nicht verhehlte.
Dann begann Emil Rathenaus zweiter und phänomenaler Aufstieg. 1883 gründete er mit der Hilfe eines Bankenkonsortiums die „Deutsche Edison-Gesellschaft für angewandte Elektrizität", aus der später (1887) die „Allgemeine Elektrizitätsgesellschaft" – die AEG – hervorgegangen ist, mit einem Grundkapital von 5 Millionen Mark. Der Sohn Walther war damals 16 Jahre alt. Als Walter Rathenau acht Jahre später – im Alter von 23 Jahren – vor der endgültigen Berufswahl stand, entschied er sich für den neu entstehenden Industriezweig der Elektrochemie, weil schon damals dies der einzige Zweig der Elektrotechnik war, auf die die Unternehmungen des Vaters noch nicht ihre Hand gelegt hatten[76].
Es ist charakteristisch für Walther Rathenau, daß er trotz seiner Gegnerschaft zum Vater nicht ernsthaft erwog, seine berufliche Betätigung auf einem ganz eigenen Gebiet zu suchen, bei dem er mit dem Vater nicht hätte kollidieren können. Zweifellos war der Grund nicht der, daß er sich auf dem von ihm gewählten Gebiet für besonders begabt hielt, denn auf der Höhe seiner wirtschaftlichen Betätigung war für ihn die Elektrochemie nur eines von vielen Gebieten, mit denen er sich befaßte[77]. Ich nehme an, daß er sich dessen bewußt war, daß er eines Tages doch der Nachfolger seines Vaters sein würde – er, kein anderer. Diese Fähigkeit zu realistisch-kühlen Berechnungen bei einem im Grunde leidenschaftlichen und phantasievollen Menschen gehört mit zu den wesentlichsten Eigenschaften Walther Rathenaus.

Als Walther Rathenau in die AEG eintrat – um die Wende des Jahrhunderts – betrug deren Aktienkapital schon sechzig Millionen Mark, das Gründungskapital hatte sich verzwölffacht. Bei dem Tode Emil Rathenaus, 32 Jahre nach der Gründung – als Walther Rathenau im Alter von 48 Jahren die Leitung übernahm –, betrug es 184 Millionen Mark[78].
In seiner Grabrede für den Vater rühmte Walther Rathenau an dem Verstorbenen, daß er „kindlich und einfach und dennoch der Wahrheit vermählt und mit dem Blick begnadet gewesen sei, der das Dunkle durchdringt"[79]. Auch Etta Federn-Kohlhaas berichtet von Emil Rathenau, daß er „einfältig und bescheiden" gewesen sei und von sich gesagt habe, seine Begabung werde überschätzt, er habe nur Glück gehabt[80]. Dieser Ausspruch, wenn er je getan worden ist, ist ebenso unrichtig wie die Bewertung durch die Biographie seines Sohnes. Emil Rathenau war ein wirtschaftlich ungewöhnlich hochbegabter Mann, der in gleicher Weise Vision und Kritik, organisatorisches Talent und Arbeitskraft, aber kein Verständnis für seine Umwelt hatte; nur war er extrovertiert und sein Sohn introvertiert.
Für Dinge außerhalb seines Berufs und seiner Familie hatte Emil Rathenau kein Interesse. Er war Jude, weil er der Sohn jüdischer Eltern war. Er kümmerte sich nicht um jüdische Angelegenheiten. Aber auch er hatte – sozusagen – einen Restbestand an jüdischem Bewußtsein, wie sich bei Gelegenheit der Eheschließung seiner Tochter herausstellte[81]. Er hatte eine Jüdin geheiratet, weil sich das so gehörte; außerdem war sie aus wohlhabendem Haus und sehr ansehnlich; manche sagen, sie sei schön gewesen. Daß sie künstlerische Interessen hatte, wird er kaum bemerkt, sicherlich nicht geschätzt haben. Daß die junge Frau eine Persönlichkeit von eigenem Gepräge war, wird ihm wahrscheinlich erst aufgefallen sein, als sie geldliche Forderungen an ihn stellte, die zu erfüllen er unter keinen Umständen bereit war.
Mathilde Rathenau, geb. Nachmann, die Mutter, kam aus Frankfurt a. Main und stammte angeblich von dem berühmten sephardischen Rabbi Moses Ben Nachman ab. Diese Behauptung, an die der Sohn vielleicht glaubte, ist nicht fundiert[82]. Daß er seinen Bekannten gegenüber diese Fiktion ab und zu aufrechterhielt, mag darauf zurückzuführen sein, daß in Westeuropa[83] sephardische Abstammung als etwas Vornehmes angesehen wurde. Die Mutter soll an religiösen Problemen interessiert gewesen sein. Auch das ist fraglich. Als Etta Federn-Kohlhaas bei der Vorbereitung ihrer Rathenaubiographie Frau Rathenau nach religiösen Kämpfen des Sohnes in seiner Jugend fragte, antwortete diese erstaunt: „Hat je ein Kind über solche Dinge mit seiner Mutter gesprochen?"[84] Für eine „jüdische Mutter" ist das eine geradezu erstaunliche Antwort. Die

Enkelin, Frau von Mangoldt, bestätigt[85], daß im Hause Emil Rathenaus die Feiertage zwar gefeiert wurden; aber es waren nicht die jüdischen, sondern die christlichen, und sie waren „immer sehr trostlos". Daß bei dieser Sachlage Frau Rathenau jüdische Kenntnisse gehabt haben und sich sogar für die jüdische Mystik, die Kabbala, interessiert haben sollte, ist nicht anzunehmen. „Eine echte und stolze Jüdin", wie ihre Enkelin meinte, mag sie deswegen doch gewesen sein[86].

Von der Berliner „Gesellschaft", in der Frau Rathenau nicht übergangen werden konnte, nachdem die Kaiserin selbst bei ihr zum Tee zu Gast gewesen war[87], wurde sie nicht ohne Vorbehalt akzeptiert; man empfand sie als „sauer"[88]. Vermutlich war sie sich nur ihres Wertes bewußt und nicht bereit, die Haltung einer „in Hofkreisen Geduldeten" einzunehmen. Sie war musikalisch, verfügte über eine gründliche Bildung und über ein ungewöhnliches Wissen. Im Verkehr mit der Umwelt war sie – wie Kessler es nennt – „herb". In ihrer Jugend war sie „mit ihrem eigenen Mann und mit ihren Kindern leidenschaftlich eifersüchtig"[89], im Alter von einer Abgeklärtheit und Weisheit, die im Gegensatz zu ihrem leidenschaftlichen Temperament stand[90]. Der Brief, den sie nach der Ermordung ihres Sohnes an die Mutter des Mörders Techow sandte und der von allen Biographen wegen seiner Schönheit und seiner ethischen Haltung wiedergegeben wird, ist ein Dokument menschlicher Größe, wie man es nur selten findet.

Aus der Ehe von Emil und Mathilde Rathenau gingen drei Kinder hervor; der erstgeborene Sohn Walther, vier Jahre später der frühverstorbene Sohn Erich und schließlich die erst 1883 geborene Tochter Edith, um die sich beide Eltern nicht allzusehr bekümmerten, der Vater, weil er angeblich keine Zeit hatte, und die Mutter, weil angeblich „Mädels nicht ihr Fall" waren[91]. Gerade diese Tochter war tief religiös. Sie litt unter der Tatsache, daß sie Jüdin war[92], und suchte im christlichen Glauben religiöse Befriedigung zu finden. Sie heiratete früh – mit 19 Jahren – den Bankier Fritz Andreae und war bereit, sich taufen zu lassen. Der an religiösen Dingen sonst völlig uninteressierte Vater widersprach mit einer an sich unerklärlichen Schärfe und Unbeugsamkeit. Die Trauung zwischen dem Christen Andreae und der Jüdin Rathenau konnte daher auch nicht in Preußen vorgenommen werden. Edith Rathenau ließ sich dann einige Jahre später taufen[93].

## VIII.

Walther Rathenau besuchte viele Schulen und war in keiner ein guter Schüler[94]. Er war zu selbständig im Denken und Betragen, als daß er sich der Disziplin von Instituten hätte fügen können, die auf Durchschnittsschüler eingestellt waren. Daß dies in der Familie zu Konflikten führte, war nahezu zwangsläufig[95]. Er absolvierte die Schule in Rekordzeit — mit 17 Jahren[96], nachdem er sich kurz vor dem Abitur mit einer Gewaltanstrengung das für die Prüfung erforderliche Schulwissen angeeignet hatte[97]. Es entsprach dies einem Grundzug seines Charakters: ein verfolgtes Ziel unter allen Umständen zu erreichen und sich nicht durch momentane Schwierigkeiten abschrecken zu lassen. Einige Jahre später spielte sich ein Vorfall ab, der eine Parallele zu dieser Abiturvorbereitung ist: In dem „Zersetzungsraum" eines chemischen Werks, in dem Rathenau Alkalilauge herstellen wollte, hatten sich Dämpfe von so üblem Geruch entwickelt, daß die Arbeiter schließlich die Arbeit verließen. Daraufhin übernahm Rathenau die Durchführung des Prozesses und bediente eine ganze Nacht hindurch die Apparate selbst[98].

Wann und in welcher Weise Rathenau zum ersten Mal mit der „Judenfrage" konfrontiert wurde, läßt sich nicht feststellen; sicherlich spätestens in der Schule, wenn Angaben über seine Personalien gemacht werden mußten[99].

In seiner 1911 erstmalig erschienen Schrift „Staat und Judentum, eine Polemik" schreibt er:

> „In den Jugendjahren eines jeden deutschen Juden gibt es einen schmerzlichen Augenblick, an den er sich zeitlebens erinnert: wenn ihm zum ersten Mal voll bewußt wird, daß er als Bürger zweiter Klasse in die Welt getreten ist und daß keine Tüchtigkeit und kein Verdienst ihn aus dieser Lage befreien kann"[100].

Falls dieser „schmerzliche Augenblick" ihm in der Schule erspart war — was unwahrscheinlich ist —, muß er spätestens eingetreten sein, als er sein „Einjähriges" bei den Pasewalker Kürassieren abdiente und nicht zum Leutnant der Reserve befördert wurde, weil er Jude war[101]. Hierüber läßt sich nichts aus den erhaltenen Dokumenten feststellen. Ich bin überzeugt davon, daß auch vor der Zerstörung des Rathenau-Archivs nichts hätte gefunden werden können. Die Aufbewahrung eines solchen Papiers hätte seinem Charakter widersprochen.

Zwei Eigenarten, die für das Verständnis Rathenaus besonders wichtig sind und die sich bei ihm schon in seiner frühen Kindheit zeigten, sind hier zu erwähnen: Die Fähigkeit, sich von der Umwelt unabhängig zu machen, und die, sich von ihr abzuschließen.

Frau Rathenau lehnte körperliche Züchtigung als pädagogisches Mittel ab und begnügte sich erforderlichenfalls damit, ihren Sohn „in die Ecke zu stellen". Das Kind vereitelte den Zweck dieser Strafmaßnahme durch eine „lächelnde Gelassenheit", mit der er „heiter lächelnd und gänzlich unbekümmert (dort) ohne Trotz blieb, bis sie ihn aus einem zwingenden Grund, wie der Heimkehr des Vaters oder des abendlichen Schlafengehens hervorholen mußte"[102]. Die Reaktion des Kindes kann nicht das Ergebnis einer Überlegung gewesen sein. Sie beruhte offenbar auf einer inhärenten Freiheit von Einflüssen der Umwelt. In späteren Jahren haben Freunde und wohlgesinnte Beobachter diese Haltung ebenfalls bemerkt und dafür besondere Bezeichnungen gefunden. Kessler sprach von der „gläsernen Mauer", die er zwischen sich und der Umwelt errichtete; Emil Ludwig sagte, „er ließe niemanden ein in die Cella seiner Seele; zu diesem Tempel war die Tür so schmal wie die seines Hauses"[103]. Sein Verleger Samuel Fischer nannte ihn „den Gralshüter seines Innern"[104].

Von derselben Unabhängigkeit – diesmal aber schon als das Ergebnis der selbständigen Beurteilung einer besonderen Situation – zeugt ein Vorkommnis aus Rathenaus Schulzeit im Berliner Wilhelms-Gymnasium. Frau Rathenau war zu einer der öffentlichen Prüfungen erschienen und hatte in einer der ersten Reihen des Auditoriums Platz genommen. Der Sohn mußte sie bemerkt haben. Seine Reaktion war, auf keine der an ihn gerichteten Fragen eine Antwort zu geben. Die beschämte Mutter wollte ihn zu Hause mit Vorwürfen empfangen. Er entwaffnete sie aber dadurch, daß er „sehr unbekümmert und vergnügt ankam und sie gleich fragte, ob sie bald wieder zu einer Prüfung kommen würde"[105].

Daß Rathenau ein schlechter Schüler war, hätte sicher nicht ausgeschlossen, daß er wenigstens einen Teil der Fragen hätte beantworten können. Aber er ertrug es nicht, „vorgeführt" zu werden, besonders nicht vor einem Publikum, für das er keine Achtung empfand. So wählte er als Gegenmaßnahme einen Weg, der eine Wiederholung einer solchen Zurschaustellung ausschloß. Kessler beobachtete eine „fast krankhafte Empfindlichkeit", sobald jemand auch nur den leisesten Versuch machte, ihn gegen seinen Willen zu beeinflussen.

In seinen „Aphorismen", von denen Kessler vermutet, daß sie in Rathenaus Bitterfelder Jahren (1892–99) geschrieben wurden, heißt es: „Hüte dich, Mensch, daß sie dich nicht lieben wie ein schönes Tier, nicht aus Liebe, sondern aus Habsucht".

Rathenau war zu keiner Zeit seines Lebens bereit, sich in Besitz nehmen zu lassen. An Frau Deutsch schrieb er:

„Ich bin im Besitz von Mächten, die ... mein Leben bestimmen. Es kommt mir so vor, ... als ob ich geführt werde, sanft, wenn ich mich füge, rauh, wenn ich widerstrebe ..."[106]

Ob diese Formulierung der Wirklichkeit entsprach, oder ob es sich hier um eine spezifisch Rathenau'sche Beschreibung handelt, mag dahingestellt bleiben. Was er sagen wollte, ergibt sich aus einigen späteren Sätzen desselben Briefes, in denen es heißt: „Ich will, was ich muß, sonst nichts. Und was ich muß, das sehe ich, wie ein nächtlicher Wanderer mit der Laterne, nur wenige Schritte voraus." Er fühlte sich getrieben, nicht treibend.

In seinem äußeren Auftreten machte er zu keiner Zeit den Eindruck, nicht der absolute Herr seiner Gedanken und seiner Taten zu sein. Formulierungen wie die zitierten wurden daher oft als „unecht" empfunden, und es ist daher nicht erstaunlich, daß gerade die Adressatin dieses Briefes, von der weiter unten noch zu berichten sein wird, fünf Jahre nach dem Tode Rathenaus über ihn zu Kessler sagte: „An Rathenau war alles unecht, nur der Machtwille nicht und sein Innenleben."[107]

## Anmerkungen

[1] Die hauptsächlichsten Judenvertreibungen in Westeuropa fanden statt:
durch Edward I. aus England im Jahre 1290,
durch Philipp den Schönen aus Frankreich im Jahre 1306 und nach Rückberufung und jahrzehntelanger Erpressung erneut,
durch Karl VI. im Jahre 1394,
durch Ferdinand aus Aragonien und Isabella von Kastilien aus Spanien im Jahre 1492, und durch Manuel aus Portugal im Jahre 1497.
Im deutschen Reich wirkten sich die sporadischen Ausweisungsbefehle der verschiedenen Territorialgewalten nicht so vernichtend aus wie in den vorgenannten Reichen mit ihren stärkeren Zentralgewalten, da die Juden — wenigstens manchmal — die Möglichkeit besaßen, in Nachbarländer, die nicht mehr oder noch nicht „judenrein" waren, auszuweichen, oder in die slavischen Länder des Ostens, vor allem nach dem damals großen Polen, auszuwandern.

[2] Herzl selbst bezeichnete sich als „deutscher Jude aus Ungarn" („Rede an die Rothschilds", GZW, II, S. 195).

[3] Rathenau an Schwaner, 18. 8. 1916, Briefe I, Nr. 208, S. 220 ff.; vgl. auch den Brief an Schwaner vom 23. 1. 1916, Briefe I, Nr. 191, S. 202 ff.

[4] Brief der AEG-Telefunken, Berlin, vom 6. 6. 1969, an den Verfasser dieser Arbeit, sowie Brief vom 26. 6. 1969 von R. Marsch an A. Reichert (Brief ist im Besitz des Verf.).

[5] *von Mangoldt:* Auf der Schwelle, S. 171: „Später, als die Wogen des politischen Ruhms meinen Onkel immer höher trugen, wurde er wieder liebevoll als einer der ihren betrachtet." Das ist zweifellos unrichtig. S. unten.

[6] In der Einleitung zu seinen achtzehn (zionistischen) Tagebüchern (1895—1904) — in dieser Arbeit „Tagebücher" genannt —, die er von Pfingsten 1895 bis Mai 1904 führte, spricht Herzl von seinem Bestreben, die ungeschminkte Wahrheit zu berichten, wie folgt: „... ich sage mir in der Ehrlichkeit dieser Aufschreibung — die völlig wertlos wäre, wenn ich mir etwas vorheuchelte — ich sage mir ..." (TB-Einleitung II, 5). Gelegentlich — TB 14. 8. 97, III 16 — nennt er seine Ta-

gebuchnotizen die „Eintragungen in dieses Schiffsbuch der neuen Mayflower" usw.

[7] *Fürstenberg:* Kommentar, S. 393.

[8] Kellners „Lehrjahre" wurden schon 1911 abgeschlossen, aber erst 1920 veröffentlicht. Die Friedemann'sche Biographie, die schon 1914 veröffentlicht wurde, ist daher die zweite.

[9] 1911 (s. Anm. Nr. 8)

[10] *Kellner:* Lehrjahre, S. 17.

[11] Sie sprachen in den Ländern ihrer größten Konzentration (Böhmen, Mähren, Galizien, Ungarn) entweder ein gutes Deutsch oder das vom Deutschen abgeleitete „Judendeutsch", das seit einigen Jahrzehnten „Jiddisch" genannt wird. (Herzl äußerte sich zu diesem Sprachenproblem in seiner „Rede an die Rothschilds" (GZW II, S. 195): „. . . übrigens glaube ich, daß die Hauptsprache (i. e. im „Judenstaat") die deutsche sein wird. Ich folgere es aus unserem verbreitetsten Jargon, dem ‚Jidendeutsch'. Nur werden wir uns auch diese Ghettosprache drüben abgewöhnen. Es war die verstohlene Sprache von Gefangenen . . .")

[12] s. *Dubnow,* vor allem in Bd. X, S. 74 f.

[13] Vgl. z. B. die Aufsätze Herzls aus den Jahren 1897 und 1898, wieder abgedruckt in Herzls GZW I: Die Jagd in Böhmen (25. 11. 97), S. 216 ff., Die entschwundenen Zeiten (10. 12. 97), S. 249 ff. und Feuer in Galizien (24. 6. 98), S. 296 ff.

[14] *Graetz* X, S. 393 f., *Dubnow* VII, S. 284.

[15] *Dubnow* IX, S. 152.

[16] *Dubnow* a. a. O., S. 153 f.

[17] *Dubnow* a. a. O., S. 370 ff.

[18] *Dubnow* a. a. O., S. 372; *Elbogen:* Ein Jahrhundert, S. 56.

[19] *Dubnow* a. a. O. Unter den Freiwilligen war auch ein Bruder der Mutter Herzls, Wilhelm Diamant, der über seine Teilnahme an dem ungarischen Freiheitskampf im Jahre des „Ausgleichs" (1867) eine amtliche Bestätigung erhielt (*Bein:* Herzl, S. 15).

[20] *Dubnow* a. a. O., S. 374; *Elbogen* a. a. O.

[21] Die Zahlen sind an die *Dubnow* IX, S. 380 Anm. 1, adaptiert.

[22] Der Initiator der neuen ungarischen Grundgesetze, Franz Deák, begründete seine Forderung einer Judenemanzipation vor dem ungarischen Reichstag damit, daß man die jüdische Bevölkerung um jeden Preis an das Magyarentum fesseln müsse und darum nicht hinter Österreich, das die Juden bereits emanzipiert hatte, zurückbleiben dürfe.

[23] *Elbogen:* Ein Jahrhundert, S. 57.

[24] Der Baron Eötvös, der — im Gegensatz zu Kossuth — schon in den Jahren 1839 f. die Emanzipation der Juden verlangt hatte, erhoffte sich hiervon eine „Besserung" der Juden (*Dubnow* IX, S. 153). Er vertrat dabei ähnliche Ideen wie ein halbes Jahrhundert zuvor der preußische Kriegsrat Christian Wilhelm Dohm, ein Freund Mendelssohns, in seiner 1781 erschienenen Schrift „Über die bürgerliche Verbesserung der Juden".

[25] *Elbogen* a. a. O., S. 58.

[26] s. o. S. 33.

[27] *Bein:* Herzl, S. 11 f. (s. auch Dr. Paul Diamants „Ahnentafel" bei *Bein:* Herzl, S. 700 f. Anm. A.).

[28] *Friedemann:* Herzl, S. 11; *Bein* a. a. O.

[29] Die Verwaltung oblag dem „Slavonischen Generalkommando", das grundsätz-

lich den Juden den „beständigen Aufenthalt“ und erst recht „die Ansässigkeit“ in den gefährdeten Militärgrenzen versagte, in deren Gebiet man auf besonders „zuverlässige Einwohner“ Wert legte. *Bein:* Herzl, a. a. O.

[30] *Bein:* Herzl, a. a. O.

[31] *Bein:* Herzl, S. 12, *Stern:* Die genetische Tragödie, S. 28.

[32] *Böhm:* Zion. Bewegung, Bd. I., S. 73.

[33] Nach *Jaffe:* A Herzl Reader, S. 29 war Simeon Löb Herzl ein Mitglied der Alkalay'schen Synagogengemeinde. Beweise für diese Behauptung sind nicht angegeben. Die Tatsache dieser angeblichen Gemeindezugehörigkeit wäre noch kein Indiz für den Einfluß Rabbi Alkalay's auf den Großvater Herzls.

[34] Cheder (hbr.) gleich Zimmer ist eine primitive jüdische Vorschule, die von nicht ausgebildeten Lehrern — meist in Jiddisch — geführt wurde.

[35] *Bein:* Herzl, S. 14; *Kellner:* Lehrjahre, S. 7.

[36] *Bein:* Herzl, a. a. O., *Kellner:* Lehrjahre, S. 8.

[37] Herzls hebräische Namen, dem „Jakobssegen“ (1 Mos. 49: 27) entnommen, wurden später Pseudonym für seine Aufsätze in der „Welt“ und in einem Teil seiner Korrespondenz mit zionistischen Freunden.

[38] *Bein:* Herzl, S. 41.

[39] Selbstbiographie, GZW I, 11.

[40] s. TB 21. 1. 03, GZW IV/335.

[41] Der Ausdruck „strafmündig“ dürfte den Rechtszustand des Bar-Mizva wohl besser bezeichnen.

[42] *Brainin:* Chajej Herzl, Bd. I, S. 16 ff.

[43] *Bein:* Herzl, S. 25, *Löwenberg:* Theodor Herzl, A Psychoanalytic Study, S. 4 (MS), *Mahrer:* Herzl's Return, S. 28—33.

[44] W. Diamant, Julius Reich, Ernst Izsaky, Koloman Weißberger, San Deutsch und G. Schwarz.

[45] Friedemann hielt diese Vereinsgründung Herzls für so bedeutsam, daß er die Statuten und einen Auszug aus dem Register des „Wir“ in dem Urkundenanhang seiner Herzlbiographie zum Abdruck brachte (S. 123—127). In der Tat zeigen sich in diesen Statuten bereits fast alle Charakteristika, die Herzl als Präsident der Kongresse zeigte.

[46] Selbstbiographie, GZW I, 11 f.

[47] In dem überwiegend katholischen Ungarn war die Schaffung eines „evangelischen“ Gymnasiums an sich schon ein erkennbarer Protest der nicht-katholischen Bevölkerung gegen die religiöse und nationale Haltung der Lehrer in der „Städtischen Realschule“ mit ihrem vorwiegend katholischen Charakter. Für die evangelischen Schüler war aber die Intoleranz der Realschullehrer normalerweise doch leichter ertragbar als für die jüdischen; so werden sie in ihr eigenes Evangelisches Gymnasium nur dann eingetreten sein, wenn besondere Gründe es erforderlich machten. Für die jüdischen Schüler, die unter dem Antisemitismus zu leiden hatten, der in der Städtischen Realschule vorherrschte, war das Verbleiben in der Realschule aber so unerträglich, daß die empfindlicheren von ihnen den Ausweg in die evangelische Schule begrüßten. Dies erklärt ihr zahlenmäßiges Überwiegen hier.

[48] Vor allem seine Novellen „Epaphroditus“ (Über den Tod Sullas) und „Solon in Lydien“ (später in einen Dreiakter umgearbeitet) sind Zeugnisse des großen Einfühlungsvermögens Herzls in althistorische Themen.

[49] Selbstbiographie, a. a. O.

[50] Bericht des Advokaten Szécsi, eines früheren Schulkameraden Herzls im Evangelischen Gymnasium von Pest (abgedruckt bei *Bein:* Herzl, S. 34).
[51] Abgedruckt bei *Kellner:* Lehrjahre, S. 18.
[52] *Graetz* XI, S. 152—158; *Dubnow* VIII, S. 254—262.
Rathenau an Frau Deutsch, abgedruckt bei *Kessler:* Rathenau, S. 52 (ohne Datum). *Graetz* XI, S. 626 f. (Note 7) hält Gentz für den „mutmaßlichen Urheber" jener berühmten Fälschung des Wortes „von" in das Wort „in" in der Wiener Bundesakte von 1814, durch die den Juden in Frankfurt a/M. und den Hansestädten die Gleichberechtigung wieder entzogen wurde, weil sie ihnen nicht „von", sondern nur „in" ihnen (durch die französische Besatzungsmacht) verliehen worden war.
[53] Bezeichnend ist ein Prolog, den der Schauspieler Fleck im Berliner Nationaltheater im August 1788 vor der Aufführung des Shakespeareschen Kaufmann von Venedig sprach. (z. T. abgedruckt in *Dubnow* VIII, S. 27).
[54] „Höre, Israel!" S. 9 („Höre, Israel!" erschien zuerst unter dem Pseudonym W. Hartenau in der „Zukunft" im Jahre 1897; später in Rathenaus erstem Buch „Impressionen" (1902), S. 1 ff.).
[55] Die „Reflexionen" erschienen 1908. Das Zitat befindet sich in den „Ungeschriebenen Schriften", Nr. CXLVI, S. 248; es ist unter dieser Überschrift in GS, Bd. 4, S. 227 f. aufgenommen.
[56] Das Judenedikt vom 11. 3. 1812 galt nur in Preußen zur Zeit, als es erlassen wurde, d. h. in Brandenburg (außer der Lausitz und dem Kreis Cottbus), einem Teil der Provinz Sachsen, in den Provinzen Preußen (außer dem Kulmer und Michelauer Kreis), der Stadt Thorn und einem Teil des Gebiets von Danzig, der Provinz Pommern (außer dem Regierungsbezirk Stralsund) und der Provinz Schlesien (außer der Oberlausitz). (s. *Rieger:* Das Judenedikt von 1812, S. 36). Die Juden der Provinz Posen, die etwa 40% der preußischen Judenheit ausmachten, genossen nicht die Privilegien des Judenedikts. Im ganzen preußischen Staatsgebiet galten für die Juden um jene Zeit 18 verschiedene Rechtssysteme. In den folgenden Jahren wurde das Gebiet, in dem das Judenedikt galt, durch eine Reihe von Dekreten weiter eingeschränkt. Ein zusammenfassendes Dekret aus dem Jahre 1830 bestätigte deren Gültigkeit (s. *Dubnow* IX, 35 ff.). Über die Voten des Innenministers Schuckmann und des Vertreters des Finanzministeriums Wohlfahrt, s. *Dubnow* a. a. O., S. 37.
[57] Der Verfassungsentwurf vom 6. 4. 1848 sah vor: „Der Genuß der bürgerlichen und staatsbürgerlichen Rechte ist vom religiösen Bekenntnis unabhängig." Dieser Grundsatz wurde dann wörtlich in die preußische Verfassung vom 31. 1. 1850 übernommen.
[58] *Dubnow* IX, S. 329. Daß diese Interpretation der Verfassung juristisch vertretbar ist, kann ebensowenig bestritten werden wie, daß sie dem Geiste der Verfassung widerspricht.
[59] Stahl hatte sich 1819 taufen lassen und seinen Namen aus Julius Jolson in Friedrich Julius Stahl geändert. Er war der Begründer der Theorie des „Christlichen Staates" und der legitimistisch-christlich konservativen Partei (der späteren Junkerpartei), die reaktionär und antisemitisch war. (*Elbogen:* Ein Jahrhundert, S. 616, Anm. 7).
[60] *Dubnow,* a. a. O.
[61] *Freund:* Die Emanzipation der Juden in Preußen, Bd. II, S. 520 ff. (522).
[62] *Graetz:* Vorwort zum 11. Band (5. Aufl. [1909] S. XV), mit dem er seine „Geschichte der Juden" abschloß; aber schon im 5. Band hatte sich Graetz zu

einem nationalen Charakter der jüdischen Geschichte, im Gegensatz zu der religions- und kirchengeschichtlichen Auffassung bekannt. (s. hierzu Vorwort vom April 1870, S. V). Vgl. ferner *Bloch:* Heinrich Graetz: ein Lebens- und Zeitbild (1904) Vorwort S. VII: „Seine Anschauungen (i. e. die von Graetz) müssen im wesentlichen als zionistisch bezeichnet werden, obwohl damals an einen Zionismus mit den heutigen Tendenzen noch nicht zu denken war. In seinem Kreis stand er freilich mit solchen Ansichten allein . . .")

63 „Höre, Israel!", a. a. O., S. 7 (s. unten Kap. 9).

64 „Höre, Israel!", a. a. O., S. 10 f.

65 *Jirmijahu (Jeremias)* 29: 7. (siehe oben S. 20).

66 *Schustermann:* Mission of Israel, in: Universal Jewish Encyclopedia", Bd. 7, S. 582.

67 Vgl. hierzu die sehr anschauliche Schilderung in Weizmanns Memoiren, S. 52 bis 55, über seine Erlebnisse in dem Internat Dr. Barness in Pfungstadt.

68 „Verband Nationaldeutscher Juden" gegründet von dem Rechtsanwalt Dr. Max Naumann (Jüd. Lexikon, Bd. V, Sp. 1167 f.)

69 *Federn-Kohlhaas:* Rathenau, S. 24 f.; dieser Ausspruch ist oft — mit geringen Abweichungen — zitiert worden, so auch von *Mangoldt:* Auf der Schwelle, S. 12.

70 *Wilde:* Rathenau, S. 11, 13; *Kessler:* Rathenau, S. 24 f.; s. auch *Mangoldt,* a. a. O., S. 12 ff.

71 *Kessler:* Rathenau, S. 24 f.

72 *Kessler,* a. a. O., S. 65.

73 *Kessler,* a. a. O., S. 8.

74 *Federn-Kohlhaas,* a. a. O., S. 22.

75 Eine sehr gute Darstellung gibt Rathenau von seinem Vater — dessen Namen er natürlich nicht erwähnt — in seinem Essay „Zur Physiologie der Geschäfte".

76 s. „Apologie" Ziff. 2, S. 80 f.

77 Zwei Tage nach Rathenaus Ermordung veröffentlichte Hugo Stinnes, einer seiner heftigsten und unfairsten Gegner, über Rathenau im „Berliner Lokalanzeiger" vom 26. 6. 1922 eine „Würdigung", in der er Rathenaus Bedeutung zwar nicht leugnete, sie aber noch nachträglich durch eine Verlegung seiner Werte herabsetzte. Er führte aus, Rathenau hätte einen verkehrten Begriff von sich selber gehabt. Er habe sich für einen Staatsmann und einen Kaufmann gehalten. Er sei beides nicht, wohl aber auf technischem Gebiete das größte Genie im Deutschen Reich gewesen.

78 *Berglar:* Rathenau, S. 272 f.

79 Gedächtnisrede für Emil Rathenau, 23. 6. 1915, GS Bd. 5, S. 16.

80 *Federn-Kohlhaas:* Rathenau, S. 26.

81 s. unten S. 48.

82 Die mit großer Bestimmtheit vorgebrachten Angaben der Enkelin, Frau von Mangoldt —, Auf der Schwelle, S. 11 — über den Vorfahren Moses Ben Nachman und den Gersoniden „Rebbe" Jehuda Ben Gerson — vielleicht meinte sie den Rabbi Gerschom Ben Jehuda mit dem Beinamen „Meór Hagolah" (= die Leuchte der Diaspora) — bedürften sehr viel genauerer Tatsachenangaben, bevor sie akzeptiert werden können. „Rebbe" ist ein (formloser) Titel, der fast ausschließlich auf chassidische Rabbiner angewendet wird. Er ist die jiddische Form des hebräischen „Rabbi". Die Verwendung dieses Titels für den Rabbi Gerschom zeigt, daß Frau von Mangoldt sich offenbar keine Mühe gegeben hatte, die Angaben über die Herkunft ihrer mütterlichen Vorfahren nachzuprüfen.

83 Vgl. hierzu *Treitschke:* Ein Wort über unser Judentum, S. 2.

[84] *Federn-Kohlhaas:* Rathenau, S. 29.
[85] *Mangoldt:* Auf der Schwelle, S. 169.
[86] *Mangoldt* a. a. O., S. 24. Daß Rathenau selbst an seine sephardische Herkunft geglaubt hat (oder wünschte, daß andere an sie glauben), bezeugt u. a. eine Äußerung von Frau Deutsch, die Kessler in seinen Tagebüchern vermerkte: „Als sie einmal schwer krank gewesen sei, habe er ihr gesagt: ‚Wenn Sie wieder wohl sind, fahren wir nach Granada und Sevilla, dort gehören wir hin, dort ist unsere Heimat' (er meinte bei den Mauren und Arabern)." S. auch *Blei:* Das große Bestiarium, abgedruckt bei *Wilde:* Rathenau, in der Zitatensammlung „Zeugnisse"; s. ferner: *Hillard:* Herren und Narren, S. 228, der in einem Vergleich mit Montaigne von der Mutter Rathenaus — als etwas Selbstverständliches — sagt, sie sei „sephardischer Abstammung" gewesen. Ebenso *Kessler:* Tagebücher, 23. 4. 27 (S. 263).
[87] *Mangoldt* a. a. O., S. 20.
[88] *Fürstenberg:* Kommentar, S. 442.
[89] *Kessler:* Rathenau, S. 17.
[90] *Federn-Kohlhaas:* Rathenau, S. 20.
[91] *Mangoldt* a. a. O., S. 20.
[92] *Mangoldt* a. a. O., S. 23 und S. 24.
[93] *Mangoldt* a. a. O., S. 172.
[94] *Federn-Kohlhaas:* Rathenau, S. 26; *Kessler:* Rathenau, S. 26.
[95] *Kessler* a. a. O.
[96] *Rathenau,* Apologie, S. 80; *Wilde:* Rathenau, S. 185 (als Anmerkung zu Elbogens „Geliebter Sohn" schreibt Wilde, daß Rathenau bei einer Prüfung durchgefallen sein müsse. — Es kann sich hier, falls Wildes Vermutung richtig ist, um keine entscheidende Prüfung gehandelt haben, da Rathenau seine Abschlußprüfung in ungewöhnlich jungem Alter ablegen konnte.)
[97] *Federn-Kohlhaas:* Rathenau, S. 27.
[98] *Kessler:* Rathenau, S. 34.
[99] Vgl. *Mangoldt* a. a. O., S. 24 über die Schulerlebnisse ihrer Mutter, wenn sie als „Konfession des Vaters" die Antwort „mosaisch" gab.
[100] GS., Bd. 1, S. 188 f.
[101] *Federn-Kohlhaas,* a. a. O., S. 43; *Wilde,* a. a. O., S. 27. Die Annahme Fürstenbergs (Kommentar, S. 396), daß „das Nichtbefördertwerden zu Offizieren nicht ... eine rassische Zurücksetzung war, sondern eine grundsätzliche Ablehnung aller Bürgerlichen", ist kaum überzeugend.
[102] *Federn-Kohlhaas:* Rathenau, S. 23.
[103] *Ludwig:* Genie und Charakter, S. 135.
[104] Neue Rundschau IX/1926, S. 324.
[105] *Federn-Kohlhaas:* Rathenau, S. 28.
[106] *Kessler:* Rathenau, S. 76.
[107] *Kessler:* Tagebücher, 21. 11. 1927, S. 554. (Es scheint geboten zu sein, die Aussagen von Frau Deutsch, wie sie in Kesslers Tagebüchern vom 21. und 23. 11. 1927 registriert sind, mit starken Vorbehalten anzunehmen, da Frau Deutsch zum mindesten „eine interessierte Partei" war.)

# 3. Kapitel
# Entscheidende Entwicklungsjahre

## I.

Die Studienjahre Herzls (1878–1884) und Rathenaus (1884–1889) fielen in den Zeitraum, in dem die alte Judenfeindschaft neue Kraft, eine neue Ideologie und einen neuen Namen erhielt: die Zeit des „Antisemitismus" begann.

Wilhelm Marr, der angebliche[1] Autor dieser Bezeichnung, war der Sohn eines jüdischen Schauspielers. Im Jahre 1879 hatte er eine „Antisemiten-Liga" mitbegründet und für sie eine Flugschrift mit dem Titel „Der Sieg des Judentums über das Germanentum" und dem Motto „Vae victis!" veröffentlicht. Der Jude war für ihn nicht mehr das mystische Ungeheuer des Mittelalters, das Hostien schändet, Brunnen vergiftet und Christenblut für die Vorbereitung des jüdischen Osterfestes verwendet, sondern ein im Orient verhaßt gewesener Semitenstamm, der durch Rom von Palästina nach Europa verpflanzt worden war, und nun, nachdem er durch die Emanzipation die Gleichberechtigung erhalten hatte, sich anschickte, Deutschland zu „verjuden". Das erschien ihm durchaus möglich zu sein, denn „der Jude" verfügte ja – wie Marr genau zu wissen glaubte – über die Presse, hatte Einfluß auf die gesetzgebenden Körperschaften und wohl bald auch auf die Regierung selbst. Das Ziel der Antisemiten-Liga, die später „Deutscher Reformverein" genannt wurde, war, „das deutsche Vaterland vor der vollständigen Verjudung zu retten"[2].

In ähnlicher Weise argumentierte Adolf Stöcker, der 1878 eine „Christlich-soziale Arbeiterpartei" gegründet hatte, in der Arbeiterschaft jedoch keinen Anklang fand und seine Partei in die „Christlich-soziale Partei" umbenannte, die sich nunmehr nicht mehr an die Arbeiter wandte, sondern ihre Anhängerschaft in der Hauptsache aus den Kreisen der Handwerker, Krämer, Handlungsgehilfen, Beamten und Gastwirte rekrutierte, also aus Angehörigen des Mittelstandes, „die von dem mittelalterlichen Bürgertum mit seinen Zünften und Gilden deren Feindseligkeit gegen die Juden ererbt hatte"[3]. Für Stöcker, der unmöglich als ungebildet angesehen werden kann, da er die sehr geachtete Stellung eines Dom- und Hofpredigers in Berlin bekleidete und lange Jahre Reichstags- und preußischer Landtagsabgeordneter war, war es nicht ganz sicher, ob die Juden nicht vielleicht doch kleine Christenkinder schlachteten[4].

Den vereinten Bemühungen von Marr und Stöcker u. a. gelang es, eine Massenbewegung ins Leben zu rufen, die nicht nur die Ungebildeten, sondern auch die Studentenschaft ergriff[5]. Der praktische Erfolg dieser Bestrebungen war zunächst auf dem Gebiet der Innenpolitik eine großangelegte Petitionsaktion, die eine weitgehende Einschränkung der Gleichberechtigung der Juden bezweckte[6]. Noch bevor diese Petition im Jahre 1881 dem Reichskanzler übergeben wurde, kam es dann im preußischen Landtag zu einer zweitägigen Debatte[7], an der sich Befürworter und Bekämpfer der Petition beteiligten und in der die Regierung selbst mit einer betont kühlen und formellen Erklärung Stellung nahm.

Etwa zur selben Zeit – im Winter 1879/80 – veröffentlichte auch der Berliner Historiker Heinrich von Treitschke in seinen Preußischen Jahrbüchern eine Reihe von Briefen über die Judenfrage[8]. Er glaubte, feststellen zu können, daß „bis in die Kreise der höchsten Bildung hinauf, unter Männern, die jeden Gedanken kirchlicher Unduldsamkeit oder nationalen Hochmuts mit Abscheu von sich weisen würden, es heute ertöne wie aus einem Munde: ‚Die Juden sind unser Unglück'“[9]. Treitschkes Briefe riefen seinen Fachkollegen Theodor Mommsen zu einer Gegenschrift „Auch ein Wort über unser Judentum“ heraus[10]. Der Ruf dieses berühmten Historikers verhallte im Lärm der antisemitischen Hetze.

Eine Art wissenschaftlichen Rüstzeugs für den Antisemitismus lieferte der durch den Senat der Berliner Universität aus dem Lehrkörper entfernte Privatdozent Eugen Dühring in seinem Buch „Die Judenfrage als Rassen-, Sitten- und Kulturfrage“, das 1881 erschien und in den deutschsprachigen Ländern verbreitet wurde. Dühring war zu seinem Antisemitismus veranlaßt worden, weil er – übrigens irrigerweise – annahm, daß jüdische Kollegen an dem Beschluß über seinen Ausschluß aus der Universität teilgenommen hätten.

Ein Jahr später studierte der damals einundzwanzigjährige Herzl Dührings Buch und schrieb in sein „Notizbuch“ einen langen Aufsatz, der mit den Worten beginnt: „Ein infames Buch. Und leider so gut geschrieben, als hätte es nicht gemeiner Neid mit der giftgetauchten Feder der persönlichen Rachsucht geschrieben.“[11]

Rathenau war damals erst 14 Jahre alt. Es gibt keine Anhaltspunkte, aus denen sich entnehmen ließe, daß er bereits zu jener Zeit zur Judenfrage, zum Antisemitismus oder zu den Theorien Dührings Stellung genommen hätte. In späterer Zeit entwickelte er jedoch Theorien, die den Gedankengängen Dührings nicht allzu fern lagen. In seinen „Ungeschriebenen Schriften“ findet sich ein undatierter Aphorismus Nr. CXV:

„Eine neue Romantik wird kommen: die Romantik der Rasse.
Sie wird das reine Nordlandblut verherrlichen und neue Begriffe von Tugend und

Laster schaffen. Den Zug des Materialismus wird diese Romantik eine Weile hemmen.
Dann wird sie vergehen, weil die Welt neben der blonden Gesinnung des schweren Geistes bedarf, und weil das Dämonische sein Recht will. Aber die Spuren dieser letzten Romantik werden niemals schwinden."

Der vierzigjährige Rathenau nahm diese Prophezeiung in sein 1908 erschienenes Buch „Reflexionen" auf[12]. Es schwebte Rathenau nicht vor, daß die Träger des „schweren Geistes" und des „Dämonischen" ausschließlich Juden sein müßten[13]. Die Juden waren für ihn nur ihr Prototyp. Wie sich diese eigenartige Vorstellung in der geschichtlichen Entwicklung nach Rathenaus Ansicht materialisiert, dafür gibt er ein Beispiel aus der Glanzzeit der griechischen Kultur:

„Eine Tragikomödie des Geistes ist die Unterwerfung Platons unter Sokrates' Einfluß. Der ritterliche blonde Phantast lernt Moral und Zweck von dem schwärzlichen[14] Urbewohner, dem es gelungen ist, seine schlechten Instinkte durch unaussprechliche Energie und Intelligenz zu meistern. Siegfried vom fromm gewordenen Mime bekehrt"[15].

Rathenau, der zu allen Zeiten apodiktische Aussagen einer wissenschaftlichen Beweisführung vorzog[16], sagte nicht, worauf er seine Annahme stützte, daß Plato, der Repräsentant der Adelsklasse und Oberschicht, ein „ritterlich blonder" Mutmensch, und daß der häßliche, kahlköpfige Sokrates, der „schwärzliche Urbewohner" ein Furchtmensch gewesen sei. Solche Zeugnisse gibt es ja auch nicht. Rathenau war das Kind einer Zeit, die sich dadurch auszeichnete, daß sie in der Technik enorme Fortschritte machte, die mit den philosophischen und wissenschaftlichen Erkenntnissen nicht Gleichschritt hielten[17]. Diese Diskrepanz war eine Vorbedingung dafür, daß die „Romantik der Rasse" entstand. Die Rassenlehre – damals kaum ein halbes Jahrhundert alt – verfügte weder über wissenschaftliche Grundlagen, noch über ausreichendes, nachprüfbares anthropologisches und statistisches Material, sondern nur über die Spekulationen von Gobineau, Wagner und anderen. Sie waren weniger eine Rassenlehre als eine Rassenbewertungslehre. Rathenau hat sie später wieder aufgegeben[18].
Der große Physiologe Dubois-Reymond hatte bereits zu Beginn der Siebzigerjahre die Welt vor dem Hochmut gewarnt, den die technische Entwicklung auf dem Gebiete der Wissenschaft erzeugen könnte und sein „Ignoramus – Ignorabimus" verkündet. Aber die durch ihre technischen Fortschritte verführte Welt sah verächtlich auf Wissenschaftler herab, die mit ihren herkömmlichen Vorstellungen über die Technik veraltet erschienen. Rathenau machte sich zum Sprecher seiner Zeit. Kurz nach dem

Tode Dubois-Reymonds[19] schrieb er in der „Zukunft“ einen Aufsatz mit dem Titel „Ignorabimus“, der mit den Worten schließt:

„Wir brauchen lebendigen Geist und neue Gedanken. Freilich glauben wir nicht mehr an eine alleinige, absolute, seligmachende Philosophie, die da kommen soll, über die falschen Lehren zu triumphieren; aber wir glauben auch nicht an die ewigen Schranken, die die angeblich einzig wahrhaftige Naturerkenntnis umschließen. Ja, es gibt jenseits der Naturerkenntnis eine Erkenntnis, die freier und reicher, nicht obgleich, sondern weil sie persönlicher ist. Darum löschen wir von den alten Tafeln das starre Gebot „Ignorabimus“ und schreiben mit entschlossener Hand ein hoffnungsvolles „Creabimus“ an die Tore der Zukunft“[20].

Es war eine gefährliche Lehre. Eine spätere Generation hat dann – wahrscheinlich ohne den Künder dieser Lehre zu kennen, jedenfalls ohne ihn zu zitieren – in der Tat versucht, auf das nüchterne Wissen zu verzichten und – besonders auf dem Gebiete der Rasse – „schöpferisch“ zu werden.

Zunächst verbreitete sich der Antisemitismus mit großer Geschwindigkeit in Deutschland und über Deutschland hinaus aus, zuerst nach Österreich-Ungarn, dann nach Frankreich und schließlich gestaltete er auch den traditionell-vulgären Judenhaß im zaristischen Rußland um.

## II.

Herzl studierte in Wien Jurisprudenz, weil seine Eltern meinten, daß ein anständiger Bürger einen Brotberuf haben müsse, und – wie schon der Gemeinderabbiner von Budapest als Sprecher der Volksmeinung es formuliert hatte, – „eine Schriftstellerlaufbahn kein eigentlicher Beruf war“[21]. Seine Fachstudien ließen ihm ausreichend Zeit, sich eine gediegene Allgemeinbildung, sei es in, sei es außerhalb der Universität, anzueignen. Das führende Institut Wiens für diese Zwecke außerhalb der alma mater war die 1870 gegründete „Akademische Lesehalle“, die damals noch politisch neutral, deren Mitglieder hauptsächlich deutsche und slawische, später auch ungarische und jüdische Studenten aus allen Habsburgischen Ländern waren. Als Devise der „Lesehalle“ prägte der spätere Geheime Justizrat Adolf Bachrach, ein Jude, den Satz: „Im Tempel der Wissenschaft ist jeder Beter gleich.“[22] Diese Neutralität war nicht so zu verstehen, daß die „Lesehalle“ politisch uninteressiert sein sollte; sie empfand sich vielmehr geradezu als „ein Hort vaterländischen Bewußtseins“ und stand im Gegensatz zu dem 1871 gegründeten „Leseverein der deutschen Studenten“[23], der „ein Ausdruck der deutschen Opposition unter den österreichischen Studenten“ sein wollte. Als dieser „Leseverein“ 1878 we-

gen respektlosen Verhaltens gegen den Kaiser Franz Joseph aufgelöst wurde, traten seine Mitglieder unter der Führung eines (jüdischen) Studenten geschlossen in die „Lesehalle“ ein[24]. Mit dieser Vermehrung der Mitgliederzahl begann dann in der „Lesehalle“ ein leidenschaftlicher Politischer Kampf der „schwarz-rot-goldenen“ (großdeutschnationalen) gegen die „schwarz-gelbe“ (österreichisch-liberale) Richtung[25].
Herzl war damals politisch wenig interessiert. Er war noch „ungarischer Staatsbürger“[26], wollte aber ein deutscher Schriftsteller werden. Es war für ihn selbstverständlich, daß er – gleichgültig ob Ungar oder Österreicher – auf jeden Fall ein loyaler Untertan des Habsburgischen Herrscherhauses sein würde. Das bedeutete für ihn, daß er ein österreichischer Patriot war. In einer von T. Nussenblatt in Herzls Nachlaß aufgefundenen Kandidatenrede für den „Ausschuß“ der Lesehalle erklärte Herzl: „Ich erkläre, daß ich den von Herrn Bachrach vertretenen Prinzipien meine unbedingte Anhängerschaft bewahre und stets und in allem den Hegern patriotisch-österreichischer Gesinnung Freund und Genosse sein werde“[27]. Es lag auch keine besondere politische Stellungnahme in der Tatsache, daß er nach Auflösung der „Akademischen Lesehalle“[28] im Jahre 1881 in die deutschnationale Studentenverbindung „Albia“ eintrat, die ursprünglich von böhmischen Studenten unter dem Namen „Lipensia“ gegründet worden und damals noch ‚paritätisch‘ war, d. h. auch Juden aufnahm. Zur Zeit von Herzls Eintritt in die „Albia“ war zwar in Berlin schon der antisemitische „Verein Deutscher Studenten“ gegründet worden, dessen Mitglieder geloben mußten, mit jüdischen Kommilitonen nicht zu verkehren; in Wien war man aber damals noch nicht ganz so weit[29].
In seiner Verbindung erhielt Herzl den „Kneipnamen“ Tancred nach dem von Tasso im „Befreiten Jerusalem“ gefeierten Kreuzritter. Man verlieh ihm auch scherzeshalber, aber wohl nicht ohne Verbindung mit der Tatsache, daß er Jude war, die Titel dieses Mannes: „Fürst von Galiläa“ und „Fürst von Antiochia“. Ob er aber vorbehaltlos akzeptiert wurde, ist fraglich. Er selbst berichtet viele Jahre später, daß er „an allen Studententorheiten teil(genommen) und die bunte Mütze einer Verbindung“ getragen habe[30]. Er sagt nicht, daß er sich in diesem Kreis „fescher, vornehmer Kerle“[31] innerlich wohl gefühlt habe. Nach der Trennung Herzls von der „Albia“ hieß es dann in den Kartellnachrichten, er habe eine Ausnahmestellung beansprucht. Mit offenem Spott oder verstecktem Hohn habe er übergossen, was den Bundesbrüdern lieb war. So sei er weder bei seinen wenigen Stammesgenossen, noch bei den weit zahlreicheren Blutsdeutschen beliebt gewesen. Er hätte sich unter den Bundesbrüdern nicht wohl gefühlt und sei fast allen ein fremdes Element geblieben[32]. Dieser Bericht steht im Widerspruch zu einer Aussage seines damaligen Bundesbruders

und späteren Fachkollegen Hermann Bahr, der in einem Gedenkartikel 25 Jahre nach Herzls Tod schrieb, daß Herzl großes Ansehen in der „Albia" genossen habe und mit der persönlichen Erinnerung fortfuhr: „Ich entsinne mich des Zaubers, der von ihm ausging, noch deutlich. Seine hohe Gestalt, sein spöttisch überlegener Geist und die Ritterlichkeit seines Wesens waren unwiderstehlich."[33] Bahr war ein begeisterter Freund und Bewunderer Herzls, in seinen frühen Studentenjahren aber ein ebenso begeisterter „Wagner-Antisemit" und – wenn auch nur indirekt – die Ursache für Herzls Ausscheiden aus der „Albia".

Kurz nach Richard Wagners Tod hatte der inzwischen (1882) gegründete „Verein deutscher Studenten in Wien"[34] eine große Trauerkundgebung veranstaltet, und derselbe Bahr hatte dort im Auftrage der „Albia" die Festrede gehalten. Der oratorische Erfolg des Redners, der aus der Trauerkundgebung ein Bekenntnis zum Großdeutschtum und Antisemitismus machte, war enorm: die Versammlung wurde polizeilich geschlossen, der Verein behördlich aufgelöst, Bahr selbst vom Senat relegiert; dafür aber wurde er von der „Albia" und seinen Kommilitonen als ein Held gefeiert. Herzl, damals bereits inaktiv, beantragte nach dieser Manifestation eines offenbar lange im Verborgenen schwelenden Antisemitismus in einem arroganten Brief seine „ehrenhafte Entlassung". Die Verbindung schloß ihn daraufhin aus[35].

Für Herzls Ehrgefühl war dieses Erlebnis ein Schock[36]. Es war nicht jener „schmerzliche Augenblick"[37], von dem Rathenau sagte, daß er als „eine unerwartete und überraschende Lebenserfahrung" eine ewig schmerzende Narbe in der Seele eines jungen Juden zurückläßt. Denn Herzl war auf Grund seiner Schulerlebnisse und der Geschichte seiner Familie auf ein derartiges Erlebnis vorbereitet; aber es schmerzte ihn, wie jede Kränkung schmerzt, der gegenüber man hilflos ist.

Um sich abzulenken, und weil die Zeit hierfür auch herangekommen war, bereitete er sich nunmehr ernst auf sein (zweites) juristisches Examen vor und bestand es, wenn auch mit mäßigem Erfolg[38].

Das sorglos heitere Temperament, das Herzl als Schüler gehabt hatte, behielt er auch als Student; aber aus dem „flotten Nihilismus" jener Jahre[39] entwickelte sich ein „gewisser milder Sarkasmus"[40], den der um einige Jahre jüngere Arthur Schnitzler zwar neidvoll bewunderte, an dem aber andere Anstoß genommen haben dürften. Er war gesellig, aber er hatte kaum Freunde. Nur zwei junge Männer, die wie er Schriftsteller werden wollten, bildeten die Ausnahmen. Der eine war Oswald Boxer, ein lebenskräftiger, frischer, mutiger, gewandter und erfindungsreicher Journalist, der ein Opfer seines Berufs wurde; der andere Heinrich Kana, unerbittlich als Kritiker gegen sich und gegen den jüngeren Herzl, für den

er sich wie ein älterer Bruder verantwortlich fühlte; er war ein Mann, der nach letzter Vollendung strebte, im Leben aber kaum das Mittelmaß erreichte und schließlich durch Selbstmord endete. Herzl hielt ihnen, die beide früh starben[41], die Treue über den Tod hinaus[42]. Sie waren echte Jugendfreunde, deren Freundschaft mit Herzl aus der Gleichgestimmtheit der Seelen erwuchs.
Beide junge Männer waren Juden.

## III.

Im Jahre 1884, in dem Herzl seine akademische Ausbildung mit der Promotion zum Dr. jur. beendete[43], beendete Rathenau gerade seine Schulzeit und begann sein Studium. Aus dieser Zeit ist von ihm wenig mehr bekannt, als daß er trotz ausgesprochen schöngeistiger Interessen Naturwissenschaften studierte und 1889, im Alter von 22 Jahren mit einer Dissertation über die „Absorption des Lichtes in Metallen" zum Dr. phil. promovierte. Sein Leben in jenen Jahren an den Universitäten von Straßburg und Berlin war scheinbar ruhig und ohne aufregende Erlebnisse verlaufen. Der spartanisch sparsame Vater stellte ihm trotz aller Knauserigkeit einen wenigstens ausreichenden Monatswechsel zur Verfügung. Die Briefe an die Mutter aus jener Zeit sind heiter, die an den Vater beziehen sich auf die Gebiete der Metallurgie und Chemie, und die an den Bruder sind freundlich und ausgesprochen lehrerhaft. Allem Anschein nach war er in jenen Jahren „gesellig und fröhlich, hatte Sinn für Humor und Witz". Die Biographin Federn-Kohlhaas fügt noch hinzu: „Er bevorzugte jüdische Witze, die er ausgezeichnet erzählte"[44]. Nichts ließ darauf schließen, daß er bereits damals etwas anderes war als ein begabter Student seiner Altersgruppe.
Der Schein trog. Er war in der Tat etwas anderes. Im Jahr 1887 schrieb er einen kleinen Zwei-Akter „Blanche Trocard" und reichte ihn mit einem kurzen, sehr bescheidenen Begleitschreiben der Direktion des Stadttheaters in Frankfurt am Main ein[45]. Das Schauspiel, fast ohne Handlung, ist – wie Kessler, der einen längeren Auszug in seiner Biographie veröffentlicht hat, bemerkte – ganz auf „die Beobachtung und Gestaltung allerfeinster, kaum faßbarer Zwischentöne in Gedanken und Gefühlen, zartester gesellschaftlicher Spannungen" eingestellt, auf den „völligen Verzicht auf jede Theaterkonvention, Phrase, Rhetorik zugunsten schmiegsamster Einfühlung in leiseste Regungen der Zuneigung zwischen Menschen"[46]. Nicht das ist das Wesentliche, daß der Neunzehnjährige ein gutes Schauspiel schrieb, nicht einmal, daß es von der Theater-

direktion der Aufführung nicht für wert befunden wurde, sondern daß der Autor es nach der Ablehnung stillschweigend und feierlich in Anwesenheit eines vertrauten Freundes verbrannte und niemandem davon erzählte. Die Begebenheit wurde erst nach seinem Tode bekannt, als die Mutter ein Exemplar zugeschickt erhielt.
Daß auch der Freund – es war der später bekannt gewordene Hygieniker Heinrich Rubens[47] – die ihm auferlegte Diskretion wahrte, verstand sich von selbst. Daß aber dieser einzige Mann, dem Rathenau solch ein Vertrauen schenkte, ein Jude war, verdient in Zusammenhang mit dieser Arbeit Beachtung.

Im Vorwort zur schwedischen Ausgabe seines Buches „Von kommenden Dingen" berichtet Rathenau, daß er bei seiner Berufswahl zwischen Malerei, Literatur und Naturwissenschaften geschwankt habe. Er war kaum für alle diese drei Gebiete gleich begabt. Genauere Betrachtung zeigt, daß sein malerisches Talent, das sein Vetter zweiten Grades, Max Liebermann, geschätzt haben soll, kaum bedeutend war. Er schrieb Aufsätze über Kunst[48]; seine Gemäldesammlung enthielt aber anscheinend keine hervorragenden Werke[49]. Er besaß zweifellos erhebliche dichterische Fähigkeiten. Sein oben erwähntes Schauspiel Blanche Trocard beweist es. Dem Geiste der Literatur seiner eigenen Zeit war er fremd, obwohl ihn eine enge Freundschaft mit Gerhart Hauptmann verband, dessen Werke die literarische Eigenart der Jahrhundertwende in Deutschland bestimmten.
Worin Rathenau wirklich brillierte, war alles, was mit reiner Intelligenz zusammenhing: die Formulierung seiner Aphorismen war exquisit, wenn sie auch häufig genug – ein Beispiel haben wir oben erwähnt[50] – inhaltlich anfechtbar waren. Seine Erzählungen wie jene über die „Physiologie der Geschäfte", der „Traktat vom bösen Gewissen", seine Reisebeschreibung „Vom Garten der Hesperiden", sein Aufsatz über Berlin „Die schönste Stadt der Welt" sind vorzüglich. Auch seine „Talmudischen Geschichten" sind außerordentlich reizvoll[51]. Es ist nur schwer verständlich, warum sie diesen Titel führen, es sei denn, weil Namen wie Rabbi Elieser Ben Joseph, Thamar, der „Fünfsünder" usw. in der alten jüdischen Literatur vorkommen, und der „Fünfsünder" wirklich im Talmud erwähnt wird. Und doch sind gerade diese esoterischen Geschichten bei einem Schriftsteller bemerkenswert, der Probleme der jüdischen Gegenwart betont ablehnend, ja, geradezu feindlich behandelte, in Erzählungen aus einer (selbst erdachten) jüdischen Vergangenheit aber eine geradezu ehrfurchtsvolle Verbundenheit mit dem Volk bezeugte, aus dem er selbst, und angeblich auch seine Erzählungen, erwachsen waren.
Wie sehr Herzl das schriftstellerische Talent Rathenaus schätzte, ergibt

sich aus einem Brief, den er im Jahre 1901 im Zusammenhang mit der anonym erschienenen „Physiologie der Geschäfte" an Rathenau schrieb:

„Ihr Name, wenn Sie ihn erst nennen wollen[52], wird als der eines großen Schriftstellers bleiben, und Sie sind Ihres Zeichens ein Geschäftsmann. Der meinige wird vielleicht als der eines Unternehmers und Agitators bleiben, und ich bin von Handwerk Schriftsteller."[53]

Warum wandte sich Rathenau bei solcher Begabung nicht wirklich der Literatur als Lebensberuf zu? Hierüber lassen sich nur Vermutungen anstellen, für die sich keine sicheren Beweise aufzeigen lassen. Ein Brief an die Mutter aus Neuhausen[54], wo Rathenau – ein einziges Mal in seinem Leben – eine untergeordnete Position einnahm, gibt interessante Aufschlüsse. Er war damals tief unglücklich und überlegte, ob er nicht einen anderen Beruf als den eines Elektrochemikers in einem Industriebetrieb ergreifen sollte. Der Lehrberuf, auch der eines akademischen Lehrers, stieß ihn ab. Er fühlte sich hierfür nicht geeignet. „Vor allem das Polytechnische, zu dem ich kommen müßte; das ist außerdem noch unwissend, ungebildet und unfähig. Und, wie gesagt, für dieses Fach habe ich nun einmal kein Talent ..." Dann aber fährt er fort, daß ihm „im technisch-geschäftlichen Leben einige Eigenschaften zustatten kommen: meine Fähigkeit, Menschen zu erkennen und zu durchschauen, mit Menschen zu verkehren, zu sprechen, zu schreiben und zu kombinieren"[55]. Diese Worte, im Unmut und in deprimierter Stimmung hingeworfen, zeigen, wie genau Rathenau sich selbst durchschaute. Die „technisch-geschäftliche" Gabe der Verhandlung war in der Tat sein stärkstes Talent. Es bewährte sich in der Industrie, im Bankwesen, in der Politik. Alle seine anderen Fähigkeiten traten diesem Talent gegenüber in den Hintergrund.
Es kam hinzu, daß dies Talent allein ihm eine Betätigung ermöglichte, bei der es sich um Riesenobjekte handelte, bei denen sich der Einsatz seiner Persönlichkeit lohnte und der Gegenwert für die geleistete Arbeit und den erreichten Erfolg nach dem Wert des Objektes und nicht nach dem Aufwand von Zeit und Arbeit gemessen wurde. Und Rathenau sah keinen Grund dafür, seine Arbeit zu verschenken[56]. Er, der früh und schnell zu einem großen Vermögen kam, sagte von sich in der „Apologie": „Ein proletarisches Leben habe ich nicht geführt. Das verhehle ich nicht und sehe darin weder Glück noch Unglück. Sorgen jeglicher Art habe ich kennen gelernt und an den Grenzen der Not mehr als einmal gestanden."[57] Er schätzte den Wert des Reichtums, d. h. der Verfügungsmacht über so viel Vermögen, wie nötig ist, um das erreichen zu können, was man mit Geld erreichen will. Das Streben nach einem wachsenden Einkommen war für ihn nur während jener relativ kurzen Zeitspanne wichtig,

in der er sich überlegte, ob er sich einen Berufswechsel gestatten könnte. Diese Zeit war beendet, bevor er seinen ersten leitenden Posten bei den Elektrochemischen Werken in Bitterfeld[58] verließ. Von da an wuchs sein Einkommen fast automatisch und in Beträgen, die er – selbst wenn er es gewollt hätte – bei seinem Lebensstil nicht hätte verbrauchen können[59].

Daß er dann die Form seines Lebens mit ständig wechselndem Betätigungsfeld – als Wirtschaftsorganisator, als Bankier, als Regierungsberater, schließlich als Minister fortsetzte –, war ein Ausfluß seines Machtstrebens, das Frau Deutsch, die Frau seines Kollegen Geheimrat Deutsch, als eine seiner „echten" Eigenschaften anerkannte.

Wenn er sich dem Gebiete der schönen Literatur zugewandt hätte, hätte er vielleicht noch größeres Ansehen gewonnen als das, das er als Mann der Wirtschaft und als Wirtschaftsschriftsteller erlangte. Aber er hätte nicht jene direkte Macht ausgeübt, die er als der „Aufsichtsrathenau" hatte, der das Geschick von mehr als hundert großen Unternehmen bestimmend beeinflußte, und von dem das Schicksal und die wirtschaftliche Existenz von vielen Zehntausenden[60] von Angestellten und Arbeitern abhing.

Eine andere Frage ist, warum er sich nicht um das gegenwärtige Geschick des Volkes kümmerte, dessen Bibel er doch häufig zitierte[61]. Rathenau selbst gibt eine Antwort darauf in einem Brief an seinen Freund Wilm Schwaner:

„Ich habe und kenne kein anderes Blut als deutsches, keinen anderen Stamm, kein anderes Volk als deutsches. Vertreibt man mich von meinem deutschen Boden, so bleibe ich deutsch, und es ändert sich nichts."

„Du sprichst von meinem Blut und Stamm, selbst einmal von meinem Volk, und meinst die Juden. Mit ihnen verbindet mich das, was jeden Deutschen mit ihnen verbindet, die Bibel, die Erinnerung und die Gestalten des Alten und des Neuen Testaments."

„Meine Vorfahren und ich selbst haben sich von deutschem Boden und deutschem Geist genährt und unserem, dem deutschen Volk erstattet, was in unseren Kräften stand. Mein Vater und ich haben keinen Gedanken gehabt, der nicht für Deutschland und deutsch war; soweit ich meinen Stammbaum verfolgen kann, war es das gleiche."[62]

Rathenau schrieb diesen Brief, als er schon fast 50 Jahre alt war. Die Ideologie, die diesen Formulierungen zugrundeliegt, war die der assimilierten Juden des ausgehenden 19. und des beginnenden 20. Jahrhunderts, die von der jüdischen Geschichte und Religion nur noch oberflächliche Kenntnis hatten und mit der jüdischen Gemeinschaft keine Verbindung haben wollten. Diese Ideologie, über deren Berechtigung hier nicht diskutiert werden soll, deren (subjektive) Ehrlichkeit aber nicht bestritten werden kann, führte zu einer Opferbereitschaft der deutschen Juden für Deutschland, die sich etwa in der großen Zahl der jüdischen Gefallenen des Ersten Weltkrieges gezeigt hat[63]. Der Adressat des obigen Briefes, Schwaner, Herausgeber einer „Germanenbibel" und „Obmann des Bundes deutscher Volkserzieher", scheint Rathenau, für den er nach seinen eigenen Worten Gefühle aufrichtiger Freundschaft, ja, Brüderlichkeit empfand, entweder nicht verstanden oder ihm nicht geglaubt zu haben. Er, der nach Berglars Auffassung[64] ein primitiver Mann, aber der Sprecher unzähliger deutscher Menschen war, hat seinem „Freund" Rathenau auch noch im Jahre 1918 nicht das Bürgerrecht vorbehaltlos eingeräumt. Er nannte den Juden Rathenau gelegentlich den „Gastdeutschen des Grunewalds", den englischen Antisemiten Houston Stuart Chamberlain, den Schwiegersohn Richard Wagners, aber den „Adoptivdeutschen von Bayreuth"[65]. Ein interessanter Unterschied.

Für Rathenau, der in allen Fragen der Wirtschaft und Politik ein nüchterner und klar denkender Realist war, war die Vorstellung, daß die Judenfrage auf eine andere Weise gelöst werden könnte als durch die völlige und bedingungslose Assimilation an die Umwelt, unverständlich, ja, nicht einmal diskutabel[66]. Er sah ihre Schwierigkeiten — nur viel genauer als Treitschke[67] und Mommsen[68] —, die in der „Assimilation" das Allheilmittel für das Judenproblem sahen. Er empfahl seine eigene, besondere Lösung, die einer „Angleichung der Juden" an die Deutschen[69]. Aber die Juden — oder, wie er manchmal sagte — den jüdischen Stamm kannte er nicht genügend, inbesondere kannte er nicht die diesem „Stamm" inhärente Sondergesetzlichkeit, und darum leugnete er sein „Volks"-tum und mußte es leugnen. Er kannte — wie weiter unten zu zeigen sein wird — auch von der Judenheit Deutschlands nur einen kleinen und nicht einmal repräsentativen, sondern höchstens einen auffälligen Sektor.

## IV.

Herzls Ausbildungszeit bei den Gerichten in Wien und Salzburg[70] war kurz und von Spannungen erfüllt. Er wollte nie Anwalt werden, ein Beruf, der ihm offen stand; dagegen wäre er gerne Richter geworden. Dies aber war nun wieder eine Karriere, die ihm verschlossen war — solange er sich nicht taufen ließ. In der Literatur hatte er zwar zunächst keinen Erfolg. Aber für diesen Beruf hielt er sich selbst wenigstens für begabt. Er schrieb fleißig kleine Theaterstücke[71], Plaudereien und Reiseberichte. Es waren Lehrlings-, bestenfalls Gesellen-, aber keine Meisterstücke, mit denen er manchmal Anklang fand, häufiger jedoch nicht.

Immerhin bestärkten sie ihn in seinem Vorhaben, die Juristerei an den Nagel zu hängen. So kehrte er als ein „freier Schriftsteller" aus Salzburg nach Wien zurück. Von seinen wiederholten Reisen nach Holland, Frankreich, Deutschland und Italien brachte er formvollendete Feuilletons nach Hause. Eines hieß „Emmelfey"[72] und erregte in den literarischen Kreisen von Wien ein gewisses Aufsehen. Es brachte ihm auch seine erste Stellung als Redakteur der „Wiener Allgemeinen Zeitung" ein[73]. Er behielt diesen Posten kaum ein Vierteljahr. Der Grund seines Ausscheidens ist nicht genau bekannt[74]. Daß er als Chef leicht ungeduldig wurde und autoritär handelte, hat sich später oft gezeigt, als er Leiter der zionistischen Bewegung war[75].

Herzls Traum war es, ein erfolgreicher Theaterschriftsteller zu werden. Er wollte auf die Bühne kommen, nicht weil er eine Idee zu verkünden hatte, sondern weil er sich dieses Gebiet als Arbeitsfeld ausgesucht hatte. Er schrieb „zum Zweck", wie es Rathenau später in seiner Klassifizierung der Menschheit nannte, und wurde so zum „Zweck- und Furchtmenschen". Er schrieb, um Erfolg einzuheimsen. Seine Stücke waren durchwegs gut gebaut, voller Witz, aber die Charaktere waren steif und hölzern. Der ihm gut gesonnene Schauspieler am Wiener Burgtheater, Hartmann, dem Herzl seinen Einakter „Der Flüchtling" mit der Bitte um Unterbringung bei diesem führenden Theater übersandt hatte, schrieb ihm:

„Ausgezeichnet, aber Sie betonen in jeder Figur so sehr nur die eine charakteristische Seite, daß darüber ein zu großer Teil wirklicher Menschlichkeit verloren geht und ... Wesen entstehen, welche stark an die Karikatur streifen ... Studieren Sie mehr nach dem Leben als in der Welt, die Ihr Kopf malt ... Bilden Sie nach lebenden Modellen anstatt nach den Gipsmodellen eines Theatermuseums ..."[76]

Das waren nicht nur gutgemeinte, sondern auch zutreffende Lehren. Herzl hat sie nicht beachtet. Er hat sie nicht verstanden. Seine Stücke wurden in Berlin, Prag und sogar am Burgtheater in Wien gespielt, dem erträumten Ziel Herzls aus der Zeit, als er und Arthur Schnitzler sich als Studenten vor dem noch im Bau befindlichen Theater in Zukunftsplänen ergingen[77]. Der Bühnenerfolg konnte Herzl aber nicht treu bleiben, denn seine Thematik war von dem aufkommenden Realismus überholt worden, und seine Personen blieben nach wie vor Marionettenfiguren — steif, hölzern und ohne Leben. Eine einzige Ausnahme macht der Vierakter „Das Ghetto"[78], den er später unter anderen Bedingungen schrieb[79].

Zu Herzls wesentlichsten Eigenschaften gehörte ein starker Eigensinn und eine gewisse Uneinsichtigkeit gegenüber Argumenten, die nicht aus ihm selbst herausgewachsen waren. So sah er zwar, daß er trotz der Begabung, die er in sich spürte und die von anderen willig anerkannt wurde, keinen dauernden Erfolg hatte, erkannte aber nicht die Gründe für diese Erfolglosigkeit. In seiner „Selbstbiographie“ vermerkt er:

„Bis zu diesem Augenblick kann ich nicht verstehen, warum einige meiner Stücke Beifall fanden, andere ausgepfiffen wurden. Diese Verschiedenheit der Aufnahme meiner Stücke lehrte mich jedoch, es nicht zu beachten, ob das Publikum mein Werk beklatschte oder auspfiff. Man muß es sich selbst recht machen, alles andere ist gleichgültig.“[80]

Für das Verständnis der Persönlichkeit Herzls ist es wichtig, seine mangelnde Bereitschaft zur Anerkennung eines fremden Urteils zu beachten.
Im übrigen resignierte er nicht leicht. In einem Brief an Schnitzler aus dem Jahre 1893 schrieb er:

„Es hat lange gedauert, bis die Miserablen des Theaters mich gebrochen haben. Sie hätten es nie zuwege gebracht, wenn ich mich nicht um sie gekümmert hätte, sondern geschrieben, wie ich wollte, wie mir's zu Mute und im Sinne war.“

Zu jener Zeit war Herzl aber schon auf einem neuen Wege, ohne es zu wissen und ohne zu wissen, wohin ihn dieser Weg führen würde. Er schrieb in einem anderen Brief an Schnitzler:

„Nicht ungestraft ist man Journalist. Ich bemühe mich, dieses Métier, das der kleine reizende Hofmannsthal verachtet, so unpanamistisch wie möglich zu betreiben und schaue der Politik zu.
Manchmal komme ich mir vor, wie David Copperfield, der Stenograph ... und manchmal halte ich mich für einen Staatsjuristen.“[81]

Herzl hatte mit seiner Annahme über das, was ihm die Zukunft bringen würde, nicht ganz unrecht. Er wurde allerdings nicht Staatsjurist, sondern Gründer eines Staates.

## V.

Die entscheidende Wendung in Herzls Berufsleben brachte wiederum ein Reisebericht. Diesesmal nicht aus Italien, sondern aus den Pyrenäen. „Luz, das Dorf“ schrieb Herzl 1891 auf einer Reise in das französisch-spanische Grenzgebiet. Die präzisen Beobachtungen, die heiter amüsierte Sprache und die innere Unabhängigkeit des Autors von der Welt, über die er berichtete, beeindruckten die literarischen Kreise Wiens.
Herzl war damals keineswegs so heiter und unbeschwert, wie sein Feuilleton den Eindruck macht. Er war seit zwei Jahren verheiratet[82] und Vater zweier Kinder[83] und kämpfte um seine wirtschaftliche Existenz. Als ihm die „Neue Freie Presse“, die vier Jahre zuvor eine Bewerbung Herzls um

eine Anstellung im Redaktionsstab vorsichtig abgelehnt hatte, nunmehr die Stelle eines Korrespondenten in Paris anbot, war er überglücklich. Er nahm sofort an und fuhr sogleich nach Paris, um seine Stelle anzutreten. Seinen Eltern schrieb er: „Der Pariser Korrespondent ist das Sprungbrett, von dem ich mich hochschwingen werde, zu Eurer Freude, meine teuren, geliebten Eltern . . .“[84]

Die Umstellung von einem freischaffenden Schriftsteller zu einem weisungsgebundenen Journalisten dürfte Herzl nicht leicht gefallen sein. Bisher hatte er den Stoff, mit dem er sich beschäftigen wollte, frei gewählt. Nunmehr verlangten seine Arbeitgeber, die Zeitung „aus Paris mit allem zu versorgen, was von dort für dieselbe von Interesse ist“[85].
Herzl nahm seinen Beruf sehr ernst. Er schrieb über Politik, Finanzwelt, Kunst und Literatur und alle sonstigen in Frankreich zu jener Zeit brodelnden Sozialprobleme. Als er nach vierjähriger Tätigkeit im Jahre 1895 im Begriff stand, nach Wien zurückzukehren, schrieb er seinem Freund Teweles, er habe vor seinem Arbeitsbeginn für die Neue Freie Presse eine schwere Krise durchgemacht. „Paris ergriff mich, rüttelte mich durch und durch. Was ich hier gesehen und erlebt habe! Einen Teil davon lasen Sie in der Zeitung. Aber ich kann Ihnen nicht sagen, was das für eine tägliche, stündliche Erschütterung mit hunderttausend heftigen Anregungen war und ist. Dabei wird man ein anderer Mensch, ein anderer Künstler“[86]. Er war damals in der Tat ein anderer Mensch geworden. Das Problem der Lösung der Judenfrage hatte sich seiner bemächtigt.

Mit jüdischen Problemen hatte sich Herzl zu Beginn seiner Korrespondententätigkeit kaum befaßt. Die Neue Freie Presse und ihre Herausgeber, Dr. Eduard Bacher (1846–1908) und Dr. Moritz Benedikt (1849–1920), selbst Juden, waren an den Problemen der Judenheit wenig interessiert. Sie fühlten sich als deutsche Österreicher, führten eine liberale Politik und waren so assimiliert, daß national-jüdische Ideen für sie schlechthin nicht existierten. Dabei hatten sie für diese Problematik sogar ein gewisses Verständnis, auf das später zurückzukommen sein wird. Herzl vertrat zu Beginn der neunziger Jahre durchaus den Standpunkt dieser Zeitung. Dem Judenproblem ging er nicht aus dem Wege. Er sah die Juden, wie sie waren und wie sie sich gaben, und machte sich über sie lustig, wenn sie komisch waren. Er litt nicht wie Rathenau darunter, daß er Jude war und daß die Juden nicht beliebt waren. In einem Brief an den Baron Leitenberger[87] schrieb er über eine Debatte im österreichischen Parlament: „In unserem Haus der Gemeinen[88] ist jetzt schon von nichts ande-

rem die Rede als von den Juden. Es läßt sich nicht leugnen, daß dieser Stoff immerwährend frisch und pikant ist ... es handelt sich da längst nicht mehr um theologische Geschichten oder um Religion und Gewissen. Und das ist auch alles bekannt ... Nein, die Judenfrage, deren wir uns heute rühmen und erfreuen, hat mit Theologie und Gottesdienst nichts zu schaffen ... Die Judenfrage ist weder eine nationale, noch eine konfessionelle, sie ist eine soziale (!) ...“[89].
Das war der traditionelle Standpunkt in dem multinationalen Österreich-Ungarn, in dem die Juden nicht wie alle anderen Völker als nationale Minderheiten galten[90].

## VI.

In Frankreich lernte Herzl dann das Judenproblem von einer neuen Seite her kennen. Frankreich war im Grunde nicht mehr und nicht weniger antisemitisch als andere Länder. Im Hinblick auf die zahlenmäßige Bedeutungslosigkeit der jüdischen Gemeinschaft dort[91] wäre zu erwarten gewesen, daß eine Judenfrage überhaupt nicht bestünde. Die besondere Konstellation in Frankreich – besonders nach der militärischen Niederlage von 1870/71 – gab aber der alten Judenfeindschaft aus anderen Gründen neuen Auftrieb. Der Klerus, dessen politischer Machtbezirk die Hochfinanz war, kämpfte gegen jene andere Macht, die unleugbar jüdischen Ursprungs war: die Rothschilds. Der Versuch, deren Macht durch ein katholisches Konkurrenzunternehmen, die „Union Générale“, zu brechen, scheiterte kläglich im Jahre 1882. Durch den Bankrott der katholischen Bank erlitten in erster Reihe unzählige kleine Leute, aber auch die Royalisten, denen weite Kreise des Adels angehörten, große Verluste. Der Adel hatte seinerseits besondere Gründe für einen aggressiven Antisemitismus. Seine Domäne waren Heer und Verwaltung; und gerade hier waren in den beiden letzten Jahrzehnten Juden als Minister, Präfekten und Generäle aufgetaucht und hatten sich in den Adelskreisen besonders dadurch unbeliebt gemacht, daß sie die Machenschaften der „Antirepublikaner“ und „Revanchisten“ entlarvten[92].
Der Mann, der den so aufgespeicherten Antisemitismus zur Entladung bringen sollte, war Edouard Drumont[93], der Verfasser eines Buches „La France Juive“ (1886), dessen Tendenz sich aus dem Motto ergab: „Forsan ex nobis exoriator ultor!“ und das mit den Worten begann: „Taine schrieb über die Jakobinerherrschaft, ich aber will über die Judenherrschaft schreiben“. Mit der Unterstützung der Kirche erlebte dieses Buch, das zweifellos flott geschrieben war und keinen Wert auf Genauigkeit

legte[94], bereits im ersten Jahr seines Erscheinens – angeblich – hundert Auflagen und wurde – erwiesenermaßen – der zweitgrößte buchhändlerische Erfolg des neunzehnten Jahrhunderts[95]. Es verschaffte den Unzufriedenen der verschiedensten Schattierungen einen Zentralpunkt und ein gemeinsames Angriffsobjekt: die Juden.

1891 war es dann auch schon so weit, daß eine Gruppe Deputierter im Abgeordnetenhaus einen Antrag auf Ausweisung der Juden aus Frankreich stellen konnte[96]. Über diesen Antrag wurde dort zwar nicht verhandelt, aber er war ein Symptom.

1892 kam es dann zur Gründung der antisemitischen, von dem Jesuitenorden finanziell unterstützten Tageszeitung „Libre Parole". Redakteur dieser Zeitung wurde Drumont. Die Hetztiraden, die Drumont in seinem oben erwähnten Hauptwerk konzentriert dem französischen Volk vorgesetzt hatte, wurden nun täglich in massiver Dosierung den Massen vorgesetzt.

Herzl begann, den Dreyfus-Prozeß vor Augen, den Antisemitismus mit neuen Augen zu betrachten. Er sah in ihm mehr, als die Antisemiten vom Schlage Dührings und Drumonts behaupteten, mehr als der verhetzte Mob mit seinem „à mort les juifs!" besagen wollte; er erkannte, daß der Antisemitismus der Ausdruck der primitiven Feindschaft eines Volkes gegen ein anderes Volk war.

Diese Erkenntnis kam Herzl nicht blitzartig. Das Buch Dührings hatte auf ihn wie ein Schlag gewirkt. Die Dreyfus-Affäre war eine weitere Stufe seiner Entwicklung – nicht mehr! „Und so ist es wohl manchem westlichen Juden ergangen, der sein Volkstum schon völlig vergessen hatte: die Antisemiten haben es in ihm wieder aufgeweckt"[97]. Aber zwischen dem Moment der ersten Erkenntnis bis zum Beginn seiner zionistischen Betätigung verging eine lange Zeit. Bei Herzl dauerte sie zwölf oder dreizehn Jahre[98].

In einem oft zitierten Aufsatz aus dem Jahre 1899 schrieb Herzl selbst, der Dreyfus-Prozeß des Jahres 1894 habe ihn zum Zionisten gemacht[99]. Das ist eine Formulierung, die nicht wörtlich genommen werden darf. Herzl war – wie ich im nächsten Abschnitt zeigen werde – damals bereits auf dem Wege zum Zionismus. Er hatte seine Indifferenz gegenüber dem Judenproblem damals längst aufgegeben und war auf der Suche nach einem neuen Weg. Aber die Lösung, die er während des letzten Jahrzehnts seines Lebens für die einzig mögliche, die richtige halten sollte, hatte er noch nicht gefunden. Und zur Zeit des ersten Aktes der Dreyfus-Tragödie, die im Winter 1893/94 über die Bühne der Weltgeschichte ging und sich in Paris abspielte, war er gerade so weit gekommen, das Problem für unlösbar zu halten. Es war dies die Zeit, in der er sein

Drama „Das Neue Ghetto“ schrieb, in dem der Held an der Auswegslosigkeit seiner Verstrickung zu Grunde ging.
Worte, die Rathenau auf sich selbst gemünzt hatte, trafen auch auf Herzl zu: „Ich will, was ich muß, sonst nichts. Und was ich muß, das sehe ich wie ein nächtlicher Wanderer mit der Laterne nur wenige Schritte voraus.“[100]

## VII.

In der Einleitung zu seinen (zionistischen) Tagebüchern — „um Pfingsten 1895“[101] — gab Herzl sich Rechenschaft über die Wandlungen, die er in der Judenfrage durchgemacht hatte, bis er sich entschloß, „an die Spitze einer Aktion für die Juden zu treten“[102].

„Zuerst hat mich die Judenfrage bitterlich gekränkt. Es gab vielleicht eine Zeit, wo ich gerne entwischt wäre, hinüber ins Christentum, irgendwohin. Jedenfalls waren das nur unbestimmte Wünsche einer jugendlichen Schwäche. Denn ich sage mir in der Ehrlichkeit dieser Aufschreibung — die völlig wertlos wäre, wenn ich mir etwas vorheuchelte — ich sage mir, daß ich nie ernstlich daran dachte, mich zu taufen oder meinen Namen zu ändern . . .“[103]

Und wenige Zeilen später fuhr er fort:

„Ich war dann schlecht und recht ein Literat mit kleinem Ehrgeiz und geringen Eitelkeiten. Die Judenfrage lauerte mir natürlich an allen Ecken und Enden auf. Ich seufzte und spottete darüber, fühlte mich unglücklich, war aber doch nicht recht ergriffen, obwohl ich schon, bevor ich hierher (scil: Paris) kam, einen Judenroman schreiben wollte.“[104]

Dieser Roman sollte den Gegensatz der armen zu den reichen Juden zum Gegenstand haben. „Diese (die reichen Juden) spüren nichts von Antisemitismus, den sie doch eigentlich und hauptsächlich verschulden“[105]. Herzl wollte damals — 1891 — nur zeigen, daß der Schicht der reichen Juden eine zahlenmäßig unendlich größere „Gruppe der armen Juden“ gegenübersteht, die leiden muß, verachtet wird und doch „brav“[106] ist.
Daß gerade er es sein würde, der einmal versuchen würde, diesem Zustand ein Ende zu bereiten, kam ihm — in Paris — zunächst nicht in den Sinn. Hier fiel er durch seine äußere Erscheinung nicht auf. In Österreich und Deutschland hätte er befürchten müssen, daß ihm auf der Straße „hepphepp“ nachgerufen würde[107], in Frankreich aber war er von persönlichen Angriffen verschont. Angesichts der Erfolge Drumonts erkannte er, daß hier eine Primitiv-Kraft am Werke war, gegen die so edle, aber schwächliche Bestrebungen wie z. B. die der „Vereine zur Abwehr des Antisemi-

tismus“ völlig nutzlos bleiben mußten[108]. Die Maßnahmen, die er in einem Brief an Baron Leitenberger im Stil seiner Plaudereien vorschlug, wirkten feuilletonistisch und unernst. Als Leitenberger ihm dann zu Anfang 1893 schrieb, daß seine „charmanten Salon-Causerien“ von Männern, „die im heiligen Ernst sich mannbar gegen den Rassenkampf auflehnen“, „nicht ins Calcul gezogen werden“ könnten, antwortete er beschämt, aber eifrig mit einem 22 Seiten langen Brief, der nur bewies, daß er für das Problem zwar Verständnis, aber noch keine Lösung hatte. Er meinte, daß man den Antisemitismus entweder symptomatisch durch Brutalität bekämpfen könne („ein halbes Dutzend Duelle würden die gesellschaftliche Position der Juden sehr heben“) oder kausal: dann müßten sich die Juden „die Eigentümlichkeiten, die mit Recht an ihnen getadelt werden, abgewöhnen“[109]. Diesen letzteren Weg, den in ähnlicher Weise auch Rathenau sechs Jahre später propagierte[110], hielt er aber für einen „langen, schweren, aussichtslosen Weg. Wenn's hoch kommt, bringen wir's zum Ausnahmejuden“. So erwägt er die Taufe als Lösung, die er für sich selbst ablehnte[111]. Aber ob er seinen Sohn Hans, der damals gerade anderthalb Jahre alt war, taufen lassen sollte? „Wenn er groß sein wird, hoffe ich, wird er zu stolz sein, dem Glauben abzuschwören, obwohl er ihn offenbar so wenig nötig haben wird wie ich“[112].
Als konstruktiven Ausweg glaubte er – Journalist, der er war – die Schaffung einer großen Zeitung empfehlen zu können, die eine „freisinnig-soziale“[113] Politik verfolgen sollte, und in deren Redaktionsstab weder bekennende noch getaufte Juden tätig sein dürften. Herzls Anregung wurde nicht akzeptiert[114]. Sie hätte wohl kaum einen Erfolg erzielt.

Wenige Monate später[115] hatte Herzl dann eine andere, zwar absurde Idee für die Lösung der Judenfrage, aber eine, die durchaus dem entsprach, was von Juden im Individualfall seit langem praktiziert worden war: er wollte „die Judenfrage mit Hilfe der katholischen Kirche wenigstens in Österreich lösen“. Er wollte sich Zutritt zum Papst verschaffen und diesem vorschlagen: „Helfen Sie uns gegen die Antisemiten, und ich leite eine große Bewegung des freien und anständigen Übertritts der Juden zum Christentum ein“. Er malte sich das in allen Einzelheiten aus: „Am hellichten Tage, an Sonntagen um 12 Uhr, sollte in feierlichen Aufzügen der Übertritt stattfinden, in der Stephanskirche. Nicht verschämt, wie es Einzelne bisher getan, sondern mit stolzen Gebärden. Und dadurch, daß die Führer Juden blieben, das Volk nur bis zur Kirchenschwelle geleiteten, sollte ein Zug großer Aufrichtigkeit das Ganze erheben.“[116]
Er gab diese Idee einer Massenkonversion, die nur im Kopf eines Mannes

entstehen konnte, der kein religiöses Gefühl hatte und keine Kenntnis von den Leiden, denen sich das jüdische Volk in der jahrtausendelangen Geschichte seiner Diaspora um seiner Religion willen freiwillig ausgesetzt hatte, nach einem Gespräch mit seinem Chef, Dr. Benedikt, auf. Benedikt selbst war absolut assimiliert und wahrscheinlich ebenso ohne Kenntnis der Geschichte des jüdischen Volkes und seiner Religion wie Herzl. Da er aber offenbar ein größeres Verständnis für das Problem besaß, sagte er zu Herzl: „Hundert Generationen hindurch hat Ihr (!) Geschlecht sich im Judentum erhalten. Sie wollen sich selbst als die Grenze dieser Entwicklung setzen. Das können und dürfen Sie nicht."[117] Herzl bemerkte hierzu, er habe Benedikts Einwand „als richtig" anerkannt.

Das Jahr 1894 führte Herzl in seiner Entwicklung in der Judenfrage wiederum einen Schritt weiter. Eine genaue Kenntnis seines Volkes besaß er noch immer nicht[118]. Er sah es so, wie es sich im Urteil seiner Feinde darstellte, und nahm dieses Urteil kritiklos als richtig hin:

„Ich begreife den Antisemitismus. Wir Juden haben uns, wenn auch nicht durch unsere Schuld, als Fremdkörper inmitten verschiedener Nationen erhalten. Wir haben im Ghetto eine Anzahl gesellschaftswidriger Eigenschaften angenommen. Unser Charakter ist durch den Druck verdorben, und das muß durch einen anderen Druck wiederhergestellt werden ... Bevölkerungen, denen das historische Verständnis mangelt — also alle —, sehen uns aber nicht als geschichtliches Produkt an, nicht als Opfer früherer, grausamer und noch beschränkterer Zeiten. Die wissen nicht, daß wir so sind, weil man uns unter Qualen so gemacht hat, weil die Kirche das Wuchergewerbe für Christen unehrlich machte und wir durch die Herrscher in Geldgeschäfte gedrängt wurden. Wir kleben am Geld, weil man uns aufs Geld geworfen hat ... Auch dienten wir, (die) Kammerknechte des Kaisers, als eine Art indirekter Steuer ... In all den Leiden wurden wir häßlich, verwandelte sich unser Charakter, der in Vorzeiten stolz und großartig gewesen war. Wir waren ja Männer, die den Staat auf der Kriegsseite zu verteidigen wußten, und müssen ein hochbegabtes Volk gewesen sein, wenn wir zweitausend Jahre erschlagen wurden und nicht umgebracht werden konnten".[119]

Er glaubte, daß diese scheinbare Verkrüppelung des Volkscharakters durch eine Erziehung — durch den Antisemitismus! — in der kommenden Zeit zu redressieren sei.

„Der Antisemitismus, der in der großen Menge etwas Starkes und Unbewußtes ist, wird ... dem Juden nicht schaden. Ich halte ihn für eine dem Judencharakter nützliche Bewegung. Er ist die Erziehung einer Gruppe durch die Massen und wird vielleicht zu ihrer Aufsaugung führen. Erzogen wird man nur durch Härte. Es wird die Darwin'sche Mimicry eintreten. Die Juden werden sich anpassen. Sie sind wie Seehunde, die der Weltzufall ins Wasser warf. Sie nehmen Gestalt und Eigenschaften von Fischen an, was sie doch nicht sind. Kommen sie nun wieder aufs feste Land und dürfen da ein paar Generationen bleiben, so werden sie wieder aus ihren Flossen Füße machen."[120]

Die Ähnlichkeit mit den Gedankengängen Rathenaus in seinem „Höre, Israel!"[121] ist unverkennbar. Sie besteht nicht nur darin, daß beide von Mimicry sprechen, wenn auch in entgegengesetztem Sinne: Herzl in dem, daß die Juden wieder ihre alten, tüchtigen und stolzen Fähigkeiten zurückerlangen, Rathenau in jenem, daß sie das deutsche Volk nachahmen[122], und sich dadurch dem Spott des nachgeahmten Volkes aussetzen, was seinen „koriolanischen Zorn"[123] erregte.

Während seines Sommeraufenthaltes in Wien trug er diese Idee seinem Freund und Kollegen, dem hochangesehenen Musik- und Theaterkritiker Ludwig Speidel vor, der anerkennend dazu bemerkte: „Das ist eine welthistorische Auffassung."[124]

Das Gespräch hatte dann ein Nachspiel von bitterer Ironie: Zwei Kadetten, an denen Herzl auf seinem Rückweg von dem Besuch bei Speidel in Hinterbrühl vorbeifuhr, die ihn ebenso wenig kannten, wie er sie, die nicht wußten, was er dachte, und, wenn er ihnen seine Gedanken vorgetragen hätte, sie nicht verstanden hätten, reagierten auf Herzls äußere Erscheinung, „auf seine Judennase und seinen Judenbart", mit dem jede Diskussion ausschließenden Ausruf – „Saujud!" Herzl registrierte dieses Erlebnis mit den Worten: „Und welch ein wunderlicher Nachhall zu meiner ‚welthistorischen Auffassung'. Das Welthistorische nützt da nichts."[125]

Wie fern Herzl noch im Oktober 1894 der Idee seiner Verpflanzung des jüdischen Volkes in ein neues Land war, zeigte sich bei Gelegenheit der Rezension des Dumas'schen Romans „Femme de Claude". Er schrieb damals:

„Der gute Jude Daniel will die Heimat seines Stammes wiederfinden und seine zerstreuten Brüder heimführen. Doch gerade ein solcher Daniel weiß, daß den Juden mit ihrer historischen Heimat nichts mehr gedient wäre. Es ist kindisch, die geographische Lage dieses Landes zu suchen. Jeder Schuljunge kennt sie. Und wenn die Juden wirklich ‚heimkehrten', so würden sie am anderen Tage entdekken, daß sie längst nicht mehr zusammengehören. Sie wurzeln seit Jahrhunderten in neuen Heimaten, nationalisiert, voneinander verschieden, in einer Charakterähnlichkeit nur durch den sie überall umgebenden Druck erhalten ..."[126]

Kurze Zeit darauf saß Herzl seinem Freund, dem Bildhauer Friedrich Samuel Beer, Modell für seine Büste[127]. Während einer jener Sitzungen unterhielten sich die beiden über das Judenproblem. „Und wie es das

Gespräch ergab, kamen wir darauf, daß es den Juden nichts nütze, Künstler und geldrein zu werden. Der Fluch haftet. Wir kommen nicht aus dem Ghetto heraus. Da erhitzte ich mich sehr im Reden und beim Weggehen glühte es in mir nach. Mit der Raschheit jenes Traumes im Wasserschiff des arabischen Märchens entstand in mir der Plan zu diesem Stück."[128] Es war der Plan für „Das Ghetto". Während Herzl „in drei seligen Wochen der Glut und Arbeit"[129] das Stück niederschrieb, hob sich der Vorhang über der Tragödie des Hauptmanns Alfred Dreyfus, dessen Verhaftung die Drumont'sche „Libre Parole" am 1. November 1894 triumphierend berichtete[130].

„Das Ghetto" – oder, wie es später hieß „Das Neue Ghetto" – war Herzls bestes Drama. Diesmal waren die Figuren Menschen mit wirklichen Problemen und nicht nur „Gipsmodelle eines Theatermuseums"[131]. Da war der junge jüdische Advokat, der durch Fleiß und Ehrlichkeit aus dem Ghetto herauskommen wollte, und sein christlicher Jugendfreund, der sich der Politik widmen will und nur aus diesem Grund seine Beziehung zum jüdischen Freund abbricht. Dann der ahnenstolze, antisemitische, amoralische frühere Offizier und Lebemann, und schließlich – neben einer Reihe anderer Nebenpersonen – der kleine primitive Börsenjobber, der bei all seiner Primitivität das echte und wegen seiner Hoffnungslosigkeit so tragische Streben des jungen jüdischen Advokaten erfaßt.

Zwei Szenen bilden die Höhepunkte des Dramas: Die Auseinandersetzung der beiden Jugendfreunde[132] und der Zusammenstoß zwischen dem aufrichtigen Anwalt und seinem verlotterten Mandanten. Es kommt zu einer Beleidigungsszene und einem Duell, in dem der junge Advokat tödlich verwundet wird.

Es sind die letzten Worte des Sterbenden, die für unsere Untersuchung von Bedeutung sind:

„Verzeih mir, Mutter, diesen Schmerz. Du wirst es begreifen. Vater! Du bist ein Mann! . . .
(stärker:) Juden, meine Brüder, man wird Euch erst wieder leben lassen, wenn Ihr zu sterben wißt . . . Warum haltet Ihr mich . . . so fest? . . .
(murmelt:) Ich . . . will . . . hinaus! . . .
(sehr stark:) Hinaus – aus – dem – Ghetto!"[133]

Für Herzl gab es damals noch keinen Weg aus dem Ghetto, nicht einmal den in den Tod.

Arthur Schnitzler, dem Herzl, zunächst als Einzigem, sein Drama zeigte, war mit diesen Schlußworten nicht einverstanden. Schnitzler, der niemals Nationaljude war und nie Zionist wurde, fand, daß die Juden schon immer verstanden hätten, zu sterben, daß man sie aber nicht leben lassen wollte[134]. Herzl, der später eine positive Lösung der Judenfrage fand, erkannte dieses Argument als berechtigt an und strich später die Worte „wenn Ihr zu sterben wißt" aus dem Text.

Der Fortschritt in Herzls zionistischer Entwicklung war, daß er erkannte, daß das Assimilationsstreben der Juden nicht genügte, sie von ihrem „Fluch", dem Fluch des Hasses und der Verachtung zu befreien, weil die Umwelt nicht bereit war, diese Assimilation anzuerkennen. Da waren auf der einen Seite die primitiven Antisemiten, deren Judenfeindschaft von alten Vorurteilen geprägt, durch die Überschätzung des eigenen Wertes gestützt und durch mangelnde Einsicht und Urteilskraft zum Dogma gestempelt war; und auf der anderen Seite die gebildeten Antisemiten, die ihre persönlichen Freunde gern vom Antisemitismus ausgenommen hätten, es aber nicht wagten, weil sie mit ihrer Umwelt nicht in Konflikt geraten wollten, und die nun ihre Freunde mit den anderen Juden zusammen in das Ghetto, ein neues Ghetto, zurückstießen.

Herzl spürte, obwohl er noch vor seiner eigenen Lösung des Problems stand, daß er mit diesem Drama in ein neues, vielleicht in das endgültige Stadium seiner persönlichen Entwicklung getreten war, und daß dies das entscheidende Stadium der Entwicklung seines Volkes sein würde.

Er fühlte sich von einer Last erlöst, empfand zugleich aber auch, wie sehr er mit seinem Volk verbunden war.

„Es verstärkte sich in mir der Gedanke, daß ich etwas für die Juden tun muß. Ich ging zum erstenmal in den Tempel der Rue de la Victoire, fand den Gottesdienst wieder feierlich und rührend. Vieles erinnerte mich an meine Jugend, den Tempel der Tabakgasse in Pest. Ich sah mir die hiesigen Juden an und fand die Familienähnlichkeit der Gesichter . . ."[135]

In der Überbewertung der Bedeutung seines Dramas, dessen Wert er vor allem darin sah, daß er die Judenfrage „mit aller Macht zur Diskussion stellen" wollte[136], sah er zum ersten Mal in seiner Tätigkeit als Theaterschriftsteller „eine Botschaft", von der er annahm, daß die Welt von ihr Kenntnis nehmen würde, wenn das Schauspiel erst einmal auf die Bühne käme. Ihm lag nichts daran, mit ihm Ehren oder Geld einzuheimsen. Darum wollte er es auch unter einem Pseudonym aufführen lassen[137]. Es sollte als „Judenpredigt" wirken[138].

Das Stück machte die Runde bei den deutschsprachigen Theatern[139] und wurde mit „rührender Einmütigkeit" von allen abgelehnt. „In Prag, der deutschen Judenstadt", verwandte sich der einflußreiche Teweles[140] für die Aufführung. Sie scheiterte am „Widerstand des jüdischen Kultusvorstehers, Dr. Rosenbacher", der „. . . schädliche Folgen für die Juden Prags befürchtete"[141].

Während die „Westjuden“ gegen die Aufführung des „Ghetto“ waren, weil sie fürchteten, das nicht-jüdische Publikum und die Verwaltung gegen sich aufzubringen[142], hatten die (nicht-assimilierten) „Ostjuden“ (vor allem diejenigen, die in der hebräischen Sprache und jüdischen Kultur verankert waren) für die Problematik des Dramas überhaupt und vor allem für seine Lösung durch ein Duell kein Verständnis. Brainin[143] – später Herzls Anhänger und erster hebräischer Biograph – der die Übersetzung des Dramas für einen hebräischen Verlag übernommen hatte, beklagte sich bitter bei Achad Haám, daß man ihn zwinge, „diese Nichtigkeiten in unsere unglückliche Literatur einzuführen“[144].
Herzls Auffassung von der Berechtigung des Duellwesens als Mittel zur Wiederherstellung einer verletzten Ehre war die am Ende des vorigen Jahrhunderts im kontinentalen Westeuropa noch gültige, obwohl „freie Geister“ die Sinnlosigkeit dieses Instituts bereits erkannt und ihre Einwände auch publiziert hatten. Herzl hielt das Duell aber nicht nur für eine brauchbare Maßnahme, Kränkungen, für die der Rechtsweg viel zu langsam und umständlich war, auf schnellste Weise zu sühnen. Er versprach sich davon außerdem auch einen erzieherischen Effekt[145].
Herzl hätte nach seinen Erlebnissen in Frankreich allerdings schon wissen müssen, daß das von ihm so geschätzte Duellwesen gerade dort bereits zu einem Werkzeug des politischen Mordes mißbraucht worden war[146].

Nach den vergeblichen Versuchen seiner Freunde Schnitzler und Teweles, das „Neue Ghetto“ zur Aufführung zu bringen, trat bei Herzl in seiner jüdisch-zionistischen Entwicklung eine Zeit scheinbarer Ruhe ein. Neue Pläne erfüllten ihn: er wollte ein Buch „Zustände der Juden“ schreiben[147]. Er sprach über diesen Plan sogar mit seinem Freund Alphonse Daudet, der ein erklärter Antisemit war und vielleicht gerade deshalb den „Judenstaat“ bejahte[148]. Aber aus diesen literarischen Absichten wurde nichts Greifbares. Es wären dazu ausgedehnte Reisen nötig gewesen, die er damals als Korrespondent seiner Zeitung für Frankreich nicht hätte unternehmen können. Indessen reiften seine Gedanken in ihm weiter. Sie erschienen ihm selbst zunächst phantastisch, wenn nicht geradezu lächerlich[149]. „Wie ich von den Romanideen zu den praktischen kam, ist mir jetzt schon ein Rätsel“, schrieb er im Frühjahr 1895, „obwohl das in den letzten Wochen liegt. Das spielt im Unbewußten“[150]. Er empfand seine Gedanken als etwas, das „merkwürdig ist, schon als Traum, und daß (er) es aufschreiben soll – wenn nicht als Denkmal für die Menschen, so doch für sein eigenes späteres Ergötzen oder Sinnen!“[151]. Er kam sich verändert vor und fragte sich selbst, ob er nicht „nur im Roman wandle“?[152]. Sein Freund Teweles schrieb ihm, daß ihn die „Judensache“ nicht sehr beschäftige. Herzl antwortete ihm darauf, ihn fülle sie ganz aus, und er wiederholte dieses „ganz" noch zweimal. „Ich bin unsagbar für die Sache begeistert. Ich müßte zu viel schreiben, um nicht zu wenig zu schreiben . . ."[153] Und einige Tage später schrieb er: „Ich war nie in einer so glücklichen, so hohen Stimmung. Ich denke nicht ans Sterben, sondern an ein Leben voll männlicher Taten, das alles Niedere, Wüste, Verworrene, das je in mir gewesen sein mag, auslöscht, aufhebt und alle mit mir versöhnt, sowie ich mich durch diese Arbeit mit allen versöhnt habe."[154]

Und plötzlich schrieb er an jenen Baron Hirsch, der sich „um die Juden so auffallend und millionärisch gekümmert" hatte und der schon ungezählte Millionen für die Rettung und Erziehung seiner Glaubensgenossen ausgegeben hatte, einen ersten Brief, in dem er ihn um eine Unterredung bittet[155].

Mit diesem Brief[156] begann dann Herzls praktische zionistische Arbeit.

## Anmerkungen

1 s. Anm. 49 zum 1. Kapitel.

2 *Dubnow* X, S. 20.

3 *Dubnow* a. a. O., S. 17.

4 Stöcker im Reichstag — Februar 1892 (zur Zeit der Xantener Ritualmordaffäre), S. *Dubnow* X, 54 f.

5 Die Mitglieder des damals gegründeten „Vereins deutscher Studenten" mußten geloben, mit jüdischen Studenten keinen Verkehr zu pflegen (*Dubnow* a. a. O., S. 32).

6 *Dubnow* a. a. O., S. 32.

7 Der Text dieser Landtagsdebatte, die am 20. und 22. November 1880 stattfand, wurde später als Separatdruck mit dem Titel „Die Judenfrage" veröffentlicht.

8 Diese Briefe erschienen später als Separatdruck unter dem Titel „Ein Wort über unser Judentum".

9 Rathenau soll — nach *Sachar:* Modern Jewish History, S. 425 — dieses Wort dahin verändert haben: „Die Ostjuden sind unser Unglück". Ich konnte diese Äußerung jedoch nicht ermitteln.

10 *Mommsen:* S. 5, 11, 13 (gegen Treitschke), S. 14 ff. (zur „Petition" und Mommsens „Lösungsvorstellung").

11 Eintragung in Herzls Notizbuch vom 9. Februar 1882. Abgedruckt in GZW V, S. 441—447.

12 *Rathenau:* Reflexionen, S. 237.

13 s. unten Kap. 10, II.

14 Die Bezeichnung „schwärzlich" hatte für Rathenau eine herabsetzende Bedeutung (vgl. z. B. „Höre, Israel!", S. 6: „Es ist zufrieden, wenn das schwärzliche Volk ihm vom Leibe bleibt"). Edith Andreae, Rathenaus Schwester (für die der 15 Jahre ältere Bruder „groß und mächtig, wie der liebe Gott" war; er „konnte alles, wußte alles, verstand alles" [*Mangoldt:* Auf der Schwelle, S. 22] hatte ähn-

liche Vorstellungen. Frau v. Mangoldt war die Tochter dieser Schwester Edith. Sie berichtet (a. a. O., S. 24):

„Wie sehr ... meine Mutter unter dem jüdischen Erbe litt, beschreibt sie in ihrem Tagebuch: ‚Ich sage ewig Dank, daß meine Kinder so viel leichteres Blut haben, und ihre Kinder noch viel heller, freier, blonder werden als sie selbst ...‘ “

[15] *Rathenau:* a. a. O., Nr. CVI, S. 234.

[16] In der Widmung seines Buches „Zur Kritik der Zeit“ an Gerhart Hauptmann erklärte Rathenau, daß ihm die Überredungskunst des dialektischen Beweises, die er nicht achte, fehle. Er glaube, „daß jeder klare Gedanke den Stempel der Wahrheit oder des Irrtums auf der Stirne trägt.“

[17] Herzl im „Judenstaat“ (GZW I, 24): „Dieses Jahrhundert hat uns eine köstliche Renaissance gebracht durch die technischen Errungenschaften. Nur für die Menschlichkeit ist dieser märchenhafte Fortschritt noch nicht verwendet.“

[18] Rathenau an Schwaner, 16. 3. 1919 (Briefe, 2. Bd. Nr. 516, S. 129—132).

[19] Am 26. 12. 1896. Rathenaus Artikel erschien 1898.

[20] Rathenau nahm diesen Aufsatz, der zunächst in Hardens „Zukunft“ erschien, in seine „Impressionen“ (siehe dort, S. 99), aber nicht in seine GS. auf.

[21] Selbstbiographie, GZW I, S. 12.

[22] Zitiert bei *Bein:* Herzl, S. 45.

[23] Die Wahl der Bezeichnung „Leseverein“ ist wohl kaum zufällig. Sie deutete unmißverständlich die Gleichgesinntheit mit dem antisemitischen „Verein deutscher Studenten (s. o. Anm. 5) an.

[24] *Bein:* Herzl, S. 46.

[25] Mit diesem Übertritt wurde der Nationalitätenhader zu solcher Leidenschaft angefacht, daß er den Rahmen des Verbandes zu sprengen drohte: ein Widerspiel der allgemeinen politischen Verhältnisse in der Österreichisch-Ungarischen Monarchie (Bein a. a. O., S. 45).

[26] Herzl erwarb die österreichische Staatsangehörigkeit erst als Rechtskonzipient (Kellner: Lehrjahre, S. 52).

[27] Zitiert bei Bein: Herzl, S. 47.

[28] Nach einer großdeutsch-antisemitischen Rede des Abgeordneten Georg von Schönerer im März 1881.

[29] Der „Waidhofener Verband der wehrhaften Vereine Deutscher Studenten in der Ostmark“ formulierte seinen Beschluß über die Verweigerung der Statisfaktion gegen Juden erst im Jahre 1896. Die geistige Haltung, die zu diesem Beschluß führte, bestand an der Universität in Wien aber schon in den Achtzigerjahren. Schnitzler zitierte in seiner Autobiographie diesen Beschluß auf S. 156. Friedrich Torberg (a. a. O., S. 360) gibt einen abweichenden Text. Die Unterschiede sind unwesentlich. Es ist derselbe Geist, der einige Jahrzehnte später in den nationalsozialistischen Judengesetzen seinen Ausdruck fand.

[30] Selbstbiographie, GZW I, 12.

[31] *Bein:* Herzl, S. 55.

[32] *Bein: Herzl,* S. 65; *Kellner:* Lehrjahre, S. 26.

[33] *Bahr:* Herzls Tat, in: Zeitgenossen, S. 20.

[34] Ein Parallelverein zu dem oben (Anm. 5) erwähnten „Verein Deutscher Studenten“, der kurz zuvor in Deutschland gegründet worden war. Die beiden Vereine verfolgten in bezug auf die Juden dieselben Tendenzen.

[35] s. hierzu *Bein:* Herzl, S. 66 f.; *Kellner:* Lehrjahre, S. 28 f., der auch den Briefwechsel zwischen Herzl und der „Albia“ veröffentlichte. S. auch *Bahr,* a. a. O. — Die Albia war sogar noch einen Schritt weitergegangen. Sie hatte — auf den An-

trag eines Juden! — beschlossen, künftig keine Juden mehr aufzunehmen. Obwohl die Verbindung dem Antragsteller dann bestätigte, er sei zwar „jüdischen Bluts", aber „durchaus arischen Geistes", beging der auf diese Weise „Ausgezeichnete" alsdann Selbstmord (s. *Bahr,* a. a. O.).

[36] *Kellner:* Lehrjahre, S. 41; *Bein:* Herzl, S. 67.

[37] *Rathenau:* Staat und Judentum, GS I, 188 f.

[38] 1883: bestanden „mit Stimmenmehrheit".

[39] S. o. (S. 39).

[40] Schnitzler an Herzl, 5. 8. 1892 (abgedr. bei *Kellner: Lehrjahre,* S. 108 ff.).

[41] Kana erschoß sich 1891 in Berlin; Boxer starb 1892 am Gelbfieber in Rio de Janeiro, wo er für die Ansiedlung russischer Juden in Brasilien tätig gewesen war.

[42] Herzl schrieb in der „Neuen Freien Presse" über Boxer einen bewegten Nachruf und veröffentlichte Teile eines Briefes über Boxers Arbeit in Brasilien. Dem Freund Kana setzte er in der Person des Dr. Löwenberg in dem Roman „Altneuland" ein literarisches Denkmal. (Herzl erwähnte beide Freunde mit ihren Vornamen und ihren Lebensschicksalen außerdem noch im ersten Kapitel des ersten Buchs von „Altneuland" als seine „zwei guten Gesellen".) — Herzl fand nur noch ein einziges Mal einen wirklichen Freund. Es war dies David Wolffsohn, der nach Herzls Tod sein Nachfolger wurde. Diese Freundschaft beruhte auf der bedingungslosen und unerschütterlichen Treue dieses Mannes, der in Herzl nahezu einen Gottgesandten sah, und einmal — nachdem die beiden schon Duzfreundschaft geschlossen hatten — an Herzl schrieb: „Andere folgen Dir, wenn sie sehen, daß Du Recht hast, ich folge Dir auch, wenn ich überzeugt bin, daß Du Unrecht hast" (zitiert bei *E. B. Cohn:* David Wolffsohn, S. 69).

[43] Am 16. 5. 1884.

[44] *Federn-Kohlhaas:* Rathenau, S. 42. Die kleine Geschichte von der „häßlichen Gutchen Rothschild und dem Schnorrer" — in „Höre, Israel!", S. 11 f. — wurde von Rathenau so schlecht erzählt, daß ihre ganze Schönheit verloren ging. Der Name Rothschild ist akzidentell und soll nur andeuten, daß das häßliche und geizige Mädchen aus einem reichen Hause stammt. Daß Rathenau die Geschichte so geistlos wiedergibt, ist ein Zeichen seiner inneren Befangenheit und der Tiefe seines Hasses, den er damals gegen alles Jüdische empfand.

[45] Brief v. 9. 6. 1887. (In „Ein preußischer Europäer", S. 37.)

[46] *Kessler:* Rathenau, S. 35; ähnlich urteilt *Federn-Kohlhaas:* Rathenau, S. 36.

[47] *Federn-Kohlhaas,* a. a. O., S. 34.

[48] S. hierzu: *Fürstenberg:* Kommentar, S. 404. In diesen Artikeln (vgl. hierzu: „Das Grundgesetz der Ästhetik" (GS, Bd. 4, S. 47—68), die eine Zusammenfassung von Rathenaus Theorien über Kunst enthalten, die er in den Jahren 1900 bis 1908 entwickelt hat, führte Rathenau die Sprache einer Autorität, die ihm nicht zukam („Ein neues Gesetz der Ästhetik habe ich entdeckt und will ich verkünden ..."), die aber auf diejenigen Eindruck machte, die bereit waren, sich von einer so selbstbewußten Sprache beeinflussen zu lassen. Fürstenberg war von der Richtigkeit des Rathenau'schen Gesetzes nicht überzeugt und zeigte seine Grenzen — und somit seine Unrichtigkeit — auf.

[49] S. *Harttung* in: Walther Rathenaus Schriften — Vorwort, S. 46; *K. Schwarz:* Juden im deutschen Kulturkreis, S. 125: Die Mutter Rathenaus schenkte die wertvollen Gemälde ihres Sohnes dem Städelschen Institut in Frankfurt a. M. und sein Schloß Freienwalde dem Kreis Oberbarnim.

[50] S. o., S. 59: über Sokrates und Plato.

[51] *Fürstenberg:* Kommentar, S. 404, hält sie sogar — völlig unberechtigterwei-

se — für „eine Arbeit mächtig in Form und Ausdruck und auch dadurch von Bedeutung, daß sie zur Zeit der Dreyfus-Affäre veröffentlicht wurde".

[52] Das Mißverständnis fand erst in dem Briefwechsel zwischen Herzl und Rathenau (den Bein in der „Allgemeinen Wochenzeitung" im Jahre 1952 veröffentlichte) seine Aufklärung.

[53] Herzl an Rathenau, 7. 8. 1901, abgedruckt von *Bein* in seinem Aufsatz: Theodor Herzl und Walther Rathenau, in: Allg. Wochenzeitung der Juden, 4. Fortsetzg. v. 15. 2. 52.

[54] Rathenau an seine Mutter, 1. 1. 1893 (Briefe, 1. Bd. Nr. 14, S. 32 ff.).

[55] a. a. O., S. 33.

[56] „Auf die Einnahmen, die mir nach Recht und Herkommen der bestehenden Wirtschaftsordnung aus meiner Arbeit zustehen, habe ich nicht verzichtet, und mit klarer Überlegung. Denn sie wären unter der Herrschaft dieser Wirtschaftsordnung nicht dem Gemeinwohl zugeflossen, sondern physischen und juristischen Personen, sie wären vielleicht Geschenke gewesen an Privatleute, und zwar durchweg an solche, die sie nicht nötig hatten" („Apologie", S. 90).

[57] a. a. O., S. 81.

[58] 1893—1899.

[59] Um 1908 betrug sein Jahreseinkommen bereits zwischen zwei- und dreihunderttausend Mark. Sein Vermögen näherte sich der Zweimillionengrenze (Rathenau: Tagebuch 1907—1922, S. 118, Vorbemerkung von Pogge-v. Strandmann zum Kapitel Tagebuch 1911).

[60] Nach *Fürst:* Emil Rathenau, S. 112, beschäftigte die AEG bei Kriegsausbruch mehr als 60 000 Beamte (= Angestellte) und Arbeiter.

[61] z. B. in „1813, ein Festgesang zur Jahrhundertfeier" sind die drei Vorsprüche den „großen Propheten" des Alten Testaments entnommen.

[62] Rathenau an Schwaner, 23. 1. 1916, Briefe, 1. Bd., Nr. 191, S. 202 ff. (besonders S. 203).

[63] Im Ersten Weltkrieg fielen für Deutschland 12 000 Juden (s. Gedenkbuch, enthaltend die Namen, die Todestage der Gefallenen, herausgegeben vom Reichsbund jüdischer Frontsoldaten, mit einer Einleitung von L. Löwenstein; s. besonders Nachwort, S. 419 ff.).

[64] *Berglar:* Rathenau (Exkurs: Walther Rathenau und Wilhelm Schwaner, S. 321 bis 326).

[65] *Berglar,* a. a. O., S. 325.

[66] Vgl. hierzu Herzls Gedanken über die Fragwürdigkeit der Aussichten für eine Assimilation, in: Der Judenstaat — Einleitung, GZW I, 27 ff.

[67] „Ein Wort über unser Judentum", S. 2.

[68] „Auch ein Wort über unser Judentum", S. 16.

[69] Rathenau war sich dessen wohlbewußt, daß dieser „Angleichung", die er selbst „ein Ereignis ohne geschichtlichen Vorgang" nannte („Höre, Israel!", S. 10), große Schwierigkeiten entgegenstehen würden.

[70] 4. 8. 1884—5. 8. 1885.
Es handelte sich um zwei Duellforderungen.

[71] Herzls „causa Hirschkorn" (1882), eine recht witzige, aber oberflächliche Komödie im Stile der Nestroy'schen Lustspiele war noch seine beste.

[72] „Emmelfey" war keine Fee, sondern das italienische Städtchen Amalfi, das eine kleine, hübsche, aber offenbar nicht sehr gebildete englische Touristin englisch ausgesprochen hatte.

[73] Vom 15. 4.—15. 7. 1887 (*Bein:* Herzl, S. 93).

[74] Nach Herzls eigener Darstellung konnte er sich mit einem Redaktionskollegen nicht vertragen (Herzl an Schnitzler, 15. 6. 1893, abgedruckt bei Kellner: Lehrjahre, S. 114).

[75] s. unten, an vielen Stellen des II. Teils dieser Untersuchung.

[76] Hartmann an Herzl, 7. 2. 1887 (abgedruckt bei Kellner a. a. O., S. 68 ff.).

[77] Schnitzler an Herzl, 5. 8. 1892 (abgedr. bei Kellner, a. a. O., S. 109).

[78] „Das Ghetto“ (später: „Das neue Ghetto“).

[79] s. unten S. 77 f.

[80] „Selbstbiographie“, GZW I, S. 13.

[81] Herzl an Schnitzler, 2. 1. 1893, bei Kellner, a. a. O., S. 113.

[82] Mit Julie Naschauer (1868—1907). Die junge Frau Herzl — schön und elegant, verwöhnt und anspruchsvoll — war seelisch nicht ausgeglichen, sondern „hysterisch, übererregbar, eifersüchtig und zuweilen taktlos“ (*Stern:* Die genetische Tragödie S. 25), ohne Verständnis für Herzls tiefe Verbundenheit mit seinen Eltern und ebenso ohne Verständnis für sein Lebenswerk. Da Herzl selbst egozentrisch war und von seinen Berufen als Journalist und Zionist geradezu besessen, war er auch kein bequemer Ehemann (*Friedemann:* Vom Charakter Theodor Herzls, in: Zeitgenossen, S. 71). So waren häusliche Konflikte, die manchmal bis zur zeitweiligen Trennung der Ehegatten führten, unvermeidlich. Trotz dieser Zusammenstöße liebte Herzl seine Frau bis zu seinem Tode (s. *Friedemann* a. a. O.). Ob dies auch für seine Frau zutraf, ist zweifelhaft (s. *Stern,* a. a. O., S. 26). Das Datum der Eheschließung war: 25. 6. 1889 (s. hierzu die folgende Anmerkung).

[83] Aus der Ehe gingen insgesamt drei Kinder hervor, die sämtlich psychisch schwer belastet waren: Pauline (29. 3. 1890—8. 9. 1930). (Löwenberg, der — offenbar durch einen Druckfehler in der englischen Ausgabe der Bein'schen Biographie [*Bein-Samuel:* Herzl, S. 63] irregeleitet, den 25. 7. 1889 als Tag der Eheschließung annahm, vermutete, daß Pauline „a child of love“ war. Das ist nicht richtig (s. Brief von Dr. Bein an den Verfasser dieser Untersuchung v. 1. 9. 1971). Pauline war ein schwerer Psychopath (*Stern* a. a. O., S. 7 ff. faßt das Ergebnis seiner Untersuchung dahin zusammen: wir haben es mit „einer schwer labilen, haltlosen psychopathischen Persönlichkeit mit sexueller Frühreife und unbeherrschter Triebhaftigkeit, aber auch mit deutlich manisch-depressiven Zügen“ zu tun). Nach einem „vagabundierenden Leben“ starb sie als Morphinistin in einem Krankenhaus in Bordeaux, in dem sie von der Polizei hospitalisiert war. Hans (10. 6. 1891 bis 15. 9. 1930) war angeblich ein hochbegabter Linguist, der — nach Stern (a. a. O., S. 17) — „an einer schweren endogenen konstitutionellen Depression, offenbar cyklisch-periodischen Charakters“ litt. Er versuchte, Antworten auf seine quälenden Lebensprobleme erst in der Philosophie, dann in den verschiedenen Religionen, schließlich in der Psychoanalyse zu finden — und scheiterte. Als Sohn seines areligiösen Vaters blieb er „unbeschnitten“ und holte die Zircumzision im Alter von 15 Jahren nach. Im Judentum fand er zunächst keine befriedigende Antwort auf seinen „Religions-Hunger“ — („religion is essential to me, I am not a rationalist“). So ließ er sich 1924 (am 20. Todestage seines Vaters) zum Entsetzen der Zionisten als Baptist taufen. Später wurde er Katholik, Unitarier, Protestant, Quäker. „Am Ende seines ziellosen religiösen Suchens versuchte er vergeblich den Eintritt in die liberale Synagogengemeinde von Claude Montefiore in London.“ Hans Herzl hing sehr an seiner Schwester Pauline. Als es ihm nicht gelang, sie vom Tode zu retten, erschoß er sich in Bordeaux, unmittelbar vor ihrer Beerdigung.

Ein drittes Kind, Margarete genannt Trude, war in Paris am 20. 5. 1893 geboren worden. Sie litt eindeutig an manisch-depressivem Irresein (*Stern:* a. a. O., S. 19). Ihr Schicksal mündete in das Gesamtschicksal der deutsch-österreichischen Judenheit ein. Sie wurde am 11. 9. 1942 in das Konzentrationslager Theresienstadt verschickt und ist dort am 15. 3. 1943 an „Hunger und Mißhandlung" („ill-treatment") gestorben.

[84] Zitiert bei *Kellner:* Lehrjahre, S. 102; *Bein:* Herzl, S. 118.

[85] *Bein:* Herzl a. a. O.

[86] Herzl an Teweles, 19. 5. 1895 in *Kellners* Lehrjahre, S. 152.

[87] Ein bekannter Wiener Industrieller und Mitbegründer des dortigen Vereins zur Abwehr des Antisemitismus.

[88] Gemeint ist das österreichische Parlament!

[89] Herzl an Leitenberger. Das Zitat ist einem Bruchstück entnommen, das Kellner (Lehrjahre, S. 140), abdruckte; s. auch Nussenblatt: „Ein Volk ... S. 56. Die Hervorhebung des Wortes „soziale" wurde vom Verfasser vorgenommen. Herzl erkannte erst viel später, daß die Judenfrage eine „nationale" war. (S. „Judenstaat", GZW I, S. 25, „Eine Lösung der Judenfrage", GZW I, S. 524.)

[90] s. o. Kap. 2, S. 33.

[91] Herzl schätzte die jüdische Bevölkerung auf 50- oder 60-, höchstens 100 000 Juden, gegenüber 38 Millionen nicht-jüdischer Franzosen (TB 2. 5. 1904, GZW IV, 579; nach *Dubnow* X, 226 lebten in Frankreich etwa 100 000 Juden gegenüber 40 Millionen Nicht-Juden.

[92] S. *Dubnow* X, § 23, S. 226 ff.

[93] Die Zeitschrift „l'Alliance Nationale" vom 24. 10. 1892 behauptete, Drumont sei der Sohn eines jüdischen Kultusbeamten aus Stuttgart gewesen, der sich in London habe taufen lassen und von England nach Frankreich emigriert sei. (s. *Nussenblatt:* Ein Volk unterwegs, S. 18 f.)

[94] *Elbogen:* Ein Jahrhundert, S. 187: „Das ist kein Buch sondern ein von überall hergetragener Kehricht, der jedem an den Kopf geworfen wird, der nicht in das Schema des Autors paßt ..." *Dubnow,* a. a. O., S. 229: „eines der abstoßendsten Machwerke dieser Art ... In dem elenden Reporter Drumont war um die Wende des XIX. Jahrhunderts gleichsam der Geist des haßerfüllten Bischofs Agobard aus dem IX. Jahrhundert (Bd. IV § 13) wiedererstanden ..."

[95] Jüdisches Lexikon, Bd. II Sp. 204 ff.: Artikel „Drumont".

[96] *Dubnow* a. a. O., S. 230; *Elbogen* a. a. O., S. 187 f.

Nordau, der bedeutende Zeitkritiker, Arzt und Journalist (er war Korrespondent der Berliner „Vossischen Zeitung") nannte den Verleumdungsfeldzug, der von interessierten französischen Kreisen gegen die Juden Frankreichs inszeniert wurde, „das Blutmärchen vom jüdischen Panama".

Über die demagogische Vorbereitung Frankreichs auf die Dreyfus-Affäre s. *Dubnow* X, 231 f.

Den Dreyfusprozeß verfolgte Herzl als Korrespondent der Neuen Freien Presse vor allem in den Jahren 1894 und 1895, und berichtet über ihn in 28, z. T. sehr ausführlichen Depeschenberichten an seine Zeitung. Außerdem schrieb er in den Jahren 1897 und 1899 drei ausführliche Aufsätze.

Der Tatbestand der Dreyfus-Affäre ist heute — hinsichtlich der Schuldlosigkeit von Alfred Dreyfus — so gut wie völlig aufgeklärt:

Noch im Jahre 1898 konnte sich Herzl über Schuld oder Unschuld des verurteilten Dreyfus kein eigenes Urteil machen. Es ergibt sich dies aus einer Tagebuchnotiz über die Unterredung, die Herzl mit Kaiser Wilhelm II. in Konstantinopel

hatte: „Der Kaiser sprach — ich glaube, zum gelinden Entsetzen Bülows — frank und frei von der Affäre. Ich avancierte keinerlei Meinung; aber bald wurde vollständig klar, daß Dreyfus unschuldig ist! Es war etwas ganz Kolossales.“ (TB 19. 10. 1898, GZW III, S. 194).
Über das Urteil von Rennes (1899) schrieb Herzl einen besonderen Aufsatz mit dem Titel „Fünf gegen zwei“, der am 15. 9. 1899 in der „Welt“ unter Herzls Autorennamen „Benjamin Seff“ (Herzls hebräische Vornamen) erschien.

97 In „Zionismus“ (1899) in GZW I, 373.

98 a. a. O. Herzl berechnete diese Zeitspanne vom Jahre 1882 ab, als er Dührings Buch gelesen hatte.

99 a. a. O., S. 374. — s. auch: *Bahr:* Herzls Tat in: Zeitgenossen S. 21. In einem Brief Herzls an Güdemann vom 16. 6. 1895 GZW II, S. 120 f. schrieb Herzl, der Antisemitismus habe aus ihm sein „Judentum gewaltig herausgepreßt“.
Herzl sah indessen auf die Juden, die durch die Dreyfus-Affäre zum Judentum bzw. zum Zionismus gekommen waren, geradezu verächtlich herab. Nach einem Besuch seines Freundes Schiff aus Paris am 11. 8. 1898 schrieb er in sein Tagebuch (GZW III, 100 f.): „Ich erinnerte ihn an seine Äußerung über meine Idee, als ich ihm vor drei Jahren im Hotel Castille, rue Cauchon, das Manuskript des Judenstaates zu lesen gab. Er war beschämt, geniert und sagte: „Ich habe mich schon bekehrt. Sie haben recht. Sie haben wirklich recht.“ — Ihn hat die Dreyfushetze bekehrt. Und so wie dieser, der mich für wahnsinnig hielt, werden alle kommen, die mich für verrückt erklärten ... Wie groß ist eigentlich die Verantwortung der Leute gewesen, die mich abhalten wollten, und wie gering die Strafe, die sie trifft. — Er ist einen Moment geniert und sagt: Sie haben recht!“

100 Zitiert bei *Kessler:* Rathenau, S. 77.

101 Herzls Zionistische Tagebücher beginnen mit den Worten: „Der Judensache erstes Buch, begonnen in Paris um Pfingsten 1895“.

102 Herzl an Güdemann, 11. 6. 1895, GZW II, 85.

103 TB-Einleitung, GZW II 4 f. Die Zeitbestimmung „zuerst“ im Zusammenhang mit der Erwähnung des Historikers und Herausgebers der „Deutschen Wochenschrift“, Dr. Friedjung, läßt darauf schließen, daß es sich um etwa 1885 handelte.

104 a. a. O., S. 5. Den „Judenroman“ wollte Herzl bei Gelegenheit seiner spanischen Reise im Sommer 1891 schreiben.

105 a. a. O., S. 5 f.

106 a. a. O.

107 a. a. O., S. 6.

108 a. a. O., S. 7.

109 Herzl an Leitenberger, 26. 1. 1893 GZW V, S. 448.

110 „Höre, Israel!“, S. 11 ff.

111 TB-Einleitung GZW II, S. 5. Auch Rathenau lehnte für sich selbst die Taufe ab, allerdings nur als Protest gegen die Ungerechtigkeit („Höre, Israel!“, S. 20, letzter Absatz).

112 Herzl an Leitenberger, a. a. O., S. 448 f.

113 a. a. O., S. 453.

114 TB-Einleitung, GZW II, S. 7: „Er (i. e. Leitenberger) wollte nur im kleinen kämpfen gegen den Antisemitismus!“

115 a. a. O. Herzl, der bereits über ein Jahr in Paris lebte, dürfte sich damals (1893) besuchsweise in Wien aufgehalten haben.

116 a. a. O., S. 8.

117 a. a. O., S. 9 (Das Ausrufungszeichen wurde vom Verf. dieser Arbeit hinzu-

gefügt, da es bezeichnend für die Haltung des assimilierten Juden Benedikt war, vom jüdischen Volk, in dessen Namen Herzl gesprochen hatte, als etwas zu sprechen, zu dem zwar Herzl, nicht aber er selbst gehörte.

[118] Herzl kannte damals ja nur den relativ kleinen Sektor der österreichisch-ungarischen und der assimilierten jüdischen Kreise Westeuropas. Von der kompakten Masse der Juden in Osteuropa hatte er so verschwommene Vorstellungen, daß er sie nur für eine Art „Caliban" hielt, „die als unskilled labourors" (s. TB 12. 6. 1895, GZW II, 95), „als Arbeitsheer organisiert" werden müßten. Als er dann die russischen Juden auf dem ersten Kongreß kennen lernte, schrieb er in der „Contemporary Review" vom Oktober 1897 begeistert: „Das ist nicht Caliban, sondern Prospero" (zit. aus GZW I, S. 198). (Ein Teil dieses Aufsatzes, der auch als Broschüre erschienen ist, wurde in Herzls „Welt" unter dem Titel „Russische Juden" veröffentlicht (Nr. 19 v. 8. 10. 1897, S. 4).

[119] TB-Einleitung, GZW II, S. 10 f. Herzl wußte damals (1894) nicht, daß Moses Hess („Rom und Jerusalem", 5. Brief, S. 35) schon im Jahre 1862 ähnliche Ideen veröffentlicht hatte. Hess schrieb, daß ihm aus Anlaß der Judenverfolgung in Damaskus im Jahre 1840 zum Bewußtsein gekommen sei, daß er „einem unglücklichen, verleumdeten, von aller Welt verlassenem, in allen Ländern zerstreuten, aber nicht getöteten Volk angehöre . . .". (Herzl über Heß, s. TB 2. 5. 1901, GZW III, 599).

[120] TB-Einleitung, GZW II, S. 12. (Hervorhebung durch den Verf.).

[121] „Höre, Israel!", S. 10.

[122] a. a. O., S. 12.

[123] a. a. O., S. 20.

[124] TB-Einleitung, GZW II, S. 12.

[125] a. a. O.

[126] Zit. aus *Bein:* Herzl, S. 173. In einem Nachruf in der Frankfurter Zeitung vom 22. 7. 1904 über den am 3. Juli 1904 verstorbenen Herzl erzählte M. Paul-Schiff, er habe nach dem Erscheinen des „Judenstaates" im Jahre 1896 Herzl auf den Widerspruch aufmerksam gemacht, der in der Tendenz des „Judenstaats" und in der kurz zuvor erschienenen Rezension über „Femme de Claude" liegt. Herzl habe einen Augenblick geschwiegen und dann das kleine Gedicht seines Lieblingsdichters Paul Heyse zitiert: „Wer heute klüger ist als gestern und es mit frohem Mut bekennt, den werden die Philister lästern und sagen, er sei inkonsequent" (s. auch Friedemann: Herzl, S. 17.)

[127] TB-Einleitung, GZW II, S. 13.

[128] a. a. O.

[129] a. a. O., *Bein:* Herzl, S. 174, stellte fest, daß „das Ghetto" in der Zeit zwischen dem 21. 10. und 8. 11. 1894 geschrieben wurde.

[130] Elbogen: Ein Jahrhundert, S. 188.

[131] s. oben, S. 68.

[132] Das neue Ghetto, 2. Akt, 1. Szene, GZW V, S. 44—47.

[133] a. a. O., 4. Akt, 8. Szene, S. 124 (hier überflüssige Regieanweisungen wurden weggelassen).

[134] Dr. Bein an den Verfasser dieser Untersuchung, 20. 3. 1970, Privatbrief (hebräisch).

[135] TB-Einleitung, GZW II, 13.

[136] Herzl an Schnitzler, 17. 12. 1894 (in *Kellner:* Lehrjahre, S. 148). Dieses Thema des „zur Diskussion Stellens" kehrt als ein Hauptthema in Herzls Rede zur Eröffnung des ersten Zionistenkongresses wieder (GZW I, S. 177).

[137] Herzl an Teweles, 14. 5. 1895 (in *Kellner:* Lehrjahre, S. 150).
[138] Herzl an Teweles, 19. 5. 1895 (in *Kellner:* Lehrjahre, S. 154. Der jüdische Begutachter des Dramas für das Wiener Raimundtheater bezeichnete es als eine „Beschimpfung des Judentums").
[139] *Bein:* Herzl, S. 190 und S. 379; *Kellner:* Lehrjahre, S. 150.
[140] Teweles (1856—1927), Journalist, Schriftsteller, Dramaturg am Deutschen Landestheater in Prag und schließlich Chefredakteur des „Prager Tageblatts", war mit Herzl seit 1888 befreundet.
[141] *Kellner:* Lehrjahre, S. 157.
[142] Als Herzl im Jahre 1897 (nach dem ersten Kongreß!) fürchtete, daß seine Stellung bei der Neuen Freien Presse auf die Dauer unhaltbar sein würde, und mit dem Gedanken spielte, sich eine Existenz als Theaterdichter aufzubauen, bot er das Ghetto dem Direktor Jauner vom Wiener Carl-Theater an, der „entzückt" war, aber „Zensurbedenken" hatte. Herzl las daraufhin sein Drama der Gräfin Kielmannsegg, der Gattin des Wiener Statthalters, mit großem „Leseerfolg" vor (TB 24. 11. 1897, GZW III, 43 f.). Das Stück wurde dann 25mal im Carl-Theater aufgeführt, fand dort „stürmischen Beifall" beim Publikum, das mit der jüdischen Haltung des Autors sonst nicht einverstanden war. „Die Kritiken dämpften allerdings etwas den Erfolg." Von Wien ging das Stück nach Berlin, wo die Kritik das Stück „demolierte" (TB 17. 2. 1898, GZW III, 57), dann über zahlreiche deutschsprachige Theater des östlichen Grenzgebiets, diesmal sogar nach Prag! „Nur in Brünn setzte der jüdische Gemeindevorstand ein Verbot durch" (Bein: Herzl, S. 379).
[143] s. oben, S. 38.
[144] Achad Haám, der führende Ideologe der Chovevej-Zion-Bewegung und ein Gegner des Herzl'schen Zionismus, lehnte das „Neue Ghetto" und ebenso das ein Jahr später erschienene Drama „Dr. Kohn" von Max Nordau, in denen die Hauptpersonen in Duellen getötet wurden, mit den Worten ab:
„... der wahre Jude, bei dem die nationale Ethik die Seiten seines Herzens rührt, erkennt und fühlt innerlich, daß eine Jahrtausende alte Kultur ihn hoch über solchen Wildheitsakt erhebt, einen Rest von Roheit und Grausamkeit aus längst vergangenen Tagen; sein ‚Ehrgefühl' bleibt unbewegt und wird nicht ... durch die Beschimpfung irgendeines Rohlings geschmälert. Er antwortet darauf mit einem Blick der Verachtung und geht weiter." („Nationale Ethik" in „Am Scheidewege", Bd. 2, S. 153—154).
Entsprechend dieser Haltung verurteilt Achad Haám auch die Duelle, die sich 1899 in Wien zutrugen, wo „jüdische Studenten auszogen, die zionistische Lehre nach deutscher Art mit Faust und Stock zu propagieren", und er tadelte Herzls „Welt" (Nr. 24/1897, S. 7), die „dieser Tat gegenüber eine freundliche Miene zur Schau trug, und bei all seiner Vorsicht, seine Freude nicht verbergen konnte, daß die zionistische Faust sich brav gehalten hat ..." („Judenstaat und Judennot", a. a. O., S. 63).
[145] TB 9. 6. 1895, GZW II, 65.
[146] hierzu: *Dubnow* X, S. 231 f. Das Duell zwischen dem jüdischen Hauptmann Mayer und dem von Drumont aufgehetzten Marquis Maurès, in dem Mayer getötet wurde, hatte eine solche Empörung in Paris hervorgerufen, daß der Kriegsminister Freycinet sich genötigt sah, im Parlament „eine Erklärung abzugeben, in der er in voller Übereinstimmung mit der Kammermehrheit das Treiben der Antisemiten als ein Verbrechen wider das Vaterland brandmarkte" (1892).
[147] TB-Einleitung, GZW II, S. 13.

[148] a. a. O., S. 14; zwei Jahre später erinnerte Daudet Herzl an die Gespräche von 1895. Er hoffte, nach der Entstehung des Judenstaats – falls er selbst noch am Leben wäre – denselben aufzusuchen, „um Vorlesungen (!) zu halten". (TB 26. 3. 1897, GZW II, 607).

[149] „Vielleicht sind es übrigens gar keine praktischen Ideen, und ich mache mich zum Gespött der Leute ..." (TB-Einleitung GZW II, 15).

[150] a. a. O.

[151] a. a. O., S. 3.

[152] a. a. O., S. 15.

[153] Herzl an Teweles: 6. 6. 1895, abgedr. bei Kellner: Lehrjahre, S. 156 f.

[154] Herzl an Teweles: 23. 6. 1895, abgedr. bei Kellner: Lehrjahre, S. 159.

[155] Baron Moritz Hirsch von Gereuth (1831–1896) war der Enkel des gleichnamigen Moritz von Hirsch, der bereits so reich war, daß er in den deutschen Freiheitskriegen ein ganzes Regiment auf eigene Kosten ausrüsten konnte. Sein Vater Joseph von Hirsch-Gereuth wurde in den Freiherrnstand erhoben. – Der Baron Hirsch selbst trat 1851 in das Bankhaus „Bischofsheim und Goldschmid" ein, erhielt 1869 die Generalkonzession für Eisenbahnbauten in der Türkei. Er hatte einen Sohn, der 1887 starb. – Baron Hirsch – der als „Türkenhirsch" bekannt war – war einer der reichsten Männer und größten Philanthropen seiner Zeit. Als nach der Ermordung des Zaren Alexanders II. in Rußland eine Pogromwelle einsetzte, bot er der russischen Regierung 50 Millionen Goldfranken für die Besserung des Loses der Juden an, ein Angebot, das die russische Regierung ablehnte. 1891 gründete Hirsch die Jewish Colonisation Association („ICA"), die er nach und nach mit einem Kapital von 10 Millionen Goldpfund ausstattete. Die ICA kaufte große Territorien in Argentinien. Er entschied sich gegen Palästina wegen der allzugroßen Nähe Rußlands, von dem er annahm, daß es seinen Einfluß früher oder später auch auf dieses Land ausdehnen würde, und weil er Rußland für den größten Feind der Judenheit hielt! In Argentinien siedelte er rd. 14 000 russische Juden an (Böhm: Zion. Bew. Bd. 1, S. 114 Anm.). Diese Siedlungen sind jedoch heute nahezu bedeutungslos.
Die Gesamtsumme der Hirsch'schen Stiftungen für wohltätige Zwecke, vor allem für die Juden, wird auf 400–500 Millionen Goldfranken geschätzt. Die Verwaltung des Vermögens der ICA lag in den Händen einiger großer Korporationen, deren bedeutendste die „Alliance Israélite Universelle" war. (vgl. N. M. Gelber in Encycl. Judaica, Bd. 8, Sp. 87 ff.; L. Silberstrom in „Jüd. Lexikon", Bd. II, Sp. 1618 ff.)

[156] TB-Einleitung, GZW II, S. 16.

## 4. Kapitel
## Der Weg zum „Judenstaat"

### I.

Nach Herzls Tagebüchern begann sein Weg zum „Judenstaat" etwa um Ostern 1895[1], steigerte sich nach der Unterredung mit dem Baron Hirsch am 2. 6. 1895 zu einer kurzen Phase der fast zwanghaften Niederschrift aller seiner „Einfälle" und „Gedankensplitter" und zu einer umfangreichen zusammenfassenden Darstellung seines Planes[2], durch die er die Familie Rothschild für sich gewinnen wollte, und endete – und dieser Zeitpunkt läßt sich genau feststellen – am 18. 6. 1895, an demselben Tage, an dem er seinen „IV. Brief an Baron Hirsch" schrieb, der seltsamerweise mit den Worten begann: „Mein letzter Brief[3] erfordert einen Abschluß. Da haben Sie ihn: Ich habe die Sache aufgegeben."[4] Diese Worte trafen natürlich nicht zu.

Hatte er „um Pfingsten" – also Ende Mai, Anfang Juni 1895 – seine Tagebücher noch mit der schönen und klaren Handschrift begonnen, die für ihn so bezeichnend ist, und in dem ruhigen Plauderstil seiner Feuilletons erzählt, daß er an einem Werk „von unendlicher Größe" arbeite, daß ihm seine Erfahrung aber sage, er solle seine Gedanken aufschreiben, „wenn nicht als Denkmal für die Menschen, so doch für (sein) eigenes Ergötzen oder Sinnen", weil es aussieht „wie ein mächtiger Traum", nur mit dem Unterschied: „. . . seit Tagen und Wochen füllt es mich aus, begleitet mich überall hin, schwebt über meinen gewöhnlichen Gesprächen, blickt mir über die Schulter in die komische Journalistenarbeit, stört mich und berauscht mich"[5], so schreibt er kaum eine Woche später: „Ich weiche allen Bekannten aus. Sie tun mir weh, ahnen nicht, wo ich herkomme; und da ist das tägliche Leben schrecklich verletzend"[6]. Er mußte seinen Mitmenschen ausweichen. Die Ökonomie seiner Kräfte, die er nie zu beherrschen lernte, verlangte es. Er befand sich – wie er ein Jahr später schrieb[7] – in dem Zustand „einer beispiellosen Produktion, in denen (er) die Einfälle nicht mehr ruhig ins reine schreiben konnte. (Er) schrieb gehend, stehend, liegend, auf der Gasse, bei Tisch, bei Nacht, wenn es (ihn) aus dem Schlaf jagte". Er versah die „Zettel" und „Schnitzel", auf denen er seine Notizen machte, nach Möglichkeit mit Daten. Dadurch konnte sie sein Vater später geordnet in seine Tagebücher übertragen[8]. Er wußte „während dieser ganzen stürmischen Produktionszeit, daß vieles, was (er) aufschrieb, kraus und phantastisch war". Aber er übte keine Selbstkritik, „um den Schwung dieser Einbildungen nicht zu lähmen", weil für „die reinigende Kritik" ja auch später Zeit sein würde.

Für den Forscher ist es ein glücklicher Umstand, daß weder Herzl noch sein „guter, treuer Vater", der diese Notizen später ordnete und in Herzls Tagebücher eintrug, diese reinigende Kritik vornahmen, weil auf diese Weise die Nachwelt die Möglichkeit hat, Herzl so zu sehen, wie er in jenen Tagen wirklich war – mit allen seinen Ungereimtheiten, seinen tiefen Gedanken, seinen Eitelkeiten, seinen manischen Phantasien und seinen intermittierenden Depressionen. Damals war Herzl noch völlig allein; er hatte niemanden, mit dem er auch nur Zwiesprache hätte halten können; aber er ahnte, daß er zwar „heute ein einzelner und einsamer Mann, morgen vielleicht der geistige Führer von Hunderttausenden" sein würde; „jedenfalls der Finder und Verkünder einer mächtigen Idee"[9].

Diese Phase stürmischer Produktion merkwürdiger und zum Teil geradezu absurder Gedanken erreichte ihren Höhepunkt am 12. 6. 1895, als er bekannte:

„Diese Aufschreibungen sind mir keine Arbeit, sondern nur Erleichterungen. Ich schreibe mir die Gedanken los, die heraufsteigen wie Luftblasen in einer Retorte und schließlich das Gefäß sprengen würden, wenn sie keinen Abzug fänden."[10]

Und er vermerkt auf einem anderen Zettel: „. . . das Wachstum der neuen Einfälle ist wichtiger (als eine Reinschrift, d. Verf.). Wer weiß, wie bald es aufhört? Dabei habe ich die Angst, die Heyse in jenem herrlichen kleinen Gedicht vom Künstler schildert: ‚. . . ich bebe, /Daß ich hinfahren könnte über Nacht, /Hinfahren, ehe ich dies Werk vollbracht'." Er will daher seine Zettel später einmal bei der Pariser Akademie deponieren, damit es in Sicherheit sei „ein unverlierbarer Schatz der Menschen. – Aller, nicht nur der Juden"[11].

Herzl war sich darüber im klaren, daß diese Phase, die ihm selbst etwas Fremdes ist, ihn gefährlich nahe an die Grenze des Wahnsinns brachte. Rückblickend von dem Höhepunkt dieser kurzen Schaffensperiode schrieb er: „Ich habe in diesen Tagen öfters befürchtet, irrsinnig zu werden. So jagten die Gedankenzüge erschütternd durch meine Seele. – Ein ganzes Leben wird nicht ausreichen, alles auszuführen."[12] Aber auf dem Gipfel dieser Stimmung schrieb er: „Ich arbeite es aus? Nein! Es arbeitet mich. – Es wäre eine Zwangsvorstellung, wenn es nicht von Anfang bis zu Ende so vernünftig wäre." Er suchte nach einer Bezeichnung für diesen Zustand und fährt fort: „Solche Zustände nannte man in einer früheren Ausdrucksweise: Inspiration."[13]

Es scheint, daß Herzl diesen Ausdruck selbst für unzureichend hält, zumal er sich in jenen Tagen in einen solchen Zustand der Überbewertung seiner Gedanken gesteigert hatte, daß er schließlich nicht nur glaubte, die Judenfrage, sondern mit ihr zusammen auch die soziale Frage überhaupt gelöst zu haben. Dabei wurde er sich des Umfangs dieses Gebietes bewußt und schloß seine Notiz mit den für ihn merkwürdigen Worten: „Wenn es das wäre, welches Geschenk Gottes an die Juden!“[14] Denn Herzl war ein Freidenker. Es war ihm ein unerträglicher Gedanke, Gott eine bestimmende Rolle im Weltgeschehen einzuräumen. Er fügte darum hinzu:

„Wenn ich Gott sage, will ich die Freidenker (!) nicht verletzen. Sie mögen meinetwegen den Weltgeist oder irgendein anderes Wort an die Stelle dieser lieben, alten Abbreviatur setzen, durch die ich mich mit den Einfältigen verständige. Wir meinen ja im Seminarstreit um Worte doch alle ein und dasselbe. Ja, wir meinen im Glauben wie im Zweifel alle ein und dasselbe: daß es unerklärlich ist!“[15]

Es ist hier nicht der Ort, theologische Erörterungen anzustellen. Im „Seminarstreit um Worte“ scheint mir der Ausdruck „Inspiration“ zu schwach zu sein. Ich würde die Bezeichnung „Berufung“ für treffender halten. In dieser Untersuchung würde sie der Darstellung einen theologischen Charakter geben, der unangebracht erscheint. So möge „Inspiration“ zur Bezeichnung jenes Wendepunktes im Leben Herzls – im Juni 1895 – beibehalten werden.

Herzl selbst hatte das Gefühl, daß er in jener Zeit in eine neue Phase seines Lebens trat; noch am 15. 6. hatte er in seinem Tagebuch vermerkt: „Im Schreiben und besonders, wenn mir die ernste, festliche Stimmung auf den Schiffen und drüben (im „Gelobten Land“, wo immer das sein würde, d. Verf.) die Ankunft, der feierliche Empfang einfiel, habe ich oft geweint über das Unglück meines Volkes. Aber wenn ich das Volk führen werde, darf ich keine Tränen zeigen. Der Führer muß einen harten Blick haben.“[16]

So war dies der Endpunkt einer melodramatischen Phase. Am folgenden Tage begann ein neues Leben, das des Mannes, der seine Gefühle nicht zeigen darf, der vor allem sich selbst beherrschen muß. „Ich muß“, so schreibt er, „vor allem mich selbst beherrschen. – Wie Kant sich aufschrieb: an Johann darf nicht mehr gedacht werden. – Mein Johann ist die Judenfrage; ich muß sie rufen und wegschicken können.“[17] Und da ihm klar geworden war, daß er an einen Wendepunkt gekommen war, schrieb er noch am selben Tag – wie ich glaube, in demütiger Bescheidenheit – die Worte: „Ich glaube, für mich hat das Leben aufgehört und die Weltgeschichte begonnen.“[18]

Und wiederum, offenbar nach einigen Stunden stärkster seelischer Überreizung[19], schrieb er jene Worte, die ihm seinen ersten Gefolgsmann bringen sollten[20]: „Der Judenstaat ist ein Weltbedürfnis.“[21]

## II.

Noch als Herzl sich in einer fast spielerischen Weise mit den Gedanken für eine Lösung der Judenfrage befaßte und selbst nicht wußte, ob er „nur im Roman wandle“ oder „praktische Ideen“ verfolge, hatte er plötzlich den Baron Hirsch um eine lange Unterredung[22] für ein „judenpolitisches Gespräch gebeten, das vielleicht in eine Zeit hinauswirken wird, wo weder Sie noch ich da sein werden“[23]. Der vielbeschäftigte Baron Hirsch hatte darauf – anders als der Baron Rothschild in Wien, einen Monat später[24], der einen solchen Brief einfach nicht beantwortete – Herzl mitgeteilt, er sei für einige Monate in London und könne „avec le meilleur volonté du monde“ kein Datum für ein solches Treffen bestimmen; Herzl möge ihm doch schriftlich mitteilen, was er ihm mündlich hätte vortragen wollen[25]. Herzl erwiderte darauf, das ließe sich nur schwer machen, weil er Hirschs „ganze konzentrierte Aufmerksamkeit“ für die Lektüre eines solchen Briefes benötige. Außerdem sei er selbst zu beschäftigt, „um sich kurz fassen zu können“. Falls Hirsch ihm aber nunmehr durch einen Sekretär „irgendeine höfliche Formel der prise en considération“ senden würde, „wären Sie (Hirsch) für mich dauernd erledigt. Und das wäre vielleicht im allgemeinen Interesse zu bedauern“[26].

Nur um anzudeuten, worum es geht, schrieb er schließlich: „Was Sie bisher unternommen haben, war ebenso großmütig als verfehlt, ebenso kostspielig wie zwecklos. Sie waren bisher nur ein Philanthrop, ein Peabody[27]. Ich will Ihnen den Weg zeigen, wie Sie mehr werden können.“[28] Der Erfolg war verblüffend. Hirsch lud Herzl bereits zum 2. 6. 1895 (dem Pfingstsonntag des Jahres) zu einer Unterredung ein, da er für zwei Tage in Paris sei[29]. Herzl bereitete die Unterredung mit Hirsch mit größter Sorgfalt vor[30]. Sie brachte jedoch kein positives Ergebnis.

In ähnlicher Weise schrieb Herzl einige Tage später, am 11. 6. 1895, obwohl er noch keineswegs sicher war, daß und wie er seine Lösungspläne praktisch durchzuführen versuchen würde, an den Wiener Oberrabbiner Dr. Güdemann[31]. Er teilte ihm zunächst kurz mit, daß er sich entschlossen habe, „an die Spitze einer Aktion für die Juden zu treten“, fragte ihn, ob er bereit wäre, ihm „behilflich“ zu sein, erteilte ihm gleichzeitig den Auftrag, „einen genauen Bericht zu verfassen über alles, was Sie von der gegenwärtigen moralischen und politischen Lage der Juden wissen, nicht nur in Wien und Österreich-Ungarn, sondern auch in Deutschland, Rußland, Rumänien usw.“, lud ihn zu einem Treffen nach Caux, auf halbem Weg zwischen Paris und Wien, ein, und bat ihn schließlich, eventuell noch einen zweiten Mann, „einen ruhigen, unbefangenen Menschen, geachtet, von sicherem Auftreten und würdigem, unabhängigem Benehmen" ausfindig zu machen und mitzubringen. Er selbst habe zwar schon einen solchen Mann gewählt, ihm auch bereits eine Woche zuvor geschrieben, „seine Antwort war gestern fällig. Sie ist bis heute nicht da. Ich kann nicht länger warten"[32]. Güdemann telegrafierte darauf zunächst, es sei ihm unmöglich, zu dem vorgesehenen Termin zu kommen, und ließ dem Telegramm einen Brief folgen, der den bereits schwer verärgerten[33] Herzl wieder etwas beruhigte. Herzl antwortete dann in einem ausführlichen „Zweiten Brief an Güdemann"[34], der insofern ein eigenartiges Geschick haben sollte, als Herzl ihn auf die geradezu flehentlichen Bitten seines Freundes Schiff[35] von Güdemann telegrafisch ungeöffnet zurückerbat. Dieser Brief ist hier nicht so sehr wegen seines allgemeinen Inhalts zu erwähnen, als wegen zweier Sätze, die für Herzl als den späteren spiritus rector der zionistischen Bewegung bedeutsam waren: „Sie beide (Dr. Güdemann und der andere Mann, den Güdemann mitbringen würde, d. Verf.) ... wären meine ersten Gehilfen gewesen; richtiger: zunächst meine Boten"[36]; und ferner: „Alles muß sofort geschehen! Das ist mit ein Punkt meines Programms."[37]

Das Treffen mit Güdemann fand dann erst im August statt, nachdem Herzl Paris bereits endgültig verlassen hatte[38]. Auch dieses Treffen, an dem außer Güdemann auch S. Cohn teilnahm, förderte die Angelegenheit nicht. Herzls Bericht über diese Zusammenkunft beginnt mit den Worten: „Eigentlich könnte ich dieses Aktionstagebuch schon aufgeben, denn es kommt zu keiner Aktion."[39] Diese Worte sind aber nur insofern richtig, als Herzl seine Aktion nicht mit diesen beiden Gesprächsteilnehmern begann.

Was hatte die telegrafische Rückforderung dieses „Zweiten Briefes an Güdemann" veranlaßt[40]? Herzl hatte seit seiner Unterredung mit dem Baron Hirsch am 2. 6. 1895 unter dem ungeheuren Druck der „Inspiration" gearbeitet. Seine Tagebücher aus jener Zeit bis zum 17. 6. umfassen fast 100 Druckseiten, dazu kamen noch die Notizen für einen Vortrag für den „Familienrat der Rothschilds", die Herzls Vater unter dem Titel „Rede an die Rothschilds" in Herzls Tagebücher eintrug, die weitere 66 Druckseiten umfaßte[41]. Es war eine so enorme Arbeit, daß Herzl seinen Freund und Kollegen Dr. Emil Schiff, einen Arzt, der aber als Korrespondent des Wolff'schen Telegrafenbüros in Paris tätig war, bat, ihn für einige Tage zu vertreten[42].

Diesem Freund las Herzl am 17. 6. sowohl die „Rede" wie auch den obigen Brief an Güdemann vor[43]. Herzl berichtet hierüber in seiner „Selbstbiographie":

„Während er (Schiff) es las, fing er plötzlich an zu weinen. Ich fand diese Erregung ganz natürlich, da er ein Jude war; ich hatte ja auch manchmal beim Schreiben geweint. Aber zu meiner Bestürzung gab er einen ganz anderen Grund für seine Tränen an. Er dachte, ich sei irrsinnig geworden, und da er mein Freund war, machte ihn mein Unglück sehr traurig. Er lief weg, ohne ein anderes Wort zu sagen. Nach einer schlaflosen Nacht kam er zurück und drang in mich, die Sache zu lassen, da mich jeder für irre halten würde. Er war so erregt, daß ich ihm alles versprach, um ihn zu beruhigen"[44].

Der Biograph Bein hat aus verschiedenen Quellen die Vorgänge etwas anders rekonstruiert. Nach ihm hatte Herzl den Freund zu sich gebeten, da er ihm etwas Wichtiges mitzuteilen hätte. Als dann Schiff im Hotel erschien, habe Herzl das Zimmer verschlossen, ihn ersucht, ihn nicht weiter zu unterbrechen, sondern zunächst anzuhören, anschließend aber eine offene Kritik zu üben. Dann habe er „unter großer Erregung die Rede an die Rothschilds" vorgelesen. Bein fährt fort:

„Schiff war bis zu Tränen erschüttert. Der seltsame Inhalt der Schrift wie das eben so seltsame Aussehen und Gehaben des Freundes führten den Arzt zu der Überzeugung, daß Herzl nicht bei normalen Sinnen sein könne. Sein Puls ging erregt. Hatte die Überarbeitung ein Nervenfieber hervorgerufen? Er schwieg zunächst. Als Herzl ihn zur Äußerung seiner Meinung drängte, teilte er sie ihm offen mit: er halte den Plan für die Ausgeburt eines überreizten Gehirns, das dringend der Ruhe und ärztlichen Behandlung bedürfe. Herzl war auf Einwände gefaßt gewesen, eine derartige Reaktion hatte er nicht erwartet. Er widersprach heftig, erzählte von dem Beginn seiner Aktion, zeigte seinen Brief an Güdemann. Der Freund wurde immer erregter: ‚Güdemann', rief er, ‚wird Sie für verrückt halten, wird sofort Ihren Vater aufsuchen und Ihre Eltern werden unglücklich sein. Sie machen sich mit dieser Sache lächerlich oder tragisch'. Die Erwähnung der Eltern, die durch ihn unglücklich würden, hat Herzl so stark beeindruckt, daß er an Güdemann sofort ein Telegramm schickte, er möge den letzten Brief uneröffnet zurücksenden ... Sein (Herzls) Glaube an die Ausführbarkeit blieb jedoch unerschüttert"[45].

Die Diskrepanz der Darstellungen rechtfertigt keinen Zweifel an der Korrektheit in Herzls Darstellungen im allgemeinen. In der „Selbstbiographie" gab Herzl einen feuilletonistischen Bericht, der in der Hauptsache zutraf, wenngleich er in einzelnen Details auch vielleicht nicht stimmen mochte. In seinen Tagebucheintragungen hingegen war er ausschließlich Chronist. Wesentliche Unrichtigkeiten bei ihnen konnten niemals festgestellt werden.

## III.

Schiffs Reaktion löste bei Herzl eine Krise aus. Er selbst schrieb darüber: „Ich hatte dann eine sehr ernste Krisis durchzumachen; ich kann sie nur damit vergleichen, wenn man einen rotglühenden Körper in kaltes Wasser wirft. Freilich, wenn dieser Körper zufällig Eisen ist, wird er Stahl."[46] Auch hier ist zu beobachten, was wir bereits wiederholt bemerkt haben, daß Herzl nicht wußte, wie völlig er bereits seiner neuen Aufgabe verfallen war. Er schrieb anschließend einen langen Brief an Bismarck[47], der zwar nicht mehr im Amt war, den er aber für einen „Übermenschen" hielt und mit Napoleon I. auf eine Stufe stellte[48]. Bei Bismarck hoffte er Verständns zu finden. Er bat ihn um eine Audienz. Bismarck antwortete nicht. Und Herzl – sonst so empfindlich – nahm keinen Anstoß hieran. Er brauchte Bismarcks Placet nicht mehr[49]. Seine Wandlung war abgeschlossen. Alles, was sich in den folgenden neun Jahren bis zu seinem Tod abspielte, ist nur verständlich als der Kampf dieses Menschen um die Erreichung seines Lebensziels, das er in einem Vierzeiler im letzten Jahre seines Lebens einem Waisenknaben des Kischninewer Pogroms ins Stammbuch schrieb:

„Wann erscheint mir als gelungen
Mein Bemüh'n auf dieser Erden?
Wenn aus armen Judenjungen
Stolze junge Juden werden!"[50]

Ihm lag nichts an der akademischen Klärung der damals noch viel diskutierten Frage, ob die Juden ein Volk, eine Religionsgemeinschaft oder was sonst seien. Er sah nur, daß sie in ihrer Gesamtheit Gegenstand und Opfer einer ewigen Verfolgung waren. In seiner Programmschrift nannte er sie ein „Volk". Aber seine Erklärung hierfür beschränkte sich darauf, diesen Begriff von der negativen Seite her mehr zu beleuchten und zu beschreiben, als zu definieren. Von jüdischer Kultur und den Werten der jüdischen Gemeinschaft hatte er keine Kenntnis. Er war auch nicht an ihnen interessiert. Er stellte das Besondere dieser jüdischen Gruppe innerhalb der ihm bekannten Menschheit nur an dem ihm sonst unerklärlichen Antisemitismus fest und bemerkte mit Erstaunen, daß Judentum und Antisemitismus anscheinend untrennbar miteinander verbunden sind. Er sah die Bemühungen großer Schichten der Juden – und gerade derer von höchster Kultur und Intelligenz –, von ihrer Umwelt resorbiert zu werden, und erkannte, daß dieser Resorptionsprozeß stets erfolglos blieb. So kam er zu folgenden Schlüssen, als Ausgangspunkt seiner Tätigkeit für die Zukunft:

„Die Volkspersönlichkeit der Juden kann, will und muß nicht untergehen"[51].
„So sind und bleiben wir denn, ob wir wollen oder nicht, eine historische Gruppe von erkennbarer Zusammengehörigkeit. — Wir sind ein Volk — der Feind macht uns ohne unseren Willen dazu, wie das immer in der Geschichte so war"[52].

In diesen Worten ist kein Weg angezeigt. Aber Herzl war davon überzeugt, daß es ihm gelingen würde, aus dieser ewigen und leidvollen Verstrickung einen Ausweg zu finden. Seine Hoffnung bestand in einer Normalisierung der Lebensbedingungen seines Volkes. Dazu gehörte ein Land! Es war ihm gleichgültig, wo dies Land liegen würde. Er würde schon ein geeignetes finden! Dazu gehörte auch ein Staat. Den würde er schaffen! Und da er davon durchdrungen war, daß die „Befreiung" seines Volkes etwas Gutes nicht nur für dieses, sondern auch für die Welt sein würde, schloß er seine Programmschrift, die er erst im Laufe des folgenden halben Jahres formulieren sollte, mit den Worten:

„Die Juden, die wollen, werden ihren Staat haben.
Wir sollen endlich als freie Männer auf unserer eigenen Scholle leben und in unserer eigenen Heimat ruhig sterben.
Die Welt wird durch unsere Freiheit befreit, durch unseren Reichtum bereichert und vergrößert durch unsere Größe.
Und was wir dort nur für unser eigenes Gedeihen versuchen, wirkt machtvoll und beglückend hinaus zum Wohle aller Menschen".[53]

Aus diesem Programm, das für Herzl unverrückbar blieb, ergab sich die unvermeidliche Gegnerschaft der anders Gesinnten im jüdischen Lager: die reichen, kultivierten und assimilierten Juden, die genauso wenig Kenntnis von den jüdischen Werten hatten wie Herzl selbst, opponierten, weil er den Assimilations- und Resorptionsprozeß unterbrechen wollte, in dem sie sich befanden; die frommen und nationalbewußten Juden konnten ihn nicht vorbehaltlos akzeptieren, weil sie mit Recht fühlten, daß es Herzl nicht auf eine Erhaltung jüdischer Werte ankam, sondern nur auf die Rettung von Leib und Leben; und obwohl gerade sie in erster Linie die Opfer aller Judenverfolgungen waren, und gerade ihr „Leib und Leben" stets am meisten gefährdet war, achteten sie diese Gefahr für geringer als den Untergang der religiösen und kulturellen Werte ihres Judentums. Sie waren daher zwar bereit, große Strecken auf diesem Wege mitzugehen, den Herzl ihnen bahnen wollte, aber sie waren immer auf der Hut vor einer Deviation von den „jüdischen Werten" und bereit, Herzl gegebenenfalls ihre Gefolgschaft sofort aufzukündigen.

## IV.

Wie sollte Herzls „Judenstaat" aussehen?
Die Frage des Territoriums kam für Herzl erst in zweiter Reihe. Die Hauptsache war für ihn, sein Volk aus der Mitte der feindlichen Völker herauszulösen und ihm irgendwo ein Gebiet zum Aufbau seines eigenen Staates zu verschaffen.
In jenen Jahrzehnten am Ende des vorigen Jahrhunderts erschien die Welt weniger aufgeteilt als früher und heute. Männer wie Cecil Rhodes, wie Leopold von Belgien hatten in Afrika riesige Gebietsstrecken für sich erworben und in ihnen Staaten gegründet. Südamerika war nur in den Küstengebieten erschlossen und in seinem riesigen Innern noch weitgehend terra incognita, wenigstens für die kolonisierenden Mächte; selbst Nordamerika stand der Besiedlung offen, und der Ruf „young men go westward" war noch aktuell. Das ottomanische Imperium war im Zerfall. Die „Mächte" – und darunter waren damals nur die europäischen Großmächte zu verstehen – warteten nur darauf, dieses zerfallende, vernachlässigte Riesenreich unter sich aufzuteilen, nicht etwa zum Wohle der dort lebenden unterentwickelten Völker, sondern um für sich selbst Märkte zu schaffen, Handelswege zu sichern und Abfluß für die in der Heimat brachliegenden menschlichen Kräfte zu finden. Die Welt stand offen für den, der nur ernsthaft wollte und in der Lage war, die Mittel zu mobilisieren, die für die Erschließung solcher Länder nötig waren. Und sollte die Aufbringung solcher Mittel für die Lösung der Judenfrage ein unübersteigliches Hemmnis sein? „Was sind 10 Milliarden Mark für die Juden?" schrieb Herzl an den Baron Hirsch, „... übrigens könnten wir zur Not schon mit einer Milliarde marschieren. Denn das wird arbeitendes Kapital sein ... Man findet jüdisches Kapital in schweren Massen für eine chinesische Anleihe, für Neger-Bahnen in Afrika, für die abenteuerlichsten Unternehmungen – und für das tiefste, unmittelbarste, quälendste Bedürfnis der Juden selbst fände man keines"?[54]
Und das Territorium selbst? Herzl war nicht besonders originell in seiner Wahl. Für ihn kamen in jener Zeit der „Inspiration" nur zwei Länder in Betracht: Palästina und Argentinien. Im Grunde war er gegen Palästina. Er erwähnt es zum ersten Mal am 9. 6. 1895 und beginnt, bezeichnenderweise mit negativen Argumenten, die zum Teil auch den Baron Hirsch[55] gegen Palästina eingenommen hatten. „Gegen Palästina spricht die Nähe Rußlands, Mangel an Ausbreitung, sowie Klima, dessen wir schon entwöhnt. Dafür aber die mächtige Legende."[56]
In seiner „Rede an die Rothschilds" war Herzl deutlicher. Er meinte, Palästina „würde sich empfehlen, weil es der unvergessene Stammsitz

unseres Volkes war, weil der Name allein schon ein Programm wäre, und weil es die unteren Massen stark anziehen könnte"[57].

Er hatte aber auch Gründe, die gegen Palästina sprachen: „Die meisten Juden sind keine Orientalen mehr, haben sich an ganz andere Himmelsstriche gewöhnt, und mein (Herzls) späterhin folgendes System der Verpflanzung wäre dort schwer durchzuführen. Auch ist Europa noch zu nahe, und im ersten Vierteljahrhundert unseres Bestandes müssen wir für unser Gedeihen von Europa und dessen Kriegs- und sozialen Verwicklungen Ruhe haben."[58] Herzl war darum zu tun, daß das Land „wegen unseres künftigen Welthandels am Meer liegen und ... für unsere maschinenmäßige Landwirtschaft im Großen weite Flächen zur Verfügung haben" müsse. Die endgültige Entscheidung würde zur gegebenen Zeit „der Verwaltungsrat" treffen, nachdem „die Gelehrten" vorher „das Wort zu unserer Beratung" gehabt haben würden[59].

Daß nicht der „Verwaltungsrat", sondern das jüdische Volk die Entscheidung würde treffen wollen, hätte eine demokratische Einstellung Herzls verlangt. Er war aber – und nicht nur damals, sondern bis zu seinem Tode – von demokratischen Ideen weit entfernt. Er war in einem Reich aufgewachsen, das nur durch sein monarchisches Regierungssystem zusammengehalten wurde. In Frankreich hatte er dann außerdem noch die speziellen Fehler der dortigen Demokratie kennengelernt. Als Korrespondent der Neuen Freien Presse hatte er auf der Pressegalerie des Palais Bourbon die vielen Mängel beobachtet, die eine ungezügelte, übermäßig individualistische Demokratie mit sich bringen kann[60]. Er hatte zu erkennen geglaubt, daß durch „die prinzipielle Öffentlichkeit" der Verhandlungen „der zum Regieren nötige Respekt verloren" gehe, weil „alle Welt erfährt, daß die Regierenden auch nur Menschen sind – und wie oft sind es lächerliche, beschränkte Menschen". Dabei war er davon überzeugt, daß einerseits „das Bestehende, zu Erhaltende nur von mittelmäßigen Menschen regiert werden" dürfe, weil diese alle die kleinen Bedürfnisse der Menschen verstehen, daß aber andererseits „fürs Erschaffen" Ausnahmemenschen, „Monstra", nötig seien, die über diese Bedürfnisse bei sich und bei den andern weggehen und „die Gegenwart eilig wegräumen wollen", um sie „durch Größeres zu ersetzen oder in den Wahnsinn hinauszubauen"[61]. Aus diesem Dilemma der Demokratie sah er keinen Ausweg, so daß er sie mit dem ebenso lapidaren wie übertriebenen Satz über Bord warf: „Die Demokratie ist ein politischer Unsinn, der auch nur von einer Menge in der Aufregung einer Revolution beschlossen werden kann."[62] Es war dies eine jener nur halbernst gemeinten, extremen Formulierungen, die er sich in der Verborgenheit seiner Tagebücher gestattete. Eine Woche später unterhielt er sich mit einem Communarden in der

Kammer und setzte ihm auseinander, warum er gegen die Demokratie bei der Staatsführung sei, sie aber in der Kommunalpolitik für angebracht halte: „In der Gemeinde bin ich für weiteste Autonomie. Die Kirchturmsinteressen versteht man um den Kirchturm herum genügend, ja sogar am besten. Den Staat und seine Bedürfnisse hingegen kann das Volk nicht begreifen.“[63]

Bei seinen für die Öffentlichkeit bestimmten Niederschriften war er zurückhaltender. In seinen gedankentiefen Plaudereien des „Palais Bourbon“ und in der „Rede an die Rothschilds“ spricht er aber noch recht ungehemmt über die Gründe, die ihn gegen die Demokratie einnehmen. Für ihn ist sie „maßlos in der Anerkennung und in der Verurteilung“, führt „zu Parlamentsgeschwätz und zur häßlichen Kategorie der Berufspolitiker“[64]. Er wollte daher den Rothschilds, mit deren Geld er hoffte, sein Projekt durchführen zu können, ein Wahlfürstentum vorschlagen. „Wir werden einen ruhigen, bescheidenen, vernünftigen Mann wählen, der nicht glauben wird, daß er unser Herr ist. Wir werden ihn übrigens in der Verfassung genügend binden. Denn wir werden freie Männer sein und niemanden über uns haben als den allmächtigen Gott.“ Es sollte auch kein erbliches Fürstentum geschaffen werden. „Wir können uns vor der Welt nicht lächerlich machen.“ Aber – und das sollte eine Verlockung für diese Familie sein –: „Wir machen Sie groß, denn wir nehmen unseren ersten Wahlfürsten aus Ihrem Haus.“ Allerdings würde der zweite Fürst dann kein Rothschild sein dürfen. Niemals dürfte ein Sohn auf den Vater folgen. Aber „jeder Jude kann unser Fürst werden; nur der nicht, der diesen Plan gefunden hat“[65].

Aber „Politik“, d. h. die große Politik, sollte „von oben“ gemacht werden[66]. Und auch das Parlament (die „Kammer“) sollte der Regierung nicht direkt, sondern höchstens durch Verweigern der Haushaltsmittel Schwierigkeiten machen können[67].

Als er dann, ein halbes Jahr später, seinen ersten Aufsatz mit dem Titel „Eine Lösung der Judenfrage“ veröffentlichte, hielt er eine „aristokratische Republik“ für die passende Lösung, obwohl er – wie er betonte – in seiner „Heimat ein überzeugter Anhänger der Monarchie“ war[68]. Er wollte die Verfassung seines „Judenstaates“ derjenigen Venedigs anpassen, vermeidet auf Einzelheiten einzugehen, will aber der Masse des Volkes – wie in Venedig – unter keinen Umständen die Entscheidung überlassen:

„Unser Volk, dem die Society (die Körperschaft, die in der Vorbereitungszeit die Geschäfte des jüdischen Volkes als negotiorum gestor[69] führt, d. Verf.) das neue Land bringt, wird auch die Verfassung, die ihm die Society gibt, dankbar (!) annehmen. Wo sich aber Widerstände zeigen, wird die Society sie brechen. Sie kann sich im Werke durch beschränkte oder böswillige Individuen nicht stören lassen."[70]

## V.

Herzl stellte sich den „Auszug ins Gelobte Land praktisch als eine ungeheure, in der modernen Welt beispiellose Transportunternehmung" vor, „als einen Komplex aller menschlichen Unternehmungen, die wie Zahnräder ineinandergreifen"[71]. Er hatte damit nicht unrecht. Aber seine Phantasie reichte bei weitem nicht aus, um sich die Wirklichkeit, wie unsere Generation sie erlebt hat, vorstellen zu können. Er glaubte allen Ernstes: „... bei dieser Unternehmung wird schon in den ersten Stadien die nachstrebende Menge unserer jungen Leute Beschäftigung finden; alle die Ingenieure, Architekten, Technologen, Chemiker, Ärzte, Advokaten, die in den letzten 30 Jahren aus dem Ghetto herausgekommen sind ..."[72] Er nahm zwar nicht an, daß dieser „Abzug" der Juden von einem Tag auf den anderen durchgeführt werden würde oder auch nur durchgeführt werden könnte, sondern daß er „allmählich sein und Jahrzehnte dauern"[73] würde. Er hielt dies sogar im Interesse der Auswanderungsländer gar nicht für wünschenswert, weil die „innere Wanderung der christlichen Staatsbürger in die langsam und planvoll evakuierten Positionen der Juden"[74] nicht übereilt durchgeführt werden könne. Aber er war sich dessen bewußt, daß dieser Vorgang etwas Ungeheures sein würde, daß diese Volkswanderung sich zum Exodus aus Ägypten verhalten würde „wie ein Fastnachtssingspiel von Hans Sachs zu einer Wagnerschen Oper"[75] und daß sie nur möglich sei, wenn sie sorgfältig geplant und durchgeführt und vor allem ausreichend finanziert werden würde.
Als Hirsch den phantasievollen Ausführungen Herzls mit einer an sich nur selbstverständlichen Skepsis begegnet war, war er für Herzl – nur fünf Tage nach jener Unterredung! – „zur quantité absolument négligeable herabgesunken". An seine Stelle waren „die Rothschilds" getreten[76], allerdings mit einem wesentlichen Unterschied: Herzl rechnete zwar auf ihre Mitwirkung, setzte sich aber mit ihnen nicht in Verbindung[77]. Er wollte sie auch nicht dadurch gewinnen, daß er ihnen, wie dem Baron Hirsch, einen neuen, besseren Verwendungszweck für ihr Millionenbudget an karitativen Ausgaben zeigte, sondern er wollte ihnen und den anderen „großen Juden" „ihre historische Mission bringen" und speziell den Rothschilds „die Lösung der Judenfrage durch Bergung des Rothschildschen Vermögens"[78]. Allerdings war er sich des Erfolges seiner Werbung um diese Familie, die er sich als eine Einheit vorstellte, offenbar nicht

sicher. Seinem Programm folgte unmittelbar der Satz: „Ich bin aber auf die R's nicht angewiesen – ich zöge sie nur vor als Knoten, weil ich das ganze Geld in einem Nachmittag aufbringen kann, durch simple passage d'écriture"[79]. Und zwei Tage später: „Die R's sollen sich sofort entscheiden: Ja – Nein. Ich habe keine Zeit zu verlieren. Ich habe dreizehn Jahre gebraucht ... wenn nicht mit ihnen – gegen sie!"[80] Es war ihm ernst mit diesem Postulat, und dennoch zögerte er, sich direkt an die Rothschilds zu wenden. Kurze Zeit darauf schrieb er jenen „Vierten Brief an Baron Hirsch"[81], in dem er diesem mitteilte, daß er die Sache aufgegeben habe, weil „den Juden vorläufig noch nicht zu helfen ist. Wenn einer ihnen das Gelobte Land zeigte, würden sie ihn verhöhnen. Denn sie sind verkommen ... Aber wir müssen noch tiefer herunterkommen, noch mehr beschimpft, angespuckt, verhöhnt, geprügelt, geplündert und erschlagen werden, bis wir für diese Idee reif sind ... Ich kann die Mauer nicht durchbrechen, mit meinem Kopf allein nicht. Also geb' ich's auf". Und im Widerspruch dazu, als ob er doch weitermachen wolle, fuhr er fort: „Ich sage nur noch einmal: das einzige Mittel ist, die ganze jüdische Mittelbank zu einer zweiten formidablen Geldmacht zusammenraffen, die Rothschilds bekämpfen, mitreißen oder niederreißen – und dann hinüber"[82]. Auf diesen Satz war er besonders stolz! Als Hirsch ihm kurze Zeit darauf antwortete, glaubte er, dies auf den eben zitierten Satz zurückführen zu können[83], und er schrieb ihm einen weiteren, einen Abschiedsbrief, dessen wesentlicher Inhalt in den Worten besteht: „Für die Juden will ich noch etwas zu tun versuchen – mit den Juden nicht."[84] Es war dies ein Programm!

Er wurde zwar während der kommenden Jahre zum Führer seines Volkes; aber dennoch war er, wie der Titel der englischen Übersetzung der Chouraqui'schen Herzl-Biographie lautet: „A Man Alone". Er hat für die Juden gearbeitet und sie gezwungen, mit ihm zu gehen. Mit ihnen hat er nicht gearbeitet.

## VI.

Daß sich Herzl zu dem Typus des dominierenden Einzelgängers entwickelte, war nichts Zufälliges. Es war in seinem Charakter begründet. Die Anlage hierzu läßt sich bereits an Kindheitserlebnissen aufzeigen. In der Tat verweisen schon Friedemann und Bein[85] darauf, daß der noch nicht vierzehnjährige Herzl in den Statuten seines belletristischen Schülervereins „Wir"[86] Forderungen an sich und an die Vereinsmitglieder stellte, wie der 37jährige Präsident des Zionistenkongresses später an die Delegierten. Nach Bein bezogen sich diese Forderungen auf Klarheit der Formulierung, Streben nach Unparteilichkeit, Taktgefühl und Sinn für Formen. Mir scheint noch wichtiger zu sein, daß er damals bereits von sich und von den Mitgliedern ernste Mitarbeit verlangte, Intrigen jeglicher Art verhindern wollte, und daß er zwar dem „Präsidenten" – also sich selbst – Sonderrechte einräumte, sie aber nur bis zu einer gewissen Grenze gehen ließ, nämlich bis zu derjenigen, die durch das Gebot der Fairness bestimmt ist.

Über die Verantwortung für die Erhaltung eines Staates hatte sich der Einunddreißigjährige in seinem Bericht an die Neue Freie Presse über die verschiedenen Strafverfahren gegen den Anarchisten Ravachol, der im Sommer 1892 in Frankreich öffentlich hingerichtet wurde, geäußert. In einem dieser Prozesse hatten die Geschworenen anstelle des berechtigten Todesurteils dem Angeklagten aus reiner Angst für die eigene Sicherheit mildernde Umstände zugebilligt und sich damit ihrer Aufgabe als Richter nicht gewachsen gezeigt. Herzl hatte diesen Vorfall zum Anlaß genommen, auf die generellen Folgen eines solchen Versagens hinzuweisen:

„Eine Demokratie, die untaugliche Geschworene hervorbringt, ist in ihrem Wesen bereits monarchisch. Es fehlt ihr nur der Einzelherrscher. Der wird sich finden. Die Souveränität ist jetzt mit ihren Ehren, Gewalten und Gefahren über das ganze Volk hingebreitet. Wenn jeder sein Teilchen Gefahr von sich schieben möchte, weil ihm vielleicht das entsprechende Teilchen Ehre oder Macht zu gering ist, so wird, so muß eben derjenige kommen, der die Ablösung beantragt. ‚Ich, hört Ihr, ich nehme Euch das ganze Ungemach ab. Auf meinem Haupte soll sich aller Haß der Unterdrückten sammeln. Und damit mein Haupt weithin kenntlich werde, will ich es mit einer Krone bedecken. Mir die Gefahren!' Und so entsteht ein neuer Herr, ein gestrenger"[87].

Er spricht von dem Monarchen, dem Einzelherrscher, und seiner Legitimation. Er selbst war, wie er wiederholt bekannte, ein überzeugter Freund monarchischer Einrichtungen, neigte aber dazu, „die demokratische Monarchie und die aristokratische Republik für die feinsten Formen des Staates" zu halten. Denn „Staatsform und Regierungsprinzip müssen in einem ausgleichenden Gegensatz zueinander stehen"[88]. Eine Entscheidung in dieser Frage hielt er erst für möglich, wenn der Staat bereits entstanden oder wenigstens im Entstehen wäre.

Wer aber hätte die Geschäfte des kommenden Staates, des noch nicht organisierten Volkes, vorher zu führen? Das konnte – wie die Gesetzgeber des deutschen Bürgerlichen Rechts es nannten – nur ein „Geschäftsführer ohne Auftrag"[89] sein.

Als Herzl sich um die Lösung dieses Problems bemühte, war dieses Rechtsinstitut des zivilen Rechts als die negotiorum gestio des Römischen Zivilrechts bekannt, die Herzl mit Recht „ein edles Meisterwerk“[90] nannte. Herzl ging über den römischen Zivil-Rechtsgedanken hinaus mit der Behauptung, daß er auch und besonders im Staatsrecht Gültigkeit besitzen müsse. Als Herzl diese Idee konzipierte, war die Staatsrechtslehre noch von der Rousseau'schen Theorie des contrat social beherrscht. Herzl fand, daß diese Theorie, die über 100 Jahre in der Staatsphilosophie führend war, einfach „falsch“ sei. „Es gibt im Staat nur eine negotiorum gestio. So führe ich (!) die Geschäfte der Juden, ohne ihren Auftrag, werde ihnen aber dafür verantwortlich.“[91] In der „Lösung der Judenfrage“ schrieb er dann: „Das Judenvolk ist gegenwärtig durch die Diaspora verhindert, seine politischen Geschäfte selbst zu führen. Dabei ist es auf verschiedenen Punkten in schwererer oder leichterer Bedrängnis. Es braucht vor allem einen Gestor“[92]. Im „Judenstaat“ entwickelte er diese Idee präziser:

„Der Staat entsteht durch den Daseinskampf eines Volkes. In diesem Kampf ist es nicht möglich, erst auf umständliche Weise einen ordentlichen Auftrag einzuholen. Ja, es würde jede Unternehmung für die Gesamtheit von vorne herein scheitern, wenn man zuvor einen regelrechten Mehrheitsbeschluß erzielen wollte. Die innere Parteiung würde das Volk gegen den äußeren Notstand wehrlos machen. Alle Köpfe sind nicht unter einen Hut zu bringen, wie man gewöhnlich sagt. Darum setzt der Gestor einfach den Hut auf und geht voran.
Der Staatsgestor ist genügend legitimiert, wenn die allgemeine Sache in Gefahr und der Dominus (scil. die Gesamtheit der Bürger) durch Willensunfähigkeit oder auf andere Art verhindert ist, sich selbst zu helfen.
Aber durch sein Eingreifen wird der Gestor dem Dominus, ähnlich wie aus einem Vertrage, quasi ex contractu, verpflichtet. Das ist das vorbestandene oder richtiger: mitentstehende Rechtsverhältnis im Staate“[93].

Daß Herzl glaubte, daß dieser Gestor kein einzelnes Individuum sein dürfe, daß er „in jedem Sinne des Wortes eine moralische Person[94] sein“, daß es die zu diesem Zweck zu schaffende „Society of Jews“[95] sein müßte – und daß er sich gerade hierin irrte – verringert den Wert seiner Theorie nicht. Es zeigt nur, daß er – jedenfalls damals am Ende des Jahres 1895 – das Menschenkräfte übersteigende Ausmaß seiner Aufgabe erfaßt hatte. Als er dann später bemerkte, daß seine Gefolgschaft nicht imstande war, mit seinen Ideen gleichen Schritt zu halten, versuchte er mit aller Macht, seine Ideen allein durchzusetzen. Es gelang ihm nicht. Er blieb allein.

## VII.

Zu Beginn der „Inspiration“[96] hatte Herzl in seinem Tagebuch vermerkt: „Meine Übersiedlungen von Wien nach Paris und zurück waren geschichtlich nötig, damit ich die Auswanderung erlerne."[97] Das war ein unangebracht arrogantes Wort. In Paris hatte er keine Kenntnisse erlangt, die er für den zweiten Exodus seines Volkes hätte verwerten können, aber er hatte dort wenigstens die Antwort auf eine Vorfrage gefunden, daß nämlich dieser erneute Exodus seines Volkes unvermeidbar war. Diese Erkenntnis allein schuf genügend Probleme für die Lebensdauer eines einzelnen Menschen (Natura non facit saltus!).

Kaum zwei Monate nach dieser Eintragung verließ Herzl dann Paris endgültig. Er empfand, daß ein „Buch seines Lebens zuende" gegangen war, und er fragte sich: „welches?"[98]. Es war keine rhetorische, sondern eine echte Frage. Herzl wußte in der Tat nicht, welches Buch seines Lebens sich ihm eröffnen würde. Er ahnte nicht einmal, daß er nicht nur „an die Spitze einer Aktion für die Juden"[99], sondern an die Spitze seines Volkes getreten war, und zwar eines Volkes, das nicht nur nicht in einer einheitlichen, politischen Gemeinschaft organisiert war, sondern sich in seiner überwältigenden Majorität sogar dagegen wehrte, als ein „Volk" anerkannt zu werden.

Herzls Reise nach Wien führte ihn über einen Badeort — Zell am See —, wo er Beobachtungen über den österreichischen Volksantisemitismus[100] und über Aussee, wo er Gedanken über den wirtschaftlichen Aufstieg der Juden, der den Antisemitismus erzeugt[101], anstellte. Das wichtigste Ereignis aber war das verspätete Treffen mit Dr. Güdemann im August in München, über dessen Ergebnislosigkeit bereits berichtet worden ist[102].

In Wien kam er Anfang September an und hoffte, sofort mit seiner zionistischen Arbeit beginnen zu können. Er erlebte eine Enttäuschung: gleich bei der ersten Unterhaltung mit seinem Chef Dr. Bacher bemerkte er, daß dieser „für seine Ideen absolut unempfindlich sein werde, ja, sie vielleicht aufs entschiedenste bekämpfen werde"[103]. Er machte auch Bekanntschaften mit anderen führenden Wiener „Gemeindejuden"[104], die teilweise großes Interesse für seine Pläne zeigten, aber zur Mitarbeit nicht bereit waren. Eine der interessantesten Persönlichkeiten, die er bei der Gelegenheit kennenlernte, war Narcisse Leven, einer der Mitbegründer der französischen Alliance Israélite Universelle und später ihr Präsident, den er als eine „schwer bewegbare, aber wohlwollende Natur, misoneistisch und des Umdenkens und Umlernens schwerlich fähig" erkannte, von dem er aber hoffte — völlig zu unrecht —, daß er ihn gewonnen habe, „soweit eine solch schwerflüssige Natur für eine Sache der Begeisterung gewonnen werden kann"[105].

Auch mit Güdemann kam er wiederholt zusammen. Das Verhältnis dieser beiden Männer zueinander entwickelte sich eigenartig und soll besonders

dargestellt werden: In den ersten Tagen der „Inspiration“, als Herzl noch völlig von seinen Ideen berauscht war, und keinerlei substantielle Basis für ein praktisches Vorgehen hatte, schwebte ihm vor, Güdemann „zum ersten Bischof der Hauptstadt“ zu machen. Güdemann war für ihn damals offenbar der Repräsentant aller Rabbiner, wie er sie sich in seiner Unwissenheit vorstellte[106], und erwartete von ihnen, daß sie die Stützen seiner Organisation sein und er sie „dafür ehren“ würde[107]. Eine Woche später sprach er aber schon „vom ungenügenden Güdemann[108], obwohl er mit ihm, als er dies schrieb, erst einige Briefe gewechselt hatte.
Das Treffen der beiden Männer in München[109] brachte sie dann eng zusammen: Herzl hoffte, in Güdemann einen Gefolgsmann für seine Ideen gefunden zu haben, und Güdemann war von Herzl so begeistert, daß er beim Abschied in „ernster Begeisterung“ zu ihm sagte: „Bleiben Sie, wie Sie sind! Vielleicht sind Sie der von Gott Berufene“[110]. Diese Begeisterung hielt nur kurze Zeit an. Güdemann wurde zurückhaltender, so daß Herzl schon nach wenigen Monaten seinem Tagebuch anvertraute: „Ich finde ihn immer wieder erlaut und heize ihm jedesmal ein. Zu irgendeiner Bemühung ist er nicht zu haben. Er ist einer der vielen, die mitgehen, wenn alle gehen.“[111] Der ungeduldige Herzl konnte dies nicht ertragen. Er sah in ihm schließlich etwas, das „vom Mann nur den Bart und die Stimme“ hat und erklärte ihm offen – womit er nicht unrecht hatte –: „Sie sind ein Schutzjude – ich bin ein schützender Jude. Sie können mich offenbar nicht verstehen.“[112] Dennoch kam es zunächst nicht zum Bruch. Als Herzl Güdemann die Druckbögen seiner Programmschrift „der Judenstaat“ zu lesen gab, schrieb Güdemann ihm begeistert seine Zustimmung[113] und wiederholte seine Anerkennung wenige Tage darauf mündlich[114]. Das hinderte ihn allerdings nicht daran, einige Monate später – unter dem Druck der Kultusgemeinde Wiens – eine „tückische Gegenbroschüre“ mit dem Titel „Nationaljudentum“ zu veröffentlichen[115].
Nun war der Bruch nicht mehr zu vermeiden, denn Herzl antwortete mit einem glänzenden und vernichtenden Gegenaufsatz mit dem Titel: „Doktor Güdemanns ‚Nationaljudentum‘ “[116], in dem er Güdemanns Argumente widerlegte und ihn selbst dem Spott seiner Gemeinde auslieferte[117]. Es handelt sich hier nicht so sehr um den Sonderfall eines Mannes, der vielleicht nur einen schwächlichen Charakter hatte; denn Güdemann war ganz zweifellos mehr als eine Puppe, die sich etwa von den Vorstehern der jüdischen Gemeinde manipulieren ließ. Er war nur mit einer Situation konfrontiert, auf die er innerlich nicht vorbereitet war. Seine Gebete um die Beendigung des jüdischen Exils und die Rückkehr nach Zion waren zweifellos aufrichtig. Aber er sah Gefahren vor sich, denen er weniger sich selbst als seine Gemeinde aussetzte, wenn er den Zionismus bejahte.

Der Zionismus konnte in der feindlichen Umwelt sehr wohl als eine Aufkündigung der Loyalität gegenüber dem Land angesehen werden, das dem Juden erst vor wenigen Jahren und nur mit starkem inneren Widerstreben Bürgerrechte eingeräumt hatte. Gerade diese Gefahr war es, die den religiösen „Zionsfreund" praktisch in einen „Antizionisten" verwandelte. Das Verhalten Güdemanns mag vielleicht als unaufrichtig, vielleicht als würdelos empfunden werden; es war in seiner Form jedenfalls nicht mutig. Aber es war bedingt durch die Schwierigkeiten der Situation, die in jenen Jahren nur wenig Juden zu meistern verstanden.

Für Herzl, dessen Leben sich unter dem Druck seiner „Inspiration" verwandelt hatte, bestanden diese Schwierigkeiten nicht. Er, der in seinem „Zweiten Brief an Güdemann" geschrieben hatte: „Mein Judentum war mir gleichgültig; sagen wir: es lag unter der Schwelle meines Bewußtseins. Aber wie der Antisemitismus die flauen, feigen und streberischen Juden zum Christentum hinüberdrückt, so hat er aus mir mein Judentum gewaltig hervorgepreßt"[118], er war sich seiner nationalen Zugehörigkeit bewußt geworden. Er empfand nicht die geringsten Schwierigkeiten, sich gleichzeitig als loyaler Österreicher zu fühlen. Und in der Tat bestand darin keine Schwierigkeit, wie sich aus der Gestaltung des nationalen Minderheitenproblems in der Habsburger Monarchie ergab: Die Böhmen, die Italiener, die Polen, die Tschechen, sie alle, die innerhalb der Grenzen Österreich-Ungarns lebten, waren das, was sie ethnisch sein wollten und was ihnen durch die Minoritätsrechte eingeräumt worden war, nämlich Böhmen, Italiener, Polen usw. Und doch waren sie in ihrer überwiegenden Majorität loyale Österreicher. Nur von den Juden, denen man nicht einmal Minoritätsrechte eingeräumt hatte, wurde erwartet, daß sie nicht nur loyale Staatsbürger sein sollten, sondern daß sie sich sogar ausschließlich als österreichische Nationalisten – aber nicht als Nationaljuden – empfinden sollten, obwohl ihnen der Antisemitismus Tag für Tag in empfindlichster Weise zu verstehen gab, daß sie gerade das nicht sein durften.

Im multinationalen Österreich war dieses Dilemma von einem Teil der Juden schon Jahrzehnte vor Herzl empfunden worden. Männer wie Nathan Birnbaum[119] und viele der Juden aus den Ghetti in Ungarn, Galizien, den österreichischen Teilen Rumäniens und an vielen anderen Stellen hatten das Problem schon vorher in der einen oder anderen Weise für den Einzelfall zu lösen versucht, entweder durch eine hemmungslose Assimiliation oder durch ein Bekenntnis zum Nationaljudentum bei gleichzeitiger Wahrung ihres Anspruchs auf staatsbürgerliche Gleichberechtigung. Aber zu der Klarheit, wie Herzl sie gewonnen hatte und zur Lösung der Judenfrage, wie er sie propagierte, hatten sich nur die wenigsten durchgerungen. Das Ergebnis war eine Zwitterhaftigkeit, wie sie bei Güdemann zum Ausdruck kam.

## VIII.

Aus den Tagebucheintragungen Herzls während der ersten drei Monate nach seiner Rückkehr nach Wien ließe sich vielleicht der Eindruck gewinnen, daß seine zionistische Entwicklung zu einem vorläufigen Stillstand gekommen sei. Das war nicht der Fall. Die Veränderungen in seinen Lebensverhältnissen waren der Anlaß dafür, daß er während eines ganzen Monats keine Eintragungen in seine Tagebücher machte. Er selbst nannte dies einen „eigentümlichen Schreibtorpeur"[120], den er dann gegen Ende September überwand.

Es hatte sich in der Zeit seiner Abwesenheit von Wien viel verändert. Die Regierung, deren Hauptsorge früher gewesen war, die zentripetalen Bestrebungen der nationalen Minoritäten in Schranken zu halten, war zwar entschlossen, diesen Kampf mit aller Energie fortzusetzen; sie wurde aber – speziell in Wien – mit dem Kampf gegen den Sozialrevolutionär Lueger befaßt, der seine Gefolgschaft aus vielen Schichten der Bevölkerung gewonnen und unter dem einigenden Banner des Antisemitismus zusammengeschlossen hatte. Herzl war über diesen Kampf schon in Paris von einem Wiener Ehepaar orientiert worden, das er bei seinem Freund Schiff kennengelernt hatte, „wohlhabende, gebildete, gedrückte" Juden, die über den Luegerischen Antisemitismus leise stöhnten. „Der Mann erwartet eine neue Bartholomäusnacht. Die Frau meint, daß es nicht mehr schlechter werden könne. Sie stritten, ob es gut oder schlecht sei, daß Luegers Wahl zum Bürgermeister von Wien nicht bestätigt werde." Der Eindruck, den Herzl gewann, machte ihn in seinen Ideen „ganz verzagt". „Sie ahnen es nicht, aber sie sind Ghettonaturen, stille, brave, furchtsame." Und er fährt fort: „So sind die meisten. Werden sie den Ruf zur Freiheit und Menschwerdung verstehen? – Beim Weggehen war ich ganz verstimmt. Mein Plan kam mir wieder verrückt vor. – Aber in der défaillance sagte ich mir: angefangen hab' ich's, jetzt führ ich's weiter."[121]

In Wien verfolgte er nunmehr die politischen Vorgänge aus nächster Nähe. Am Tage vor den Gemeinderatswahlen beobachtete er die Volksstimmung, sah sich in der Leopoldstadt[122] vor dem Wahllokal „ein bißchen den Haß und Zorn in der Nähe an". Gegen Abend bemerkte er dann, wie Lueger auf die Volksmenge wirkte: Als Lueger erschien, ertönten begeisterte Hochrufe. Aus den Fenstern schwenkten Frauen weiße Tücher. Die Polizei hielt die Leute zurück. „Neben mir sagte einer mir zärtlicher

Wärme, aber in stillem Ton: ‚Das ist unser Führer' – Mehr eigentlich als alle Deklamationen und Schimpfereien hat mir dieses Wort gezeigt, wie tief der Antisemitismus in den Herzen dieser Bevölkerung wurzelt."[123] Aus diesem Vorgang erkannte Herzl, daß der Antisemitismus in Österreich eine stärkere politische Gewalt in sich trug als diejenige, die der Regierung zur Verfügung stand.

Wenige Wochen später hatte Herzl Gelegenheit, mit dem damaligen Ministerpräsidenten Badeni über dieses Problem zu sprechen. Badeni lehnte Luegers Bestätigung als Bürgermeister ab, weil er ihn für einen Demagogen hielt. Herzl hielt dies nicht für eine auf die Dauer akzeptable Politik. Er „antwortete keck: ‚Ich glaube, Lueger muß als Bürgermeister bestätigt werden. Wenn Sie ihn das erste Mal nicht bestätigen, dürfen Sie ihn nie mehr bestätigen, und wenn Sie ihn das dritte Mal nicht bestätigen, werden die Dragoner reiten' ". Der Ministerpräsident lächelte: „Noh!" mit einem goguenarden Ausdruck[124]. Badeni behielt recht. Die Dragoner ritten beim dritten Mal nicht[125]. Aber im Jahre 1897, nach der fünften Wahl dieses Demagogen zog Lueger als Bürgermeister in das Rathaus ein[126].

An demselben Tage, an dem Herzl die Wirkung Luegers auf die Wiener beobachtet hatte, besuchte ihn der Chefadministrator der Regierungspresse und trug ihm formell[127] die Chefredaktion eines neuen Blattes an.

Das Angebot – es war eines von mehreren, die im Laufe der folgenden Jahre an Herzl herangebracht wurden – war aus vielen Gründen verlockend: Vor allem hätte es seine kühnsten Berufsträume erfüllt. Als er sich viele Jahre vorher[128] um den Posten eines Korrespondenten der Frankfurter Zeitung in Paris beworben hatte, hatte er seinen Eltern geschrieben: „Heine war Pariser Korrespondent ... von der Neuen Freien Presse, Blowitz[129] von der Times nehmen Stellungen ein wie Botschafter ..."[129] Dieses Ziel hätte er erreicht: als er mit Badeni über die Beziehungen zur Regierung sprach und erwähnte, daß er bei ihm, dem Ministerpräsidenten, Vorsprecherecht „comme un ambassadeur" haben wolle, antwortete dieser ihm: „Non seulement que je le permet, mais j'y tiens"[130]. Eine solche Stellung hätte Herzl natürlich auch ein ungeheures Ansehen bei den österreichischen Juden verschafft und außerdem wäre er zu dem Publikationsorgan gekommen, das er sich für seine zionistischen Pläne erwünschte[131].

Dennoch lehnte Herzl schließlich ab. Der Grund, den er sich selbst dafür gab, war der, daß seine Chefs bei der Neuen Freien Presse ihm versprochen hatten, eine Broschüre über seine Lösungspläne der Judenfrage in ihrer Zeitung besprechen zu lassen und ihm außerdem angedeutet hatten, daß er in ihrem Blatt viel mehr Aussicht haben würde, seine Ideen zu

propagieren, als er es in einem Regierungsblatt könnte[132]. Zudem wollten sie ihm einen Urlaub geben, damit er in Paris oder London versuchen konnte, eine société d'études zu gründen, die die Durchführbarkeit der Herzlschen Ideen prüfen sollte[133]. Es ist fraglich, ob diese Gründe für Herzl maßgebend sein konnten. Das Angebot der Neuen Freien Presse war kaum ernst gemeint. Jedenfalls haben seine Chefs es niemals eingehalten[134]. Es stand zudem in einem solchen Mißverhältnis zu den Vorteilen, die die Regierungsofferte Herzl bot, daß er selber es kaum ernst genommen haben kann. Als er schon fast fest entschlossen war, das Regierungsangebot anzunehmen, schrieb er in sein Tagebuch, er habe „den ganzen Abend über Sehnsucht (gehabt) bei der N. F. P. zu bleiben“[133]. Er konnte sich selbst nicht erklären, warum. Am folgenden Tag nahm er dann an einer Sitzung im Presseamt teil, fühlte sich dort aber nicht „zugehörig“: „Ich gab die besten Ratschläge, aber es wurde mir immer klarer, daß das nicht meine Leute sind, und daß ich nicht mit ihnen gehen könne“[136].
Es wird sich wohl nie mit absoluter Sicherheit feststellen lassen, was der eigentliche Beweggrund für Herzls Ablehnung war. Ich glaube, daß Herzl die Inkompatibilität empfand, die sich für ihn als den Leiter eines österreichischen Regierungsblattes und als Leiter einer nationaljüdischen Bewegung zwangsläufig hätte ergeben müssen.

## IX.

Mitte November unternahm Herzl eine Reise nach Paris und London, um die Grundlage für eine „société d'études“ zu schaffen. Das Ergebnis dieser Reise war für ihn persönlich positiv, für die Sache aber ohne praktischen Wert. Wo immer Herzl erschien, gewann er durch die Wirkung seiner Persönlichkeit die Aufmerksamkeit seiner Zuhörer und oft auch ihre begeisterte Zustimmung. Die Wirkung erlosch aber gewöhnlich wieder, sobald die Gesprächspartner in der Ruhe der gewohnten Umgebung das Für und Wider der Herzlschen Ideen erneut überlegten. Herzl war, obwohl er den Charakter seiner Gesprächspartner zumeist sofort und richtig beurteilte, ein zu großer Optimist, um aus diesen unerwarteten Meinungsänderungen die logischen Schlüsse zu ziehen. So gelangte er denn zu falschen Beurteilungen der Gesamtlage.
In Frankreich, wo er in den vier Jahren seines Pariser Aufenthalts keinen Verkehr mit den ansässigen Juden gepflegt, aber die Mentalität der dortigen Juden kennengelernt hatte, war er sich bereits nach wenigen Tagen darüber klar, daß er nicht auf Unterstützung rechnen könnte: „Es geht ihnen noch zu gut“[137]. Den Grand-Rabbin Zadok Kahn, der aus dem

Elsaß stammte und wußte, daß die „Pariser Juden" die „Elsässischen" eher als deutsche Juden ansahen denn als 100prozentige Franzosen, reihte er bereits nach der ersten Begegnung in die Kategorie „der kleinen Rasse der Juden" ein. „Er (Kahn, d. Verf.) gab sich als Zionist zu erkennen. Aber ‚der Patriotismus' des Franzosen wollte auch sein Recht."[138] Die altansässigen und begüterten französischen Juden, die sich uneingeschränkt als wahre Franzosen empfanden, hatten überhaupt kein Verständnis für Herzls Ideen. Mit Leven, den er bereits in Salzburg kennengelernt hatte[139], kam es zu einem Zusammenstoß, als dieser seine französische Nationalität betonte. Herzl griff ihn mit unbarmherziger Offenheit an: „Wie? Gehören Sie und ich nicht zur selben Nation? Warum zuckten Sie bei Luegers Wahl zusammen? Warum litt ich, als Kapitän Dreyfus des Landesverrats angeklagt war?" Und zum Schluß sagte er ihm: „Sie und Ihresgleichen werden nie mit mir gehen." Alle schwiegen. Nur ein junger Rabbiner, der Schwiegersohn Kahns, sagte: „Ich gehe mit Ihnen."[140] Die Haltung dieser französischen Juden empörte Herzl so, daß er sich zu scharfen Ausfällen hinreißen ließ: „Wo wir Widerstände finden, werden wir sie brechen!" Rabbi Kahn begütigte ihn: „Noch leistet man Ihnen keinen Widerstand." Dieses „noch" war richtig. Der Widerstand kam später. Leven, der später als Präsident der Alliance Israelite Universelle einen großen Einfluß auf die Verwendung der Millionen aus dem Nachlaß des Baron Hirsch hatte, blieb stets ein Antizionist und verhinderte, daß Gelder aus diesem Fond jemals zionistischen Zwecken zur Verfügung gestellt wurden.

Die einzige Eroberung, die Herzl in Paris machte, war Nordau, den er schon früher als Berufskollegen kennengelernt hatte. Aber Nordau war kein Franzose. Er war 1849 in Budapest als Sohn des aus Deutschland stammenden Rabbiners Gabriel Südfeld zur Welt gekommen, hatte in Ungarn die Schule besucht und studiert und sich nach einer langen Odyssee durch ganz Europa in Paris niedergelassen. Er war ein universal gebildeter Mann, hatte sich weltweiten Ruf als Dichter und Zeitkritiker, als Journalist und Arzt erworben und – wie zunächst auch Herzl – mehr und mehr dem Judentum entfremdet. Bereits im Juli 1895, also vor seiner Rückkehr nach Wien, hatte Herzl mit Nordau eine lange Unterhaltung über jüdische Fragen und festgestellt, daß sie „zusammengehören"[141]. Das war nicht ganz richtig. Nordau wurde zwar von Herzl für den Zionismus gewonnen und war zu Herzls Lebzeiten auf den Zionistenkongressen stets der Hauptredner oder, wie Weizmann von ihm respektlos sagte: „Ein Heldentenor, ein Prominenter, ein großer Redner im klassischen Stil", dem „die mühselige Kleinarbeit" nicht lag[142]. Diese Beurteilung wird dem Charakter Nordaus aber nicht gerecht. Er war 46 Jahre alt, als Herzl ihn mit seinen zionistischen Ideen bekanntmachte, und damals schon in eine Form geprägt, die der der Prä-Zionisten entsprach, die die zionistischen Ideen bejahten, aber ihre Anwendung auf sich selbst verneinten. Darin lag keine Unaufrichtigkeit. Diese „Zionsfreunde" erwarteten die Lösung der Judenfrage zumeist in einer langsamen, evolutionären Weise. Sie hatten ihr Leben in der Diaspora aufgebaut und nahmen an, daß sie es dort zu Ende führen würden. Sie waren sich dessen bewußt, daß, wenn sie allein nach Palästina gehen würden, ihre Kräfte dort nicht zur Entfaltung kommen könnten, weil die volksmäßige Infrastruktur fehlen würde. Ihre eigene Auswanderung würde daher nicht zu einer Lösung der Judenfrage führen, sondern nur zu einer Art „individueller Lösung der Frage", ohne das Volksganze zu berühren. Der Dr. Bichler im „Neuen Ghetto", dem Herzl das Wort von der „individuellen Lösung der Frage" in den Mund legte, hatte für sich selbst auch eine „individuelle Lösung der Frage" angestrebt, allerdings in anderer Weise: indem er sich taufen ließ; er hatte dann aber erkannt, daß das nur ein fehlgeschlagener Versuch war; „... denn – unter uns – gelöst ist sie dadurch nicht"[143].

Nordau nahm, als Herzl ihn nunmehr im November 1895 wieder besuchte an, daß Herzls Plan zur Realisierung dreihundert Jahre brauchte. Bei dieser Einstellung konnte er seine eigene Tätigkeit nur als eine präparatorische ansehen, die auf die Gestaltung des eigenen Lebens ohne Einfluß bleiben mußte. Er hoffte nicht auf das Kommen des Messias. Er rechnete kaum mit der Rückführung des jüdischen Volkes in seine historische Heimat während seiner Lebenszeit. Er glaubte aber an eine langsame Entwicklung durch politische Steuerung mit dem Ziel der Lösung der Judenfrage als Ganzes – eine Möglichkeit, wie sie seines Wissens vorher noch niemals versucht worden war.

Die englischen Juden waren von einem ganz anderen Typ als die französischen. Sie hatten weder die abrupte Emanzipation in der Französischen Revolution[144] noch den kläglichen Versuch eines nationalen Selbstmordes[145] durch die „Notabeln" und das „Große Sanhedrin" durchgemacht, sondern eine langsame, aber natürlichere Entwicklung der Beziehungen zwischen Christen und Juden erlebt. Nach ihrer Vertreibung im 13. Jahrhundert[146] waren sie im siebzehnten „zwar nicht durch das große Portal, sondern durch eine Hintertüre" wieder zugelassen worden[147]. Ihre Zahl war völlig unbedeutend. Sie betrug zu Beginn des 19. Jahrhunderts etwa 30 000[148], um 1880 etwa 63 000[149]. Sie waren – um einen Ausdruck Herzls zu verwenden – „keine Ghettonaturen" sondern ein freierer Menschenschlag und brachten so bedeutsame Sondergestalten hervor wie Benjamin Disraeli[150], der auch als Earl of Beaconsfield seine Herkunft als

Jude nicht verleugnete, wie Moses Montefiore[151], der wegen seiner Verdienste um seine jüdischen Glaubensgenossen geadelt worden war, oder wie Lionel Nathan Rothschild, der wiederholt ins House of Commons gewählt worden war, dort aber seinen Sitz so lange nicht einnahm, weil er als Jude die Ablegung des vorgeschriebenen Eides in der christlichen Form verweigerte, bis das House of Commons nachgab. Zu ihnen zählten auch andere hervorragende Persönlichkeiten wie Colonel Alfred Goldsmid[152], der erst als aktiver Offizier im englischen Heer erfuhr, daß er der Sohn bereits getaufter Juden war, daraufhin zum Judentum übertrat, ein religiöser Jude und ein Führer der englischen Chovevej Zion wurde, seine militärische Karriere aber fortsetzte, am Burenkrieg als Assistant-General teilnahm, und als Jude starb[153].

Herzl bemerkte sofort und sehr stark den Kontrast zwischen den englischen und kontinental-europäischen Juden, und „daß das Jüdische nicht lächerlich zu sein braucht, wie bei uns (d. h. auf dem Kontinent, d. Verf.), wo wir in unseren Gebräuchen mutlos geworden sind“[154].

Natürlich war den englischen Juden die Notwendigkeit der Lösung der Judenfrage schon vorher klar gewesen. In einer Auswirkung der Pogrome nach der Ermordung des Zaren Alexander II. (1881) hatte sich im Laufe von zwei Jahrzehnten die jüdische Gemeinde allein in London um nahezu 50 000 ostjüdische Einwanderer vermehrt und zur Schaffung eines „Russo-Jewish Committee“ geführt, das sein Möglichstes tat, die Neuankömmlinge in der Bevölkerung zu integrieren, was jedoch nicht hatte verhindern können, daß sich zunächst, z. B. in Stepney und Whitechapel ausgedehnte Ghetti entwickelt hatten[155]. In ihrer jüdisch-nationalen Einstellung standen die englischen Juden unter dem Einfluß der Chibath-Zion-Bewegung[156], zumal der französische Baron Edmond de Rothschild ein naher Verwandter des Lord Nathaniel Rothschild war, der in Palästina die Entwicklung der dort entstandenen jüdischen Kolonien durch große Investitionen gefördert hatte, und dessen Tätigkeit von den westeuropäischen – einschließlich der englischen – Juden als vorbildlich für eine jüdische Kolonisation in Palästina angesehen wurde[157].

Es war gerade diese Politik gewesen, die Herzl veranlaßt hatte, sich mit dem Baron Hirsch in Verbindung zu setzen, um diesem selbstlosen Philanthropen einen neuen Weg zu zeigen, nämlich den, „wie er mehr als nur ein Peabody werden könne“[158].

Als Herzl nun einem von Chiefrabbi Adler ausgewählten Kreis prominenter Juden seine neuen Ideen auseinandersetzte, verbreitete er sich eingehend über die – wie er glaubte – durch „die dumme Wohltätigkeit“ verschuldeten Fehlschläge der bisherigen Lösungsversuche und verlangte als erstes, daß die bestehenden jüdischen Hilfskomitees sich entweder

der neuen, d. h. seiner Bewegung unterordnen oder auflösen müßten. Ähnlich wie der Grand-Rabbin Kahn in Paris versuchte nunmehr der Chief-Rabbi Adler in London einzulenken, indem er vorschlug, Herzls Pläne dem Anglo-Russischen Komitee vorzulegen. Aber unähnlich der scharfen Aggression, mit der Herzl in Paris gedroht hatte, Widerstände zu brechen, erklärte er hier nur, er sei „nicht majorisierbar“[159]. In London hielt er es nicht für nötig, die Andersdenkenden zu „vernichten“[160]. „Wer mitgeht, ist eingeladen ... es kann mir nur erwünscht sein, wenn angesehene Leute mitgehen. Angewiesen bin ich auf sie nicht.“

Unter den „angesehenen Leuten“, die Herzl in England traf, war der Dichter und Schriftsteller Israel Zangwill, der — obgleich Sohn eines russischen Einwanderers — in England höchstes Ansehen erworben hatte. Er war nie Zionist im eigentlichen Sinne, aber stets ein begeisterter Anhänger Herzls, und nach Herzls Tod Gründer der ITO (Jewish Territorial Organisation), die die Kolonisation auf irgendeinem Territorium unter Ausschluß Palästinas betrieb[161]. Ein anderer war der Bankier und Politiker Sir Samuel Montagu, „der beste Jude, den ich (Herzl) bisher gesehen“, der „bei Tisch seiner übrigens unliebenswürdigen — oder nur wohlerzogenen — Familie[162] als ein gutmütiger Patriarch präsidierte“. Herzl verstand es, wie so oft, Sir Samuel zu „begeistern“, so daß dieser außerordentlich praktisch und realistisch denkende Mann mit dem Gedanken spielte, sich später mit seiner ganzen Familie in Palästina — „er denkt sich ein großes, nicht das alte Palästina“[163] — niederzulassen. Als Herzl sich aber einige Jahre darauf bemühte, die „Jüdische Kolonialbank“ zu schaffen, stieß er bei Montagu eine Zeit lang auf heftigen Widerstand[164], offenbar nur aus banktechnischen Gründen, die mit Herzls Programm als solchem nichts zu tun hatten[165].

Das wichtigste Ergebnis dieser Reise nach England waren jedoch weder die persönlichen Verbindungen, die er bei dieser Gelegenheit mit den erwähnten Männern, den „Big Jews“ und dem Colonel Goldsmid[166], anknüpfte, nicht einmal der Vortrag, den er im Club der Maccabaens[167] hielt und der dazu führte, daß man ihn zum Ehrenmitglied ernannte, sondern eine Unterhaltung im Hause des Rabbi Reverend Singer, bei der er von den Anwesenden noch einmal einer strengen Prüfung unterzogen wurde, und die damit endete, daß auch Rev. Singer vorschlug, „die Sache zuerst den namhaften Juden: Lord Rothschild, Mocatta, Montefiore u. a. zu unterbreiten“. Herzl erklärte auch hier sein „ich bin nicht majorisierbar“, aber er fuhr fort: „Es ist die Sache der armen Juden, nicht der reichen. Der Protest der letzteren ist null, nichtig und wertlos. Ich möchte dennoch die Sache durch ein Komitee machen lassen, weil sie unpersönlich geführt werden muß.“ Der Redakteur Asher Myers vom Jewish Cronicle erwiderte darauf mit einigen Sätzen, die eine tiefe Einsicht in die Entwicklung der jüdischen Geschichte während der kommenden Jahrzehnte verriet. Er sagte:

„Nein, Sie sind der Mann, sie zu führen. Sie müssen der Märtyrer dieser Idee sein. Die orthodoxen Juden werden mitgehen, aber Sie für einen schlechten Juden halten. Und zwar werden die Juden nicht nach Argentinien, sondern nach Palästina wollen.“[168]

Er bat dann um ein Resümee der Programmschrift Herzls, die noch nicht fertiggestellt war. Herzl entsprach diesem Wunsch mit seinem Aufsatz „A Solution of the Jewish Question“, der am 17. 1. 1896 im Jewish Chronicle erschien. Die Société d'études aber kam nicht zustande.

## X.

Herzls erste Tagebucheintragung nach seiner Rückkehr nach Wien enthielt einen bemerkenswerten neuen Gedanken, den Herzl aber später nicht weiter verfolgte:

„Im Internationalen Verkehr gibt es weder Recht noch Menschlichkeit. Die Abwesenheit dieser beiden — könnte man scherzen — macht die Judenfrage zu einer internationalen.“[169]

Der Wahrheitscharakter dieser Erkenntnis läßt sich auch heute nicht leugnen.

Die ersten Tage in Wien waren außer mit Routinearbeit für die Neue Freie Presse und mit der Suche nach einem Verleger für seine Programmschrift, der er nach langem Überlegen den Titel „Der Judenstaat“ gegeben hatte, ausgefüllt. Seine früheren Verleger waren zum Teil uninteressiert, zum Teil mit der Tendenz der Broschüre nicht einverstanden[170]. Der Verleger, dem er sein Büchlein schließlich übergab, war angeblich begeistert, aber doch nur bereit, eine Auflage von 3000 Exemplaren zu drucken. „Er hat noch kein Vertrauen in den buchhändlerischen Erfolg.“[171] Herzl selbst erwartete angeblich auch keinen Erfolg[172].

Inzwischen war der „Vor-Artikel“ im Jewish Chronicle erschienen und hatte ein gewisses Aufsehen erregt. In der englischen Öffentlichkeit nahm man zwar von diesem Aufsatz kaum Kenntnis, dafür wurde er in privaten Zirkeln eifrig erörtert; er ging den englischen Juden nicht sehr nah, weil der Antisemitismus für sie keine Kalamität war[173].

In Wien begann inzwischen zunächst der Kampf mit den Herausgebern der Neuen Freien Presse. Herzl war darauf vorbereitet. Die Herausgeber, die, solange das Regierungsangebot an Herzl wegen der Schaffung eines neuen Publikationsorgans noch drohte, diesem – nicht ernst gemeinte – Versprechungen gemacht hatten, hielten nach der Ablehnung des Regierungsangebots durch Herzl mit ihrer Gegnerschaft gegen den Zionismus nicht mehr zurück. Herzl war enttäuscht, deprimiert und hilflos. Diese Hilflosigkeit äußerte sich in ebenso wilden wie kraftlosen Drohungen. Als Herzl seinem Kollegen Ehrlich noch vor dem Antritt seiner Reise nach Paris und London von den Versprechungen der Herausgeber berichtet hatte, hatte dieser Zweifel geäußert. Herzl hatte darauf erwidert: „Wenn sie mir ihr Wort brechen, werden die Pfeiler dieses Hauses bersten"; er hatte von einem „casus belli" gesprochen, falls sie die Broschüre nur mit einer Notiz in der Inlandssparte abfertigen würden[174].

Es waren leere Worte. Die Neue Freie Presse hat sowohl die Broschüre „Der Judenstaat" wie den Zionismus, wie auch Herzls Tätigkeit für den Zionismus zu seinen Lebzeiten totgeschwiegen. Und Herzl nahm es hin. Er hatte keine Wahl.

Zunächst waren die Herausgeber der Neuen Freien Presse bemüht, die Veröffentlichung des „Judenstaates" mit allen Mitteln zu verhindern. Sie drohten, schmeichelten, wollten ihm bei einer Umarbeitung behilflich sein – „wann? Im Sommer!"; es war aber erst Februar – und schließlich boten sie ihm eine finanzielle Kompensation an, falls er die Veröffentlichung auf unbestimmte Zeit verschieben würde[175]. Sie wußten nicht, daß die Würfel für Herzl bereits gefallen waren.

In Wien – anders als in London – löste der „Vor-Artikel" des Jewish Chronicle eine öffentliche Diskussion aus. Die jüdischen Studenten schickten Herzl eine Deputation ins Haus, luden ihn in die „Jüdische Akademische Lesehalle" ein, begrüßten ihn dort mit stürmischem Beifall, zwangen ihn zu einer Stegreifrede (die nach Herzls eigenen Angaben nicht gut war) und hörten mit wachsender Begeisterung zu[176].

Anders reagierten die „Schwankenden", die – wie der Journalist Ludassy – an einem Tag erklärten, sie gingen mit Herzl, am folgenden Tag bereits beschlossen, lieber doch „zu schreiben, wie es meine Leser wünschen", und schließlich „den Zionismus für einen verzweiflungsvollen Wahnsinn" erklärten, für „eine Chimäre", die man wegfegen müßte[177].

Dann kamen die „Zweifler", die die inzwischen – am 16. 2. 1896 – erschienene Broschüre am Morgen „für das Bedeutendste erklärten, was die zionistische Literatur bisher hervorgebracht hat" und am Nachmittag fragten, ob der „Judenstaat" nicht vielleicht nur „eine ironische Darstellung des Zionismus" sei[178].

Es folgten die „Überlegenen", wie der Sekretär der jüdischen Gemeinde, der einfach nicht glauben wollte, daß Herzl der Verfasser des Aufsatzes im Jewish Chronicle sei, weil er ihn „als vernünftigen Menschen kenne", und der auf Herzls Erklärung, er sei ein „nationaler Jude“, kurz und abschließend antwortete: „Das reden Sie sich ein“[179]; oder der Herausgeber der Wiener Sonn- und Montagszeitung, der Herzl „einen zweiten Christus“, der den Juden furchtbar weh tun würde“, nannte und meinte, man würde ihn „in den Judenblättern“ den „Mahdi aus der Pelikangasse“ nennen[180]. Und schließlich kamen die „patriotischen Verleumder“, die den Zionismus mit Verachtung als das „Gründerprojekt einer jüdischen Schweiz“ abtaten[181].

Herzl, der schon in der Zeit der „Inspiration“ geahnt hatte, daß er „eine der Hauptschlachten dem Judenspott“ werde liefern müssen, war auf all dies vorbereitet. Dennoch litt er. Schon am Tage, an dem ihm sein Verleger seine 500 Exemplare des „Judenstaates“ zustellte, vermerkte Herzl: „Aufgeregte Tage, voll von Herzklopfen und Atemnot.“[182]

Einen Monat später mußte er sich von seinem Arzt untersuchen lassen, der „ein durch Aufregung hervorgerufenes Herzleiden konstatierte“. Der alte Hausarzt war verwundert. Herzl berichtet in seinem Tagebuch:

„Er versteht nicht, daß ich mich mit der Judensache abgebe; und von den Juden, mit denen er verkehrt, versteht es auch niemand.“[183]

Herzl registrierte zunächst die Reaktionen der Öffentlichkeit. Später bemühte er sich, bösartige Kritiken philosophisch zu übergehen. Die Spöttereien des Herausgebers der „Fackel“, Karl Kraus, der eine Broschüre mit dem Titel „Eine Krone für Zion“ veröffentlichte, überging er schweigend. Aber gerade diese Schrift war der spitzeste Pfeil, der gegen Herzl abgeschossen wurde und zeit seines Lebens an ihm haften sollte.

„Wenn er ins Theater trat, schön bebärtet, ernst und mit bezwingend hoher Haltung, zischelte und wisperte es von allen Seiten ‚Der König von Zion‘ oder ‚Seine Majestät ist erschienen‘; aus jedem Gespräch, aus jedem Blick funkelte verdeckt dieser ironische Name entgegen.“ Dies schrieb Stephan Zweig in einem Gedenkartikel 25 Jahre nach Herzls Tod. Es war nicht übertrieben. Herzls eigene Kinder kannten den Königsmythos, der ihren Vater umgab, und erörterten im Kinderzimmer ernsthaft, ob sie noch die Schule besuchen müßten wie andere Kinder, wenn der Vater endlich König wäre[184]. Auch der russische Großfürst Sergius kannte diesen Spitznamen Herzls und amüsierte sich darüber. Er wünschte sich allerdings, daß Herzl lieber „ein neuzeitlicher Moses“ werden solle, der sein Volk nicht durch das Schilfmeer, sondern ins Schilfmeer führen und bei dieser Gelegenheit ertränken solle[185]. Die Idee dieses Fürsten war nicht originell. Herzl hatte sie in Gedichtform bereits in Zell am See kennengelernt und kommentarlos in sein Tagebuch eingetragen[186]. Nunmehr schrieb er an den Grafen Badeni:

„Diese Schrift wird vermutlich eine gewisse Bewegung hervorrufen: Gelächter, Geschrei, Wehklagen, Beschimpfungen, Mißverständnisse, Dummheiten, Schlechtigkeiten. Ich blicke alledem höchst gelassen entgegen. Les chiens aboient — la caravane passe.“[187]

## XI.

In jenem Anfangsstadium war Herzl völlig davon überzeugt, daß seine Ideen nichts Utopisches an sich hatten. Er begann den „Judenstaat“ sogar mit der ausdrücklichen Zurückweisung einer derartigen Behauptung, und stellte seiner Broschüre das Buch „Freiland“[188] des Journalisten Theodor Hertzka gegenüber. Im Gegensatz zu Hertzka glaubte er, einfache, offensichtliche Tatsachen zu einer neuartigen „Kombination“ für die Lösung der Judenfrage verwendet zu haben. Die Frage ist: Was sind einfache Tatsachen? Wie wirken sie im Zusammenspiel der Kräfte? Kannte Herzl alle wirkenden Kräfte?

Seit der Zeit der „Inspiration“ hatte Herzl so völlig in der Welt seiner eigenen Ideen gelebt, daß er die Welt nur noch so sah, wie sie sich ihm in seiner Vorstellung darstellte: „Ich wollte nicht noch eine Utopie schreiben. Das ist alles wahr, vernünftig, möglich. Warum soll ich es nicht einfach sagen?“[189]

Es war nicht so einfach, wie Herzl sich das gedacht hatte. Seine Kenntnisse der vorhandenen Tatsachen waren völlig lückenhaft. Er kannte weder das jüdische Volk, noch seine Geschichte, noch die in ihm wirkenden Kräfte; aber er sah auch nicht — so wenig wie irgendein anderer — die Umwälzungen voraus, die im 20. Jahrhundert das Gesicht der Welt verändern sollten. Fast nichts von alledem, was Herzl in seinem „Judenstaat“ als eine natürliche Entwicklung vorausgesehen hatte, wurde so zur Wirklichkeit, wie er es sich in seinen Tagebuchnotizen und seinen beiden Programmschriften[190] ausgemalt hatte.

Herzl hatte gehofft, daß sein Plan von zwei „moralischen Personen“[191] durchgeführt werden würde: durch die Society of Jews und durch die Jewish Company. Er schrieb:

„Für die Reinheit der Idee und die Kraft ihrer Ausführung sind Bürgschaften nötig, die sich nur in sogenannten ‚moralischen‘ oder ‚juristischen‘ Personen finden lassen. Ich will diese beiden Bezeichnungen, die in der Juristensprache häufig verwechselt werden, auseinanderhalten. Als moralische Person, welche Subjekt von Rechten außerhalb der Privat-Vermögenssphäre ist, stelle ich die Society of Jews auf. Daneben steht die juristische Person der Jewish Company, die ein Erwerbswesen ist … Für die Reinheit der moralischen Person bürgt der Charakter ihrer

Mitglieder. Die ausreichende Kraft der juristischen Person ist erwiesen durch ihr Kapital."[192]

Beide Institutionen kamen nicht zustande: die Society of Jews, die der eigentliche Gestor sein sollte, nicht, weil das jüdische Volk damals noch nicht in der Lage war, ein solches Gremium aus sich heraus zu entwickeln. Dieser schwere Mangel wurde nach Herzls Tod bei seinen Nachfolgern evident, die alle aufrichtige, brave, ja zum Teil bedeutende Männer waren, die ihre beste Kraft der Vollendung des Herzlschen Werkes weihten, aber sein Werk weder vollenden noch auch nur weiterentwickeln konnten. Erst in Chaim Weizmann, dem späteren ersten Präsidenten des Staates Israel, erstand ein neuer Gestor, der 13 Jahre nach Herzls Tode mit der Balfour-Deklaration das erreichte, was Herzl 1896 verlangt hatte, nämlich: daß die Judenfrage als eine nationale anerkannt und zu einer Weltfrage gemacht werden müsse, die im Rate der Kulturvölker zu regeln sei[193].

Auch die Company of Jews kam nicht zustande. Ihre Aufgabe wurde später von den Organen des jüdischen Jischuv[194] Palästinas übernommen und in einer Weise gelöst, an die Herzl niemals gedacht hatte, und die er abgelehnt hätte, wenn sie ihm in den Sinn gekommen wäre, weil er seiner ganzen Einstellung nach das „Volk" für außerstande gehalten hätte, eine so schwierige Aufgabe zu erfüllen.

Aber das war nicht das Wesentliche. Wesentlich war, daß Herzl zu einem bestimmten Zeitpunkt seinem Volk einen neuen Weg wies und es für eine kurze Zeit auf diesem Weg in eine neue Zukunft führte, eine dunkle Zukunft zwar, deren Entsetzlichkeit ihm selbst und seinem Volk zum Glück verhüllt war, aber eine Zukunft, in der es – unter Irrungen und Wirrungen – seinen eigenen Weg fand.

## Anmerkungen

[1] Vergl. TB-Einleitung (GZW II, 14).
[2] Die sog. „Rede an die Rothschilds", GZW II, 140–210.
[3] Es handelt sich um den von Herzl als „III. Brief an Baron Hirsch, Paris" bezeichneten Brief vom 3. 6. 1895, GZW II, 30–36, den er am Tage nach seiner Unterredung mit Hirsch schrieb.
[4] „Vierter Brief an Baron Hirsch", 18. 6. 1895, GZW II, 128–130.
[5] Eingangsworte zu TB-Einleitung, GZW II, 3.
[6] TB, 11. 4. 1895, GZW II, 82.
[7] TB, 16. 4. 1896, GZW II, 28.
[8] S. hierzu die Eintragung vom 16. 4. 1896, GZW II, S. 29.
[9] TB, 15. 6. 1895, GZW II, 114.
[10] TB, 12. 6. 1895, GZW II, 104.

[11] a. a. O.
[12] TB, 16. 6. 1895, GZW II, 115. (s. auch TB 22. 6. 1895, GZW II, S. 142).
[13] TB, 12. 6. 1895, GZW II, 106. (Hervorhebungen durch den Verf. dieser Arbeit).
[14] TB, 12. 6. 1895, GZW II, 107.
[15] a. a. O. (Die eingefügten Ausrufungszeichen wurden von mir hinzugefügt.)
[16] TB, 16. 6. 1895, GZW II, 115.
[17] TB, 16. 6. 1895, GZW II, 116.
[18] a. a. O.
[19] a. a. O., S. 117: „Ich bin drei Stunden im Bois herumgegangen, um mir die Qual neuer Gedankenzüge loszugehen. Es wurde immer ärger. Jetzt sitze ich bei Pousset, schreibe sie auf — und mir ist leichter. Ich trinke freilich auch Bier."
[20] Rev. Hechler, damals Kaplan der Englischen Botschaft in Wien, ein religiöser Schwärmer, war auf Grund mystischer Berechnungen zu dem Ergebnis gekommen, daß den Juden im Jahre 1897/98 Palästina zurückgegeben werde. Er war besonders von Herzls Satz im „Judenstaat" (GZW I, 22) beeindruckt, daß „der Judenstaat ein Weltbedürfnis" sei.
[21] In den Tagebüchern erscheint dieser Satz in der Eintragung vom 16. 6. 1895 GZW, 117.
[22] Herzl verlangte von Hirsch: „. . . daß Sie mir einen Tag für unsere Zusammenkunft bestimmen, wo Sie ein-zwei Stunden ungestört der Sache widmen können" (Herzl an Hirsch, ohne Datum, GZW II, 16.
[23] a. a. O.
[24] Herzl schrieb an Albert Rothschild am 28. 6. 1895, GZW II, 216—218. Er erwartete Rothschilds Antwort bis zum 4. 7. 1895, GZW II, 219; als sie am 8. 7. immer noch nicht gekommen war und Herzl daraus mit Recht entnahm, daß Rothschild nicht antworten werde, war er über diese „trockene, schnöde Arroganz" so verärgert, daß er sich vornahm: „Muß in gleicher Weise bei der ersten Gelegenheit heimgezahlt werden." (GZW II, 225.)
[25] Hirsch an Herzl, 20. 5. 1895, GZW II, 17.
[26] Herzl an Hirsch, 24. 5. 1895, GZW II, 18.
[27] Der Amerikaner George Peabody (1795—1869) galt vor Carnegie als der größte Philanthrop der neueren Zeit.
[28] a. a. O.
[29] Hirsch an Herzl, 26. 5. 1895, GZW II, 19 f.
[30] s. TB-Einleitung, GZW II, S. 20 f.; ferner „Notizen zur Unterredung mit Baron Hirsch (2. Juni 1895)" (in GZW V, S. 454—469).
[31] Herzl versprach sich so viel von Güdemann, daß er bereits am 7. 6. 1895 (GZW II S. 43) vermerkte: „Güdemann! Sie mache ich zum ersten Bischof der Hauptstadt!"
[32] Herzl an Güdemann, 11. 6. 1895, GZW II, 85—89; die von mir hervorgehobene Stelle: a. a. O., S. 87.
[33] Nach Empfang des Telegramms von Güdemann notierte Herzl: „Ach, ja, es wird schwer sein, die Juden dazu zu bekommen. Aber ich werde sie kriegen. Ich fühle eine wachsende Riesenkraft in mir für die herrliche Aufgabe. Es wächst der Mensch mit seinen höheren Zwecken". (TB, 14. 6. 1895 GZW II, 113).
[34] Herzl an Güdemann, 16. 6. 1895, GZW II, 120—125.
[35] S. unten S. 95 und Anm. 45.
[36] a. a. O., S. 122. Hervorhebung hier und in der folgenden Anmerkung von mir.

[37] a. a. O., S. 125.
[38] Am 27. 7. 1895 verließ Herzl Paris. Das Treffen mit Güdemann fand am 18. 8. 1895 in München statt.
[39] TB, 17. 8. 1895, GZW II, 261.
[40] s. oben.
[41] „Gedankensplitter" (und einige Briefe) GZW II, 36—144; „Rede an die Rothschilds", GZW II, 144—210.
[42] *Bein:* Herzl, S. 215.
[43] s. GZW II, S. 120—125.
[44] „Selbstbiographie", GZW I, 14 f.
[45] *Bein:* Herzl, S. 221 f. Nach Bein war dem Freund Schiff schon vorher das übernächtige Aussehen und die Ungepflegtheit in der äußeren Erscheinung des sonst so sorgfältig gekleideten Herzl aufgefallen. Er fand Herzl „verändert" und spöttelte — wie Herzl am 16. 6. 1895 (GZW II, 119) vermerkte — daß Herzl aussähe, als ob er „den lenkbaren Luftballon erfunden hätte". Herzl: „Hm, vielleicht! dachte ich mir und schwieg."
Auf eine kleine — nicht wesentliche — Diskrepanz zwischen der Darstellung Herzls und der Beins über die Lektüre der „Rede an die Rothschilds" ist hinzuweisen. In der Selbstbiographie läßt Herzl Schiff sein Buch lesen. Bei Bein las Herzl die Schrift „unter großer Erregung" selbst vor. Ich möchte annehmen, daß Beins Feststellung zutrifft, da Herzl auch sonst gerade auf das „Vorlesen" großes Gewicht legte; vgl. „Zweiter Brief an Güdemann": „... Ihre erste Sendung, lieber Herr Doktor, ist, diese Rede Albert Rothschild vorzulesen. Sie geben sie ihm nicht zu lesen, Sie selbst lesen sie ihm vor" (S. 123 f.); ferner: in München las Herzl „die Rede" Güdemann und dem Philanthropen Meyer-Cohn selbst vor (S. 264 u. 265). Herzl verlas außerdem, obwohl er ein hervorragender Stegreifredner war, seine Kongreßreden später aus dem Manuskript. (s. auch TB 15. 6. 1895, GZW II, 114 f.).
[46] „Selbstbiographie", GZW I, S. 15.
[47] Herzl an Bismarck, 19. 6. 1895, GZW II, 130—136.
[48] TB 22. 6. 1895, GZW II, 143.
[49] TB 27. 6. 1895, GZW II, 215.
[50] „Junge Juden", GZW V, 440. Das kleine Gedicht wurde in der Herzl-Gedenknummer der „Welt" vom 22. 7. 1904 zum ersten Mal veröffentlicht.
Der Pogrom von Kischinew begann am Ostersonntag (6. 4. 1903) (dem letzten Tage des jüdischen Pessachfestes) und dauerte bis zum dritten Ostertag. Es wurden damals 45 Juden getötet, 86 schwer-, 500 leichtverletzt; die Zahl der zerstörten und geplünderten Häuser und Läden betrug 1500. Auf der Seite der Pogromisten kamen zwei Menschen ums Leben. Der Pogrom löste in der ganzen Welt eine ungeheure Aufregung aus; in Rußland wurden alle Äußerungen darüber, soweit sie kritisch waren, unterdrückt. Dennoch gingen Aufrufe heimlich von Hand zu Hand, darunter einer von Tolstoi, der sonst zu den Verfolgungen von Juden keine Stellung genommen hatte. Sein Protest enthielt folgende Sätze: „Mit besonderem Entsetzen erfüllte mich aber der Hauptschuldige: unsere Regierung mit ihrer tierische Instinkte und Fanatismus im Volk entfachenden Klerisei und ihrer Bande beamteter Räuber. Das Verbrechen von Kischinew ist nichts als eine Folge jener Propaganda der Lüge und der Gewalt, die von der russischen Regierung mit solcher Energie betrieben wird."
(Vgl. *Dubnow* X, § 40, S. 368—378, das erwähnte Zitat steht auf S. 373 f.); vgl. auch Elbogen: Ein Jahrhundert, S. 353—359).

[51] „Der Judenstaat", GZW I, 29.
[52] a. a. O., S. 42.
[53] a. a. O., S. 104 f.
[54] Herzl im „III. Brief an Hirsch" vom 3. 6. 1895, GZW II, S. 35.
[55] Hirsch war davon überzeugt, daß Rußland, das er für den Erbfeind des jüdischen Volkes hielt, früher oder später Palästina in sein Herrschaftsgebiet inkorporieren würde.
[56] TB 9. 6. 1895, GZW II, S. 63. — Über Herzls Vorstellungen in bezug auf eine Auswanderung nach Südamerika, s. TB 11. 6. 1895, GZW II, S. 78.
[57] Rede an die Rothschilds, GZW II, S. 149 (die Hervorhebung der Worte „die unteren Massen", in denen Herzls ganze Mißachtung des Wertes der jüdischen Massen zum Ausdruck kommt, stammt vom Verfasser dieser Untersuchung).
[58] a. a. O.
[59] a. a. O. und folgende Seite.
[60] Das „Palais Bourbon" enthält nicht nur eine Sammlung von Beschreibungen interessanter Parlamentarier, sondern besonders in den letzten Essays auch Herzls sich nach und nach entwickelnde Ideen über Grundfragen des Staatslebens, vor allem seine Theorie über den Negotiorum Gestor im Staate.
[61] TB 20. 6. 1895, GZW II, S. 139.
[62] TB 21. 6. 1895, GZW II, S. 141.
[63] TB 28. 6. 1895, GZW II, S. 218; siehe auch TB 23. 7. 1895, GZW II, S. 240: „Volle Autonomie der Gemeinden in allen Kirchturmsachen. Da sollen die Schwätzer Parlamentarier spielen, soviel sie wollen."
[64] Rede an die Rothschilds, GZW II, S. 192; ferner „Judenstaat" — Verfassung, GZW I, S. 93 u. a.
[65] Rede an die Rothschilds, GZW II, S. 188.
[66] „Judenstaat" — Verfassung: GZW I, S. 93.
[67] TB 23. 7. 1895, GZW II, S. 240.
[68] „Eine Lösung der Judenfrage", GZW I, S. 532; s. auch „Judenstaat" — Verfassung, GZW I, S. 93.
[69] „Judenstaat" — Negotiorum Gestio, GZW I, S. 88: „Dieser Gestor darf nun freilich nicht ein einzelnes Individuum sein. Ein solches wäre lächerlich oder ... verächtlich. Der Gestor der Juden muß in jedem Sinne des Wortes eine moralische Person sein. Und das ist die Society of Jews.
[70] a. a. O. — Verfassung, GZW I, S. 94 (Hervorhebung vom Verf.).
[71] III. Brief an Baron Hirsch, 3. 6. 1895, GZW II, S. 33.
[72] a. a. O.
[73] „Eine Lösung der Judenfrage", GZW I, S. 526, „Judenstaat", GZW I, S. 43.
[74] ‚Eine Lösung ...", GZW I, S. 525.
[75] TB 7. 6. 1895, GZW II, S. 44.
[76] TB 12. 6. 1895, GZW II, 103.
[77] Den ersten persönlichen Kontakt mit (dem französischen) Baron Rothschild hatte Herzl nach seiner Reise nach Konstantinopel im Jahre 1896 (s. TB 19. 7. 1896, GZW II, S. 490 ff.). Mit dem Lord Rothschild (England), der Herzl für einen Demagogen hielt, und lange Zeit jede Zusammenkunft mit ihm ablehnte, kam Herzl erst 1902 in Kontakt, unmittelbar bevor er der englischen Fremdenkommission als Sachverständiger seine Aussage machte. (s. TB 5. 7. 1902, GZW IV, S. 215 ff.).
[78] TB 7. 6. 1895, GZW II, S. 43.
[79] a. a. O., S. 44.

[80] TB 9. 6. 1895, GZW II, S. 69.
[81] Herzl an Hirsch, 18. 6. 1895, GZW II, S. 128 ff. (s. o. S. 77).
[82] a. a. O., S. 129.
[83] TB 7. 7. 1895, GZW II, S. 224. Dieser scharfe Angriff auf das Haus Rothschild ist nicht mehr in der „Rede" enthalten.
[84] Herzl an Hirsch, 5. 7. 1895, GZW II, S. 221.
[85] *Bein:* Herzl, S. 30. s. auch die folg. Anmerkung.
[86] Die Statuten und einen Auszug aus dem Register des Vereins „Wir" veröffentlichte *Friedemann:* Herzl, S. 123—127.
[87] Zit. bei *Bein:* Herzl, S. 128.
[88] „Judenstaat" — Verfassung, GZW I, S. 93.
[89] §§ 677 ff. BGB.
[90] „Judenstaat" — Negotiorum gestio, GZW I, S. 87.
[91] TB 7. 6. 1895, GZW II, S. 47.
[92] „Eine Lösung der Judenfrage", GZW I, S. 528 f.
[93] „Judenstaat" — Negotiorum gestio", GZW I, S. 87 f.
[94] Der — inzwischen veraltete — Ausdruck „Moralische Person" ist gleichbedeutend mit dem — heute allgemein üblichen — Terminus technicus „Juristische Person", die von Herzl („Judenstaat" — Einleitung, GZW I, S. 32 f.) gemachte Unterscheidung zwischen diesen beiden Bezeichnungen ist nicht gerechtfertigt.
[95] s. S. 118 f.
[96] s. S. 104.
[97] TB 7. 6. 1895, GZW II, S. 43.
[98] TB 27. 7. 1895, GZW II, S. 249.
[99] s. oben S. 94 (Herzl an Güdemann, 11. 6. 1895, GZW II, S. 85).
[100] TB 29. 7. 1895, GZW II, S. 251.
[101] TB 4. 8. 1895, GZW II, S. 254 f.
[102] s. oben S. 94.
[103] TB 20. 9. 1895, GZW II, S. 274.
[104] Z. B. mit dem Bankdirektor Dessauer, der im Oktober 1895 beim ersten Gespräch mit Herzl „begeistert", beim zweiten „flau" reagierte (TB 18. und 19. 10. 1895, GZW II, S. 280, am 26. 3. 1896 GZW II, So. 362 f.), sich zwar dennoch bereit erklärte, ein großes zionistisches Zeitungsprojekt Herzls (mit einem Kapital von einer Million Gulden!) zu finanzieren, sich aber am 5. 10. 1896 (TB, GZW II, S. 543) von diesem Projekt mit den Worten wieder zurückzog: „So dürfen Sie mich nicht beim Wort nehmen."
[105] TB 20. 9. 1895, GZW II, S. 277.
[106] Die Vorstellung, die Herzl von den Rabbinern — im „Judenstaat" (GZW I, S. 74 f.) nennt er sie „unsere Seelsorger" — hatte, war ganz unrealistisch. Sie entsprach entfernt der eines christlichen Geistlichen. In der jüdischen Religion ist der Rabbiner in erster Linie ein Gelehrter und eine Autorität in Fragen des religiösen Rechts. Wenn er zudem das Vertrauen seiner Gemeinde genießt und außerdem ein Kanzelredner ist, wird dies geschätzt. Es ist nicht wesentlich. Die Stellung, die Herzl den Rabbinern — TB 15. 6. 1895, GZW II, S. 114 f. — zuweisen wollte, wäre ihnen fremd gewesen. Die Vorstellung, daß „die Rabbiner" qua Institution sich dem Staat einfach „unterwerfen" würden, zeigt nur Herzls volle Ignoranz auf diesem Gebiet. Wie wenig die Rabbiner Westeuropas bereit waren, Herzls Ideen zu akzeptieren, zeigt der Fall Güdemann — s. o. —, aber noch schärfer der Fall der „Protestrabbiner", über den weiter unten zu berichten sein wird.

[107] TB 15. 6. 1895, GZW II, S. 115.
[108] TB 20. 6. 1895, GZW II, S. 141.
[109] TB 18. 8. 1895, GZW II, S. 261—266.
[110] a. a. O., S. 266; schon vorher hatte er zu Herzl gesagt: „Sie kommen mir vor wie Moses." (a. a. O., S. 265).
[111] TB 15. 10. 1895, GZW II, S. 279.
[112] TB 3. 11. 1895, GZW II, S. 299.
[113] TB 27. 1. 1896, GZW II, S. 329, s. auch „Dr. Güdemanns ‚Nationaljudentum'", GZW I, S. 138.
[114] TB 2. 2. 1896, GZW II, S. 332.
[115] Nachdem Herzl Güdemanns Schrift gelesen hatte, nahm er sich sofort vor, gegen ihn zu polemisieren, „und zwar nach dem Machiavellischen Rezept vernichtend" (TB 17. 4. 1897, GZW II, S. 614).
[116] GZW I, 138 ff.
[117] Der Wiener „Prediger" Gelbhaus, der mit Güdemann aus beruflichen Gründen verfeindet war, sprach von der „Hinrichtung Güdemanns" (s. TB 25. 4. 1897, GZW II, S. 618).
[118] „Zweiter Brief an Güdemann", 16. 6. 1895, GZW II, S. 120 f.
[119] Nathan Birnbaum war — neben Peretz Smolenski (1842—1885) — die bedeutendste Persönlichkeit unter den Präzionisten Westeuropas. Er war jedoch von seinen jeweiligen Überzeugungen niemals für die Dauer durchdrungen. Böhm (Zion. Bewegung, Bd. I, S. 137) sagte von ihm, er sei der allgemeinen Entwicklung immer um einen Schritt voraus gewesen, wie z. B. in der Konzeption des politischen Zionismus, der Kritik des Charterismus, der Forderung nach praktischer Palästinaarbeit, der frühen Hochschätzung des Kulturzionismus (Achad Haám), der Bedeutung der hebräischen Sprache, der Führung einer nationalen Innenpolitik, der Wertung des Ostjudentums usw. Und jedesmal, wenn er eine frühere Stufe überwunden hatte, bekämpfte er sie mit größter Schärfe — auch den Zionismus. (s. seinen Beitrag zur Schrift: „Warum gingen wir zum ersten Zionistenkongreß", S. 22 f.) Er war „ein Anderer" geworden, und dieses „ein Anderer" findet seinen Niederschlag in dem Pseudonym, dessen er sich zuweilen bediente; es lautete: ‚Mathatias Acher' (acher = ein anderer).
[120] TB 20. 9. 1895, GZW II, S. 273.
[121] TB 8. 6. 1895, GZW II, S. 52.
[122] Der österreichische Kaiser Leopold I. (1657—1705) hatte durch ein Dekret vom 24. 2. 1670 die letzten (die wohlhabenden) Juden aus der „Wiener Judenstadt" vertreiben lassen. Der Wiener Magistrat taufte darauf dieses Viertel „zu Ehren des Kaisers in Leopoldstadt um" (Dubnow VII, S. 271).
[123] TB 20. 9. 1895, GZW II, S. 279.
[124] 1. 11. 1895, GZW II, S. 299.
[125] Badeni kapitulierte bereits wenige Monate später vor Lueger (s. Herzls Beurteilung der Situation in TB 7. 5. 1896, GZW II, S. 395).
[126] Das Kabinett Badeni stürzte im November 1897.
[127] TB 27. 10. 1895, GZW II, S. 284 (informell war Herzl die Stelle eines Chefredakteurs bereits im September angeboten worden, s. TB 20. 9. 1895, GZW II, S. 279).
[128] *Kellner:* Lehrjahre, S. 77.
[129] zitiert bei *Kellner:* a. a. O., S. 76 f.
[130] TB 30. 10. 1895, GZW II, S. 293.
[131] s. TB 29. 10. 1895, GZW II, S. 290 f. (Herzl hätte seine Bedingungen, auf die

das Presseamt nicht eingehen wollte, wahrscheinlich mit Hilfe des Ministerpräsidenten Badeni durchgesetzt).
132 TB 1. 11. 1895, GZW II, S. 297.
133 TB 27. 10. 1895, GZW II, S. 287.
134 Die Neue Freie Presse versuchte auch noch nach Herzls Tod den Zionismus totzuschweigen.
135 TB 30. 10. 1895, GZW II, S. 294.
136 TB 1. 11. 1895, GZW II, S. 296.
137 TB 17. 11. 1895, GZW II, S. 314.
138 TB 16. 11. 1895, GZW II, S. 312.
139 s. TB 20. 9. 1895, GZW II, S. 277.
140 TB 16. 11. 1895, GZW II, S. 314.
141 TB 6. 7. 1895, GZW II, S. 223.
142 *Weizmann:* Memoiren, S. 76. Nordau sprach übrigens auf dem VI. Kongreß in Basel in ähnlicher Weise von sich (s. Sten. Prot. des VI. Kongr.).
143 „Das neue Ghetto", 1. Akt, 3. Szene, (GZW V, S. 17). So auch Rathenau in „Höre, Israel" S. 8.
144 s. o. 1. Kap. S. 12.
145 s. o. 1. Kap. S. 18 f.
146 s. o. Anm. 1 in Kap. 2.
147 *Graetz:* Volkstümliche Geschichte, Bd. 3, S. 403 f.
148 *Dubnow IX*, S. 288, Anm. 1.
149 a. a. O., S. 472.
150 Disraeli (1804—1881). s. *Paul Goodman:* Beaconsfield, Earl of (Disraeli, Benjamin) Jüdisches Lexikon, Bd. I Sp. 776.
151 Montefiore (1784—1885). s. V. *D. Lipmann:* Montefiore, Sir Moses, Encyclopaedia Judaica Bd. XII, Sp. 272.
152 Goldsmid (1845—1904) s. *N. Gelber:* A. E. Goldsmid, Jüdisches Lexikon Bd. II, Sp. 1195. Er war nach seinen eigenen Angaben das Vorbild für Daniel Deronda in G. Elliots Roman (s. GZW II, S. 324).
153 Die Beziehungen zwischen Herzl und Goldsmid waren recht uneinheitlich, da Goldsmid immer hauptsächlich ein „Chovev Zion" blieb und Herzl niemals so bedingungslos treu war wie etwa David Wolffsohn.
154 TB 23. 11. 1895, GZW II, S. 320.
155 *Dubnow* X, S. 251.
156 s. o. 1. Kap. S. 23, sowie die dazugehörigen Anmerkungen. — Das Jahr 1882 bedeutete für die russischen Juden den Beginn der von der Staatsverwaltung organisierten Pogrome und der von der Regierung erlassenen antijüdischen Gesetze. (Das „Provisorische Reglement" vom 3. 5. 1882 —, bekannt nach seinem Autor als ‚die Ignatiew'schen Maigesetze' — war der signifikanteste Akt der verstärkten antijüdischen Politik Rußlands).
Unter dem Einfluß dieser Situation entstand eine neue jüdischnationale Bewegung, die zum unmittelbaren Vorläufer der zionistischen wurde. Die Grundidee dieser Bewegung war die „Chibath Zion" (hebr.: Liebe zu Zion). Die Anhänger dieser Bewegung nannten sich ‚Chovevej Zion' (hebr.: ‚Zionsliebende' — aus semantischen Gründen üblicherweise mit ‚Zionsfreunde' übersetzt; Singular: Chovév Zion). Der erste Verein der Chovevej Zion wurde von dem Rabbi Samuel Mohilever (1824—1898), der nach dem Ernscheinen Herzls sein Anhänger wurde, gegründet. Pinsker (s. o. 1. Kap. S. 23), der anonyme Verfasser der ‚Autoemanzipation', war einer der Initiatoren der Kattowitzer Konferenz von 1884, in der

der Zusammenschluß der selbständigen Chibat-Zion-Vereine beschlossen wurde. Die Zentrale dieser Organisation befand sich in Odessa, dem Wohnsitz Pinskers (‚Odessaer Komitee'). Die führenden Männer dieser Bewegung waren nach Pinskers Amtsniederlegung als Präsident: Achad Haám (Pseudonym für: Ascher Ginzberg), als Ideologe, und Menachem M. Ussischkin, als wirkungsvollster Propagandist. Die Chovevej Zion bekannten sich zu einer kompromißlosen Forderung nach einer jüdischen Besiedlungspolitik in Palästina. Unter Achad Haáms Einfluß waren sie grundsätzlich gegen Philanthropie, begrüßten aber die Millioneninvestitionen des Barons Edmond de Rothschild in Paris.
In der Illegalität in Rußland aufgewachsen, hatten die führenden Männer der Chovevej-Zion-Bewegung kein Verständnis für Herzls Abneigung gegen eine Infiltrationspolitik. Diese Verschiedenheit in den Grundauffassungen führte zu den schweren Kämpfen innerhalb der zionistischen Bewegung, vor allem im letzten Jahre vor dem Tode Herzls. (S. hierzu Böhm: Zion. Bew. Bd. I, S. 99—115, Dubnow X, 1. Buch, 3. Kapitel, S. 119—225 und 2. Buch, 1. Kapitel, S. 311 bis 368).

[157] Auch heute ist der Name des Barons Edmond de Rothschild, der nur ungern in der Öffentlichkeit genannt werden wollte, einer der höchstgeehrten im Staate Israel. Die anonymen Bezeichnungen „der Baron" oder „Hanadív Hajadúa" (hebr. = ‚der bekannte Wohltäter') beziehen sich immer auf den Baron Edmond de Rothschild.

[158] Herzl an Hirsch, 24. 5. 1895, GZW II, S. 18.

[159] TB 23. 11. 1895, GZW II, S. 321.

[160] Das „Vernichten" seiner Gegner war ein Wunsch, dem in Herzls Tagebüchern häufiger zu begegnen ist, s. z. B. TB 17. 4. 1897, GZW II, 614.

[161] Die ITO wurde (nach der Balfourdeklaration) im Jahre 1918 von Zangwill wieder aufgelöst (s. Böhm: Zion. Bewegung, Bd. I, S. 378 f.).

[162] Der jüngere der beiden Söhne von Sir Montagu, Edwin Montagu, ein englischer Staatsmann und in jener Zeit Kabinettsmitglied, war ein erbitterter Gegner des Zionismus. Ihm wäre es fast gelungen, die Balfourdeklaration zu Fall zu bringen (s. hierzu: *Weizmann*, Memoiren, 18. Kap. „Balfourdeklaration", S. 297 bis 309, insbesondere S. 305 f.).

[163] TB 24. 11. 1895, GZW II, S. 322.

[164] Die Bedingungen, von deren Erfüllung Sir Montagu seine „Adhäsion" abhängig machte, die zu jener Zeit völlig unerfüllbar waren, hat Herzl in seinem TB v. 11. 7. 1896, GZW II 478, aufgezeichnet.

[165] 1898 soll Montagu über Herzls Bankprojekt gesagt haben: „Wir haben mit dieser Bank nichts zu tun und wollen auch nie daran teilnehmen." (TB 2. 6. 1898, GZW III„ S. 87). Vier Jahre später schrieb Herzl an den Finanzier Reitlinger im Hinblick auf Montagu: „. . . der Chef eines ersten Hauses, mit dem ich eine Zeitlang politisch brouilliert war, hat sich, seit ich mit Ihnen sprach, genähert und seine finanzielle Bereitwilligkeit erklärt, wenn wir etwas Positives in Händen haben." (TB 4. 3. 1902, GZW IV, S. 167). In einer Fußnote (*) — offenbar von Herzl selbst — heißt es: „Pro futuro: Sir Samuel Montagu laut Brief vom Oberst Goldsmid."

[166] TB 26. 11. 1895, GZW II, S. 325: „Abschied von Oberst Goldsmid. Er ist mir schon ans Herz gewachsen wie ein Bruder."

[167] TB 24. 11. 1895, GZW II, S. 322.

[168] TB 26. 11. 1895, GZW II, S. 325 f.

[169] TB 15. 12. 1895, GZW II, S. 327.

170 TB 24. 12. 1895, GZW II, S. 328.
171 TB 4. 2. 1896, GZW II, S. 335.
172 TB 19. 1. 1896, GZW II, S. 328.
173 TB 8. 2. 1896, GZW II, S. 341 f.
174 TB 5. 11. 1895, GZW II, S. 301 und 302.
175 TB 3. 2. 1896, GZW II, S. 333 f.
176 TB 9. 2. 1896, GZW II, S. 343.
177 TB 14. und 15. 2. und 1. 3. 1896, GZW II, S. 344, 345 und 353.
178 Univ.-Dozent *Feilbogen:* TB 18. 2. 1896, GZW II, S. 347 f.
179 Dr. *Lieben:* TB 25. 1. 1896, GZW II, S. 329.
180 A. Scharf, TB 6. 2. 1896, GZW II, S. 338 f. Von demselben Scharf berichtete *Kellner* (Lehrj. S. 124 Anm.): Johann Kremenetzky habe ihn um einen Beitrag für zionistische Zwecke gebeten. Darauf sprach dieser die geflügelten Worte: „Geben tue ich Ihnen nichts; aber wenn Herzl ins Irrenhaus geführt werden soll, stelle ich Ihnen meinen Wagen zur Verfügung."
181 *A. Bettelheim,* TB 6. 3. 1896, GZW II, S. 354 f. (Zitate aus Bettelheims Artikel bei *Bein:* Herzl, S. 281 f.)
182 TB 14. 2. 1896, GZW II, S. 344.
183 TB 17. 3. 1896, GZW II, S. 362.
184 *Stern:* Genetische Tragödie, S. 4.
185 *Husserl:* Erinnerungen an Herzl in: Zeitgenossen, S. 101 f.
186 s. o. S. 105.
187 Herzl an Badeni, 18. 2. 1896, GZW I, S. 20.
188 „Judenstaat" – Vorrede, GZW I, S. 20.
189 TB 12. 6. 1895, GZW II, S. 110.
190 „A Solution of the Jewish Question" (in GZW I, S. 521—534 unter dem Titel „Eine Lösung der Judenfrage") und „Der Judenstaat", GZW I, S. 19 bis 105.
191 „Der Judenstaat" GZW I, S. 42 ff.
192 „Judenstaat" – Einleitung, GZW I, S. 32 f.
193 a. a. O., S. 25. „Eine Lösung der Judenfrage", GZW I, S. 524.
194 Unter „Jischuv" (hebr. = Ansiedlung) wurde vor der Entstehung des Staates Israel zunächst die jüdische Ansiedlung, später die jüdische Gemeinschaft in Palästina überhaupt verstanden.

# 5. Kapitel
# Herzls erste politisch-diplomatische Versuche
# Sein Weg zum Kongreß

## I.

Es ist eine der erstaunlichsten Tatsachen bei Herzls zionistischer Arbeit, daß dieser wissenschaftlich gebildete und weltgewandte Mann nicht auf den Gedanken gekommen ist, nachzuprüfen, ob seine Ideen nicht schon früher von anderen entdeckt und vertreten worden waren. Von einem frühen Vorläufer, Schabatai Zwi[1], hörte er von seinem Freund Schiff zum ersten Mal im Sommer 1895, sah sich aber nicht veranlaßt, die Geschichte dieses „falschen Messias" zu erforschen. Von seinem unmittelbaren Vorgänger, Leon Pinsker, erfuhr er erst im Herbst desselben Jahres durch Leven[2] und nahm sich vor, seine „Autoemanzipation" so bald als möglich zu lesen, fand diese Zeit aber erst, als er seinen „Judenstaat" bereits in Druck gegeben hatte. Dann allerdings fand er „verblüffende Übereinstimmung im kritischen, große Ähnlichkeit im konstruktiven Teil", bedauerte die Schrift nicht vorher gekannt zu haben, glaubte aber, daß auch dies gerade wieder gut gewesen war, weil er sonst „sein Werk vielleicht unterlassen" hätte[3]. Er war nicht besonders berührt. Interessanterweise forschte er auch dann nicht weiter, was aus Pinskers umwälzenden Vorschlägen, die dieser kaum 14 Jahre vor dem „Judenstaat" gemacht hatte, geworden war. Er würde dann zwar vielleicht nicht erfahren haben – was nur wenige wußten –, daß man auch Pinsker für verrückt gehalten hatte[4], es würde ihm aber bekannt geworden sein, daß Pinskers Idee zu einer zwar edlen, aber doch eben nur zu einer „Vereinsmeierei" entartet war, daß die von ihm geleitete Chovevej-Zion-Bewegung vor dem völligen Versagen eigentlich nur durch die Millionenspenden eines Mitglieds des Hauses Rothschild, das Herzl für „ein Nationalunglück der Juden" hielt[5], gerettet wurde, und daß dieser Mann, Edmond de Rothschild, ein begeisterter Anhänger der von Herzl abgelehnten „Infiltrations-Politik" und Herzls selbst war. Viel mehr sprach ihn später das Buch „Rom und Jerusalem" von Hess an, das er 1901 las[6].

Es ist natürlich fraglich, ob Herzl zu anderen Schlüssen gekommen wäre, wenn er die jüdische Geschichte – wenigstens die seiner Zeit – gekannt hätte. Diese Frage kann offen bleiben. Es bleibt dann immer noch die Tatsache der Ignoranz Herzls gegenüber der jüdischen Vergangenheit und

Gegenwart als solcher, die Männer, die nicht vom Antisemitismus, sondern vom Judentum her zum Zionismus gekommen waren, ihm fast nicht glauben, oft nicht verzeihen konnten. Es waren dies die „alten Zionisten", deren Fusionierung einer der ersten Programmpunkte Herzls gewesen war[7]. Einer von ihnen war der Memeler Rabbiner Rülf[8], der seine Kritik in einem Artikel in der Zeitschrift „Zion" zum Ausdruck brachte:

„... Ob wir zu diesen (jüdischen Nationalisten, d. Verf.) auch den Verfasser der jüngst erschienenen Schrift „Der Judenstaat", Dr. Theodor Herzl, rechnen dürfen, ist mir noch nicht ganz klar geworden. Der Mann tritt so sicher und selbstbewußt auf, als ob er der erste wäre, welcher mit solchen Gedanken und Ratschlägen hervorgetreten wäre, und doch hat schon Dr. Pinsker in seiner Schrift „Autoemanzipation" ganz und gar dasselbe gesagt und zwar noch viel besser und eindringlicher, vor allem mit weit größerer Herzenswärme und Geistesschärfe. So ist es nun mal unter uns Juden. Jeder will der erste sein und „drängt sich an die Spitze" — kein Gemeingeist, kein Zusammenwirken, kein pietätvolles Anknüpfen an die frühere Leistung und Bestrebung; auf diese Weise kommen wir nicht vorwärts im Erlösungsstreben. Man berücksichtigt allzuwenig das Wort des Weisen: Wer da sagt ein Wort im Namen seines Urhebers, der bringt die Erlösung in die Welt."[9]

Es war ein berechtigtes Mißtrauen, aber es spricht für die hohe moralische Qualität dieser beiden Männer, daß sie sich, als sie sich — noch vor dem I. Zionisten-Kongreß[10] — kennen lernten, gegenseitig schätzten[11].
Anders verhielt sich Ussischkin, ein Ingenieur aus Jekatarinoslaw, später ein Führer der Chovevej Zion, dem ein Freund Herzls „Judenstaat" mit der Bitte um Verbreitung übersandt hatte. Ussischkin fand — nicht unberechtigt, aber lieblos in der Formulierung — Herzls Broschüre in ihrem theoretischen Teil nicht originell und im Sachlichen oberflächlich zusammengestellt[12]. Er antwortete dem Freund: „Den russischen Juden ist der Autor ganz unbekannt. Mag er sich vorher einen Ruf als aktiver Arbeiter verschaffen." Ussischkin gab niemals sein Mißtrauen gegen Herzl auf. Ussischkins Haltung Herzl gegenüber war — ebenso wie die Weizmanns — nicht ganz sachlich. Sie war zweifellos von der unterschwelligen Animosität zwischen Ost- und Westjuden beeinflußt, deren Grundlage auf einer gegenseitigen Mißachtung beruhte. Die „Westjuden", stolz auf ihr europäisches Bildungsniveau und die Erfolge, die sie in Wirtschaft, Wissenschaft und Kunst erreichen konnten, sahen auf die „Ostjuden" herab, während diese jene wegen ihrer Unkenntnis der jüdischen Literatur und Kulturwerte verachteten und wegen ihres Wohlstandes, der ihnen selbst unter dem Druck der russischen Regierung versagt war, beneideten. Weizmann gab wenigstens zu, daß Herzls Broschüre „auf ihn und seine Generation einen tiefen Eindruck machte, nicht wegen der darin ausgesproche-

nen Gedanken, als vielmehr wegen seines Wagemutes, seiner Klarheit und seiner Energie"[13]. Weizmann erkannte und schätzte Herzls „Wagemut und Opferfreudigkeit" und seine „kraftvolle und naive" Persönlichkeit: „Kraftvoll im Glauben, daß das Schicksal gerade ihn zu diesem Werk berufen hätte, naiv in der schematischen Art, wie er an dieses Werk herangeht."[14] Ihm schien Herzls Art, „den Zionismus in Angriff zu nehmen, reichlich simpel und von vornherein zum Scheitern verurteilt"[15]. Er beanstandete bei Herzl, daß er „die reichen Juden hofierte"[16], was nicht richtig war, denn hofieren bedeutet schmeicheln, und Herzl schmeichelte den reichen Juden nicht; er brüskierte sie eher[17]. Er versuchte allerdings, wenn auch vergeblich, sie in sein System einzugliedern, ohne sich etwas an seiner Würde und an seiner Führungsstellung zu vergeben.
Weizmann stützte sich in seinem Urteil über Herzl merkwürdigerweise gerade auf den Baron Rothschild, den Weizmann „hofierte". Und in der Tat half das Haus Rothschild Weizmann in den vielen Krisenzeiten nach Herzls Tod bis zum Entstehen des Staates Israel oft und großzügig, den Zusammenbruch des zionistischen Apparats zu verhindern; während es für Herzls Bestrebungen nie einen Pfennig Geld zur Verfügung gestellt hatte. Edmund Rothschild (1845—1934) selbst war gerechter in seinem Urteil. Naiditsch, ein Führer der russischen Zionisten, teilte im Pariser Hajnt vom 5. 11. 1934 mit, daß Rothschild ihm einmal gesagt habe: „Ohne das Auftreten Herzls hätte meine Arbeit in Palästina nicht viel Wert."[18] Dieser Ausspruch kommt der geschichtlichen Wahrheit am nächsten. Es waren gerade die „ungeeinten" Kräfte von Männern wie Herzl und Weizmann und Rothschild und Ussischkin, die schließlich in der Kumulation ihrer Bemühungen den Erfolg herbeiführten, den jeder von ihnen in einer anderen Weise anstrebte, und allein wohl kaum erreicht hätte.

## II.

Die ersten Monate nach dem Erscheinen des „Judenstaates" (am 16. 2. 1896) verliefen für Herzl in geräuschvoller Untätigkeit. Seinen Gegnern war er ein Gegenstand billigen Spotts und ernster Sorge wegen einer „recrudescence" der Verfolgung[19]. Für seine Gesinnungsfreunde war er eine interessante Kraft, von der man sich viel versprach, da er auf die Massen offenbar einen großen Einfluß ausübte. Die „offiziellen" Zionisten in Wien warteten allerdings zunächst fast zwei Monate, bevor sie ihn ihrer Unterstützung versicherten[20]. Dann wollten sie in ihren Kreisen einen Aufruf zirkulieren lassen, in dem Tausende durch ihre Unterschrift ihre Übereinstimmung mit Herzls Programm zum Ausdruck bringen sollten. Dieser Aufruf kam nicht zustande; dafür aber sandte ihm der „Verband der österreichischen Vereine für Kolonisation Palästinas und Syriens", dem acht studentische Vereine angehörten, eine Adresse, in der sie „das Wiederaufrollen unserer nationalen Fahne freudig begrüßen und sich in den Dienst der heiligen Sache des jüdischen Volkes hingebungsvoll stellen" und Herzl dafür danken, daß er die „Gefühle von Tausenden auszusprechen und den nationalen Bestrebungen seines Volkes neue und für die Zukunft verheißungsvolle Bahnen zu weisen" den Mut gehabt habe[21].

Die Sorge wegen einer Verschärfung des Antisemitismus war nicht unberechtigt. Die „Waidhofener Beschlüsse" waren soeben gefaßt worden, in denen die „wehrhaften" und „arischen" Verbindungen beschlossen hatten, Juden auf keine Waffe mehr Satisfaktion zu geben, weil jeder Jude von Geburt „ehrlos" sei[22]. In Wien war die Konsequenz eine doppelte: auf der einen Seite provozierten junge jüdische Studenten Duelle mit Antisemiten, die Reserveoffiziere waren, und erstatteten, als diese die Satisfaktion ablehnten, gegen sie Anzeige beim Generalkommando[23]. Andererseits verbreitete man in Wien, daß der Satisfaktionskonflikt der Studenten auf Herzls eben erschienene Broschüre zurückzuführen sei[24].

Ein wirklicher Fortschritt in Herzls Bestrebungen war zunächst nicht zu erkennen, außer durch den Beginn einer Bekanntschaft mit dem Reverend William H. Hechler, dem Kaplan der englischen Botschaft in Wien, einem schwärmerischen Mann, der auf Grund von mystischen Berechnungen zu dem Ergebnis gekommen war, daß die Juden 1897/98 Palästina wieder zurückerhalten würden.

Hechler war in früheren Jahren der Erzieher des verstorbenen Prinzen Ludwig von Baden gewesen und kannte aus dieser Zeit nicht nur den Großherzog Friedrich von Baden, sondern auch dessen Neffen, den Kaiser Wilhelm II. Er war bereit, seine ganzen Beziehungen zu mobilisieren, um Herzl eine Audienz beim Kaiser zu verschaffen. Für Herzl, der „Politik von oben herab"[25] machen wollte, und ohnehin eine Schwäche für den (preußischen) Adel hatte[26], war diese Bekanntschaft, die bald in eine herzliche Freundschaft überging, wichtiger als eine positive Reaktion der Juden Wiens. Herzl war allerdings zunächst zurückhaltend, weil er gehört hatte, daß Hechler „ein Heuchler" sei, während er selbst ihn nur für einen naiven Schwärmer hielt. Aber er empfand „die naive Begeisterung" dieses Mannes, als dieser ihm ein selbstverfaßtes und selbstvertontes zionistisches Lied vortrug[27]. Hechler, erfüllt von der Idee, daß es ihm bestimmt sei, „to fulfil prophecy"[28], brachte schließlich auch wirklich eine Unterredung mit dem Großherzog von Baden zustande, die aber in der Sache zunächst ergebnislos blieb.

Herzl überbewertete vielleicht diese Verbindung mit regierenden Fürsten[29]; und wirklich greifbare Erfolge, mit denen Herzl fest rechnete, blieben in der Tat aus. Und doch war sie eine wichtige Etappe im Zionismus, weil sie der Welt die Notwendigkeit einer Lösung des Judenproblems auf höchster politischer Stufe vor Augen führte und den Juden zeigte, daß ihre eigene Lebensfrage keine Angelegenheit war, die durch Gebet und durch Tätigkeit innerhalb der jüdischen Gemeinschaft allein gelöst werden konnte.

Herzl empfand diese Wendung in seiner zionistischen Tätigkeit als schicksalhaft. Er hatte gerade an Nordau geschrieben, dieser möge sich doch erneut mit Hirsch in Verbindung setzen[30], als er erfuhr, daß der Baron Hirsch auf einem seiner Güter in Ungarn gestorben war. Am selben Tag erhielt er die Nachricht, daß Hechler seine Unterredung mit dem Großherzog zustandegebracht hatte:

„Morgen Früh wollte ich nach Pest fahren. Da erhalte ich spät abends Hechlers Ruf nach Karlsruhe. Kurioser Tag. Hirsch stirbt, und ich trete mit Fürsten in Verbindung.
Es beginnt ein neues Buch der Judensache ..."[31]

Die Tagebuchnotiz, mit der Herzl seine Aufzeichnungen über seine erste Audienz mit dem Großherzog Friedrich von Baden[32] einleitete, bestätigte Weizmanns Urteil über Herzls Naivität. Herzl schrieb:

„Daß mich der Gh. (= Großherzog) kommen läßt, ist das deutlichste Zeichen dafür, daß er und demnach auch der K. (= Kaiser), der vor drei Tagen bei ihm war, die Sache ernst nimmt. Und das ist das Schwerste, Unwahrscheinlichste. Wenn es wahr ist, wird es wie ein Donnerschlag in der Welt wirken ..."[33]

Das Zusammentreffen zwischen dem greisen regierenden Staatsmann und dem jungen, noch unbekannten Zionistenführer war alles andere als ein „Donnerschlag". Es war eine interessante und höfliche Unterhaltung, die der Fürst aus Gefälligkeit dem Erzieher seines verstorbenen Sohnes gegenüber gewährt hatte, aus der sich jedoch kein politisches Engagement ergab, zumal Herzl – dessen Theorie vom Negotiorum Gestor den Fürsten vermutlich nicht bekannt war, und wenn sie es gewesen wäre, hätte revolutionär erscheinen müssen – keinerlei Legitimation besaß, im Namen der Judenheit zu sprechen. Der Großherzog deutete das auch dadurch an, daß er Herzl zunächst empfahl, „zuerst die Society of Jews zu schaffen", weil man dann sehen könnte, „ob man sich mit ihr einlassen kann"[34].

Herzl hielt dies für verfrüht. So bewegte sich die Unterhaltung auf einem theoretischen Niveau; aber sie bildete die Grundlage für eine dauernde Beziehung zwischen dem Großherzog und Herzl, die auf gegenseitiger

Wertschätzung beruhte. Herzl sprach vom Großherzog stets als von einem „wunderbaren Menschen“[35], „dem guten, alte König aus dem Märchen“[36]; der Großherzog seinerseits äußerte Dritten gegenüber, daß einer Sache zu helfen, an deren Spitze ein Mensch stehe wie Theodor Herzl, für ihn einfach eine sittliche Pflicht sei[37].

Für Herzl war diese Audienz noch aus einem besonderen persönlichen Grunde wichtig. So seltsam es anmutet, war es doch eine Tatsache, daß Herzl – wie er selbst zugibt – im Verkehr mit berühmten oder bekannten Leuten von einer anfänglichen Schüchternheit war, die bis „zur Borniertheit“ ausarten konnte[38]. Er bekämpfte diese Schwäche dadurch, daß er sich, sobald er damit rechnete, daß sie ihn bei Verhandlungen stören könnte, diese durch genaue und ausführliche Notizen[39] und sein Auftreten durch eine sorgfältige, der jeweiligen Situation angepaßte Kleidung vorbereitete[40]. Während der ersten Jahre seiner zionistischen Tätigkeit half ihm dies, die Kluft zu überbrücken, die im Verkehr mit bedeutenden politischen Persönlichkeit allgemein bestand und die er, als ein Jude, aus dem nur der Antisemitismus „sein Judentum gewaltig hervorgepreßt“ hatte[41], besonders empfand. Diese Kluft bestand, besonders in Deutschland, am Ende des vorigen Jahrhunderts in einem geradezu unvorstellbaren Ausmaße. Friedemann, der nach der Revolution von 1918 selbst im deutschen diplomatischen Dienst stand[42], und den hier zitierten Ausspruch Friedrichs von Baden erwähnte, fügte erläuternd hinzu, daß in jener Zeit „regierende Fürsten noch Halbgötter und die Lage der Juden, besonders in Deutschland, so gedrückt (war), daß schon ein Empfang (bei einem regierenden Fürsten) zu den größten Auszeichnungen und Seltenheiten gehörte“[43]. Für Kenner der Situation vor dem Ersten Weltkrieg war es daher nicht lächerlich, daß Herzl sich vor der Audienz bei dem Großherzog dagegen wappnete, „auf dieser Höhe schwindlig“ zu werden und sich vornahm: „Ich werde an den Tod denken und ernst sein. Ich werde kalt, ruhig, fest, bescheiden, aber entschlossen sein und sprechen.“ Das entgegenkommende Verhalten des Großherzogs half Herzl, seine Scheu zu überwinden.

Daß die Audienz beim Großherzog zunächst keine greifbaren Erfolge zeitigte, muß Herzl wohl sofort erkannt haben. Dennoch verließ er die Audienz mit dem Gefühl einer „gelungenen Unterredung“ und einem „leichten Audienzrausch“[44].

## III.

Kurz nach dem Erscheinen des „Judenstaats“ war Herzl durch einen Fachkollegen[45] auf eine eigentümlich zwielichtige Persönlichkeit aufmerk-

sam gemacht worden. Philipp Michael Ritter von Newlinski war Herausgeber einer „Correspondance de l'Est", angeblich ein Freund des Sultans Abdul Hamid[46], ein Mann, von dem der Journalist Dr. Landau[47] annahm, „er könne uns vielleicht – für ein Bakschisch – die Souveränität verschaffen"[48]. Herzl vermerkte diese recht abenteuerliche Chance wie etwas, das durchaus im Rahmen des Möglichen war, aber er unternahm zunächst keine Schritte in dieser Richtung. Erst als der Großherzog in der oben erwähnten Unterredung unter anderem fragte, ob Herzl schon beim Sultan Schritte unternommen habe, antwortete er, „an Newlinski denkend", es habe sich bereits jemand für diese Aufgabe „angeboten"[49]. Das war nicht richtig, denn nach einer Tagebuchnotiz von Anfang Mai kam es erst nach der Audienz beim Großherzog zu einer ersten Unterhaltung zwischen Herzl und Newlinski, die dazu noch keineswegs Erfolg versprach. Angeblich hatte Newlinski allerdings schon mit dem Sultan über Herzls Plan gesprochen; aber dieser hatte sich recht negativ geäußert und erklärt, daß er Jerusalem jedenfalls nie hergeben könne, da die Omar-Moschee immer im Besitz des Islam bleiben müsse. Anatolien – so meinte Newlinski – käme vielleicht in Betracht, wenn Herzl dem Sultan bei der Beilegung seiner Schwierigkeiten mit den Armeniern behilflich wäre.
Herzl „fand diese Idee sofort ausgezeichnet". Jerusalem würde exterritorialisiert werden und der „heilige Ort, den alle Gläubigen gemeinsam haben", würde niemandem und allen gehören. Beide Männer kamen dazu überein, die armenischen Komitees, die angeblich bereits im Juli losschlagen wollten, zu veranlassen, einen Monat zu warten. Inzwischen könnten die Verhandlungen mit dem Sultan geführt werden. Die „offizielle Diplomatie" sollte nach Möglichkeit ausgeschaltet bleiben, da sie nur Schwierigkeiten machen würde. „Dann werde der Sultan aus Trotz tun, was wir wünschen."[50]

Das Ganze macht heute einen sehr dilettantischen Eindruck. Richtig war, daß Unruhen seitens der Armenier bevorstanden; sie kamen auch im Spätsommer zum Ausbruch und führten im Herbst 1896 zu Massakern, denen Tausende zum Opfer fielen. Ebenso richtig war, daß der skrupellose Sultan bereit war, Hilfe von überallher anzunehmen, und mit vorsichtig verklausulierten Versprechungen zu honorieren, an deren Einhaltung er nicht dachte. Alles andere war in ein unklares Dunkel gehüllt, das durch die Intrigen und die Bakschisch-Hascherei der Würdenträger an der Hohen Pforte noch nebelhafter wurde. Die Vermutung liegt nahe, daß Newlinski sich der Hilfe des bekannten Journalisten versichern wollte. Ob er – wenn aus der Sache etwas geworden wäre – sich der Hilfe Herzls auch nur erinnert hätte, ist nach dem ganzen Lebenslauf Newlinskis mehr als fraglich. War Herzl wirklich so naiv, wie Newlinski angenommen haben mochte. Das kann kaum angenommen werden. Aber er suchte nach einem archimedischen Ansatzpunkt für seine politische Aktion und er mußte sich darüber im klaren sein, daß das, was ihm vor allem fehlte, eine Operationsbasis war. Er tröstete sich mit einem Aperçu, das aus einer geradezu klassischen Wunschvorstellung entstanden ist:

„Große Dinge brauchen kein festes Fundament. Einen Apfel muß man auf den Tisch legen, damit er nicht falle. Die Erde schwebt in der Luft.
So kann ich den Judenstaat vielleicht ohne jeden sicheren Halt gründen und befestigen.
Das Geheimnis liegt in der Bewegung.“[51]

Er schrieb sofort an Nordau und verlangte dessen Unterstützung in der Armenierfrage. Ferner bat er seinen Freund Hechler, den englischen Premierminister, Lord Salisbury, von Newlinskis Mission zu informieren und ihn „zur Erneuerung seiner versöhnlichen Worte (in der Armenierfrage, d. Verf.) anzuregen“[52]. Die Reaktion war wie zu erwarten: der weltkluge Nordau beantwortete Herzls Bitte sofort und mit dem einen Wort: „Nein“. Salisbury ließ sich nicht einmal sprechen.

Inzwischen war das erste Jahr von Herzls zionistischer Tätigkeit verstrichen. Sichtbare Erfolge hatte er nicht zu verzeichnen. Es erscheint wichtig, diese Feststellung zu machen. Denn Herzl selbst war vom Gegenteil völlig überzeugt. Am „Pfingstsonntag“ 1896 trug er in sein Tagebuch ein:

„Morgen wird es ein Jahr, daß ich durch meinen Besuch bei Hirsch die Bewegung begonnen habe. Wenn ich im nächsten Jahr verhältnismäßig ebensolche Fortschritte mache, wie vom damaligen Nichts zu den heutigen Errungenschaften, so sind wir leschonoh haboh bijruscholajim!“[53]

Sein nächster Plan war der, im Juni an den Hof des Sultans nach Konstantinopel und im Juli nach London zu fahren, um dort endlich die Society of Jews zu gründen:

„Diese Society soll aus einem großen Komitee bestehen, in das wir angesehene Juden — größtenteils Engländer — setzen, und aus einem Exekutivkomitee.“[54]

Herzl hielt seine Reisepläne pünktlich ein. Er fuhr nach Konstantinopel, nach London, anschließend sogar nach Paris, um dort die längst fällige Unterredung mit seinem großen Gegner Edmond de Rothschild zu führen. Aber es wäre übertrieben zu sagen, daß die Ergebnisse seinen Erwartungen auch nur entfernt entsprachen. Er erzielte überhaupt keine Ergebnisse.

## IV.

Als Newlinski von seiner mißglückten Europatour im Auftrage des Sultans zurückkam, war er schon so weit von Herzls Plänen abgerückt, daß er es nicht einmal für nötig hielt, sich mit Herzl in Verbindung zu setzen. Herzl lud ihn darauf zu einer Unterhaltung ein, aus der eine „Kampfunterredung“[55] wurde. Newlinski riet Herzl von einer Reise nach Konstantinopel ab, weil der Sultan – angeblich – im Moment „nur die Kretensischen Unruhen“, die gerade ausgebrochen waren, im Kopfe habe, und er außerdem nicht gut „uneingeladen nach Konstantinopel kommen“[56] könne.
Maßgebender dürfte gewesen sein, daß Newlinski in der Zwischenzeit in Finanz- und Zeitungskreisen Umfrage gehalten und schlechte Auskünfte über Herzls Programm erhalten hatte. In Regierungskreisen war der „Judenstaat“ – trotz Herzls ausführlicher Erklärung in der Vorrede – als Utopie verstanden worden. Die „Länderbank“ hielt ihn für eine Phantasie, Herzls Chef, Dr. Benedikt, für eine Verrücktheit. „Die Journalisten lachen alle darüber.“[57]
Was Newlinski nicht einmal wußte, war, daß sich in den Reihen der Zionisten bereits eine Unruhe bemerkbar machte. Bei den „erwachsenen“ Zionisten zeigte sich eine „Gegenströmung“, die statt der fernliegenden Judenstaatsziele eine näherliegende, praktische österreichische Judenpolitik mit Beteiligung an den Gemeinderats-, Landtags- und Reichsratswahlen verlangte. Herzl quittierte in seinem Tagebuch diese Opposition nur mit einem sarkastischen „Schon!“[58]. Unter der studentischen Jugend hatten die Assimilanten wieder die Oberhand gewonnen. Die jüdischnationalen Vereine haderten untereinander.
Aber eine kleine und militante Gruppe plante eine Invasion mit tausend bis zweitausend Freiwilligen, die in Jaffa landen sollten, um auf diese Weise die Aufmerksamkeit Europas auf die zionistischen Bestrebungen hinzulenken. Herzl lehnte diesen „Knabenstreich“ ab[59].
Herzl, der völlig übersah, daß er mit seiner Programmschrift zwar zionistische Gefühle geweckt, aber keine Erfolge erzielt hatte, und der über das, was er selbst für Erfolge hielt, während sie in Wirklichkeit äußerst fraglicher Natur waren, entsprechend seiner autoritären Haltung nur seine nächsten Freunde informierte, war empört und verärgert. Er nahm sich vor: „. . . Wenn ich Undankbarkeit merke – natürlich nicht von Einzelnen, die quantité négligeable sind, sondern von der Menge –, so ziehe ich mich gänzlich zurück.“[60] Dies war eine Geste ohne Konsequenzen. Er setzte seine Arbeit fort.
Am 15. 6. 1896 war er zu seiner ersten diplomatischen Reise nach Kon-

stantinopel unterwegs, und Newlinski war sein Begleiter – auf Herzls Kosten.

Das Eigenartigste an Herzls erster „diplomatischer" Reise nach Konstantinopel war, daß er sie ohne jede sachliche Vorbereitung antrat. Noch am Tage vor ihrem Beginn hatte er überhaupt keinen Finanzplan[61]. Als Newlinski ihn dieserhalb befragte, meinte er „wir stellen uns vor, wir würden 20 Millionen Pfund für Palästina geben". Dieser Betrag beruhte auf keiner Berechnung, sondern auf einer gelegentlichen Äußerung, die Montagu dem englischen Daily Chronicle gegenüber getan hatte[62]. Erst nach dieser Unterhaltung mit Newlinski ließ er sich – am Abend vor seiner Abreise – von einem angeheirateten Vetter, der Direktor der Wiener Unionbank war[63], über die komplizierten türkischen Staatsfinanzen informieren. Aber dann extemporierte er zum Erstaunen seines Beraters einen genauen Finanzplan für die Regelung der türkischen Finanzen, der dann aber – nach seiner Ansicht – bereits „alle Details und spekulativen Eventualitäten" berücksichtigte, vor allem eine Regelung, die die türkische Regierung von der sogenannten „dette publique" und der zu ihrer Regulierung eingesetzten „Europäischen Kontrollkommission" befreien sollte[64]. Es war dies eine von Herzls „großen Ideen", die wie viele andere nicht zur Wirklichkeit wurde.
Fünf Jahre später veröffentlichte Rathenau, der inzwischen ein erfolgreicher Wirtschaftsorganisator geworden war, in der „Zukunft" einen Essay „Zur Physiologie der Geschäfte", der wegen seines Stils Herzls Bewunderung erregte[65]. In diesem Essay befinden sich folgende Sätze, die Herzl sehr wohl auf sein eigenes Verhalten hätte beziehen können:

„Ich pfeife auf das, was man die großen Ideen nennt. Sie liegen auf der Straße. Sie kommen zu Dutzenden, dieses Gesindel, wenn wir träumen, wenn wir verdauen oder wenn wir Erholung suchen. Und das ist ihre rechte Zeit und ihr rechter Ort ...
Es ist nichts leichter, als zu sagen: Bauen wir eine Bahn quer durch Asien, vereinigen wir alle Petroleumquellen der Erde, lenken wir die Goldflüsse Belgiens und Frankreichs durch russische Industriekanäle, erschließen wir ungemessene Landgebiete Amerikas durch Ansiedlung, Verkehrsmittel und Städtebau ...
Ich hasse die geistreichen Gedanken ...[66]

Herzl fehlte es nie an Einfallsreichtum. Er wußte es und war stolz darauf. Es fehlte ihm auch nicht an Überzeugungskraft und Hartnäckigkeit[67]. Was ihm fehlte, waren die Routinekenntnisse des Fachmannes, der mögliche Schwierigkeiten voraussehen, gegen sie Vorkehrungen treffen oder ein Projekt wegen solcher Schwierigkeiten ablehnen kann. Herzl war kein Bankfachmann, er war überhaupt kein Geschäftsmann und wollte keiner sein[68]. Er wußte, daß ihm „das Auge“ für das Wirtschaftliche fehlt. Dafür aber war er ein hervorragender Journalist und ein Meister des Feuilletons. Er konnte sich die kompliziertesten Finanztransaktionen ausmalen. Und auf dem Papier führten diese Projekte auch stets zu den größten Erfolgen. Aber in Wirklichkeit blieben sie Wunschträume.

Herzls erste Fühlungnahme mit türkischen Diplomaten fand bereits im Orient-Expreß nach Konstantinopel statt. Der Chef der türkischen Mission bei der Zarenkrönung in Moskau, Ziad Pascha, befand sich mit seinen Begleitern auf der Rückreise. Er ließ keinen Zweifel daran, daß „man“ sich mit Herzl, „kaum auch nur in Pourparlers einlassen“ würde, falls er ein „unabhängiges Palästina“ verlangen sollte. Denn es sei „gegen unser Prinzip, Territorium zu veräußern“[69]. Immerhin hielt er es für möglich, Palästina „vielleicht als Vasallenstaat“ zu erhalten[70].
Auch Herzls extemporierter Finanzplan scheiterte sofort, denn Newlinski hatte – ohne sich vorher mit Herzl besprochen zu haben, aber gestützt auf die Improvisation, die er Newlinski gegenüber geäußert hatte, bevor er sich mit seinem Finanzfachmann beraten hatte – Ziad Pascha bereits einen anderen Vorschlag gemacht: ein Drittel der 20 Millionen Pfund, für deren Aufbringung noch keinerlei Absprachen mit irgendeiner Finanzgruppe getroffen worden waren, sollte in bar, ein zweites Drittel in Anrechnung auf eine „Tribut-Zahlung, wenn wir Vasallen werden“, gezahlt werden; das dritte hingegen würde aus den Staatseinnahmen geleistet werden, die man der bestehenden Kommission (scil. der Europäischen Kontrollkommission), die beseitigt werden sollte, „wegnehmen“ würde[71]. Auch dieser Vorschlag kam nicht zur Verhandlung, weil der Erste Sekretär des Sultans, Izzet Bey, sich schroff gegen die Sache stellte mit der Begründung: „Man verspricht in dieser Sache zu viel Beteiligungen.“[72]
Dank Newlinskis guten Beziehungen hatte Herzl schon drei Tage nach seiner Ankunft in Konstantinopel Gelegenheit, den Großwesir des Reichs, Khalil Rifat Pascha, zu sprechen, nachdem er zuvor mit dessen Sohn, Djewad Bey, eine interessante informelle Unterhaltung gehabt hatte[73]. Djewad Bey warnte Herzl, dem Sultan gegenüber als Ziel seiner Bemühungen die Errichtung einer „aristokratischen Republik“ vorzuschlagen: „Sagen Sie dem Sultan nur das Wort Republik nicht! Davor hat man bei uns eine heillose Angst. Man fürchtet das ansteckende Übergreifen dieser revolutionären Regierungsform von einem Gebiet auf das andere.“[74] Als aber Djewad Bey Herzl darüber aushorchen wollte, welche Vorschläge er zu unterbreiten beabsichtige, hüllte sich Herzl in geheim-

nisvolles Schweigen mit der Bemerkung, daß er Details nur dem Sultan mitteilen könne[75]. Herzl hielt an dieser Weigerung auch fest, als er am folgenden Tage von „Se. Hoheit, dem Großwesir Khalil Rifat Pascha", empfangen wurde. Er ließ diesem höchsten Würdenträger des Reichs und mächtigsten Mann nach dem Sultan durch den Dolmetscher sagen, er ließe um Verzeihung bitten, wenn er auf Details nicht eingehe. Er könne nur Sr. Majestät den genauen Umfang der Proposition angeben. Wenn „unsere Vorschläge" im Prinzip entgegengenommen würden, würde Sir Samuel Montagu das finanzielle Programm vorlegen.

Herzl hatte nach dieser Erklärung mit Recht das Gefühl, den Bogen der „Diskretion" überspannt zu haben und fragte den Dolmetscher, als er den Großwesir verließ, ob dieser es ihm wohl übel genommen habe, daß er die Bedingungen vorläufig verschwiegen hätte. Der Dolmetscher verneinte mit der Begründung, der Großwesir sei ein Philosoph und es könne ihm nur gefallen, daß Herzl seine Pflichten erfülle[76]. Es war dies eine höfliche (und philosophische) Antwort. Das spätere Gutachten des Großwesirs war ungünstig. Er hielt „den Plan nicht für ernst gemeint, und für phantastisch"[77]. Es ist unmöglich, die Haltung des höchsten Beamten des Osmanischen Reichs für ungerechtfertigt zu halten. Newlinski gelang es nicht, eine Audienz beim Sultan zustande zu bringen. Es ist aber nicht ausgeschlossen, daß er es gar nicht versucht hatte. Bei Gelegenheit einer Privataudienz sagte der Sultan – so behauptete Newlinski[78] – „Wenn Herr Herzl in solchem Maße ihr Freund ist, wie sie der meinige, dann raten Sie ihm, keinen Schritt weiter in dieser Sache zu tun. Ich kann keinen Fußbreit Landes veräußern, denn es gehört nicht mir, sondern meinem Volk. Mein Volk hat dieses Reich mit seinem Blut erkämpft und gedüngt. Wir müssen es wieder mit unserem Blut bedecken, bevor man es uns entreißt. Zwei meiner Regimenter aus Syrien und Palästina haben sich Mann für Mann bei Plewna umbringen lassen. Gewichen ist keiner; alle Mann sind tot auf diesem Schlachtfeld geblieben. Das Türkische Reich gehört nicht mir, sondern dem türkischen Volk. Ich kann davon nichts hergeben. Die Juden sollen sich ihre Milliarden aufsparen. Wenn mein Reich zerteilt wird, bekommen sie vielleicht Palästina umsonst. Aber teilen wird man erst unseren Kadaver. Eine Vivisektion gebe ich nicht zu."[79] Herzl war von „den wirklich erhabenen Worten des Sultans gerührt und erschüttert", obwohl sie seine Hoffnungen vorläufig vernichteten[80].

Die Rede des Sultans war schön, aber wohl kaum ernst gemeint. Als Herzl sich einige Tage später entschloß, die Heimreise anzutreten, ließ ihn der Sultan ersuchen, die Reise noch zu verschieben, da er ihm wahrscheinlich vor der Abreise noch etwas zu sagen habe[81]. Aus den Tagebuchnotizen

Herzls läßt sich entnehmen, daß der Sultan die Anwesenheit Herzls aber anscheinend nur dazu benutzte, Finanzverhandlungen mit einer anderen Gruppe dadurch zu forcieren, daß er dieser zu verstehen gab, daß auch die Juden sich ihm als Geldquelle angeboten hätten. (Der Zweck der Reise Herzls war ja kein Geheimnis an der Hohen Pforte, bei der der Hofklatsch über alles Bescheid wußte und alles unter dem Siegel höchster Verschwiegenheit eifrig verbreitete.)
Für Herzl wäre es unangenehm gewesen, völlig erfolglos Konstantinopel wieder zu verlassen. Er drängte daher Newlinski „mit Widerstreben und heimlicher Scham", den Sultan zu veranlassen, ihm „ein zeigbares Zeichen, daß er nach Anhörung seiner Proposition doch noch en coquetterie mit ihm verbleiben" wolle, zu geben. „Dazu würde sich ein hoher Orden eignen."[82] Und in der Tat erfüllte der Sultan diesen Wunsch. Herzl beschreibt die komische Szene der Ordensverleihung wie folgt:

„Als ich von dieser heißen und schönen Fahrt ins Hotel Royal heimkehrte, sagte mir Newlinski, der in Unterhosen und Leibchen Briefe schrieb: ‚Das schickt er Ihnen!', und übergab mir ein Etui enthaltend das Kommandeurkreuz des Medschidijeordens"[83].

## V.

Noch vor Beginn seiner (ersten) Reise in die Türkei hatte Herzl seinen Freunden in London geschrieben, daß er im Juli nach England kommen wolle, „um dort eine große Rede über die bisherigen Resultate zu halten"[84]. Als er Ende Juni seine Rückreise aus Konstantinopel antrat, fuhr er mit nur kurzer Unterbrechung in Sofia und Wien nach London weiter[85].
In London, wo er am 5. Juli eintraf, begann er sofort Verhandlungen mit den führenden Männern der Anglo-Jewish Association, der Dachorganisation[86] der englischen Juden, und vor allem mit den „englischen Finanzlords"[87]. Sein Bericht, den er im Makkabäerklub in englischer Sprache verlas und in deutscher und französischer verteidigte, war ein persönlicher Erfolg für ihn, stärkte aber seine „Antipathie gegen die Vereinsmeierei"[88]. Er trug sein Programm vor[89], das weitgehend mit dem späteren sogenannten „Basler Programm" übereinstimmte[90], von dem er mit Recht sagte, daß es „auch die besten Patrioten aller Länder unterschreiben" dürften, ja: „Man muß nicht einmal ein Jude sein, um es zu unterschreiben."[91] Einzelheiten über die Verhandlungen in der Türkei enthüllte er nicht, sondern nannte nur als eine Art von Leumundszeugen den Colonel Goldsmid, Montagu und Reverend Singer, die er im einzelnen informiert

hatte. Er behauptete vom Sultan – den er ja nicht gesprochen hatte –, er sei „den Juden gnädig gesinnt" und fuhr fort: „Ich wage sogar zu behaupten, daß die Juden in der ganzen Welt gegenwärtig keinen großmütigeren Freund haben als S. M. den jetzt regierenden Sultan."[92] Er erwähnte auch die Audienz bei „einem Souverän" (gemeint war der Großherzog von Baden), über deren Inhalt er „nur einem kleinen Kreis von Vertrauensmännern" Mitteilung machen könne, und äußerte sich schließlich über „die Ackerbaukolonien des Barons Edmond Rothschild" anerkennend, wenn auch nur, weil sie „die Legende von der jüdischen Unlust zur körperlichen Arbeit zerstören wollen"[93]. Die Rede war bestimmt, wohlwollende Zustimmung im Kreise Wohlgesinnter hervorzurufen – aber nicht mehr. Und genau das war es, was Herzl erreichte. Nicht mehr.

Er muß übrigens die engen Grenzen in den Resultaten bei den Verhandlungen mit den Londoner „großen" Juden selbst empfunden haben, denn als ihm Montagu davon abriet, in einer bevorstehenden Massenversammlung im East-End – dem Wahlkreis Montagus – zu sprechen, reagierte er zum ersten Mal mit dem Vers aus Virgils Aeneis, den er in den folgenden Jahren noch oft wiederholen sollte: „Flectere si nequeo superos, Acheronta movebo"[94], worunter er nichts anderes verstand, als daß er, wenn die Reichen und Angesehenen nicht mit ihm gehen würden, die „Massen" in Bewegung setzen würde.

Ein „Massenmeeting" im Workmen's Club im East-End fand am 13. 7. 1896 statt. Es war für Herzl „ein großer Erfolg", selbst wenn man in Betracht zieht, daß die Besucher zum Teil in der irrigen Annahme gekommen waren, daß Herzl bereits vom Sultan empfangen worden sei[95].

Bei dieser Versammlung gewann Herzl den Eindruck, daß es nur noch von ihm selbst abhinge, ob er der Führer der Massen werden würde. Er lehnte diese Idee ab, wenigstens so lange, als er hoffte, die Rothschilds durch seinen Austritt aus der Bewegung „erkaufen" zu können[96]. Über dieses Meeting machte er zwei Tage später Tagebuchnotizen, auf die noch zurückzukommen sein wird[97].

Ein weniger angenehmes Erlebnis hatte Herzl am folgenden Tage „im Hauptquartier der Zelte" der Chovevej-Zionsgesellschaft, in der er es auf eine Entscheidung zwischen dem „alten Zionismus" der Chovevej Zion und seinem eigenen, neuen „politischen Zionismus" ankommen ließ – und unterlag. Herzl – mit seinen großen Ideen über die Gründung eines Judenstaates, selbst wenn es nur ein Vasallenstaat der Türkei sein würde, über die Sanierung der bankrotten Türkei durch die jüdischen Finanzmagnaten, die Aufbringung einer Nationalanleihe für die Verpflanzung

des jüdischen Volkes, die in die Milliarden gehen sollte – war von den umständlichen Berichten über die winzigen Kosten für die Gründung irgendeiner Kolonie in Palästina angeödet. Sobald er zu Wort kam, änderte er das Niveau der Verhandlung. Er sprach über die Notwendigkeit, eine Kolonisierung nur so weit vorzunehmen, als man sie durch eine „eigene jüdische Armee beschützen könne" – eine damals phantastische Idee –, ferner von der Notwendigkeit der Beendigung des Rothschild'schen Wohlfahrts-„Sportes", seiner Forderung, daß Rothschild sich „der nationalen Sache unterordnen" müsse, und schließlich seiner Bereitschaft, ihm nicht nur „die höchste Stelle zu geben", sondern den Eintritt Rothschilds in die Leitung der zionistischen Bewegung mit dem eigenen Austritt aus ihr zu bezahlen.
Ein Sturm brach los. Die Vorstellung, dem „Baron" Vorschriften zu machen, war ein Sakrileg. Als Herzl schließlich erklärte, daß er seinen ablehnenden Standpunkt in der Frage der „Infiltration", die er von Anbeginn an als falsch und schädlich bekämpft hatte, auch dann nicht aufgeben würde, wenn er sich dadurch um die Unterstützung aller Chovevej-Zion-Vereine bringe, hob der Vorsitzende die Versammlung auf[98].
Herzl fragte sich, als er seinen Bericht über diese Versammlung in seinem Tagebuch notierte, ob es „das Dümmste oder Gescheiteste" gewesen sei, was er damit in der Judensache bisher getan hatte. Diese Frage läßt sich auch heute nicht beantworten. Mir scheint, daß es, aus der Sicht seines Lebens, das Nötige war. Die Frage war ja nicht, ob seine Ansicht über die Infiltration richtig war. Sie war es; denn die Infiltration mußte, wie er vorausgesehen hatte, bei der eingeborenen Bevölkerung zu Antisemitismus und bei der zuständigen Regierung zu Einwanderungsbeschränkungen führen, und hat es auch getan[99]. Aber sie war, wie der weitere Verlauf der jüdischen Geschichte zeigt, damals der einzige Weg, der zur Bildung eines „Jischuv"[100] in Palästina führen konnte. Dadurch wurde der Kern eines Staatswesens geschaffen, dessen Existenz bald nicht mehr bestritten werden konnte, der nach Jahrzehnten ein politisches Faktum war[101], und der schließlich zu einer Zufluchtsstätte wurde, zu der nach der Vernichtung eines Drittels der Judenheit in der Welt, und nach der Beendigung des Zweiten Weltkrieges, zunächst Hunderttausende von heimatlos gewordenen Juden strebten, und deren Tore die damals in Palästina regierende Mandatsmacht sogar mit Gewalt nicht ganz schließen konnte, bis dann im Mai 1948 Herzls Traum vom Judenstaat Wirklichkeit wurde.

Herzls Reaktion auf den Bruch mit den Chovevej-Zion in London war, daß er einen der „Parteiführer" der Juden des East-End[102] ersuchte: „Organisieren Sie mir East-End"[103]. Diese Wendung zu den Massen war die bedeutsamste Deviation von der politischen Linie Herzls, in der die „Massen“ lediglich eine passive, patronisierte Rolle spielten. Er ging auch nicht so weit, ihnen etwa ein Mitbestimmungsrecht einzuräumen. Er wollte nur „die Armen zusammenraffen, um einen Druck auf die lauen und zögernden Reichen auszuüben“[104]. Würde dieser Druck ausreichen, so wäre er immer noch bereit gewesen, „Edmond Rothschilds und des Hirschfonds Beitritt“ durch den eigenen Austritt zu erkaufen[105].

Die Auseinandersetzung mit Rothschild war nunmehr unaufschiebbar geworden. Sie erfolgte wenige Tage später in Paris und verlief, wie vorauszusehen war, negativ. Schon im Mai hatten der Großrabbiner Kahn und Nordau im Auftrage Herzls mit Edmond Rothschild gesprochen und eine eindeutige Ablehnung erhalten. Der „Baron“ glaubte nicht, daß beim Sultan etwas zu erreichen sei – und das traf zu. Er hielt solche Verhandlungen zudem für gefährlich, weil sie den Patriotismus der Juden in der Welt verdächtig machen würden. Herzls Politik unterstütze den Vorwurf der Doppelloyalität, den in Deutschland und Frankreich sogar die Juden selbst gegen den Zionismus verwendeten. Und außerdem hielt er sie für schädlich, und zwar, wie Herzl erläuterte, für „seine (Rothschilds, d. Verf.) Palästinakolonien“[106].
Herzl bezeichnete die Unterhaltung mit Rothschild als eine „Kampfunterredung“. Sie war es sicherlich. Rothschild erklärte schließlich, daß ihm für ein Mitmachen „die Adhäsion der Londoner“ nicht genüge[107]; und Herzl wiederholte, daß er bereit gewesen sei, den Philanthropen „die Führung der ganzen Sache zu übergeben und mich (Herzl) zurückzuziehen“, er fuhr aber fort, daß er nun „eine große Agitation anfangen würde, wobei die Massen“ – die Herzl nicht weniger fürchtete als Rothschild – „noch schwerer in Ordnung zu halten sein werden“[108].
An einem der nächsten Tage sprach Herzl in Paris vor russisch-jüdischen Studenten. Er sprach „mit Schonung von den Finanzjuden“, die keine Eile haben, und schloß mit den Worten: „Je ne vous dis pas encore: Marchons – je dis seulement: la jeunesse debout“[109]. Herzl schrieb nicht, wie seine Rede aufgenommen wurde, nur daß er sich indisponiert gefühlt habe.
Später erfuhr er von seinem „honorary secretary“, Jacob de Haas[110], die Aufnahme sei ungünstig gewesen[111].

Waren die Reisen nach Konstantinopel und London nutzlos? – Wenn wir von Herzls erstrebten Zielen ausgehen, waren sie es wirklich. Wenn wir aber unser Augenmerk auf die geschichtliche Entwicklung in der Folgezeit richten, waren sie es nicht.

Herzl war schon in dieser kurzen Zeit seines öffentlichen Wirkens zum Sprecher seines Volkes geworden. Diese Tatsache wenigstens wurde nirgends bestritten, und auch in der Weltdiplomatie anerkannt. Auch ein Teil des zerstreuten jüdischen Volkes erkannte dies an. Es wußte zwar nicht, ob es den Weg zu einem Judenstaat gehen würde, ob es einen Weg zu diesem Ziel überhaupt gibt, aber es fühlte wenigstens – und auch das nur in einzelnen Gegenden –, daß aus seiner Mitte eine Persönlichkeit erstanden war, die ihm diesen Weg zeigen wollte und bereit war, es auf diesem Weg zu führen. Die bulgarischen Juden – eine kleine Gemeinschaft von nur etwa 25 000 Menschen[112] – gehörten zu den ersten, die dies spürten. Einige – und nicht die unbedeutenden – hielten Herzl bereits für den Messias[113], und andere erkannten ihn zumindest als Führer an[114]. Als Herzl auf seiner ersten Reise nach Konstantinopel durch Sofia kam, wurde er, der bis dahin nichts anderes geleistet hatte, als sein „Judenstaats"-Programm zu veröffentlichen, als „das Herz Israels" begrüßt[115]. Und als er auf der Rückreise in der Synagoge zur versammelten Gemeinde sprechen mußte und nicht wußte, wie er sich zu dem Publikum wenden solle, „ohne dem Allerheiligsten den Rücken zu kehren", rief ihm eine Stimme aus der Gemeinde zu: „Sie können sich auch mit dem Rücken zum Altar stellen, Sie sind heiliger als die Thora."[116]

Herzl, dem Freidenker, waren derartige Vorkommnisse peinlich, wenngleich er von ihnen gerührt war. Es fehlte ihm das Gefühl für die Menge, die für ihn nur ein „volgus profanum" war, das man leiten muß, wie man damals Kinder zu erziehen versuchte: „streng, aber gerecht" – und ohne großes Verständnis.

Als er dann bei dem Massenmeeting im East-End von London[117] auf dem Podium der Arbeiterbühne saß, hatte er „eigentümliche Stimmungen":

„Ich sah und hörte zu, wie meine Legende entstand. Das Volk ist sentimental; die Massen sehen nicht klar. Ich glaube, sie haben schon jetzt keine klare Vorstellung von mir. Es beginnt ein leichter Dunst um mich her aufzuwallen, der vielleicht zur Wolke werden wird, in der ich schreite.

Wenn sie aber auch meine Züge nicht mehr deutlich sehen, so erraten sie doch, daß ich es sehr gut mit ihnen meine, und daß ich der Mann der armen Leute bin ...

Es ist vielleicht das Interessanteste, was ich in diesen Büchern verzeichne: wie meine Legende entsteht ..."[118]

Herzl, der Mann mit den scharfen „Reporteraugen"[119], hatte völlig richtig beobachtet; aber die Schlüsse, die er aus seiner Beobachtung zog, gingen am Wesentlichen vorbei. Das Volk empfand Herzl nicht nur wie eine Legende, sondern auch das Charisma[120], das er besaß und das ihm seine

Führerstellung verschaffte; und es fügte sich ihm freiwillig. Es wäre bereit gewesen – wie einer von Herzls Gegnern ihm bei Gelegenheit einer grundsätzlichen Auseinandersetzung ein Jahr vor seinem Tode zugestand – „mit ihm in die Hölle zu gehen“[121], weil es instinktiv und ohne von logischen Erwägungen geleitet zu sein, spürte, daß er – und nur er – der Mann war, dem es gegeben war, der noch in der Zukunft liegenden Geschichte des jüdischen Volkes eine neue Wendung zu geben.

## VI.

Herzl war es sehr ernst mit seinen Bemühungen um die Organisierung der jüdischen Massen. Er war überzeugt, daß er auch diese Arbeit würde bewältigen können. Aber er sah – ähnlich wie Rothschild – Gefahren voraus und machte daher nach seiner Rückkehr nach Österreich einen letzten Versuch, die reichen „Finanzjuden“ und die „Hirschfonds“ zu gewinnen. Zu diesem Zweck schrieb er von unterwegs einen langen Brief an den Grand Rabbin Kahn in Paris, in dem er seine Bereitschaft zurückzutreten wiederholte, wenn diese Gruppe bereit wäre, seine Arbeit zu übernehmen. Er bezog sich auf Resultate, die er glaubte, erzielt zu haben, und die ihn „eigentlich selbst überraschten“.

Aber er hatte keine wirklichen Resultate. Was er für Resultate hielt, waren nur Erzählungen von Newlinski und der Orden, den er aus Konstantinopel mitgebracht hatte. Herzl hatte zu Newlinski „unbedingtes Vertrauen“[122]. Aber Newlinski war keine vertrauenswürdige Quelle. Er war, wie Herzl sich später selbst gestehen mußte, „ein grand seigneur déchu“, der „eines Tages den äußeren Halt seines angestammten Lebenskreises verloren“ hatte und in „eine tiefere Schicht geraten“ war. Er besaß „die Technik der Diplomatie, alle feinsten und tiefsten Eigenschaften der ‚Karriere‘ ... dadurch ist er eine halbbrüchige Existenz und macht einen verdächtigen Eindruck“[123]. Er imponierte Herzl durch die Sicherheit, mit der er sich in der Gesellschaft der Großen der Welt bewegte[124]. Er besaß die Umgangsformen, die Herzl sich in den Tagen der „Inspiration“ als notwendig für den Erfolg seiner Arbeit ausgemalt hatte[125]; und Herzl hatte Mitleid mit diesem begabten Menschen, der teils durch eigenes, teils durch das Verschulden seiner Familie[126] aus der für ihn vorgesehenen Laufbahn geraten war, und nun oft von sich sagte: „Da ich nicht die Politik meiner Nation machen kann, ist mir alles Wurst. Ich unternehme Kunstreisen in der Politik, wie ein Klaviervirtuose – das ist alles.“[127] Sich auf einen derartigen Mann zu verlassen, war recht fahrlässig[128].

Der Brief an Kahn blieb ebenso erfolglos wie zwei spätere, weitere Briefe an Montagu und Kahn[129], in denen er, gestützt auf vertrauliche Nachrichten von Newlinski, die Ausgabe einer „échelonierten Anleihe“ von 20 Millionen Pfund empfahl, weil die Geldnot der Türkei aufs höchste gestiegen und der Sultan angeblich bereit sei, den Juden Palästina zum mindesten als Vasallenstaat zu überlassen. Montagu antwortete nicht, Kahn hingegen schrieb, er habe von den Leuten, an die er sich gewendet habe, nur „dilatorische, also ausweichende Antworten erhalten“. Herzl verstand diese Antwort richtig und trug in sein Tagebuch ein: „Niemand hilft“[130].

## VII.

Herzl konnte durch Mißerfolge nicht entmutigt werden. Während seine letzten Versuche, die „Großen Juden“ zu gewinnen, noch schwebten, begann er sich selbst eine Organisation aufzubauen[131]. Schon nach wenigen Tagen stellte er zunächst fest, daß die bestehende Organisation der Zionsvereine unbrauchbar und daß der Zionsverband ein untaugliches Instrument sei, das umgebildet werden müsse; daß vor allem kein Geld vorhanden sei[132]. Die Wiener Zionisten trafen sich damals zwar allwöchentlich zu Beratungen, aber nicht zu sachlicher Arbeit[133]. Herzl meinte: „Sie taten nichts als leer herumreden“[134]. Herzls Ungestüm wirkte nicht belebend, sondern störend. Einige fühlten sich bald durch ihn verdrängt, erkannten aber wenigstens seine Ergebenheit für die Sache an und wählten ihn formell zum „Chef des Exekutivkomitees der Partei“, ein Titel, der um so merkwürdiger anmutet, als für Herzl der Zionismus ja nicht eine Angelegenheit einer Partei, sondern die der Gesamtheit des Volkes war. Und außerdem bedeutete es für Herzl nichts, an der Spitze eines Komitees zu stehen. Er war ja entschlossen, „an die Spitze einer Aktion für die Juden zu treten“[135]. Mit der Wahl Herzls zum Chef des Exekutivkomitees hatte sich dann die Energie des Verbandes für längere Zeit erschöpft[136].
Herzls praktische Bemühungen gingen zunächst daraufhin, sich ein Publikumsorgan zu schaffen, da die Neue Freie Presse, deren geachtetes Redaktionsmitglied er war, eine dem Zionismus feindliche Stellung einnahm und andere Zeitschriften ihm nur von Fall zu Fall zur Verfügung standen. Der Moment war für Herzl günstig. Die Regierung war gerade damals an der Schaffung eines Konkurrenzblattes gegen die liberale N. F. P. interessiert und vielleicht sogar bereit, sich an der Finanzierung zu beteiligen. Für die Regierung wäre Herzl trotz seiner Ablehnung im Jahre zuvor[137] immer noch ein erwünschter Chefredakteur gewesen. So begannen die Verhandlungen von neuem. Herzl hatte kein Interesse an einer finanziel-

len Unterstützung. Er wollte unabhängig sein, verlangte aber die Unterstützung des Zionismus durch die Regierung, die der Unterhändler der Regierung, Kozmian, versprechen zu können glaubte[138].
Das Projekt verwirklichte sich schließlich aber doch nicht, da ein Bankdirektor Dessauer, den Herzl zu seinen treuesten Anhängern gezählt und der Herzl bisher finanziell, speziell auch in dieser Zeitungsangelegenheit beraten hatte, im letzten Moment absagte. „Es war eine beschämende Situation."[139] Herzl fühlte sich nicht nur blamiert, er war es auch, besonders vor dem Ministerpräsidenten Badeni, der ihn für „einen schwachen Menschen hielt"[140].
Newlinski war enttäuscht und erklärte ihm zornig, er sei „offenbar nicht der Mann für die Ausführung der Idee"[141]. Die Situation war in der Tat entmutigend: an die von Herzl behaupteten Erfolge beim Sultan glaubte – mit gutem Recht – niemand. Statt dessen wurden in Wien Gerüchte verbreitet, daß Herzl in „Konstantinopel „eine Subvention von 3000 Pfund für die Neue Freie Presse verlangt ... und auch tatsächlich Geld bekommen" habe[142]. Die englischen Finanzlords und Rothschild waren weiter ablehnend. „Die Hirschleute von der Jewish Colonisation Association" (JCA), die einen bestimmenden Einfluß auf die Verwendung der Gelder aus dem Millionennachlaß des verstorbenen Baron Hirsch hatten, fühlten sich – ob zu Recht oder zu Unrecht, sei dahingestellt – in Entscheidungen zugunsten zionistischer Unternehmungen durch einen Parlamentsakt gehemmt[143].
Es war ein trauriges Resumee über den Zustand seiner Bemühungen, das Herzl Mitte Oktober[144] in sein Tagebuch eintrug:

„Ich muß es mir offen gestehen: ich bin demoralisiert. Von keiner Seite Hilfe, von allen Seiten angegriffen. Nordau schreibt mir aus Paris, daß sich niemand mehr rührt. Die Maccabeans in London sind immer mehr Pickwickier, wenn ich den Berichten meines getreuen de Haas[145] glauben darf. In Deutschland habe ich nur Gegner. Die Russen sehen teilnehmend zu, wie ich mich abrackere, aber keiner hilft mit. In Österreich, besonders in Wien, habe ich ein paar Anhänger. Hiervon sind die Uninteressierten völlig untätig, die anderen, die Tätigen, wollen durch den Redakteur der N. Fr. Pr. vorwärtskommen.
Hierzu kommt die Verleumdungskampagne, deren Leiter der brave Scheid zu sein scheint.[146]
Die Juden, denen es gut geht, sind alle meine Gegner.
Sodaß ich anfange das Recht zu haben, der größte aller Antisemiten zu sein.
Oft denke ich an Levysohns[147] Wort: ‚Die, denen Sie helfen wollen, werden Sie zunächst recht empfindlich ans Kreuz schlagen'."

Herzl hätte die Liste in bezug auf bösartige Gerüchte erweitern können. Der Chief Rabbi Adler in London verbreitete in Wien, daß Herzl in

London „Fiasko“ gemacht habe[148]. De Haas meldete, daß der Daily Chronicle Herzls Reise nach London „mit einer türkischen Anleihekonversion in Verbindung gebracht“ habe[149] – eine Andeutung (für die Leser), daß Herzl eigentlich nur privatgeschäftliche Transaktionen betrieben habe. Die Wiener Allgemeine Zeitung druckte die Notiz der polnischen Dziennik Polski nach, in der über „die Wahrheitsliebe des Dr. Herzl“ höhnisch kommentiert wurde[150]. Und aus Budapest wurde Herzl ein Gerücht übermittelt, nach dem er „von einer englischen Landkompagnie, die in Palästina ein Geschäft machen wolle, für die Publikation des ‚Judenstaates‘ ein großes Honorar bekommen“ habe[151].

Herzl hatte von vornherein gewußt, daß er mit Verspottungen[152], mit „Beschimpfungen, Mißverständnissen, Dummheiten, Schlechtigkeiten“[153] rechnen mußte. Er polemisierte daher in der Öffentlichkeit nur dann, wenn die Sache, nicht wenn seine Person angegriffen war[154]. An de Haas telegrafierte er einmal: „Kümmert Euch nicht um falsche Zeitungsnachrichten.“[155] Seine Reaktion auf den in der Wiener Allgemeinen Zeitung wiedergegebenen Artikel des Dziennik Polski[156] war, daß er dem Chef des Exekutivkomitees in Lemberg schrieb: „Ich bitte Sie, ... vernünftig und vorsichtig vorzugehen, damit nicht wieder solch perfid-lächerliche Geschichten aufkommen wie die des Dziennik Polski.“[157] Peinlich war für ihn, daß Newlinski begann, ihm mit einem „wohlwollend, spitzbübischen Grinsen“ zu verstehen zu geben, daß er mittlerweile bemerkt habe, daß er Herzl „aufgesessen“ sei. Und als ihn Herzl dann daran erinnerte, daß man die Freunde daran erkenne, daß sie in ungünstigen Tagen nicht wankend werden, versicherte ihm Newlinski, „daß er festhalte“ und fügte ironisch hinzu: „Ich bin Ihr einziger Anhänger.“[158]

Herzl wäre kein Mensch von Fleisch und Blut gewesen, wenn alle diese Enttäuschungen an ihm spurlos vorübergegangen wären. Besonders litt er darunter, daß ihm, dem glänzend begabten und anerkannten Journalisten, für die Propagierung seiner Ideen, die zu seiner Lebensaufgabe geworden waren, keine Zeitung zur Verfügung stand. So zog er am Ende des Jahres eine deprimierte vorläufige Bilanz:

„Ich fühle mich ermüden. Ich glaube jetzt öfter als je vorher, daß meine Bewegung zu Ende ist. Ich habe die volle Überzeugung von der Ausführbarkeit, kann aber die Anfangsschwierigkeiten nicht überwinden.

Eine einzige Million Gulden wäre nötig, um die Bewegung groß auf die Beine zu bringen. Dieser Bettel (für eine so große Sache) fehlt, – und darum werden wir schlafen gehen müssen, obwohl der Tag da ist“.[159]

## VIII.

Zu dem Kummer über die Stagnation in den eigenen Bemühungen kam bei Herzl noch, daß er von Mißständen in der Verwaltung der Rothschildschen Kolonien in Palästina wußte, und ebenso, daß – anscheinend von den Beamten des „Barons" – am Hofe des Sultans gegen ihn und den Zionismus intrigiert wurde. Er informierte den Baron Rothschild hierüber[160]; der Baron nahm ihn aber offenbar nicht ernst genug, um auf seine Informationen auch nur zu antworten.

Inzwischen hatten sich die österreichischen Zionisten der jüdischen Tagespolitik in Österreich zugewandt[161], wofür Herzl damals noch kein Interesse hatte. Ein ihm angebotenes Reichsratsmandat lehnte er ab[162]. Eine Wendung trat erst ein, als Anfang März 1897 zum ersten Mal die Einberufung eines allgemeinen Zionistenkongresses nach München beschlossen wurde[163]. Die Konferenz, auf der der Beschluß über die Abhaltung eines Zionistenkongresses gefaßt wurde, war nicht von Herzl einberufen worden, sondern von dem jungen Osias Thon (1870–1936)[164], der damals – wie Nathan Birnbaum (1864–1937) – in Berlin lebte, und der die Schaffung eines „Weltblattes", dessen Gründung eine Million Gulden kosten sollte, mit einer Reihe aktiver Zionisten beraten wollte[165]. Herzl sah damals keine Möglichkeit mehr für die Aufbringung dieses „Bettels"[166]. So fiel der Hauptgegenstand der Verhandlungen – wie Thon berichtete[167] – „unversehens unter den Tisch", denn Herzl hatte bereits einen anderen Plan, der ihm wichtiger erschien: den der Einberufung eines „Zionistentages in Zürich Ende August"[168]. Von diesem Plan hatte er anscheinend nur wenigen Freunden und nur beiläufig Mitteilung gemacht. Als nun die Konferenz stattfand, machte er die Einberufung des Zionistenkongresses zum Hauptgegenstand. Thon schildert diesen Vorgang so:

> „Er (der Hauptgegenstand der Verhandlungen, das Zeitungsprojekt, d. Verf.) wurde heruntergescharrt von einem ganz breiten Gegenstand, der inzwischen auf den Tisch kam, von der Frage der Einberufung des Kongresses.
> Der Kongreß war wohl wichtiger als die geplante und inzwischen vergessene Zeitung. Der Kongreß ist sozusagen unser ständiges ‚Journal Parlant' geworden und Herzl war bis ans Ende seines glorreichen Lebens sein mächtiger Chefredakteur."[169]

Wenngleich diese Worte, geschrieben von einem Mann, der zur Zeit der Niederschrift dieses Gedenkartikels kein Anfänger in der Theologie mehr, sondern ein einflußreicher Abgeordneter der Juden im polnischen Sejim war, etwas bombastisch klingen, treffen sie doch den Kern der Sache. Der Kongreß wurde das, was Herzl mit einer Zeitung erreichen wollte: das

Forum, von dem aus Herzl zum jüdischen Volk und für das jüdische Volk zur Welt sprach.
Der Weg zum Kongreß war allerdings mit Schwierigkeiten übersät. Sie begannen bei der Bestimmung des Kongreßortes. Herzl hatte an Zürich als Kongreßort gedacht. Er wurde überstimmt und statt dessen wurde München gewählt[170]. Maßgebend war, daß die Konferenzteilnehmer, die zum erheblichen Teil aus russischen und polnischen Juden bestanden, annahmen, daß „die Russen in die des Nihilismus verdächtige Schweiz nicht zu kommen wagen würden" und weil — hieran hatte Herzl gewiß nicht gedacht — „es in München koschere Restaurationen gebe"[171]. Die bedeutsamen Schwierigkeiten, die sich aus dieser Ortswahl ergaben, und über die weiter unten zu berichten ist[172], waren wohl keinem Konferenzteilnehmer in den Sinn gekommen.
Kaum war die Idee des Zionistenkongresses — zunächst nur informell[173] — in die Öffentlichkeit gedrungen, als sich die englischen Chovevej Zion mit einer „Beschwörung" an Herzl wandten, doch ja von einem Kongreß, durch den eine Spaltung in ihren Reihen entstehen könnte, abzusehen. Herzl lehnte das kategorisch ab[174]. Darauf beschloß die Chovevej Zion Association unter dem Vorsitz von Colonel Goldsmid, „that the Association should not take part in, nor send any delegates to the Congress convened by Dr. Herzl, which is to meet at Munich in August next"[175].

In der Konferenz vom März[176] war „nach langem, leeren Reden" eine Organisations-Kommission eingesetzt und Herzl mit der Einberufung beauftragt worden[177]. Herzl hatte darauf eine „Vorläufige Anzeige" versandt, in der er Ort und Datum des „Weltkongresses der Zionisten" mitteilte und als Zweck angab, „eine Annäherung und Verständigung zwischen allen Zionisten herbeizuführen und dem gemeinsamen Streben einen einheitlichen Zug zu verleihen". Er teilte Einzelheiten über die Zusammensetzung des Kongresses und die bereits festgelegten Referate — darunter eines von W. Bambus[178] über „die Colonisation, ihre bisherigen Ergebnisse und ferneren Aussichten, agrarische, industrielle, commerzielle, technische Fragen" und ein anderes von Dr. H. Hildesheimer[179] über „die Aufgaben der jüdischen Wohltätigkeit in Palästina" — mit und schloß mit den Worten:

„So erhalten die gemeinsamen Bedürfnisse ein Organ. Es wird ein Zufluchtsort für die Wünsche und Beschwerden unserer Brüder geschaffen. Die Judensache muß dem Belieben vereinzelter Personen — wie gutwillig diese auch seien — entrückt sein. Es muß ein Forum entstehen, vor dem jeder für das, was er in der Judensache tut und läßt, zur Rechenschaft gezogen werden kann. Dem wird sich kein redlicher Mann widersetzen.

Wir sind der Teilnahme aller Menschen gewiß, die unseren Gedanken richtig verstanden haben. Es handelt sich darum, eine dauernde gesicherte Heimat für diejenigen Juden zu schaffen, welche sich an ihren jetzigen Wohnorten nicht assimilieren können oder wollen.
Der Congress zu München wird zeigen, was der Zionismus ist und will. Daß er etwas ist und daß er etwas will."[180]

Für Herzl waren diese Sätze etwas so Selbstverständliches, daß er an die Möglichkeit von Mißverständnissen nicht einmal dachte:

Sein Zionismus kam vom Antisemitismus her; darum sollte der Kongreß das Institut sein, an dem über eine Abhilfe hiergegen beraten werden sollte.
Der Zionismus war für ihn die Sache der Volksgemeinschaft; also sollte sie „dem Belieben Einzelner", i. e. der Hirschs, der Rothschilds, der Reichen, entrückt werden
Der Antisemitismus in den Ländern unter russischer Herrschaft oder russischem Einfluß jagte die Juden wie jagdbares Wild; also sollte für sie eine ‚dauernde gesicherte Heimat' gefunden werden.
Und dasselbe galt für diejenigen, die die ihnen z. B. in Deutschland und Österreich so oft und so ernst angedrohte Vertreibung nicht abwarten wollten.

Herzl wußte natürlich aus den vielen Auseinandersetzungen mit seinen Chefs und seinen sonstigen jüdischen Gegnern, daß nicht alle Juden das Judenproblem so sahen wie er, sondern daß viele — wie Dr. Bacher[181] — der Meinung waren: „Es gibt keine Judenfrage, es gibt nur eine Menschenfrage". Aber diese Juden waren keine Zionisten und an sie richtete sich die „Vorläufige Anzeige" nicht.
Er empfand es daher schlechthin als eine „Perfidie", als Bambus ihm mitteilte, er habe an eine Reihe jüdischer Blätter „eine Berichtigung" der Kongreßanzeige gesandt[182], und als einen „Bubenstreich", als Hildesheimer in seiner Zeitschrift nicht nur die „Berichtigung" von Bambus veröffentlichte, sondern als eigene Erklärung hinzufügte, er habe „selbstverständlich (!) nie die Absicht gehabt, an einem Zionistenkongreß teilzunehmen, sondern seine Anwesenheit und seine Mitwirkung einzig und allein für den Fall in Aussicht gestellt, daß die geplante Versammlung einer Besprechung der mannigfachen Aufgaben des palästinensischen Hilfswerks, insbesondere der Kolonisation gewidmet sein würde"[183].
Herzl verlangte von Bambus eine sofortige „Revokation" seiner „Berichtigung"[184] und von Hildesheimer den Abdruck seines Briefes an ihn, in dem er erklärte, er sehe keinen größeren Unterschied zwischen einem „Kongreß der Chovevej Zion", der anscheinend zulässig sei, und einem „Zionisten-Kongreß", der „tabu" sei, „als zwischen bonnet blanc und blanc bonnet"[185]. Und während er Bambus damit drohte, daß er im Falle einer Weigerung, seine „Berichtigung" zurückzunehmen, sich von ihm

trennen würde, beendete er den Brief an Hildesheimer mit dem handschriftlichen Zusatz – unter einem im übrigen diktierten Brief –: „Der Kongreß findet statt. Das ist jetzt die Hauptsache und dabei bleibt es."
In Wirklichkeit hatte Bambus keine Perfidie und Hildesheimer keinen Bubenstreich begangen. Ihre Haltung war Herzl seit langem bekannt[186]. Sie hatten sich sogar bereit erklärt, mit Herzl in Köln zusammenzukommen, um fundamentale Streitpunkte zu klären. Herzl hatte diese Gelegenheit verstreichen lassen, weil ihm die Nuancierungen in den verschiedenen zionistischen Richtungen bedeutungslos vorkamen und ihm damals seine Reise in die Türkei und nach London wichtiger als die Bereinigung von Meinungsverschiedenheiten erschienen war. So war damals durch Herzls Schuld und nicht durch die der „Berliner Zionisten"[187] eine Klärung der Situation unterblieben. Bambus und Hildesheimer waren ihren eigenen Linien ebenso treu geblieben, wie Herzl der seinigen. Bambus war ein Zionist des Vor-Herzlschen Stils. Er brachte Gelder auf[188], war ein kluger und energischer Organisator und ein Förderer der Einwanderung nach Palästina auf dem einzigen damals möglichen Weg – dem der Infiltration! Hildesheimer[189] war ein orthodoxer Zionist, für den vor allem religiöse Probleme und solche der Wohlfahrt bestimmend waren. Natürlich waren Bambus und Hildesheimer von der Richtigkeit ihrer Ideen überzeugt. Und außerdem fühlten sie sich gleichberechtigt mit Herzl – etwas, was Herzl, der von seinem Sendungsbewußtsein durchdrungen war, nicht einmal in Erwägung zog[190].
Da sich ein Charisma nicht nur im Sendungsbewußtsein, sondern vor allem in der Anerkennung durch andere manifestiert, und da Herzl wirklich das Charisma besaß, das von seinen Freunden anerkannt wurde, wurde er in Wien in der Komiteesitzung, die den Sezessionserklärungen von Bambus und Hildesheimer folgte, „als Präsident der Partei anerkannt"; vorsichtshalber wurde aber gleichzeitig auch ein „Exekutiv-Komitee" geschaffen, von dem Herzl wohl mit Recht annahm, daß es den Zweck hatte, ihm „die Alleinherrschaft abzunehmen"[191].

Eine weitere Folge war, daß Herzl sich nunmehr entschloß, mit der Gründung eines Publikationsorganes nicht länger zu warten, sondern es mit der moralischen Unterstützung seines Vaters und eigenen Mitteln ins Leben zu rufen. Die erste Nummer der „Die ✡ Welt" erschien bereits drei Wochen später[192]. Sie war Herzls alleinige Arbeit. Seine Mitarbeiter konnten ihm aus den verschiedensten Gründen nicht helfen. Und so blieb es auch in der Zukunft. Die ungeheure Arbeitslast für die „Welt", die zionistische Bewegung und nicht zuletzt die als Redakteur der Neuen Freien Presse überstiegen Herzls physische Kräfte. Herzbeklemmungen,

wie er sie bereits ein Jahr zuvor nach dem Erscheinen des „Judenstaates" gehabt hatte, stellten sich erneut ein[193]. Es waren aber nicht nur die physischen Anstrengungen, die ihn belasteten, sondern auch die Sorgen um seine Position bei der Neuen Freien Presse, der er schließlich Existenz und Ansehen verdankte.
Besorgnisse in dieser Hinsicht waren nicht unberechtigt. Die offiziöse Wiener „Reichswehr" hatte in ihrer Pfingstsonntagsausgabe einen scharfen Leitartikel unter dem Titel „Benediktus I., König von Zion" gebracht, und kurze Zeit darauf hatte das Morgenblatt des großdeutschen und antisemitischen Abgeordneten von Schönerer eine „harte Attacke" gegen die Neue Freie Presse veröffentlicht[194]. Die unvermeidlichen Auseinandersetzungen zwischen Herzl und seinen Chefs folgten. Am 24. 6. 1897 war Herzl entschlossen, mit der Neuen Freien Presse Schluß zu machen:

„Diese schweren Differenzen müssen ja endlich zu meinem Austritt führen, da ich unmöglich auf die Forderung Benedikts eingehen kann: die ‚Welt' zu sistieren. Und merkwürdigerweise empfand ich bei dem Gedanken, diese vielbeneidete Stellung bei der N. Fr. Pr., die anerkannt erste literarische Stellung in Wien zu verlassen, eine Art von Abiturientenerleichterung. Ähnlich war mir beim Abschied von der Schule zumut. Ferner dachte ich mir: so muß der Tod sein ...
Ganz heiter räumte ich dann meinen Feuilletonladen ein, machte Ordnung, wie eine gute Hausfrau noch den Schlüsselbund an den Haken hängt, bevor sie sich, den Tod fühlend, niederlegt. Dennoch war und ist mir ganz klar, daß ich durch meinen Abschied von der N. Fr. Pr. vom einen Tag auf den anderen ein Deklassierter sein kann."[195]

Es gab noch andere Gründe für „Herzbeklemmungen". Die „Welt" war von ihrem Anbeginn ein wirtschaftlicher Mißerfolg. Solange Herzl lebte, mußte er ununterbrochen Zahlungen aus seinem Vermögen leisten, um sie aufrechtzuerhalten. Als er 1904 vermögenslos starb, waren hieran nicht zuletzt die Aufwendungen schuld, die er für diese Zeitung geleistet hatte[196].

Herzl leitete das Erscheinen dieser ersten deutschsprachigen zionistischen Wochenschrift mit einem stolzen programmatischen Artikel ein:

„Unsere Wochenschrift ist ein Judenblatt. Wir nehmen dieses Wort, das ein Schimpf sein soll, und wollen daraus ein Wort der Ehre machen ... Die „Welt" ist ein Blatt der Juden. Welcher Juden? ... der Armen, der Schwachen, der Jungen, die sich, ohne selbst in bedrängter Lage zu sein, zu ihrem Stamm heimgefunden haben".[197]

Er verteidigte das neue Blatt gegen den erwarteten Vorwurf, daß es bestimmt sei, „den Klassenhaß in das Judentum hineinzutragen". Seine Aufgabe sei vielmehr, „ein Werk des Friedens, die versöhnende Lösung der Judenfrage“ und er formulierte das Programm des Zionismus, wie es dem Sinne nach dann später vom Kongreß beschlossen wurde:

„Eine völkerrechtlich gesicherte Heimstätte schaffen für diejenigen Juden, die sich an ihren jetzigen Wohnorten nicht assimilieren können oder wollen.“

„Die „Welt“ soll dem jüdischen Volk eine Wehr und Waffe sein und zwar eine reine Waffe. Gegen seine Feinde – ohne Unterschied der Konfession.“ Er spricht von der nötigen Selbstkritik, von Aufklärung und von dem Wunsch, daß die Zeitung „das Organ der Männer“ sein (möge), die das Judentum aus dieser Zeit hinauf in bessere Zeiten führen wollen“[198]. Aber er spricht nicht von dem, was das Judentum bereits ist: von den Werten, die das Judentum geschaffen hat, und die des Schutzes bedürfen. „Wir hängen mit unserem Gemüt am Alten, das ist wahr, wir lieben die schöne kampf- und leidensvolle Vergangenheit unseres Volkes; aber wir wollen doch nicht in irgendeine Enge des Geistes zurück.“[199] Auch das waren stolze Worte, allerdings die eines Ignoranten mit guten Absichten.

In einem zweiten Artikel derselben Nummer schrieb er über den bevorstehenden Kongreß, von dem er immer noch annahm, daß er in München stattfinden würde. Er sprach über die „Internationalität“ der Konferenz, die nur insoweit bestehe, wie die Frage selbst, nämlich die Judenfrage: „Zur Lösung dieser in vielen Ländern bestehenden gleichartigen, wenn auch verschiedentlich abgestuften Schwierigkeiten ist das Zusammenwirken von Juden aus all den Ländern erforderlich. Das wollen wir – nichts darunter und nichts drüber“[200]. Offenbar den Versuch einer „captatio benevolentiae“ enthielten die schönen Worte, die er für den Sultan Abdul Hamid fand, der „ein Herrscher voll großmütiger Regungen, voll menschlicher Gefühle für alle Leiden“ sei. „Eine Verständigung mit diesem gütigen Fürsten unter Zustimmung der von der Judennot befreiten Mächte (sei) nicht nur wünschenswert sondern auch möglich“, allerdings nicht auf dem Wege der Infiltration („wir wollen keinen Menschenschmuggel betreiben“), nicht auf dem Wege der „Ansiedlung einzelner Personen oder kleinerer Gruppen in Palästina ...“, denn „eine endgültige Lösung der Judenfrage können solche vom besten Willen eingegebene Versuche nicht bringen“[201]. Ob diese Worte dem Sultan je zu Gesicht kamen, ob er sie für aufrichtig hielt, ist nicht bekannt. Immerhin führte es dazu, daß die Kongresse dem Sultan, als dem Herrscher über Palästina, Ergebenheitstelegramme zu schicken pflegten, und daß der Sultan sie höflich beantworten ließ. Auf die Sache hatten sie keinen Einfluß.

Herzls offene Sprache über die Juden als Volk und die sich aus dieser Tatsache ergebenden Konsequenzen fanden bei den Juden, vor allem bei den deutschen Juden, keine freudige Resonanz. „So offen, ohne Scheuklappen sprach man" – wie Bein bemerkte[202] – „damals nicht unter Juden" über die Judenfrage – besonders nicht in Deutschland, das gerade damals für eine Nationalitätenfrage kein Verständnis hatte, weil in dem noch jungen Reich alle Staatsbürger einfach und uneingeschränkt von einer Nationalität zu sein hatten – nämlich der deutschen. Das galt für Polen wie für Elsässer oder Holsteiner. Und die Juden selbst und die ihnen wohlgesinnten Philosemiten bezogen es natürlich auch auf die Juden. Für die Antisemiten blieben die Juden nach wie vor „Fremde", ja, sogar schlicht „unerwünschte Fremde". Herzl nannte sie „Landesstiefkinder"[203].

Die Besorgnis der deutschen Juden, dem Antisemitismus durch ein „Judenblatt", das sich als solches sogar noch selbst bezeichnete, neuen Auftrieb zu geben, war daher verständlich. Es war deshalb nicht überraschend, daß fast unmittelbar nach dem Erscheinen der „Welt" zwei bekannte deutsche Rabbiner, Maybaum und Vogelstein, in der „Allgemeinen Zeitung des Judentums" einen Protest veröffentlichten, der in den Worten gipfelte: „Die Zeitung ist ein Unglück, das abgewehrt werden muß. Solange die Zionisten hebräisch schrieben, waren sie nicht gefährlich, jetzt, da sie deutsch schreiben, muß man ihnen entgegentreten"[204]. Das geschah dann im Juli in einer öffentlichen Erklärung des Rabbinerverbandes in Deutschland, auf die ich weiter unten eingehe[205].

Zunächst aber – im Juni 1897 – sah sich die jüdische Kultusgemeinde in München veranlaßt, formell gegen die Abhaltung des Kongresses in dieser Stadt zu protestieren. Das Wiener Aktionskomitee beschloß daraufhin, den Kongreß nach Basel zu verlegen. Herzl begnügte sich nicht damit, sondern schickte seinen „Freund"[206], den Fürsten von Wrede, zu dem zuständigen bayerischen Minister mit einer brieflichen Anfrage, „ob die Königlich Bayrische Regierung den Kongreß freundlichst zu dulden gewillt sei"[207], und erhielt einige Wochen später die „vertrauliche" Mitteilung, daß die Regierung nichts gegen den Kongreß habe (allerdings auch nichts für ihn.)[208/209].

Die Erklärung des „geschäftsführenden Vorstandes des Rabbinerverbandes von Deutschland", von dem soeben die Rede war, enthielt drei Thesen:

1) daß die Bestrebungen „sogenannter" Zionisten, in Palästina einen jüdischen Staat zu gründen, den messianischen Verheißungen des Judentums widersprechen,
2) daß das Judentum seine Bekenner verpflichtet, „dem Vaterlande, dem sie angehören, mit aller Hingebung zu dienen und dessen nationale Interessen mit ganzem Herzen und allen Kräften zu fördern", und

3) daß die Förderung der „Kolonisation Palästinas durch jüdische Ackerbauern“ erlaubt sei, „weil sie zur Gründung eines Nationalstaates keinerlei Beziehungen“ habe[210].

Heute erscheinen diese Thesen kaum noch verständlich. Sie können auch nicht aus der Erklärung selbst, sondern nur aus den Umständen, die zu ihr geführt haben, verstanden werden. Die deutschen Juden, denen man die Tore des Ghettos – inoffiziell – bereits seit dem Beginn des 19. Jahrhunderts langsam und unwillig geöffnet hatte und die erst ein Vierteljahrhundert zuvor eine gesetzliche Gleichberechtigung erhalten hatten, waren sich durchaus darüber klar, wie prekär ihre Situation war. Sie waren bereit, alles zu tun, um sich der neuen Gleichstellung mit den übrigen Bürgern des Staats würdig zu erweisen. Sie versuchten, wie Herzl dies sehr richtig hervorhob[211], ehrlich in der sie „umgebenden Volksgemeinschaft unterzugehen und nur den Glauben der Väter zu bewahren“. Sie waren „treue und an manchen Orten sogar überschwängliche Patrioten, brachten dieselben Opfer an Gut und Blut wie ihre Mitbürger“ und bemühten sich, das Land, das sie als ihr Vaterland betrachten, „in Künsten und Wissenschaften und seinen Reichtum durch Handel und Verkehr zu erhöhen“. Sie glaubten, hierdurch auch die wirkliche und vollständige Gleichberechtigung zu erhalten, derer sie sich würdig erwiesen, und auf die sie einen Anspruch zu haben annahmen, weil sie oft schon seit vielen Geschlechtern im Land lebten, als ihre Gegner, die die „Juden als Fremdlinge ausschrieen“, selber noch gar nicht hier im Lande waren[212]. Aber sie spürten, daß ihnen auch ein überschwänglicher Patriotismus gegen den Antisemitismus nicht half.

Diese Komplikation war selbst Juden nicht immer verständlich, und es ist hier auf die Einstellung Weizmanns (1874–1952) einzugehen, der diese Situation völlig mißverstanden hat[213]. Weizmann lebte, als er Rußland verließ, eine zeitlang in Deutschland, und verdiente seinen Lebensunterhalt als Lehrer an einem orthodoxen jüdischen Internat, dessen Direktor ein „Deutscher mosaischen Glaubens“ war, und der sich darüber lustig machte, daß Weizmann bei einer Frage nach seiner Nationalität antwortete: „Ich bin ein russischer Jude“[214].

In dieser Nationalitätsbestimmung der beiden Männer lag der wesentliche Unterschied zwischen den damaligen Ost- und Westjuden. Die Ostjuden lebten damals wirklich noch innerhalb des Ghettos, und sie kannten nicht nur die Qual, sondern auch die Lichtseiten, die das Ghetto bot. Sie kannten vor allem die Werte, die die jüdische Kultur geschaffen hatte: die jüdische Geschichte war ihre lebendige Geschichte, und ihre Religion hatte eine „Wärme, Heiterkeit, Farbe und Innigkeit“, die sie bei den Westjuden vermißten. Diese hatten sich nicht nur „assimiliert“, Kultur und

Brauchtum der sie umgebenden Volksgemeinschaft angenommen, sondern in dem Bestreben, nur noch der Religion nach Juden zu sein, im übrigen aber mit der Umwelt zu verschmelzen, einen wesentlichen Teil der Lebendigkeit ihrer jüdischen Existenz eingebüßt. Da sie sich nur durch die Religion von der Umwelt zu unterscheiden versuchten, hatten auch sie einen Wandel erlebt. Weizmann empfand diesen Wandel in der Religionsausübung als „muffig und unecht und nicht bodenständig . . . Sie durchdrang das Leben der Lehrer und Schüler nicht, sie war nur eine äußerliche und kalte Religionsübung“[215].

Es wäre verfehlt, dieses harte, übertriebene Urteil Weizmanns widerspruchslos auf die ganze deutsche Judenheit anzuwenden, die ja nicht nur aus pedantischen Religionspraktikern bestand, sondern ein ganzes Spektrum von Einstellungen aufwies, in dem sowohl diese „Religionspraktiker“ als auch die „jüdischen Antisemiten“ vom Schlage des jungen Rathenau nur auffallende Sondergruppen darstellten. Aber Weizmanns Urteil beleuchtete den Gegensatz zwischen West- und Ostjuden scharf und erklärt wenigstens zum Teil den Widerstand, auf den der Zionismus bei der weitaus überwiegenden Mehrheit der deutschen Juden stieß[216].

Herzl antwortete auf den „Protest“ des Rabbinerverbandes mit einem Aufsatz von brillianter Schärfe[217]. Er nannte die Unterzeichner die „Protestrabbiner“, eine Bezeichnung, die ihnen anhaftete bis die geschichtlichen Ereignisse der Dreißigerjahre diese Auseinandersetzung überrollten.

Der Haltung der deutschen Rabbiner entsprach diejenige der Mehrheit der nordamerikanischen. Nachdem eine amerikanische Rabbinerkonferenz (unter der Führung von Prof. R. Z. Gottheil)[218] sich für Herzls Zionismus und den Kongreß erklärt hatte, faßte eine andere amerikanische Rabbinerkonferenz einen ablehnenden Beschluß mit der Begründung:

> „Der Kongreß und der Judenstaat beabsichtigen, verfolgten und bedrückten Juden eine Heimstätte zu schaffen. Wir Juden in Amerika leben so frei, daß auch ein jüdischer Staat keine größere Freiheit gewähren kann, *folglich* geht uns der Judenstaat nichts an.“[219]

Zu diesen Schwierigkeiten und den bereits erwähnten mit der Neuen Freien Presse, die um so größer wurden, je näher der Kongreßtermin heranrückte, kamen die inneren mit dem eigenen Wiener Organisationskomitee. Das Vorstandsmitglied des Wiener Vereins „Zion“, Kokesch, der seinerzeit zusammen mit Schnirer Herzl die Resolution überbracht hatte[220], wovon oben berichtet worden ist, nahm Anstoß an Herzls Selbstherrlichkeit. Er meinte zu Herzl: „Wir sind nicht nur der geheime Rat eines absoluten Monarchen“[221]. Es war das der Protest der „alten Zionisten“ mit ihren „großen Träumen, die weder Raum- noch Zeitgrenzen,

aber nur kleine schwunglose Pläne und ganz, ganz kleine, geradezu mikroskopische Mittel"[222] hatten, gegen Herzl, dem zwar auch keine ausreichenden Mittel zur Verfügung standen, der aber von einer unbezähmbaren und mitreißenden Energie vorwärtsgetrieben wurde.
Aber auch Herzls Tatkraft hatte zeitweilig ihre Grenzen. Im Frühsommer 1897 war er von der Fülle seiner Arbeit für seinen Brotberuf, für die „Welt" und für die Fortführung der zionistischen Geschäfte so erschöpft, daß er nicht einmal die Energie aufbringen konnte, seine Tagebücher, „dieses Schiffsbuch der neuen Mayflower"[223] mit der gewohnten Vollständigkeit zu führen.
Als er dann auf dem Weg zum ersten Zionistenkongreß nach Basel war, zog er eine Zwischenbilanz, die recht traurig ausfiel:

„Tatsache ist, was ich jedermann verschweige, daß ich nur eine Armee von Schnorrern habe.
Ich stehe nur an der Spitze von Knaben, Bettlern und Schmöcken. Manche beuten mich aus. Andere sind schon neidisch oder treulos. Die dritten fallen ab, sowie sich ihnen eine kleine Karriere eröffnet. Wenige sind uneigennützige Enthusiasten. Dennoch würde dieses Heer vollkommen genügen, wenn sich nur der Erfolg zeigte. Da würde es rasch eine stramme, reguläre Armee werden. Wir werden also sehen, was die nächste Zukunft bringt."[224]

Entmutigt war Herzl nicht. Noch bevor er in Basel eintraf, stellte er eine Liste der Schwierigkeiten zusammen, die er voraussah, und kam zu dem Schluß: „Ich muß die Sache unpersönlich machen und kann doch die Zügel nicht aus der Hand lassen. Es ist eine Arbeit des Herkules ... denn ich habe ja keine Lust mehr dazu."[225]

## IX.

Der Kongreß in Basel begann am 29. und endete am 31. 8. 1897. Für uns ist dabei interessant, den Einfluß aufzuzeigen, den diese Tage auf Herzl und die Zionisten in ihrer Wechselwirkung ausgeübt haben. Es handelt sich dabei zum Teil um scheinbare Kleinigkeiten, deren weitreichendere Bedeutung sich erst im Laufe der Jahre herausgestellt hat.
Es war Herzl sehr daran gelegen, dem Kongreß nicht nur eine würdige Form, sondern den Kongreßteilnehmern das Bewußtsein zu geben, daß sie „in diesem Kongreß das Höchste und Feierlichste sehen" sollten[226], das es im Zionismus gab. Aus diesem Grunde ließ er z. B. das Firmenschild eines Schneiders vor dem Kongreßbüro „mit einem Tuch überdecken, um den faulen Witzen zuvorzukommen"[227]. Sein Vertrauter Wolffsohn tat dies in einer so einfühlsamen Weise, daß diese Verkleidung

zunächst zur Fahne der Zionistischen Bewegung und später zu der des Staates Israel wurde[228].

In ähnlicher Weise legte Herzl Gewicht darauf, daß die Kongreßdelegierten zur Eröffnungssitzung in Frack und weißer Binde erschienen[229]. „Die Feiertagskleider machen die meisten Menschen steif." Und aus dieser Beobachtung, die sich als richtig erwies, „entstand sofort ein gemessener Ton – den sie in hellen Sommer- und Reisekleidern vielleicht nicht gehabt hätten – und ich ermangelte nicht, diesen Ton noch ins Feierliche zu steigern"[230]. Das fiel ihm leicht. Er war immer noch der Mann des Theaters, der er auch früher gewesen war und auch später bleiben sollte – im besten Sinne: Er spiegelte niemandem etwas vor; aber er bemühte sich, das Wesentliche einer Sache durch eine angemessene Formgebung zur Geltung zu bringen. Und die Vertreter des jüdischen Volkes, die im Kongreßsaal versammelt waren, reagierten so, wie Herzl es sich ausgemalt hatte. Schon, als er seine Begrüßungsrede hielt, wurde er mit Beifallsstürmen empfangen, aber er „blieb ruhig und verbeugte (sich) absichtlich nicht, um von vorneherein die Geschichte nicht zu cabotinage oder conférence werden zu lassen"[231].

Der Schriftsteller und Chovév Zion Ben-Ami schilderte Herzls Auftreten als Einberufer des Kongresses mit folgenden Worten:

„... Sonderbar, was ist denn nur geschehen? Das ist nicht der Dr. Herzl, den ich bisher gesehen, den ich erst gestern, spät abends noch gesprochen. Vor uns erscheint eine wunderbar erhabene, königliche Figur, mit hoheitsvollen tiefen Augen, die eine stille Trauer verraten. Es ist nicht mehr der elegante Dr. Herzl aus Wien, es ist ein aus dem Grab erstandener königlicher Nachkomme Davids, der vor uns erscheint, in der Größe und Schönheit, mit der Phantasie und Legende ihn umwoben hat. Die ganze Welt ist ergriffen, als hätte sich ein historisches Wunder vollzogen. Und wahrlich, war es nicht ein Wunder, das hier geschah? Fünfzehn Minuten lang hat alles gebebt vor begeisterten Zurufen stürmischen Jubels, Händeklatschen und Tücherschwenken. Der große zweitausendjährige Traum unseres Volkes schien in Erfüllung zu gehen; es war, als ob der Maschiach ben David vor uns stand, und ein starker Wunsch, ein innerer Zwang ergriff mich, durch dieses stürmische jubelnde Meer laut zu rufen: Jechi Hamelech! Es lebe der König!"[232]

Herzls Rede[233] war zweifellos gut, würdig und rhetorisch bedeutsam. Sie enthüllte aber nichts Neues gegenüber dem, was er schon früher gesagt und geschrieben hatte. Sie ist nicht zu vergleichen mit dem Hauptreferat, das Nordau anschließend hielt[234], das sogar Achad Haám zur Bewunderung hinriß[235], und über das Herzl zu Nordau sagte, es sei ein monumentum aere perennius gewesen. In seinem Tagebuch vermerkte er dazu: „Es ist und bleibt ein Denkmal unserer Zeit."[236]

Für Herzl war der Kongreß in Basel eine vorweggenommene Nationalversammlung[237], etwas, das als Tatsache akzeptiert wurde, obwohl es im eigentlichen Sinne erst im Entstehen war – das genaue Gegenstück zum Negotiorum gestor, der für ein noch unorganisiertes Volk handelt und handeln muß, da es selbst nicht handeln kann[238].

Zum Kongreß waren etwa[239] 200 Personen erschienen, die Delegiertenausweise erhielten[240]. Ihre „Mandate" konnten nicht geprüft werden, denn es gab für die Mandate noch keine bindenden Richtlinien. Manche von ihnen fühlten sich in ihrer Delegiertenrolle nicht wohl, andere empfanden sich, wie z. B. Zangwill, als „offiziell nicht anwesend". Im großen und ganzen dürfte Zangwill recht gehabt haben, als er sagte, daß diese Delegierten wohl niemand anderes vertreten hätten als sich selbst[241]. Für Herzl und die Gesamtheit der Anwesenden genügte es aber. Sie fühlten sich als nationalbewußte Juden und waren von dem Gedanken erfüllt, daß es ihre Aufgabe sein würde, „die Lösung der Judenfrage" zu finden. Herzl war stolz darauf, daß es ihm gelungen war, diese Menschen allmählich in die Staatsstimmung „hineinzuhetzen" und in ihnen das Gefühl zu erwecken, daß sie bereits die Nationalversammlung seien[242].
Die drei Tage des Kongresses waren für Herzl außerordentlich anstrengend. Alle empfanden ihn nicht nur als Einberufer, sondern als die Seele des Kongresses. „Es sprachen immer vier bis fünf Leute gleichzeitig mit mir. Eine ungeheure Gehirnanstrengung, da man jedem eine definitive Erledigung geben mußte. Mir war, als wenn ich 32 Schachpartien gleichzeitig spielen müßte."[243] Wäre er nicht – wie Weizmann mißbilligend bemerkte[244] – von einem „Hofstaat umgeben gewesen, Verehrern, die behaupteten, ihn vor zu naher Berührung mit dem Mob schützen zu müssen", er hätte die Last nicht bewältigen können.
Nicht von allen, die sich mit dem Kongreß beschäftigten, wurde dieser positiv gewertet. Der Historiker Dubnow, der sich damals in der Schweiz aufhielt, aber den Herzlschen Zionismus ablehnte, weil er einen jüdischen „Autonomismus"[245] für die Lösung hielt, war nicht zum Kongreß gekommen, um eine störende Diskussion zu vermeiden. Achad Haám, der Ideologe der Chovevej-Zion-Bewegung, war einer persönlichen Einladung Herzls zwar gefolgt, saß aber „wie ein Trauernder unter Fröhlichen"[246]. Aber die anderen, die in Herzl nicht einen kühlen Planer, sondern wie der alte, fromme Rabbi Goitein aus Ungarn etwas sahen, was ihnen die Hoffnung gab, daß dieser Herzl, der die religiösen Gesetze nicht kannte und nicht achtete, „etwas von einem Messias an sich habe"[247], gaben ihm ihr Vertrauen – uneingeschränkt und über seinen Tod hinaus. Herzl spürte diese Verbindung zwischen ihm und der Kongreßversammlung genauso,

wie er im East-End von London bemerkt hatte[248], daß für seine Hörer seine Legende entstanden war.
Als er dann, am 2. 9. 1897, nach Wien in die Neue Freie Presse zurückkam, begrüßte ihn „eine Lachsalve". Er „machte gute Miene dazu". Die Spötter — alles jüdische Redakteure — fanden den Kongreß offenbar nur komisch. Herzls Chef Bacher, weniger oberflächlich als sein Redaktionsstab, „empfing ihn mit einem unsicheren Lächeln"[249]. Er mochte geahnt haben, daß sich in Basel eine Wendung in der jüdischen Geschichte abzuzeichnen begonnen hatte, die ihm, dem Herausgeber der führenden österreichisch-liberalen, deutschsprachigen Zeitung nicht sympathisch war.
Herzl fiel es nicht schwer, den Spott seiner Kollegen und das Schweigen seines Chefs zu ertragen. Er hatte aus Basel eine Erkenntnis mitgebracht, die er nur seinem Tagebuch anvertraute, die ihn aber bis zu seinem Tode mit einer großen Sicherheit erfüllte:

„In Basel habe ich den Judenstaat gegründet.
Wenn ich das heute laut sagte, würde mir ein universelles Gelächter antworten. Vielleicht in fünf Jahren, jedenfalls in fünfzig wird es jeder einsehen. Der Staat ist wesentlich im Staatswillen des Volkes, ja, selbst eines genügend mächtigen Einzelnen ... begründet. Territorium ist nur die konkrete Unterlage, der Staat ist, selbst wo er Territorium hat, immer etwas Abstraktes. Der Kirchenstaat besteht auch ohne Territorium, sonst wäre der Papst nicht souverän.
Ich habe also in Basel dieses Abstrakte und darum den allermeisten Unsichtbare geschaffen".[250]

Da die Vereinten Nationen am 29. 11. 1947 die Errichtung eines unabhängigen jüdischen Staates in Palästina beschlossen, wurde die Erwähnung des Zeitraums von 50 Jahren bis zur Errichtung des Staates fast als prophetisch gewertet[251], obwohl bekannt war, daß auch andere ähnliche Vermutungen angestellt hatten[252], von denen nur wenig Notiz genommen wurde.
Die Überzeugung von der abstrakten Gründung des „Judenstaates", die Herzl in Basel gewonnen hatte, war der Höhepunkt seines Lebens. Die ihm verbleibenden sieben Jahre waren voller Mühen und Enttäuschungen. Sie konnten seine Überzeugung nicht mehr erschüttern.

## Anmerkungen

1 TB 17. 6. 1895, GZW II, S. 127, auch 9. 7. 1895, GZW II, S. 226.
2 TB 20. 9. 1895, GZW II, S. 277 f.
3 TB 10. 2. 1896, GZW II, S. 344.
4 s. oben: 1. Kap. S. 23.
5 Herzl an Kahn, 26. 7. 1896, GZW II, S. 507.
6 TB 2. 5. 1901, GZW II, S. 599: Herzl war „entzückt und erhoben", er fand:

„Seit Spinoza hat das Judentum keinen größeren Geist hervorgebracht als diesen vergessenen, verblaßten Moses Hess!"

7 „Wir werden alle Zionisten fusionieren" (TB 6. 6. 1895, GZW II, S. 38).

8 Rabbiner Dr. Isaak Rülf war einer der wenigen Zionisten in Deutschland. Seine Schrift „Aruchas bas Ami" erschien im Jahre 1883, ein Jahr nach der Veröffentlichung von Pinskers „Autoemanzipation".

9 Abgedr. bei *Friedemann:* Herzl, S. 31 f., Anm. 3. — Das von Rülf zitierte „Wort" befindet sich in „Pirkej Avoth" (= Sprüche der Väter), Kap. 6, Vers 6 (Mitte).

10 Der erste Kongreß fand in Basel vom 29.—31. 8. 1897 statt.

11 „Protestrabbiner" (erschienen in „die Welt", 16. 7. 1897), GZW I, S. 169. (Rülf wird auf Seite 170 erwähnt).

12 *Ussischkin:* Meine erste Begegnung mit Herzl in: Zeitgenossen, S. 238.

13 *Weizmann:* Memoiren, S. 70.

14 a. a. O., S. 71.

15 a. a. O., S. 72.

16 Gegen diese Verleumdung kämpfte Herzl bereits selbst. (Vgl. TB 27. 12. 1903, GZW IV, S. 543, gegen Gaster).

17 Herzl machte niemals ein Hehl daraus, daß die reichen jüdischen Finanziers für ihn nur „Gehilfen" bei der Erreichung seiner zionistischen Ziele sein sollten, daß aber die entscheidenden Beschlüsse für und im Judenstaat durch den Negotiorum Gestor, bzw. die Society of Jews und bis zur Gründung dieser Instanz — faktisch! — von ihm allein gefaßt und durchgeführt werden würden.

18 Zit. bei *Böhm:* Zionistische Bewegung, Bd. I, S. 176, Anm. Von einer ähnlichen Erklärung, in der Herzl nicht erwähnt wird, berichtete Weizmann kurz nach dem Tode des Baron Rothschild. Dieser soll ihm 1914 gesagt haben: „Ohne meine Arbeit hätten die Zionisten nichts erreichen können, die Tätigkeit der Zionisten aber belebt mein Werk." (Bei der negativen Haltung Weizmanns zu Herzl ist es durchaus möglich, daß Weizmann sich der Worte Rothschilds nicht mehr genau erinnert.)

19 TB 9. 6. 1895, GZW II, S. 63 f.

20 TB 5. 4. 1896, GZW II, S. 363.

21 „Adresse der österreichischen Akademiker", Mai 1896, abgedruckt bei Friedemann: Herzl, S. 128 (Urkunden).

22 Die sog. „Waidhofener Beschlüsse" des „Waidhofener Verbandes der wehrhaften Vereine deutscher Studenten in der Ostmark" vom 11. 3. 1896, konnten im Original nicht aufgefunden werden. Arthur Schnitzler veröffentlichte eine Version dieser Beschlüsse in seiner Autobiographie „Jugend in Wien" (1968), S. 156. Friedrich Torberg behauptet in seinem Nachwort zu Schnitzlers Bericht a. a. O., S. 360 ff.), daß sich die Quelle von Schnitzlers Zitat nicht feststellen ließ. Er zitiert eine andere, etwas weniger abstoßende Formulierung. Der Inhalt ist jedoch derselbe. Der Ton entspricht der in Deutschland üblichen Tonart von Veröffentlichungen über Juden während des Hitler-Regimes. Der für diese Untersuchung interessierende letzte Satz der Beschlüsse lautete nach Torberg: „Dem Juden (ist) auf keine Waffe mehr Genugtuung zu geben, da er deren unwürdig ist; nach Schnitzler: „Einen Juden kann man nicht beleidigen, ein Jude kann daher keine Genugtuung für erlittene Beleidigung verlangen."

23 TB 14. 3. 1896, GZW II, S. 356.

24 TB 16. 3. 1895, GZW II, S. 359.

25 „Judenstaat" — Verfassung, GZW I, S. 93.

26 TB 5. 7. 1895, GZW II, S. 223.
27 TB 16. 3. 1896, GZW II, S. 356 und 357 f.
28 TB 14. 4. 1896, GZW II, S. 365.
29 TB 21. 4. 1896, GZW II, S. 369. Herzl war während der ersten Jahre seiner zionistischen Tätigkeit von der Idee beherrscht, daß der junge Kaiser Wilhelm II. seine wichtigste Stütze bei der Erreichung seiner zionistischen Ziele werden würde; s. u. a. Bericht über die Unterredung mit Hirsch vom 2. 6. 1895, GZW II, S. 27, ferner in den „Gedankensplittern“: TB 7. 6. 1895, GZW II, S. 41, Ziff. 17.
30 s. TB 21. 4. 1896, GZW II, S. 368 f. (Herzl hat diesen Brief nach dem Empfang der Nachricht von Hirschs Tod telegrafisch wieder zurückrufen wollen).
31 TB 21. 4. 1896, GZW II, S. 369.
32 Am 23. 4. 1896.
33 TB 22. 4. 1896, GZW II, S. 373.
34 „Unterredung mit dem Großherzog von Baden“, 23. und 24. 4. 1896, GZW II, S. 380 ff., insb. 384 und S. 386. (Hervorhebungen durch den Verf.).
35 Zu Hechler: TB 25. 4. 1896, GZW II, S. 390.
36 Zu Ferdinand von Bulgarien: TB 22. 7. 1796, GZW II, S. 501.
37 *Friedemann:* Vom Charakter Herzls, in: Zeitgenossen, S. 74.
38 TB-Einleitung, GZW II, S. 20.
39 a. a. O. (als Beispiel seien die „Notizen zur Unterredung mit Baron Hirsch“ erwähnt, die in GZW V, S. 454—469 abgedruckt sind).
40 Die Kleidungsfrage spielte bei Herzl eine bedeutende Rolle; s. z. B. für die Unterredung mit Hirsch, TB 2. 6. 1895, GZW II, S. 20, mit dem Gh. von Baden: TB 23. 4. 1896, GZW II, S. 378, mit Philip Eulenburg: TB 7. 10. 1898, GZW III, S. 144, mit Wilhelm II. in Konstantinopel, TB 19. 10. 1898, GZW III, S. 186 und in Jerusalem: TB 2. 11. 1898, GZW III, S. 222 und 223, usw. Eine ganze Theorie über die formelle Kleidung der Kongreßteilnehmer bei der Eröffnungssitzung findet sich in TB 3. 9. 1897, GZW III, S. 24 f.
41 „Zweiter Brief an Güdemann“, 16. 6. 1895, GZW II, S. 121.
42 Friedemann (1871—1933) war Attaché bei der Deutschen Gesandtschaft in Holland.
43 Friedemann: „Zeitgenossen“, S. 75.
44 TB 25. 4. 1896, GZW II, S. 390.
45 Dr. S. R. Landau (TB 21. 2. 1896, GZW II, S. 350).
46 Newlinski spielte am Hofe des Sultans zweifellos eine besondere Rolle, nämlich die eines diplomatischen Agenten ohne formellen Status. Ob er allerdings „ein Freund des Sultans“ war, wie er selbst vorgab, erschien Herzl im Laufe der Zeit immer fraglicher. S. hierzu TB 7. 4. 1899, GZW III, S. 294 f.; (s. auch: TB 8. 5. 1901, GZW III, S. 603: Vámbéry).
47 Die Wege Herzls und Landaus trennten sich sehr bald wieder, da Landau ein eifriger Sozialist war, während Herzl den Sozialismus als unklar und unreif ablehnte. S. Kap. 6, Anm. 29.
48 TB 21. 2. 1896, GZW II, S. 350.
49 Unterredung mit dem Gh. von Baden, TB 25. 4. 1895, GZW II, S. 387.
50 TB 7. 5. 1896, GZW II, S. 397.
51 TB 12. 5. 1896, GZW II, S. 398.
52 TB 11. u. 12. 5. 1896, GZW II, S. 398.
53 TB, Pfingstsonntag, 1896, GZW II, S. 405. Die hebräischen Worte (aschkenasische Aussprache) bedeuten: „Das nächste Jahr in Jerusalem.“ Es sind dies die

Worte, mit denen der „Seder" (= die häusliche Passachfeier) seit Jahrtausenden abgeschlossen wird.

[54] Herzl an Singer, 26. 5. 1896, GZW II, S. 408 f.

[55] TB 9. 6. 1896, GZW II, S. 414.

[56] TB 8. 6. 1896, GZW II, S. 414.

[57] s. Anm. 55 oben.

[58] TB 31. 5. 1896, GZW II, S. 409 f.

[59] TB, Pfingstsonntag, 1896, GZW II, S. 407. Die Idee eines militärischen Handstreichs blieb aber in Herzls Vorstellung haften. Siehe hierzu u. a.: *Friedemann:* Vom Charakter Theodor Herzls, Ztg. S. 73.

[60] TB 31. 5. 1896, GZW II, S. 410.

[61] TB 15. 6. 1896, GZW II, S. 418.

[62] a. a. O.

[63] Moritz Reichenfeld war der Vetter von Herzls Frau.

[64] a. a. O.

[65] s. oben, S. 64 f.

[66] *Rathenau:* Impressionen, S. 180.

[67] s. z. B. Herzls Haltung nach der Veröffentlichung der deprimierenden Regierungsdepesche über den Empfang der zionistischen Delegation in Jerusalem, TB 15. 11. 1898, GZW III, S. 237—239.

[68] s. statt vieler: Herzl an Hirsch, 3. 6. 1895, GZW II, S. 35.

[69] TB 17. 6. 1896, GZW II, S. 420.

[70] a. a. O., S. 421.

[71] a. a. O., S. 422 f. S. hierzu das Urteil Herzls über „das schuftigste Spitzbubengesindel" und „die Ehrlosigkeit der Trinkgeldnehmer, die an den Toren des Palastes beginnt und an den Stufen des Thrones aufhört" (TB 21. 5. 01, GZW IV, S. 31).

[72] TB 18. 6. 1896, GZW II, S. 425.

[73] TB 18. 6. 1896, GZW II, S. 426 (wegen der verschiedenen Namensbezeichnungen, s. TB 19. 6. 1896, a. a. O., S. 428).

[74] a. a. O.

[75] a. a. O.

[76] TB 19. 6. 1895, GZW II, S. 431.

[77] TB 29. 6. 1895, GZW II, S. 461.

[78] Über Herzls Ansicht über Newlinskis Glaubwürdigkeit s. TB 7. 4. 1899, GZW III, S. 294 f.

[79] „Rede des Sultans", TB 19. 6. 1896, GZW II, S. 434.

[80] Der in der türkischen Diplomatie vielerfahrene Newlinski interpretierte die Rede des Sultans ganz anders. Er hielt an seiner Überzeugung fest, daß die Türken bereit seien, den Juden letzten Endes Palästina zu überlassen (s. hierzu: TB 26. 6. 1896, GZW II, S. 453—455).

Daß man am Hof wegen des Verlustes von Hunderten und Tausenden von Menschenleben keine besondere Trauer empfand, zeigt die Reaktion des Hofs auf die Nachricht vom Blutvergießen in Kreta, von der Vernichtung eines ganzen Bataillons regulärer Soldaten durch die Drusen am Libanon und dem Massaker von 300 Mohammedanern durch Armenier (TB 22. 6. 1896, GZW II, S. 447). Als Herzl in einer Unterhaltung mit dem Großwesir auf diese Nachrichten zu sprechen kam, meinte der stets lächelnde Dolmetscher des Großwesirs — zweifellos in Wiedergabe der Ansicht dieses höchsten Beamten — vergnügt: „Es war nichts — nur (!) ein paar hundert Tote" (TB 24. 6. 1896, GZW II, S. 449).

81 TB 25. 6. 1896, GZW II, S. 450.
82 TB 27. 6. 1896, GZW II, S. 457.
83 TB 29. 6. 1896, GZW II, S. 460. — 1901 erhielt Herzl den Großkordon des Medschidije-Ordens (TB 19. 5. 1901, GZW IV, S. 13).
84 TB 14. 5. 1896, GZW II, S. 401.
85 Abfahrt: TB am 29. 6. 1896, GZW II, S. 462; (Aufenthalt in Sofia) am 30. 6. 1896, GZW II, S. 463, (Ankunft London) 5. 7. 1896, GZW II, S. 467.
86 Claude Montefiore und Frederic Mocatta (TB 5. 7. 1896, GZW II, S. 469).
87 Sir Samuel Montagu: TB 8. 7. 1896 und 11. 7. 1896, GZW II, S. 473 und 478; Herzl hatte vor seinem Treffen mit Montagu am 5. 7. 1896 (GZW II, S. 467) diesem geschrieben, er habe von Konstantinopel die „presque certitude" (!) mitgebracht, daß die Juden Palästina wiederbekommen würden (vgl. auch den Brief Herzls an Kahn vom 26. 7. 1896, GZW II, S. 504).
88 TB 7. 7. 1896, GZW II, S. 471 und 472.
89 „Rede im Makkabaeer-Klub", GZW I, S. 115. (Dieses Programm hatte er schon vorher den Vertretern der Anglo-Jewish Association, Montefiore und Mocatta (s. o. Anm. 86) vorgetragen. Eine erste Formulierung hatte er noch in Konstantinopel in sein Tagebuch eingetragen (27. 6. 96), GZW II, S. 456 f. Er hatte dort hinzugefügt: „Diese Form vereinigt Zionisten und Assimilanten. Die kann Edmund R. wie Lord Rothschild unterschreiben."
90 Das Basler Programm lautet: „Der Zionismus erstrebt für das jüdische Volk die Schaffung einer öffentlich-rechtlichen Heimstätte in Palästina". (Faksimile des ‚Programms', wie es nach seiner Annahme unter den Teilnehmern des ersten Kongresses verteilt wurde, befindet sich bei *Bein-Samuel:* Herzl. Nr. 3).
91 s. „Rede im Makkabaeer-Klub", a. a. O., 115.
92 a. a. O., S. 113.
93 a. a. O., S. 116.
94 TB 7. 7. 1896, GZW II, S. 474.
95 TB 13. 7. 1896, GZW II, S. 482.
96 a. a. O.
97 TB 15. 7. 1896, GZW II, S. 485. S. unten S. 144.
98 TB 14. 7. 1896, GZW II, S. 483—485.
99 Schon die Pogrome im Jahre 1882 hatten zu einer Einwanderungssperre für die Juden aus Rußland geführt (Böhm: Zion. Beweg. I, S. 106). Diese Politik der Einwanderungsverhinderung der Juden wurde — mit einer kurzen Unterbrechung während der ersten Jahre des britischen Mandats — auch von England übernommen und fand ihren Abschluß in dem sog. „Weißbuch" v. 17. 5. 1939. Damit war die Einwanderung von Juden endgültig verboten. Das Einwanderungsverbot des „Weißbuchs" wurde erst durch die Unabhängigkeitserklärung des Staates Israel von 1948 beseitigt.
100 Die Bezeichnung „Jischuv" (hebr. = Ansiedlung) zunächst für landwirtschaftliche Ansiedlung, wurde später für den jüdischen Sektor Palästinas überhaupt verwendet.
101 Im „Palestine Royal Commission-Report" (1937), dem sog. Peel-Bericht, Kap. III „Palestine from 1920—26, 1. ‚1920—1925', Zf. 14: Über die soziale und politische Organisation des Jischuv heißt es:
„Die ‚Regulation' (betr. die jüdischen staatsähnlichen Organisationen wie Waad Leumi, Ortskörperschaften, Rabbinischer Rat usw.) sah natürlich die Kontrolle dieser Körperschaften durch die Palästinensische Regierung vor, besonders hinsichtlich ihrer Finanzen. Dennoch würde es schwierig sein, in der Geschichte ein

Präzedenz für die Errichtung eines so ausgesprochenen imperium in imperio zu finden."

[102] TB 13. 7. 1896, GZW II, S. 482 (Rabinowitz).

[103] TB 14. 7. 1896, GZW II, S. 485.

[104] TB 15. 7. 1896, GZW II, S. 486.

[105] Im Gespräch mit Bernard Lazare und Max Nordau (TB 17. 7. 1896, GZW II, S. 488).

[106] Zum Bericht Nordaus über seine Unterredung mit Edmund Rothschild (TB 18. 5. 1896, GZW II, S. 403). Weizmann behauptet (Memoiren, S. 77), Rothschild habe Nordau kurz und bündig erklärt: „Es sind meine Kolonien, und ich mache mit ihnen, was ich will". (Weizmanns Erklärung trifft zwar sicher den Kern der Sache, sie dürfte aber kaum wörtlich richtig sein, da auch ein Rothschild den berühmten Nordau nicht so rüde behandelt haben würde.)

[107] „Unterredung mit Baron Edmund Rothschild", TB 19. 7. 1896, GZW II, S. 490 ff.

[108] a. a. O., S. 493.

[109] TB 21. 7. 1896, GZW II, S. 496.

[110] TB 15. 7. 1896, GZW II, S. 486.

[111] TB 18. 8. 1896, GZW II, S. 522. S. hierzu auch *Ussischkin:* Meine erste Begegnung mit Herzl, in: Zeitgenossen, S. 240 f.

[112] Nach *Dubnow* X, S. 268, lebten in Alt- und Neubulgarien im Jahre 1887 zusammen 24 000, im Jahre 1900 etwa 33 000 Juden, von denen rund neun Zehntel Sefardim, der Rest Aschkenasim waren.

[113] TB 10. 3. 1896, GZW II, S. 355: „Der dortige Großrabbiner (d. h. von Sofia) hält mich für den Messias . . ."

[114] Der Verein „Sion" von Sofia schickte Herzl eine begeisterte Resolution, in der er als „Führer" ausgerufen wurde (TB 26. 3. 1896, GZW II, S. 362).

[115] TB 17. 6. 1896, GZW II, S. 421 f.

[116] TB 30. 6. 1896, GZW II, S. 463.

[117] s. oben S. 144.

[118] TB 15. 7. 1896, GZW II, S. 485 f.

[119] TB — Einleitung, S. 14.

[120] Das Charisma Herzls hat viele seiner Zeitgenossen beschäftigt. Vgl.: in der Aufsatzsammlung ‚Zeitgenossen' über Herzl: *Böhm:* Die Persönlichkeit Herzls als Kraftquelle des Zionismus, S. 265; *Buber:* Sache und Person, S. 43; vor allem aber (obwohl dort das Wort Charisma nicht verwendet wird) *Silberbusch:* Herzl — eine legendäre Erscheinung, S. 187.

[121] *Friedemann:* Vom Charakter Theodor Herzls in: Zeitgenossen, S. 73.

[122] TB 27. 6. 1896, GZW II, S. 455.

[123] TB 24. 3. 1897, GZW II, S. 605.

[124] An vielen Stellen, vor allem TB 17. 6. 1896, GZW II, S. 424 und TB 22. 6. 1896, GZW II, S. 448 f.

[125] TB 8. 6. 1895, GZW II, S. 48: „Ich werde mit den Herren der Erde als ihresgleichen verkehren".

[126] *Bein:* Herzl, S. 296 f.

[127] TB 23. 7. 1896, GZW II, S. 448 f.

[128] Vgl. Herzls Ansicht über Newlinski (in GZW III, S. 294 f.) und diejenige von Nouri Bey (in GZW III, S. 325) über Newlinskis fragwürdiges Verhalten in Konstantinopel; siehe auch unten S. 217 und Tb 7. 4. 1899, GZW III, S. 294 f.

[129] Herzl an Montagu, 25. 8. 1896, GZW II, S. 526 f., an Kahn, a. a. O., S. 527 f.

130 TB 5. 9. 1896, GZW II, S. 529.
131 Div. Briefe vom 27. 7. 1896, GZW II, S. 509.
132 TB 5. 8. 1896, GZW II, S. 518.
133 TB 5. 9. 1896, GZW II, S. 529. Vgl. auch den Bericht über eine spätere Sitzung des ‚Zions'-Verbandes: „Alle wünschten Taten, und zum Schluß stellte sich heraus, daß Schnirer mein ihm vor Wochen übergebenes Rundschreiben über die Notwendigkeit einer Organisation noch gar nicht verschickt" hatte (TB 16. 9. 96, GZW II, S. 535).
134 TB 5. 9. 96, GZW II, S. 529.
135 Herzl an Güdemann, 11. 6. 95, GZW II, S. 85.
136 a. a. O. (S. 529).
137 s. oben S. 109 ff.
138 TB 24. 9. 1896, GZW II, S. 539 f.
139 TB 5. 10. 1896, GZW II, S. 543. (Siehe hierzu Anm. 106 zu Kap. 4 oben.)
140 a. a. O., S. 544.
141 a. a. O., s. auch TB 11. 12. 1896, GZW II, S. 573 f.
142 TB 10. 10. 1896, GZW II, S. 547.
143 Mitteilung von Zadok Kahn, TB 11. 10. 1896, GZW II, S. 551 f.
144 TB 13. 10. 1896, GZW II, S. 553 f.
145 Jacob de Haas ist der oben S. 143 erwähnte „honorary secretary" in London.
146 Herzl hielt den Administrator Scheid der Rothschild'schen Kolonien in Palästina für einen gefährlichen Intriganten, der mit allen Mitteln seine Machtstellung in Palästina erhalten wollte (s. TB 5. 8. 1896, GZW II, S. 518, ferner Bericht von Levin-Epstein, TB 10. 11. 1896, GZW II, S. 566, Brief von Frau Papiermeister, ref. in TB 4. 7. 1897, GZW II, S. 608 u. a.).
147 Arthur Levysohn, damals der Chefredakteur des Berliner Tageblatts, mit dem Herzl befreundet war, war ein entschiedener Antizionist.
148 TB 7. 8. 1896, GZW II, S. 519.
149 TB 10. 8. 1896, GZW II, S. 519—20.
150 Der Artikel aus dem ‚Dziennik Polski' wurde am 18. 10. 96 von der Wiener Allgemeinen Zeitung abgedruckt (s. GZW II, S. 557 f.).
151 TB 1. 12. 1896, GZW II, S. 571.
152 TB 11. 6. 1895, GZW II, S. 118; TB 18. 6. 1895, GZW II, S. 128 (und „Vierter Brief an Hirsch" vom selben Tage, a. a. O., S. 129).
153 Herzl an Badeni, 18. 2. 1896, GZW II, S. 347.
154 „Gedankensplitter", TB 9. 6. 1895, GZW II, S. 54: „Ich habe fortab das Recht und die Pflicht, mich über jederlei persönlichen Angriff hinwegzusetzen".
155 Telegramm an de Haas, 12. 8. 1896, GZW II, S. 521 f.
156 s. oben Anm. 150.
157 s. Exzerpt aus einem Brief an A. Stand, Lemberg, 8. 11. 1896, GZW II, S. 564.
158 TB 11. 12. 1896, GZW II, S. 574.
159 TB 20. 12. 1896, GZW II, S. 577.
160 s. Telegramm an Baron Rothschild vom 22. 7. 1896, GZW II, S. 499. Grundlage dieses Telegrammes war ein Gerücht, über das Herzl von dem Grand Rabbin Kahn über Nordau informiert worden war, nach welchem Herzls „Judenstaat" der Anlaß dafür gewesen sei, daß die türkischen Behörden in Palästina „den letztangekommenen Kolonisten Misèren bereiten und sogar die neueste Kolonie zerstörten" (TB 7. 7. 1896, GZW II, S. 472). Herzl hatte dies sofort als ein ungerechtfertigtes Gerücht bezeichnet, sich sofort auch mit Newlinski in Verbindung

gesetzt und den türkischen Amtsstellen mitteilen lassen, daß die von Herzl inzwischen initiierten Anleiheverhandlungen und die Vermittlungsversuche in der Armeniersache aussichtslos sein würden, falls sich das Gerücht bewahrheiten sollte. Darauf hatte der türkische Gesandte in Wien Herzl gegenüber das Gerücht formell dementiert. Ein weiterer Nebenzweck des Telegramms vom 22. 7. 1896 war, die Verbindung mit Rothschild aufrecht zu erhalten.

161 s. oben, S. 136.

162 TB 29. 1. 1897, GZW II, S. 586; s. auch 5. 2. 1897, GZW II, S. 588; 23. 8. 1897, GZW III, S. 18 f.

163 TB 10. 3. 1897, GZW II, S. 595.

164 Osias Thon wurde später einer der führenden Repräsentanten der galizianischen Judenheit.

165 *Thon:* Wie ich ihn sah, in: Zeitgenossen, S. 225 ff.

166 siehe oben S. 149.

167 *Thon,* a. a. O., S. 227.

168 Herzl hatte den Plan eines Zionistentages schon früher gehabt (s. u. a. TB 20. 2. 1897 [Unterhaltung mit Dr. D'Arbela], GZW II, S. 592).

169 *Thon,* a. a. O.

170 TB 10. 3. 1897, GZW II, S. 595.

171 Koscher (hebr. = aschkensische Aussprache) = geeignet, d. h. nach den rituellen Vorschriften zum Verzehr geeignet, s. hierzu oben, 1. Kap. S. 16).

172 s. unten, S. 151 (der Protest von Bambus und Hildesheimer), S. 155 (Protest der jüdischen Kultusgemeinde München), S. 155 ff. (die deutschen Protestrabbiner).

173 Herzl an de Haas: TB 15. 3. 1897, GZW II, S. 599.

174 TB 4. 4. 1897, GZW II, S. 608 f. (s. auch: Herzl an Goldsmid, GZW II, S. 609).

175 TB 8. 6. 1897, GZW II, S. 640. Der Beschluß der Londoner Chovevej Zion wurde am selben Tage im Jewish Chronicle veröffentlicht, als Herzls „Welt" zum ersten Mal erschien.

176 s. oben S. 150.

177 TB 10. 3. 1897, GZW II, S. 595.

178 s. unten S. 151.

179 s. unten S. 151.

180 Faksimile-Abdruck Nr. 1, bei Bein-Samuel.

181 TB 10. 10. 1896, GZW II, S. 548.

182 TB 24. 4. 1897, GZW II, S. 616.

183 s. Anm. 182 u. TB 9. 5. 1897, GZW II, S. 622 f. und 624.

184 Herzl an Bambus, 24. 4. 1897, abg. bei Friedemann: Herzl, S. 108 f.

185 Herzl an Hildesheimer, 9. 5. 1897, abg. bei Friedemann, a. a. O., S. 110.

186 TB 1. 8. 1896, GZW II, S. 593 (Information von Wolffsohn).

187 siehe: S. 152 oben (TB 13. 10. 1896, GZW II, S. 553 f.).

188 *Bein:* Herzl, S. 323.

189 Lichtheim: Geschichte des deutschen Zionismus, S. 41 und 102 f.

190 *Buber:* Person und Sache in: Zeitgenossen, S. 43, beschreibt die charismatische Persönlichkeit so, daß sie nicht sage: ‚Du hast unrecht, denn es verhält sich so und so', sondern: ‚Du hast unrecht, denn du bist keiner, der es richtig machen kann, du hast das Charisma nicht'. Wie zutreffend dies ist, beweist ein Erlebnis, das Thon hatte (‚Wie ich ihn sah' in ‚Zeitgenossen', S. 227). Herzl und Thon waren

sich über einen bestimmten Vorgang uneinig. Herzl beendete die Auseinandersetzung mit den Worten: ‚Merken Sie sich das, Dr. Thon, damit Sie es für immer wissen: wenn Dr. Herzl etwas sagt, hat er immer recht'. Thon hatte für den Bruchteil einer Sekunde den Eindruck: „Ist das Napoleonischer Stil? Spricht der Führer?".

[191] TB 12. 5. 1896, GZW II, S. 624 f.

[192] TB 6. 6. 1896, GZW II, S. 638.

[193] TB 17. 3. 1897, GZW III, S. 64.

[194] TB 8. 6. 1897, GZW II, S. 640 und 19. 6. 1897 in GZW II, S. 639 und GZW III, S. 4.

[195] TB 24. 6. 1897, GZW III, S. 11.

[196] Vor dem Beginn ihres Erscheinens hatten sich auf die versandten Werbeanzeigen nur zwei Abonnenten gemeldet (TB 26. 5. 1897, GZW II, S. 625). Nicht ganz ein Jahr später hatte die „Welt" in Wien erst 280 zahlende Abonnenten (TB 17. 4. 1898, GZW III, S. 75). Wiederum ein Jahr später vermerkte Herzl, daß ihn die „Welt" bisher schon 25 000 Gulden gekostet habe (TB 8. 11. 99, III, 368) (vgl. auch: *Pollack:* Herzl und die Welt in: Zeitgenossen, S. 151).

[197] Programm der „Welt", GZW I, S. 148 ff.

[198] a. a. O., S. 150.

[199] a. a. O., S. 149.

[200] „Der Kongreß", GZW I, S. 152 ff.

[201] a. a. O., S. 154.

[202] a. a. O., S. 154.

[23] TB 12. 6. 1896, GZW II, S. 106.

[204] *Bein:* Herzl, S. 331, Anm. *.

[205] Die Erklärung des Rabbinerverbandes ist in Herzls Entgegnung „Protestrabbiner" (GZW I, S. 169—174) im Wortlaut abgedruckt.

[206] Die Bezeichnung ‚Freund' hat nicht Herzl, sondern der Fürst Wrede in seinem Gedenkartikel ‚Herzls Meisterwerk' in: Zeitgenossen, S. 248 f. verwendet.

[207] Herzl an Minister Crailsheim, 17. 6. 1897, GZW III, S. 6.

[208] Mitteilung des Ministers Feilitsch an den Fürsten Wrede (TB 22. 7. 1897, GZW III, S. 15).

[209] Die zionistischen Studenten Wiens hatten inzwischen eine öffentliche Versammlung „zur Stellungnahme zum Münchener Kongreß" einberufen, die prompt polizeilich verboten wurde. Als Herzl seine Beziehungen zu dem damals noch amtierenden Ministerpräsidenten Badeni spielen ließ, wurde das Polizeiverbot dahin geändert, daß die Versammlung zwar stattfinden durfte, aber nicht mit den Studenten als Einberufern (TB 24. 6. 1897, GZW III, S. 13 f.).

[210] s. oben, Anm. 205.

[211] „Der Judenstaat" — Einleitung, GZW I, S. 26.

[212] a. a. O.

[213] *Weizmann:* Memoiren, S. 49 ff.

[214] a. a. O., S. 52, s. auch S. 53 f.

[215] a. a. O.

[216] In seiner Autobiographie „Pionier der Verwirklichung" beschreibt der Arzt und Forscher, Elias Auerbach, S. 73, wie er — 1895 — „die deutschen Zionisten" in einem einzigen Zimmer der Jüdischen Lesehalle in Berlin kennengelernt habe. Es waren „etwa 25 bis 30 Personen", von denen ein großer Teil (wie Weizmann, Wolffsohn, Schmarjahu Lewin, Ehrenpreis, Motzkin und Zlocisti) betonte Ostjuden waren. S. hierzu ferner Bodenheimer: „So wurde Israel", S. 74, der darüber

berichtet, daß nach dem Bekanntwerden der Einberufung eines Zionistenkongresses nach München die (jüdische) Rheinlandloge in Köln an ihre Münchener Bruderloge einen Beschluß mit der Bitte gesandt habe, „die Gemeinde zu einem Einspruch wegen der Gefahren des Zionistenkongresses für das Judentum zu veranlassen“, ja, daß sogar ein ökonomischer und gesellschaftlicher Boykott gegen die Zionisten — darunter gegen ihn selbst — versucht wurde. S. auch Lichtheim: Geschichte des deutschen Zionismus, S. 147 f.

217 „Protestrabbiner“, GZW I, S. 169 ff.

218 TB 25. 5. 1896, GZW II, S. 633. Hildesheimer meinte — eine damals durchaus richtige Voraussage —: „Es dürften sich nur wenige einflußlose Kreise aus Amerika am Kongreß beteiligen“, zit. in TB 8. 6. 1897, GZW II, S. 640. In der Tat zeigten sich die amerikanischen Juden am Zionismus erst in diesem Jahrhundert interessiert. Noch im Jahre 1913, als in Amerika bereits mehr als 2 Millionen Juden wohnten, gab es dort erst 8000 ‚Zahler des Schekel‘, d. h. zum Kongreß Wahlberechtigte. (Der ‚Schekel‘ — eine biblische Münze — betrug in Deutschland damals 1 Mark.)

219 Zitiert aus *Freidemann:* Herzl, S. 42 (Hervorhebungen durch den Verf. dieser Arbeit) — Die Konsequenz, die dieser amerikanische Rabbinerverband zog, erscheint mißverständlich. Friedemann nimmt offenbar an, daß die amerikanischen Rabbiner dieselbe Haltung einnahmen wie die deutschen. Das ist nicht sicher. Es ist durchaus, daß sie annahmen, daß das freie Amerika, das damals noch keine Einwanderungsbeschränkungen kannte, den Juden völlige Sicherheit und völlige Gleichberechtigung gewähren würde, wenn sie sich zu einer Einwanderung in die USA entschließen würden, sodaß die Schaffung eines eigenen Judenstaates ihnen schon deshalb nicht notwendig erschien. Der Mangel an Interesse an einer generellen Lösung der Judenfrage wirft allerdings auf diesen Rabbinerverband ein eigenartiges Licht!

220 siehe oben S. 130.

221 TB 22. 7. 1897, GZW III, S. 16.

222 Thon, a. a. O., S. 225.

223 TB 14. 8. 1897, GZW III, S. 16.

224 TB 23. 8. 1897, GZW III, S. 20.

225 TB 24. 8. 1897, GZW III, S. 22.

226 TB 3. 8 .1897, GZW III, S. 25.

227 TB 27. 8. 1897, GZW III, S. 22.

228 Bein: Herzl, S. 338 f.

229 TB 30. 8. 1897, GZW III, S. 25.

230 a. a. O.

231 a. a. O., S. 25.

232 Zitiert bei *Bein:* Herzl, S. 341. In weniger überschwänglicher Form schrieb der einer Übertreibung gewiß nicht verdächtige Justizrat Bodenheimer in seiner Autobiographie „So wurde Israel“, S. 82 f.: „Herzls Rede war uns wie eine Offenbarung (!) und wurde mit ungeheurem Jubel aufgenommen ... Es war nicht nur der Inhalt sondern auch die edle Form, der warm zu Herzen gehende Ton und die Erscheinung eines Menschen, der bedeutend genug war, den Stolz des größten Kulturvolks zu bilden.“

233 GZW I, S. 175 ff.

234 Nordau’s Zionistische Schriften, S. 37—57.

235 Achad Haám an Nordau, 14. 9. 97 (in Simon: „Achad Haáms Essays ...“ Nr. 2 S. 273).

[236] TB 3. 9. 1897, GZW III, S. 26.
[237] Herzl an Goldsmid, 4. 4. 1897, GZW II, S. 611: „In München wird nach langer Zeit wieder eine jüdische Nationalversammlung stattfinden."
[238] Die Frage, ob die Juden überhaupt ein Volk sind, war damals ja noch völlig ungeklärt!
[239] Die Zahl steht nicht genau fest; sie schwankt zwischen 197 und 204.
[240] Die Ausgabe von Delegiertenausweisen wurde beim ersten Kongreß sehr ‚großzügig' vorgenommen. So erhielt der junge Medizinstudent Wortsmann („Warum gingen wir . . .", S. 104 f.) eine Delegiertenkarte, obwohl es seine Absicht gewesen war, den Kongreß nur von der Galerie aus zu verfolgen. Dr. D. Farbstein, der die Organisationsarbeiten in Basel durchführte, selbst zwar ein „bewußter" Jude, aber kein Zionist war — er wurde später Nationalrat in der Schweiz —, während sein Bruder A. Farbstein zur gleichen Zeit ein führender Sejm-Abgeordneter in Warschau war — fand nach kurzer Unterhaltung mit Wortsmann, daß er „eigentlich ein Zionist sei" und infolgedessen eine Delegiertenkarte haben könnte.
[241] In „Warum gingen wir . . .", S. 110 f.
[242] TB 3. 9. 1897, GZW III, S. 24.
[243] a. a. O., S. 27.
[244] *Weizmann:* Memoiren, S. 73. TB 3. 9. 1897, GZW III, S. 27.
[245] Dubnow entwickelte seine Theorie des „Autonomismus" oder des „geistigen Nationalismus" in „Briefe über das alte und neue Judentum", die in den Jahren 1897—1902 in der Zeitschrift „Wos'chod", später in Buchform und auch in deutscher Sprache in der Übersetzung von J. Friedländer erschien. Eine Zusammenfassung findet sich bei Dubnow X, § 37: „Der Autonomismus als Schlüssel zum Diasporaproblem", S. 345—351.
[246] *Simon:* Ahad Ha-Am, S. 171:
„Am Morgen nach der Beendigung des Kongresses schrieb er an Ravnitzki: ‚Gestern Abend endete die Versammlung. Mein Kopf schmerzt noch, meine Nerven sind überreizt, ich erlaube mir nicht zu sagen, was ich denke, da ich meine Gefühle nicht unter Kontrolle habe. Ich hasse es zu sagen, aber man könnte sehen, wie tief wir gefallen sind. Die überwältigende Majorität der Anwesenden waren junge Leute, hauptsächlich aus Rußland, und 99% der übrigen waren blind und folgten dem Führer wie Schafe. Wir haben viel mehr zerstört, als wir aufgebaut haben. Nach der Versammlung hatte ich eine kurze Unterhaltung mit Herzl und kam zu dem Ergebnis, daß seine Andeutungen über das, was er in Konstantinopel erreicht hatte, gar nichts wert sind. Er erhielt kein Versprechen, und es besteht kein Zweifel, daß die türkische Regierung von jetzt ab mit uns viel strenger verfahren wird, als sie es getan hat. Wer weiß, ob dies nicht der letzte Schrei einer Nation in ihrem Todeskampf war!' "
(Ins Deutsche übertragen aus der Biographie von Sir Simon [Englisch], dem der hebräische Urtext von Achad Ha-Ams Brief vorgelegen haben muß.)
[247] *Silberbusch:* in: Zeitgenossen.
[248] siehe oben, S. 144.
[249] TB 4. 9. 1897, GZW III, S. 27.
[250] TB 3. 9. 1897, GZW III, S. 24.
[251] Zur Feier von Herzls 100. Geburtstag wurde ein besonderer „Ausgabetag-Brief" mit diesem Zitat veröffentlicht, der in der Neu-Ausgabe des Herzl'schen Romans „Altneuland" auf S. 137 wiedergegeben ist.
[252] Auch der Bankdirektor Dessauer (TB 5. 10. 1896, GZW II, S. 543) hatte in

der Zeit, als er noch an Herzls Vision von einem Judenstaat glaubte, angenommen: ‚In 50 Jahren ... werde der Judenstaat schon existieren' (TB 6. 2. 1896, GZW II, S. 340 f.). Das hatte ihn jedoch nicht gehindert, sich an das Herzl gegebene Versprechen für eine Zeitungsgründung, die Herzls Zionismus propagieren sollte, nicht gebunden zu halten (s. oben, S. 147).

# 6. Kapitel
# Finanzexperimente – Palästinafahrt

## I.

Die beiden Jahre, die dem ersten Zionistenkongreß folgten, erhielten ihr Gepräge durch zwei Versuche Herzls, die – aus dem Rückblick der Gegenwart gesehen – nicht anders als dilettantisch bezeichnet werden können: durch den Versuch der Gründung einer zionistischen Zentral-Bank und die Bemühung, für den zu schaffenden Judenstaat ein deutsches Protektorat zu erhalten. Und doch waren beide Versuche nötig. Die vorhandenen zionistischen Organisationen, die die natürlichen Grundlagen gewesen wären, auf denen sich der Judenstaat hätte entwickeln können, waren für diese Zwecke untauglich[1]. Herzl hatte völlig recht, wenn er schrieb: „Ich muß mir die Werkzeuge selbst machen, um den Baum zu fällen. Die Steinzeit der Politik."[2] (Er mußte nicht nur dies, sondern er mußte sich auch den Weg durch das Dunkel der Zukunft allein bahnen.)

## II.

Anfang Oktober 1897 schrieb er in sein Tagebuch:

„Ich nehme jetzt die Jewish Company in Angriff.
Der Basler Kongreß bedeutet die Bildung der Society of Jews, gemäß Judenstaat, wenn auch mit opportunistischen Modifikationen und in schwacher Ausführung. Die Arbeit des nächsten Jahres ist die Herstellung der Jewish Company, vorläufig Jüdische Kolonialbank genannt...
Die Bankidee wird in den kommenden Monaten die niederen Einbildungskräfte Israels entflammen, wie die Kongreßidee die höheren ängstigte und schließlich begeisterte."[3]

In der Terminologie von Herzls aristokratischem Weltbild stellten die „niederen Einbildungskräfte Israels" die Massen dar, für die er niemals Sympathie besaß, während die „höheren" von den gebildeten Schichten und den Finanziers repräsentiert wurden.
Es schwebte Herzl zunächst eine kleine Bank mit einem großen Programm vor. Sie sollte – nach seinem ersten Plan[4] – ein Stammkapital von 2 Millionen Pfund Sterling besitzen, vor allem die Kreditbedürfnisse der Kolonisten befriedigen, und zwar sowohl die der bereits vorhandenen

wie auch derjenigen, die – angeblich – in „bedeutenden Massen … namentlich im Osten Europas, aber auch in England, Amerika und Nordafrika bereitstehen“, und die sich an manchen Orten „im Hinblick auf den kommenden Zweck sogar schon unter verantwortlichen Parteiführern organisiert haben“[5]. Herzl nahm hier etwas als gegeben vorweg, was vorläufig nur ein vager Programmpunkt war.

Jedenfalls sollte die Bank nicht dem Erwerb der für die jüdische Kolonisation erforderlichen Landstriche dienen. Das wäre die Aufgabe der „weit größeren Kolonialfonds, welche auf die Erfüllung dieser Aufgabe warten und, sobald die öffentlich-rechtlichen Voraussetzungen geschaffen sind, zu privatrechtlichen Landkäufen und philanthropischen Ackerbauunterstützungen dienen sollen“[6]. Er dachte an die Gelder der „Hirsch-Fonds“, deren Verwendung im Rahmen oder wenigstens im Zusammenhang mit der zionistischen Bewegung ein ständiger, aber niemals in Erfüllung gegangener Traum Herzls war[7].

Ein anderer Zweck war ihm viel wichtiger: die Bank sollte „als Vermittler von Anleihen des Staates, mit dem das Abkommen, das wir wünschen, getroffen werden soll, bei den sich darbietenden Gelegenheiten wirken“[8]. Für diesen Zweck war ein großes Finanzinstitut nicht nötig. Es hätte die Schaffung einer gut kooperierenden Gruppe von kapitalkräftigen Finanziers genügt, die in der Frage der Kreditgewährung an die stets so gut wie bankrotte Türkei zu einem gemeinsamen Vorgehen bereit gewesen wäre.

Aber auch das war es nicht, was Herzl wirklich vorschwebte. Er glaubte vielmehr nach einigen Unterredungen mit einem jüdischen Industriellen, J. K. Poznanski aus Lodz, bereits genügend Geldleute an Hand zu haben, um eine wirklich große Bank zu schaffen, besonders, da Poznanski, „der reichste Mann aus Russisch-Polen“[9] die Bank sogar mit einem Kapital von 10 Millionen Pfund gründen wollte. Herzl war überzeugt, daß nach Poznanskis Eintritt in das Subskriptionssyndikat „die übrigen russischen Millionäre … so viel wie sicher“ seien. Es kam hinzu, daß der sephardische Chief Rabbi Gaster in London „durch den Bankier Seligmann“[10] „die Sache“ (die Bank, d. Verf.) angeblich bereits ins Rollen gebracht hatte. Von diesen Aussichten war Herzl so ermutigt, daß er bereits fest davon überzeugt war, die Liste der Syndikatsmitglieder für die Subskriptionsgarantie würde „aus allen Ländern Namen aufweisen, qui ronflent dans le monde financier“[11], und daß er auch davon träumte, gegen die Rothschilds einen „Barbarenfeldzug“ unternehmen zu können, falls sie es wagen würden, „gegen die Bank Stimmung zu machen oder auch nur die Ablehnung in einer uns schädlichen Weise vorzunehmen“.

Unter diesem Aspekt verwandelte sich die Bank, die zunächst unter dem immer noch verhältnismäßig bescheidenen Namen „Jüdische Kolonialbank“ entstehen sollte, in Herzls Vorstellung bereits in etwas ganz anderes:

„Die jüdische Kolonialbank hat tatsächlich die jüdische Nationalbank zu werden. Das Koloniale ist nur Aufputz, Mumpitz, Firma. Es soll das nationale Finanzinstrument geschaffen werden.“[12]

Dieser Optimismus war unberechtigt. Wo immer sich Herzl mit Bankiers in Verbindung setzte, stieß er entweder sofort oder nach einer kurzen Bedenkzeit auf Ablehnung[13]. Die Rothschilds ließen sich nicht einmal auf Vorverhandlungen ein.
In der ersten Hälfte des Monats Mai 1898 begann Herzl seine „Bankarbeit“ auf der Grundlage einer Idee, die ihm zur Zeit der „Inspiration“ im Jahre 1895 als die letzte von drei Möglichkeiten vorgeschwebt hatte. Er hatte damals geschrieben:

„I. Station Rothschild
II. Station Zwergmillionäre
III. Station die Kleinen (d. h. Divulgation)
Dann werden die II. und I. bereuen.“[14]

Nun, da er einsah, daß die Zusammenarbeit mit den großen und mittleren Finanziers nicht zustande kam, war er entschlossen, „gleich von vornherein die kleinen Börsen aufzurufen. Die Sache hat, wenn sie gelingt, das Gute, daß wir nicht in der Hand von ein paar Hochbänkern sind. Die Bank gehört dann dem Kongreß“. Er ahnte vielleicht eine gewisse Unsolidität in seinem Vorgehen, wie sich aus der langen Tagebucheintragung vom 12. 5. 1898 ergibt. Aber er gab sich das selbst nicht zu. Er erwähnte nur ein Erlebnis, das er mit seinem „liebsten besten Freund“ Kellner über ein Jahr zuvor gehabt hatte, als er ihn in Galizien für den Reichsrat hatte wählen lassen wollen. Kellner hatte mißtrauisch mit der Bemerkung abgelehnt, „die ganze Bewegung sei nur ‚noise‘!“ Herzl hatte sich damals, wie er zugibt, geärgert. Er war sogar überzeugt, daß Kellner diese Äußerung „seither bereut hat“. Denn er war vom Wert des „Lärms“ – der Propaganda – durchdrungen: „Ja, Lärm ist alles, sagte ich ihm geärgert. In Wahrheit ist Lärm sehr viel. Ein anhaltender Lärm ist an sich eine bemerkenswerte Tatsache. Die ganze Weltgeschichte ist nichts als Lärm. Waffenlärm. Lärm fortschreitender Ideen. Den Lärm muß man sich dienstbar machen – und ihn doch verachten.“[15]
Herzl beschrieb seine neue Aktion mit den folgenden Worten:

„Was ich da mache, ist wieder ein Kunststück, eine finanztechnische Neuerung. Die provisorische Subskription auf eine Bank, deren Details noch gar nicht bekannt sind, ist eigentlich nichts anderes als die Herstellung eines volkstümlichen Emissions-Syndikats".[16]

Er wußte offenbar nicht, daß die normalen Subskriptions-Syndikate ihre Berechtigung darin haben, daß sich die wirklichen, die endgültigen Käufer von Wertpapieren auf die Empfehlungen und auf die Solidität der Subskriptionsbanken verlassen. Da dieses Zwischenglied hier fehlte, war Herzls Aktion von vornherein so gut wie zum Scheitern verurteilt. (Sie wurde schließlich auch ein Fehlschlag als Finanztransaktion, aber ein ungeheurer Sieg für Herzl als Persönlichkeit.) Die weltklugen und reichen Juden – sogar die, die für die zionistische Idee begeistert waren – ließen ihn im Stich[17], aber das „Volk" stand treu zu ihm. Der russische Delegierte Kohan-Bernstein, oft genug ein ausgesprochener Gegner Herzls, brachte dies in einer Rede in der Bankdebatte auf dem zweiten Kongreß mit folgenden Worten zum Ausdruck:

„Als nur die Nachricht von der Gründung der Bank in die Volksmasse gelangte, da hat sie ein neues Leben in die Massen gebracht. Sie fragten gar nicht, wozu die Bank sein werde. Sie wußten, daß über der Bank unser Führer Dr. Herzl stehen werde...
So große Kraft hat sein Name im Volke und warum? Ich glaube, Dr. Herzl als einer vom jüdischen Volke, welcher schon lange aus dem Volke heraus ist, hat intuitiv und auch aus der jüdischen Geschichte und der Beobachtung des jüdischen Volkslebens das jüdische Volksideal verstanden und es offen der Welt dargelegt. Und das Herz unseres Volkes und das Herz unseres Führers sind zusammengekommen und haben einen Vertrauensbund auf ewig geschlossen".[18]

## III.

Während Herzls Verhandlungen mit Finanziers wegen der Gründung der Bank liefen, fand auf dem Gebiete der Diplomatie ein Zwischenspiel statt, das leicht falsch beurteilt wird, wenn man es isoliert und nicht im Rahmen der politischen Verhältnisse jener Zeit betrachtet.
Die lange geplante Palästinafahrt des Kaisers Wilhelm II. stand bevor, und Herzl hoffte, sie für seine Pläne verwenden zu können. Er war überzeugt von der Idee der Schaffung eines Protektorats unter dem außerordentlich aktiven Monarchen. Er selbst war ein überzeugter Monarchist und hoffte, daß sein Judenstaat, wenn er vielleicht auch keine Monarchie werden würde, wenigstens monarchistische Züge tragen sollte. Die Prachtliebe des Kaisers, sein theatralisches Auftreten und seine Intelligenz beeindruckte Herzl. Die große Masse der Untertanen wußte ebensowenig, daß dieser Fürst – nach dem bitteren Urteil des eigenen Vaters – zwar

ein höchst selbstbewußter junger Herrscher, aber ein unreifer und niemals ausgeglichener Mensch war. Auch Herzl wußte das damals offenbar nicht.
Die größte Schwierigkeit aber war für Herzl zunächst, eine Audienz bei dem Kaiser zu erhalten. Im Jahre 1896 hatte er geglaubt, daß sein Freund, der Reverend Hechler, ihm diese Chance verschaffen könnte, und zwar während der Kaisermanöver in Schlesien, die Herzl als Korrespondent der Neuen Freien Presse verfolgte. Die Audienz kam nicht zustande, aber Herzl, der den Kaiser häufig, wenn auch nur aus der Ferne sah, benutzte diese Gelegenheit zu einigen ausgezeichneten psychologischen Tagebuchnotizen, die in seiner Zeitung keinen Platz gefunden haben würden: „Dieser Oberste Kriegsherr würde von der Assentierungskommission abgelehnt werden, wenn er ein gewöhnlicher Stellungspflichtiger wäre. Daher kommt vielleicht seine krankhafte Vorliebe für alles Militärische. Er kann auch keine ungezwungene Haltung haben, weil er immer an die Verbergung seines Gebrechens denken muß ... Auch liebt er blendende, glänzende Uniformen, strahlende Helme, die den Blick anziehen, ablenken. Er ist aber, wie mir scheint, ein sympathischer Mensch, besser noch und kürzer: ein Mensch! Der Menge will er zwar stark imponieren, und er spielt den Kaiser mit Macht. Denen, die ihm näherkommen, will er jedoch liebenswürdig gefallen. Er hat eine gewinnende Art des Händedrucks, wie ein Parteiführer." Herzl schließt diese Passage mit den Worten ab: „Zweifellos ist er ein hoch- und vielseitig begabter Mensch, der nur mit seinem einzigen Arm zu viel angreifen möchte, und immer die Hände voll zu tun hat, weil er verbergen will, daß er nur eine Hand besitzt."[19] Bei so viel psychologischem Verständnis ist es verwunderlich, daß Herzl nicht zu dem Schluß kam, es sei gewagt, sich auf den Kaiser zu verlassen. (Aber am Ende des vorigen Jahrhunderts waren — wie Friedemann sehr richtig bemerkte — „Fürsten noch Halbgötter"[20], und das galt besonders für den deutschen Kaiser mit seinem mystischen Gottesgnadentum und seinem Hofstaat, der den Byzantinismus jener Zeit unterstützte, nicht zuletzt auch deshalb, weil er auf diese Weise an dem Glanz der Kaiserlichen Majestät teilhatte[21].)
Herzl war ein überzeugter Monarchist. Eine aristokratische Republik wie etwa Venedig war für ihn gerade noch akzeptabel, aber doch eben nur als eine Notlösung. Er schwärmte für die Aristokratie, besonders für die preußische. Seinem Tagebuch vertraute er einmal an: „Wenn ich etwas sein möchte, wär's ein preußischer Altadliger."[22] In Europa setzte sich das allgemeine gleiche Wahlrecht durch, aber ein Mehrklassenwahlrecht existierte weiter, besonders in Preußen. Das mag Herzls Vorliebe für Preußen zum Teil erklären; denn auch er dachte, in seinem Judenstaat ein abgestuftes Wahlrecht einzuführen[23].

Bedeutungsvoll für das Verständnis der Situation war ferner, daß die Welt in der zweiten Hälfte des 19. Jahrhunderts im Zeichen des Imperialismus stand. Besonders in England hatten die Ideen von Cecil Rhodes[24], von Robert Seeley[25] und Rudyard Kipling die begeisterte Zustimmung des englischen Volkes und auch auf dem Kontinent einflußreiche Anhänger gefunden. In der Politik hatte sich dann zuerst durch Disraeli und später Joseph Chamberlain eine Ideologie herausgebildet, die auf dem europäischen Kontinent in den politischen Kreisen ebenso ein Echo fand wie in Nordamerika.
Auch Deutschland hatte in den letzten Regierungsjahren Bismarcks dieser neuen Ideologie seinen Tribut gezollt. Der junge Kaiser verfolgte diese Ideen mit großem Interesse. Die Welt wurde neu aufgeteilt. Dort, wo es sich um Länder handelte, die in der Entwicklung weit hinter jener der europäischen Mächte zurückstanden, geschah es über die Köpfe der Völker und ihrer Regenten hinweg. Bei dem großen osmanischen Imperium, das schon lange vor dem politischen und finanziellen Zusammenbruch stand, waren die europäischen Großmächte — damals noch von keinen hehren Gedanken an ein Selbstbestimmungsrecht der Völker gehemmt — entschlossen, ihre eigenen wirtschaftlichen Interessen nicht nur zu wahren, sondern auf Kosten ihrer Konkurrenten und ebenso auf Kosten des zu teilenden Staates zu fördern. Die Idee, in der noch ungeteilten Türkei für einen künftigen jüdischen Staat ein Protektorat unter dem Schutz des deutschen Kaisers zu errichten, erschien daher keineswegs abwegig. Die Frage war nur, ob der Sultan der Türkei, Abdul Hamid II., dessen Souveränität in Palästina ohnehin durch die sogenannten „Kapitulationen"[26] eine Einschränkung erfahren hatte, mit einer solchen Regelung einverstanden sein würde. Ein Versuch in dieser Richtung schien sich nach Herzls Meinung auf jeden Fall zu empfehlen. Diesen Versuch sollte Kaiser Wilhelm während seiner Palästinareise unternehmen.

## IV.

Herzl bereitete seine Bemühungen um eine Intervention des Kaisers mit großem Geschick vor.
Der zweite Kongreß in Basel — 1898 — war — in der Beurteilung Herzls[27] — anstrengend, aber im wesentlichen ereignislos verlaufen. Die Bewegung war — wenn man die finanzielle Seite als Maßstab nimmt — auf das Neunfache des vorhergehenden Jahres angestiegen, eine Tatsache, an deren Publizierung Herzl viel lag. Er war daher unglücklich, als der oben erwähnte Kohan-Bernstein[28] in der „Bankdebatte" nicht weniger als

sechsmal darauf zu sprechen kam, mit wie geringen finanziellen Mitteln dieses Ergebnis erreicht worden war; denn Herzl lag ja gerade daran, daß seine Bewegung finanzkräftig erschien, um damit glaubhaft zu machen, daß sie wirklich an der Sanierung der türkischen Staatsfinanzen mitwirken könnte. Auch sonst gab es die üblichen Aufregungen mit Kämpfen gegen die Sozialisten[29] und Orthodoxen[30], für die Herzl kein Verständnis hatte. Nach dem Kongreß fühlte er eine tiefe Erschöpfung und hatte nicht das Gefühl, die Sache wesentlich vorwärtsgebracht zu haben. Er hoffte dies durch den nächsten Schritt, durch einen erneuten Besuch beim Großherzog von Baden, zu erreichen.

Der wesentliche Unterschied zwischen dieser zweiten[31] und der bereits erwähnten ersten[32] Audienz Herzls beim Großherzog bestand darin, daß dieser nun schon für den Zionismus gewonnen und bereit war, zugunsten Herzls und seiner Bewegung beim deutschen Kaiser zu intervenieren. Herzl schränkte dieses Mal seine Bestrebungen auf die Errichtung eines halbselbständigen Staates unter der Oberhoheit des Sultans – etwa wie die früheren Donaufürstentümer – ein. Aber er suchte, wie bereits erwähnt, außerdem noch eine Protektoratsmacht. „Allein können wir die Sache nicht machen; man muß uns helfen, wenn man unsere Bestrebungen als gerechte erkennt ...“[33]. Das deutsche Protektorat wäre ihm am liebsten gewesen, denn „die deutschen Juden werden in dem Augenblick nichts mehr gegen den Zionismus haben, wo sie sicher wären, daß man ihnen das nicht als unpatriotisch auslegen würde“[34].

Was dann später aus dem „halbselbständigen“ Staat werden würde, „etwa in einem Menschenalter, das könne man ja jetzt noch nicht wissen“[35]. Es ist leicht erkennbar, daß die prinzipielle Unnachgiebigkeit des Sultans, wie er sie gesprächsweise Newlinski gegenüber geäußert hatte, auf Herzl nicht ohne Wirkung geblieben war. Herzl hatte auch nicht vergessen, daß der Sultan damals seine Rede mit den Worten beendet hatte: „Wenn mein Reich zerteilt wird, bekommen sie (die Juden, d. Verf.) vielleicht Palästina umsonst“[36].

Kaum zwei Wochen später folgte der Audienz beim Großherzog eine Unterredung mit dem Grafen Philipp zu Eulenburg, dem damaligen deutschen Botschafter in Wien, den der Kaiser zu seinem Spezialreferenten in Fragen des Zionismus bestellt hatte, und anschließend eine weitere mit Bülow, damals noch Staatssekretär des Auswärtigen. Während Herzl Eulenburg, der ihn höflich, aber reserviert empfangen hatte, „entschlossen entgegen (getreten war und) eisern und klar gesprochen hatte“, war er Bülow gegenüber „leider ein eitler Schriftsteller“ und mehr bemüht, „mots zu schleifen, als ernst zu reden. Das war einfach ein Anfall von Schwäche, hervorgerufen durch sein (Bülows) charmantes Benehmen“[37]. Bülow, ein äußerst gewandter Diplomat, hörte Herzl mit Interesse zu und fand sofort die schwache Stelle in Herzls Plan. Als Herzl ihm erzählte, daß der Großherzog ihn (Bülow) für den geeignetsten Mann hielt, „eine so schwierige und delikate Sache wie den Zionismus unanstößig zu präsentieren“, antwortete er: „Ich sehe die Schwierigkeiten vor allem darin, dem Sultan einen solchen Rat zu geben, er solle sich mit Ihnen einlassen ...“[38] Diese ausweichende Formulierung enthob ihn einer klaren Stellungnahme. Dennoch spürte Herzl in Bülow den Gegner „und wußte gleich auf der Treppe, daß nichts daraus werden würde“[39]. Um daher Bülows Gegnerschaft nach Möglichkeit auszuschließen, schrieb er vorsorglich an Eulenburg von Paris aus[40] einen langen Brief, in dem er die Situation erneut darstellte und hinzufügte: „Was ich da ganz einfach und ganz ernst sage, möge durch die Güte Eurer Exzellenz[41] den Weg zum Genie des Kaisers finden.“[42] Dieser Brief war überflüssig, denn fast zur selben Zeit hatte der Kaiser an den Großherzog von Baden einen ausführlichen Brief[43] geschrieben, der mit den Worten schloß:

„Überall erhebt die Hydra des rohesten, scheußlichsten Antisemitismus ihr greuliches Haupt, und angsterfüllt blicken die Juden — bereit die Länder wo ihnen Gefahr droht zu verlassen — nach einem Schützer! Nun wohlan, die ins heilige Land Zurückgekehrten sollen sich Schutzes und Sicherheit erfreuen und beim Sultan werde ich für sie interzedieren, denn die Schrift sagt, macht euch Freunde mit dem ungerechten Mammon; seiet klug wie die Schlangen und ohne Falsch wie die Tauben.“

Obwohl der Kaiser in diesem Brief dem Großherzog von Baden mitteilte, daß er das übersandte Material mit Eulenburg durchgearbeitet und festgestellt habe, daß „die Übersiedlung der dazu bereiten Israeliten in hervorragender Weise vorbereitet und sogar in jeder Hinsicht völlig fundiert“ sei, erfuhr die zionistische Bewegung durch die offiziellen Stellen der deutschen Außenpolitik keine Unterstützung. Die Gründe für diese Haltung waren triftig, wurden aber erst einige Jahre später von dem zuständigen Sachreferenten des Auswärtigen Amtes, von Richthofen, in einem Bericht, der dem Großherzog von Baden durch den Preußischen Gesandten in Karlsruhe übermittelt wurde, zum Ausdruck gebracht[44].
Herzl durfte nun, ohne daß man ihn des Leichtsinns beschuldigen konnte, glauben, daß er vor einem spektakulären Erfolg seiner Bemühungen stand. Es ist wichtig, hierauf hinzuweisen, weil sich kurz danach in London ein Vorkommnis abspielte, das ihm erhebliche Vorwürfe von seiten der jüdischen Öffentlichkeit eintrug.
Herzl war hauptsächlich wegen der Bankengründung auf dem Wege nach London, als ihn in Amsterdam ein Brief Eulenburgs aus Rominten er-

reichte, in dem dieser ihm mitteilte, daß es für den Kaiser eine Enttäuschung wäre, wenn er ihn nicht in Jerusalem sehen würde[45]. Herzl war „davon zunächst wie betäubt". Sollte er so nahe am Ziel sein? Er sah gewisse Schwierigkeiten vor sich, die für ihn als Person bedeutsam sein konnten, vor allem den Verlust seiner Stellung bei der Neuen Freien Presse, falls er, statt von London nach Wien zurückzukehren, nach Palästina weiterfahren würde. Aber „da gibt es kein Zaudern. C'est l'engrenage. Ich kann mir nicht anders helfen. Ich muß auch meine Stellung dransetzen"[46].

London bedeutete für Herzl Verhandlungen „mit den Geldjuden"[47], die er wegen der Schwierigkeiten, die sie ihm machten, „geißeln" wollte; es bedeutete die Auswahl eines verantwortlichen Banksekretärs, ein Posten, für den sich offensichtlich viele, aber anscheinend keine geeigneten[48] Kandidaten gemeldet hatten, und schließlich ein Massenmeeting im East-End, in dem er eine Rede zu halten hatte, die er nicht hatte vorbereiten können und von der er fürchtete, daß sie vielleicht „au dessous de tout sein werde"[49]. Es kam hinzu, daß er sich körperlich nicht wohl fühlte, „Herzzustände, Herzklopfen, Beklemmungen" hatte und das Gefühl, daß er „weiter über den Bodensee reite"[50].

Die Rede, die er dann abends hielt[51], wurde mit großem Beifall aufgenommen. Sie erwies sich im Laufe der Entwicklung von unglücklicher Folgenschwere. Damals aber – und zwar sowohl unmittelbar vor wie nach dem Meeting – ahnte er nicht, welche Auswirkungen diese Rede haben würde. Er wußte nur, wie gehetzt er war und daß er nicht auf dem Weg Halt machen konnte. Er selbst hielt die Rede nicht für gut, und verstand im Grunde auch die Begeisterung nicht, die sie auslöste[52].

In dieser Rede, in der er sich vor allem mit seinen Gegnern, den Verkündern einer „jüdischen Mission", den „Protestrabbinern" und den „Protestbankiers" auseinandersetzte, sagte er zum Schluß:

„Ich will Ihnen kein Bild der Heimkehr malen, sie selbst wird ja bald beginnen. Ich darf Sie dessen versichern: Wir halten nicht mehr weit von dem Zeitpunkte. Ich weiß wohl, was ich sage, ich habe noch nie so bestimmt gesprochen. Heute erkläre ich Ihnen: ich halte die Zeit nicht mehr für weit entfernt, da das jüdische Volk sich in Bewegung setzen wird".[53]

Von den mehr als 6000 Zuhörern in der Assembly Hall in London und den mehr als 3000, die keinen Einlaß gefunden hatten, aber geduldig vor der Halle warteten, wurden die Worte als das Versprechen einer bevorstehenden Erfüllung ihrer Hoffnungen bewertet. Sie lösten eine ungeheure Erregung aus. Bein[54] nannte die Rede „höchst unklug". Friedemann[55] nannte sie „die vielleicht einzige große Unvorsichtigkeit seines Lebens".

Sie war für Herzl ein größeres Unglück als für irgendeinen von den Begeisterten, die sich nachher enttäuscht sahen. Er selbst sagte später:

„Man fiel über mich her wie über einen Charlatan. Das Urteil wird aber eine spätere Zeit sprechen, der alle Beweismittel vorliegen werden. Dann wird man sehen, wie wahr ich damals gesprochen (habe) und was dazwischen gekommen ist“[56].

## V.

Zunächst erschien es in der Tat, als ob Herzl vor der Erfüllung seiner Hoffnungen stünde. Auf dem Rückweg nach Wien hatte er zuerst eine weitere lange Unterredung mit Eulenburg in Liebenberg, der ihm berichtete, „der Kaiser habe sich schon ganz in den Protektoratsgedanken“ hineingelebt[57]; dann eine weitere Audienz beim Großherzog von Baden in Potsdam, der ihn darüber informierte, daß vom deutschen Botschafter, Marschall von Bieberstein, in Konstantinopel „ein guter Bericht gekommen“ sei, daß der Kaiser „die Sache genau kennengelernt habe und — voll Enthusiasmus“ sei. „Der Kaiser glaubt, daß der Sultan seinen Rat jedenfalls gut aufnehmen werde ... Der Kaiser hat nun die Vermittlung übernommen, und er will sie durchführen.“ Herzl war geradezu überwältigt: „Es war ein Augenblick, in dem man sich in die Lippe beißt, um zu prüfen, ob man nicht träume. So sprach einer der größten Männer aus der größten Zeit Deutschlands mit mir einfachem Journalisten.“[58]
Der Audienz beim Großherzog folgte noch am selben Tage eine Unterredung mit Bülow und dem Reichskanzler, Fürst Hohenlohe-Schillingsfürst, der als Erster von den deutschen Diplomaten in — wie Herzl vermerkte — antisemitischer Formulierung, Fragen darüber stellte, ob die Juden selbst „ihre Börse im Stich lassen und mit Ihnen (Herzl) gehen werden“, und wie sich wohl die Türkei zum Projekt einer Staatsgründung stelle. Als Herzl dann den günstigen Bericht des Botschafters Marschall Bieberstein erwähnte, warf Bülow ein, ihm sei nichts davon bekannt. Als Hohenlohe sodann nach den Mitteln fragte, und Herzl erwiderte, es bestünden „verschiedene Fonds, die sich im Ernstfalle vereinigen würden. Einer dieser Fonds betrage 10 Millionen Pfund“, war Bülow offenbar beeindruckt, denn er meinte: „Das ist viel ... das Jeld wird's vielleicht machen. Damit wird man an die Sache ran können.“ Hohenlohe schwieg[59].
Herzl spürte mit seinem wachen Mißtrauen die Diskrepanz zwischen der wohlwollenden Haltung des Kaisers, Eulenburgs und des Großherzogs von Baden auf der einen Seite und der vorsichtig kühlen Einstellung der

verantwortlichen Beamten Hohenlohe und Bülow auf der anderen, und fragte sich, was der Grund hierfür sei, wieso vor allem Bülow nichts von dem Bericht Marschalls wußte. Er kam zwar nicht auf die naheliegende Idee, daß es sich hier um eine der kaiserlichen Spontanaktionen handelte, ahnte aber doch, „daß die glänzendsten Absichten dieses genialen Kaisers von seinen Räten oft im nachhinein korrigiert, dementiert und abgeändert werden“[60]. Daß bei einer solchen Auseinandersetzung die schwerfälligere Beamtenbürokratie über den genialisch sprunghaften, aber im Innern unsicheren Kaiser siegen würde, war für ihn undenkbar. Der gewandte Bülow besaß für diese Zwecke ein ebenso einfaches wie wirksames Rezept. Er ließ den Enthusiasmus des Kaisers, der wie ein Strohfeuer leicht aufloderte, aber schnell wieder verlöschte, ausbrennen, und übernahm dann wieder die Staatsgeschäfte, kühl und leidenschaftslos.

Erst im März des folgenden Jahres erfuhr Herzl von einer Äußerung Bülows, die zwar anekdotisch ist, aber wahrscheinlich zutrifft und jedenfalls durch den Verlauf der Ereignisse bestätigt wurde. Der Korrespondent der Kölnischen Zeitung in Berlin fragte Bülow, was er „und resp. ‚der gnädige Herr‘ über die zionistische Bewegung denke“. Bülow soll darauf gesagt haben:

„Unser gnädiger Herr ist, wie Sie wissen, gleich Feuer und Flamme für eine Sache. So war es auch diesmal, und in einem Maße, daß ihm nicht entgegnet werden konnte. Aber Sie wissen auch, daß unser gnädiger Herr ebenso schnell wieder auskühlt. So war es auch diesmal. Dr. Herzl hatte ja einen sehr guten Eindruck auf mich gemacht, aber ich glaube nicht an die Sache. Die Leute haben keen Jeld. Die reichen Juden wollen nicht mittun. Und mit den polnischen Lausejuden is nischt zu machen“[61].

## VI.

Über die Begegnungen Herzls mit dem deutschen Kaiser liegen eine Fülle widersprechender Berichte der Beteiligten vor[62]. Durch die Ermittlungen Beins, die er mit seinem Aufsatz „Memoirs and Documents about Herzl’s Meeting with the Kaiser“ veröffentlicht hat, kann jedoch als sicher gelten, daß Herzls Tagebuchberichte aus jener Zeit absolut korrekt sind.

Herzls Absicht war, sein Zusammentreffen mit dem Kaiser in Jerusalem zu einer Staatsaktion hohen Ranges werden zu lassen. Er wäre gern an der Spitze einer Delegation, bestehend aus anerkannten Celebritäten, vom Kaiser empfangen worden. Nordau in Paris, den er telegraphisch einlud, antwortete jedoch sofort mit einem „umschriebenen Nein“[63]. Chief Rabbi Gaster aus London sagte mit durchsichtigen Gründen ab[64]. Und

der hochangesehene und sehr repräsentative Professor Mandelstamm[65] aus Kiew, der gerne unter Herzls Führung mitgekommen wäre – hatte keinen Paß.
Die Abreise nach dem Orient wurde Herzl durch aufregende private Ereignisse erschwert: Die Herausgeber der Neuen Freien Presse bedrängten ihn wieder, seine zionistische Tätigkeit doch endlich einzustellen. Herzl hielt seine Stellung für so gefährdet, daß er sich schon darauf vorbereitete, eine neue Existenz wiederum als Theaterschriftsteller zu finden[66]. Es kam hinzu, daß ihm – zum ersten Mal – zum Bewußtsein kam, daß er sein Leben verstreichen ließ, ohne sich um seine Kinder zu bekümmern, „die aufwuchsen, ohne daß ich die Lieblichkeit ihrer Entwicklung im einzelnen beobachtete". Und er erlebte den Kummer seiner Eltern, die sich unter Tränen von ihm verabschiedeten, weil man ihn vor der Reise nach Palästina gewarnt hatte, da man ihm dort nach dem Leben trachten könnte[67].

In Konstantinopel hatte Herzl seine erste Audienz beim deutschen Kaiser. Sie verlief in einer sehr formlosen Weise. Der Kaiser ließ sich von Herzl einen Bericht geben, „bemächtigte sich bald des Gesprächs" und erklärte Herzl, „warum ihm die zionistische Bewegung zusage"[68]. Herzl war von der Leutseligkeit des Kaisers überwältigt. Er spürte manchmal einen antisemitischen Unterton in den Worten des Monarchen, aber er hoffte so sehr auf ein positives Ergebnis, daß er kaum beachtete, daß der Kaiser von den Juden „in einem nicht gerade freundlichen Ton" als von Herzls „Landsleuten" sprach. Es fiel ihm auch kaum auf, daß der Kaiser nach der einstündigen Audienz diese mit der Frage beendete, die doch der eigentliche Gegenstand der Unterhaltung gewesen war, und die daher bereits am Anfang hätte geklärt werden müssen:

(Der Kaiser:) „Sagen Sie mir nur mit einem Wort, was ich vom Sultan verlangen soll."
(Herzl:) „Eine Chartered Company – unter deutschem Schutz."
(Der Kaiser:) „Gut! Eine Chartered Company!"[69]

Der Kaiser, der in seinen (unveröffentlichten) Memoiren Herzls Darstellung bestätigte, stellte diese Unterhaltung so dar:

„Er (Herzl) gab mir eine fesselnde Darstellung seiner Ideen, deren Kern die Schaffung von Möglichkeiten für eine großzügige Ansiedlung für seine Mitjuden in Palästina, möglicherweise später in Syrien war. Seine Vorschläge für die Durchführung gipfelten in einem Plan der Schaffung einer Jewish Chartered Company für Palästina nach dem Muster der British Chartered Company in Süd-Afrika; der Sultan sollte dieser Gesellschaft einen Charter verleihen. Zum Schluß bat er mich, den Sultan zu veranlassen, ihn zu empfangen, oder ein gutes Wort für seine Idee beim Sultan einzulegen. Ich war gerne dazu bereit und habe auch mit dem Sultan in Unterstützung dieses Plans gesprochen. Der Sultan sagte, daß er, obwohl er nicht sonderlich für diese Idee eingenommen sei, dennoch sein Außenministerium anweisen würde, die Sache zu prüfen, und etwas auszuarbeiten, da etwas, was meine Unterstützung hat, unmöglich ihm und seinem Volk zum Schaden gereichen könnte"[70].

## VII.

In Palästina wurde Herzl von den Zionisten bereits als ihr unbestrittener politischer Führer anerkannt[71], seine Gegner — die Beamten der Rothschildschen Kolonien[72], die Vertreter der ihm feindlichen orthodoxen jüdischen Gemeinden[73] und sonstige jüdische Organisationen, die Schwierigkeiten mit der türkischen Verwaltung vermeiden wollten[74] — hielten sich jedoch zurück und wagten nicht, seine Aktionen zu durchkreuzen.

Die Eindrücke, die Herzl in jenen Tagen von Palästina erhielt, waren verwirrend. Der „alte Jischuv" (die schon früher Gekommenen, vor allem die Stadtbewohner) machte auf ihn einen schlechten Eindruck; in den Rothschildschen Kolonien fand er das negative Urteil, das er sich in Europa gebildet hatte, bestätigt. Aber der Mut einiger neuer Kolonisten, die, ohne auf die Philanthropie des „Barons" zu rechnen, auf dem steinigen Gebiet westlich von Jerusalem ihre Landwirtschaft aufbauten[75], begeisterte ihn.

Er selbst war von seiner diplomatischen Mission so völlig erfüllt, daß er für das historische Erbe, das er in einer sehr entstellten und ungünstigen Form in Palästina antraf, kein Verständnis aufbringen konnte. Von Jerusalem selbst erhielt er einen sehr negativen Eindruck, und sein Entschluß stand fest: „Bekommen wir jemals Jerusalem und kann ich zu der Zeit noch etwas bewirken, so würde ich es zunächst reinigen"[76]. Die „Westmauer", damals noch — und damals mit Recht — die „Klagemauer" genannt, ließ in ihm keine tiefere Bewegung aufkommen[77]. Jerusalem war damals wirklich eine armselige, von der türkischen Verwaltung (aufs Schlimmste) vernachlässigte Stadt. Und Herzl hatte recht, wenn er schrieb: „Die dumpfen Niederschläge zweier Jahrtausende, voll Unmenschlichkeit, Unduldsamkeit und Unreinlichkeit sitzen in den übelriechenden Gassen."[78]

Herzl war nicht als Tourist gekommen. Er sah, was man ihm zeigte, nahm an dem vielen Anstößigen Anstoß, hatte für die historischen Stätten in Palästina nicht weniger, aber auch nicht mehr Interesse, als er es für

Rom oder Athen gehabt hätte; aber im Grunde wartete er nur auf den Kaiser, um ihm als Führer der zionistischen Bewegung formell gegenüberzutreten und von ihm als einem der mächtigsten Herrscher Europas die Versicherung seiner Unterstützung vor aller Welt zu erhalten.
Der Aufenthalt in Jerusalem wurde für Herzl und seine Begleitung zu einem langen Warten und endete mit einem Mißerfolg. Der Kaiser hatte wirklich versucht – nach den Worten des Großherzogs von Baden sogar zweimal –, den Sultan für Herzls „Chartered Company" zu gewinnen. Der Sultan hatte aber in so bestimmter Weise abgelehnt[79], daß der Kaiser nicht weiter auf seinem Vorschlag bestehen konnte.
Damit war für die deutschen Politiker diese Episode, die für das jüdische Volk so bedeutend hätte sein können, erledigt.
Äußerlich verlief alles nach Plan. Herzl reichte seine Huldigungsansprache ein, ein wichtigtuerischer Legationsrat[80] korrigierte sie in einer Weise, deren Lächerlichkeit noch dadurch gesteigert wurde, daß diese Ansprache – ohne Inhaltsangabe[81] – im offiziellen Hofbericht zwar erwähnt wurde, ohne jedoch erkennen zu lassen, daß es sich um die offizielle Deputation der jungen zionistischen Bewegung handelte, die Antwort des Kaisers aber keinen Zweifel darüber ließ, daß er keinerlei Verpflichtungen, den Zionismus zu unterstützen, übernehmen wollte.

## VIII.

Als die Deputation am 2. 11. 1898 das Kaiserzelt in Jerusalem verließ, bemerkte Herzl zu Dr. Schnirer, daß die Antwort des Kaisers weder ja noch nein gewesen sei[82]. Er irrte sich. Sie war „nein". Alle Delegationsmitglieder ahnten es. Herzl drängte auf eine möglichst schnelle Rückreise. Er hatte die ganze Zeit über das Gefühl gehabt, „über den Bodensee zu reiten"[83]. Nunmehr brannte ihm der Boden unter den Füßen.

„Wenn die türkische Regierung nur einen Schimmer von politischer Voraussicht besäße, hätte sie mir diesmal das Handwerk legen müssen. Sie hatte dazu seit meinem Eintreffen in Konstantinopel eine vielleicht nie wiederkehrende Gelegenheit. Sie brauchte mich nur des Landes zu verweisen. Oder sie konnte noch kürzeren Prozeß machen, indem sie mich von als Räuber verkleideten Gendarmen kurzerhand überfallen und beseitigen ließ.
Aber die Einsichtslosigkeit der Leute für meine Idee schadet mir nicht nur oft, sie nützt mir auch. Mein Plan wird nicht verstanden, darum wird er so wenig gefördert – und gestört".[84]

Den offiziellen Bericht des deutschen Korrespondenzbüros erhielt Herzl erst zwei Wochen später in Neapel. Es war nur davon die Rede, daß eine jüdische Deputation dem Kaiser ein Album mit Ansichten der in Palästina errichteten jüdischen Kolonien überreicht, und daß der Kaiser auf die Ansprache des Führers der Deputation mit einigen leutseligen, aber völlig unverbindlichen Worten geantwortet hatte[85]. Die Deputationsmitglieder waren deprimiert. „Auch der getreue Wolffsohn wankte." Aber Herzl war unerschütterlich. Er hielt ihnen eine kleine Rede, in der er unter anderem sagte:

„Seht ihr, darum bin ich der Führer. Ich legitimiere mich immer wieder. Ich bin weder gescheiter noch besser als ihr alle. Aber unverzagt bin ich, und darum gebührt mir die Führerschaft. In schwierigeren Momenten als dieser ist, habe ich den Mut nicht verloren, ja sogar noch immer größere Opfer gebracht".[86]

Und am selben Tage schrieb er in sein Tagebuch: „. . . das Protektorat wäre ein klarer nächster Vorteil gewesen. Aber kein fernerer. Wir hätten für dieses Protektorat später die schwersten Wucherzinsen zahlen müssen. Es wäre nur viel bequemer gewesen . . ."[87]

## IX.

Herzl wurde trotz des Mißlingens seiner Palästinareise in Wien von dem Aktionskomitee der zionistischen Bewegung stürmisch willkommen geheißen[88]. Es war dies das Eingeständnis dieses Komitees, daß es ohne Herzls Initiative und Tatkraft zu einer selbständigen Aktion unfähig war. Herzls Gegner hingegen triumphierten[89]. Es war nur selbstverständlich, daß Herzl nunmehr seine Bemühungen um die Bankgründung verstärkt fortsetzte, um wenigstens auf diesem Wege zu erreichen, was ihm auf dem Wege einer diplomatischen Aktion nicht gelungen war. Auch hier blieben die Erfolge weit hinter den Anstrengungen zurück.

Vor dem Beginn seiner Palästinareise hatte er die Bankarbeit seinen „Vertrauensmännern"[90] Wolffsohn und Kann, die für die Bankgründung begeistert waren und sofort beginnen wollten[91], übergeben. Er hatte sie „ausgezeichnet, standhaft, treu, geschickt" befunden und sich bereits vorgenommen, „dafür sollten sie beide groß gemacht werden"[92]. Daß die englischen Finanziers, ja sogar der „liebenswürdige, vorsichtige Ratgeber" Gustav D. Cohen aus Hamburg[93] lieber „erst eine Übergangskorporation gründen wollte", hatte ihn vorübergehend stutzig gemacht, aber er war seiner Sache viel zu sicher gewesen, als daß er sich in der Hochstimmung, in der er sich damals befand[94], von seinem Plan hätte abbringen lassen. Als daher der Londoner Bankier Seligmann bei der Sitzung der Kolonisationskommission[95] empfahl, anstelle der Bank nur eine Jewish Colonisation Society zu gründen, und glaubte, für diese mit der Hilfe der „großen Bankiers“ nicht nur zwei, sondern sogar fünf Millionen Pfund aufbringen zu können, während einer Bank, wie Herzl sie schaffen wollte, dieselbe Katastrophe drohe wie der französischen Union Générale, die in den Achtzigerjahren Bankrott gemacht hatte[96], sah er diesen Vorschlag nur als ein Zeichen des Sieges seiner eigenen Idee an, hielt dem verdutzten Bankier das „ganze Sündenregister“ der Banken gegen die zionistische Bewegung vor, „widerlegte“ alle Bedenken gegen die Kolonialbank und drohte ihm – und damit natürlich auch den anderen gegnerischen Bankiers – „Krieg und Boykott“ an, „. . . wenn die Hochbänker gegen unsere Bank auftreten“. Seligmann lachte laut und amüsiert; Herzl aber fand, „das Lachen war zu laut, um nur Hohn zu sein. Es war auch Angst darin“[97].

Es war für lange Zeit der letzte Augenblick eines scheinbar gerechtfertigten Optimismus bei Herzl. Als Herzl nun nach seiner mißglückten Orientfahrt sich wieder um die Bank kümmerte, hatte sich die Situation schon erheblich verschlechtert.

Anfang Dezember 1898 hatte eine Sitzung der großen jüdischen Finanziers bei Lord Rothschild in London stattgefunden[98], in der Chief Rabbi Adler ein Manifest gegen die zionistische Bank beschließen lassen wollte. Lord Rothschild und die anderen großen Bankiers konnten sich hierzu jedoch nicht entschließen. Aber die Ablehnung der „englischen Hochbänker“ blieb bestehen.

Schritte Wolffsohns bei dem Baron Rothschild in Paris blieben erfolglos und Leven gab als Präsident der ICA und der Alliance die Erklärung ab, „daß sie (die von ihm verwalteten Fonds, vor allem die „Hirsch-Fonds“, d. Verf.) nicht wissen, was sie mit ihren Millionen anfangen sollen, daß uns (der zionistischen Bewegung) diese Millionen zur Verfügung stehen, wenn wir etwas Positives erreichen“[99]. Wenn wir etwas Positives erreichen! Also, erst dann! Und dann – davon war Herzl überzeugt – wäre es nicht mehr nötig gewesen, mit diesen Vermögensverwaltern zu verhandeln.

Einige Tage später telegrafierte Wolffsohn, alles sei „glücklich beendet“[100] Herzl war mißtrauisch. Es fehlten ihm die Namen bekannter Bankiers. Das Mißtrauen war nur allzu berechtigt. (Die Peripetie im Drama der Bankgründung war eingetreten. Wolffsohn hatte es noch nicht bemerkt.) Eine Woche später meldete Wolffsohn wiederum, er habe formell die Gründung fertiggemacht[101]. Auch das war ein Irrtum. Die letzte Tagebucheintragung Herzls aus dem Jahre 1898 ließ nichts mehr von Optimismus erkennen. Er schrieb:

„Der Stand unserer Sache ist jetzt ein verzweifelter, darüber kann ich mich nicht täuschen.
Nach dem großen Erfolg der Palästinafahrt ist die Insuffizienz unserer Bankleute und Finanzkräfte geradezu eine Katastrophe.
Der Banksekretär ... läßt die Notpfeife ertönen, er werde bald kein Geld zur Bestreitung der Tagesausgaben haben.
Wolffsohn kommt heute hier an. Ich muß mit ihm ernst reden. Die anderen können überhaupt nichts tun, und ich fürchte, er ist auch nicht der richtige Mann"[102].

Diese Eintragung verdient genaue Beachtung. Nichts berechtigte Herzl dazu, von einem „großen Erfolg" der Palästinafahrt, ja, überhaupt von einem Erfolg zu sprechen. Hatte er die „inkolore, inodore" Depesche des deutschen Korrespondenzbüros vom 2. 11. bereits vergessen? Hatte er sie verdrängt? Hatte er vergessen, daß der Großherzog von Baden seinen ausführlichen Brief vom 15. 12.[103] zunächst nur dilatorisch[104], daß der Hofmarschall August Eulenburg seinen Brief vom 1. 12.[105] überhaupt nicht beantwortet und daß er selbst dieses Schweigen „Berlins" schließlich als einen negativen Bescheid gewertet hatte[106]? Aber daß Herzl bereit war, Wolffsohn, seinen treuesten Helfer und Freund, für den Mißerfolg verantwortlich zu machen, den er, Herzl, doch hauptsächlich selbst verursacht hatte, weil er sich für sachverständiger hielt als alle wirklichen Sachverständigen, wirft ein eigenartiges Licht auf ihn.
Herzls andere Freunde hatten die Situation mit kritischen Augen und richtiger beurteilt[107], und Nordau, der scharfsichtige Zeitkritiker, hatte zu Herzls Kummer im „Achiasaf"-Kalender[108] einen Aufsatz veröffentlicht, in dem er nicht nur die Meinung vertrat, „die Gespräche mit führenden Staatsmännern usw. über den Zionismus hätten nicht mehr Bedeutung als Unterhaltungen über das neueste Lustspiel oder das letzte Derbyrennen ...", sondern hatte Herzl sogar gebeten, diesen Aufsatz in seiner „Welt" zu veröffentlichen. Herzl hatte das natürlich abgelehnt[109].
Nach dem angeblich so „großen Erfolg der Palästinafahrt" und dem ominösen Schweigen Berlins konzipierte Herzl die neue Idee eines deutsch-englischen „Konprotektorats" für eine jüdische Landgesellschaft in Palästina, die er dem Großherzog von Baden zunächst brieflich[110] und später mündlich vortrug[111]. Der Großherzog von Baden empfahl Herzl, die Angelegenheit mit dem Finanzminister Miquel in Berlin zu besprechen. Herzl entnahm aus dieser Anregung, daß der Großherzog es für richtig hielt, die Landgesellschaft zunächst zu gründen und für sie Ländereien und Ansiedlungsbefugnisse zu erwerben, und erst dann um die Bewilligung des Protektorats nachzusuchen. In seinem Optimismus hielt er diese Anregung bereits für ein Versprechen. Aber er ging sogar noch weiter: „Man kann nicht vorsichtiger und klüger sein. Dagegen spricht nur, daß, wenn wir so

weit sind, wir das schwere deutsche Protektorat nicht mehr brauchen."[112] Der Großherzog war von einem tiefen Mitgefühl für Herzl und seine Arbeit erfüllt, die ihn mit ihren dauernden Fehlschlägen wie eine Sisyphusarbeit anmutete. Herzl spürte dieses Mitgefühl und war tief gerührt[113]. Das Konprotektorat aber kam nicht zustande.

## X.

Die Arbeit für die Bank ging weiter. Anfang März waren die juristischen Schwierigkeiten so gut wie überwunden[114], die Registrierung der Bank stand unmittelbar bevor, der Beginn der Zuweisung der Shares an die Zeichner (allotment) wurde von Herzl für Ende März „befohlen", und zwar, da keine bestehende solide Bank zur Verfügung stand, einfach bei der Jüdischen Kolonialbank in London selbst[115]. Herzl war bereits sehr pessimistisch: „La dernière cartouche. Ich befürchte, daß es ein Mißerfolg sein wird. – mais rien n'arrive ni comme on le craint ni comme on l'espère." Er war nicht müde, nur hilflos zornig:

„Die Bank ist das bisher schwerste Stück der Arbeit. Sollte es gelingen, so wird nachher kein Mensch ahnen, was wir durchgemacht, wieviel Energie vonnöten gewesen. Denn tatsächlich haben wir einen Boykott, den der Hochbank gegen uns. Krieg' ich die einmal zwischen die Finger, die will ich raufen".[116]

Der „Boykott der Hochbank" gegen sein Projekt war für ihn nachgerade zur fixen Idee geworden. Lag wirklich ein Boykott vor? Dazu wäre erforderlich gewesen, daß der Boykottierende zum Boykottierten in einem Verhältnis steht, das zwar vielleicht nicht auf einer juristischen Grundlage, aber wenigstens auf irgendeiner (moralischen) Bindung beruht. Davon kann hier nicht die Rede sein. Die jüdischen „Hochbänker", wie Herzl sie nannte, standen zu ihm in überhaupt keinem Verhältnis; und soweit Verpflichtungen bestanden, waren es ihre Verpflichtungen aussschließlich gegenüber ihren Bankkunden, deren Kapitalien sie verwaltete und die sie keinem Risiko aussetzen durften. Herzls Bank war aber nicht nur ein riskantes Unternehmen, sondern – wie sich später herausstellte – das ewig kränkelnde „Schmerzenskind" der zionistischen Bewegung[117]. An ihm sich als Bankinstitut zu beteiligen, wäre um so unverantwortlicher gewesen, als Herzl, der kein Kaufmann war und keiner sein wollte, die Leitung dieses Unternehmens diktatorisch in seiner Hand behielt. Weiter kam hinzu, daß Herzl immer wieder mit neuen Plänen für wirtschaftliche Projekte kam. Auch das mußte den traditionsgebundenen Finanziers unsolide erscheinen. Der Bankier Kann, von dessen Tätigkeit Herzl anfangs so überzeugt war, und den er später beiseite schob, als er sich ihm nicht widerspruchslos fügte, hat dies in einem Gedenkartikel 15 Jahre nach Herzls Tod mit großer Klarheit zum Ausdruck gebracht:

„Es ist bekannt, wie Herzl mit seinen Versuchen, um bei den jüdischen Bankiers die Mittel zur Ausführung seiner Pläne zu finden, Schiffbruch gelitten hat. Auch bei den nicht-jüdischen Bankiers wollte es nicht gelingen ...
Und so blieben als einzige zuverlässige Quelle: die jüdischen Massen von Osteuropa ... Und Herzl hatte vollkommen recht zu betonen, daß der Kongreß die Bank unter sich hatte.
Allein auch Herzl sah bald ein, daß er mit den 250 000 Pfund, die mit Mühe und Not für den Jewish Colonial Trust subskribiert waren, nicht viel anfangen konnte.
Und so kommt er wieder mit Vorschlägen, um die Großbanken für seine Pläne zu gewinnen. Heute ein größeres Anleiheprojekt für die Türkei. Dann wieder die Idee, ein Syndikat zu bilden, um die Majorität der Aktien einer Großbank in Wien zu kaufen, oder in Amsterdam, oder sonstwo ... Und noch eine Bank und noch eine ...
Bei all diesem ist es bei den Plänen geblieben. Es konnte nicht anders sein. In Bankkreisen rechnet man mit Realitäten. Und die Realitäten, die Herzl zu bieten vermochte, waren als solche noch nicht anerkannt. Man muß jedoch Herzl Recht widerfahren lassen. Es war ihm nie um Fassade zu tun. Namen allein genügten ihm nicht. Bei den Gelegenheiten, wo er mit den großen Bankiers zusammenkam, wußte er zu sagen, was er von ihnen verlangte. Das mag sie abgeschreckt haben, denn er verlangte sehr viel. Aber die Bankiers fürchteten, sich zu kompromittieren“[118].

Es entsprach der Berufsethik Kanns, daß er sich – auf Herzls Frage, ob er sich für den geeigneten Mitarbeiter hielt – sofort mit einem klaren „Nein“ antwortete[119]; und es entsprach Herzls Mangel an Einsicht, daß er sich von diesem „Nein“ nicht warnen ließ.

Unmittelbar vor Beginn des Subskriptionsmonats – 28. 3. bis 28. 4. 1899 – fand in Paris eine „Delegiertenkonferenz der Zionsverbände“ statt. Die „Zionsverbände“ waren Vereinigungen, deren Mitglieder an der Entwicklung Palästinas durch jüdische Kolonisten interessiert waren, aber Herzls politischen Zionismus ablehnten[120]. Abgesehen von dieser wichtigen ideologischen Diskrepanz unterschieden sich die beiden Gruppen darin, daß die Zionsverbände in ihrer Gesamtheit Verwalter ungeheurer Kapitalien[121] waren, während Herzls zionistische Bewegung unter bedrückendem Mangel an Geld litt.
Es kann dahingestellt bleiben, ob eine Annäherung der beiden Strömungen damals möglich gewesen wäre. Fest steht, daß die jüdische Presse[122] diese Konferenz zu bösartigen Angriffen auf Herzl und seine Bewegung

benutzte, Herzls Kolonialbank als lächerliches und überflüssiges Unterfangen hinstellte, und Herzl selbst wegen „seiner kleinlichen Eifersüchteleien“ gegenüber den „praktischen Zionisten“ anprangerte.
Herzl antwortete sofort in der „Welt“[123], aber der Schaden, der durch jede Diffamierung entstehen kann, war durch diese Presseangriffe bereits eingetreten. Kurze Zeit darauf zirkulierten in London Gerüchte, daß Herzl und seine Mitarbeiter „den armen Leuten das Geld aus der Tasche rauben“ würden[124]. Das Mißtrauen war gesät, die Begeisterung und das Vertrauen für das Bankprojekt – zum mindesten bei den West- und den reichen Juden – vernichtet.
Anstelle des von Herzl erwarteten Minimums der Subskription im „provisorischen“ Verfahren von 800 000 Pfund[125] waren bei der „offiziellen“ Subskription am ersten Tage nur 8000 Shares (= 8000 Pfund) gezeichnet worden[126]. Eine spätere Meldung – nach Ablauf der ersten Hälfte des Monats – daß 228 000 Shares (Anteile) gezeichnet seien, erwies sich als ein „bubble“[127]. Die 800 000 Pfund waren ein Traum geblieben.
Das Ziel der Bankgründung war erreicht, aber arbeitsfähig war die Bank noch nicht. Aus der Bank, deren Name bereits ein Aktionsprogramm bekunden sollte („Die Jüdische Kolonialbank“), war zu Herzls Kummer und Ärger eine Art Treuhandgesellschaft („The Jewish Colonial Trust“) geworden[128]. Es war dies das Zeichen einer Vertrauenskrise innerhalb der Bewegung, die sich auch in der persönlichen Haltung einzelner manifestierte: Der reiche Poznanski hatte sein Subskriptionsversprechen gebrochen[129]; der Journalist Bernard Lazare, bekannt durch sein mutiges Auftreten im Dreyfus-Prozeß, hatte sich aus dem Wiener Komitee zurückgezogen, da er den Zusammenbruch der Bewegung voraussah und „dem jüdischen Volk Führer reservieren wollte“[130]; der einzige in London verbliebene Bankdirektor Heymann hatte unmittelbar vor dem Allotment seinen Rücktritt erklärt[131]; und Chief Rabbi Gaster, der sich durch Herzl gekränkt fühlte, weil dieser „seinen Herrschergelüsten in der Bank Zügel anlegen“ wollte, hatte Herzl sein „Amt vor die Füße geworfen“[132], und mußte notdürftig besänftigt werden[133].
Zu diesen Schwierigkeiten kamen äußere hinzu; in Rußland hatte Finanzminister Witte die Zensur angewiesen, Drucksachen der Bank nicht passieren zu lassen[134], in Österreich wurde in einigen Statthaltereien die Subskription für „illoyal“ erklärt und ihre Fortsetzung verboten[135], und es bedurfte erst der Intervention Herzls bei dem ihm wohlwollend gesinnten Ministerpräsidenten Koerber, um die Angelegenheit in Ordnung zu bringen[136].

Die Schwierigkeiten, in denen sich die Bank während ihrer Entstehung befand, hätten sich vielleicht im Laufe der Zeit überwinden lassen, wenn Herzl nach seinen eigenen Maximen gehandelt hätte. In seinem Programmartikel[137] hatte er über die Entstehung der Jüdischen Kolonialgesellschaft geschrieben:

„Eine Gruppe anständiger und in der Geschäftswelt wohlakkreditierter Personen setzt sich mit den Leitern unserer Bewegung in Verbindung. Für die letztere wäre es selbstverständlich mit ihren Aufgaben inkompatibel, an der Verwaltung der Gesellschaft in irgendeiner besonderen Stellung oder in welcher Form immer an den Gewinnen teilzunehmen; nur müßten sie die Möglichkeit gesichert haben, zu jeder Zeit die Bankpolitik zu überwachen."

Diese Kontrollpersonen mußten, ja, sie sollten sogar keine Geschäftsleute sein, denn da die Bank unter der Kontrolle des Kongresses stehen sollte, der in der Erfüllung seiner Aufsichtspflicht über die Bank einen Dienst am Volk sehen sollte, erschien Herzl die Vereinigung von Geschäftsmann und Aufsichtsperson geradezu als „etwas Unerträgliches"[138]. In praxi überspannte Herzl aber das Aufsichtsrecht des Aufsichtsrates der Bank. Der Biograph Wolffsohns, Emil Bernhard Cohn, berichtet über eine charakteristische Äußerung Herzls, die er nach der ersten Geschäftssitzung des Bankkomitees dem neuernannten Banksekretärs Löwe als abschließende Weisung höflich, aber bestimmt gegeben haben soll, nämlich daß letzte Entscheidungen nicht etwa von dem Bankpräsidenten (Wolffsohn) oder dem Board of Directors, sondern von ihm selbst, Herzl, getroffen werden würden[139]. Formell hielt Herzl sich innerhalb des Rahmens der Befugnisse, die ein Aufsichtsratsvorsitzender hat, er überschritt aber – und manchmal in sehr taktloser Weise – den Rahmen des Geschäftsüblichen, was dann unvermeidlich zu Zwistigkeiten mit dem Board of Directors führte. Wolffsohn, dessen Treue zu Herzl sich immer wieder zeigte, schrieb ihm: „Sie, teuerster Freund, vermögen viel, aber Kaufmann sind Sie, Gott sei Dank, gar nicht. Sie wären ja sonst nicht der, der Sie heute für uns sind ... Sie können aber ganz versichert sein, daß die zionistische Bank in guten, ehrlichen Händen liegt, denen Sie und Ihre Ehre ebenso teuer sind wie ihre eigene."[140]

Worte wie diese beruhigten Herzl nicht, sie verstärkten nur sein Mißtrauen gegen seine Mitarbeiter, das durch eine Reihe von zum Teil anonymen Beschwerden[141] über nachlässiges und fehlerhaftes Arbeiten des Londoner Bankbüros bereits hervorgerufen worden war. Die Gründe für die unbefriedigende Entwicklung des Jewish Colonial Trust sind hier nicht zu untersuchen. Die Erwartungen Herzls, daß der Trust (die Kolonialbank) von Anfang an auf eine Kundschaft rechnen könnte, die von Kanada bis Argentinien, von Ägypten bis zum Transvaal reichen und überhaupt in jedem Lande der Erde zu finden sein würde[142], verwirklichte sich jedenfalls nicht[143].

Vieles mag natürlich auf personelle und organisatorische Mängel im Londoner Büro zurückzuführen gewesen sein, vieles auch darauf, daß die leitenden Männer – wie Wolffsohn (Bankpräsident) in Köln, Kann im Haag, Herzl (Vorsitzender des Aufsichtsrats) in Wien – über ganz Europa verstreut waren. Die Hauptschuld wird aber wohl doch Herzl allein treffen, der sich ununterbrochen in die Geschäftsführung einmischte, obwohl er bei jeder Gelegenheit betonte, daß die Mitglieder des Aufsichtsrats, also auch er selbst, keine Geschäftsleute seien[144].

Die Schwierigkeiten erreichten einen Höhepunkt, als Herzl, beunruhigt durch die Beschwerden über das Londoner Büro, befürchtete, daß Unregelmäßigkeiten vorgekommen sein könnten, und über den Kopf der Direktoren hinweg eine Untersuchung des Geschäftsgebarens in London vornehmen ließ. Es stellte sich dann zwar heraus, daß die Kasse und die Buchhaltung in Ordnung waren, aber die leitenden Direktoren, Kann und Lourié, nahmen dies nicht stillschweigend hin. Kann demissionierte und drohte, seinen Demissionsbrief zu veröffentlichen. Lourié versandte ein „streng vertrauliches" Zirkular, das Herzl „perfide" nannte[145]. Wolffsohn bot seine Demission an, und Herzl befürchtete bereits, daß auch er zu Kann übergegangen sei[146]. Dieser treue Mann aber suchte Herzl in Wien auf und sprach sich mit ihm offen aus. Herzl erkannte, wie ernst es diesem Mann um den Zionismus und um Herzl selbst war. Er tat einen Schritt, der in seiner Lebensgeschichte einmalig war: er bot Wolffsohn, dem guten „Daade", das brüderliche „Du" an[147].

Die Schwierigkeiten mit der Bank gingen weiter. Herzl konnte sich nicht mehr mit diesem Institut so beschäftigen wie bisher, denn es waren inzwischen neue Aufgaben für ihn erstanden. Die Flucht der Juden aus Rumänien hatte eingesetzt.

Im Juni 1900 erlitt Herzl zum ersten Mal einen Anfall von „Gehirnanämie"[148].

## Anmerkungen

[1] TB 5. 8. 1896, GZW II, S. 518; ferner u. a. TB 24. 9. 1897, GZW III, S. 35 (‚Inaktionskomitee'); 12. 3. 1898 III, S. 63 (‚in den Aktionskomitee-Sitzungen werden nur laufende Kleinigkeiten erledigt'); TB 11. 4. 1898, GZW III, S. 73 (‚Das Komitee ist ein untaugliches Instrument. Es werden nur Indiskretionen begangen. Helfen kann keiner . . .'), usw.

[2] TB 23. 9. 1897, GZW III, S. 34.

[3] TB 5. 10. 1897, GZW III, S. 35 f.

[4] „Die Welt", 19. 11. 1897 (GZW I, S. 241 ff.).
[5] a. a. O., S. 245. — Herzl dürfte hier an die ‚Knights of Palestine' gedacht haben, eine Organisation, die ein russisch-jüdischer Lehrer (Ish-Kishor), der zu den Organisatoren und Rednern des Massenmeetings im Londoner East-End gehörte (TB 13. 7. 1896, GZW II, S. 482), gründen wollte. Diese Organisation von etwa 100 Männern sollte „in allen Ländern Genossen werben und die Propaganda des Judenstaats betreiben" (TB 15. 7. 1896, GZW II, S. 486).
[6] GZW I, S. 246 und 247.
[7] Bis zu seinem Tode hoffte Herzl, die „Hirsch-Fonds" gewinnen zu können. Sie sollten aber ihre Kapitalien nicht als türkische Staatsanleihen zur Verfügung stellen, sondern die Bank als so kapitalkräftig ausweisen, daß Anleihen, die von ihr lanciert würden, von den Börsen aufgenommen würden.
[8] GZW I, S. 247.
[9] TB 11. 12. 1897, und Brief Herzls an Nordau vom selben Tage in GZW III, S. 47 ff.
[10] a. a. O., S. 49.
[11] s. Brief an Nordau, 11. 12. 1897 (Anm. 10 oben).
[12] a. a. O., S. 52.
[13] Die Serie der Ablehnungen begann in Berlin in einer Besprechung mit „reichen Juden", die der Philosoph Ludwig Stein (ein Bekannter Rathenaus und Mitbegründer der sog. „Mittwochgesellschaft", die während des ersten Weltkrieges bedeutsam war) zustande gebracht hatte (TB 4. 2. 98, GZW III, S. 55).
[14] ‚Gedankensplitter', TB 8. 6. 1895, GZW II, S. 50.
[15] TB 12. 5. 1898, GZW III, S. 81 f.
[16] a. a. O. — Das Schwergewicht dieser Notiz liegt auf dem Adjektiv „provisorisch". Tatsächlich war die Zeichnung von Shares für die noch nicht gegründete Bank mehr eine Loyalitätserklärung der zionistischen Massen in den armen Schichten der russichen Judenheit für Herzl, den Träger des Charismas, als für eine Bank, bei der der Erwerb eines Shares im Werte von einem englischen Pfund — und auch dies manchmal nur durch mehrere Personen zusammen — unter keinem Aspekt als eine wirkliche Finanztransaktion großen Stils angesehen werden konnte. Am Ende der Subskriptionsfrist verteilten sich die gezeichneten rd. 250 000 Shares auf etwa 140 000 Subskribenten! (Böhm: Zion. Bewegung, Bd. I, S. 224.)
[17] s. unten, Abschn. IX und X (S. 187 ff. bis zum Ende dieses Kapitels).
[18] *Bein:* Herzl, S. 398 f. und Anmerkung auf S. 399.
[19] TB 9. 9. 1896, GZW II, S. 531 ff.
[20] *Friedemann:* ‚Vom Charakter Herzls' in ‚Zeitgenossen', S. 75.
[21] Ein charakteristisches Beispiel ist der Legationsrat Reinhold Kemeth, über dessen wichtigtuerisches Benehmen bei Gelegenheit des Empfangs der zionistischen Deputation in Jerusalem Herzl sich — allerdings nur in seinem Tagebuch! — lustig machte. (S. TB 2. 11. 1898, GZW III, S. 219.)
[22] TB 5. 7. 1895, GZW II, S. 223.
[23] TB 22. 6. 1895, GZW II, S. 141: „Ich muß den Zensus in die Bildung verlegen"; ferner TB 10. 7. 1895, GZW II, S. 226 f.: „Ich halte das Geld für ein ausgezeichnetes politisches Zensusmittel, wenn die Moralität des Erwerbs festgestellt werden kann. Allerdings auch nur dann."
[24] *Cecil John Rhodes* (1853—1901): ‚Draft of Ideas' (1877).
[25] Sir *John Robert Seeley* (1834—1895): ‚The Expansion of England' (1883).
[26] ‚Kapitulationen' = Verträge — heute fast überall beseitigt —, durch die Euro-

päer von der Rechts- und Gerichtsbarkeit des Aufenthaltsortes eximiert waren. Im 19. Jahrhundert gehörte die Forderung nach Kapitulationen noch zur europäischen Kolonialpolitik. Im 20. Jahrhundert wurde diese Regelung in zunehmendem Maße beseitigt.

27 Siehe die folgenden Anmerkungen.

28 TB 29. 8. 1898, GZW III, S. 104. (Herzl nennt den Redner ‚Bernstein-Kohan'.)

29 Es handelte sich um Reden der Delegierten Landau (s. oben 5. Kap. S. 134 und Anm. 47 hierzu) und Syrkin, die sozialistische Ideen vertraten, während Herzl für den Sozialismus keine Sympathien empfand. (Vgl. Herzl an Güdemann, 25. 7. 1895, GZW II, S. 243 f. u. a. )

30 TB 2. 9. 1898, GZW III, S. 105. Herzl empfand für die ‚Rabbiner' — wenigstens in der ersten Zeit seiner zionistischen Tätigkeit — viel Sympathie, für die Orthodoxie und die orthodoxen Riten, die er im ‚Judenstaat' — Theokratie (GZW I, S. 95) — ‚theokratische Velleitäten' nannte, hatte er jedoch kein Verständnis.

31 Am 2. 9. 1898 (TB 3. 9. 1898, GZW III, S. 106—113).

32 Am 23. 4. 1896, GZW II, S. 378—390.

33 TB 3. 9. 1898, GZW III, S. 111.

34 a. a. O., S. 110.

35 a. a. O., S. 109.

36 Bericht Newlinskis an Herzl über eine Stellungnahme des Sultans zu Herzls Plänen (s. TB 19. 6. 1896, GZW II, S. 434).

37 TB 18. 9. 1898, GZW III, S. 119.

38 a. a. O., S. 121.

39 a. a. O., S. 123.

40 TB 1. 9. 1898, GZW III, S. 124 und Brief an Eulenburg, a. a. O., S. 124—127.

41 Also in dem Falle, daß Bülow Herzls Pläne nicht weiter verfolgen sollte!

42 a. a. O., S. 126.

43 Wilhelm II. an den Großherzog von Baden, 9. 9. 1898 (Faksimile bei Ellern: „Herzl, Hechler . . ." Nr. 16, S. 48—53) (Die Orthographie des Kaisers ist beibehalten.)

44 s. Ellern: Herzl, Hechler . . . Nr. 47, sowie Bein bei Ellern, S. X.

45 Es handelt sich offenbar um Eulenburgs Briefe aus Rominten v. 27. und 28. 9. 1898, S. *Bein:* „Memoirs and Documents about Herzls Meeting with the Kaiser" in „Herzl-Yearbook" VI, (1964—65), Nr. 5 und 6. Der zitierte Satz befindet sich im Brief vom 28. 9. 1898 (a. a. O., S. 65).

46 TB 2. 10. 1898, GZW III, S. 131.

47 a. a. O., S. 134 f.

48 a. a. O.

49 TB 3. 10. 1898, GZW III, S. 134.

50 a. a. O., S. 135.

51 Abgedruckt in GZW I, S. 319 ff.

52 TB 4. 10. 1898, GZW III, S. 135: „Die Enthusiasmen, die ich errege, lassen mich ganz kalt."

53 GZW I, S. 323.

54 *Bein:* Herzl, S. 415.

55 *Friedemann:* Herzl, S. 55.

56 Rede im Makkabäerklub, 14. 6. 1901, GZW I, S. 440.

57 TB 7. 10. 1898, GZW III, S. 148.

58 TB 9. 10. 1898, GZW III, S. 155 f.

59 TB 9. 10. 1898, GZW III, S. 161.
60 a. a. O., S. 163.
61 TB 29. 3. 1899, GZW III, S. 288.
62 Die Darstellung Bülows in seinen „Denkwürdigkeiten“, Bd. I, S. 254, steht im Gegensatz zu den von Bein produzierten deutschen Quellen, den ausführlichen Tagebuchnotizen Herzls und u. a. auch zu den Angaben Bodenheimers in seinem Erinnerungsbuch „So wurde Israel“, der bemerkt:
„Alle Äußerungen dieses schlauen und intriganten Diplomaten über die während der Kaiserreise geführten Verhandlungen und Empfänge von Herzl und der zionistischen Abordnung sind widerspruchsvoll und dienen nur der Rechtfertigung seiner ablehnenden Haltung gegenüber den Absichten des Kaisers.“
Bein (S. 57) äußert sich ebenfalls mit scharfer Kritik über Bülows erwähnten Bericht:
„Diese Worte sind ein feines Beispiel des Mangels an Sorgfalt, mit der Bülow seine Notizen über dieses Thema schrieb. Er studierte die Akten des deutschen Außenministeriums nicht, die sogar Herzls Ansprache an den Kaiser mit den Streichungen des Leg. Rates Reinhold Klemeth enthielten, die auf Bülows Verlangen gemacht wurden. Er nahm sich weder die Mühe, Herzls Tagebücher einzusehen, die sechs Jahre vor Bülows Tod veröffentlicht wurden, noch irgendein Buch über Herzl und den Zionismus, die alle über die hauptsächlichsten Daten berichten. Er erinnerte sich lediglich, daß Achmed Tevfik Pascha, der türkische Botschafter in Berlin, opponierte, daß der Enthusiasmus des Kaisers bald nachließ und daß er, Bülow, alle Gegenargumente benutzt hatte, um die Ansicht des Kaisers zu ändern. Warum er dies tat, sagt Bülow nicht.“
In „Herzl-Yearbook“, ed. by R. Patai, Vol. VI, (1964—65), S. 55—68. (Die Rückübersetzung der Dokumente wurde vom Verfasser vorgenommen.)
63 TB 11. 10. 1898, GZW III, S. 166.
64 a. a. O.
65 a. a. O.
66 TB 14. 10. 1898, GZW III, S. 169.
67 a. a. O.
68 a. a. O., S. 191.
69 a. a. O., S. 198.
70 *Bein:* Memoirs and Documents, etc. S. 61, Nr. 2.
71 s. hierzu *M. Meerovich:* Eine Begegnung mit Herzl in Palästina, in: Zeitgenossen, S. 126 ff.; ferner H. Joffé: „Herzls Reise in Palästina“, a. a. O., S. 105 ff.
72 TB 27. 10. 1898, GZW III, S. 206.
73 TB 29. und 31. 10. 1898, GZW III, S. 212 und 214.
74 TB 29. 10. 1898, GZW III, S. 209 und 4. 11. 1898, GZW III, S. 228.
75 Besuch in Motza, TB 4. 11. 1898, GZW III, S. 227.
76 TB 31. 10. 1898, GZW III, S. 212.
77 a. a. O., S. 214.
78 s. Anmerkung 76.
79 Daß der Kaiser mit dem Sultan über die zionistischen Projekte gesprochen hatte, ergibt sich u. a. aus den von Bein publizierten „Unveröffentlichten Memoiren“ des Kaisers (a. a. O., Nr. 2, S. 60 f.). Allerdings sind auch die Erinnerungen des Kaisers nicht ganz zuverlässig. Er vergaß — merkwürdigerweise —, daß er Herzl in Jerusalem empfangen hatte. Sie stehen auch in einem Widerspruch zu einer TB-Eintragung Herzls vom 3. 1. 1901, GZW III, S. 523. Hiernach sagte Fürst Eulenburg am 2. 1. 1901 über den mißglückten Versuch Kaiser Wilhelms,

beim Sultan zu intervenieren: „Was damals (i. e. 1898) die Schwierigkeit war, das haben wir bis heute nicht herausfinden können. Der Sultan lehnte die Anregung des Kaisers so schroff ab, daß es nicht möglich war, die Sache weiterzuverfolgen. Es lag uns daran, in guten Beziehungen zu bleiben. Als Gast konnte der Kaiser in der Sache natürlich nicht weitergehen." —
Ich folge einer Erklärung des Großherzogs von Baden, die dieser im Jahre 1902 einer zionistischen Deputation gegenüber abgegeben hat, wonach der Kaiser nicht nur ein- sondern sogar zweimal versucht hatte, mit dem Sultan bei Gelegenheit eines Galadiners über Herzls Pläne zu sprechen, jedoch auf Ablehnung stieß. (*Bein:* Herzl, S. 439 f. und S. 440, Anm.)

[80] s. oben Anm. 21. Unter den Sätzen, die der „wichtige Herr Leg. Rat" für unangebracht hielt, war eine verkürzte Form des Basler Programms. (S. *Bein:* Herzl, S. 705). Geradezu grotesk wirkt der Eifer Kemeths, als er aus den Schlußworten die letzten drei Worte strich. Sie lauteten: „Wir Juden grüßen Ew. Majestät in diesem hohen Augenblick und wünschen dabei aus tiefster Brust, daß ein Zeitalter des Friedens und der Gerechtigkeit anbrechen möge für alle Menschen. Auch für uns!". Ob Kemeth wohl meinte, daß Frieden und Gerechtigkeit für die Juden nicht auch anbrechen dürfte?

[81] Vgl. Anmerkung 85 unten.

[82] TB 2. 11. 1898, GZW III, S. 226.

[83] Herzl hatte dieses Gefühl sowohl in Konstantinopel (TB 19. 10. 1898, GZW III, S. 175) wie nach der Audienz in Jerusalem (TB 4. 11. 1898, GZW III, S. 231).

[84] TB 5. 11. 1898, GZW III, S. 230.

[85] Die „inkolore inodore Depesche" des offiziellen Korrespondenzbüros ist in TB 5. 11. 1898, GZW III, S. 237 f. abgedruckt. Vgl. Bodenheimers Burteilung in „So wurde Israel", S. 105.

[86] a. a. O., S. 238.

[87] TB 15. 11. 1898, GZW III, S. 239. Herzl erwähnt dies — allerdings nicht mit der Bezeichnung „Wucherzinsen", sondern als „hohes Porto" für das Protektorat — in einem Brief an Bülow vom 10. 9. 1898, strich diesen Passus vor der Absendung des Briefes aber wieder heraus, weil ihm „der Witz mit dem hohen Porto des Protektorats als eine üble Anmaßung ausgelegt werden könnte". (TB 14. 3. 1899, GZW III, S. 278).

[88] TB 18. 11. 1898, GZW III, S. 240.

[89] TB 6. 12. 1898, GZW III, S. 243.

[90] TB 5. 10. 1898, GZW III, S. 136.

[91] A. a. O.

[92] TB 6. 10. 1898, GZW III, S. 140.

[93] TB 5. 10. 1898, GZW III, S. 136.

[94] TB 2. 10. 1898, GZW III, S. 131: Es handelt sich offenbar um den von Bein: Memoirs an Documents, S. 63—65, in englischer Übersetzung abgedruckten Brief Eulenburgs v. 27. und 28. 9. 1898. (Die Rückübersetzung wurde vom Verfasser vorgenommen, da der Originaltext nicht zur Verfügung stand.)

[95] Am 4. 10. 1898 in London (TB 5. 10. 1898, GZW III, S. 139 f.).

[96] *Dubnow* X, S. 227; *Elbogen:* Ein Jahrhundert, S. 187.

[97] s. Anmerkung 95.

[98] TB 9. 12. 1898, GZW III, S. 243 f.

[99] a. a. O., S. 244.

[100] TB 13. 12. 1898, GZW III, S. 245.

101 TB 20. 12. 1898, GZW III, S. 249.
102 TB 29. 12. 1898, GZW III, S. 253.
103 GZW III, S. 245—249.
104 Telegramm vom 22. 12. 1898, GZW III, S. 251.
105 TB 1. 12. 1898, GZW III, S. 242.
106 TB 26. 12. 1898, GZW III, S. 252.
107 Schnirer: a. TB 9. 12. 1898, GZW III, S. 243.
108 „Achiasaf" war ein jüdischer Verlag in Warschau, der ein literarisches Jahrbuch, den „Achiasaf-Kalender", herausgab.
109 TB 24. 12. 1898, GZW III, S. 251 f.
110 Brief v. 15. 12. 1898, GZW III, S. 245 ff., insbesondere S. 247 f. In diesem Brief schrieb Herzl ganz allgemein über ein deutsch-englisches Konprotektorat. Die Idee, das Protektorat dem Großherzog von Baden anzubieten, trug Herzl dem Aktionskomitee in Wien erst Ende Februar 1899 vor (TB 21. 2. 1899, GZW III, S. 259 f.). Das Aktionskomitee stimmte zu.
111 TB 4. 3. 1899, GZW III, S. 262. In der Audienz bot Herzl das Protektorat dem Großherzog formell an. Dieser wies aber darauf hin, daß man es „in Preußen nicht gerne sähe, wenn einer der Bundesstaaten solche größeren finanziellen Unternehmungen habe".
112 a. a. O.
113 a. a. O., S. 263.
114 TB 4. 3. 1899, GZW III, S. 270, s. auch TB 16. 3. 1899, GZW III, S. 279.
115 TB 4. 3. 1899, GZW III, S. 271. (Die Registrierung erfolgte dann am 20. 3. 1899).
116 TB 4. 3. 1899, GZW III, S. 271.
117 *Böhm:* Zionistische Bewegung, I, S. 225.
118 *Kann:* Theodor Herzl und die Bankiers, in: Zeitgenossen, S. 110 f.
119 TB 25. 4. 1899, GZW III, S. 307.
120 s. o. S. 151 f. (Die Stellungnahme von Bambus und Hildesheimer zu Herzls „Vorläufiger Anzeige" über die Einberufung des ersten Zionistenkongresses nach München, sowie Herzls Briefe an Bambus und Hildesheimer vom 24. 4. und 9. 5. 1897 [abgedruckt bei *Friedemann:* Herzl, S. 108 und 110]).
121 In Blochs Wochenschrift (s. nächste Anmerkung) werden die ICA-Fonds mit mehr als 200 Millionen angegeben. Herzl bezifferte sie „zwischen 260 und 270 Millionen Frcs" („Die Millionen der ICA" GZW I, S. 344).
122 Blochs Wochenschrift, 17. und 20. 3. 1899 (abgedruckt. in GZW III, S. 282 ff. und 284 ff.).
123 Der Aufsatz „Die Millionen der ICA" erschien in der „Welt" am 31. 3. 1899.
124 s. Rede in London, GZW I, S. 358.
125 TB 12. 5. 1898, GZW III, S. 84.
126 TB 29. 3. 1898, GZW III, S. 288.
127 TB 11. und 13. 4. 1898, GZW III, S. 302 und 303.
TB 21. 4. 1898, GZW III, S. 304: Obwohl die offizielle Subskription am 28. 3. 98 begonnen hatte, waren von London erst am 21. 4. der „Welt" die russischen Zeichenstellen bekanntgegeben worden, die für Rumänien fehlten auch dann noch. Zeichnungsschlußtermin war der 28. 4. 1898.
TB 4. 7. 1898, GZW III, S. 332 f.
128 TB 20. 4. 1899, GZW III, S. 281.
129 *Friedemann:* Herzl, S. 58.
130 TB 24. 3. 1899, GZW III, S. 281.

[131] TB 25. 4. 1899, GZW III, S. 307 (Heymann und Kann nahmen aber an dem Allotment teil).

[132] TB 26. 7. 1899, GZW III, S. 335.

[133] TB 17. 8. 1899, GZW III, S. 341: durch „eine Art Schiedsgericht". — Der selbstgerechte Herzl fügte diesem Bericht die Worte hinzu: „Ich antwortete, überführte ihn seines Unrechts, und wir gaben uns die Hände."

[134] TB 19. 6. 1899, GZW III, S. 329. Herzl wandte sich daraufhin an den Staatsrat Bloch, den Vertreter Rußlands auf der Friedenskonferenz im Haag, einen „klugen, gebildeten, alten Taufjuden", (Bloch hatte sich taufen lassen), TB 13. 6. 1899, GZW III, S. 320, der ihm zu intervenieren versprach (TB 4. 7. 1899, GZW III, S. 334). Die Haltung der russischen Behörden blieb jedoch feindlich. Der Chef der russischen Polizei drohte dem Odessaer Zionisten, Dr. Awinowitzki, er werde überhaupt „die zionistische Bude zuklappen" (TB 12. 1. 1900, GZW III, S. 386). — Über die Haltung „der Hauptleute des heutigen Rußlands" (TB 10. 8. 1903, GZW IV, S. 462) — die Minister Plehwe und Witte — s. Herzls Tagebucheintragungen, insbesondere in GZW IV, S. 463—486.

[135] Im Februar 1900 begannen in Österreich einige Statthaltereien — Galizien und Niederösterreich — angeblich nicht aus politischen, sondern aus fiskalischen Gründen die Subskription für ungesetzlich zu erklären und ihre Fortsetzung zu verbieten (TB 5. und 9. 2. 1900, GZW III, S. 389 und 390).

[136] TB 16. 2. 1900, GZW III, S. 390 f.; und das ganz ausgezeichnete Exposé Herzls über die Bankgründung vom 28. 2. 1900, GZW III, S. 391—396.

[137] „Die Jüdische Kolonialbank", GZW I, S. 241—248.

[138] Rede in London, GZW I, S. 358.

[139] *Cohn:* David Wolffsohn, S. 104.

[140] *Robinsohn:* Wolffsohn, S. 47.

[141] TB 5. 2. 1900, GZW III, S. 388; s. hierzu auch TB 14. 3. 1900, GZW III, S. 402: „Meine Aufgabe ist jetzt, einen von mir allein abhängigen Manager (scil. für die Bank) zu finden ..." Ferner TB 25. 4. 1900, GZW III, S. 434: „Ich bin entschlossen, nicht wegzufahren (scil. aus London), bevor ich Ordnung gemacht habe ..."

[142] „Die Aufgaben der Bank", GZW I, S. 342 und 343.

[143] Das Schicksal der Bank war kümmerlich. Mit ihrem kleinen Kapital konnte sie ohnehin nichts Bedeutendes unternehmen, und von den vielen türkischen Projekten verwirklichte sie keines. 1903 gründete sie eine Tochtergesellschaft, die „Anglo-Palestine Company" (A. P. C., die Jüdische Palästina-Bank), die unter der Leitung des ungewöhnlich tüchtigen Levontin — eines ursprünglichen „Bilu"-Mannes — zunächst in Jaffa, später in anderen Städten Filialen errichtete, die sich im Laufe der Jahrzehnte gut entwickelten. Die Muttergesellschaft — Herzls Jewish Colonial Trust (Jüdische Kolonialbank) — konnte jedoch nur ein kleines gewöhnliches Kommerzgeschäft betreiben, erlitt dann während des Ersten Weltkrieges und den folgenden Nachkriegsjahren wiederholt große Verluste und wurde 1934 von der Tochtergesellschaft in Palästina übernommen. (*Böhm:* „Zionistische Bewegung" I, S. 225).

[144] Die Kämpfe um die Führung innerhalb der Bank wurden von *Bein:* Herzl, S. 474—479, und von Robinsohn in seiner kurzen Wolffsohn-Biographie ausführlich beschrieben. Beide zitieren eine Reihe von Briefen (Robinsohn druckte sie in einem besonderen Anhang — S. 133 ff. — ab), auf die in Herzls Tagebüchern bezeichnenderweise kein Hinweis zu finden ist. Aus dieser Korrespondenz ergibt sich, daß Wolffsohn am liebsten demissioniert hätte. Er wurde aber durch seine

Treue zu Herzl davon zurückgehalten. Er schrieb: „Ich hätte es bestimmt getan, wenn ich nicht mit Ihnen so großes Mitleid hätte. Ich möchte Sie in der kommenden Zeit nicht allein lassen und die kommende Zeit wird schwer werden, noch schwerer wie ich früher befürchtet habe.“ (Robinsohn, S. 49).

145 TB 11. und 15. 5. 1900, GZW III, S. 444 (s. auch 25. 4. 1900, GZW III, S. 433 f.).

146 TB 25. 4. 1900, GZW III, S. 433; TB 21. 6. 1900, GZW III, S. 466.

147 *Bein:* Herzl, S. 479; *Cohn:* Wolffsohn, S. 129.

148 TB 21. 6. 1900, GZW, S. 466.

# 7. Kapitel
# Kongresse — Orientalische Diplomatie

## I.

In seiner Eröffnungsrede auf dem dritten Basler Kongreß — vom 15. — 18. 8. 1899 — behauptete Herzl, daß das abgelaufene Kongreßjahr „kein schlechtes für unsere Bewegung" gewesen sei. Einiges sei erreicht worden, „wir sind um ein Stück weitergekommen". Er berichtete dann in Andeutungen über den Empfang durch den Kaiser in Jerusalem, der nicht den Mitgliedern „irgend eines ‚praktischen' Kolonisationsvereins, sondern der Abordnung des zionistischen Aktionskomitees" gewährt worden sei[1]. Er sprach auch von der „Jüdischen Kolonialbank" — nicht etwa von Millionen englischer Pfunde, die er für dieses Unternehmen ja nicht hatte aufbringen können —, sondern von den „Hunderttausenden unseres Volkes" aus den Reihen der „Armen und Mühseligen", die „die Phantasie der Not" haben, während „die Allzusatten mit ihrer vom Wohlleben geschwächten Einbildungskraft ... uns freilich noch nicht verstehen" wollen[2]. Die Bank sei zwar nur ein „Zwischenglied", aber „etwas so Praktisches und Gegenwärtiges wie eine Saat, die man dem Boden anvertraut". „Zuerst war es eine Saat von Gedanken, nun ist es eine Saat von Einrichtungen. Es ist heute noch kein Brot, es ist nur das Brot von morgen."[3]
Der Bericht war wahrheitsgetreu; richtig verstanden, berechtigte er nicht zu großen Hoffnungen. Der Empfang in Jerusalem war bereits ein Fehlschlag gewesen, die Gründung der Bank trug alle Anzeichen des künftigen Fehlschlags[4], der auch kam.
Ein wesentlicher Teil der Kongreßzeit wurde von der Kritik an Herzls Londoner Rede im Oktober 1898[5], ein anderer durch eine recht überflüssige juristische Kontroverse über das Bankstatut ausgefüllt. Herzl war am ersten Kongreßtag „bitterlich gelangweilt, am zweiten geärgert"[6]. Die Bankdiskussion nahm er nicht ernst[7], eine „Kulturdebatte" interessierte ihn nicht, da er nicht wußte, was jüdische Kultur ist, und was sie mit Zionismus zu tun hat. Gasters „Kulturrede" hielt er für einen „theologischen Bierschwefel"[8].
Er war vom Kongreß ermüdet, denn, wenngleich ihn die Themen der Kongreßverhandlungen nicht immer interessierten, legte er doch großes Gewicht darauf, daß der Kongreß, der für ihn die Nationalversammlung des jüdischen Volkes war, in würdiger Weise verlief. Und nur er konnte

dies erreichen. Sein Resümee am Ende des Kongresses war: „Eine gute Stimmung ist wieder erzielt worden, die sich nun allmählich wieder verlieren wird.“[9]

## II.

Auf dem Kongreß war Herzl die unbestrittene Autorität. Um so stärker empfand er den Kontrast zu seiner Berufstätigkeit als Feuilletonredakteur der Neuen Freien Presse: „... nachdem ich wieder eine Woche lang die Gefühle der Freiheit gekostet habe und ein Herr war, muß ich wieder in meine schnöde Knechtschaft bei der Neuen Freien Presse heimkehren, wo ich keine eigene Meinung haben darf. Es ist die Frage einiger lumpiger tausend Gulden, die ich als Familienvater nicht aufgeben darf.“[10]
Die Schwierigkeiten, die er bei der Neuen Freien Presse hatte, waren vielleicht nicht so groß, wie sie in Herzls Tagebuchnotizen erscheinen. Er war ja kein Durchschnittsjournalist mehr, sondern in ganz Österreich hochgeschätzt[11]. Entscheidend ist aber nicht der (objektive) Tatbestand, ob die Schwierigkeiten, die er mit den Herausgebern hatte, wirklich zu seiner Entlassung hätten führen können, sondern die (subjektive) Sorge, daß aus der Inkompatibilität seiner Tätigkeit auf der einen Seite für die „a-semitische“ N. F. P. und für die jüdisch-nationale und zionistische „Welt“ auf der anderen, ein Entlassungsgrund für ihn konstruiert werden könnte.
Schon vor der Veröffentlichung des „Judenstaates“ im Februar 1896 hatte Bacher, der eine der Herausgeber der N. F. P., Herzl gegenüber die ominöse Bemerkung gemacht: „Sie verbrennen die Schiffe hinter sich“, und Herzl hatte diese Worte als Drohung empfunden[12]. Nach dem ersten Kongreß hatte Bacher dann Herzl vor die Wahl zwischen der Neuen Freien Presse und der „Welt“ gestellt[13]. Für Herzl, der seine zionistische Tätigkeit nicht einstellen wollte, war das keine Alternative sondern die Inaussichtstellung der Entlassung.
Der Verhandlungston zwischen Herzl und seinen Chefs hatte sich jedoch wieder gemildert, als Herzl begann, neben seiner Tätigkeit als Feuilletonredakteur auch Leitartikel für die Zeitung zu schreiben. Sowohl Bacher wie Benedikt überschütteten ihn mit Komplimenten[14]. Als er aber vor dem zweiten Kongreß anregte, daß die Neue Freie Presse über diesen berichten sollte, lehnten sie ab, weil es sich ja doch nicht um „eine ernste Bewegung“ handle[15]. So war er auch nach dem dritten Kongreß mit einer gewissen Kampfbereitschaft in die Redaktion zurückgekehrt, hatte „die grinsenden Gesichter derer (seiner Kollegen, d. Verf.), die nicht daran glauben wol-

len, gesehen", und sich bei seinem Chef Bacher gemeldet, der ihn begrüßte, „als hätte er mir (Herzl) die letzten 14 Tage nicht vergiftet", „gönnerisch-ironisch vom Kongreß" sprach und ihm schließlich sagte: „Jetzt sollten Sie sich aber doch bald von der Sache losmachen ... weil mit der Bank ein Gestank herauskommen wird."[16] Herzl antwortete mit Würde, daß seine, die Jüdische Nationalbank sauberer sei als die, die man „zu sehen und in den Blättern freundlich besprochen zu finden gewohnt sei", zumal die Gründer keinerlei Vorteile von der Bank hätten, wie etwa diejenigen der angesehenen (österreichischen) Kreditanstalt.

Die Entschlossenheit Herzls, unter allen Umständen zu vermeiden, daß ihm nachgesagt werden könnte, er habe von der zionistischen Bewegung irgendwelche materiellen Vorteile, war für ihn charakteristisch. Sie fand ihren Ausdruck erneut, als er einen Monat später „im vertraulichen Aktionskomitee" die Erklärung abgab, daß er nicht mehr in der Lage sei, die „Welt" weiter aus eigenen Mitteln zu finanzieren, daß er sie aber auch nicht verkaufen wolle, damit ihm kein geschäftliches Interesse als Motiv unterlegt werden könne[17]. Als dann ein Mitglied des Komitees[18] sich erbot, die Fortführung der „Welt" durch eine Aktiengesellschaft vornehmen zu lassen, wiederholte er seine bei der Gründung des Blattes abgegebene Erklärung, aus den in das Blatt investierten Kapitalien keinerlei geschäftlichen Gewinn ziehen zu wollen, sondern, falls sich aus seinem Anteil ein Gewinn ergeben sollte, diesen dem zionistischen Agitationsfond zuzuwenden[19]. Die Verquickung seiner idealistischen Bestrebungen mit der Liquidierung des Kapitals, das er in die „Welt" investiert hatte, war ihm so peinlich, daß er die anwesenden Mitglieder des Aktionskomitees um die Geheimhaltung seiner Erklärung bat.

Die zweite Hälfte des Jahres 1899 war eine Zeit der zionistisch-politischen Windstille. Herzls Anstrengungen um die Reaktivierung seiner Beziehungen zu Konstantinopel waren seit dem Tode seines Helfers Newlinski[20] ins Stocken geraten. Bei den Würdenträgern an der Hohen Pforte galt er als ein Sonderling, den man schröpfen konnte, ohne daß durch ein solches Verhalten ein besonderes Risiko für die Bakschischempfänger entstehen würde. Kontakte mit dem Prinzen von Wales[21] ließen sich nicht herstellen; Lord Salisbury nahm eine abwartende Haltung ein[22]; Leven von der ICA in Paris wiederholte seine zu nichts verpflichtende und nichts besagende Erklärung vom Dezember 1898, daß die ICA mit der zionistischen Bewegung gehen würde, wenn sie den Charter erlangt haben würde, in etwas geänderter, sachlich gleichbleibender Bedeutung, betonte aber gleichzeitig, daß die zionistische Leitung sich vorläufig nicht auf die ICA berufen dürfe[23]. Die ernsthaften und wohlgemeinten Bemühungen des Großherzogs von Baden, Herzl eine Audienz beim Zaren zu verschaffen, blieben erfolglos[24].

Anfang Dezember 1899 schwirrten dann Gerüchte durch die Redaktion der Neuen Freien Presse, daß Dr. Bacher sich von der Herausgabe der Zeitung zurückziehen und seinen Anteil an ihr verkaufen wolle. Herzl sah hier eine einmalige Chance, vom „unterdrückten" Angestellten zum Mitherausgeber dieser großen Zeitung aufzurücken. Die Aussichten waren gut. Seine Verwandten wollten ihm das erforderliche Kapital zur Verfügung stellen[25]. Für Herzl war dieser Schritt so bedeutsam, daß er, der Atheist, bevor er die eigentlichen Verhandlungen begann, seine „guten Eltern besucht und (sich) von ihnen (hatte) segnen lassen zu dem schweren, großen Vorhaben". Er fand es selbst lächerlich, „aber ich empfand das Bedürfnis. Sie gaben mir außer ihrem Segen auch den guten Rat mit, sicher aufzutreten. Und das tat ich." Er begann die Unterhaltung mit Bacher damit, daß er ihm in Erinnerung brachte, daß er vier Jahre zuvor ein Regierungsangebot ausgeschlagen habe[26], weil Bacher ihm damals gesagt hatte, sein Ausscheiden bedeute für ihn eine Kränkung. „Das hat genügt, mich zum Bleiben zu bestimmen, Ich habe dafür nichts verlangt und nichts bekommen."[27] Bacher machte seine Zustimmung zu dem Verkauf an Herzl von dem Einverständnis Benedikts abhängig. Obwohl diese Besprechung also nur präparatorisch war, verursachte sie Herzl bereits die schon bekannten „Herzschmerzen". In den darauf folgenden mehrtägigen Gesprächen mit Benedikt zeigte sich, daß dieser zwar nicht bereit war, Herzl als Teilhaber aufzunehmen, daß er aber doch auch vermeiden wollte, daß Herzl die Neue Freie Presse verließe. Das Ergebnis stellt Herzl so dar:

„Benedikt machte mir die Proposition, ich solle bleiben. Die Herausgeber bewilligen den höchsten Gehalt, den ein Mitarbeiter der Neuen Freien Presse hat — um 3000 Fl. mehr, als Wittmann hat. Ferner wollen sie, wenn ein praktisches Ergebnis der zionistischen Bewegung vorliegt, es unbefangen registrieren. Der ganze literarische Teil der Neuen Freien Presse wird mir zur ausschließlichen Redaktion übergeben. Ich verlangte Bedenkzeit, innerlich entschlossen, anzunehmen.
Was derzeit zu ersiegen war, habe ich ersiegt."[28]

Immer wenn Herzl nicht wußte, welche neuen praktischen Schritte er unternehmen könnte, konzipierte er literarische Ideen[29]. Ein solcher Moment war eingetreten, als am 29. 6. 1899 das Allotment der Bank-Shares vorgenommen worden war. Am 2. 7. schrieb er den ersten Entwurf[30] zu seinem Tendenzroman „Altneuland", der ihn nun während der nächsten drei Jahre in den Stunden der Ruhe begleiten sollte. Dieses Buch löste nach seinem Erscheinen eine heftige Kontroverse aus und offenbarte viele Fehler in Herzls politischem Zionismus. Ich werde weiter unten noch näher darauf eingehen[31].

## III.

In seinem Aufsatz „Die Jagd in Böhmen“[32] hatte Herzl bereits 1897 vorausgesagt, daß die „Schonzeit der Juden“ in Böhmen wohl bald abgelaufen sein würde. Er hatte mit den Worten geschlossen: „... Es kommt ... der Tag, wo man Juden fressen kann. Dann wird es in den Revieren lustig knallen.“ Die Schonfrist lief 1899 ab. In einem Justizverfahren, das sich in seiner Art und nach der Schwere der Rechtsbeugung kaum vom Dreyfus-Prozeß unterschied[33], wurde im böhmischen Polna ein schwachsinniger jüdischer Schustergehilfe, Leopold Hilsner, eines – mit irgendwelchen unbekannten Juden – angeblich kollektiv begangenen Ritualmordes beschuldigt und von dem Gericht in Kuttenberg im September des Jahres zum Tod durch den Strang verurteilt. Neben einigen anderen verlangte damals der spätere Präsident der Tschechoslowakei, Masaryk, in einer – behördlich sofort konfiszierten – Schrift die Revision des Polnaer Prozesses. Der Wiener Kassationshof hob das Urteil zwar auf und verwies das Verfahren an ein anderes Gericht in Böhmen (Pisek). Auch dort wurde Hilsner wiederum zum Tode verurteilt. Das Urteil wurde zwar nicht vollstreckt, aber der zu lebenslänglichem Zuchthaus begnadigte Hilsner wurde erst 1916 amnestiert[34].
Der Polnaer „Ritualmordprozeß“ erregte die ganze europäische Judenheit. Auch die Wiener jüdische Kultusgemeinde sah sich zu einem Protestschritt veranlaßt: zur Abhaltung einer öffentlichen Versammlung. Die Organisatoren setzten sich mit Herzl als dem Leiter der zionistischen Bewegung nicht etwa in Verbindung, um seine Unterstützung zu erhalten, sondern nur um zu vermeiden, daß zionistische Studenten durch ihre Parolen den ruhigen Verlauf der Veranstaltung stören könnten[35].
Was die jüdische Kultusgemeinde befürchtete, war der Beginn einer Massenflucht der Juden aus Böhmen vor allem nach Wien. Die Befürchtung bewahrheitete sich. Im selben Jahr begann aber nicht nur eine Massenflucht aus Böhmen, sondern eine noch viel stürmischere Massenflucht der Juden aus Rumänien. Die Lebensverhältnisse der Juden in diesem Land waren noch schlechter als die in Rußland. Der Historiker Ismar Elbogen[36] schrieb:

„Rumänien schlug den Rekord in der Mißhandlung von Juden. Rußland war brutaler, aber es hatte den Mut, sich zur Brutalität zu bekennen. Rumänien hingegen vollzog kalte Pogrome und wusch seine Hände in Unschuld. Die rumänische Judenpolitik ist immer durch Heuchelei und Verlogenheit gekennzeichnet gewesen."

Es ist hier nicht der Ort für eine Darstellung der rumänischen Judenpolitik am Ende des vorigen Jahrhunderts[37]. Indessen soll erwähnt werden, daß die im Jahre 1895 gegründete rumänische „Antisemitenliga", unter deren Mitgliedern sich Minister und viele obere Beamte befanden, zum mindesten insofern eine echte Vorläuferin des Nationalsozialismus war, als sie durch ihr Statut ihre Ortsgruppen verpflichtete, „alles daran zu setzen, um die Lage der Juden unmöglich zu machen, und sie zur Auswanderung zu bewegen"[38].
Als 1899 in Bukarest, Jassy, Galatz und den anderen insgesamt 71 Orten, in denen Juden wohnen durften[39], Pogrome großen Ausmaßes ausbrachen, setzte eine ungeordnete Massenflucht vor allem nach Österreich und England ein. Österreich reagierte rasch mit einer Grenzsperre. Andere Länder schoben die Einwanderer wieder in ihre „Heimat" (Rumänien) ab, wo sie entweder nicht wieder aufgenommen oder mit schweren Strafen belegt wurden[40].
Die lokalen jüdischen Hilfswerke – vor allem die österreichische Allianz – waren auf eine derartige Katastrophe nicht vorbereitet und versagten[41]. Ein Mann wie Nordau rief in einem offenen Brief, den er in der „Welt" veröffentlichen wollte, die rumänischen Juden „zur Wanderung in Gruppen und in Etappen" auf. Herzl verweigerte den Abdruck. Er sah „ein Desaster" voraus[42] und er irrte sich nicht.

## IV.

Anfang November[43] 1899 zog Herzl eine Zwischenbilanz: Einen nicht unerheblichen Teil seines Vermögens hatte er in die „Welt" investiert und, wie er sich zugeben mußte, dabei bereits „eingebüßt".
Er beschloß, eventuell einen neuen Weg einzuschlagen:

„Wenn ich bis zum vierten Kongreß mit der türkischen Regierung nicht weitergekommen bin, werde ich die Cypern-Sache sous la main vorbereiten, nach London gehen, mit Salisbury sprechen und den Kongreß bestimmen, zunächst nach Cypern zu gehen".[44]

Das „Cypern-Projekt" war an sich nicht neu. Sein Hauptbefürworter war Davis Trietsch[45]. Herzl hatte den Plan von Trietsch an sich für vernünftig gehalten, sich aber außerstande gesehen, sich für ihn einzusetzen, da er die Gegnerschaft der Chovevej Zion nicht herausfordern wollte. Nunmehr, da sich die Judenverfolgungen in dem Grenzgebiet zwischen den deutschsprachigen Ländern und Rußland, vor allem in Böhmen und in Rumänien sehr verschärft hatten, hielt er den Cypern-Plan, wenn auch nicht als End-, so doch wenigstens als Zwischenlösung für empfehlenswert. „Jedenfalls glaube ich, daß wir nach dem nächsten Kongreß praktisch aufs Land, auf irgendein Land gehen werden."[46]

Cypern stand damals unter britischer Verwaltung[47]. Es war daher nur natürlich, daß Herzl dem Beschluß des Aktionskomitees, den vierten Kongreß in London abzuhalten, nicht widersprach. Seine Kontakte mit dem türkischen Hof hielt er dennoch mit Hilfe einer großen „Bakschisch"-Zahlung an den Generalsekretär des türkischen Auswärtigen Amtes, Noury Bey[48], aufrecht, ja, er verstärkte sie noch durch eine neugewonnene Beziehung zu dem — gleichermaßen als Abenteurer wie als Gelehrter — berühmt gewordenen Freund des Sultans, Professor Arminius Vámbéry[49].

Der Kongreß in London — vom 13. bis 16. 8. 1900 — war dem ersten Kongreß in Basel in vieler Beziehung ähnlich[50]. Er war als eine machtvolle Demonstration gedacht, und erfüllte als solche diesen Zweck[51]. Aber er war nicht so spontan wie der erste, und die enthusiastischen Huldigungen, die Herzl erntete, galten nicht mehr dem Führer, sondern bereits dem „ungekrönten Fürsten"[52], dem „sein Volk" die ihm zustehende Ehre erwies. Herzl hatte den Kongreß durch einen vorbereitenden Artikel im Juni in der „Welt" angekündigt, und darauf hingewiesen, daß die Wahl Londons als Kongreßstadt vorgenommen worden sei, weil, „wer zu London spricht, der spricht zur ganzen englischen Kulturwelt"[53].

Es lag ihm daran, das Interesse des „bibelstarken Englands" und „seine Unterstützung — wohlgemerkt: nur die moralische und politische Unterstützung" zu gewinnen[54]. Er forderte daher seine Anhänger auf, alles zu tun, damit der Kongreß zu einer „eklatanten Kundgebung" würde. „Ein schwachbesuchter Kongreß würde die Öffentlichkeit glauben machen, der Zionismus sei in der Abnahme begriffen . . . Es muß gezeigt werden, daß das vielgeprüfte jüdische Volk unverbrüchlich, mutig und treu der Zionsfahne folgt. Wir wanken nicht und weichen nicht, sondern gehen vorwärts!"[55]

In der Tat wurde der Kongreß der bestbesuchte der zionistischen Bewegung. Indessen hätte Herzl selbst fast nicht an ihm teilnehmen können, da er unmittelbar nach seiner Ankunft in London mit hohem Fieber erkrankte[56]. Es gelang ihm dann aber doch, den Kongreß zu eröffnen und zum Teil auch zu leiten. Es war für ihn eine ungeheure physische Anstrengung. Nur seine Willenskraft ließ ihn die Strapaze des Kongresses überwinden. Er selbst schrieb:

„Ich selbst habe bisher keine inneren Erlebnisse (auf dem Kongreß) gehabt.
Das Mass Meeting am Samstag Abend im East-End war mir nichts Neues mehr.
Das Zujubeln der Menge sagt mir nichts.
Eine neue Note war nur die Garden-Party im Botanischen Garten am Sonntag. Das ganze Publikum wälzte sich mir immer in kompakter Masse nach. Ich hätte gern den feinen englischen Garten genossen, wurde aber unter königlichen Ehren erstickt. Sie sahen mir bewundernd zu, als ich eine Tasse Tee trank. Man reichte mir Kinder hin, stellte mir Damen vor; Greise wollten mir die Hand küssen. Ich habe dabei immer die Versuchung zu fragen: ‚Entschuldigen Sie, warum machen Sie das alles?'
Gestern ... übergab ich das Präsidium ... und floh nach Kensington Gardens, wo ich in reizender Landschaft vor einer Wasser-Perspektive eine Tasse Tee in Frieden trank".[57]

Acht Tage später schrieb er: „Der vierte Zionistenkongreß ist zu Ende. Es war viel Lärm, Schweiß und Trommelschlag. „Gearbeitet" wurde natürlich nichts, und dennoch war das Resultat vorzüglich. Wir haben vor der englischen Welt manifestiert, und die Manifestation wurde bemerkt."[58]
Diese Tagebuchnotizen sind offenbar unter dem Einfluß seiner Krankheit geschrieben worden. Sie geben nicht das Echo wieder, das seine Kongreßrede, die zu den besten gehört, die er je gehalten hat, ausgelöst hatte. Nachdem er anerkannt hatte, daß England einer der letzten Zufluchtsorte sei, „wo es noch keinen eingebürgerten Judenhaß gibt"[59], warnte er davor, England als ein Fluchtziel für Vertriebene zu betrachten, da eine Wanderung nach diesem freien Land mit Naturnotwendigkeit auch dort den Antisemitismus auslösen würde. Er betonte, daß der zionistische Kongreß nur nach London gekommen sei, um hier „für einige Tage das Nomadenzelt unserer Diskussionen aufzuschlagen, weil wir die Lösung der Judenfrage öffentlich erörtern wollen"[60]. Er zitierte dann das Basler Programm von 1897, und seine eigene Rede auf dem zweiten Kongreß[61], und fuhr fort:

„England, das große England, das freie England, das über alle Meere blickt, wird uns und unsere Bestrebungen verstehen. Von hier aus wird die zionistische Idee ihren Flug noch weiter und höher nehmen, dessen dürfen wir sicher sein".[62]

Nach diesen Worten trat er in den innerjüdischen Kampf ein. Er stellte sich der Frage, ob die zionistische Bewegung bereits „den Charter zur Besiedlung von Palästina erhalten" habe und beantwortete sie mutig mit Nein. Die Frage, ob die Hoffnung für die Erlangung des Charters berechtigt sei, hingegen beantwortete er ebenso klar mit Ja. Dann aber ging er zum Angriff über und fragte, was denn die großen Komitees, Sammlungen und Stiftungen ihrerseits mit ihren enormen Fonds an praktischer Arbeit geleistet hätten. „Heraus mit den Leistungen! Wir möchten sie gerne bewundern und ihnen im Namen der Armen danken ... Wo war das bisherige offizielle Judentum, wo waren die protokollierten Großen Israels, die Stützen der Gemeinschaft?" Und er beantwortete diese Frage:

„Ein paar tausend Flüchtlinge wurden mit Ach und Weh weitergeschoben — und dann erklärte man sich unfähig, noch etwas zu tun. Die Nachfolgenden wurden zu Hunderten unter Anwendung von Waffengewalt zusammengestoßen und in Extrazügen wieder an die Grenze zurückgeworfen, der sie unter Weherufen entkommen waren. Diese Extrazüge waren die letzte Anstrengung der Barmherzigkeit.
Wir hatten unter unseren Argumenten für den Zionismus bisher ein sehr starkes in dem Bankbruche der Assimilation. Wir haben da ein neues bekommen: die Insolvenz der Wohltäter".[63]

Schließlich nahm er Stellung zu dem Vorwurf, die Zionisten hätten „diese jammervolle Wanderung (aus Rumänien) angezettelt", um Agitationsstoff zu bekommen. „Wir erklären dies hiermit für eine Unwahrheit."[64] Aber er betonte auch, daß die zionistische Bewegung keine wohltätigen, sondern politische Zwecke verfolge.

„... diese Katastrophe, die schwerlich die letzte gewesen ist und überhaupt noch andauert, soll auch uns Zionisten eine ernste Mahnung sein. Wir dürfen uns nicht damit begnügen, dies als eine Bestätigung der Richtigkeit unserer Theorien anzurufen. Wir müssen auch Praktisches daraus folgern. Nicht mehr sollen in der Zukunft solche verzweifelte Auswanderer auf die unsichere Gnade der Wohltäter angewiesen sein."

Er rief den Kongreß außerdem zur Schaffung geeigneter wirtschaftlicher Organisationen auf[65]. Seine Angriffe auf die „protokollierten Großen Israels, die Stützen der Gemeinschaft"[66], waren berechtigt. Die Leiden der rumänischen Juden waren den großen jüdischen Philanthropen und, mehr noch, den großen jüdischen Wohlfahrtsinstitutionen seit langem bekannt. Schon dem ersten Basler Kongreß (1897) hatten Petitionen von 50 000 rumänischen Juden, also ungefähr einem Fünftel der rumänisch-jüdischen Bevölkerung vorgelegen, die um Hilfe riefen, weil sie ihr Los nicht weiter ertragen konnten. „Und sie haben es noch drei Jahre ausgehalten. Drei Jahre eines Massenelends, von dem man sich heute eine schaudernde Vorstellung machen kann, da man sie endlich wandern sieht."[67] Herzl hatte immer wieder — zuletzt in einem ausführlichen und sehr anerkennenden Aufsatz über „Rothschilds Kolonien"[68] — auf die Mißerfolge der philanthropischen Bemühungen des „bekannten Wohltäters" (Edmund Rothschild) hingewiesen, dem es aber trotz des Aufwands von Millionen nur gelungen sei,

„470 Familien, sage und schreibe, vierhundertsiebzig jüdische Familien in Palästina anzusiedeln ... In einer einzigen Gasse in Krakau oder Bukarest oder Warschau oder im East-End in London oder in New York wohnen mehr hilfsbedürftige Familien, die an der Judennot hinsiechen. Und nicht einmal diesen 470 Treibhausfamilien, die von Edmund Rothschild angepflanzt wurden, war er imstande zu helfen. Denn die Hilfe wäre erst dann vollständig gewesen, wenn diese Kolonisten zur Selbständigkeit gelangt wären."[69/70]

Natürlich waren die Verwalter der großen Wohlfahrtsfonds weder damals noch später verpflichtet, Herzls Mahnungen zu beachten oder seine zionistischen Lehren zu befolgen. Aber sie hätten von sich aus die besonderen Verhältnisse der rumänischen Massenflucht, die sich langsam vorbereitet hatte, prüfen und vor allem zum Anlaß rechtzeitiger geeigneter finanzieller Maßnahmen machen müssen[71]. Sie hatten das versäumt, auf ihrem traditionellen Standpunkt der Almosenverteilung beharrt und nur dafür Sorge getragen, daß das ihnen anvertraute Kapital unangetastet erhalten blieb. Die Leiden ihrer Schutzbefohlenen waren daher zum Teil auch ihre Schuld, und Herzl war berechtigt, durch seinen Vertrauten, Alex Marmorek in Paris, die maßgebenden Leute der ICA dort darauf hinzuweisen, daß „die Desperados aus Rumänen in solcher Verzweiflung seien, daß sie am Ende die détenteurs des fonds publics juifs persönlich haftbar machen würden für deren Zögern, sich uns anzuschließen"[72].
Herzls Botschaft an die „ICA-Leute" mit all den in ihr enthaltenen Drohungen erhält eine besondere Note, wenn man sich vergegenwärtigt, daß Herzl von dem Gedanken geleitet wurde, daß es diese Gruppe reicher jüdischer Assimilanten gewesen sei, die die Sperrung der Grenze nach Österreich vor den rumänisch-jüdischen Flüchtlingen veranlaßt hätte[73].
Die Vermutung war nicht unberechtigt. In der Tat hatte ein Briefwechsel mit sehr belastendem Material zwischen der Budapester Kultusgemeinde auf der einen, der Wiener Kultusgemeinde und der (österreichischen) „Allianz" auf der anderen Seite stattgefunden. Die „Welt" veröffentlichte diesen Briefwechsel Anfang November 1900[74]. Für die „Allianceler und Kultusleute" war diese Situation mit Recht peinlich, da die Wahlen zur jüdischen Kultusgemeinde bevorstanden. Sie hat ihnen indessen nicht geschadet. Die zionistischen Kandidaten wurden nicht gewählt[75].
Dieser Kleinkrieg auf einem Nebengebiet füllte Herzls rastlosen Geist nicht aus. Die großen Ziele und die großen „Judennöte" beschäftigten ihn mehr. So konzipierte er, ausgelöst durch das Unglück des „rumänischen Exodus", noch vor dem Londoner Kongreß eine neue, ebenso phantastische wie kaum durchführbare Idee: die einer „Notfallversicherung", durch welche „den Geplünderten eines Judenexzesses ein Recht auf die

zur Übersiedlung nötige Mindestsumme" gegeben werden sollte. In Analogie zum Unfallversicherungswesen sollten die Geschädigten 200 Gulden pro Person (oder Familie) erhalten, die „durch die Wohltäter nicht aufzutreiben waren". Die Grundlage seiner Berechnung war, daß unter hundert Personen oder Familien vielleicht einer notleidend werden könnte, so daß ein Versicherungsbetrag von 2 Gulden ausreichend wäre[76].
Es war eine echt Herzlsche Idee, dem die praktischen Kenntnisse im Versicherungswesen fehlten[77].

## V.

Herzl erholte sich von seiner Londoner Erkrankung nur langsam und war oft „energielos", zumal ihn die dauernden und schweren Geldopfer, die er immer noch für die Bewegung aufzubringen hatte, bedrückten[78]. An Tagen solcher Depressionen quälten ihn Erinnerungen an Fehler, die er gemacht hatte, und ebenso die Erinnerung an solche, die er nur gemacht zu haben glaubte. Auffallend ist, daß es nicht seine wirklichen Fehler waren, die ihm bei diesen Gelegenheiten einfielen, nämlich seine bis zur Arroganz gesteigerte Selbstsicherheit, sein despotisches Verhalten gegenüber seinen Mitarbeitern und seine Uneinsichtigkeit im Umgang mit Fachleuten[79]. Statt dessen machte er sich Vorwürfe, daß er den Kaiser nicht „an der Schwelle unserer Stadt Jerusalem erwartet und begrüßt", und daß er dem Großherzog von Hessen „nicht höflich und höfisch genug" geschrieben hätte . . .[80]
Nach seiner Genesung bestand plötzlich Aussicht auf eine Türkenanleihe in Höhe von 700 000 bis 800 000 Pfund[81]. Sofort war er wieder der frühere Herzl voller Energie und phantastischer Pläne. Das Anleiheprojekt war für Herzl überhaupt nur ein Mittel, um endlich zum Sultan gerufen und mit ihm über die Gewährung eines „Charters" sprechen zu können:

„Mein Feldzugsplan für den Plan der Berufung zum Sultan ist bereits lange fertig.
Ich lasse sofort Wolffsohn und Katzenelsohn hierher kommen. Wolffsohn muß zu Kann nach dem Haag, ihn fragen, ob er eventuell die £ 700 000 à 6% bei holländischen Bankiers placieren kann. Zum Lohn lasse ich ihn wieder in die Kolonialbank.
Katzenelsohn muß den gleichen Versuch bei Poljakow, Brodsky usw. machen.
Während ich nach Konstantinopel reise, reisen sie nach Haag und Petersburg, so daß ich ihre Depeschen bei meiner Ankunft habe.
Kokesch schicke ich nach London, um die Ausfertigung von 50 000 Inhabershares zu betreiben, die dann sofort nach Rußland zum Verkauf geschickt werden.

Alle Vertrauensmänner werden zur Einberufung von Versammlungen aufgefordert.
Am Tage, wo meine Audienz beim Sultan bekannt wird, müssen 1000 Volksversammlungen mit Sharesubskriptionen stattfinden.
Oskar Marmorek wird nach Pest geschickt, um Vámbéry aufzufordern, mit mir nach Konstantinopel zu fahren.
Kremenezky fährt mit mir nach Konstantinopel.
Alex Marmorek hat ICA und Edmund R. vorzubereiten, daß ich nach Paris kommen werde.
Die English Federation wird für den Tag meiner Ankunft in London von Konstantinopel einberufen.
I am ready".[82]

Und — wie erwachend aus einem Traum — schließt er diese Notiz mit den Worten: „Und jetzt wird wahrscheinlich nichts daraus werden." Er hatte nur zu recht damit.

Es war bezeichnend für Herzl, daß ihm die Höhe der Anleihe ebensowenig Gedanken verursachte wie die Tatsache, daß sie für einen bankrotten Staat bestimmt war, der sich seit Jahren eine geradezu entwürdigende Finanzkontrolle anderer Länder gefallen lassen mußte. Für ihn war die Hauptsache die Audienz beim Sultan und die Erörterung des Charters mit ihm.

Daß er seinen ehemaligen Freund und Mitarbeiter Kann noch vor weniger als einem Jahr schwer gekränkt hatte[83], daß er dessen korrektes Verhalten in eine geradezu verräterische Obstruktion umgedeutet hatte, daß er ihn aus der Bank verdrängt hatte, weil er verhindern wollte, daß seine (Herzls) „Jüdische Kolonialbank" zu einer Bank „Lourie & Kann" werden würde, hatte er bereits vergessen. Jetzt wollte er ihn wieder in die Kolonialbank „hineinlassen", als ob dies eine besondere Ehrung für den Inhaber einer hochangesehenen, bereits seit 80 Jahren bestehenden Bank wäre[84]. Dieser Selbstbetrug Herzls wäre an sich schon psychologisch interessant. Erstaunlicher aber ist, daß Kann der Anregung Herzls entsprach und diesem eine offizielle Offerte für die Türkenanleihe gemäß den Herzlschen Bedingungen machte[85]. Daß diese Transaktion von der Türkei nicht wirklich ernst gemeint, sondern von vornherein für den Sultan nur ein Mittel gewesen war, von einer anderen Finanzgruppe ein besseres Angebot zu erhalten, sah Herzl später selber ein[86]. Der Sultan hatte keine Hemmung, die Naivität Herzls auszunutzen. Für eine besondere Rücksichtnahme auf Herzls Wünsche lag ja auch kein Grund vor. Außerdem hatte Vámbéry Herzl gewarnt. Er hatte ihm rechtzeitig geschrieben: „Ihm (dem Sultan) ist alles Wurst, er will nur Geld und Macht haben."[87] Und ein anderes Mal hatte er ihm sogar gesagt: „Der Kerl ist total verrückt und ein Räuber."[88] Aber Herzl war das gleichgültig gewesen. Ihm war es allein und ausschließlich auf die Audienz beim Sultan angekommen, die er dann auch erreichte – aber ohne seinem Ziel, dem Charter für Palästina, auch nur einen Schritt näher zu kommen[89].

## VI.

Etwa zur selben Zeit – sozusagen als ein Zwischenspiel – wickelte sich ein anderes Projekt ab, das, wenn es sich verwirklicht hätte, Herzls Leben sowohl als Zionist wie als Journalist von Grund auf hätte umgestalten können.

Im Februar 1900 war Herzl durch seinen Kollegen bei der Neuen Freien Presse, Dr. Ehrlich, bei dem österreichischen Ministerpräsidenten, Dr. von Koerber, eingeführt worden, weil einige Statthaltereien die Fortsetzung der Subskriptionsaktion für die Jüdische Kolonialbank untersagt hatten und Herzl „an oberster Stelle" intervenieren wollte[90]. Im Anschluß an die damalige Unterredung hatte sich im Laufe der Zeit eine persönliche Beziehung zwischen Koerber und Herzl entwickelt, die dazu führte, daß Koerber sich von ihm in Regierungsangelegenheiten beraten ließ[91]. Herzl fand bei Koerber auch Verständnis für seine zionistischen Pläne[92].

Anfang Oktober hatte Koerber dann Herzl rufen lassen, angeblich um sich mit ihm „nur im allgemeinen" zu unterhalten[93], in Wirklichkeit um ihn auszuhorchen, ob und wie eine regierungsoffiziöse Zeitung zu schaffen wäre. Wenige Tage später erfuhr Herzl von Ehrlich, daß Koerber ihn „im Zusammenhang mit einer zu schaffenden Zeitung" über Herzls Fähigkeiten befragt habe[94]. Ehrlich hatte wahrheitsgemäß geantwortet, daß er Herzl zwar als Stilisten kenne, aber nicht wisse, ob er eine Zeitung machen könnte, auf jeden Fall dürfte man aber nicht vergessen, daß Herzl den Zionismus repräsentiere.

Damit ruhte die Angelegenheit für einige Wochen.

Anfang Januar 1901 tauchte das Projekt dann aber erneut auf. Es stellte sich heraus, daß sich die Regierung gezwungen sah, einen von der liberalen Neuen Freien Presse bekämpften Kurs einzuschlagen und entweder diese einflußreiche Zeitung zu kaufen oder ein eigenes Journal großen Stils herauszugeben. Als Herzl sich dann bereit erklärte, mit dem Vertrauensmann der Regierung, Graf Auersperg, zu sprechen, waren die Vorverhandlungen mit Koerber abgeschlossen, und ernsthafte Sachverhandlungen begannen[95].

Herzl hoffte sehr, daß nach den wiederholten Fehlschlägen, die er mit Zeitungsgründungen seit 1896 erlebt hatte, wenigstens dieses Projekt nun gelingen würde. Es zeigte sich bei dieser Gelegenheit, daß Herzl – wie er dem Grafen Auersperg lachend gestand – wirklich kein Kaufmann war[96]. Was ihm fehlte, war das Gefühl für die Grenze des Erreichbaren. Er kannte seinen Wert als Journalist in Wien, er wußte, daß die N. F. P. auf den Namen Herzl in ihrem Journal nicht würde verzichten wollen, besonders dann nicht, wenn die Gefahr bestand, daß dieser Name plötzlich in einem anderen Journal auftauchen würde[97]. Er dachte nicht daran, daß das geplante neue Zeitungsunternehmen für seine Finanziers zunächst nur ein Risiko darstelle, daß diese keine Journalisten waren, daß sie Herzl höchstens als Feuilletonisten kannten und sich bei seinen außerordentlichen Forderungen fragen würden: „Wer ist denn der Mann? Ist er denn von Gold?"[98] Herzl erklärte den Finanziers ganz offen, daß er für die Zukunft seiner Kinder sorgen wolle, daß ein Geschäft wie das geplante nur einmal im Leben vorkomme, daß, wenn man es mache, es gelingen müsse, und schließlich, daß man, wenn es gelänge, auch etwas davon haben müsse[99]. Diese persönlichen Argumente interessierten die Geldgeber natürlich nicht. Und so zerschlug sich das Projekt.

Dem objektiven Beobachter – zumal dem aus einer späteren Zeit – muß das Mißlingen dieses Zeitungsplanes als ein Glück für Herzl erscheinen. Die ganze Situation war abnorm. Einer der Unterhändler, der Großindustrielle Arthur Krupp, ein Mitglied des österreichischen Herrenhauses, formulierte dies ganz richtig folgendermaßen:

„Wir wollen weder ein Antisemitenblatt, noch (mit Betonung) ein Judenblatt. Daß wir keine Klerikalen sind, geht schon daraus hervor (mit einem lachenden Blick auf den Grafen), daß wir Protestanten sind."

Und Herzl, damals noch am Zustandekommen der Zeitung interessiert, fügte in seinem Tagebuch hinzu:

„Und das ist die wunderlich amüsante Situation, daß in diesem Österreich des Niedergangs die protestantische Industriemacht, durch Vermittlung eines katholischen Grafen von der Regierung, mit einem Juden verhandelt, zur Schaffung eines Organs der öffentlichen Meinung. Und noch wunderlicher ist, daß nur dieser jüdische Jude imstande ist, ein reines anständiges Organ zu schaffen, und daß er das auch tun will".[100]

Er unterließ es hinzuzufügen, daß er an diesem Projekt in Wirklichkeit nur aus zwei persönlichen Gründen interessiert war, weil er – wie er es nannte – aus der „Sklaverei unter Benedikt" frei werden wollte, und ferner, weil er mit diesem Publikationsorgan zu einem Instrument kommen wollte, durch das er seine zionistischen Pläne der Öffentlichkeit unterbreiten und auf die Zustimmung der Regierung rechnen konnte. Da der Haupt- und offizielle Zweck der Zeitungsgründung aber ein österreichisch-innenpolitischer war, hätten sich aus dieser Situation notwendigerweise bereits nach kurzer Zeit die schärfsten Reibungen ergeben müssen, die entweder dazu geführt hätten, daß Herzl diese „Neue Zeitung"[101] wieder verlassen hätte, oder daß er an diesem Konflikt zugrunde gegangen wäre.

## VII.

Die erste Begegnung zwischen Herzl und Vámbéry, dem Vertrauten des Sultans, im Juni 1900[102] hatte zwar in großer Freundschaft geendet, aber doch „im Ungewissen, ob er (Vámbéry) was tun wird"[103]. Herzl schrieb ihm daher noch auf dem Rückweg von der Unterredung einen ebenso freundschaftlichen wie drängenden Brief[104], den er in einem Stil abfaßte, der komisch wirken würde, wenn der Leser nicht aus jedem Wort Herzls beklemmende Angst erkennen könnte, daß sich auch Vámbéry, wie vor ihm Newlinski, Noury, Crespi u. a. als eine Niete erweisen würde. Er überschrieb den Brief mit der vertraulichen und ehrenden Anrede Kedves Vámbéry bácsi (= lieber Onkel Vámbéry), und fuhr fort „zsidóember" (= jüdischer Mann), Sie sind einer, und ich bin auch einer, darum haben wir uns so schnell und voll verstanden – vielleicht noch mehr im Menschlichen als im Jüdischen, obwohl dieses bei uns beiden stark genug ist..." Er verwendet dann im Kontext hebräische Worte, obwohl seine Hebräischkenntnisse fast gleich Null waren[105], und auch jiddische Worte, obwohl er diese Sprache, die er die „verstohlene Sprache von Gefangenen" nannte, fast ebensowenig kannte, und es zu seinem Programm gehörte, das Jiddische im Judenstaat in ein reines Deutsch umzugestalten[106]. Er appellierte an Vámbéry, der Religionen wiederholt gewechselt hatte, in seine Autobiographie ein Kapitel aufzunehmen: „Wie ich die Heimkehr der Juden, meines Volkes, vorbereiten half." Und wenige Tage später, nachdem Vámbéry ihm in ähnlichem Stil geantwortet und ihn auf die Schwierigkeiten hingewiesen hatte, die einer baldigen Bewilligung der Audienz beim Sultan entgegenstünden, bedrängte er ihn erneut:

„Ihr erstes Wort war, Sie seien kein Wonz-Melamed[107]. Für einen Tatmenschen halte ich Sie auch wirklich, für einen Mann meiner Rasse, der ich alle Energie zutraue.
Disraeli sagte einst zu einem jungen Juden: ‚You and I belong to a race who can do everything but fail'.
My dear Vámbéry bacsi! we can do really everything, but we must be willing.
Wollen Sie, Vámbéry bacsi!"[108]

Mit dieser Hartnäckigkeit drängte er weiter, bis ihm Vámbéry im September 1900 das Ehrenwort gab, er würde bis Mai 1901 vom Sultan empfangen werden. Herzl war damals von all den gescheiterten Versuchen völlig erschöpft und vermerkte in seinem Tagebuch:

„Ich verstehe zwar nicht ganz, wie er darauf, was nicht von ihm abhängt, sein Wort geben kann. Ich muß aber mit allem zufrieden sein".[109]

Vámbéry hielt sein Wort; für Herzl war es eine fast unerträgliche Zeit des Wartens. Schließlich entschloß er sich, auf jeden Fall Anfang Mai 1901 zunächst nach Budapest zu fahren, um mit Vámbéry zu sprechen und dann nach Konstantinopel weiterzureisen. Was ihm Vámbéry bei dieser Gelegenheit berichtete[110], war keineswegs erfolgversprechend. Der mißtrauische Sultan gestattete nicht einmal, daß Vámbéry bei der in Aussicht genommenen Audienz als Dolmetscher fungieren dürfe. „Es könnte zu Kombinationen Anlaß geben, die ihm (dem Sultan) unbequem werden könnten."[111]

Herzl beendete seinen Bericht über die Unterhaltung mit Vámbéry mit den Worten: „Ich fragte V., ob der Sultan eine persönliche Bemerkung über mich gemacht habe." Vámbéry antwortete ihm darauf zu Herzls Überraschung: „Er kennt Ihren Namen gar nicht[112]. Es warf dies ein eigenartiges Licht auf den 1899 verstorbenen Ritter von Newlinski, der Herzl viel Geld für seine angeblichen Bemühungen, Herzl eine Audienz beim Sultan zu verschaffen, gekostet hatte.

Herzl bezeichnete diese Äußerung Vámbérys als „das Wichtigste" der ganzen Unterhaltung. In der Tat läßt sie die erste Reise Herzls nach Konstantinopel – im Jahre 1896 – in neuem Licht erscheinen. Damals hatte Herzl von der Reise einen Orden als „zeigbares Zeichen" mitgebracht[113]. Diesen Orden verdankte er Newlinski[114]. Hatte er ihn damals – wie er geglaubt hatte – als Chef der Zionistischen Organisation erhalten? Oder vielleicht nur als Redakteur der Neuen Freien Presse, der den Großwesir interviewt hatte? Das erstere wäre für Herzl wichtig gewesen. Es hatte der Beweis sein sollen, daß er am Hofe des Sultans als Oberhaupt der zionistischen Bewegung tätig gewesen war. An einem Orden, den er als Interviewer des Großwesirs erhalten hätte, wäre Herzl nichts gelegen gewesen. Auch das gehört mit zu den Rätseln, die Newlinski mit ins Grab genommen hat[115].

## VIII.

Herzl war anfänglich fest davon überzeugt, daß es ihm in einer Audienz beim Sultan gelingen würde, diesem Despoten die Vorteile eines Abkommens zwischen ihm und dem jüdischen Volk so verständlich zu machen, daß die Gewährung eines durch einen Charter gesicherten Niederlassungsrechtes der Juden in dem armseligen und vernachlässigten Palästina gegen Sanierung der desolaten türkischen Finanzverhältnisse erreichbar sein müßte. Inzwischen aber waren schon so viele Finanzpläne aufgetaucht und wieder zerronnen, daß er nicht mehr so zuversichtlich war. Im Zug nach Konstantinopel trug er als eine Art „Trost und Dämpfung" einen Spruch in sein Tagebuch ein, den er im Laufe des letzten Jahres noch oft verwenden sollte, „que rien n'arrive, ni comme on le craint, ni comme on l'espère"[116].

Bereits wenige Tage nach seiner Ankunft in Konstantinopel wurde er vom Sultan in einer Privataudienz empfangen[117]. Die Audienz erscheint uns heute operettenhaft. Vor ihrem Beginn erhielt Herzl den „Großkordon" des Medschidije Ordens. In der Unterredung selbst führte er – in Anlehnung an die Legende von Androklus und dem Löwen – aus, daß er (als Androklus) vielleicht in der Lage sei, dem Löwen (dem Sultan) den schmerzenden Dorn (dette publique) zu entfernen. Allerdings müsse er die Unterstützung des Sultans haben und zwar durch „eine besonders judenfreundliche Maßregel", die in geeigneter Weise kundzumachen sei[118]. Der Sultan, ganz im Stile des Händlers im arabischen Basar, der mit einem unannehmbaren Angebot beginnt, hatte sofort angeboten, seinem Hofjuwelier „etwas Judenfreundliches mit dem Auftrag, es in die Blätter zu setzen" zu sagen. „Auch habe er einen Oberrabbiner für seine Juden, den Chacham Baschi. Dem könnte er auch etwas sagen"[119]. Herzl lehnte beides ebenso höflich wie bestimmt mit den Worten ab: „. . . Ich möchte dem türkischen Reich die tätigen Sympathien der Judenheit zuwenden. Die Kundgebung müßte daher einen imposanten Charakter haben."[120]
Die Audienz endete nach zwei Stunden ohne konkretes Ergebnis. Der Sultan ließ Herzl ersuchen, sich zunächst mit der Beseitigung der dette publique zu beschäftigen, und versprach – was ihm nur angenehm sein konnte – die Verhandlungen „sekret" zu behandeln, und „die judenfreundliche Kundgebung in dem von mir (Herzl) zu bezeichnenden Moment" zu erlassen[121].
Herzl war von der Audienz erschöpft, aber auch beglückt. Es war ihm zum ersten Mal gelungen, beim Sultan als Sprecher des jüdischen Volkes aufzutreten. Und er spürte, daß der Sultan für ihn Sympathie empfand[122]. Der Grad der Achtung, die die beiden Männer vor einander hatten, war allerdings nicht gleich. Nach einer Erinnerung Vámbérys aus dem Jahr 1910 soll der Sultan gesagt haben: „Dieser Herzl sieht ganz wie ein Prophet, wie ein Führer seines Volkes, aus. Er hat sehr kluge Augen, spricht behutsam und klar."[123]

Herzls Ansichten über den Sultan waren weniger schmeichelhaft. Er schrieb als erste Eintragung nach der Beendigung seiner Reise:

„Mein Eindruck vom Sultan war, daß er ein schwacher, feiger, aber durch und durch gutmütiger Mensch ist. Ich halte ihn weder für tückisch noch für grausam, sondern für einen tief unglücklichen Gefangenen, in dessen Namen eine räuberische, infame, verlumpte Kamarilla die äußersten Schändlichkeiten begeht... Abdul Hamid Khan II. ist ein Sammelname für das schuftigste Spitzbubengesindel, welches jemals ein Land unsicher und unglücklich gemacht hat Ich habe nie die Möglichkeit einer solchen troupe de malfaiteurs auch nur geahnt. Die Ehrlosigkeit der Trinkgeldnehmerei, die an den Toren des Palastes beginnt, und erst an den Stufen des Thrones aufhört, ist wahrscheinlich noch das Schlimmste nicht. Alles ist Geschäft, und jeder Beamte oder Funktionär ist ein Gauner. Wenigstens höre ich das von allen Seiten, und was ich von der Wirtschaft kennengelernt habe, läßt mich glauben, daß es keine Verleumdung ist.
Ich kann diese anonyme Bande von Strolchen nur einem giftigen Schlangenbündel vergleichen. Die schwächste, kränkste und unschädlichste Schlange hat ein Krönlein auf. Aber die Heeresschlange hat eine so merkwürdige Struktur, daß es aussieht, als wäre das gekrönte Haupt dasjenige, was alles beißt und vergiftet...
Und um diesen Namen ist aller Schrecken verbreitet, den nur ein raffiniert grausamer Verbrecher auf dem Thron verbreiten kann, während doch die Verbrecher um den Thron herum sind".[124]

Er hat vielleicht nicht gewußt, daß Abdul Hamid, der das Ottomanische Reich als absoluter Monarch beherrschte, bereits nach der Massenauswanderung, die den Pogromen des Jahres 1881 in Rußland folgte, im Jahre 1882 ein Einwanderungsverbot erlassen hatte, und daß der Sultan damals im Verhandlungswege nur bereit war, die Einwanderung rumänischer Juden, — die früher türkische Staatsangehörige gewesen waren — zuzulassen, und auch nur für kleine und zerstreute jüdische Siedlungen in den Vilajets Aleppo und Aden, jedoch nicht in Palästina. Wohl aber wußte er, daß derselbe Sultan im Jahre 1900 — zur Zeit der Massenflucht aus Rumänien — die europäischen Mächte zweimal um eine Intervention gegen die Einwanderung jüdischer Flüchtlinge ersucht hatte[125].
Herzl konnte sich nicht vorstellen, daß die lächerliche Person, die er in seinem Tagebuch ausführlich beschreibt[126], wirklich der allmächtige Sultan sein sollte. „Aber wer ist der wirkliche Schuft hinter der grotesken Maske dieses armen Sultans?"[127]. Auf diese Frage fand er keine Antwort. Er hatte auch keine Zeit, sich mit ihr zu beschäftigen, denn er stand immer noch am Anfang seiner Tätigkeit. Ursprünglich hatte er ja geglaubt, es genüge, die großen Mächte um ein Stück Land zu bitten, und dort den Judenstaat zu errichten[128]. Diesen Traum hatte — für Palästina — schon Ziad Pascha, den er auf seinem ersten Weg nach Konstantinopel im Orient-Expreß traf, zerstört[129]. Und Newlinski hatte später Ziads An-

sicht bestätigt, als er ihm vom Sultan berichtete, daß dieser „eine Vivisektion seines Reiches" nicht erlauben würde[130]. Auch die Idee einer unter deutschem Protektorat stehenden Chartered Company war nach dem Empfang durch den Kaiser Wilhelm in Jerusalem zerronnen[131]. Und nun hatte ihn Vámbéry vor dem Antritt seiner Reise nach Konstantinopel noch ausdrücklich gewarnt, vom Zionismus auch nur zu sprechen. Das sei eine Phantasmagorie[132]. Mit der Audienz könne er nur erreichen, daß „der Zionismus fortexistiert ... Sie müssen Zeit gewinnen und den Zionismus fortfristen"[133]. Aber gerade das war etwas, was Herzl nach seinem Charakter und seinem Programm[134] nicht konnte. Er wollte schnell zu einem Erfolg kommen.

Sein Optimismus täuschte Herzl über die Erfolglosigkeit seiner Bemühungen in Konstantinopel hinweg. Als er am Tage vor seiner Rückreise noch eine Unterredung mit zweien der höchsten Beamten des Sultans[135] hatte, war zum ersten Mal die Rede von einer Judeneinwanderung in die Türkei als Teil der finanziellen Transaktion. Die Bedingungen, die dem Sultan vorschwebten, wären für Herzl in jedem Fall unannehmbar gewesen. Im Augenblick aber hatten sie nur den Charakter einer Sondierung, mit wie wenig Herzl sich zufrieden geben würde. So ließ der Sultan verlangen, daß neueinwandernde Juden die Niederlassungsbefugnis nur bekommen sollten, wenn sie auf ihre bisherige Nationalität – und den damit verbundenen Rechtsschutz – verzichten würden, wenn sie gegebenenfalls im Heere dienen würden und vor allem, wenn sie sich nicht in größeren Gruppen und keinesfalls in Palästina ansiedeln würden. Herzl seinerseits verlangte die Überlassung eines „inkulten Terrains" an eine noch zu gründende große Landgesellschaft, der die für die Ansiedlung von Juden erforderlichen Konzessionen zu gewähren wäre. Er war absichtlich vage, denn „zum Ausbau der Sache wird ja noch in späteren Verhandlungen Zeit sein, und mit Gold werden alle Bedenken ... zu beseitigen sein". Den ersten Schritt zur Verwirklichung seines Traumes glaubte er jedenfalls erfolgreich getan zu haben. Allerdings fügte er hinzu:

„Damit sind wir tatsächlich in die Verhandlungen über den Charter eingetreten. Es wird nur noch Glück, Geschick und Geld notwendig sein, um alles durchzuführen, was ich entworfen habe.
In dem jetzigen Stadium gebe ich der Erteilung des Charters mehr den Charakter einer Gefälligkeit, die man uns erweist, um unsere Sympathien für das türkische Reich zu erwecken ...
Viel Zeigbares ist in diesen Resultaten noch nicht, und doch erkenne ich schon heute darin den Embryo des Ganzen."[136]

## IX.

In den folgenden Monaten aufreibender Arbeit zeigte sich, daß Herzl – um die Worte des vorstehenden Zitats zu verwenden – vielleicht das „Geschick" besaß, das erstrebte Ziel zu erreichen, aber weder das „Glück" noch das „Geld" dazu hatte.

Er begann seine Kampagne zunächst mit dem Versuch, seine Arbeitsbedingungen bei der Neuen Freien Presse so zu gestalten[137], daß er weder an Dienststunden noch an einen Dienstort gebunden war. Nach dem Erfolg hinsichtlich seines Gehalts und der Position in der Redaktion des Blattes, die er erreicht hatte[138], glaubte er leichtes Spiel zu haben. Er täuschte sich[139].

Die nächste Schwierigkeit bereiteten ihm „die russischen Chovevej Zion". Als eine besondere Gruppe innerhalb der zionistischen Bewegung gab es sie zwar nicht; aber sie waren untereinander durch Sprache und Lebensgewohnheiten und vor allem durch eine ihnen gemeinsame Ideologie eng verbunden und standen in Gegnerschaft zu den westeuropäischen Zionisten, deren Repräsentant Herzl war. Sie erkannten ihn zwar als Führer an, bewunderten ihn als Persönlichkeit, belächelten aber und mißbilligten sein ihnen unverständliches merkwürdig „a-jüdisches" Assimilantentum. Sie hatten schon beim ersten Kongreß in Basel durch ihr eigentümliches Verhalten Herzls Mißtrauen erregt[140]. In Rußland, wo die Polizeibehörden eine fast absolute Macht besaßen, gegen die es keinen Rechtsschutz gab, waren sie dazu erzogen worden, alles möglichst geheim zu halten, sich nur Freunden anzuvertrauen und – da sie ja nicht nur rechtlos, sondern auch machtlos waren – debattierten sie über alles endlos und erreichten nichts.

Herzl, dem all dies fremd war und der durch den Kongreß ja gerade eine öffentliche, internationale Diskussion eröffnen wollte[141], hatte damals mißtrauisch vermerkt: „Den ganzen Tag fanden gestern Konventikel der Russen statt – die beraten, ich weiß nicht worüber." Sein Freund Wolffsohn, der erst im Lehrlingsalter aus dem zaristischen Rußland nach Deutschland eingewandert war und infolgedessen die Mentalität der russischen Zionisten kannte, vermutete „Streit und Parteiungen"[142]. Der Kongreß war dann in Hochstimmung verlaufen und hatte zu einer Gefühlsgemeinschaft geführt, die keinerlei Gegnerschaft aufkommen ließ. Diese Hochstimmung war aber bald der Kritik – besonders unter dem Einfluß von Achad Haám und den „alten praktischen Zionisten" wie Ussischkin – gewichen. Weizmann drückte dies mit folgenden Worten aus:

„Wir liebten Herzl und bewunderten ihn, und wir wußten, daß er eine Macht war in Israel. Aber wir opponierten ihm innerhalb der Bewegung, weil wir fühlten:

die jüdischen Massen brauchten mehr als vornehme diplomatische Vertreter ... *Wir waren die Sprecher der russisch-jüdischen Massen, die im Zionismus Selbstverwirklichung anstrebten,* nicht nur Befreiung ... Herzl war dies alles zunächst fremd."[143]

Diese Sätze werden nur dann richtig gewertet, wenn das Schwergewicht auf die (vom Verfasser) im Zitat hervorgehobene Stelle gelegt wird. Die russischen Zionisten fühlten sich allein als die wahren Sprecher der jüdischen Massen, und die wahren Repräsentanten des jüdischen Volkes. Die Westjuden galten bei ihnen kaum noch als Volljuden. Sie urteilten über sie ähnlich, wie es Herzl im „Judenstaat" über die französischen Juden getan hatte[144]. Die Kraft ihrer Opposition wuchs, je weniger echte Erfolge Herzl vorzuweisen hatte. Herzl fühlte das bereits vor dem vierten Kongreß, als er bemerkte, daß „wir über Basel hinausgewachsen" sind[145]. Diese vieldeutigen Worte präzisierte er – einige Tage später – dahin, daß er fürchtete, „in Basel kein Publikum zu finden"[146], weil die russischen Juden, enttäuscht von den Mißerfolgen, sich vom Kongreß fernhalten würden[147].

Den ostjüdischen Zionisten waren die Herzlschen Kongresse mit ihrem westeuropäischen, unjüdischen Zeremoniell, in denen die Form statt des Inhalts vorzuherrschen schien, unsympathisch. Sie kamen, weil der Kongreß das einzige Institut war, in dem sie wenigstens scheinbar an dem zionistischen Aufbauwerk mitarbeiten konnten; aber es blieb ihnen nicht lange verborgen, daß die Kongresse mehr und mehr zur Tribüne für Herzl wurden. Da sich Erfolge in dem Ausmaße, wie sie diese erhofften, – besonders in Bezug auf eine Ausdehnung und Intensivierung des Kolonisationswerks in Palästina – nicht einstellten und nach der politischen Linie Herzls sich, solange der Charter nicht erreicht war, auf dem Gebiet der praktischen Kolonisation auch nicht einstellen sollten, verloren – wie Weizmann meinte – die „Leitsätze ihre Originalität"[148]. Als dann die Zeit für die Bestimmung des neuen Kongreßtermins herankam, revoltierten sie. Die ostjüdischen Zionisten wollten zunächst einmal keinen Kongreß wie üblich im Hochsommer, sondern erst im Oktober, und nicht in London sondern irgendwo anders. Herzl tobte: „Statt für Kongreß und Bank zu wirken, wollten sie mit den ICA-Leuten verhandeln und die palästinensische Arbeiterfrage lösen."[149]

Herzl hatte dann die bittere Genugtuung, daß der Bittgang zu den ICA-Leuten und Rothschild erfolglos blieb[150]. Die Niederlage seiner Gegner war für ihn eine Bestätigung, während der Londoner Kongreß von 1900 eine glänzende Demonstration der zionistischen Idee und ein großer Triumph für Herzl selbst wurde[151]. Er schrieb damals sehr bitter in sein Tagebuch:

„Mit diesen ‚Helfern' muß ich arbeiten.
Wenn einmal der Judenstaat existieren wird, wird alles klein und selbstverständlich erscheinen. Vielleicht wird ein gerechter Geschichtsschreiber finden, daß es immerhin etwas war, wenn ein mittelloser jüdischer Journalist inmitten der tiefsten Erniedrigung des jüdischen Volkes, zur Zeit des ekligsten Antisemitismus, aus einem Lappen eine Fahne und aus einem gesunkenen Gesindel ein Volk gemacht hat, das sich aufrecht um diese Fahne[152] scharte.
Aber dies alles und die Geschicklichkeit in den Verhandlungen mit Mächten und Fürsten sind nichts.
Niemand kann würdigen, was ich getan und gelitten habe, der nicht weiß,

1. was ich in diesen sechs Jahren in der N. Fr. Pr. mitmachte, wo ich um das Brot meiner Kinder zittern mußte,
2. welche Sorgen und Mühen mir die Beschaffung der Agitationsmittel machte,
3. wer meine Mithelfer waren. Die Bestintentionierten sind entweder zu arm oder verhindert oder ungeeignet."[153]

In Paris blieben die Verhandlungen mit einem „bestintentionierten" frommen zionistischen Multimillionär[154] ergebnislos. Noch entmutigender wirkte auf Herzl die eigenartige Haltung seines Freundes Nordau, die sich in einer überscharfen, Herzls Moral in Frage stellenden Kritik äußerte. Herzl versuchte, das „Phänomen Nordau" objektiv zu würdigen:

„Er will mir wohl, davon bin ich überzeugt, aber es kostet ihn einige Anstrengung, sich in meine Erfolge[155] zu finden. Ich wäre gewiß im umgekehrten Fall nicht besser, wahrscheinlich sogar viel mißgünstiger.
Er empfindet die gewisse verwandtschaftliche Demütigung beim Gelingen der Unternehmungen eines Vetters. Es äußert sich in kalter Kritik, Dämpfung meiner weiteren Hoffnungen und in einem unverkennbaren Wunsch, die Sache so zu verstehen, als ob ich dem Sultan falsche Vorspiegelungen gemacht hätte — die mir Nordau übrigens als einem Politiker sans scrupules zu verzeihen bereit ist."[156]

Das Verhalten des Freundes Nordau gerade zu der Zeit, in der Herzl bis zur Erschöpfung daran arbeitete, wenigstens die Grundlagen für den Charter zu erreichen, der die Grundlage für die praktische Lösung der Judenfrage sein sollte, und dazu noch in der Zeit, in der ihn sein alter Gegner, das Haus Rothschild, durch eine öffentliche Erklärung geradezu als einen Schwindler hinstellte[157], muß ihn hart getroffen haben. Jedenfalls erlitt er „wieder einen Anfall von Gehirnanämie", über den er in seinem Tagebuch nüchtern berichtet, und mit einem gewissen Fatalismus hinzufügt: „In einem solchen werde ich einmal bleiben."[158]
Natürlich bedrückten Herzl auch seine finanziellen Mißerfolge; aber weniger, als zu vermuten gewesen wäre. Mit seinem lebhaften Verstand sah er immer neue Möglichkeiten vor sich. Da die jüdischen Millionäre versagten, dachte er — vorübergehend — an den „amerikanischen Krösus-

Philanthropen“ Carnegie, zu dem er den Reverend Hechler schicken wollte. Carnegie war jedoch „nicht aufzufinden“[159]. Dann setzte er seine Hoffnung auf Cecil Rhodes, den südafrikanischen Milliardär, Staatengründer und Vorkämpfer des englischen Imperialismus[160]. Rhodes ließ ihm durch einen bekannten Journalisten antworten:

„If he wants any tip from me, I have only one word to say, and that is: let him put money in his purse ...“[161]

Der Mittelsmann fand diesen Ausspruch „very characteristic of Rhodes“. Aber Herzl wollte keinen „tip“, sondern Geld; so setzte er seine Bemühungen um diesen Mann fort, und es kam auch zu einer losen Verabredung[162], die sich indessen durch den frühzeitigen Tod von Rhodes nicht verwirklichen ließ. Die Tagebuchnotiz, mit der Herzl über den Tod Rhodes' berichtet, ist charakteristisch für ihn selbst. Er fügte zu der Erwähnung des Ereignisses hinzu: „Meine Helfer in England haben sich da nicht bewährt.“[163] Es gab für Herzl anscheinend nichts endgültig Unmögliches[164]; und wenn etwas endgültig mißglückte, gab er sich nie selbst die Schuld.

In London, wohin Herzl weiterreiste, wurde er „awfully dinnered“. Die „Society“ war auf ihn aufmerksam geworden. „Ich bin eine Sehenswürdigkeit, ein Gericht auf der Tafel; man kommt to meet Dr. Herzl.“[165]. Eine Dame aus den höchsten Gesellschaftskreisen sagte ihm: „Ihre Töchter hätten sie beneidet, weil sie mit mir lunche. – Nur die Juden der Upper Tens wollen nichts wissen.“[166]

Herzl benutzte die Gelegenheit seines Aufenthalts, um im Club der Maccabaeans, dessen Ehrenmitglied er fünf Jahre zuvor geworden war, eine Rede zu halten, die nur zum geringen Teil an seine höflichen, aber nur mäßig interessierten Zuhörer, eigentlich aber an das jüdische Volk, wo immer es lebte, gerichtet war. Ausgehend von den schlimmen Folgen seiner Rede im Jahre 1898 in London[167], beleuchtete er die neue Situation, die durch seine eben abgeschlossene Reise nach Konstantinopel entstanden war. Er berichtete nicht darüber, was er erlebt hatte, sondern antwortete auf eine fingierte Frage, was es Neues gäbe, mit der Gegenfrage:

„Seid Ihr bereit, für eine historische Hilfe, die man Euch bringt, Euch erkenntlich zu zeigen? Seid Ihr bereit, demjenigen beizustehen, der Euch beistehen will? Wie groß, wie rasch ist Eure Bereitschaft? Gerade die Praktischen, die Rechner, die Zähler und Wäger können sich am wenigsten wundern, wenn die Frage so formuliert hervortritt: Do, ut des! Hand wird nur von Hand gewaschen –, wenn du nehmen willst, so gib! ... Mit ein paar Groschen wird sich die Sache nicht machen lassen. Hier scheint nun eine Schwierigkeit zu liegen, denn wir haben gegen uns die satte Ironie der Leute, die in der Welt nichts anderes kennen als Zinsen und

Zinseszinsen. Dabei erinnere ich mich der witzigen Bemerkung eines Bankiers, der mir einmal sagte: ‚Wenn Sie Geschäftsleuten ein Geschäft vorschlagen, das einen moralischen oder ideellen Beigeschmack hat, so werden Sie immer dem größten Mißtrauen begegnen!'
Vielleicht hat er Recht. Vielleicht ist das Moralische eine schlechte Empfehlung bei Leuten, die es nicht kennen. Aber wenn das Geld nicht bei den Oberen zu finden sein sollte, die Unteren werden es hergeben. Und darum spreche ich es hier über diesen gastlichen Tisch zum Fenster hinaus.
Wir brauchen in der nächsten Zeit ungefähr zwei Millionen Pfund . . ."[168]

Herzl erwähnte dann den „Jewish Colonial Trust", der aber noch immer nicht arbeitsfähig war. Er appellierte an seine Zuhörer, wenigstens noch eineinhalb Millionen Pfund aufzubringen, weil man dann würde „weitergehen können"[169]. Es gelang ihm nicht.
In Konstantinopel hatte sich Herzl mit dem Versprechen verabschiedet, im Laufe der nächsten vier Wochen dem Sultan seine „positiven Vorschläge" vorzulegen[170]. Er löste dieses Versprechen nach seiner Rückkehr nach Wien mit einem ausführlichen Exposé über eine sofortige Zwischenanleihe von eineinhalb Millionen Pfund ein, die durch die neu zu schaffende türkische „Grande Compagnie Ottomane-Juive pour l'Asie Mineure" gewährt werden sollte. Diese Gesellschaft sollte das Wirtschaftsleben in Klein-Asien, Palästina und Syrien entwickeln und zur Konzessionärin der Türkei werden[171].
Das Exposé, das sich wie das Ergebnis langer Verhandlungen mit ernsten Bankiers liest, hatte in Wirklichkeit keinerlei Fundament. Bein betont[172], mit Recht, daß Herzl diesen Brief auch bereits in Konstantinopel hätte schreiben können. Ob Herzl mit seinem Exposé den von ihm beabsichtigten Eindruck in der Türkei hervorgerufen hat, erscheint mehr als fraglich. Der Großkordon des Medschidijeordens, der höchste Orden, den der Sultan zu vergeben hatte, ist kein Beweis für irgendeinen Erfolg, sowenig wie das Ehrengeschenk, das der Sultan ihm nach der Beendigung der Audienz übersandt hatte[173], es sei denn für den großen Eindruck, den er als Persönlichkeit auf den Sultan gemacht hatte.
Das Exposé Herzls blieb unbeantwortet. Das einzige schwache Zeichen dafür, daß die Verbindung mit dem Sultan noch nicht ganz abgerissen war, war die Beantwortung des üblichen Huldigungstelegramms, das Herzl als Präsident des Kongresses dem Sultan zu schicken pflegte, durch ein Telegramm aus Konstantinopel, das am Abend des zweiten Kongreßtages in Basel einging. Herzl, der bis dahin befürchtet hatte, daß der Sultan „auch den Anfang unserer Beziehungen noch ableugnen" könnte, fühlte sich erlöst. Wieder einmal kam er sich vor wie „der Reiter über den Bodensee". Zu seinem Erstaunen schlugen aber die Kongreßmitglie-

der die Depesche nicht so hoch an, wie er glaubte, daß sie es wert war. „Ils ne comprennent rien. Sie überschätzen Geringes und taxieren Großes gering."[174] Diese Bewertung durch Herzl war geradezu grotesk, denn was die Kongreßteilnehmer nach seiner Ansicht überschätzten, waren die sogenannten „Gegenwartsaufgaben"[175], die „Fragen der körperlichen, geistigen und wirtschaftlichen Hebung der Juden", mit denen sich die Referate Nordaus und des jungen Martin Buber ausführlich beschäftigten, während das „Große", das sie gering bewerteten, Herzls Bemühungen um den Charter waren, in denen sie nur noch erfolglose und unernste diplomatische Versuche sahen. Sie nahmen von Herzls aufreibenden Kämpfen mit den jüdischen Millionären um die Bereitstellung des Kapitals, mit dem der „Charter", der Freibrief für die Ansiedlung der Juden, erkauft werden sollte, kaum noch Kenntnis.

Im August 1901 – als die Verhandlungen mit dem Sultan noch nicht gescheitert waren und der fünfte Kongreß noch in weiter Ferne lag – hatte er seinem Freund, dem bekannten Kiewer Augenarzt, Dr. Mandelstamm[176], geschrieben:

„Müde hab' ich mich gelaufen und bin von dem Gesindel, welches über das Geld verfügt, nicht einmal angehört worden. Es wird Pech und Schwefel regnen müssen, damit diese Steine weich werden.
Es ist unerhört und in fünfzig Jahren wird man diesen Leuten auf das Grab spucken, wenn man es erfahren wird, daß ich mit ... (Chiffre für Sultan Abdul Hamid) nahezu fertig war, und nur die lumpigen Gelder nicht bekommen konnte."[177]

Daß er mit dem Sultan nahezu „fertig" war, war eine von Herzls so häufigen Selbsttäuschungen. Der Sultan hatte nur Andeutungen gemacht, die sogar als solche für Herzl nicht akzeptabel waren, und die Herzl später, als der Sultan sie im Ernst wiederholen ließ, auch ablehnen mußte.

Die drohende Rebellion unter seinen Anhängern hatte Herzl viel weniger tragisch genommen. In dem erwähnten Brief fuhr er fort:

„Auch im A. C. (= Aktionscomitee) scheint etwas zu gären ... Man spricht von ‚Jungzionismus' etc. Das ist wahrlich früh, daß wir unsere Jungtürken haben. Wir sind eben ein geistreiches Volk – aber darüber lache ich schließlich ...
Vorläufig ist meine Eine Sorge: Geld ...
Dies alles unter uns! Sie haben das Privilegium, daß ich mich bei Ihnen ausweine, weil ich Sie so von Herzen liebe."[178]

X.

Auch als es auf dem fünften Kongreß (26.–30. 12. 1901) zu den ersten heftigen Auseinandersetzungen mit den Vertretern der neuen Richtung, der sogenannten „Demokratisch-Zionistischen Fraktion"[179] kam, erkannte Herzl nicht, daß die Wünsche dieser Männer mindestens ebenso berechtigt und ebenso ernsthaft waren wie die seinen. Die Bestrebungen dieser Gruppe, die zusammen mit ihren Sympathisanten nur etwa zwei bis drei Dutzend Delegierte umfaßte[180], zu der aber die bedeutendsten Persönlichkeiten der zionistischen Bewegung gehörten, waren nicht auf diplomatisch-politische Erfolge gerichtet, an die sie für den Augenblick nicht glaubten, sondern auf kulturelle Probleme.
Ich will hier auf diese Auseinandersetzung nicht eingehen. Sie war wichtig für die Erziehung der heranwachsenden jüdischen Generation, für die der Zionismus die Forderung nach einer Lebensgestaltung war, nicht aber für Herzl, dessen praktische Nahziele ausschließlich politischer Natur waren und blieben. Herzls Ziele blieben für seine Gegner natürlich auch wichtig, aber sie erschienen ihnen doch recht unrealistisch.
Den Kongreß leitete Herzl mit dem gewohnten Geschick. Und das Ergebnis dieses Kongresses war gut. Herzl war selbst zufrieden, da er „die Organisation pro futuro"[181] sichergestellt hatte. Er selbst leitete die zionistische Bewegung nach wie vor autoritär, aber er war stets darauf bedacht, daß „die Judensache dem Belieben einzelner Personen entrückt" sein müsse[182]. Für sich selbst machte er formell keine Ausnahme. Es war auch nicht nötig, denn für ihn war seine Tätigkeit für die zionistische Bewegung und der Zionismus überhaupt eine Einheit. Herzl war darum sehr zufrieden – und das erschien ihm als ein Haupterfolg –, daß es ihm gelungen war, „die eisernen Ringe zu brechen, die sich schon in einzelnen Ländern bilden. Die ersten ‚Führer' monopolisieren die Landeskomitees ..."[183]. Das konnte natürlich nicht geduldet werden. Die Landeskomitees hatten keinen Sondercharakter zu besitzen und keine eigene Politik zu betreiben. All das hatte in der Hand der Zentrale zu liegen, und die Zentrale war er selbst. Er ging bei der Erzwingung dieser Organisationsgestaltung taktisch geschickt vor:

„Die Russen Bernstein-Kohan, Ussischkin usw. haben die Sache auch gleich herausgefühlt und sich gewehrt. Aber sie können nichts dagegen sagen, wenn ich von unten auf, ‚vom Volke', wie sie immer sagen, den Zusammenschluß will."[184]

Einige Wochen nach dem Kongreß legte sich Herzl wieder einmal Rechenschaft ab und kam zu dem Ergebnis:

„Ich glaube, meine Wirkung als Führer ist darauf zurückzuführen, daß ich, der ich als Mensch und Schriftsteller so viele Fehler habe und hatte und so viele Fehler und Dummheiten beging, in der zionistischen Sache reinen Herzens und ganz selbstlos war."[185]

Er war mit sich zufrieden und schrieb noch am selben Tage: „Der Zionismus war der Sabbath meines Lebens", eine Formulierung, die sich schön liest, aber nicht paßt. Der „Schabbath" ist der Ruhetag nach vollendeter Arbeit– Herzls Arbeit hatte kaum begonnen. Nur war er in der Tat ruhebedürftig; er hatte über seine Kräfte gearbeitet, und die Zeichen der Erschöpfung ließen sich nicht mehr übersehen. Als er wenige Tage später wieder einmal eine Auseinandersetzung mit seinem Chef Benedikt hatte, erlitt er wiederum eine „Gehirnanämie". Er sprach mit niemandem darüber. „Meine Eltern würden es erfahren und sich darüber aufregen." Er machte sich noch Gedanken, wer wohl um ihn trauern würde: natürlich die Eltern, in geringerem Ausmaße die Kinder, „und das ganze jüdische Volk". Seine Frau erwähnte er nicht[186].

## XI.

Es folgte die Schlußphase der türkischen Verhandlungen. Anfang Februar 1902[187] wurde Herzl eiligst nach Konstantinopel beordert. Auf dem Weg besuchte er Vámbéry in Budapest, der ihm versicherte, daß der Sultan „ihn jetzt dringend brauche"[188]. Die Verhandlungen in Konstantinopel begannen sofort. Sie blieben ergebnislos. Der Sultan, vertreten durch seinen Sekretär Izzet und den Zeremonienmeister Ibrahim, beharrte darauf, daß die Ansiedlung der Juden in der Türkei nur in zusammenhanglosen, kleinen Gruppen in Mesopotamien, Syrien und Anatolien oder sonstwoimmer, aber nicht in Palästina, gestattet werden könne. Herzl lehnte sofort ab und erklärte sich bereit, unverzüglich abzureisen[189]. Die türkischen Unterhändler ließen jedoch durchblicken, daß das letzte Wort noch immer nicht gesprochen sei. In einem von Herzl verfaßten Protokoll wurden dann die abweichenden Standpunkte der verhandelnden Parteien ausdrücklich festgelegt.

Herzl, dem Ibrahim bereits in der ersten Unterhaltung mitgeteilt hatte, daß er sich während seines Aufenthalts in Konstantinopel als Gast des Sultans betrachten solle[190], erhielt eine Reisevergütung, die er nicht für sich, sondern im Namen des Aktionskomitees, das er vertrat, annahm, damit sein Name nirgends als Geldempfänger erschiene[191]. Da er aber immer noch nicht glaubte, daß sein Mißerfolg endgültig sei, verabschiedete er sich von Ibrahim und Izzet „vorläufig".

Herzl nahm damals an: „Die Leute scheinen nicht ganz sicher zu sein, ob ich für einen eventuellen Vertragsabschluß eine Geldkaution legen kann. Dem ist abzuhelfen, wenn es nur das ist. Ich werde am 10. März nach London gehen und (dem Sultan) am 15. einen Kautionsnachweis von zwei oder drei Banken schicken lassen."[192] Er betrieb, da er nicht schon wieder Wien verlassen konnte, die Verhandlungen mit seinen Freunden vom Schreibtisch aus, und erreichte es in der Tat, drei Kreditbriefe von je einer Million von Banken in Berlin, Paris und London dem türkischen Botschafter in Wien vorweisen zu können[193]. Aber einen Tag zuvor meldete die Presse, daß der Sultan dem französischen Botschafter in Konstantinopel ein Diner gegeben und ihn später in Spezialaudienz empfangen habe[194]. Ein Projekt des französischen Finanziers Rouvier zur „Unifikation der Dette" sei genehmigt worden. Herzl schloß berechtigterweise daraus, daß diese beiden Dinge mit seinem eigenen „Kommen und Gehen" zusammenhingen.

„Offenbar hat der Sultan aus meiner Anwesenheit Kapital geschlagen. Ich war der Jud, den man kommen ließ, um die anderen Mitwerber schmiegsamer zu machen. Es ist vollbracht."[195]

Natürlich hielt Herzl seine Gesinnungfreunde in Wien – das Aktionskomitee, von dem er so wenig hielt – aber auch den Aufsichtsrat und das Direktorium der Jüdischen Kolonialbank auf dem Laufenden[196]. Hilfe erwartete er von ihnen nicht. Im Board und Aufsichtsrat erreichte er dann aber alles, was er wollte, nur Ussischkin obstruierte aus prinzipiellen Erwägungen, „wurde bös und sagte sich von allem los". Herzl fand das geradezu amüsant: „Ich mußte kämpfen, um der Bank die etwaigen Bereicherungen zuzuführen, die sonst mir zufielen."[197]

Das diplomatische Zwischenspiel in Konstantinopel war damit gescheitert, aber wie Herzl gehofft hatte, nur vorläufig. Es wurde künstlich von beiden Seiten – von Herzl und vom Sultan – aufrechterhalten. Beide hatten gewichtige Gründe. Herzl war daran interessiert, die Türe zur Hohen Pforte offenzuhalten, weil er immer noch auf einen Charter, in welcher Form auch immer, rechnete. Zu diesem Zweck schickte er im März dem Sultan eine arabische Schreibmaschine – die erste ihrer Art in der Türkei[198]. Dann unterbreitete er im Mai dem Sultan einen Plan für eine „jüdische Universität in Jerusalem"[199], die natürlich nicht die Vorläuferin der späteren „Hebräischen Universität" war, sondern eine türkische Universität werden sollte mit einer Anzahl jüdischer Professoren.
Für den Sultan war die Aufrechterhaltung der Kontakte mit Herzl ein geeignetes Druckmittel gewesen, die französischen Finanziers endlich zum Abschluß der schwebenden Anleiheverhandlungen zu bringen[200]. Darum

hatte er Herzl im Juli 1902 erneut dringend nach Konstantinopel geladen, ihm die Stellung eines „Gastes des Sultans“[201] gegeben, ihn zahlreiche Verhandlungen mit seinen höchsten Beamten führen lassen, ohne ihn selbst in Audienz zu empfangen, und erreicht, daß die Anwesenheit des „Bankiers Herzl“[202] in den diplomatischen Kreisen Aufsehen erregte[203], und die Verhandlungen mit der französischen Bankiersgruppe stimulierte. Herzl hatte seine Verhandlungen auch mit größtem Ernst betrieben, aber angesichts des Standes der Verhandlungen mit den französischen Finanziers kaum noch an einen Erfolg geglaubt. Dem Sultan mußte er daher auch als ein geeignetes Werkzeug für die vorhersehbaren künftigen Fälle erschienen sein. Einen Erfolg konnte Herzl jedoch verzeichnen. In einem letzten Exposé formulierte er die vom Sultan erwartete Gegenleistung für die finanzielle Hilfe der Zionisten:

„... le gouvt. Jmp. nous accorderait une charte ou concession de colonisation juive en Mésopotamie comme V. M. I. avait daigné m'offrir en février dernier, en ajoutant le territoire de Haifa et des environs en Palestine.“[204]

Der Sultan ging auf diese Bedingungen, die eine Abweichung von seiner bisherigen Politik darstellten, ein[205]. Dieses Zugeständnis hatte jedoch bestenfalls nur archivarischen Wert, da, wie Herzl einsehen mußte, der Sultan zur Verwirklichung seiner Beschlüsse immer viel längere Zeit benötigte, als es der Ungeduld Herzls entsprach[206]. Ob allerdings das Zugeständnis des Sultans ernst und aufrichtig gemeint war, blieb nach wie vor zweifelhaft[207].

In jenen Hochsommertagen[208] waren die Bemühungen Herzls, den Sultan für den Zionismus zu gewinnen, im Grunde schon uninteressant geworden. Eine neue Perspektive für die praktische Arbeit hatte sich eröffnet. Im April 1902 hatte sich Herzl an Lord Rothschild in London gewandt, der seinen Brief nicht beantwortete, weil er eine starke Abneigung gegen Herzl hatte. In England aber hatte sich durch die Einwanderung von Zehntausenden von Juden innerhalb des letzten Jahrzehnts die Situation so verändert, daß das Judenproblem die Innenpolitik beschäftigte[209]. Auf Verlangen des Parlaments hatte der König daher die „Royal Commission for Alien Immigration“ eingesetzt, zu der auch Lord Rothschild gehörte. Diese Kommission hatte gegen die Stimme Rothschilds[210] beschlossen, Herzl als sachverständigen Zeugen zu hören. Als Herzl im Juni die Einladung, vor der Kommission zu erscheinen, erhielt, setzte er sich erneut durch seine Vertrauensleute mit Rothschild in Verbindung, und nunmehr kam die Fühlungsnahme zustande, die für die zionistische Bewegung bedeutsam werden sollte[211].

## Anmerkungen

1 Dritte Kongreßrede, GZW I, S. 365.
2 a. a. O., S. 369.
3 a. a. O.
4 Von den zur Subskription ausgeschriebenen 1 999 900 „ordinary shares" wurden nach einer zweijährigen Propagandatätigkeit nur 250 000 von insgesamt 140 000 Subskribenten gezeichnet (*Böhm:* Zionistische Bewegung, Bd. I, S. 224).
5 s. oben Seite 181 f.
6 TB 17. 8. 1899, GZW III, S. 341.
7 TB 18. 8. 1899, GZW III, S. 342.
8 a. a. O.
9 TB 21. 8. 1899, GZW III, S. 342.
10 TB 21. 8. 1899, GZW III, S. 343.
11 Stephan Zweig: „Herzl und Wien" in „Zeitgenossen", S. 256 f.
12 TB 4. 2. 1896, GZW III, S. 335.
13 TB 5. 11. 1897, GZW III, S. 43.
14 TB 31. 7. 1898, GZW III, S. 96.
15 a. a. O., S. 97; s. auch TB 17. 8. 1898, GZW III, S. 101.
16 TB 24. 8. 1899, GZW III, S. 345.
17 TB 25. 9. 1899, GZW III, S. 359.
18 Der rumänische Zionist und Direktor der Kolonialbank, Heinrich Rosenbaum aus Jassy, gründete mit Herzl zusammen eine „Aktiengesellschaft für jüdische Blätter", deren einzige Aufgabe die Finanzierung der „Welt war. Die Aktien dieser Gesellschaft waren zu gleichen Teilen in den Händen Rosenbaums und Herzls (s. Bein: Herzl, S. 467).
19 TB 25. 9. 1899, GZW III, S. 359.
20 TB 1. 4. 1899, GZW III, S. 290.
21 Charakteristisch sind die Gespräche z. B. mit Noury Bey am 16. 6. 1899 und am 28. 8. 1899, s. TB 17. 6. und 29. und 30. 8. 1899, GZW III, S. 325—327 und 346—349. — TB 3. 9. 1899, GZW III, S. 351 f.
22 TB 4. 9. 1899, GZW III, S. 352.
23 TB 21. 6. 1899, GZW III, S. 331 (s. auch eine entsprechende frühere Äußerung Levens zu Wolffsohn: TB 9. 12. 1898, GZW III, S. 244.
24 Handschreiben des Gh. von Baden an den Zaren Nikolaus II. vom 11. 12. 1899 (Faksimile bei Ellern: Herzl ..., Nr. 31, S. 77 f.), Antwortschreiben des Zaren an den Gh. von Baden, 25. 12. 1899, Faksimile bei Ellern: a. a. O., Nr. 33, S. 79 f.
25 TB 2. 12. 1899, GZW III, S. 373.
26 TB 1. und 3. 11. 1895, GZW II, S. 297 f.
27 Besprechung Herzls mit Bacher, TB 5. 12. 1899, GZW III, S. 377.
28 TB 12. 12. 1899, GZW III, S. 381.
29 Vgl. TB Einleitung, GZW II, S. 3 und 13 (es handelt sich um das Schauspiel „Das neue Ghetto"), TB 4. 7. 1895, GZW II, S. 219 f.; TB 19. 8. 1895, GZW II, S. 266 f.; TB 17. 3. 1898, GZW III, S. 64 f.
30 Erst nach Beginn seiner Arbeit an dem Roman ‚Altneuland' TB 14. 3. 1901, GZW III, S. 582 schrieb er: „Mein Leben ist jetzt kein Roman. So ist der Roman mein Leben". (Die erste Konzeption schrieb Herzl am „2. Juni 1899, 6 Uhr morgens" nieder, GZW V, S. 492—495, GZW III, 332. Die nächste Tagebuchein-

tragung datiert vom 4. Juli 1899 aus Bad Nauheim und beginnt mit den Worten: „Ich bin von London zurück. — Nun endlich ist die Bank fertig".

[31] s. unten S. 242.

[32] Veröffentlicht in der ‚Welt' am 5. 11. 1897, GZW I, S. 216 ff.

[33] Über den Dreyfusprozeß s. oben S. 72 ff. und Anm. 96 (3. Kap.) hierzu.

[34] Über den Hilsner-Prozeß s. A. Nussbaum: Der Polnaer Ritualmord-Prozeß, ferner Dubnow X, S. 98 ff., Elbogen: Ein Jahrhundert, S. 179 f.

[35] s. TB 13. 10. 1899, GZW III, S. 361.

[36] *Elbogen:* Ein Jahrhundert, S. 333 ff.

[37] *Edouard Sincerus* (= Elias Schwarzfeld): Les Juifs en Roumanie depuis le traité de Berlin jusqu'à ces jours, 1901; *Bernard Lazare:* Les Juifs en Roumanie (1902); Dubnow X, § 27, S. 259—268; *Elbogen:* Ein Jahrhundert, Buch IV, Kap. I: Die Schreckensherrschaft in Rumänien und Rußland, Abschn.: Die rumänische Politik der Irreführung, S. 333—342.

[38] *Dubnow,* a. a. O., S. 266.

[39] Die etwa 270 000 Juden Rumäniens durften nur in 71 Städten wohnen.

[40] *Elbogen,* a. a. O., S. 339; s. auch *Herzl:* 4. Kongreßrede, GZW I, S. 429 und Nordaus Rede auf demselben Kongreß (Nordaus Zionistische Schriften, S. 95 bis 109).

[41] s. hierzu: TB 27. 11. 1900, GZW III, S. 495 f. und 28. 12. 1900, GZW III, S. 514—516. Ferner den Entwurf Herzls für eine Einladung, die der Baron von Gutmann an die Verschiedenen ICA-Räte versenden sollte (GZW IV, S. 182).

[42] TB 9. 4. 1900, GZW III, S. 414 (Nordau stimmte später Herzls Weigerung der Veröffentlichung seines Briefes zu), 21. 4. 1900, GZW III, S. 429.

[43] TB 8. 11. 1899, GZW III, S. 367 ff.

s. oben S. 205.

Es handelt sich um das Lustspiel ‚Muttersöhnchen'.

TB 8. 11. 1899, GZW III, S. 369.

TB 30. 10. 1899, GZW III, S. 364.

TB 8. 11. 1899, GZW III, S. 369.

[44] a. a. O., S. 368.

[45] Davis Trietsch (1870—1935) konzipierte die Idee der Übersiedlung der Juden nach Cypern bereits 1895. Sein Plan war der eines Groß-Palästinas, das Cypern und das pelusische Gebiet von Nord-Sinai (irreführenderweise ‚El-Arisch' genannt) einschließen sollte. (Siehe hierzu den Gedenkartikel von *Trietsch:* Auch eine Erinnerung, in: Zeitgenossen, S. 233 ff., sowie TB 30. 10. 1899, GZW III, S. 364.

[46] a. a. O., S. 368.

[47] Seit 1878; es wurde erst 1914 von England „annektiert" und erhielt 1925 den Status einer Kronkolonie.

[48] Noury Bey war der Prototyp eines Bakschisch-haschenden Hofmannes der damaligen Türkei, der Herzl keinen Nutzen brachte, aber Schaden anrichten konnte und aus dieser Situation ohne jegliche moralische Hemmungen finanzielle Vorteile zog. Die Formen, in denen sich derartige Verhandlungen abspielten, sind in Herzls Tagebuch in den Eintragungen vom 29. und 30. August 1899, GZW III, S. 346 ff. in der Form launig, in der Sache aber ernst dargestellt.

[49] Arminius Vámbéry (ursprünglich Vamberger) — 1832—1913 —: Als Jude geboren, mit 12 Jahren Schneiderlehrling; erlitt einen Arbeitsunfall, als dessen Folge er dauernd hinkte. Er beherrschte außer einer Fülle europäischer Sprachen auch Arabisch, Türkisch und Persisch (veröffentlichte im Alter von 26 Jahren das

erste Deutsch-Türkische Lexikon); machte 1863—64 Forschungsreisen durch Armenien, Persien und Turkestan. — Vámbéry wechselte wiederholt die Religion. Vámbéry war sowohl der Freund des Prinzen von Wales wie der des Sultans Abdul Hamid. — Seit 1899 war Vámbéry Professor für Orientalistik in Budapest.
Im Gegensatz zu den türkischen Hofbeamten lehnte der Abenteurer Vámbéry jeden finanziellen Vorteil für seine Bemühungen zugunsten der Juden ab (TB 17. 6. 1900, GZW III, S. 459).
Im übrigen s. Abschnitt VII, S. 216 ff. unten.

50 s. auch *Bein:* Herzl, S. 481.

51 TB 20. 8. 1900, GZW III, S 475.

52 Samuel Bettelheim aus Budapest — vielleicht ein Verwandter des Münchener Kunsthistorikers Anton Bettelheim, der 1896 Herzls ‚Judenstaat' unter besonders würdeloser Betonung seiner Geburt in Deutschland und seines deutschen Patriotismus angegriffen hatte — überschrieb seine Erinnerungen an den Londoner Kongreß von 1900 mit dem Titel: „Es war ein König in Jeschurun . . ." (in ‚Zeitgenossen', S. 33—35). Ruben Bierer: ‚Der zukünftige jüdische König . . .' (Zeitgenossen, S. 36 f.) berichtet von einem Empfang Herzls gelegentlich seiner Durchreise durch Sofia:
„Es entstand ein Gedränge (scil. am Bahnhof von Sofia), auch viele Offiziere gingen mit, und ich hörte mitten in diesem Trubel, wie einer von ihnen auf Herzl zeigend, seinen Kreis informierte: ‚Sy buduschty ewrejski Krul'( ‚dies ist der zukünftige jüdische König'). Die anwesenden Offiziere leisteten Herzl die militärische Ehrenbezeigung . . ."
Auch in den russischen Hofkreisen hatte sich ein derartiges Gerücht verbreitet. Husserl berichtet, der später ermordete Großfürst Sergius habe ihn einmal gefragt, ob er den ‚Judenkönig' kenne, und als er verneinte, erläutert, er meine den Wiener Schriftsteller Dr. Herzl. „Den nennt man in Rußland den jüdischen König". Sergius fand das nur komisch. (*Husserl:* Erinnerungen an Herzl — Erinnerungen eines pensionierten Beamten der Internationalen Schlafwagengesellschaft in ‚Zeitgenossen', S. 101 f.). Es war aber Nahum Sokolow, ein ‚Mann von universalster politischer und literarischer Bildung', der ‚später gemeinsam mit Weizmann die großen politischen Erfolge des Zionismus' errang (*Böhm:* Zionistische Bewegung, Bd. I, S. 499), ein ‚Hebraist, Polyhistor und Weltmann' (Lichtheim: Geschichte, S. 196), der am Ende des Kongresses in seinem Schlußwort der allgemeinen Stimmung mit folgenden Worten Ausdruck gab: „Ich fühle das Unzulängliche in dem Titel, wenn ich den Mann, der unseren Stolz, unser Programm bildet, nur unseren Präsidenten nenne" (*Friedemann:* Herzl, S. 68).

53 ‚Der vierte Zionistenkongreß' (‚Welt', 8. 6. 1900, GZW I, S. 419 f.).

54 a. a. O., S. 422.

55 a. a. O., S. 423.

56 TB 10. 8. 1900, GZW III, S. 474.

57 TB 14. 8. 1900, GZW III, S. 475.

58 TB 20. 8. 1900, GZW III, S. 475 f.

59 Eingangsworte in Herzls ‚Vierter Kongreßrede', GZW I, S. 425.

60 a. a. O.

61 a. a. O., S. 426 f. (vgl. ‚Zweite Kongreßrede', GZW I, S. 314).

62 ‚Vierte Kongreßrede', GZW I, S. 427.

63 a. a. O., S. 429.

64 a. a. O., S. 430. Nach TB 26. 6. 1900, GZW III, S. 468 hatten ungarische Blätter gemeldet, daß Herzl die rumänische Auswanderung organisiert (es muß dies

verstanden werden als ‚provoziert') habe. Der ‚Jewish Chronicle' behauptete zur selben Zeit, daß Herzl die rumänische Auswanderung nach England lenke, ‚um für den Zionismus zu demonstrieren'. Es war dies zwar nicht richtig. Aus Herzls TB-Notiz ergibt sich aber, daß er in der Tat eine Flucht nach England für eine wirksame Demonstration gehalten hatte, naturgemäß nur, als diese Wanderbewegung bereits begonnen hatte.

[65] a. a. O.

[66] a. a. O., S. 429.

[67] a. a. O.

[68] Der Aufsatz ‚Rothschilds Kolonien' (v. 19. 1. 1900, GZW I, S. 412—418) ist ein Musterbeispiel für Herzls Kunst des ‚fortiter in re, suaviter in modo':
„Selten ist eine großartige Hilfsaktion für die Unglücklichen in einer bescheideneren, lautloseren Weise unternommen worden als die palästinensische Arbeit Edmund Rothschilds. Lange Jahre hielt er sich im Dunkel, und wenn man schon von der still wirkenden Person sprach, durfte nur von dem ‚Wohltäter' die Rede sein."
Anschließend sprach er dann von Rothschilds Philanthropie als dem ‚Irrtum eines gutherzigen, aber nicht weitblickenden Menschen', und von Rothschilds Familie: „Dieses Haus Rothschild, das durch die bloße Tatsache seines Reichtums so viel Haß gegen die gesamte Judenheit erregt, zeigt sich da wenigstens in einem seiner Mitglieder auch um die Leiden der Gesamtheit bekümmert" (a. a. O., S. 413).

[69] a. a. O., S. 413 f.

[70] Fast mit denselben Worten hatte Herzl am 2. 6. 1895 dem Baron Hirsch die Sinnlosigkeit seiner Maßnahmen der Hilfe auf dem Wege der (direkten) Wohltätigkeit auseinandergesetzt (s. TB-Einleitung, GZW II, S. 24 ff.).

[71] Das Vermögen der ICA betrug nach Böhm (Zion. Bew. Bd. I, S. 157) 250 Millionen Goldfranken oder etwa 10 Millionen £Stg. Nach Herzl (‚Die Millionen der ICA', GZW I, S. 344) 260—270 Millionen. Das Gesamtkapital der Wohlfahrtsfonds kann daher mit etwa 300 Millionen Gold Frs. angenommen werden. Bei einer Verzinsung mit nur 5% wäre also unschwer eine Rendite von 15 Millionen Gold Frs. zu erwirtschaften gewesen.
Wenn angenommen wird, daß etwa ein Fünftel der gesamten jüdischen Bevölkerung von Rumänien zu fliehen versuchte — Herzl nahm an, daß nur ein Hundertstel zur Flucht genötigt gewesen sei (s. u.) — hätte für etwa 50 000 Flüchtlinge gesorgt werden müssen. Nach Herzls Annahme wäre zur Rettung jeden Flüchtlings ein Betrag von 200 Fl. erforderlich gewesen. Das Maximum des zur Rettung der Unglücklichen benötigten Betrages hätte also 10 Millionen Fl. = $^2/_3$ der unterstellten Jahresrendite betragen, oder $3^1/_3$% des Gesamtkapitals, ein so minimaler Betra, daß er unschwer hätte aufgebracht werden können.

[72] TB 24. 6. 1900, GZW III, S. 467.

[73] TB 20. 5. 1900, GZW III, S. 448.

[74] TB 9. 11. 1900, GZW III, S. 490. (Wiener Allianzler = der Vorstand des österreichischen Parallelverbandes zur Alliance Israélite Universelle in Frankreich.)

[75] TB 26. 11. 1900, GZW III, S. 495.

[76] Herzl nahm an: „Von hundert à 2 Gulden (scil. Notfallversicherten) kann einer notleidend werden (TB 20. 9. 1900, GZW III, S. 479). Diese Annahme beweist nicht etwa Herzls Weltfremdheit, sondern das menschliche Unvermögen, sich eine Liquidation der Judenheit, wie der Antisemitismus sie angestrebt und

Hitler drei Jahrzehnte später durchzuführen versucht hat, auch nur in der Phantasie vorzustellen.

77 Der einzige, der Herzls Idee der Notfallversicherung akzeptierte (TB a. a. O.), war der Wiener Anwalt Dr. Kokesch, der — wie sein Berufskollege Herzl — keine wirtschaftlichen und keine Versicherungserfahrungen besaß.

78 TB 20. 9. 1900, GZW III, S. 478 f., insbes. 479.

79 Die Art, wie Herzl z. B. mit Kann (s. z. B. den Brief Herzls an ihn v. 8. 3. 1900, GZW III, S. 398) — Einleitende Worte) und mit Wolffsohn (*Bein:* Herzl, S. 476—478) umging, läßt sich kaum rechtfertigen.

80 TB 5. 10. 1900, GZW III, S. 481.

81 TB 30. 10. 1900, GZW III, S. 487 f.

82 TB 30. 10. 1900, GZW III, S. 488 f. Die in dieser Notiz Genannten: Wolffsohn, Katzenelsohn, Kokesch, O. und A. Marmorek, Vámbéry und Kremenezki waren Herzls Freunde und Vertrauensleute. Poljakow und Brodski waren reiche russische Industrielle, von denen Herzl annahm, daß sie mit großen Beträgen seine Projekte unterstützen würden.

83 Die kränkende Art, in der Herzl mit Kann (aber auch mit Wolffsohn, die er beide wegen ihrer Tüchtigkeit hatte „großmachen wollen") (s. oben 6. Kapitel S. 187), umging, ist ebensowenig zu verstehen, wie daß diese beiden Männer, die in ihrer Art Persönlichkeiten hohen Ranges waren, sich Herzls Verhalten lange Zeit (Kann) beziehungsweise immer (Wolffsohn) gefallen ließen. Es sei darum auf die Berichte der Wolffsohn-Biographen E. B. Cohn und N. Robinsohn und *Bein* (Herzl, s. 476—478) ausdrücklich hingewiesen.

84 In einem Brief an Vámbéry vom 28. 12. 1900, GZW III, S. 516 schrieb Herzl über Kann und seine Bank: „Es ist eines der ältesten und feinsten holländischen Bankhäuser, besteht seit etwa 80 Jahren. Der jetzige Chef ist die dritte Generation, sehr reich und hochangesehen in Regierungskreisen, wovon ich mich im Haag selbst überzeugte."

85 TB 18. 11. 1900, GZW III, S. 493. Herzl sandte den Offert-Brief der Kann'schen Bank als Anlage zu seinem Brief vom 28. 11. 1900 (s. vorige Anm.) an Vámbéry.

86 TB 14. 3. 1902, GZW IV, S. 178.

87 Vámbéry an Herzl, 29. 12. 1900 (s. TB 31. 12. 1900, GZW III, S. 518).

88 Aus dem Bericht Vámbérys über seine Unterhaltung mit dem Sultan (TB 8. 5. 1900, GZW III, S. 602). Vámbéry machte Herzl darauf aufmerksam, daß der Sultan nicht bereit war, Herzl als den Leiter der zionistischen Bewegung, sondern nur als ‚einen der angesehensten und einflußreichsten Journalisten zu empfangen'. Vámbéry warnte Herzl ausdrücklich:
„Vom Zionismus dürfen Sie ihm nicht sprechen. Das ist eine Phantasmagorie. Jerusalem ist ihnen (scil. den Türken) so heilig wie Mekka. Aber doch ist der Zionismus gut — gegen das Christentum. — Ich will, daß der Zionismus fortexistiert — darum habe ich Ihnen die Audienz verschafft — ... Sie müssen Zeit gewinnen und den Zionismus fortfristen ..."

89 s. unten S. 218.

90 TB 16. 2. 1900, GZW III, S. 390 f. (s. o. S. 193).

91 s. z. B. Herzls Entwurf einer „Sprachengesetzrede", s. TB 5. und 7. 5. 1900, GZW III, S. 438—443.

92 s. z. B. Herzl an Koerber, 20. 5. 1900, GZW III, S. 448. Die Formulierung die-

ses Briefes zeigt, wie eng die persönlichen Beziehungen zwischen diesen beiden Männern seit Beginn ihrer Bekanntschaft geworden waren.
93 Unterredung am 8. 10. 1900, s. TB — GZW III, S. 484.
94 TB 14. 10. 1900, GZW III, S. 485.
95 TB 8. 1. 1901, GZW III, S. 530 ff.
96 TB 12. 1. 1901, GZW III, S. 547 ff.
97 TB 24. 4. 1901, GZW III, S. 596. Nach einem Überblick über die gescheiterte Türkenanleihe und das damals fast schon gescheiterte Zeitungsprojekt resümierte Herzl seine persönliche Lage mit folgenden Worten: „Meine jetzige persönliche Situation ist ganz angenehm; auf dem literarischen und gut bezahlten Posten in der NFrPr habe ich ziemlich Ruhe, Ansehen, Speichellecker, Schmeichler u. s. w.". Einen Monat zuvor hatte Herzl Benedikt davon in Kenntnis gesetzt, daß er eventuell nach London gehen wolle. Benedikt hatte diese Ankündigung mit „gemischten Gefühlen" aufgenommen und erklärt, die NFrPr könne ihn nicht entbehren, „den Feuilletonredakteur nicht und noch weniger den Wiener Feuilletonisten ... Wenn sie die Wahl hätten, mich (Herzl) ganz zu verlieren oder nach London zu schicken, würden sie natürlich das Letztere tun ... Wir zwei in diesem Zimmer — er (Benedikt) und ich (Herzl) — seien das Beste, was der Wiener Journalismus hervorgebracht habe. Für uns gäbe es keinen Ersatz".
(TB 27. 3. 1901, GZW III, S. 587 f.).
98 TB 15. 1. 1901, GZW III, S. 554.
99 a. a. O.
100 TB 12. 1. 1901, GZW III, S. 549 f.
101 Herzl hatte — unter allseitiger Zustimmung — der Zeitung diesen Namen geben wollen (TB 12. 1. 1901, GZW III, S. 548).
102 s. oben S. 208.
103 TB 17. 6. 1900, GZW III, S. 460.
104 Herzl an Vámbéry, 17. 6. 1900, GZW III, S. 460 f.
105 s. z. B. 6. 9. 1897, GZW III, S. 30 („Eine Baseler Erinnerung"), ferner: auf dem sechsten Kongreß (1903) zitierte Herzl den 5. Vers des 137. Psalms in Hebräisch, mußte sich aber die fünf Worte des Textes von seinem Freund Pineles in lateinischen Buchstaben aufschreiben lassen. (Eine Faksimile dieses Zettels befindet sich am Ende des 1. Buches der Bein-Samuel'schen Herzlbiographie).
106 Rede an die Rothschilds, GZW II, S. 195; „Der Judenstaat" — Sprache, GZW I, S. 94.
107 „Wonz-Melamed" (jiddisch), etwa = „Lausiger Kleinkinderlehrer", sinngemäß etwa: armseliger Habenichts, der gerade noch dazu taugt, kleinen Kindern das Alphabet beizubringen.
108 Herzl an Vámbéry, 21. 6. 1900, GZW III, S. 465.
109 TB 18. 9. 1900, GZW III, S. 478.
110 TB 8. 5. 1901, GZW III, S. 601 ff.
111 a. a. O., S. 602 f.
112 a. a. O., S. 603.
113 TB 27. 6. 1896, GZW II, S. 457.
114 s. oben S. 140.
115 TB 7. 4. 1899, GZW III, S. 294 f.
116 TB 10. 5. 1901, GZW IV, S. 3.
117 Am 17. 5. 1901 (der Bericht Herzls stammt vom 19. 5. 1901: GZW IV, S. 13—19).
118 a. a. O., S. 15 f. und 19.

[119] a. a. O., S. 15.
[120] a. a. O., S. 16.
[121] a. a. O., S. 19.
[122] s. auch die folgende Anmerkung.
[123] *Vámbéry* in: Welt, 20. 5. 1910.
[124] TB 21. 5. 1901, GZW IV, S. 31 f.
[125] TB 21. 5. 1901, GZW IV, S. 29.
[126] „Ich kam in die Gewalt eines Despoten, den ich alle Ursache hatte, für halb irrsinnig zu halten ..." (TB 21. 5. 1901, GZW IV, S. 29). Eine genaue Beschreibung des Äußeren des Sultans „des endenden Räuberreichs" befindet sich a. a. O., S. 32 f.
[127] a. a. O., S. 33.
[128] „Judenstaat"-Plan, GZW I, S. 42 und „Eine Lösung der Judenfrage", GZW I, S. 525 — gleichlautend —: „Man gebe uns die Souveränität eines für unsere gerechten Volksbedürfnisse genügenden Stückes der Erdoberfläche, alles andere werden wir selbst besorgen."
[129] TB 17. 6. 1896, GZW II, S. 420.
[130] TB 19. 6. 1896, GZW II, S. 434.
[131] TB 15. 11. 1898, GZW III, S. 239: „Daß der Kaiser in Jerusalem das Protektorat (i. e. für einen Judenstaat im Rahmen des osmanischen Imperiums) nicht übernommen hat, ist für die spätere Entwicklung unserer Sache natürlich vorzüglich."
[132] TB 8. 5. 1901, GZW IV, S. 602.
[133] a. a. O.
[134] „Zweiter Brief an Güdemann", 16. 6. 1895, GZW II, S. 125: „Alles muß sofort geschehen. Das ist mit ein Punkt meines Programms."
[135] Izzet Bey, I. Sekretär des Sultans, und Ibrahim Bey, Oberstzeremonienmeister des Sultans.
[136] TB 21. 5. 1901, GZW IV, S. 40/41.
[137] Herzl an Benedikt, 28. 5. 1901, GZW IV, S. 43.
[138] S. oben S. 205 (TB 12. 12. 1899, GZW III, S. 381).
[139] TB 2. 6. 1901, GZW IV, S. 60. Von den drei Möglichkeiten einer Neuregelung seiner Beziehungen zur NFrPr, die Herzl in Betracht zog, nämlich ihn entweder vom Bürodienst zu befreien, oder ihn zum Mitherausgeber zu machen oder ihm die NFrPr zu verkaufen, traf keine ein. Herzl blieb bis zu seinem Tode, was er damals war: der vielbeneidete Redakteur des literarischen Teils der Zeitung, der es aber selbst als eine entwürdigende Sklaverei empfand, wie jeder Angestellte Dienststunden einhalten zu müssen.
[140] TB 27. 8. 1897, GZW III, S. 23.
[141] Eröffnungsrede zum ersten Kongreß, GZW I, S. 177.
[142] S. Anmerkung 140 oben.
[143] *Weizmann:* Memoiren, S. 87.
[144] „Judenstaat"-Einleitung, S. 29.
[145] TB 2. 6. 1900, GZW III, S. 454.
[146] TB 11. 6. 1901, GZW III, S. 458.
[147] Die russischen Mitglieder des Aktionskomitees weigerten sich im April, zu einer Besprechung über den im Juli fälligen Kongreß nach Wien zu kommen. Sie wollten den Kongreß erst im Oktober und nicht in London zusammentreten lassen (TB 25. 4. 1901, GZW III, S. 597).

Einige Tage später schrieb Herzl: „Ein Kongreß im Spätherbst in Basel hätte höchstens 80 Teilnehmer und würde den Niedergang der Bewegung dokumentieren" (TB 5. 5. 1901, GZW III, S. 600).

148 *Weizmann:* Memoiren, S. 75 f.

149 TB 25. 4. 1901, GZW III, S. 597 f.

150 TB 1. 6. 1901, GZW IV, S. 56. Bemerkenswert ist, wie wenig die maßgebenden Männer der verschiedenen Strömungen einander verstanden. Für Herzl war „der praktische Chovevej-Zion-Geist" von Männern wie Ussischkin und Weizmann töricht, weil er nach seiner Ansicht zu keinen wesentlichen Erfolgen führen konnte. Für Edmund Rothschild war Herzl einfach ein Demagoge, dessen Aktionen den türkischen Behörden einen Vorwand gaben, ihre einwanderungsfeindlichen Maßnahmen zu verstärken. (Vgl. hierzu Herzls Telegramm an Rothschild v. 22. 7. 1896, GZW II, S. 499). Und für die russischen Zionisten wie Ussischkin und Weizmann (und später den deutschen Zionisten Arthur Ruppin) war er ein unpraktischer Träumer, ein Fremder mit fremden Allüren, der zwar kraft seiner Persönlichkeit eine Macht in Israel war, der aber seine Macht falsch einsetzte. Sie fanden: „Es genügte nicht, daß zwei oder drei Männer in der Welt herumfuhren und mit den Großen dieser Welt unseretwegen verhandelten" (*Weizmann:* Memoiren, S. 87). Es war aber gerade das, was Weizmann später selbst tat, als er in der Zeit vor der Staatsgründung Israels die Stelle einnahm, die vor ihm Herzl gehabt hatte.

151 s. oben S. 208 ff. Vgl. auch *Bettelheim:* Es war ein König . . ., in: Zeitgenossen.

152 TB 1. 6. 1901, GZW IV, S. 56 f. (Der Begriff der „Fahne" war für Herzl von besonderer Wichtigkeit für die Renaissance des jüdischen Volkes (vgl. „III. Brief an Baron Hirsch" v. 3. 6. 1895, GZW II, S. 32). Die Befürchtung einer nationalen Degeneration des jüdischen Volkes hatte Herzl am Anfang seiner zionistischen Tätigkeit schwer bedrückt und sogar — in einem Anfall von Depression — dazu veranlaßt, sich vorübergehend mit dem Gedanken zu tragen, „die Sache (scil. den Zionismus) aufzugeben" (vgl. „IV. Brief an Baron Hirsch", 18. 6. 1895, GZW II, S. 128 ff.).

153 TB 1. 6. 1891, GZW IV, S. 56 f.

154 Benno Reitlinger (s. TB 1. und 2. 6. 1901, GZW IV, S. 56 und 58).

155 Für Herzl war sein „Erfolg" die Audienz beim Sultan am 17. 5. 1901, weil er annahm, daß sie die Einleitung zu den Verhandlungen über einen Charter für Palästina sein würde.

156 TB 2. 6. 1901, GZW IV, S. 59.

157 Das Bankhaus Rothschild in Paris hatte in einer Form, die Herzl in seinem Brief an Sir Francis Montefiore (4. 6. 1901, GZW IV, S. 61) „eine Infamie" nannte, die „dem Faß den Boden ausgeschlagen" hätte, jegliche Verbindung mit Herzl scharf abgelehnt, insbesondere auch, daß Herzl mit Vertretern der Bankhäuser Rothschild und Bleichröder zusammen in Konstantinopel gewesen sei, öffentlich (in den „Financial News") dementiert.

158 TB 5. 6. 1901, GZW IV, S. 62.

TB 27. 5. 1901, GZW IV, S. 43 (Es war dies ein „Pfingstsonntag" — sechs Jahre nach Herzls Unterredung mit dem Baron Hirsch in Paris).

159 TB 11. 6. 1901, GZW IV, S. 66 (TB 19. 6. 1901, GZW IV, S. 73: „Carnegie, der Unauffindbare").

160 a. oben S. 178.

161 Rhodes gab diese Antwort dem damals bekannten „Friedensapostel" Joe

Steads, der sich an ihn als „the one founder of states that modern times have produced" gewandt hatte (TB 28. 7. 1901, GZW IV, S. 78).
162 Einen ausführlichen Brief an Rhodes (GZW IV, S. 104—106) schickte Herzl nicht ab, weil Lord Suffield, ein Kammerherr am englischen Hofe, eine Finanzgruppe zusammenstellen wollte, die die „Unification de la Dette Ottomane" nach Herzls Instruktion betreiben wollte. Herzl schrieb darauf an seine Freunde Israel Zangwill und Joe Cowen (a. a. O., 107—114) ausführlich. Die Absendung des Briefes an Rhodes unterblieb schließlich endgültig, da Rhodes im März 1902 vor dem Zustandekommen einer Unterredung mit Herzl starb.
163 TB 27. 3. 1902, GZW IV, S. 188.
164 Auch für seinen späteren Nachfolger, Chaim Weizmann, der Herzl in vielen Hinsichten ähnlicher war, als er sich selbst zugab, gab es nichts „Unmögliches". Von Weizmann ist ein Wort überliefert, von dem seine Witwe, Vera Weizmann, einen Teil als Titel für ihre Autobiographie „The Impossible Takes Longer" verwendet hat. Der Ausspruch lautete: „Difficult things take a long time, the impossible takes a little longer."
165 TB 15. 6. 1901, GZW IV, S. 67.
166 a. a. O., S. 68.
167 s. oben S. 181.
168 „Rede im Makkabäer-Klub" (1901, GZW I, S. 442).
169 a. a. O., S. 443.
170 TB 21. 5. 1901, GZW IV, S. 41.
171 Herzl an den Sultan, 17. 6. 1901, GZW IV, S. 70.
172 *Bein:* Herzl, S. 510 f.
173 Nach der Audienz hatte Herzl vom Sultan „als Zeichen der Freundschaft" eine Brillantkrawattennadel als Geschenk erhalten (TB 20. 5. 1901, GZW IV, S. 25).
174 TB 5. 1. 1902, GZW IV, S. 100.
175 Der Begriff der (zionistischen) „Gegenwartsaufgaben" wurde von Buber geprägt (s. seinen Aufsatz in Nr. 6 der „Welt" von 1901, s. auch *Böhm:* Zion. Bew. I, S. 204).
176 Dr. Max Mandelstamm, Kiew, (1838—1912), ein enger Freund Herzls, war das Urbild des Prof. Eichenstamm in „Altneuland".
177 Herzl an Mandelstamm, 18. 8. 1901, GZW V, S. 505.
178 a. a. O. S., 506.
179 s. *Böhm:* Zion. Bew. I, S. 205.
180 *Bein:* Herzl, S. 512 ff. Diese „Fraktion" wirkte durch ihre ideologische Geschlossenheit und zog von Fall zu Fall andere Kongreßmitglieder an. Die Protesterklärung, die Feiwel nach den Wahlen des fünften Kongresses verlas, und die die erste Revolution innerhalb der zionistischen Bewegung darstellte, trug 37 Unterschriften (*Bein:* Herzl, S. 519).
181 TB 5. 1. 1902, GZW IV, S. 101.
182 s. „Vorläufige Anzeige" zum ersten Kongreß (Faksimile Nr. 1 bei Bein-Samuel: Herzl, gegenüber S. 120).
183 TB 5. 1. 1902, GZW IV, S. 101.
184 a. a. O.
185 TB 24. 1. 1902, GZW IV, S. 115.
186 TB 30. 1. 1902, GZW IV, S. 120.
187 TB 5. 2. 1902, GZW IV, S. 120. Herzl folgte dieser Aufforderung nicht so-

fort, da seine Frau krank war. Außerdem war ihm die Formulierung der Einladung nicht präzise genug (TB 5. 2. 1902, GZW IV, S. 122). Vámbéry, den er dieserhalb befragte, (Herzl an Vámbéry, 4. 2. 1902, GZW IV, S. 122) glaubte, daß es sich um eine Angelegenheit der Hedjazbahn handle (TB 11. 2. 1902, GZW IV, S. 124 f.).

188 TB 13. 2. 1902, GZW IV, S. 129.

189 TB 17. 2. 1902, GZW IV, S. 138.

190 TB 15. 2. 1902, GZW IV, S. 130.

191 TB 19. 2. 1902, GZW IV, S. 148. (s. auch a. a. O., S. 150). Herzl überließ später die ihm übergebenen £ 200 dem Komitee der Hedjazbahn (Herzl an Ibrahim, 24. 3. 1902, GZW IV, S. 186).
TB 19. 2. 1902, GZW IV, S. 148.

192 Herzl an Vámbéry, 19. 2. 1902, GZW IV, S. 152. Unter den „Leuten" waren, wie sich aus dem Inhalt des Briefes ergibt, der Sultan und seine Beamten zu verstehen.

193 TB 15. 3. 1902, GZW IV, S. 179.

194 TB 14. 3. 1902, GZW IV, S. 178.

195 a. a. O.

196 Für den Board und den Aufsichtsrat bereitete Herzl am 11. März 1902 eine „Erklärung" vor, die er an der Sitzung am 17. verlas (TB 11. 3. 1902, GZW IV, S. 171—175).

197 TB 18. 3. 1902, GZW IV, S. 183.

198 Herzl an Ibrahim, 24. 3. 1902, GZW IV, S. 186.

199 Herzl an den Sultan, 3. 5. 1902, GZW IV, S. 199 f. (s. auch Herzl an Izzet, 22. 6. 1902, GZW IV, S. 213 f.).
*Böhm:* Zionistische Bewegung, Bd. I, S. 205 weist mit Recht darauf hin, daß Herzl den Plan einer Universitätsgründung in Jerusalem, der Gegenstand der Beratungen des fünften Kongresses und den Männern wie dem inzwischen verstorbenen Prof. Schapira und Achad Haám, Weizmann, Buber und den Mitgliedern der „Fraktion" eine heilige Aufgabe zur Entwicklung der jüdischen Kultur war, nur als ein politisches Hilfsmittel betrachtete, um den Sultan zu einem Charter für Palästina zu bewegen.

200 Wegen einer Beurteilung der Verhandlungssituation von seiten Herzls s. TB 5. 8. 1902, GZW IV, S. 279 f.

201 TB 25. 7. 1902, GZW IV, S. 241. (Der Status Herzls als Gast des Sultans dokumentierte sich nach außen dadurch, daß ihm während seiner Anwesenheit in Konstantinopel eine Hofequipage zur Verfügung stand.)

202 TB 26. 7. 1902, GZW IV, S. 246.

203 TB 1. 8. 1902, GZW IV, S. 267 f.

204 Herzl an den Sultan, 25. 7. 1902, GZW IV, S. 244.

205 Die formelle Annahme der Herzl'schen Bedingungen ergibt sich aus Herzls Empfangsbestätigung vom 2. 8. 1902 (GZW IV, S. 274).

206 TB 31. 7. 1902, GZW IV, S. 266: „Ich glaube, S. M. hat jetzt zum ersten Male erfahren, was ich will, und hat sich nicht ganz abgeneigt gezeigt. — Aber seine Entschlüsse sind tausend Jahre alt."

207 s. auch *Friedemann:* Herzl, S. 75.

208 Herzls 5. Aufenthalt am Hofe des Sultans dauerte vom 25. 7. — 2. 8. 1902.

209 In England hatte sich die Zahl der Juden durch die Zuwanderung aus

Osteuropa fast verdreifacht. (*Elbogen:* Ein Jahrhundert, S. 295 ff.; *Dubnow* X, S. 251 ff., 464 f.).

[210] TB 9. 6. 1902, GZW IV, S. 209: „Als man ihn (Lord Rothschild) in der Kommission fragte, warum er sich gegen meine Berufung sträube, sagte er, ich sei ein Demagoge, a windbag (Windbeutel)".

[211] Herzls Unterredung mit Lord Rothschild fand am 5. 7. 1902 statt (s. TB 5. 7. 1902, GZW IV, S. 215 ff., insbes. S. 216).

# 8. Kapitel
# Reale Politik – Tod

## I.

Als Herzl am 4. 6. 1902 die Einladung zum Erscheinen vor der Royal Commission for Alien Immigration erhielt, gab er sich – wieder einmal – Rechenschaft über sich und die Erfolge seines bisherigen Wirkens. Er war mit dem Resultat nicht zufrieden. Er bemerkte zwar mit Genugtuung, daß sein Wirken in der Öffentlichkeit zur Kenntnis genommen worden war, fühlte sich aber verkannt.

„Auf dem Felde, auf dem ich geistig fast garnichts geleistet habe, sondern nur eine mittlere, jedem Roßkamm erreichbare, politische Geschicklichkeit entfaltete, in einer nur Dummköpfen nicht ganz klar verständlichen Sache – in der Judenfrage wurde ich als Agitator weltberühmt.
Als Schriftsteller, namentlich als Dramatiker, gelte ich nichts, weniger als nichts. Man nennt mich nur einen guten Journalisten."[1]

In der „Judenfrage" war er mit vollem Recht weltberühmt geworden. Ihm war gelungen, was vor ihm niemand auch nur versucht hatte: die Judenfrage zu einem allgemeinen politischen Problem zu machen, das zwar schwer lösbar war, aber endlich einmal gelöst werden mußte und auch gelöst werden konnte.
Als Schriftsteller hingegen war und blieb er zweitrangig. Auch sein Roman „Altneuland", den er einige Wochen zuvor beendet hatte, hatte keinen hohen schriftstellerischen Wert. Das Beste, was sich unter einem literarischen Aspekt über dieses Buch sagen läßt, hat Herzl selbst in seinem Widmungsbrief an den Großherzog von Baden mit den Worten zum Ausdruck gebracht:

„Es ist ein Märchen, das ich gleichsam bei den Lagerfeuern erzähle, um meine armen Leute auf der Wanderung bei gutem Mut zu erhalten. Ausharren ist alles."[2]

Was aber dieses Buch für das jüdische Volk zu einem monumentum aere perennius machte, sind die sieben Worte seines Mottos: „Wenn Ihr wollt, ist es kein Märchen."[3]

Herzls Befragung durch die Alien Commission – durch den Tod seines Vaters verzögert – fand am 7. Juli 1902 nach eingehenden Besprechungen zwischen Herzl und Lord Rothschild in London statt. Als Rothschild nach einigen einleitenden Erklärungen, daß er a) kein Zionist sei, b) nicht an den Zionismus glaube, c) Engländer sei und bleiben wolle und d) Herzl schließlich erklärte, „er wünsche", daß Herzl gewisse Erklärungen nicht abgebe, wurde dieser aggressiv:

„Da wurde mir die Sache zu dumm. Ich hatte ihm schon ein paarmal Zwischenbemerkungen gemacht. Jetzt aber fing ich an, ihn so zu überschreien, daß er verblüfft und geblendet das Maul hielt.
‚Ich werde der Kommission sagen, was ich für gut finde und wovon ich überzeugt bin. Das ist immer meine Gewohnheit, und so werde ich es auch diesmal halten'."[4]

Gewiß genoß Herzl seine Überlegenheit gegenüber dem Vertreter des Hauses, das ihn so lange ignoriert hatte. Er hatte zudem das beruhigende Gefühl, daß er selbst uneigennützig und ausschließlich im Interesse seines Volkes sprach, während er von seinem Gesprächspartner und dessen assimilierter Familie[5] wußte, daß sie – zum mindesten auch – persönliche Interessen und die Sonderinteressen der eingesessenen, kleinen englisch-jüdischen Landsmannschaft verfolgten.

Zu Beginn von Herzls Vernehmung wurde eine Erklärung, die er schriftlich vorbereitet hatte[6], verlesen, in der er seine bekannten Ideen wiederholte. Anschließend beantwortete Herzl die Fragen, die zunächst von den nicht-jüdischen Mitgliedern der Kommission gestellt wurden. Von diesen Fragen wichen die anschließenden Fragen Rothschilds inhaltlich ab. Sie hatten eigentlich nichts mit dem Thema der Vernehmung zu tun, sondern bezweckten, von Herzl eine Erklärung zu erhalten, daß jüdischer Nationalismus und englischer Patriotismus vereinbar seien. „Glauben Sie", fragte Rothschild, „daß es möglich ist, daß ein Jude Anhänger Dr. Herzls und ein Zionist ist – was immer das bedeuten mag – und zu gleicher Zeit ein guter Bürger seiner Heimat, ein guter Engländer oder Amerikaner oder Österreicher?"[7] Herzl antwortete:

„Ich bin davon tief überzeugt, und Sie haben den Beweis hierfür im letzten Krieg gehabt. Es ist mir bekannt, daß in Ihrer Armee zwei zionistische Vereine bestanden haben".[8]

Den Vorsitzenden, Lord James, veranlaßte die Frage, Herzl um eine Definition des Begriffs „Zionist" zu bitten, und Rothschild erweiterte diese Frage dahin, daß Herzl sich darüber äußern solle, ob unter Zionismus „eine gemeinsame Bewegung, einen jüdischen Staat in Palästina wieder zu errichten (zu verstehen sei), oder ob ... bloß eine große Bestrebung gemeint ist, irgendeinen Teil der Welt ganz mit Juden zu kolonisieren". Herzl antwortete hierauf:

„Wir haben auf dem ersten Kongreß in Basel ein Programm formuliert, welches als das Ziel des Zionismus die Schaffung einer rechtlich gesicherten Heimstätte für das jüdische Volk in Palästina festsetzt. Das ist das feste Ziel; aber es kann Momente geben, wo unmittelbare Hilfe oder ein Schritt nach vorwärts unerläßlich sind. Und so halten die Zionisten sich für verpflichtet, immer unter Aufrechterhaltung ihrer Prinzipien und ihres Programms, wo immer es nötig ist, den Versuch zu machen, das harte Los der unterdrückten Juden durch angemessene Mittel zu mildern".[9]

Rothschild fragte daraufhin, ob Herzl fände, daß die jüdischen Kolonien in Palästina, die ein Philanthrop, dessen Namen er nicht nennen wolle[10], gegründet habe, erfolgreich gewesen seien. Herzl verneinte das höflich aber entschieden; er war auch nicht bereit, die Schuld an dem Mißglücken der türkischen Regierung anzulasten[11].
Sowohl diese Fragen Rothschilds wie die Antworten Herzls können den nicht-jüdischen Mitgliedern der Kommission kaum verständlich gewesen sein. Sie waren im Grunde nur die übliche Auseinandersetzung innerhalb des jüdischen Lagers zwischen „Zionisten" und „Assimilanten", hier allerdings in aller Öffentlichkeit vor einem nicht-jüdischen Forum.

Die persönlichen Beziehungen zwischen Herzl und Lord Rothschild wurden schnell freundschaftlich. Dies beruhte auf gegenseitiger persönlicher Hochschätzung[12]. Dies bedeutete aber nicht, daß der Lord nun Herzls Pläne finanziell unterstützt hätte.
Bei der ersten Besprechung hatte Herzl Rothschild erklärt, er wolle von der englischen Regierung einen Charter für eine Kolonisation verlangen[13], aber nicht für Uganda, wie Rothschild empfahl, sondern für die Sinai-Halbinsel, Ägyptisch-Palästina und Zypern[14], was Rothschild dann doch sehr gefiel. Als Herzl ihm aber einige Tage später verabredungsgemäß über dieses Projekt einen ausführlichen Brief[15] und einen Finanzentwurf[16] übersandte, antwortete Rothschild so ausweichend, daß Herzl seinen Brief mit dem Tagebuchvermerk „Quatsch" zu den Akten nahm[17].
Dennoch schrieb er ihm unmittelbar nach seiner Abreise aus London noch einmal sehr eindringlich[18] in demselben Sinne, in dem er Jahre zuvor an Baron Hirsch geschrieben hatte[19], nur viel nüchterner. Es war nicht mehr von einer Nationalanleihe von „10 Milliarden Mark" die Rede, sondern nur von der Gründung einer „Land-Company", deren Aktionskapital „vorläufig 10 Millionen £, wovon 10–20% Einzahlung" betragen sollte[20].
Herzl selbst empfand, daß er in seinem Brief hauptsächlich alte Ideen repetierte; dennoch polemisierte er noch einmal – hart und ungerecht – gegen den längst verstorbenen Baron Hirsch: „Hirschs Unternehmung

war Spielerei, Prahlerei und nicht ausgedehnt. Ein Gemeinwesen besteht nicht nur aus Ackerbau ... Aber darauf möchte ich eine Rechnung nicht stützen, ebensowenig wie auf andere ,Wohltäter'[21]. Die Land-Company kann nur Erfolg haben, wenn sie nicht auf Rachmones[22], sondern auf wirtschaftlichen Interessen beruht." Rothschild blieb bei seiner ablehnenden Haltung. Seine Antwort, die Herzl diesmal als „leeren Quatsch des Ausweichens" bezeichnete[23], enttäuschte Herzl. Aber er war an solche Enttäuschungen bereits gewöhnt und hatte sich schon Tage zuvor vorgenommen, für diesen Fall sich dem englischen Kolonialminister Chamberlain „zu nähern"[24].

## II.

Bei seiner Befragung durch die Fremdenkommission hatte Herzl, der sich seiner mangelhaften englischen Sprachkenntnisse nur allzu bewußt war, das Gefühl, das grundsätzliche und unverrückbare Ziel der zionistischen Bewegung und die praktischen Nahziele, die sich aus der immer unhaltbarer werdenden Lage der Juden Osteuropas ergaben, nicht klar genug dargestellt zu haben. Er suchte daher den Kommissionsvorsitzenden Lord James auf[25] und berichtete ihm bei dieser Gelegenheit von seinem El-Arisch-Sinai-Zypern-Plan, über den er in der Öffentlichkeit nicht hatte sprechen wollen. Lord James hielt diesen Plan für diskutabel und – mit Hilfe der Rothschilds – für durchführbar[26].
Zypern war im Jahre 1878 von der Türkei England zur Verwaltung überlassen worden, ohne eine rechtliche Änderung im Status[27]. Und das Sinai-Gebiet, einschließlich ElArisch gehörte zu Ägypten, einem türkischen Vasallenstaat, an dessen Spitze ein Khedive stand, dessen politische Macht allerdings durch einen englischen Residenten (Vicekönig), Lord Cromer, bis auf die formale Zustimmung zu den Beschlüssen dieses Residenten eingeschränkt war. Zypern unterstand dem englischen Kolonialamt, das Joseph Chamberlain leitete, der Sinai dem Foreign Office, das von Lord Lansdowne verwaltet wurde. Für England selbst wäre die Annahme von Herzls Plan vorteilhaft gewesen, da er die drohende ungeordnete Masseneinwanderung der Juden nach der schon überbevölkerten Insel durch eine organisierte Masseneinwanderung in dünnbesiedelte oder sogar unbesiedelte Gegenden abgeleitet und die Entwicklung dieser Landstrecken mit der Hilfe jüdischer Gelder gewährleistet hätte. In einem Exposé, das Herzl für Lord Lansdowne, der als Außenminister für das Sinai-Gebiet zuständig war, anfertigte[28], argumentierte er, daß durch die Annahme seines Planes, d. h. durch die Verpflanzung des jüdischen Volkes, dessen

Umfang er mit zehn Millionen annahm[29], England ebenso viele „heimliche, aber treue Untertanen" erhalten würde, wie sich Juden in diesem Gebiet ansiedelten. Da Herzl an die Verpflanzung des gesamten jüdischen Volkes dachte, schrieb er: „England bekommt zehn Millionen Agenten für seine Größe und seinen Einfluß."[30]
Im Oktober 1902[31] hatte Herzl sodann Unterredungen mit den beiden zuständigen Ministern Chamberlain und Lansdowne, deren Gegenstand die Gewährung von Territorialkonzessionen an eine noch zu schaffende Jewish Eastern Company mit einem Kapital von 5 Millionen Pfund sein sollte. Die Minister gaben zwar keine verbindlichen Erklärungen ab, wollten vielmehr zunächst die Stellungnahme Lord Cromers abwarten[32], verhielten sich aber so positiv zu Herzls Ausführungen, daß er – in ungewohnt vorsichtigem Optimismus – in seinem Tagebuch vermerkte: „Ich glaube, das war ein erfolgreicher Tag."[33] Allerdings hatte er vorsichtshalber nicht über einen Judenstaat gesprochen, sondern nur über „eine selfgoverning Jewish Colony in der Südostecke des Mittelmeers"[34].

Um sofort praktische Schritte einzuleiten, schickte Herzl den gewandten Journalisten J. Leopold Greenberg zu Lord Cromer nach Kairo[35]. Die Beauftragung Greenbergs sollte Herzl später viel Kummer bereiten. Zunächst aber schien die Sache sich gut zu entwickeln; da versagte Herzls Gesundheit. Anfang November begann er erneut unter „allen möglichen Herzzuständen" zu leiden, war völlig erschöpft, konnte seine journalistische Berufsarbeit nicht mehr bewältigen und mußte sich schließlich eine Woche von der Neuen Freien Presse beurlauben lassen[36].
Herzl erholte sich dann aber recht bald wieder, vielleicht ermutigt durch die Nachricht aus dem Foreign Office, daß die „Sache auf der Sinai-Halbinsel", d. h. das ElArisch-Projekt für durchführbar angesehen wurde, vorausgesetzt, daß eine Expertenkommission dies angesichts der „realen Verhältnisse" für möglich halte[37]. Sofort war er wieder voller Ideen über die Besiedlung dieses ariden Gebietes: „Wüstenland durch Nil befruchten", „Nilschlamm mit Filterschiffen nach ElArisch transportieren", eventuell „durch einen Kanal unter dem Suezkanal", und die „Phosphatfrage" durch befreundete Fachgelehrte als „Geheimaufgabe" lösen lassen[38]. Auch die Finanzprobleme schienen ihm weniger große Schwierigkeiten zu machen. Lord Rothschild war grundsätzlich gewonnen und schien bereit, Herzl behilflich zu sein[39]. In der feindlichen ICA schien es zu kriseln. Den „Barbarenfeldzug[40], den Herzl ursprünglich einmal gegen die Rothschilds hatte führen wollen, wollte er nunmehr gegen die ICA richten[41] und sie zwingen, ihre Fonds seinem Plan zur Verfügung zu stellen. Auch der Oberst Goldsmid, den er seit der Kampfunterredung

mit dem Baron Rothschild in Paris als unzuverlässig abgeschrieben hatte[42] und dem er vor dem ersten Kongreß auf einen „von Freundschaft strotzenden Brief" geantwortet hatte, er möge doch ja zum Kongreß kommen, „sonst sei er für immer aus der nationalen Bewegung ausgeschaltet"[43], kam nunmehr aus eigenem Willen, stellte sich Herzl zur Verfügung und nahm an der Expedition nach ElArisch teil.

Herzl war von den Erfolgsaussichten so überzeugt, daß er bereits im Januar 1903 an seinen Chef Benedikt schrieb: „Es ist möglich, daß ich Sie in den nächsten Monaten um meine Entlassung aus dem Verbande der N. F. P. bitten werde."[44] Dann kamen wieder Rückschläge. Es begann zunächst mit einer Störaktion des türkischen Kommissars im Auftrag des Sultans. Als Greenberg dann schließlich gegen Ende Februar ein Telegramm schickte, das nicht mehr vom Charter sprach, den Herzl erstrebte[45], sondern von einem von der Ägyptischen Regierung ausgestellten, angeblich sehr befriedigenden „Dokument", und gleichzeitig seine Rückreise nach London anzeigte[46], war Herzl überzeugt, daß Greenberg sich nicht an seine Anweisungen gehalten hätte. Für Herzl war das das schlimmste Vergehen, dessen sich einer seiner Mitarbeiter schuldig machen konnte.

So beurteilte er die Situation in seinem Tagebuch:

„Heute kam Greenbergs Bericht und das ‚Dokument'. Der Bericht ist das Meisterwerk eines nicht ganz getreuen Beauftragten ...

Das ‚Dokument' ist ein ziemlich nichtssagender Brief des ägyptischen Ministerpräsidenten Boutros an Greenberg für eine zu bildende Jewish National Settlement Company. Weder vom Jewish Colonial Trust noch vom A. C. noch von mir ist als Konzessionär die Rede. In dem ‚Draft', d. h. Charterentwurf Greenbergs, den er mir unvorsichtigerweise ebenfalls in Maschinenkopie einschickt, ist geradezu der Name des Konzessionswerbers ausgelassen ...

Der Bericht Greenbergs verhüllt ausgezeichnet die für mein textkritisches Auge dennoch durchschimmernde Tatsache, daß G. in Kairo durchaus nicht als Bevollmächtigter, sondern als Chef und in eigenem Recht aufgetreten ist. Dadurch hat er der Sache, glaube ich, nichts genützt und sich bei mir geschadet".[47]

Herzl schrieb sofort an Greenberg einen zwar höflichen, aber entschiedenen Brief, aus dem zu entnehmen war, daß er ihn nicht mehr für vertrauenswürdig hielt[48]. Er untersagte ihm ausdrücklich, über das Ergebnis seiner Reise mit irgendjemandem zu sprechen, und übertrug außerdem Greenbergs Vollmachten auf den Leiter der ElArisch-Expedition, Ingenieur Kessler, und Colonel Goldsmid.

Eine Aussprache zwischen Herzl und Greenberg fand Mitte März statt. Sie führte weder zum Bruch der Beziehungen zwischen den beiden Männern, noch zu ihrer Verbesserung. Herzl hielt seinen Verdacht gegen

Greenberg durch dessen Erklärungen aber nicht für entkräftet und entschloß sich nunmehr, selbst nach Kairo zu fahren[49].

Hatte Herzl mit seinem Vorgehen gegen Greenberg recht? Diese Frage ist weniger wichtig als eine andere: Hatte Greenberg mit seinem Vorgehen Herzl gegenüber recht? Greenberg war zweifellos ein geschickter Unterhändler[50] und ein guter Zionist. Aber das war nicht das Entscheidende. Er hatte sich einem Mann zur Verfügung gestellt, von dem er wissen mußte, daß er von der absoluten Richtigkeit seiner eigenen Entschlüsse überzeugt war und keine anderen duldete.

Alles, was die zionistische Bewegung bisher geleistet hatte, war wirklich ausschließlich Herzls Werk gewesen. Herzl selbst hielt die Erfolge, die anderen gering erscheinen mochten, für groß. Er hatte Schwierigkeiten erlebt, die sich seinen Erfolgen entgegenstellten, aber er – und er allein – hatte sie zu überwinden vermocht. Er hatte als ein Einzelner eine Bewegung ins Leben gerufen, die Hunderttausende umfaßte. Seine Anhänger sahen in ihm, und ihm allein, ihren Führer. Die politischen Gremien der herrschenden Mächte begannen ihn und nur ihn als den legitimierten Sprecher des jüdischen Volkes anzuerkennen. Die englische Regierung hatte ihn als vollwertigen Verhandlungspartner akzeptiert.

Für Herzl war die Gleichstellung seiner Gesinnungsgenossen mit ihm selbst einfach indiskutabel. Leistungen hatte nach seiner Ansicht nur er selbst aufzuweisen, wobei es für ihn gleichgültig war, ob das Geleistete schon in Erfolgen bestand oder vorläufig nur in gescheiterten Versuchen. Wer also mit Herzl zusammenarbeiten wollte, hatte diese Vorbedingungen anzuerkennen – so wie es Wolffsohn getan hatte – oder er riskierte, wie Kann, Trietsch, Ussischkin und zahllose andere, von Herzl verstoßen zu werden[51].

## III.

Herzl hatte seine erste Besprechung mit Lord Cromer zwei Tage nach seiner Ankunft in Kairo. Der Eindruck, den die beiden Männer voneinander hatten, kann am besten als „Abneigung auf den ersten Blick" charakterisiert werden. Herzl, der in Cromer nur einen „Untergebenen" von Lord Lansdowne sah – der er formell ja auch war –, nahm an Cromers Verhandlungsweise Anstoß: „Etwas zu viel morgue, eine Spur von Tropenkoller und unbeschränktem Statthaltertum. – Ich glaube, ich gefiel ihm nicht."[52] Diese letztere Feststellung dürfte wohl richtig gewesen sein. Herzl kannte die englische Verwaltungsregel nicht, daß „the man on the spot" das gewichtigste Wort zu sagen hat.

Cromer seinerseits war nicht unbeeinflußt von den bis in die jüngste Vergangenheit in England herrschenden Anschauungen, die besonders bei den englischen Kolonialbeamten anzutreffen waren, die die Menschen grundsätzlich in zwei Gruppen einteilten: diejenigen, die „holder of a British passport" waren, und die anderen, die global als „Natives" angesehen wurden. Für Cromer gehörte Herzl zweifellos nicht zur ersten Kategorie. Es zeigte sich das an Kleinigkeiten, z. B. daran, daß er sofort fragte, wann Dr. Greenberg, zweifellos „the holder of a British passport", zur Fortsetzung der Verhandlungen wiederkommen würde, ferner darin, daß er zwar nicht offen obstruierte, aber erklärte, er sei zwar willens „die Sache zu unterstützen, aber not in a hurry, sondern in a businesslike way"[53], aber auch daran, daß er in einer späteren Sitzung, an der auch Colonel Goldsmid teilnahm, „versuchte, sich hauptsächlich an Goldsmid zu wenden"[54].

Herzl ertrug es nicht, daß er nicht als die führende Persönlichkeit anerkannt wurde. Er hatte Cromers Verhalten vorausgesehen und darum „den mir (Herzl) gebührenden ersten Platz neben dem Schreibtisch eingenommen"[55]. Und um jeden weiteren Zweifel über seinen Rang in der zionistischen Bewegung auszuschließen, schickte er unmittelbar vor seiner Rückreise noch einen Abschiedsbrief an Cromer, in dem er diesem ausdrücklich mitteilte, daß Colonel Goldsmid in Kairo verbleibe „and will have the necessary power given him to act as my representative"[56].

Herzl bedauerte es, daß er seinen Aufenthalt in Kairo nicht bis zum Zeitpunkt der Fertigstellung des Berichts der ElArisch-Expedition ausdehnen konnte. Als er ihn dann endlich erhielt, legte er ihn unverzüglich den englischen Ressortministern vor. Chamberlain erkannte, daß der Bericht nicht günstig war, und war sofort bereit[57], als Ersatz ein anderes Territorium anzubieten: „Ich habe auf meiner Reise ein Land für Sie gesehen ... und zwar Uganda. An der Küste ist's heiß, aber dem Innern zu wird das Klima vorzüglich auch für Europäer. Sie können dort Zucker und Baumwolle pflanzen. Da habe ich mir gedacht, das wäre ein Land für Dr. Herzl. Aber der will ja nur nach Palästina oder in dessen Nähe gehen." – „Ja ich muß", erwiderte ich[58]. „Die Basis müssen wir in oder nächst Palästina haben."[59].

Daß der abschließende Bericht der ElArisch-Expedition ungünstig ausfallen würde, hätte Herzl voraussehen müssen. Schon in einem Vorbericht hatte es geheißen: „Unter jetzigen Umständen unbesiedelbar – aber wenn Wasser herbeigeschafft wird, besiedelbar."[60]

Paula Arnold, die Tochter Leon Kellners, berichtete, daß Herzl Kellner, diesem „besten Freund"[61], den Expeditionsbericht über ElArisch sofort nach seiner Rückkehr aus Kairo nach Wien zu lesen gab. Kellner kam zu dem Schluß, daß das ElArisch-Projekt völlig undurchführbar sei und am besten fallengelassen werden müsse. Die Gegend sei einfach eine Wüste. Als Herzl dann über die Möglichkeit einer ausreichenden Bewässerung mit Nilwasser zu argumentieren begann, habe Kellner ihn beschworen, diese abenteuerliche Sache aufzugeben. Herzls Name, der „jetzt von Zehntausenden gesegnet werde, und wie ein Stern durch das Dunkel der jüdischen Volksexistenz leuchte, werde zum Fluch und zum abschreckenden Beispiel werden"[62]. Herzl war erschüttert, er warf Kellner vor, er nähme ihm die Kraft, die er im Augenblick so benötige, und verderbe ihm die Freude an einem großen und glücklichen Augenblick seines Lebens. Kellner aber blieb fest. Sie „trennten sich traurig"[63].

Heute weiß man, daß Kellner völlig recht hatte. Damals aber hoffte Herzl hartnäckig auf eine günstige Entscheidung. Sie kam nicht. Lord Cromer, interessiert an einer sachlich richtigen Entscheidung, und völlig desinteressiert an der Lösung der Judenfrage, die zweifellos nicht in sein Ressort gehörte, stützte sich nicht auf das Gutachten der Expedition, an der auch der ägyptische Regierungsvertreter Humphreys teilgenommen hatte, sondern schloß sich dem Gutachten seines Wasserexperten, Sir W. Garstin[64] an, der fand, daß die Bewässerung das Fünffache der Menge von Nilwasser benötigte, das der Experte der Expedition ausgerechnet hatte[65]. Er empfahl die Ablehnung des Projekts, das damit definitiv gescheitert war.

Für Herzl, damals schon ein sehr kranker Mann[66], war dieses Scheitern eines Planes mehr als das „Untergehen von Schiffen", an das er sich in seinem Leben so langsam schon gewöhnt hatte[67]. Er war für einige Tage wirklich verzweifelt. Diese Stimmung fand ihren Ausdruck darin, daß er nunmehr für sich und seine Familie in dem ihm fremd gewordenen Wien eine Familiengruft erwarb[68].

Aber zur Aufgabe seines Lebenszieles war er nicht bereit. Das von Chamberlain gesprächsweise hingeworfene Wort über Uganda, das für Europäer geeignet sein sollte[69], brachte ihn auf eine neue Idee: „Von Chamberlains Uganda-Anregung ging ich aus – und kam nach Mozambique."[70] Allerdings sollte es sich um keine Dauerlösung handeln:

„Mozambique will ich ... nur als Tauschobjekt erwerben, um dafür von der englischen Regierung die ganze Sinaihalbinsel mit Nilwasser für Sommer und Winter und eventuell auch Zypern zu bekommen und zwar frei!"[71]

Er nahm sofort mit dem portugiesischen Gesandten, Graf Paraty, Fühlung, der sich nach einigem Zögern[72] zwar guten Willens zeigte, dessen Regierung aber anscheinend an dem Projekt desinteressiert war. Der Plan geriet bald ebenso in Vergessenheit wie ein anderer, vom belgischen König Leopold, ein Stück des Kongo-Territoriums zu erhalten[73]. Im Grunde lag Herzl wenig an Uganda, das Chamberlain so rasch angeboten hatte[74]. Herzls Eröffnungsrede zum sechsten Kongreß gibt dafür den besten Beweis:

„Zion ist dies freilich nicht und kann es nie werden. Es ist nur eine Kolonisationsaushilfe, aber, wohlgemerkt, auf nationaler und staatlicher Grundlage. Das Zeichen zum Aufbruch können und werden wir unseren Massen daraufhin nicht geben. Es ist und bleibt lediglich eine Notstandsmaßnahme ..."[75]

Und doch war für Herzl das Ugandaprojekt in politisch-diplomatischer Hinsicht von äußerster Wichtigkeit. England hatte als erster Staat der Welt mit seinem Angebot – gleichgültig aus welchen Motiven[76] – die These Herzls anerkannt, daß die Lösung der Judenfrage nicht eine Frage der Juden allein und auch nicht allein das Problem des Staates sei, der Juden beherbergt, sondern daß die „Lösung der Judenfrage ein Weltbedürfnis"[77] ist. Herzl konnte und wollte diese hierdurch zum Politikum gewordene These nicht wieder rückgängig machen lassen. Als daher Greenberg ihm – vielleicht auf Veranlassung der englischen Regierung[78] – empfahl, durch einen an Sir Francis Montefiore gerichteten „offenen Brief" vom Ostafrika-Plan zurückzutreten und damit England aus seinem Obligo zu entlassen, lehnte er dies in einem ausführlichen Antworttelegramm ab[79]. Inzwischen hatte sich die Situation des jüdischen Volkes weiter verschlechtert.

## IV.

Am Ostersonntag 1903 – der mit dem Schlußtag des jüdischen Pessachfestes zusammenfiel – brachen in Kischinev (Bessarabien) Pogrome aus, die an Grausamkeit nur denen des Mittelalters und unseres Jahrhunderts gleichkamen. Panik erfaßte die Juden Rußlands. Die Weltöffentlichkeit war schockiert.

Herzl, dem die Philanthropie niemals ein geeignetes Instrument gegen die jüdische Not zu sein schien, und dem noch die Unfähigkeit der Verwalter der Hirsch-Fonds aus der Zeit der jüngsten jüdischen Massenflucht aus Rumänien[80] vor Augen stand, benutzte die Verhandlung über die sogenannte „ICA-Bill" vor dem englischen Parlament[81] zu dem Versuch, wenigstens einen Teil der Gelder aus den Hirsch-Fonds für zionistische Zwecke freizubekommen. Bei der feindseligen Einstellung, die die maßgebenden Männer der ICA-Verwaltung gegen alle Pläne hatten, die Herzl vorbrachte, war es nicht erstaunlich, daß seine Bemühungen – nach einem vorübergehenden scheinbaren Entgegenkommen – schließlich erfolglos blieben[82].

Es entsprach dem mutigen und selbstbewußten Charakter Herzls, daß er fast unmittelbar nach dem Bekanntwerden von Einzelheiten des Pogroms von Kischinev entschlossen war, nach Rußland zu reisen und dort in Verhandlungen mit den Spitzen der Behörden zu erreichen, daß den russischen Juden der Weg aus Rußland freigegeben und nach Palästina ermöglicht werde.
Ein Versuch, vom Zaren Nikolaus II.[83] in Audienz empfangen zu werden[84], den er diesmal durch die bekannte Pazifistin Bertha von Suttner[85] unternehmen ließ, blieb erfolglos. Es war dies bei dem Zaren, der ein Schüler Pobjesdonostzevs war und für den das Wort ‚Zhyd' (= Jude) die Bezeichnung für den Feind schlechthin war[86], nicht weiter erstaunlich. Es gelang ihm jedoch, nachdem ein eigener Brief unbeantwortet geblieben war[87], durch die Vermittlung einer polnischen Adligen[88], wenigstens Zugang zu dem früheren Direktor der zaristischen Polizei und seit 1902 allmächtigen Innenminister Plehwe zu erhalten. Angeblich freute sich Plehwe sogar, Herzl kennen zu lernen und war bereit, „eine Emigration ohne Rückkehr de tout son coeur zu unterstützen"[89]. Diese Worte aus dem Munde eines Mannes, von dem die ganze Welt zu jener Zeit annahm, daß er – neben Pobjesdonostzev – die treibende Kraft hinter den russischen Pogromen und speziell denen von Kischinev war, mußten wie böse Ironie wirken. Herzl war das gleichgültig. Er war entschlossen, die Reise nach Petersburg zu wagen, weil er hoffte, „dort etwas für die Juden durchzusetzen, eine Besserung ihrer Lage" zu erreichen[90].

Herzls Aufenthalt in Petersburg dauerte zehn Tage[91]. Die erstaunlichen Erfolge, die er bei den russischen Behörden erzielte, blieben rein persönlicher Natur; sie wurden durch spätere Ereignisse, auf die er keinen Einfluß hatte, überrollt[92].
Die erste Besprechung Herzls mit Plehwe bestätigte die oben erwähnten Begleitworte zur Einladung Herzls nach Petersburg. Plehwe erwies sich als außergewöhnlich gut informiert über die Bestrebungen des Zionismus und über die beherrschende Position, die Herzl in ihm einnahm[93]. Er zeigte sich auch den wirtschaftlichen und kulturellen Problemen der russischen Juden gegenüber aufgeschlossen und schien bis zu einem gewissen Grade sogar wirklich bereit, eine geordnete Auswanderung von Juden aus Rußland zu unterstützen[94]. Das Ergebnis dieser und einer folgenden Besprechung, die Herzl und Plehwe miteinander hatten, fand seinen Nieder-

schlag in einem Exposé[95], dessen Inhalt Plehwe einige Tage später mit einem „langen befriedigenden Brief und einem privaten Begleitbillet" beantwortete[96]. Das Erstaunliche an diesem Ergebnis war nicht nur, daß Plehwe sich namens seiner Regierung bereit erklärte[97], beim Sultan für eine „charte de colonisation pour la Palestine, à l'exception des lieux saints" zu intervenieren, und daß Rußland zur Erleichterung der Auswanderung sogar gewisse Gelder zur Verfügung stellen wollte, die aber natürlich aus rein jüdischen Steuerquellen stammen mußten. Ebenso wichtig war, daß die Regierung „se propose . . . d'élargir très prochainement le rayon de l'habitation juive pour ceux qui ne veulent pas émigrer".
Die Vermutung liegt natürlich nahe, daß es sich bei Plehwes Entgegenkommen nur um einen politischen Schachzug[98] handelte, dessen Zweck es war, zu verhindern, daß die Kischinever Affäre auf dem bevorstehenden sechsten Kongreß in Basel (23.–28. August 1903) in einer für Rußland allzu ungünstigen Weise erörtert und der Weltöffentlichkeit vorgeführt würde.

Beim Finanzminister Witte erreichte Herzl in einer einzigen Besprechung, daß die Schwierigkeiten, die das Ministerium vier Jahre zuvor der zionistischen Propaganda für die Jüdische Kolonialbank in den Weg gelegt hatte[99], aufgehoben wurden. Dieser Erfolg, der in finanzieller Hinsicht von erheblicher Bedeutung war, wäre kaum erwähnenswert, wenn nicht zwei Vorkommnisse ihn in besonderem Lichte erscheinen ließen. Das eine war, daß der einflußreiche Lord Rothschild, den Herzl um einen Empfehlungsbrief an Witte gebeten hatte, dies unter „present circumstances" – ganz offenbar wegen der Pogrome in Kischinev – abgelehnt hatte. Herzl hatte diese Weigerung resigniert zur Kenntnis genommen, aber nicht auf die Unterredung mit Witte verzichtet[100].
Das andere Ereignis war die Unterredung mit Witte selbst. Witte, der früher sogar die Versendung von Drucksachen des Jewish Colonial Trust hatte verhindern lassen, begnügte sich plötzlich damit, daß die jüdische Kolonialbank in Rußland eine Filiale eröffnen solle, die von den russischen Behörden kontrolliert werden könne. Herzl war damit völlig einverstanden[101].
Eine überraschende, geradezu groteske Note kam bei den Gesprächen Herzls mit diesen beiden höchst einflußreichen russischen Ministern zum Vorschein: beide legten Gewicht darauf, ihre gute Gesinnung für die Juden zu betonen. Plehwe, dessen Name seit Kischinev zum Fluchwort für die Juden geworden war, betonte, daß er die Juden gut kenne, daß er als Kind in Warschau unter Juden gelebt habe, daß seine Jugendfreunde Juden gewesen seien und daß er selbst die Regierung als Freund der Ju-

den übernommen habe[102]. Witte bezeichnete sich schlechthin als „Freund der Juden"[103].

Bei Plehwe, einem geschickten Taktiker, läßt sich sein Verhalten noch einigermaßen leicht mit der Nähe des bevorstehenden Zionistenkongresses erklären. Die Empörung in der Welt war noch groß. Und obwohl die russische Regierung alles daransetzte, Berichte über die Pogrome von Kischinev zu unterdrücken, hatte sie nicht vermocht, der Weltöffentlichkeit zu verheimlichen, daß u. a. der soeben exkommunizierte Leo Tolstoi in einem weitverbreiteten Zirkular die russische Regierung für die Verfolgungen der Juden verantwortlich gemacht hatte[104]. Bemerkenswert aber ist, daß der Kongreß die Kischinever Pogrome mit großer Zurückhaltung behandelte.

Aber was veranlaßte Witte zu seiner ‚judenfreundlichen' Haltung? Etwa nur die Gegnerschaft gegen Plehwe[105]? Es läßt sich vermuten, daß es Herzls Auftreten war, das ihn hinderte, seine übliche Gefühllosigkeit zu geben[106].

Auf der Rückreise von Petersburg machte Herzl in Wilna Station[107]. Diese Reise war für ihn nicht ungefährlich. Er hatte Grund, um sein Leben zu fürchten. Die Masse der russischen Juden war empört über seine Reise nach Petersburg. Als nun Herzl dem Mitglied des Aktionskomitees für Witebsk ausdrücklich erklärte, er werde in Wilna Station machen, riet dieser ihm so aufgeregt ab, daß Herzl zwar in seinem Entschluß nicht wankend wurde, aber doch die Frage stellte: „Wird man mir dort die königlichen Ehren eines Attentats erweisen?"[108]

Das Erlebnis, das Herzl in Wilna hatte, wurde zu einem Höhepunkt seines Lebens. Es läßt sich nicht mit dem stürmischen Applaus vergleichen, den er so oft bei den Kongressen bekommen hatte, sondern nur mit jenem bei dem Massenmeeting im East-End von London am Beginn seiner zionistischen Tätigkeit. Damals „sah und hörte" er, wie „seine Legende entstand". In Wilna erlebte er, wie er selbst zur Legende geworden war.

Herzl wurde wie ein Erlöser empfangen. Die Polizei hatte alle Maßnahmen getroffen, um Demonstrationen zu verhindern. Ansammlungen waren verboten worden. Herzl durfte nicht zur Synagoge, sollte überhaupt nicht in der Stadt herumfahren. Er wurde dann vom Gemeindevorstand im Gemeindeamt empfangen und mußte, wie gewohnt, unzählige Reden über sich ergehen lassen. „Es war (aber) ein Ton in den Begrüßungen, der mich derart rührte, daß ich meine Tränen nur mit dem Gedanken an die Zeitungsberichte zurückhalten konnte. Die vielerlei Ansprachen überschätzten mich gewaltig; aber das Unglück dieser schwer gedrückten Menschen war echt."[109]

Abends wurde ihm dann von einem Freund außerhalb von Wilna, in einem Städtchen, in dem Juden eigentlich nicht wohnen durften, ein Essen gegeben, an dem 50 Gäste teilnahmen. Plötzlich erschienen in der Nacht „arme Jünglinge und Mädchen aus Wilna, die den Weg heraus (zu Fuß etwa 2 Stunden) gemacht hatten, um mich bei Tisch zu sehen".

„Nun standen sie draußen, sahen uns beim Essen und hörten uns beim Reden zu. Und sie besorgten die Tafelmusik, indem sie hebräische Lieder dazu sangen ...
Und einer der jungen Arbeiter in blauer Bluse, der mir durch seine harten, entschlossenen Gesichtszüge aufgefallen war, sodaß ich ihn für einen der revolutionären ‚Bundisten' hielt, überraschte mich durch einen Trinkspruch auf die Zeit, in der ‚Hamelech Herzl'[110] herrschen werde. Diese Lächerlichkeit nahm sich aber merkwürdig aus in der finsteren russischen Nacht.
Wir fuhren zurück. Und um ein Uhr nachts vom Hotel zur Bahn. Die Stadt war wach, weil sie meine Abfahrt erwarteten. In den Straßen, die wir passieren mußten, standen und gingen sie und riefen ‚Hedad', als sie mich erkannten ... Aber in der Nähe des Bahnhofs, wo die Menge dichter wurde, gab es leider Zusammenstöße mit der brutalen Polizei, die Auftrag hatte, den Bahnhof frei zu halten. Es war ein regelrechtes russisches Polizeimanöver, das ich mit Entsetzen sah, während mein Wagen eiliger dem Bahnhof zurollte. ‚Hedad'-Rufe, brutale Rufe der Polizisten, die sich in Abständen der laufenden Menge entgegenwarfen; und mein Kutscher hieb in die Pferde ein ...
Eine kleine Gruppe, etwa 50—60 meiner Freunde, hatten sich dennoch in den Bahnhof hineingeschmuggelt. Mit denen stand ich in stillem Gespräch ...
Das war Rußland."[111]

## V.

Der sechste Kongreß vom 23.—28. 11. 1903 begann eine Woche nach Herzls Rückkehr aus Rußland. Einen Tag vor der Eröffnung des Kongresses fand eine Sitzung des Großen Aktionskomitees[112] statt, über die er in seinem Tagebuch berichtet:

„Das alte Treiben.
Ich habe Herzzustände vor Ermüdung.
Wenn ich es um Dank täte, wäre ich ein großer Narr. Gestern gab ich dem ‚Großen A. C.' meinen Bericht. Ich brachte England und Rußland. Und es streifte keinen von ihnen auch nur sekundenlang der Gedanke, daß mir für die größten der bisherigen Leistungen ein Wort, ja, ein Lächeln des Danks gebühre.
Vielmehr machten mir die Herren Jacobson, Belkowsky und Tschlenow verschiedene Vorwürfe."[113]

Am folgenden Tag begann der Kongreß. Er war der schwerste und der letzte, den Herzl erlebte. In seiner Eröffnungsrede berichtete er nüchtern und unter Verzicht auf rhetorische Effekte von der immer härter werdenden Not der Juden, die sich nicht nur in der Verfolgung der Juden in ihren bisherigen Heimatländern niederschlug, sondern auch in der Verringerung der Zahl von Einwanderungsländern für die Flüchtlinge. Er sprach von Kischinev, das nicht nur in Bessarabien, sondern überall sei, „wo Juden an Leib und Seele gequält, an der Ehre gekränkt (und) an Vermögen geschädigt werden, weil sie Juden sind", und von der Notwendigkeit, die zu retten, „welche noch zu retten sind"[114]. Er ging dann auf die Verhandlungen mit England ein, das nach dem wegen technischer Schwierigkeiten gescheiterten ElArisch-Projekt sich bereit erklärt habe, eine autonome jüdische Ansiedlung in Ost-Afrika zu schaffen, in der die Verwaltung, Lokalregierung und der an der Spitze stehende Oberbeamte jüdisch sein würde, „alles natürlich unter britischer oberhoheitlicher Überwachung"[115]. „Zion ist es freilich nicht, und kann es nie werden. Es ist nur eine Kolonisationsaushilfe, aber wohlgemerkt, auf nationaler und staatlicher Grundlage. Das Zeichen zum Aufbruch können und werden wir unseren Massen nicht geben. Es ist und bleibt lediglich eine Notstandsmaßregel, die der jetzigen Ratlosigkeit aller philanthropischen Unternehmungen abhelfen und dem Verlust solcher versprengter Volksteile vorbeugen soll."[116] Er schloß mit dem Bericht über die Verhandlungen mit der russischen Regierung, denen er die allergrößte Bedeutung zumaß, und endete mit den Worten:

> „Es wird natürlich auch jetzt wieder Leute geben, die nur das Bittere aus diesen Vorteilen heraussehen. Die Hilfe der Mächte, werden diese Leute sagen, bedeute nichts Erfreuliches. Sie wollen uns loshaben, oder sie wollen uns nicht hineinlassen. Gut! Wenn darin eine Ungerechtigkeit gegen unser Volk liegt, so wollen wir darauf die Antwort in Zukunft geben. In unserer Zukunft, in unserem Lande! Und diese Antwort soll bestehen in einem Erhöhen der menschlichen Gesittung."[117]

Herzls Rede wurde mit tosendem Beifall aufgenommen[118]. Im Namen der schweizerischen Landsmannschaft beantragte dann der Delegierte David Farbstein[119] sofort die Einsetzung einer 21köpfigen Kommission zur Prüfung des englischen Ostafrika-Angebots und zur Berichterstattung an den nächsten Kongreß[120].

Die Diskussion um das „Uganda-Projekt" – wie dieser Plan allgemein genannt wurde – hätte daraufhin sofort eröffnet werden können. Sie wurde jedoch durch einen Konflikt verhindert, der sowohl für Herzl wie für seine Kritiker bezeichnend war.

Wie oben erwähnt[121], war als Alternativplan – für den Fall, daß sich ein Charter für Palästina vorerst als unerreichbar erweisen würde – von Davis Trietsch der Plan eines „Größeren Palästina" konzipiert worden, nach dem zunächst an Palästina angrenzende Gebiete, wie ElArisch, ein Teil des Sinais und Zypern verlangt werden sollten, bis bei günstiger politischer Situation auch Palästina selbst erlangt werden könnte. Als nun der ElArisch-Plan Herzls gescheitert war, verlangte Trietsch vom Kongreß, daß ihm und seinen Freunden wenigstens ein Teil der Befugnisse gegeben werden sollte, die die jetzige Leitung besessen hätte, ohne Erfolg zu erzielen, und er versicherte: „... Ich würde näher zu Palästina Besseres finden als Ostafrika."[122]

Dieses Verlangen war grundsätzlich nicht ungerechtfertigt. Der Kongreß, als höchste und souveräne Instanz der Bewegung, hätte beschließen können, Trietsch anstelle Herzls mit der Wahrung der zionistischen Belange zu betrauen.

Herzl, der indessen überzeugt war, daß er keinen Fehler begangen hatte, und vor allem, daß kein anderer größere Erfolge hätte haben können, polemisierte gegen Trietsch in einer Weise, die ihm von vielen Seiten übelgenommen wurde. Er benutzte die Tatsache eines gescheiterten Kolonisationsversuches von Trietsch in Zypern, um diesen als einen unzuverlässigen Menschen anzuprangern. Bereits vor dem Kongreß hatte er von einer Teilnehmerin an dem Trietsch'schen Zypernexperiment ein wenig vorteilhaftes Protokoll aufnehmen lassen. Dieses Protokoll verlas Herzl nunmehr auf dem Kongreß[123], um zu beweisen, daß jene Aktion amateurhaft und verhängnisvoll leichtsinnig unternommen worden sei und Trietsch infolgedessen keinen Anspruch auf Übertragung weitgehender Kompetenzen in wichtigen Fragen erheben dürfe.

Der Vorwurf der Unfairness wurde Herzl noch 25 Jahre nach seinem Tod von dem Religionsphilosophen Martin Buber, einem persönlichen Freund Trietschs, gemacht[124]. Entscheidend aber ist hier nicht, ob das von Herzl verlesene Protokoll die in ihm enthaltenen Tatsachen richtig wiedergibt, sondern ob Trietsch's Persönlichkeit Herzls Ersetzung durch ihn gerechtfertigt hätte. Der Kongreß lehnte dies ab, und zwar nicht nur, weil er das Protokoll anerkannte, sondern weil er auch weiterhin zu Herzl und seiner Arbeit Vertrauen hatte. Die charismatische Beziehung, die zwischen Herzl und seinen Anhängern bestand, ließ sich nicht übertragen. Herzl war und blieb der Führer der Bewegung.

Die eigentliche Debatte über die Uganda-Frage oder, genauer gesagt, über die Frage, ob der Kongreß die Einsetzung einer Kommission zur Prüfung des englischen Uganda-Angebots beschließen solle, die Farbstein[125] als die „Wichtigste", die „Brennendste", als den „Kernpunkt des gesamten Kongresses" bezeichnet hatte, begann am zweiten Tag[126] mit einer Rede Nordaus, der sich vor dem Kongreß vorgenommen hatte, diesmal nicht, wie seine „wohlwollenden Kritiker in den letzten Jahren liebenswürdig unterstellt" hatten, „eine Heldenarie zu singen, Applaus einzuheimsen und mit Bücklingen nach allen Seiten abzutreten"[127]. Er hatte, weil er ein Gegner des Uganda-Projekts war, als ein „achtungsvoller Zuhörer, Schweiger und Mitstimmer in Reih und Glied" verharren wollen. Er sah als Aufgabe der zionistischen Bewegung die „Stärkung und Vermehrung unserer Machtmittel zum Zwecke der Befassung der Mächte mit der Judenfrage und Beginn der Vorarbeiten zur Verwirklichung unserer politischen Pläne". Aber er sah heftige Auseinandersetzungen auf dem Kongreß voraus und wollte seinen Freund Herzl nicht im Stich lassen. So machte er sich zum Verteidiger des Uganda-Plans, was von vielen als eine Inkonsequenz, von einigen[128] geradezu als eine Irreführung des Kongresses angesehen wurde. Er führte aus:

„Vor dem unverrückbaren Ziele der jüdischen Besiedlung Palästinas darf es nur eine Haltestelle unterwegs und eine provisorische Arbeit geben: das ist die Errichtung eines Notbaus für die Hunderttausende unglücklicher Brüder . . ., die anders als wir Sässigen, nicht warten können, die bereits auf der Wanderung begriffen sind, die bereits wie ein Weberschiffchen von Kontinent zu Kontinent, von Ozean zu Ozean hin und her geschleudert werden, die untergehen würden, wenn wir nicht etwas tun würden, um sie zu retten. Für diese Hunderttausende müssen wir, ehe wir ihnen eine ständige Dauerwohnung anweisen können, gleichsam ein Nachtasyl eröffnen . . .
Der Zionismus muß sich streng jede Kraftzersplitterung versagen. Sein einziges Arbeitsprogramm muß heißen: Ausbau der inneren Organisation zum Zwecke der Befassung der Mächte mit der Judenfrage, und inzwischen Errichtung eines Nachtasyls für unsere Obdachlosen".[129]

Die Debatte endete zwei Tage später mit einem Schlußwort Nordaus, dessen Hauptteil er mit den Worten einleitete:

„Fast alle Redner, selbst die erbittertsten Oppositionsredner, begannen immer mit der Versicherung ihres Vertrauens zu unserem verehrten Führer Dr. Herzl . . ."[130]

Und er schloß mit den Worten:

„Die zweitägige Diskussion hat wahrscheinlich an der richtigen Stelle die Überzeugung bestärkt oder . . . geschaffen, daß nichts uns an unserem Endziel irre machen kann . . . Jetzt können Sie getrost die Kommission ernennen und sagen: ‚Was immer die Kommission beschließt, was immer ein späterer Kongreß beschließt, alles, was wir außerhalb Palästinas schaffen werden, wird von uns immer nur als Vorbereitung für Palästina gemeint und verstanden sein' ".[131]

Diese Worte wurden von den Kongreßteilnehmern mit „frenetischem Beifall" aufgenommen. Die Abstimmung ergab dann[132] 295 Stimmen für die Einsetzung einer Kommission und 178 Stimmen dagegen[133].

Der Kongreß wäre wahrscheinlich trotz aller heftigen Auseinandersetzungen ruhig zuende gegangen, wenn Herzl nicht die Abstimmung zu einer Demonstration der Geschlossenheit seiner Bewegung hätte machen wollen. Um dies zu erreichen, sagte er im „Großen Aktionskomitee", daß, wer gegen den Beschluß des Aktionskomitees über die Einsetzung einer Kommission zur Prüfung des Uganda-Projekts stimme, nicht mehr im Aktionskomitee bleiben könne[134]. Das war eine Forderung, die gerade er selbst, der vom Anbeginn seiner Tätigkeit betont hatte, nicht majorisierbar[135] zu sein, am allerwenigsten hätte stellen dürfen. Aber für ihn waren er selbst und der Kongreß eine so untrennbare Einheit, daß ihm dieser Widerspruch zwischen der Maxime, die er für sich gelten ließ, und der Forderung, die er für die anderen aufstellte, offenbar gar nicht zum Bewußtsein kam.

Herzl stieß mit seiner Forderung auf den Widerstand von sieben Delegierten aus Rußland, die nicht nur gegen den Antrag stimmten, sondern ihm eine unterzeichnete Erklärung über ihre negative Stimmabgabe überreichten, und ihn ersuchten, sie dem Kongreß zur Kenntnis zu bringen[136]. Nach der Verlesung verließen sie den Saal, und die Minorität der Kongreßmitglieder, also diejenigen Delegierten, die ebenfalls mit ‚nein' gestimmt hatten, schlossen sich ihnen an. Der Auszug von nahezu 200 Abgeordneten war eine Demonstration.

Herzl verstand diesen Vorgang nicht. Er glaubte, daß es sich um das bedeutungslose Vorgehen einiger „Popularitätshascher" handelte, das nur deswegen als Demonstration wirkte, weil es sich um eine Massensezession handelte, und weil ein großer Teil der Kongreßmitglieder vor der langweiligen Rede des nächsten Sprechers davonlief[137]. Infolge dieser zweifellos falschen Auffassung der Situation kam er zu dem Schluß, daß es sich hier nur um ein Manöver „dieser kleinen russischen A. C.-Politicians (handelte), die zuerst im A. C. für sofortige Annahme des Ostafrika-Antrags waren und später dramatisch aus dem Saal zogen, als ob es ihre innersten Gefühle verletzt hätte"[138].

Die „Nein-Sager", die „Zionej-Zion", wie man sie später nannte, waren aber wirklich tief getroffen. Diese russischen Zionisten waren zwar bemüht, der Verfolgung in Rußland zu entkommen, sie waren aber nicht bereit, ihr jüdisches Erbe aufzugeben. Mit einer Auswanderung aus Rußland nach Westeuropa oder Amerika änderte sich für sie im Grunde nicht viel. Sie lebten in Rußland im „Galuth" (in der Verbannung) und sie blieben auch in den neuen Ländern in der Verbannung. Für sie machte es keinen großen Unterschied, in welchem „fremden" Land sie lebten, solange es ein fremdes Land war. Anders wäre es nur gewesen, wenn sie in ihr eigenes Land hätten auswandern können. Als eigenes Land kam für sie aber nur Erez Israel in Frage, das in der poetischen Sprache „Zion“ hieß. In Zion hofften sie, wieder ein normales Leben wie andere Völker führen zu können, ein Leben, in dem sie ihre Kultur, ihre Sprache, ihre Religion und ihre Nationalität pflegen könnten. Aber Zion (Erez Israel) war ein geographisch festgelegter Begriff, wenn auch seine Grenzen nicht eindeutig gezogen waren, und wenngleich es seinen Namen verloren hatte und nur unter dem fremden Namen „Palästina“ bekannt war. Für Zion gab es keinen Ersatz. Schon der Versuch, es durch ein Uganda auch nur zeitweise ersetzen zu wollen, war ein Verrat, der nicht geduldet werden konnte. Das jüdische Volk, das Jahrtausende gewartet hatte, würde weiter warten – bis die verheißene Rückkehr eintreten würde. In der Zwischenzeit würden die Juden von Land zu Land, von Galuth zu Galuth wandern müssen.

So denken und fühlen konnten von den europäischen Juden fast nur diejenigen, die aus dem „Osten“ kamen und für die die jüdische Kultur, das „jüdische Erbe“, noch lebendiges Geistes- und Gefühlsgut war. Herzl kannte dieses Gedankengut so wenig, wie er die russischen Juden kannte. Er hatte sie zum ersten Mal auf dem ersten Kongreß in Basel im Jahre 1897 kennengelernt, und über sie voller Begeisterung in einer Broschüre „Der Basler Kongreß“[139] berichtet. Aber in den kurzen arbeitsüberfüllten Jahren, die ihm bis zu seinem Tode (1904) verblieben, hatte er seine Kenntnis über die russischen Juden als Gesamtheit[140] nicht vertiefen können. So blieben sie ihm Individuen, deren Mentalität er nicht völlig verstand, die ihm fremd blieben und die er, weil sie wegen ihrer Andersartigkeit oft Schwierigkeiten machten, ungerecht beurteilte. Bein berichtet nach Schilderungen von Teilnehmern:

„Die Sezession, so vorbereitet sie wirkte, war ja tatsächlich spontan erfolgt, als die Führer den Saal verließen. Tiefe Niedergeschlagenheit herrschte, allen schien es, als habe man die Idee verraten, Palästina aufgegeben oder beiseite geschoben, besonders Erregbare brachen in Tränen aus, manche setzten sich wie am Tage der Tempelzerstörung auf den Boden und wehklagten über die neue Zerstörung Jerusalems: in diesem Licht erschien ihnen der Beschluß“.[141]

Herzl verstand nicht, warum sie in jener ihm unecht und übertrieben erscheinenden Form auf etwas reagierten, das ihm selbst so positiv und selbstverständlich zu sein schien. Er hatte den Verdacht, daß es sich um ein taktisches Manöver handelte.

Dennoch ging er spät abends zu den „Neinsagern“, um sie zu veranlassen, zum Kongreß zurückzukehren. Und so groß war sein Ansehen, daß sie beschlossen, ihn anzuhören und danach ihre Sezession beendeten. Bei ihrer Rückkehr wollte der Sprecher der Sezessionisten[142] eine Erklärung

abgeben, daß ihrem Auszug keine demonstrative Absicht zugrunde gelegen hätte, sondern daß er „der spontane Ausbruch unserer tiefen Seelenerschütterung war über den Beschluß, in dem wir eine Abweichung vom Basler Programm erblicken". Herzl ließ diese Erklärung jedoch nicht zu, weil der Kongreß nur einheitlich entscheiden, und die Entscheidung nur durch Majoritätsbeschluß ausgedrückt werden könne und mit der Annahme des Beschlusses zu erkennen gegeben habe, daß das Basler Programm nicht angetastet sei.
Der Riß war notdürftig geheilt. Die Autorität Herzls hatte gesiegt. Die Spaltung bestand aber weiter und kam nach einigen Monaten wieder zum Vorschein.

## VI.

Herzl war auf dem sechsten Kongreß bereits ein vom Tod gezeichneter Mann. Er wußte es vielleicht selbst noch nicht und registrierte nur seine – bereits gewohnten – „Herzzustände"[143], aber er spürte, daß seine Kräfte nachließen. Als er nach der Schlußsitzung des Kongresses mit einigen Freunden zusammensaß, sagte er zu ihnen: „Ich will Euch jetzt meine Rede vom siebenten Kongreß – wenn ich ihn erlebe – sagen: Ich werde bis dahin entweder Palästina haben oder die vollkommene Aussichtslosigkeit jeder weiteren Bemühung eingesehen haben. Im letzteren Fall wird meine Rede lauten:

„Es war nicht möglich. Das Endziel ist nicht erreicht und wird in absehbarer Zeit nicht erreicht werden. Aber ein Zwischenresultat liegt vor: dieses Land, in welchem wir unsere leidenden Massen auf nationaler Grundlage mit Selbstverwaltung ansiedeln können. Ich glaube nicht, daß wir um eines schönen Traumes oder um einer legitimistischen Fahne willen den Unglücklichen diese Erleichterung vorenthalten dürfen.
Aber ich verstehe, daß in unserer Bewegung hiermit eine entscheidende Spaltung eingetreten ist, und dieser Riß geht mitten durch meine Person hindurch. Obwohl ursprünglich nur ein Judenstaatler – n'importe où – habe ich später doch die Zionsfahne ergriffen und ich bin selbst ein Lover of Zion geworden. Palästina ist das einzige Land, wo unser Volk zur Ruhe kommen kann, aber sofortige Hilfe tut Hunderttausenden not.
Um diesen Zwiespalt zu lösen, gibt es nur eins: ich muß von der Leitung zurücktreten ...
Durch das, was ich getan, habe ich den Zionismus nicht ärmer, aber das Judentum reicher gemacht".[144]

Dieser Schritt – die Aufgabe der Führung – sollte jedoch nur in

Frage kommen, wenn ein letzter Versuch, Palästina vom Sultan zu erhalten, für absehbare Zeit als gescheitert angesehen werden müßte.
Die politische Situation war für einen derartigen Versuch nicht ungünstig. Der Ostafrika-(Uganda)-Plan war auf der englischen Seite plötzlich auf Schwierigkeiten gestoßen, und zwar sowohl bei der lokalen Verwaltung wie bei der bereits ansässigen englischen Kolonialbevölkerung[145]. Die Londoner Zentralregierung wäre daher froh gewesen, wenn das Uganda-Projekt jüdischerseits zurückgewiesen worden wäre. Herzl wollte jedoch London nicht ganz aus seinem Obligo entlassen, und versuchte darum nunmehr erneut, auf das ElArisch-Projekt zurückzukommen, das für ihn eine Vorstufe zur Gewinnung Palästinas war.
Diese Möglichkeit, auf dem Wege über ElArisch nach Palästina zu gelangen, schien ihm gerade damals in greifbarer Nähe zu sein, nachdem der russische Minister Plehwe der zionistischen Bewegung seine Unterstützung beim Sultan zugesagt hatte. Mit der Unterstützung Englands auf der einen Seite und Rußlands auf der anderen hoffte Herzl genügend Einfluß auf Konstantinopel ausüben zu können, um durch die gleichzeitige Ausnutzung der allgemeinen politischen Situation[146] zum Ziele zu gelangen. Allerdings war Eile geboten.
Obwohl sein körperlicher Zustand so schlecht war, daß er dem Fürsten Eulenburg schrieb, seine Herzzustände hätten ihm während der letzten vierzehn Tage jede Beschäftigung unmöglich gemacht[147], richtete er ausführliche Briefe an die leitenden Beamten der russischen Regierung[148], an Lord Rothschild[149], den Großherzog von Baden[150], den Ministerpräsidenten Koerber[151] und schließlich ein Briefzirkular an die Mitglieder des Verwaltungsrats der ICA[152]. Sein Brief an Plehwe fand ein günstiges Echo[153], so daß es schien, als ob die Bemühungen bei der „Hohen Pforte" zum Erfolg führen würden. In diesem Augenblick brach eine „Meuterei", wie Herzl es nannte, gegen ihn aus.

## VII.

Diese „Meuterei" war im Grunde seit langem fällig, und es ist eigentlich erstaunlich, daß sie so lange hatte auf sich warten lassen.
Als Herzl mit seiner zionistischen Tätigkeit begann, gab es bereits eine zionistische Bewegung, von der er so gut wie nichts wußte. Als er dann von ihrer Existenz erfuhr, hielt er sie nicht für seine Zwecke geeignet[154]. Die bestehenden kleinen Vereine hatten idealistische Ziele: Schutz der jüdischen Kulturgüter, Entwicklung eines jüdischen Nationalgefühls, Rettung der jüdischen Massen aus den Verfolgungsgebieten, Umerziehung

der Juden des Ghettos zu einem intakten Volk, vor allem Verwirklichung des Traums der Rückkehr in die historische Heimat und vieles andere. Sie träumten von „Zion“. Aber ihre Leistungen waren so gering, daß sie praktisch bedeutungslos waren. „Zionismus war damals ein Traum, aber kein Plan, ein Ziel, aber kein Weg.“[155] Für Herzl, der nicht nur ein Visionär, sondern vor allem ein Mann der Tat war, waren sie nur Material, aus dem er einen Staat schaffen wollte. Eine der für ihn selbstverständlichen Vorbedingungen war: „Wir werden alle Zionisten fusionieren.“[156]

Er erreichte dieses Ziel zu einem erheblichen Teil durch die Schaffung des Kongresses; aber er verhinderte damit nicht, daß die verschiedenen divergierenden Programme innerhalb der großen zionistischen Bewegung weiter bestehen blieben und von ihren Anhängern weiter gefördert wurden. Bis zum fünften Kongreß gelang es der überragenden Persönlichkeit Herzls, alle die verschiedenen Bestrebungen unter einen Hut zu bringen und seiner Arbeit unterzuordnen, aber nicht, sie auszurotten.

Die ersten Auseinandersetzungen gab es schon vor dem ersten Kongreß. Der Rabbiner Kaminka[157], ein begeisterter Chovév Zion, der sich lange nicht entschließen konnte, ob er sich dem Herzlschen Zionismus überhaupt anschließen sollte, und dem Herzl vor dem Kongreß „eine Art Treuegelöbnis“ abgenommen hatte, der aber nach dem Kongreß Herzl in so scharfer Weise angriff[158], daß selbst Achad Haám von ihm abrückte[159], war vielleicht einer der ersten, die gegen Herzl Front machten.

„Alte Zionisten“, wie Bambus und Hildesheimer, hatten sich schon vor dem ersten Kongreß von Herzl und seinem Programm getrennt[160]. Wieder andere wurden durch den Verlauf der Entwicklung enttäuscht und resignierten. Ihnen trauerte Herzl nicht nach. „Es verlieren sich die, an denen man nichts verliert. Sie ziehen ab, die einen mit ihrer gekränkten Eitelkeit, die zweiten, weil sie bei der Sache ihre Rechnung nicht fanden, die dritten, weil sie nur gern an Erfolgen teilnehmen, und so noch andere aus mancherlei anderen Gründen.“[161] Als dann im Oktober 1899 Herzl berichtet wurde, daß an der Universität in Wien Studenten gegen ihn „meuterten“, war er nicht überrascht: „Auch die Matrosen des Columbus sind unsterblich.“[162]

Für Männer wie Ussischkin blieb Herzl aber immer noch ein Neuling, ein Mann ohne Sachkenntnis, der wegen seiner Begeisterung und seines gewinnenden Wesens der Bewegung nützlich sein konnte, dem man aber besser nicht die Augen über die eigentlichen Schwierigkeiten öffnete, nämlich über die „inneren Hindernisse“, die größer waren als die „äußeren“[163]. Sie nahmen Herzls Führungsanspruch auch später nicht allzuernst und waren darum überrascht, daß er selbst es tat und dazu noch mit einer

Selbstverständlichkeit, die sie, die „alten Zionisten", in zweitrangige Positionen zurückversetzte.
Ussischkin war von vornherein Herzls Bewegung nur mit starken inneren Vorbehalten beigetreten. Er war ein ehrlicher, aber engstirniger Zionist von außerordentlicher Arbeitskraft und großen organisatorischen Fähigkeiten[164]; zugleich aber von einem geradezu unbeschränkten Mißtrauen gegen alles, was nicht vom „Odessaer Komitee"[165] ausging, und nicht mit dem Programm der Chovevej Zion übereinstimmte. Dem sechsten Kongreß war er demonstrativ ferngeblieben[166]. In ebenso demonstrativer Form hatte er dem Kongreß nach Basel ein Begrüßungstelegramm geschickt, das aber eher eine Herausforderung zum Kampf war[167]. Herzl hatte mit seinem Antworttelegramm Ussischkins Botschaft alle Schärfe genommen[168]. Der Kongreß – in Unkenntnis der Hintergründe – hatte beide Telegramme bejubelt. Herzl fühlte, daß nunmehr die Stunde der Auseinandersetzung über die „inneren Hindernisse" gekommen war. Das war wohl auch der eigentliche Grund, warum er dem Sprecher der „Neinsager", Schmarjahu Levin, bei seiner Rückkehr in den Kongreß zwar das Wort zur Abgabe einer Erklärung gab, es aber entzog, als Levin eine Interpretation des Basler Programms geben wollte[169].

Ussischkin kehrte im Oktober 1903 von Palästina nach Rußland zurück, entschlossen, den Kampf mit Herzl nunmehr endgültig auszutragen. Von dort aus schickte er seine Kriegserklärung nicht etwa an Herzl, den Führer der Bewegung, sondern als „Offenen Brief" an die Delegierten des Zionistenkongresses[170] mit dem Ersuchen, ihn „in allen Sprachen und Ländern" zu veröffentlichen.
Ussischkins Brief war in der Form ebenso aggressiv wie taktlos, in der Sache unberechtigt. Es war ein Schlag, gerichtet gegen die Einheit der Bewegung und gegen Herzl. Er sei bereit, schrieb Ussischkin, das ihm vom Kongreß erteilte Mandat für das Aktionskomitee anzunehmen; der Beschluß über die Entsendung einer Expedition nach Ost-Afrika sei für ihn jedoch nicht bindend. „... nur diejenigen, die von der Diplomatie und dem übertriebenen Politisieren verblendet waren, haben es in ihrer Naivität nicht bemerkt, daß der Beschluß des Zionistischen Kongresses, eine Expedition nach irgendeinem Land zu entsenden, eine Lossagung, eine Scheidung von Palästina ist."[171]
Herzl antwortete sofort mit aller Schärfe. Bein[172] fand, daß seine Argumentation nicht überzeuge, die Abfertigung seines Gegners Herzls nicht würdig gewesen sei. Ich kann mich diesem Urteil nicht anschließen. Ussischkin hatte das Niveau des Kampfes bestimmt. Er mußte sich gefallen lassen, daß sein Gegner ihm auf derselben Ebene begegnete.

Herzl hatte auf dem Kongreß seine Haltung zu dem Ost-Afrika-Projekt (Uganda) völlig eindeutig und klar dahin präzisiert, daß „das jüdische Volk kein anderes Endziel haben kann als Palästina". Er hatte in seiner Eröffnungsrede[173] erklärt, daß es sich bei der zu beschließenden Expedition nur um die Prüfung eines gut gemeinten Vorschlages eines wohlgesinnten Landes handelte, so daß auch das Zeichen zum „Aufbruch der Massen" nicht gegeben werden würde. Von den großen Grundsätzen, auf denen die Zionistische Bewegung beruhe, werde also nichts aufgegeben und – nach den jüngsten Erklärungen der russischen Regierung, deren Wirkungen allerdings noch abzuwarten seien – könnten die Bemühungen um „Erez Israel" sogar „mit erfrischtem Mut und größeren Aussichten als je zuvor" fortgesetzt werden[174].

Nach der Abstimmung hatte er dann in einer zweiten Rede nicht nur darauf hingewiesen, daß auch alte und berühmte Zionisten sowohl aus dem religiösen wie aus dem weltlichen Lager[175] für die Entsendung der Expedition gestimmt hatten, sondern unter feierlicher Berufung auf den 5. Vers des 137. Psalms[176] sich selbst als Bürgen für die Einhaltung der zionistischen Grundlinie genannt.

Ussischkin, dessen offener Brief erst nach dem Abschluß des Kongresses zur Versendung kam, mußte dies alles nicht nur gewußt, sondern aus den Berichten seiner Gesinnungsfreunde so verstanden haben, wie Herzl es in seinen beiden Kongreßreden zum Ausdruck gebracht hatte. Vielleicht hätte sich Ussischkin, der ein orthodoxer Jude war, zur Rechtfertigung seines taktlosen Angriffs darauf berufen können, daß schon die Erforschung eines anderen Territoriums an Stelle von Palästina gegen das Gebot: „Macht einen Zaun um die Thora"[177] verstieß. Er unterließ dies.

Herzl verlangte in seinem Antwortschreiben eine klare Entscheidung, ob Ussischkin sich fügen oder seine eigenen Wege gehen wolle. Im letzteren Fall solle er seine Ämter niederlegen. Man werde ihn nicht halten[178]. Oder wolle er vielleicht „die Erbschaft (des politischen Zionismus und der bestehenden Organisation, d. Verf.) antreten?" „Diese Erben haben sich geirrt; der Moment ist noch nicht da. Der Zionismus, zu dessen Urhebern, Pflegern und Verteidigern ich (Herzl) zu gehören mich rühme, dieser Zionismus steht noch aufrecht (unverändert und unveränderlich)."[179]

Seinem eigenen „politischen Zionismus" stellte Herzl den angeblich „praktischen" gegenüber, der in den „Taten", nämlich „den Arbeiten (Ussischkins) in Palästina", und seiner „Tätigkeit in den Bergen Israels" bestand. Herzl fragte, ob es denn überhaupt möglich sei, „in einer Sache von politischem Charakter, die nur auf diplomatischem Weg vorwärts zu bringen ist, . . . anders als diplomatisch vor(zu)gehen?" Schließlich wandte sich Herzl gegen Ussischkins Bodenkäufe: War Ussischkin sich darüber im klaren, daß der privatrechtliche Erwerb von Böden nicht den geringsten Einfluß auf die öffentlich-rechtlichen Verhältnisse des Landes hat? Daß durch den Erwerb von Böden allein die Errichtung des Judenstaats, in welcher Form auch immer, nicht gefördert wird?[180]

Herzl hatte mit dieser Argumentation ebenso recht wie unrecht. Ussischkins Politik und die der „Praktiker" nach ihm schufen schon vor dem Ersten Weltkrieg einen selbständigen, nationalbewußten „Jüdischen Jischuv" von so außerordentlicher Vitalität, daß die Mächte bei der Vorbereitung einer Neuordnung der Welt für die Zeit nach der Beendigung des Ersten Weltkrieges an dem von diesen Praktikern geschaffenen politischen Faktum nicht stillschweigend vorübergehen konnten, zumal Männer von dem politischen Format eines Weizmann unaufhörlich darauf drängten, daß das Basler Programm zunächst von England und anschließend von allen im Völkerbund vertretenen Nationen anerkannt wurde[181]. Auf diesen Aspekt kann hier nicht weiter eingegangen werden. Jedoch läßt sich mit großer Sicherheit behaupten, daß weder Herzls politischer Zionismus allein noch Ussischkins praktischer Zionismus allein, sondern nur beide Bestrebungen gemeinsam zur Verwirklichung des Basler Programms geführt haben.

## VIII.

Ussischkin beließ es nicht bei seinem offenen Brief, sondern berief für Ende Oktober 1903 eine Konferenz der russischen Mitglieder des Aktionskomitees nach Charkow ein, um dort über ein Ultimatum an Herzl beschließen zu lassen, der schriftlich erklären sollte, kein Territorialprojekt außerhalb Palästinas und Syriens zu verfolgen. Im Weigerungsfalle wollten die „Charkower"[182] u. a. eine separate zionistische Organisation schaffen[183].

Herzl war empört. Er hatte bereits vor der Konferenz von Charkow einem prominenten Mitglied der russischen Abweichler, Professor Belkowsky aus Petersburg, seinen Brief an Plehwe vom 5. September 1903 gezeigt, in dem er die Vorgänge auf dem sechsten Kongreß in aller Sachlichkeit und Offenheit dargestellt hatte[184]. Er wußte, daß Belkowsky die Mitglieder der Charkower Konferenz hierüber informiert hatte[185], daß also kein Anlaß für ein Ultimatum bestand.

Da die „Charkower" beschlossen hatten, eine dreiköpfige Deputation an ihn zu senden, die die in Charkow gefaßten Beschlüsse als Ultimatum vor ihn bringen sollten, wartete er die weitere Entwicklung zunächst ab. Diese Deputation[186] kam erst am 31. Dezember 1903 nach Wien[187].

Herzls Vertrauensmann in London, Greenberg, hatte Herzl daher empfohlen, das englische Ostafrika-Angebot mit dem Ausdruck des Dankes abzulehnen. Herzl, der indessen England nicht aus seinem Wort entlassen wollte, ohne wenigstens ein Ersatzgebiet zu erhalten, stimmte dem Greenbergschen Vorschlag, den dieser bereits in einem Briefentwurf für Herzl niedergelegt hatte, nicht zu. Das alte ElArisch-Projekt tauchte wiederum auf.

Immerhin war Herzl bereit, in einem Offenen Brief an Sir Francis Montefiore[188] die Gründe darzulegen, die das Uganda-Projekt „unpraktisch" machten. Herzl schrieb diesen Brief am 14. Dezember 1903. Er sollte am 25. in der „Welt" veröffentlicht werden.

In der Zeit zwischen der Niederschrift dieses „Offenen Briefs" und seiner Veröffentlichung verübte nun der nicht ganz zurechnungsfähige russische Fanatiker Chaim Selig Louban am 18. Dezember in Paris auf Nordau ein Revolverattentat. Die beiden Schüsse, die er mit dem Ruf: „Tod Nordau, dem Ostafrikaner!" abgab, verfehlten ihr Ziel. Herzl sah daraufhin von der Veröffentlichung seines Briefes ab, damit in der Öffentlichkeit nicht angenommen werde, daß zwischen Loubans Attentat und dem Brief an Montefiore ein ursächlicher Zusammenhang bestehe[189].

So war die Sachlage, als die Charkower Deputation sich bei Herzl anmeldete. In der Art, wie Herzl sich ihr gegenüber verhielt, zeigte sich sein ganzes diplomatisches Geschick. Er wußte, daß er eine Auseinandersetzung mit den „Neinsagern" zum Uganda-Plan, den „Zionej Zion", auf die Dauer nicht vermeiden konnte; er sah den Uganda-Plan im Grunde auch schon als gescheitert an[190], aber gerade zu jenem Zeitpunkt hätte ein innerer Kampf seine nach außen wiederum unsicher gewordene Situation und sein persönliches Ansehen als der alleinmaßgebende und unbestrittene Führer der zionistischen Bewegung in der Öffentlichkeit gefährdet.

Eine Spaltung der zionistischen Organisation wäre fatal gewesen[191]. Um dies zu vermeiden, weigerte er sich, die Charkower Deputation als solche zu empfangen. Er hatte dazu einen ausgezeichneten Grund: Formell gab es keine „Charkower Konferenz". Ein dort beschlossenes „Ultimatum" war formal bedeutungslos. Die „Beschlüsse", die dort gefaßt worden waren, hatten nur die Bedeutung von persönlichen Meinungen einzelner Dissidenten und noch nicht einmal aller in Charkow Anwesenden, da Herzls Freund Mandelstamm die Sitzung vor der Beschlußfassung unter Protest verlassen und Jasinowski, ein russisches Mitglied des Aktionskomitees, den Beschlüssen nicht zugestimmt hatte. Wünsche einzelner hatten aber den „Instanzenweg" zu durchlaufen, bevor sie entweder vom Kongreß oder vom „Engeren Aktionskomitee" entgegengenommen und behandelt werden konnten. Diese formalistische Argumentation überzeugte die Deputationsmitglieder. Sie fügten sich und begnügten sich damit, der eine (Rosenbaum) in einer privaten Unterhaltung mit Herzl, diesem ihre Beschwerden schriftlich vorzulegen[192], der andere (Belkowsky) an einer Sitzung des Engeren Aktionskomitees teilzunehmen und nun dort seinerseits zum Objekt heftiger Vorwürfe zu werden[193].

Damit hatten die „Charkower" ihre Geschlossenheit verloren. Die Deputation kehrte unverrichteter Dinge nach Rußland zurück. Herzl war der Sieger – ein verbitterter und totkranker Sieger, der im Bewußtsein dessen, daß er nur noch wenige Monate zu leben hatte, eine letzte Anstrengung machte, wenigstens einen Teil seines Ziels zu erreichen: der Welt klarzumachen, daß – wie er bereits im „Judenstaat" geschrieben hatte[194] – die Lösung der Judenfrage „zu einer politischen Weltfrage (zu) machen sei, die im Rate der Kulturvölker zu regeln sein wird".

## IX.

Herzl hatte schon in der Zeit vor seiner „Inspiration" gehofft, daß die katholische Kirche in der Lösung der Judenfrage eine bedeutsame Rolle spielen würde. Schon 1893 hatte er einmal die absurde Idee, die Judenfrage wenigstens für Österreich mit Hilfe der Kirche zu lösen[195]. Einige Jahre später hatte er dann mit dem Nuntius Agliardi in Wien eine lange Unterhaltung[196], aus der sich ergab, daß der Vertreter der Römischen Kirche in dem Reich mit der größten Konzentration der west-europäischen Judenheit an dem Judenproblem selbst kein Interesse[197] und von der sozialen Lage der Juden dort kaum größere Kenntnisse hatte als jeder Durchschnittsantisemit in Wien[198].

Nun brachte es ein Zufall mit sich[199], daß Herzl schließlich doch noch Zugang zu dem Haupt der katholischen Kirche fand. Er wurde zunächst durch den päpstlichen Staatssekretär Kardinal Merry del Val empfangen, der wenig am Problem der Judenheit interessiert schien und die Ansicht vertrat, daß „... um uns für das jüdische Volk zu erklären, ... (es sich) bekehrt haben (müsse)"[200]. Das Desinteressement des Kardinals verwandelte sich aber dann doch in ein mildes Interesse, als Herzl ihm Plehwes letzten Brief zeigte[201], aus dem sich ergab, daß Rußland bereit war, zugunsten der zionistischen Bewegung in Konstantinopel tätig zu sein. Der Kardinal versprach darauf, den Papst um eine Audienz für Herzl zu bitten, die dann auch wenige Tage später stattfand[202].

Papst Pius X., der fromme Nachfolger des streitbaren Leo XIII., führte das Gespräch nach dem Motto „suaviter in modo, fortiter in re". Der Papst sprach italienisch, das Herzl nicht allzugut beherrschte, und machte dem „Commendatore“ Herzl Komplimente über sein Italienisch. Aber in der Sache selbst war er – wie Herzl registrierte – „streng und bestimmt“, aber ablehnend. Nein, den Juden bei der Wiedergewinnung Palästinas helfen könne er nicht, aber „wenn Sie nach Palästina kommen und Ihr Volk ansiedeln werden, wollen wir Kirchen und Priester bereithalten, um sie alle zu taufen“[203].

In den Tagen zwischen den Audienzen bei dem Kardinal-Staatssekretär und dem Papst wurde Herzl auch vom italienischen König Victor Emanuel III. empfangen[204]. Die Unterhaltung war informell, wohlwollend, unverbindlich und ergebnislos, da der König sich nicht gegen eine möglicherweise andersgerichtete Politik seines Außenministers Tittoni festlegen wollte oder konnte. Tittoni selbst war „bereit, alles Mögliche zu tun“. Er bat sich sogar ein „Mémoire über die Sache“ aus, das ihm Herzl von Wien aus sandte[205]. Herzl hielt „die Bilanz von Rom“ für gut[206]. Sie war es nicht.

Die katholische Kirche hatte ihre ablehnende Haltung nicht verheimlicht. Der italienische König besaß nicht die Macht für eine eigene wohlwollende Judenpolitik. Das zuständige Außenministerium – vielleicht unter dem Einfluß des jüdischen Antizionisten, Senator Malvano, „der das Auswärtige Amt tatsächlich leitete, obwohl er nicht Minister“ war[207], – entschied sich für eine desinteressierte Einstellung[208].

Inzwischen hatte sich die politische Situation wiederum verschoben. Das englische Angebot von Ost-Afrika, von dem sich Herzl innerlich mehr und mehr entfremdet hatte und das ihm schon nahezu lästig war, war erneut aktuell geworden. England hatte anstelle des zuerst genannten ungeeigneten Gebietes ein neues – das Tanaland[209] vorgeschlagen, Greenberg hatte auf Annahme gedrängt und zwar mit Rücksicht darauf, daß das englische Kabinett angeblich vor dem Sturz stand, und ein neues Kabinett nicht an die bisherigen Verhandlungen gebunden sein würde. Herzl hatte daraufhin widerstrebend seine Zustimmung erteilt[210]. Der ehemals energisch erstrebte, aber gerade nunmehr – nach dem sechsten Kongreß – geradezu unerwünschte Charter für ein Land, das nicht Palästina ist, schien in greifbarer Nähe.

Gleichzeitig hatte Herzl auch wieder die nie ganz abgerissene[211] Verbindung mit Konstantinopel intensiviert[212], was im Hinblick auf die von Plehwe zugesagte russische Unterstützung zweckmäßig erschien. Herzl befand sich also in einem Dilemma: beide Alternativen – das englische Angebot und die Hoffnung auf Palästina mit russischer Hilfe – konnten fehlschlagen.

Um der ernsten Situation einen geradezu grotesken Beiklang zu geben, tauchte um jene Zeit bei Herzl ein gewisser „Ali Nouri Bey, Ex-Consul

Général de Turquie“ auf, der ein gebürtiger „Nordling“ aus Schweden war, und Herzl vorschlug, in Konstantinopel eine Revolution anzustiften, den Sultan abzusetzen und von der provisorischen neuen Regierung einen Charter für Palästina zu verlangen. Das Ganze sollte nur eine halbe Million Pfund kosten[213]. Herzl hatte gegen diesen abenteuerlichen Plan aus guten Gründen erhebliche Bedenken[214], vergaß ihn jedoch nicht ganz.
Nach Ablehnung der Unterstützung seiner Pläne durch die italienische Regierung vermerkte er dann unvermittelt in seinem Tagebuch:

„Kahn und Levontin habe ich nach Konstantinopel geschickt. — Wenn sie bredouille zurückkehren, kommt Tells zweiter Pfeil: Ali Nouri“.[215]

Es war der flüchtige, verzweifelte Gedanke eines Sterbenden[216], der mit aller Gewalt einen Erfolg erzwingen wollte, den ihm der historische Ablauf der Entwicklung hartnäckig verweigerte. Aber er hatte genügend Selbstkontrolle, über diesen Plan, dessen Unsinnigkeit auf der Hand lag, mit niemandem zu sprechen und ihn auch nicht verwirklichen zu wollen.

## X.

Dann begann der Entscheidungskampf zwischen Herzl und den Dissidenten: die Sitzung des Großen Aktionskomitees in Wien vom 11.–15. April 1904[217]. Herzls Tagebuch enthält nichts über diesen bedeutsamen Vorgang.
Die russischen Führer, an deren Hingebung an die Aufgabe des Zionismus Herzl nicht zweifelte[218], griffen ihn mit erbarmungsloser Schonungslosigkeit an. Aber er wußte, daß er ihnen überlegen war. „Ich bin stärker als Sie, darum bin ich versöhnlich“[219], sagte er mit großer Geduld. Er war es. Er wußte, noch bevor sie es zugaben, daß „das Volk“, sein Volk, „mit ihm in die Hölle“ ginge[220]. Er suchte den Kampf nicht, aber er ging ihm auch nicht aus dem Wege.
Seine Schlußansprache[221] begann er mit den Worten: „Ich habe mir vorgenommen, zu Ihnen nur Worte des Friedens zu sprechen“. Er referierte noch einmal die Vorgänge, die auf dem sechsten Kongreß zur Sezession geführt hatten. Er schilderte sie in ihrer Kompliziertheit mit der unparteilichen Exaktheit eines Richters beim „summing-up“, bevor sich die Geschworenen zur Beratung zurückziehen. Er rühmte sich weder seiner Erfolge noch seines Ansehens bei den Zionisten aller Bevölkerungsschichten. Er stellte dies nur als Tatsache dar und erklärte:

„... Hier in dieser Stadt Wien habe ich mich eines Tages von meinem ganzen Lebenskreis, von allen meinen Bekannten und Freunden losgesagt und bin als einzelner Mensch für das eingetreten, was ich für richtig gehalten habe. Ich habe nicht das Majoritätsbedürfnis, ich brauche keine Majorität ... Nicht die Tatsache, daß die Abstimmung auf dem Kongreß 177 gegen 295 war, hat auf mich Eindruck gemacht, auch die Sezession der Neinsager nicht ...“[222]

Es war dies die stolze Erklärung des Siegers, der den Kampf bestanden hatte. Am Anfang seiner zionistischen Laufbahn hatte er gesagt: „Ich bin nicht majorisierbar.“[223] Damals war er entschlossen gewesen zu kämpfen: „Wo wir Widerstände finden, werden wir sie brechen.“[224] Das lag alles hinter ihm. Jetzt hatte er nur noch seinen Zuhörern zu erklären, welche Aufgaben sie hätten, und wo die Grenzen ihrer Kompetenzen lägen. „Dies müssen Sie lernen, meine Herren: Sie müssen Vertrauen zu Ihrer Führung haben ..., denn nur so können wir uns unserem Ziel nähern ...[225]. Herzl nahm diese Haltung für sich in Anspruch, weil er davon überzeugt war, daß sie richtig sei.

Es kam Herzl nicht mehr darauf an, was aus dem Uganda-Plan – der ja im Grunde bereits überholt war – werden würde, sondern darauf, „seinem Volk“ und dessen Vertretern im Kongreß ihre Aufgabe klarzumachen, nämlich, daß sie die Einheit der Organisation zu bewahren und ihre Kämpfe innerhalb der Organisation auszutragen hätten, ohne diese zu gefährden.

Er warnte seine Gegner vor der Zerstörung der Organisation:

„Wenn Sie nach dieser Sitzung des Aktionskomitees hinausgehen und gegen den Kongreß agitieren werden, so werde ich gegen Sie agitieren, und ich verspreche Ihnen, daß Sie unterliegen werden. Glauben Sie mir, dieser Versöhnungsvorschlag, die Mühe, die ich mir gegeben habe, mit Ihnen zu sprechen, indem ich Ihnen viel mehr gesagt habe, als mit meiner Würde verträglich ist, all das habe ich nicht getan, weil ich etwa vor dem Kampf Angst habe ... Ich möchte also, daß Sie nach Hause gehen und erklären: ‚Wir haben beruhigende Erklärungen bekommen, wir wissen, daß die Exekutive in Wien arbeitet, und wissen, was der Führer will‘ “.[226]

Es war dies die Rede eines Mannes, der von allen als Führer anerkannt worden war, dem „sein Auftrag von einer höheren Notwendigkeit erteilt“ worden war, der „der Gestor zur Führung der jüdischen Sache“ geworden war, weil das jüdische Volk ihn brauchte[227/228].

## XI.

Zwei Wochen später – am 30. April 1904 – hatte Herzl eine lange Unterredung mit dem österreichischen Außenminister Graf Goluchowski, in der er – ein letztes Mal in einer Unterhaltung mit dem Repräsentanten einer führenden politischen Macht Europas – seine ganze Persönlich-

keit einsetzte. Unter anderen Umständen und in früheren Zeiten wäre er auf seinen Erfolg stolz gewesen, da Goluchowski nicht nur Interesse am Zionismus gewann, sondern sogar die Meinung vertrat, daß „alle Regierungen die Sache finanziell unterstützen“[229] sollten. Jetzt vermerkte er nur: „Ich habe kein Verdienst an seiner Eroberung, denn er gewann sich – während wir sprachen – zusehends selbst für den Zionismus und ging schließlich viel weiter, als ich es zu hoffen gewagt hatte.“[230]
Es ist bemerkenswert, daß es nun schon der zweite Staatsmann – nach Plehwe[231] – war, der Verständnis für die Frage aufbrachte, daß die Emigration der Juden aus Ländern, welche deren Gegenwart doch als Last empfanden, auch für diese Länder von Vorteil wäre und sie eigentlich veranlassen müßte, sich an den Kosten der Umsiedlung zu beteiligen. Herzl fand die Unterhaltung „groß und vielleicht folgenschwer“[232].
Sofort nach dieser Unterredung unterwarf sich Herzl der Anweisung eines ärztlichen Konsiliums, das ihm eine sechswöchige Herzkur in Franzensbad verschrieb. Die Kur kam wahrscheinlich zu spät. Vielleicht wäre sie wirksam gewesen, wenn er nicht auch dort seine aufreibende Arbeit fortgesetzt hätte[233]. Er schrieb an Plehwe, an Lord Rothschild und an den neugewonnenen Philanthropen und Bankier Jacob Schiff aus New York, der im Auftrag der englischen Regierung für Rußland eine Anleihe besorgen sollte, und von dem er erwartete, daß er ihn für den Zionismus gewinnen könnte.
Da Schiff[234], der zwar Jude, aber mit der Not der Juden nicht vertraut war, den Vertreter Herzls, Dr. Katzenelsohn aus Libau, freundlich empfangen hatte, bedankte sich Herzl und weihte ihn in die groteske Situation ein, daß auf der einen Seite er, Herzl, eine Lösung für die Judenfrage hatte, aber nicht das Geld, um sie durchzuführen, auf der anderen Seite aber die ICA über Hunderte von Millionen verfügte, sie aber – seiner Meinung nach – sinnlos verschwendete. Herzls Brief war eine Anklage, erhoben gegen seine alten Feinde, die „das Hirschische Geld lieber in vielen kleinen zwecklosen Unternehmungen verzetteln, die alles vorstellen, nur keine Jewish Colonisation[235]. Wäre es nicht, daß unsere Massen in Elend und Schmutz verrecken, während ein Hilfsmittel unbenutzt bleibt, so könnte man ja darüber humoristische Betrachtungen anstellen. Z. B.: Der größte Feind eines Testaments ist sein Exekutor. Oder: Die Verwandten des Hirsch haben jetzt wenigstens die Genugtuung, daß auch die armen Juden nichts von dem Geld haben.“[236] Der Spott war bitter und berechtigt.
Mit diesem Brief, von dem nicht feststeht, ob Herzl ihn nicht noch fortsetzen wollte, brach das 18. und letzte Tagebuch Herzls ab.
Herzl hatte sich mit der Vorstellung eines frühen Todes seit langem ver-

traut gemacht. Die Anfälle von „Gehirnanämie", die ihn schon wiederholt befallen hatten, waren ernste Warnungszeichen[237]. Nach einem Anfall im Juni 1901 war er überzeugt, daß er in einem solchen sterben würde. Er sprach oft mit Freunden über seinen Tod, nie mit Bedauern für sich selbst, stets nur mit Trauer darüber, daß er sein Werk nicht vollenden könne[238]. In seinem Roman „Altneuland" kommen zwei Sterbeszenen vor, die der Mutter des Helden[239] und die des Präsidenten der Neuen Gesellschaft[240]. Er beschreibt diese Vorgänge wie alles, was er schrieb, nicht realistisch, sondern so, wie er es sich wünschte. Der Tod ist dort ein natürlicher Vorgang am Ende eines erfüllten Lebens, eine Erlösung für den Sterbenden, ein Kummer für die Leidtragenden.

Ihm selbst war ein solcher Tod nicht beschieden. Er war erst 44 Jahre alt, ein Kämpfer mit einer Aufgabe, die noch ungelöst war, und ohne die Sicherheit, für sich einen Nachfolger zu finden. Eine Zeitlang hatte er an den viel älteren Nordau gedacht[241], der aber nicht bereit war, ein Amt zu übernehmen. Am Ende seiner Tage soll er seinen Sekretär Reich zu Professor Ludwig Stein, den Mitbegründer der „Mittwochgesellschaft", mit der Bitte geschickt haben, „ihm die Todesstunde" dadurch zu erleichtern, daß er sich zur Übernahme der Nachfolgeschaft bereit erklären möge, „weil er (Herzl) für den diplomatischen Teil seiner Mission keine anderen Hände mit Fingerspitzengefühl wüßte"[242]. Nicht daß Stein ablehnte, ist in diesem Zusammenhang von Interesse, sondern daß Herzl an keinen seiner enthusiastischen Gefolgsleute unter den Westjuden, und offenbar noch weniger an einen ostjüdischen Zionisten als Nachfolger gedacht hatte, sondern an einen Mann, zu dessen diplomatischem Geschick er Vertrauen hatte, obwohl er wußte oder wissen mußte, daß Stein kein Zionist war[243]. Aber Herzl war von der „Wahrheit" seiner Lösung der Judenfrage so felsenfest überzeugt, daß er sich gar nicht vorstellen konnte, daß ein Jude – es sei denn aus den niederen Motiven eines „Mauschel"[244] – das Herzlprogramm wirklich ablehnen würde. Diese merkwürdig engstirnige Auffassung hatte Herzl nicht nur zu der am Eingang dieses Kapitels zitierten Bemerkung veranlaßt, daß er „in einer nur Dummköpfen nicht ganz klar verständlichen Sache – der Judenfrage" berühmt geworden sei, es hatte ihn auch am Beginn seiner zionistischen Tätigkeit dazu gebracht, als Chefredakteure für zwei große Zeitungen, die in London und Paris gegründet werden sollten, zwei Männer vorzuschlagen, die keine Zionisten, bzw. nur „Schön-Wetter"-Zionisten waren: in London Lucien Wolf, der einer der führenden englischen Antizionisten war[245], und in Paris Bernard Lazare, der zwar in der Judenfrage eine positive Stellung vertrat, aber sich von Herzl distanzierte, sobald er Schwierigkeiten vermutete[246].

Der Tod kam zu früh. Herzl wehrte sich dagegen mit der ungeheuren Energie, die eine seiner hervorragendsten Eigenschaften war. Über die Qualen seines Todeskampfes liegen genaue Berichte vor, auf die hier nicht einzugehen ist. Der Mutter hatte er geschrieben, er sei nur zum Ausruhen nach Edlach gefahren. Zum Ausruhen war es aber bereits zu spät, zumal er seine fieberhafte Tätigkeit dort fortsetzte[247].

Die neue Freie Presse interessierte ihn nicht mehr. Er ärgerte sich nur darüber, daß „Benediktchen"[248] die Nachricht über Herzls Empfang beim Papst und beim König Victor Emanuel „unterschlagen" hatte.

Sorge machte ihm, daß er seinen Kindern kein Vermögen vererben konnte. Er hatte es im Dienste seiner zionistischen Tätigkeit verbraucht[249]. Seine nächsten Freunde, Kremenezki, O. Marmorek und Wolffsohn, wußten es. Sie waren bereit gewesen, ihm eine Jahrespension auszusetzen, damit er sich ganz der zionistischen Sache widmen könne. Er lehnte ab. Vor dem Antritt seiner Reise nach Italien hatte er an Wolffsohn geschrieben:

„Du bist ein guter Kerl — aber was denkst Du von mir? Du bietest mir an, daß ich mir von einigen Leuten unserer Bewegung eine Jahrespension soll auszahlen lassen, um in London leben und die Bewegung von dort leiten zu können. Ja, und meine Selbstachtung? Glaubst Du, ich könnte einen so beschämenden Zustand ertragen? Wofür sollte ich von Euch Geld annehmen? Dafür, daß ich meinen Überzeugungen gemäß handelte. Und was habt Ihr davon? Ist es Euer Geschäft, Euer Unternehmen, Euer materielles Interesse, dem ich diene?
Nein, ... schlag Dir das nur aus dem Kopf ... das, was Du vorschlägst, ist, wenn es mir auch Deine ganze alte Freundschaft zeigt, für mich unausführbar, weil meiner unwürdig."[250]

Für sich selbst also kam eine Honorierung seiner Tätigkeit, die nicht aus seinem Brotberuf gewonnen wäre, nicht in Frage. Unter den Briefen, die man nach seinem Tode fand, befand sich jedoch ein doppelt versiegeltes Kuvert mit der Bezeichnung „Eigentum des Herrn Dr. Wolffsohn': „Letztwillige Bestimmung von Dr. Herzl, vom 8. 11. 1901, erst nach meinem Tode zu öffnen." In diesem Brief heißt es:

„... eines stimmt mich herab, wenn der Gedanke meines Todes mich befällt. Dies ist die materielle Zukunft meiner Kinder. Ich habe seit Jahren zu viele Geldopfer für unsere Idee gebracht und zu wenig an meine Kinder gedacht ... Ich übergebe es Dir als ein heiliges Vermächtnis, daß Du unmittelbar nach meinem Tode, wenn ich den Juden, für die ich wirkte, noch in frischer Erinnerung bin, eine allgemeine Nationalsammlung unter dem Titel ‚Nationalgeschenk für die Kinder des Dr. Herzl' einleitest ...
Lebe wohl, Daade, und vergiß mich nicht."[251]

Ob Herzl im Todeskampf an seine Angehörigen gedacht hat, weiß man nicht. Daß er an sein Volk und an die zionistische Bewegung gedacht hat, ist verbürgt. Als sein Geist schon verwirrt war, wanderte er offenbar zurück zu den Kongressen, die er so meisterhaft geleitet hatte. Er rief mit lauter Stimme: „Ad loca, ad loca", als ob er seine Gefolgschaft wieder einmal zur Ordnung rufen müsse. Dann gab er – ohne ihn zu erkennen – dem neben ihm wachenden Sekretär Reich Anweisungen: „Diese drei Grundstücke müssen gekauft werden ... Hast Du Dir notiert? Diese drei Grundstücke!"[252] Lagen diese drei Grundstücke in Palästina?[253]

In seinem letzten Brief an Wolffsohn schrieb Herzl: „Macht keine Dummheiten, während ich tot bin."[254] Es ist über dieses merkwürdige Präsens viel kommentiert worden. Daß ein Künstler des Wortes, wie Herzl es war, diese Formulierung nicht unabsichtlich gewählt haben wird, kann als sicher angenommen werden. Es kam darin ein Lebenswille zum Ausdruck, der den Tod nicht anerkennt, ein Lebenswille allerdings, der auch nicht auf irgendeine Weiterexistenz gerichtet ist, sondern auf ein Weiterleben in einer Sache, die der eigenen Existenz Sinn und Dauer gibt.

Der Schriftsteller Marek Scherlag[255] zitierte für diesen Willen Herzls den Satz: „non omnis moriar".

## Anmerkungen

1 TB 4. 6. 1902, GZW IV, S. 207.

2 Herzl an den Gh. von Baden, 5. 10. 1902, in: *Ellern:* Herzl, Hechler ... Nr, 42, S. 90.

3 Ein Faksimile des Mottos in Herzls Handschrift ist der Neuausgabe (1962) von „Altneuland" (durch das Centenary Committee, Jerusalem) vorangesetzt.

4 TB 5. 7. 1902, GZW IV, S. 216.

5 s. hierzu die Äußerungen Alfred Rothschilds in TB 5. 7. 1902, GZW IV, S. 219.

6 „Herzl vor der Londoner Fremden-Kommission", GZW I, S. 452—461.

7 a. a. O., S. 479.

8 a. a. O. — Der Krieg, von dem Herzl sprach, war natürlich der Burenkrieg.

9 a. a. O., S. 480 f.

10 Gemeint war der Baron Edmond de Rothschild in Paris.

11 a. a. O., S. 481.

12 Herzl an Lord Rothschild, 21. 7. 1902, GZW IV, S. 236: „Sie sind ein guter Mensch — heute, nachdem ich Sie kennengelernt habe, bin ich davon überzeugt. Seien Sie auch ein großer Mensch." Ferner s. unten Anm. 39 (TB 17. 1. 1903, GZW IV, S. 326).

Rothschild über Herzl (aus einer Unterhaltung, TB 24. 10. 1902, GZW IV, S. 306): Er habe die wohlhabenden Juden Österreichs wegen ihrer Indolenz angeklagt, „because they don't listen to Dr. Herzl who may be enthusiast, but who is a great man".

13 s. Unterredung Herzl-Rothschild, TB 5. 7. 1902, GZW IV, S. 219. Rothschild war grundsätzlich gegen das Verlangen eines Charters: „Das Wort klingt jetzt schlecht." (a. a. O.).

[14] a. a. O. ElArisch und Zypern waren wenigstens geographisch in der Nähe von Palästina. Zwischen Palästina und diesen Gebieten bestanden auch historische Verbindungen, während jedes ostafrikanische Gebiet nur ein neues Gebiet innerhalb der weltweiten Diaspora bedeutete.
[15] Herzl an Lord Rothschild, 12. 7. 1902, GZW IV, S. 228 ff.
[16] TB 12. 7. 1902, GZW IV, S. 227 f.
[17] TB 16. 7. 1902, GZW IV, S. 232.
[18] Herzl an Lord Rothschild, 21. 7. 1902, GZW IV, S. 236—238.
[19] III. Brief an Baron Hirsch, 3. 6. 1895, GZW II, S. 30—36.
[20] TB 12. 7. 1902, GZW IV, S. 227 („Finanzentwurf für Rothschild").
[21] Im Brief Herzls an Rothschild vom 21. 7. 1902, GZW IV, S. 238.
[22] Korrumpierte aschkenasische Aussprache des hebräischen Wortes „Rachmanuth" = Wohltätigkeit.
[23] TB 12. 8. 1902, GZW IV, S. 280 f. Herzl antwortete Rothschild nicht, wie er beabsichtigt hatte, aggressiv, sondern (auf Anraten Greenbergs) mit feiner Ironie, jedoch — mit dem Hinweis auf das Versagen der „wohltätigen Institutionen" — daß es nur seinem (scil. Herzls) Einfluß zuzuschreiben sei, wenn die Empörung der verzweifelten armen Leute gegen die ICA (als der größten Wohlfahrtsorganisation der Juden) bisher nicht zu öffentlichen Skandalen geführt hat.
[24] TB 4. 8. 1902, GZW IV, S. 278.
[25] TB 9. 7. 1902, GZW IV, S. 221.
[26] a. a. O.
[27] Erst im Jahre 1914 wurde Zypern von England annektiert und britische Kronkolonie.
[28] TB 23. 10. 1902, GZW IV, S. 300—304. Es ist zu beachten, daß Herzl sich in seinem Exposé lediglich auf die Lösung der „Judenfrage in Osteuropa" beschränkte.
[29] Herzl an Lansdowne (Exposé), 23. 10. 1903, GZW IV, S. 303.
[30] a. a. O., S. 303 f.
[31] Mit Joseph Chamberlain in den Tagen vom 22.—24. 10. 1902, mit Lord Lansdowne am 24. 10. 1902 (TB in GZW IV, S. 295—308).
[32] Lord Lansdowne wollte zwar zunächst ein Gutachten von Cromer einholen, war aber bereit, dem Vertrauensmann Herzls, J. L. Greenberg, ein Empfehlungsschreiben an diesen zu geben (TB 24. 10. 1902, GZW IV, S. 308).
[33] TB 24. 10. 1902, GZW IV, S. 308.
[34] TB 23. 10. 1902, GZW IV, S. 299.
[35] TB 7. 11. 1902, GZW IV, S. 309. — Eine Woche später schrieb Herzl: „Greenberg ist von Kairo zurück mit vollem Erfolg, soweit es möglich war ... Von allen meinen Mithelfern hat bisher noch keiner auch nur annähernd das geleistet, was Greenberg seit der Royal Commission, Rothschild und Chamberlain. Er ist wahrlich meine rechte Hand." (TB 13. 11. 1902, GZW IV, S. 310.)
[36] Als in jenen Tagen Herzls „Altneuland" in der Neuen Freien Presse besprochen wurde, schrieb der Rezensent Ganz, enger Mitarbeiter Herzls (vgl. hierzu Herzls Empfehlung für Ganz an Benedikt im Brief vom 28. 5. 1901, GZW IV, S. 44), der Herzls Gesundheitszustand recht gut kennen mußte, in einer wenig taktvollen Weise (Herzl nannte es „sehr hübsch"): „Kein Moses kommt in das gelobte Land." (TB 7. 11. 1902, GZW IV, S. 309).
[37] TB 22. 12. 1902, GZW IV, S. 320.
[38] TB 30. 12. 1902, GZW IV, S. 322 f.

[39] s. Unterhaltung mit Lord Rothschild am 23. 10. 1902 (GZW IV, S. 306 f.) — Einige Monate später erklärte sich Lord Rothschild bereit, die Subskription für die „Jewish Eastern Company", die die Trägerin der Konzession im El Arisch-Projekt werden sollte, durch sein Bankhaus allein durchführen zu lassen. Er selbst wollte nicht an die Spitze der Aktion treten, sondern dies Herzl überlassen: „An der Spitze stehen Sie, Dr. Herzl. Ich will nur Ihr Mitarbeiter sein. Ich bin froh, wenn ich helfen kann." (TB 17. 1. 1903, GZW IV, S. 326).

[40] s. Herzl an Nordau, 11. 12. 1897, GZW III, S. 50.

[41] Zu diesem Zweck hatte er sich den Sephardischen Chief Rabbi Gaster aus London „ins Hotel bestellt". (TB 15. 1. 1902, GZW IV, S. 325).

[42] Aus der Unterredung mit dem Baron Rothschild: „Auf Oberst Goldsmid wird nicht mehr gezählt" (TB 19. 7. 1896, GZW II, S. 492).

[43] TB 14. 8. 1897, GZW III, S. 17.

[44] Herzl an Benedikt (im TB-Vermerk nannte ihn Herzl „Maledikt"( 21. 1. 1903, GZW IV, S. 336.

[45] Telegramm Greenbergs an Herzl: TB 23. 2. 1903, GZW IV, S. 362.

[46] a. a. O.

[47] TB 2. 3. 1903, GZW IV, S. 367 f.

[48] Herzl an Greenberg, 2. 3. 1903, GZW IV, S. 368 ff.

[49] TB 16. 3. 1903, GZW IV, S. 375 f. (Einen Monat später hatte Herzl mit Greenberg in Zeugengegenwart in Paris eine Auseinandersetzung, in der er sich darauf beschränkte, ihm Vorwürfe wegen der Nichtbefolgung von Instruktionen zu machen. Die Zusammenarbeit zwischen Herzl und Greenberg wurde fortgesetzt, aber — von Herzls Seite — mit geringem Enthusiasmus.

[50] s. oben Anm. 35.

[51] Über seine „Entlarvung" Trietschs vgl. *Buber:* Sache und Person, in Zeitgenossen, S. 41 ff. Über die Fehde mit Ussischkin vgl. Zion und Ostafrika, GZW V, S. 532—538.

[52] TB 25. 3. 1903, GZW IV, S. 385. Nicht wenig mag hierzu Herzls übermäßig selbstbewußtes Auftreten beigetragen haben, wie es sich in der unbedingt glaubwürdigen Anekdote manifestierte, die *Friedemann* in: Vom Charakter Theodor Herzls, in: Zeitgenossen, S. 73 f., erzählte.
Evelyn Baring (1841—1917) war seit 1883 englischer Generalkonsul in Ägypten, wurde 1892 Baronet und 1901 Earl of Cromer. Er war de facto der Beherrscher Ägyptens, dessen Finanzen, Verwaltung und Erziehungswesen er reformierte. Seine Bücher über Ägypten und den Imperialismus waren Standardwerke.

[53] TB 25. 3. 1903, GZW IV, S. 385.

[54] TB 28. 3. 1903, GZW IV, S. 391.

[55] a. a. O.

[56] TB 3. 4. 1903, GZW IV, S. 403.

[57] TB 24. 4. 1903, GZW IV, S. 412.

[58] a. a. O. siehe hierzu auch den ausführlichen Brief Herzls an Nordau vom 13. 7. 1903, GZW V, 516 f.

[59] Die Verhandlungen zwischen der englischen Regierung und Herzls Vertrauensmann J. L. Greenberg resultierten schließlich in dem Brief des Chief of Protectorate Dpt., Sir Clement Hill, an Greenberg vom 14. 8. 1903 mit dem Angebot „Vorschläge zur Errichtung einer jüdischen Kolonie oder Ansiedlung unter Bedingungen günstig aufzunehmen, die den Mitgliedern die Möglichkeit gewähren, ihre Volksbräuche zu beobachten . . .". Dieser Brief wurde am 4. Kongreßtage, dem 26. 8. 1903, mit erläuternder Rede Greenbergs in englischer, deut-

scher und französischer Sprache vorgetragen und am 29. 8. in der „Welt" veröffentlicht.

[60] TB 27. 3. 1903, GZW IV, S. 388. Herzl hätte gewünscht, daß der erste Teil des zitierten Satzes aus dem Bericht weggeblieben wäre; aber er machte keinen Versuch, die Mitglieder der Expedition zu einer redaktionellen Änderung des Textes zu veranlassen.

[61] *Paula Arnold:* Leon Kellner, in: Herzl Yearbook II (1959) S. 159 ff.

[62] a. a. O., S. 180.

[63] a. a. O.

[64] s. Col. Goldsmid's Telegramm, 11. 5. 1903, sowie Herzls anschließende TB-Vermerke (TB 11.–13. 5. 1903, GZW IV, S. 424 ff.). Es ist übrigens bezeichnend für Herzl, daß er — wie vorher Greenberg (s. oben, S. 246 ff.) — zunächst auch Goldsmid im Verdacht hatte, entweder in den Verhandlungen mit Cromer „ungeschickt" gewesen zu sein, oder „an sich gedacht" zu haben (TB 11. 5. 1903, GZW IV, S. 424). Als dieser Verdacht erst einmal aufgetaucht war, fand er auch Tatsachen zu seiner Rechtfertigung, s. TB 13. 5. 1903, GZW IV, S. 426 (letzte Eintragung).

[65] Herzl an Rothschild, 30. 5. 1903, GZW IV, S. 440 f.

[66] *P. Arnold,* a. a. O., S. 179.

[67] Herzl an Gustav G. Cohen, 15. 9. 1901: „Mir sind in meinem Leben schon so viele Schiffe untergegangen, daß ich schlechte Nachrichten gut vertragen kann."

[68] TB 16. 5. 1903, GZW IV, S. 429.

[69] TB 24. 4. 1903, GZW IV, S. 412.

[70] TB 13. 5. 1903, GZW IV, S. 426.

[71] a. a. O.

[72] TB 16., 19., 26. 5., 11., 18. 7. (GZW IV, S. 429, 430 f.) (s. auch Herzl an Ministerpräsident von Koerber 437 f., 444 sowie Herzl an Paraty, 12. 7. 1903, GZW IV, S. 449 f.

[73] Herzl an Philippson, 12. und 16. 7. 1903, GZW IV, S. 450 ff. und 452 f.

[74] s. die Unterredung Herzls mit Chamberlain am 23. 4. 1903, GZW IV, S. 412.

[75] „Sechste Kongreßrede", GZW I, S. 495.

[76] Daß Chamberlain nicht aus Wohlwollen für das jüdische Volk handelte, ergibt sich aus der Tatsache, daß er zum mindesten in jener Zeit ganz offen recht vulgär-antisemitische Ansichten über die Juden hatte. H. W. Stead berichtet in seinem Werk: „Through 30 Years" (1925) Vol. I, p. 163 über eine Äußerung Chamberlains, die dieser in einem Gespräch mit dem italienischen Staatsmann Baron Sonnino machte: „There is in fact only one race that I despise — the Jews, Sir. They are physical cowards." Peinlicherweise war Sonnino ein Halbjude und bestand darauf, daß der englische Minister sich entschuldigte.

[77] s. Judenstaat, GZW I, S. 21 f.

[78] Die Bereitschaft Englands, Uganda dem jüdischen Volk zur Schaffung einer autonomen Kolonie zu überlassen, stieß in den englischen Kolonialkreisen sehr bald auf entschiedene Widerstände. Am letzten Tag des sechsten Kongresses — dem 28. 8. 1903 — veröffentlichte die Londoner „Times" ein Protesttelegramm des Lord Delamare aus Nairobi gegen eine Massenansiedlung flüchtender Juden. Ihm schloß sich mit ausführlicher Darstellung aller gängigen Argumente der bekannte (jüdische!) Londoner Publizist Lucien Wolf an. Diesen Gegnern folgten der Afrikaforscher Sir Harry Johnston, der einige Jahre vorher Kommissar für Ost-Afrika gewesen war, sowie Lord Hindlip, der sich nach seiner Rückkehr von einer Britisch-Ostafrikareise von dem Reuter'schen Telegraphenbüro interviewen

ließ, und darauf hinwies, daß der High Commissioner, Sir Charles Eliot, zwar um „geignete Ansiedler“ gebeten habe, aber nicht um „einen Haufen ungeeigneter Leute, die die Verwaltung später auf ihre Kosten würde in ihre Heimat zurücktransportieren lassen müssen“ (*Bein:* Herzl, S. 646 f.).

79 TB 16. 12. 1903, GZW IV, S. 530. Herzl — in der zweiten TB-Notiz des Tages —: „Greenberg ... scheint sich der englischen Regierung schon zu sehr verpflichtet zu haben, bevor sie uns was anderes gaben. Ich lasse sie vorläufig noch nicht aus dem Wort.“ Ferner Greenberg an Herzl (Telegramm), 18. 12. 1903, GZW IV, S. 531. (Das Wort „Mandel“ in den Telegrammen steht für „Foreign Office“, „Basel“ bezieht sich auf den sechsten Kongreß).

80 206 und 210 ff.

81 s. hierzu *Bein:* Herzl, S. 600 f. — TB 24. und 25. 4. 1903, GZW IV, S. 415 (s. auch Herzl an Lord Rothschild, 27. 4. 1903, GZW IV, S. 417; besonders aber Herzl an Lord Lansdowne, 18. 5. 1903, GZW IV, S. 430.

82 Herzl an Leven, 19. 10. 1903, GZW IV, S. 517. (Vgl. hierzu Herzls Zirkularbrief an die Mitglieder des Verwaltungsrats der ICA, 15. 9. 1903, GZW IV, S. 512 ff.

83 Zar Nikolaus II. (regierte von 1894—1917).

84 Der Gh. von Baden hatte sich auf Herzls Bitte bereits 1899 — vergeblich — an den Zaren gewendet.

85 Bertha von Suttner an Zar Nikolaus, 22. 5. 1903, GZW IV, S. 434 ff.

86 *Elbogen:* Ein Jahrhundert, S. 352 (für den Zaren waren übrigens alle seine Feinde „Juden“, zum Beispiel auch die Engländer und die Japaner).

87 Herzl an Plehwe, 19. 5. 1903, GZW IV, S. 431—432.

88 Frau von Korwin-Piatrowka.

89 TB 23. 7. 1903, GZW IV, S. 454.

90 Herzl an Lord Rothschild, 30. 7. 1903, GZW IV, S. 454 f.

91 7.—17. 8. 1903.

92 Durch den Beginn des Russisch-Japanischen Krieges im Februar 1904, durch Herzls Tod am 3. 7. 1904 und Plehwes Ermordung am 28. 7. 1904.

93 Plehwe bezog seine genauen Kenntnisse über die zionistische Bewegung aus einem ausführlichen Bericht seines Ministeriums, den er offensichtlich bereits eingehend studiert hatte. (TB 10. 8. 1903, GZW IV, S. 466 f.).

94 s. a. a. O. und die „Zweite Unterredung Herzls mit Plehwe“ am 13. 8. 1903 (TB in GZW IV, S. 476 ff.).

95 TB 9. 8. 1903, GZW IV, S. 460 f. (Der Text der Erklärung, den Herzl dem sechsten Kongreß (23.—28. 8. 1903) übergeben wollte, befindet sich im zweitletzten Absatz des Exposés, S. 461).

96 TB 12. 8. 1903, GZW IV, S. 476. Herzl veröffentlichte diesen Brief Plehwes im französischen Urtext und in der Übersetzung in der „Welt“ vom 25. 8. 1903. Er hatte diese Befugnis zur Veröffentlichung im A. C. gegen die Stimmen der russischen Delegierten durchgesetzt (TB 1. 9. 1903, GZW IV, S. 495).

97 Plehwe an Herzl, 12. 8. 1903; s. o. S. 219 u. 228.

98 s. unten Anm. 110.

99 TB 10. 8. 1903, GZW IV, S. 477 ff. und 473 f.

100 TB 7. 8. 1903, GZW IV, S. 495: „Im Hotel (scil. in Petersburg) erwartete mich — kein Empfehlungsbrief Rothschilds ... Ist es Opportunismus oder cowardice? ... Müssen halt ohne ihn weiter wie bisher!“ Herzl erhielt die Empfehlung an Witte so dann von Plehwe (TB 10. 8. 1903, GZW IV, S. 468).

101 TB 10. 8. 1903, GZW IV, S. 473 f.

[102] TB 14. 8. 1903, GZW IV, S. 479.
Herzl hatte in seiner (französisch geführten) Unterredung mit Witte am 9. 8. 1903 um „certains encouragements" gebeten, worauf Witte antwortete: „Mais on donne aux Juifs des encouragements à l'émigration. Par exemple, les coups de pied." Herzl fuhr in seinem Bericht fort: „Auf diese dumme Brutalität antwortete ich, indem ich mich ruhig und kalt aufrichtete und eisig erwiderte: „Ce n'est pas de ce genre d'encouragements que je veux parler. Ils sont connus." (TB 10. 8. 1903, GZW IV, S. 473). Vgl. auch die schwer überbietbar grausame Äußerung Wittes gegenüber dem verstorbenen Zaren Alexander III., an deren Wahrheit allerdings gezweifelt werden darf, da sie allzuhäufig (mit gewissen Variationen) in der Weltliteratur auftaucht (TB 10. 8. 1903, GZW IV, S. 472).

[103] a. a. O., S. 471.

[104] Obwohl die russische Regierung sofort alle Maßnahmen traf, um das Bekanntwerden von Einzelheiten des Kischinewer Gemetzels zu unterdrücken, wurden diese doch in Rußland und in der Weltöffentlichkeit, die an derartige Vorgänge noch nicht gewöhnt war, bekannt. Sie lösten allgemeines Entsetzen aus. (s. *Dubnow* X, S. 373 ff., *Elbogen:* Ein Jahrhundert, S. 353 ff.).

[105] s. TB 11. 8. 1903, GZW IV, S. 475: „Witte ist wohl weniger Jugendfreund als erpicht, Plehwes Kischinewer Verlegenheit zu benützen. Wenn diese Verlegenheit wüchse, könnte Plehwe darüber fallen und Witte hätte wieder die höchste Macht."

[106] Witte verabschiedete sich von Herzl nach 5/4-stündiger Unterredung mit mehrmaligen Händedrücken und begleitete ihn „bis zur Treppe, was, wie es scheint, bei diesem Grobian viel ist, der Exzellenzen stehend abzufertigen pflegt". (TB 10. 8. 1903, GZW IV, S. 474).

[107] TB 17. 8. 1903, GZW IV, S. 487—489.
TB 16. 8. 1903, GZW IV, S. 485.

[108] TB 14. 8. 1903, GZW IV, S. 484.

[109] TB 17. 8. 1903, GZW IV, S. 487.

[110] Hebräisch: „König Herzl".

[111] a. a. O., S. 488 f.; *Goldberg:* „Von Herzls Güte" in „Zeitgenossen", S. 80 f. bestätigt die Vorgänge bei dem „geheim veranstalteten Bankett" in Werki, Herzls Abreise aus Wilna und das Verhalten der Kosaken, die „das wartende Publikum mit Nagaiken auseinandertrieben". — „Herzl war erschüttert und Tränen flossen aus seinen Augen."

[112] Am 22. 8. 1903. — Über die Zusammensetzung des „Großen Aktionskomitees" s. *Böhm*, Zion. Bewegung Bd. I, S. 221 f.

[113] TB 22. 8. 1903, GZW IV, S. 492.

[114] GZW I, S. 488.

[115] a. a. O., S. 493.

[116] a. a. O., S. 495.

[117] a. a. O., S. 496.

[118] Sten. Prot. des sechsten Kongresses, S. 11. — Der Berichterstatter der Zeitschrift „Ost und West" berichtet, daß der Beifall auf Herzls Worte so stark gewesen sei, daß er auch nicht hätte größer sein können, wenn Herzl gesagt hätte: „Palästina ist unser, die Massen können aufbrechen." Auch Schmarjahu Levin, einer der bedeutendsten Redner der russischen Zionisten und ein Gegner des Ugandaplans, der damals als einer der Kongreß-Sekretäre die Wirkung der Erklärung Herzls auf die Delegierten von der Tribüne aus direkt beobachten konn-

te, sah auf den Gesichtern der Kongreßteilnehmer „Erstaunen, Bewunderung — aber nicht ein Zeichen des Protestes“ (*Bein:* Herzl, S. 625).

119 Das Leben dieses Mannes und seines Bruders Heschel Farbstein ist in mancher Hinsicht charakteristisch für das Leben der Juden in jener „Übergangsperiode“ an der Jahrhundertwende:
Dr. David Farbstein, der örtliche Organisator des ersten Zionistenkongresses (1897) und später Delegierter auf vielen weiteren Kongressen, stammte aus Warschau, hatte eine ausgezeichnete jüdisch-hebräische Erziehung genossen, (s. „Warum gingen wir zum ersten Zionistenkongreß?“), wurde später Anwalt in Zürich und schweizerischer Nationalrat. Nach dem Tode Herzls löste er sich langsam von der zionistischen Bewegung los.
Sein Bruder Heschel Farbstein blieb bis zu den dreißiger Jahren in Warschau, wurde dort Präsident der Jüdischen Gemeinde und im polnischen Sejm einer der einflußreichsten Abgeordneten der jüdischen Minderheit. Er wanderte nach Palästina aus und starb in Jerusalem.
(S. die Beiträge der beiden Brüder in „Zeitgenossen“: *David F.:* Vor Basel, S. 58 f., und *Heschel F.:* Der erste Kongreß und das religiöse Judentum, S. 60 f.)

120 Sten. Prot. (Sechster Kongreß), S. 33 f.

121 s. oben S. 207, s. oben ferner S. 223 und Anm. 14.

122 Trietsch (Diskussionsrede), Sten. Prot. S. 44 f.

123 Sten. Prot. S. 52 f.

124 *Buber:* Sache und Person, in: Zeitgenossen, S. 41 f. s. hierzu auch *Trietsch:* „Auch“ eine Erinnerung, in: Zeitgenossen, S. 233 ff.

125 Farbstein, als Vertreter der „schweizerischen Landsmannschaft“, in der Begründung seines Antrags auf Einsetzung einer Kommission zur Prüfung des Uganda-Plans (Sten. Prot. S. 33).

126 Am 24. 8. 1903, a. a. O., S. 61 ff.

127 *Nordau:* Zion. Schriften, S. 140 (= Sten. Prot. S. 63).

128 So u. a. *Bein:* Herzl, S. 628.

129 *Nordau:* Zion. Schriften, S. 152 ff. (= Sten. Prot. S. 71).

130 Nordau (Schlußwort), Sten. Prot. S. 208.

131 Nordau (Schlußwort), Sten. Prot. S. 214.

132 Die feierliche und namentliche Abstimmung fand erst am Nachmittag des 26. 8. statt. (Sten. Prot. S. 223—227).

133 Die ursprüngliche Zahl der „Nein“-Stimmen, die erst mit 177 angegeben worden war (a. a. O., S. 230), wurde später in 178 berichtigt (S. 236).

134 TB 1. 9. 1903, GZW IV, S. 495.

135 Z. B. in London am 23. und 26. 11. 1895, GZW II, S. 321 und 326.

136 Sten. Prot. 230.

137 TB 1. 9. 1903, GZW IV, S. 495.

138 a. a. O.

139 „Der Basler Kongreß“ (als Aufsatz 1897 in Contemporary Review erschienen); s. GZW I, S. 197—199. *Weizmann:* Memoiren, S. 85 f., zitiert diese Stelle mit erkennbarer Genugtuung. Er selbst hatte aber kein Verständnis für das ungleich kompliziertere Problem der Westjuden, als deren besten Vertreter er Herzl bewunderte (a. a. O., S. 87 f.). Es ist Weizmann, der in den Jahrzehnten nach Herzls Tod vielleicht mehr, jedenfalls erfolgreicher als irgendein anderer seiner Zeitgenossen für die Entstehung des „Judenstaates“ gewirkt hat, offenbar nie klar geworden, daß er selbst im Grunde nur in den Wegen Herzls weitergewan-

dert ist, und daß er — im wörtlichen Sinn — nur ein Nachfolger Herzls war. (s. *Rabinowicz:* Herzl, Architect of the Balfour Decl. S. 11).

140 Die Bezeichnung „russische Juden" (ebenso wie „Ostjuden") ist unscharf und an sich wenig geeignet. Sie umfaßt in der Hauptsache die Juden, die vor dem Ersten Weltkrieg im zaristischen Reich lebten, aber auch große Kontingente außerhalb, wie Teile von Galizien, ferner Rumänien, Ungarn usw. umfaßte, und stellt sie in Gegensatz zu den sog. „Westjuden". Die oft verwendete Bezeichnung „Aschkenasische Juden" ist ebenso unscharf. Sie umfaßt „Ost"- und „West"-Juden, im Gegensatz zu den sogenannten „sephardischen" Juden (spanischen und portugiesischen Juden) und denen des Orients!

141 *Bein:* Herzl, S. 639. Ein ausgezeichnetes Stimmungsbild von den Vorgängen auf dem VI. Kongreß gab der damals noch nicht ganz 21jährige Elias Auerbach (der wegen seiner Jugend noch kein Kongreßmandat erhalten konnte) in seiner Autobiographie „Pioniere der Verwirklichung", S. 142—149.

142 Schmarjahu Levin (Sten. Prot. S. 257).

143 Herzl selbst sprach nur von „Herzzuständen vor Ermüdung", (TB 22. 8. 1903, GZW IV, S. 492). Der langjährige Sekretär des Zionistischen Büros in Wien, A. H. Reich, der mit Herzl während vieler Jahre fast täglich zusammen war, berichtet in seinem Gedenkartikel „In Memoriam" in: „Zeitgenossen", S. 159, daß Herzl bei der „Umlegung" der Überreste seines Vaters in die Familiengruft (s. auch TB 16. 5. 1903, GZW IV, S. 429) bereits geahnt hatte, daß er nur noch kurze Zeit leben würde. Reich glaubte, daß „der sechste Kongreß mit den fürchterlichen Angriffen (scil. auf Herzl persönlich) der Anfang des tragischen Endes" gewesen sei. Hofrat Singer („Wie Theodor Herzl starb", a. a. O., S. 188 ff.) wußte bereits im Dezember 1903, daß Herzls Tage gezählt waren.

144 TB 31. 8. 1903, GZW IV, S. 492 f. Diese „Rede" stimmt inhaltlich mit dem „Brief an das jüdische Volk" überein, als dessen Entstehungsdatum *Bein:* Herzl, S. 658, den 11. 11. 1903 festgestellt hat. (Dieser Brief wurde erst nach dem Tode Herzls bekannt. Er wurde in Faksimile erstmalig im 2. Band des „Jüdischen Lexikons" (1928), sodann im „Herzl-Gedenkbuch" der Exekutive der Zionistischen Organisation (1929) abgedruckt und ebenso im ersten Band der GZW (3. Aufl. 1934), S. 513 ff.

145 s. oben Anm. 78.

146 vgl. Herzl an Fürst Eulenburg, 11. 9. 1903, GZW IV, S. 506 und an Gh. von Baden, 12. 9. 1903, GZW IV, S. 508 f. (insbesondere S. 509); s. auch den Brief an den Grafen Goluchowski (seit 1895 österreichischer Außenminister) vom 11. 12. 1903, GZW IV, S. 523 (besonders Abs. 2).

147 Herzl an Eulenburg, a. a. O., S. 505.

148 Herzl an Plehwe, 5. 9. 1903, GZW IV, S. 496 ff. (der ein ausgezeichnetes Resümee der Vorgänge auf dem VI. Kongreß enthält), an Hartwig, 10. 9. 1903, GZW IV, S. 500 ff., an Kirejew, 10. 9. 1903, GZW IV, S. 503 f.

149 Herzl an Lord Rothschild, 12. 9. 1903, GZW IV, S. 507 f.

150 Herzl an Gh. von Baden, s. Anm. 146.

151 Herzl an von Koerber, 13. 9. 1903, GZW IV, S. 510 ff.

152 „Briefzirkular an die ICA-Leute", 15. 9. 1903, GZW IV, S. 512.

153 s. Herzl an den russischen Gesandten Sinowjew, 26. 12. 1903, GZW IV, S. 532 ff.; in diesem Brief zitiert Herzl wörtlich aus dem Schreiben Plehwes vom 2. 12. 1903:

„. . . Nous sommes tombés d'accord, le Comte Lamsdorff et moi, de faire part à la Sublime Porte, par l'Ambassadeur de Russie à Constantinople, de l'accueil

sympathique que le Gouvt. Imp. a fait au projet des sionnistes de réintégrer leur coréligionnaires en Palestine.
Il est mentionné dans la dépêche que le Ministère des Affaires Etrangères adresse à cet effet au Consailler Privé Actuel Sinowjew, que la Porte Ottomane en agréant d'une maniére bienveillante la requête des sionnistes témoignerait du lien amical existant entre les deux Empires."

154 TB 5. 8. 1896, GZW II, S. 518, TB 5. 9. 1896, GZW II, S. 529 u. a.

155 *Thon:* Wie ich ihn sah, in: Zeitgenossen, S. 225.

156 TB 6. 6. 1895, GZW II, S. 38.

157 TB 12. 5. 1897, GZW II, S. 624.

158 Ein Resümee von Kaminkas „Offenem Brief" an Herzl vom 5. 4. 1898 bringt *Bein:* Herzl, S. 395 f. In diesem Offenen Brief warf Kaminka Herzl u. a. vor, er stehe auf dem Standpunkt des „l'état c'est moi", ihm zu widersprechen sei Blasphemie. In der Tat hatte Herzl einem Tagebuchvermerk vom 3. 9. 1897 (GZW III, S. 24) zufolge diesen Ausspruch Ludwigs XIV. erwähnt, aber in einem anderen Sinn. Bei der Wiedergabe des Zitats wurden diese Worte als nicht ausschlaggebend weggelassen. Kaminka konnte von Herzls Bemerkung damals keine Kenntnis haben, da Herzl seine Tagebücher während seiner Lebenszeit geheim hielt, obwohl er sie schon damals für die Publikation bestimmt hatte. (s. „Mein literarisches Testament" vom 12. 2. 1897, GZW I, S. 511).

159 *Bein:* Herzl, S. 396. (In seinem Beitrag zu dem Sammelwerk „Zeitgenossen" — 25 Jahre nach Herzls Tod! — zeigte sich Kaminka allerdings als ein respektvoller Verehrer Herzls und ein begeisterter Anhänger seiner Judenstaats-Idee („Die Chovevej Zion und Herzl vor dem ersten Zionistenkongreß", S. 108 f.). Bei der unklaren ideologischen Situation, in der sich die „nationalbewußten" Juden damals befanden, bedeutete das nicht unbedingt, daß Rabb. Kaminka die historischen Fakten fälschen wollte. Vermutlich hat hier der Faktor „Zeit" eine die Tatsachen entstellende Rolle gespielt. Im Grunde war es ja nur natürlich, daß bei der Unklarheit, die damals in der zionistischen Ideologie bestand, die verschiedenen zionistischen Strömungen manchmal untereinander (vgl. TB 1. 3. 1896, GZW II, S. 353 f.) und mit Herzl wegen dessen Anspruchs auf die „Alleinherrschaft" (vgl. TB 12. 5. 1897, GZW II, S. 624 f.) recht heftig aufeinander stießen. Als sich dann im Verlauf der Jahrzehnte eine einheitliche Ideologie entwickelte, verloren die divergierenden Ansichten an Bedeutung — und an Schärfe. Und das legendäre Bild Herzls gewann auch bei den ehemaligen Gegnern Liebe und Verehrung.

160 Vgl. Bambus' Erklärung in der „Allgemeinen Zeitung des Judentums" und Hildesheimers Erklärung in der „Jüdischen Presse" v. 5. 5. 1897, (s. *Bein:* Herzl, S. 327, sowie Herzls Briefe an die Vorgenannten v. 24. 4. und 9. 5. 1897, abgedr. bei Friedemann: Herzl, S. 108—113).

161 Sechste Kongreßrede, GZW I, S. 490.

162 TB 30. 10. 1899, GZW III, S. 364. Herzl verwendete das Beispiel der gegen Columbus meuternden Matrosen auch in einer Unterredung mit Plehwe am 8. 8. 1903 (s. TB 10. 8. 1903, GZW IV, S. 467).

163 *Ussischkin:* Meine erste Begegnung mit Herzl, in Zeitgenossen, S. 240.

164 In „Altneuland" erscheint Ussischkin als der Bauer „Mendel" (Drittes Buch, Drittes Kapitel, GZW V, S. 264 ff.)

165 Ussischkin wurde erst 1906 Leiter des Odessaer Komitees. Er war bereits als Schüler ein begeisterter Zionist, später einer der erfolgreichsten Organisatoren der Chovevej Zion in Rußland und ein Schüler Achad Haáms.

„Zion und Ost-Afrika", GZW V, S. 533: „Antwort von Dr. Herzl" (scil. auf den „Offenen Brief von M. M. Ussischkin").

[166] Es unterliegt keinem Zweifel, daß Ussischkin nicht nur dem sechsten Kongreß absichtlich ferngeblieben war und seinen „Palästinensischen Kongreß" der „Repräsentanten des gesamten jüdischen Volks aus Eretz Israel" ebenso absichtlich um dieselbe Zeit abhielt, in der der sechste Kongreß in Basel tagte, um den Gegensatz zwischen seinen „Repräsentanten" und „den Repräsentanten des gesamten jüdischen Volkes aus den Golusländern, die sich heute in Basel versammelt haben", hervorzuheben.

[167] Der Wortlaut des Begrüßungstelegramms von Ussischkin ist im Sten. Prot. des sechsten Kongresses, S. 258, abgedruckt.

[168] Herzls Antwort, die der Baseler Kongreß mit Begeisterung billigte, befindet sich ebenda.

[169] Sten. Prot. d. sechsten Kongresses, S. 257.
*Bein:* Herzl, S. 663: Mandelstamm war der Einladung nach Charkow nur gefolgt, um Herzls Standpunkt zu vertreten. Als ihm dies nicht gelang, verließ er die Sitzung.

[170] s. „Zion und Ostafrika", GZW V, S. 532 bis 538. (Zuerst veröffentlicht in der „Welt" v. 30. 10. 1903).

[171] GZW V, S. 533.

[172] *Bein:* Herzl, S. 657.

[173] Es muß jedoch festgestellt werden, daß Herzls Eröffnungsrede keinen Einblick in Herzls ganzes Gedankenbild zuließ. Nach dem Wortlaut der Eröffnungsrede stand vor Herzls Auge der Judenstaat in Palästina und nur dort. In Wirklichkeit hatte er bereits einen — sehr unzionistischen — Alternativplan, für den er in einem Brief an Nordau (s. GZW V, S. 516) diesen gewinnen wollte. Er schrieb:

„Je vous dis ma pensée de derrière la tête. Dies dürfen Sie jetzt noch nicht einmal in den kleinsten Komitees sagen, denn unsere braven Leute sind große Schwätzer und kleine Politiker.

Ich möchte nicht nur in Ostafrika, sondern auch in anderen Weltteilen jüdischnationale Chartered Companies errichten, lauter Nester und Kraftstationen für den Zionismus.

Die Ansiedlung zwischen Kilimandscharo und Kenja könnte die erste politische Kolonie werden. Sie erraten jetzt schon, was ich meine: ein umgekehrtes England im Kleinen.

Dieser Britisch-Ostafrikanische Anfang ist politisch ein Rischon-le-Zion, sicherlich näher zu Zion, als was Edmund (scil. Baron Edmund Rothschild) errichtete."

[174] Sechste Kongreßrede, GZW I, S. 496.

[175] In Herzls Schlußrede auf dem sechsten Kongreß, Sten. Prot. S. 340.

[176] Herzl verlas den Psalmvers: „Wenn ich dein vergesse, Jerusalem, verdorre meine Rechte", zuerst in Hebräisch (sein Freund Pineles hatte ihm die Worte in lateinischen Buchstaben aufgeschrieben, s. Faksimile bei *Bein-Samuel:* Herzl, Nr. 16 vor Book II), dann in deutscher Sprache.

[177] S. oben Kap. I, S. 15.

[178] „Zion und Ostafrika", GZW V, S. 533. (Aus der „Antwort" Herzls).

[179] a. a. O., S. 534 f.

[180] a. a. O., S. 536.

[181] s. hierzu den Report (1937) der Royal Commission (Cmd Nr. 5479), so-

genannte Peel-Commission, 1936, Part I, Chapter II, No. 3 (The Period of Delay), auch Nr. 4 (The Mandate), Sub no. 40, S. 21 ff., 25).

[182] Herzl verwendete in seinem Tagebuch für die russischen Dissidenten die Bezeichnung „die Charkower", weil sie in Charkow ihre Beschlüsse gefaßt hatten.

[183] s. hierzu die Zusammenstellung der Forderungen der Charkower bei *Bein:* Herzl, S. 661 und 662.

[184] TB 4. 12. 1903, GZW IV, S. 522 (Der Brief an Plehwe v. 5. 9. 1903 befindet sich in GZW IV, S. 496—500).

[185] *Belkowsky:* Dem Andenken des größten Judenstaatlers, in: Zeitgenossen, S. 25.
*Reich:* In Memoriam, in: Zeitgenossen, S. 159.
Erst am 4. 1. 1904 löste sich für Herzl das Rätsel, warum die Charkower überhaupt meuterten. (s. den von S. Rosenbaum unterzeichneten und in das Tagebuch, GZW IV, S. 539 f. eingeklebten Zettel mit den Beschwerden der Charkower).
Statt vieler Stellen sei hier nur die besonders charakteristische Eintragung in TB 12. 5. 1897, GZW II, S. 624 f. erwähnt.

[186] Die Deputation bestand aus Prof. G. Belkowsky, dem Anwalt S. Rosenbaum und Ing. Tomkin.

[187] *Belkowsky:* Dem Andenken . . ., S. 25.

[188] „Ablehnung des Uganda-Projekts (Brief des Dr. Herzl an Sir Francis Montefiore in London)" vom 14. 12. 1903, GZW V, S. 539 ff. (Sir Montefiore war damals der Führer der englischen Zionisten.) a. a. O., S. 544 f.

[189] Herzl in einem Brief an Nordau v. 30. 1. 1903: „. . . wenn geschossen wird, bleiben wir da . . ." (zit. aus *Bein:* Herzl S. 669).

[190] S. Herzl an Plehwe, 4. 1. 1904, GZW IV, S. 538 f.

[191] In der Tat versuchte Ussischkin eine Spaltung der Bewegung herbeizuführen. Und es ist bemerkenswert, daß Ussischkin bei einem Versuch, die deutschen Zionisten auf seine Seite zu ziehen, bei diesen ohne Erfolg blieb, weil sie trotz ihrer z. T. heftigen Gegnerschaft gegen das Uganda-Projekt „eine Spaltung der Bewegung unter keinen Umständen akzeptieren und Herzl nicht im Stiche lassen würden" (*Auerbach:* Pioniere der Verwirklichung, S. 150). Es war dies — wie mir scheint — eine charakteristische Haltung des russischen Zionisten Ussischkin, der um eines ideologischen Streites willen alles niederzureißen bereit war, im Gegensatz zu den deutschen Zionisten, denen die Disziplin über die Idee ging.

[192] s. oben Anm. 185.

[193] *Belkowsky:* Dem Andenken . . ., S. 26. (Belkowsky irrte allerdings in seiner Annahme, daß das Uganda-Projekt „dank der ‚Kongreßneinsager' und der ‚Charkower Verschwörer' zusammen[-gebrochen sei], wie Herzls Tagebuch bestätigt"). Vgl. hierzu vor allem *Friedemann:* Herzl, S. 95 f. (Friedemanns Angaben verdienen besondere Glaubwürdigkeit, da er gerade in jener Zeit, besonders in den Angelegenheiten von ElArisch und Uganda, mit Herzl eng zusammen gearbeitet hatte.)

[194] „Judenstaat" — Einleitung, GZW I, S. 25.

[195] TB-Einleitung, GZW II, S. 7—9.

[196] TB 19. 5. 1896, GZW II, S. 403 ff.

[197] Diese Annahme wird durch die Haltung des Vatikans zum Zionismus nach dem ersten Zionistenkongreß bestätigt. (S. hierzu TB 9. 9. 1897, GZW III, S. 31: Berichte der Daily News aus London und des Osservatore Romano in Rom über die feindselige Haltung des Papstes in der Frage der zionistischen Bestrebungen.

— Der Vatikan unternahm damals keine diplomatischen Demarchen: s. TB 23. 9. 1897, GZW III, S. 33).

[198] s. hierzu: *Münz:* Der ernste und gemütliche Herzl, in: Zeitgenossen, S. 139. Die offizielle Politik des Vatikans hat sich bis heute nicht wesentlich geändert, obwohl der Papst von Zeit zu Zeit Vertreter des Staates Israel empfängt.

[199] TB 20. 1. 1904, GZW IV, S. 540: Unterhaltung Herzls in Venedig mit dem Maler und päpstlichen Grafen Lippay. Dieser bezeichnete das Zufallstreffen mit Herzl dem Papst gegenüber geradezu als ‚wunderbar' (TB 26. 1. 1904, GZW IV, S. 558).

[200] Aus der Unterredung mit Kardinal Merry del Val (TB 23. 1. 1904, GZW IV, S. 546).

[201] a. a. O., S. 547.

[202] Am 25. 1. 1904.

[203] a. a. O., S. 558.

[204] TB 23. 1. 1904, GZW IV, S. 547—553.

[205] TB 27. 1. 1904, GZW IV, S. 560. Das „Mémoire" ist im Brief Herzls an Titoni v. 4. 2. 1904 (aus Wien), GZW IV, S. 562 ff. enthalten.

[206] TB 28. 1. 1904, GWZ IV, S. 562. Von demselben Optimismus war der Brief an den Großherzog von Baden v. 25. 1. 1904, GZW IV, S. 554, erfüllt. Herzl wußte damals nicht, daß etwa zur selben Zeit das deutsche Auswärtige Amt, das damals unter der Leitung des Staatssekretärs v. Richthofen stand, unter dem Datum v. 26. 1. eine allgemeine Übersicht des deutschen Interesses an den zionistischen Bestrebungen angefertigt hatte, in dem kühl, leidenschaftslos und mit sehr einleuchtenden Gründen die ablehnende Haltung der deutschen Regierung dargelegt worden war. Dieser Bericht — er ist als Faksimile bei *Ellern:* Herzl, Hechler ... unter Nr. 47 dort unsigniert wiedergegeben. Nach *Bein:* Introduktion, a. a. O., S. X f., wurde dieser Bericht mit der Unterschrift des Staatssekretärs v. Richthofen durch den preußischen Gesandten in Karlsruhe dem Großherzog übergeben.

[207] TB 26. 1. 1904, GZW IV, S. 559.

[208] a. a. O. Den negativen Bescheid des italienischen Außenministers erhielt Herzl am 23. 2. 1904 (TB in GZW IV, S. 568) durch den Korrespondenten der Neuen Freien Presse, De Fiori.

[209] *Friedemann:* Herzl, S. 95.

[210] S. hierzu die Tagebucheintragungen Herzls und seinen Telegrammwechsel mit Greenberg in der Zeit vom 16. 12. 1903 bis 13. 2. 1904 (GZW IV, S. 530, 531, 561, 565 f. und 567).

[211] S. u. a. die Briefe an den Sultan v. 11., bzw. 15. 2. 1903 und den Oberzeremonienmeister Ibrahim und Izzet Bey und Tahsin.

[212] Der im Tagebuch (TB 12. 12. 1903, GZW IV, S. 525) durch Punkte angedeutete, aber nicht abgedruckte Brief an Izzet enthielt nach *Bein:* Herzl, S. 666, das Angebot eines „Bakschisch" in Höhe von £t 10 000 für den Fall der Erlangung des Charters.

[213] TB 24. 2. 1904, GZW IV, S. 568 f.

[214] a. a. O., S. 569.

[215] TB 22. 3. 1904, GZW IV, S. 573.

[216] Ich halte meine Ansicht für begründet, da Herzls „Bedenken" (s. o. Anm. 203) so einleuchtend waren, daß sie sicher für ihn selbst maßgebend gewesen sein dürften. Außerdem hatte er — allerdings viele Jahre vorher — einen ähnlichen Plan von Wiener Studenten aus ähnlichen Gründen ebenfalls abgelehnt (TB „Pfingstsonntag 1896", GZW II, S. 407). Dennoch darf eine Anekdote nicht un-

erwähnt bleiben, die Herzls Freund und Biograph Friedemann in seinem Gedenkartikel in „Zeitgenossen" („Vom Charakter Theodor Herzls", S. 73 f.) berichtet: „... Bei einem Diner in Kairo (1903) sagte er (Herzl) zu dem erstaunten englischen Staatssekretär (Cromer): ‚Glauben Sie nicht, daß ich ohne Machtmittel bin. Wenn ich 20 000 junge Juden aufrufe, um mit mir Palästina mit den Waffen zu erobern, so werden sie kommen. Und das wäre auch viel sympathischer, als das Land zu kaufen!' "
Es gelang damals Dr. Friedemann, die Sache ins Scherzhafte zu ziehen, was Herzls Unmut erregte. Friedemann vermutet — gestützt auf Angaben, die dieser dem Colonel Goldsmid gegenüber machte —, daß Herzls phantasiereiche Darstellung seiner Siedlungspläne für El Arisch zusammen mit Äußerungen wie der vorstehenden, „den nüchternen Engländer" zu seiner Verweigerung des verlangten Gebietes veranlaßt hatte.
Herzl an Ali Nouri Bey, 19. 4. 1904 (GZW IV, S. 575).

217 Herzl nannte diesen Entscheidungskampf: „Die Konferenz der Verständigung" (GZW I, S. 508—510). (Dieser Aufsatz, der zu Herzls Lebzeiten lediglich in der ungarischen „Zsidó Népláp" v. 3. 6. 1904 erschien, enthält den Wortlaut des Beschlusses des „Großen Aktionskomitees", der den Beschluß des sechsten Kongresses über die Entsendung einer Expedition nach Ost-Afrika noch einmal ausdrücklich bestätigt. Die deutsche Fassung des Aufsatzes, die in GZW I, S. 508 ff. zum Abdruck gekommen ist, ist nach Angaben des Herausgebers der GZW (S. 539) eine Rückübersetzung von Samuel Bettelheim, der den oben (s. Anm. 54 in Kap. 8) erwähnten Bericht über den Londoner Kongreß von 1900 (s. in „Zeitgenossen", S. 33 ff.): „Es war ein König in Jeschurun ..." verfaßt hatte.)

218 s. die Eröffnungsrede Herzls in der Sitzung des Großen Aktionskomitees im April 1904, die unter dem Titel „Palästina oder Uganda" 1929 in „Herzl, ein Gedenkbuch zum 25. Todetage" in GZW I, S. 499—507 aufgenommen worden ist: s. auch die Eingangsworte im Artikel „Die Konferenz der Verständigung", GZW I, S. 508. S. ferner *York-Steiner:* Aus Herzls letzter Zeit, in: Zeitgenossen S. 216.

219 Zitiert aus *Bein:* Herzl, S. 677.

220 *Friedemann:* Vom Charakter Theodor Herzls, in: Zeitgenossen, S. 73.

221 Beginn der Schlußansprache Herzls: ‚Palästina oder Uganda', GZW I, S. 499.

222 „Palästina oder Uganda" (a. a. O., S. 502).

223 In London: TB 23 (GZW II, S. 321) und 26. 11. 1895 (a. a. O., S. 326) s. oben S. 131.

224 In Paris, TB 17. 11. 1895, GZW II, S. 314 (s. o. S. 131).

225 „Palästina oder Uganda", GZW I, S. 504.

226 a. a. O., S. 507.

227 Herzl über den ‚Gestor': „Er hat keinen Auftrag, d. h. keinen menschlichen Auftrag. Sein Auftrag ist ihm von einer höheren Notwendigkeit erteilt." (Gleichlautend in ‚Lösung der Judenfrage', GZW I, S. 528 und in ‚Judenstaat' — Negotiorum Gestio, a. a. O., S. 87.)

228 In seinen programmatischen Erklärungen hatte Herzl jeden, der die Aufgabe des Negotiorum Gestor zu übernehmen wagen würde, in den schärfsten Ausdrükken als „Betrüger" (GZW I, S. 33 und 529), „Wahnsinnigen" (GZW I, S. 33), „Narr" (GZW I, S. 529), „lächerlich, verächtlich" (GZW I, S. 88) getadelt. In den neun Jahren seiner zionistischen Tätigkeit hatte er aber diese Tätigkeit eines Gestors allein ausgeübt und alle diejenigen, die an seiner Arbeit mit einer eigenen

Initiative mitwirken wollten, mit aller Macht und erfolgreich verhindert. Dieser Widerspruch zwischen Herzls Denken und Handeln ist nicht wegzuleugnen. Er zeigt nur, wie völlig Herzl durch seine „Inspiration" zum Werkzeug seiner Ideen und das bereits im Ablauf eines nur nachträglich erkennbaren Geschichtsablaufs geworden war.

229 TB 2. 5. 1904, GZW IV, S. 582.

230 S. 579, a. a. O.

231 Der Unterschied in der Einstellung Plehwes und Goluchowskis scheint mir darin zu liegen, daß Plehwe eine Beteiligung Rußlands an den Kosten der jüdischen Emigration als eine Art ‚moralischer' Forderung oder vielleicht besser als eine logische Konsequenz angesehen hat, während Goluchowski sie als eine Art Billigkeitsmaßnahme empfunden zu haben scheint. (Für Plehwe, s. TB 10. 8. 1903, GZW IV, S. 467, zusammen mit dem Brief [Exposé] Herzls an Plehwe, 9. 8. 1903, Nr. 20, GZW IV, S. 461.)

232 TB 2. 5. 1904, GZW IV, S. 578.

233 *Friedemann:* Herzl, S. 98 f. über den Besuch Katzenelsohns in Franzensbad am 9. Mai 1904.

234 Jacob Schiff, ein amerikanischer Philanthrop und Mitinhaber des New Yorker Bankhauses Kahn, Loeb & Co., dessen Senior-Teilhaber der Bruder von Frau Lili Deutsch, geb. Kahn, der Freundin Rathenaus, war.

235 Die Erwähnung der ‚Jewish Colonisation' in Herzls Brief ist eine berechtigte Anspielung auf den Namen der ICA (Jewish Colonisation Association), von der anzunehmen gewesen wäre, daß sie gemäß den Intentionen ihres Stifters, wie sie in dem Namen zum Ausdruck kommen, die jüdische Kolonisation zum Hauptzweck ihrer Tätigkeit machen würde.

236 Herzl an Schiff, 16. 5. 1904, GZW IV, S. 586 f.

237 TB 5. 6. 1901, GZW IV, S. 62.

238 *Friedemann:* Herzl, S. 98 f.

239 David Wolffsohn, der im litauischen Dorbiany (1856 od. 58) geboren war, und sich erst 1888 in Köln niedergelassen hatte (*Robinsohn:* David Wolffsohn, S. 5 und 10), war das Vorbild für den David Littwak, die Hauptfigur in ‚Altneuland'. Die Bezeichnung ‚Littwak' wird im Jiddischen allgemein für Litauer verwendet und kommt häufig als Familienname vor.

240 Das Urbild des Dr. Eichenstamm, des Präsidenten der ‚Neuen Gesellschaft' war der Kiewer Augenarzt Dr. Max Mandelstamm (1839—1912), ein treuer Freund Herzls (s. z. B. den Brief v. 18. 8. 1901, abgedruckt bei Friedemann: Herzl S. 114 f.).

241 *Friedemann:* Herzl, S. 99, Anm. 1: Nach mündlichen Mitteilungen Katzenelsohns hatte Herzl Nordau gesprächsweise als Nachfolger in Aussicht genommen.

242 *Stein:* Meine Beziehungen zu Herzl, in: Zeitgenossen, S. 211. Für diese Anfrage bei Stein konnte ich in anderen Quellen keine Bestätigung finden. Daß Herzl Stein kannte, ergibt sich aus TB 4. 2. 1898 (GZW III, S. 55).

243 *Stein,* a. a. O. und S. 212.

244 ‚Mauschel' — erschienen am 15. 10. 1897 in der ‚Welt' (GZW I, S. 209 bis 215) — ist einer der schärfsten, aber auch glänzendsten Angriffe gegen die streitbaren Antizionisten, die Herzl je geschrieben hat.

245 *Fränkel:* Lucien Wolf und Theodor Herzl.

246 Bernard Lazare spielte vor allem bei der Enthüllung der Dreyfus-Affäre, aber auch sonst im jüdischen Leben eine bedeutende Rolle. Herzl schätzte ihn so, daß er ihn dem Grand Rabbin Kahn — TB 11. 10. 1896, GZW II, S. 552 — als den

Chefredakteur einer in Paris zu schaffenden Tageszeitung empfahl. Als dann einige Jahre später die Gründung der Jüdischen Kolonialbank (Jewish Colonial Trust) eine Krise durchzumachen hatte, zog sich Lazare geradezu ostentativ von Herzls Bemühungen zurück, „um dem jüdischen Volk Führer zu reservieren für den Fall, daß die jetzigen Führer zusammenbrächen" (TB 24. 3. 1899, GZW III, S. 281).

247 *Friedemann:* Herzl, S. 98 f.; s. auch Herzl an Wolffsohn, im Brief v. 6. 5. 1904, 2. Abs. (GZW V, S. 545).

248 Benediktchen, an Stelle von Benedikt, dem einen der beiden Herausgeber der Neuen Freien Presse. Der Ausdruck ‚unterschlagen' ist unangebracht scharf. Schließlich kannte Herzl die offen erklärte Politik der NFrPr, politische Bestrebungen, die ihrer liberalen Richtung zuwiderliefen, zu verschweigen. Sie hatte dies z. B. im Falle des Sozialismus während voller 20 Jahre durchgeführt (s. Unterredung mit Bacher in TB 28. 10. 1895, GZW II, S. 288 f.). Der Zionismus war im Jahre 1895 noch kein Thema, das die nicht-jüdische Welt interessierte. Die NFrPr, die zwar als ‚Judenblatt' galt, aber ‚nicht als Judenblatt dastehen' wollte (s. TB 23. 6. 1897, GZW III, S. 10), empfand es daher noch nicht als eine journalistische Pflicht, ihre Leserschaft über dieses Thema zu informieren.

249 s. Anm. 250 unten.

250 Herzl an Wolffsohn, 14. 1. 1904, GZW V, S. 544.

251 Zitiert bei *Robinsohn:* David Wolffsohn, S. 61.

252 Diese Version berichtet *Bein:* Herzl, S. 684.

253 *Reich,* Herzls langjähriger Sekretär, erinnerte sich — in: In Memoriam, in: Zeitgenossen, S. 160 — daß Herzl zu ihm gesagt hatte: „Du, Reich, dieses Land da herum" — seine Finger umgrenzten eine Stelle auf der Decke — „dieses Land muß der Nationalfond kaufen". Herzls Gedanken beschäftigten sich also gewiß mit Palästina.

254 Herzl an Wolffsohn, 14. 1. 1904, GWZ V, S. 544 (s. o. Anm. 235).

255 *Scherlag:* Der Führer in: Zeitgenossen, S. 178.

# 9. Kapitel
# „Höre, Israel!“

## I.

Während wir die einzelnen Stadien der inneren Umwälzung in Herzls Leben verfolgen können, weil er sich und der Nachwelt Rechenschaft über die ihn selbst so überraschende Entwicklung geben wollte, fehlen uns entsprechende Quellen bei Rathenau. Es ist dies kein Zufall, sondern ergibt sich aus seinem Charakter. Rathenau war ein Mann, der rastlos an den Problemen, die ihn beschäftigen, arbeitete, bis er nach Inhalt und Form zu einem Ergebnis kam, das ihn befriedigte. Er war aber auch der Mann, der nur bereit war, der Umwelt ein Ergebnis vorzulegen, nicht den Weg hierzu zu zeigen. Sein Freund Sänger nannte ihn mit Recht den „Gralshüter seines Inneren“[1]. Hillard, der mit Rathenau befreundet war, sagt in seinem Buch „Herren und Narren der Welt“: „Was Rathenau sagte, war immer Ergebnis, niemals Unreines.“[2] Das bedeutete nicht, daß Rathenau nicht von Zeit zu Zeit Erkenntnisse revidierte. Aber in dem Augenblick, in dem er sich äußerte, war es etwas Fertiges, das höchstens durch eine Weiterarbeit zu einem neuen, ebenfalls fertigen Ganzen verändert werden konnte, und nur auf Grund eigener Umarbeitung, nicht weil er sich den Ideen und Gedanken anderer gefügig anschloß.
Unter diesem Aspekt ist der Aufsatz „Höre, Israel!“ zu sehen, der am 6. März 1897 in Maximilian Hardens „Die Zukunft“ unter dem Pseudonym W. Hartenau erschien. Dieser Aufsatz, in ungewöhnlich selbstbewußter Sprache geschrieben, erregte in der deutschen Judenheit zunächst nur unliebsames, in Antisemitenkreisen amüsiertes Aufsehen. Der Grund hierfür war, daß er mit den Worten begann: „Von vornherein will ich bekennen, daß ich Jude bin“, und dann in einem Stil fortfuhr, der wie eine vergröberte Fortsetzung von Treitschkes „Ein Wort über unser Judentum“ aus dem Jahre 1880 anmutete.
Daß der Verfassername „W. Hartenau“ nur ein Pseudonym war, wußte niemand. Wäre es bekannt gewesen, so hätte man es geradezu als einen Scherz empfinden können, daß der Autor zwar mit einem mutigen Bekenntnis über etwas an die Öffentlichkeit trat, das für ihn anscheinend doch wohl eine Schande war, daß er aber dieses Bekenntnis wiederum hinter einem Pseudonym versteckte. – Es war nicht das einzig Merkwürdige an dieser literarischen Erstlingsarbeit Rathenaus[3].

Die Sensation, die „Höre, Israel!“ auslöste, wäre wohl bald vergessen worden, wenn Rathenau seinen Aufsatz nicht fünf Jahre später an die Spitze seiner Sammlung „Impressionen“ gesetzt hätte. Dann allerdings wuchs sich die Sensation zum Skandal aus; denn die „Impressionen“ erschienen unter Rathenaus eigenem Namen. Selbst der arrogante Rathenau konnte sich schließlich nicht mehr der Tatsache verschließen, daß sein Aufsatz die Grenzen des Erlaubten überschritten hatte. Er ließ das bereits in zweiter Auflage erschienene Buch aus dem Handel zurückziehen und alle noch nicht verkauften Exemplare einstampfen[4]. In späteren Jahren nannte er seinen Aufsatz eine „Jugendflegelei“[5] – eine allzu nachsichtige Beurteilung.

Dafür, daß Rathenaus Aufsatz nicht in Vergessenheit geriet, sorgten dann vor allem die Antisemiten. Im Jahre 1939 schrieb der nationalsozialistische Historiker Walter Frank, daß Rathenaus markanteste Formulierungen in den vergangenen vier Jahrzehnten in den eisernen Bestand der antijüdischen Propaganda übergegangen seien[6]. In der Tat waren Rathenaus Formulierungen für solche Zwecke besonders geeignet. Berglar, der in seinem 1970 erschienenen Buch einige Stellen zitierte, vermerkte: „Einem deutschen Leser kann es heiß und kalt werden bei diesen Sätzen Rathenaus aus dem Jahre 1897“[7].

Noch bevor Rathenaus Aufsatz in den „Impressionen“ erschien, trat er mit Herzl in Korrespondenz[8], in der er sich selbst über seinen Aufsatz verschämt äußerte:

> „Da Sie die große Güte hatten, über mein Exercitium ... freundlich zu urteilen, schicke ich Ihnen eine weitere Probe meiner Handschrift ... einen anderen (Versuch) ... hüte ich mich, Ihnen vorzulegen. Er heißt „Höre, Israel!“ und ist von einzelnen Lesern des Antisemitismus geziehen worden. In Wahrheit verfolgte er diese Tendenz nicht, ebensowenig wie ich selbst dazu berechtigt wäre: Denn ich bin Jude ...“[9]

Herzl antwortete ihm, er „fürchte“, den Artikel schon gelesen zu haben, und fuhr fort: „Ich glaube, daß ich mich über diesen Artikel geärgert habe. Aber ... das Ganze ist verwischt und halb erloschen. Wenn ich nicht irre, war in dem Artikel gefordert, die Juden sollen sich längere Gliedmaßen und gerade Nasen angewöhnen.“[10]

Als dann die „Impressionen“ im Druck erschienen, schrieb Herzl noch einmal an Rathenau: „Über Ihre einleitende Impression habe ich mich weidlich geärgert, lassen Sie es mich offen gestehen.“[11] Er übersandte sodann seinerseits Rathenau eine Stellungnahme zu einem Zeitungsstreit über die Rassenfrage zwischen dem Anthropologen Driesmann und dem Rabbiner Rieger und fuhr fort:

„Vielleicht wird dieser Streitfall auch auf Sie einwirken, und Sie werden unter die Fahne treten, unter die ich Sie rufe, und unter die Sie nach Ihren Prämissen gehören, wenn auch nicht nach Ihrem Schlusse".[12]

Rathenau lehnte ab; er mußte ablehnen. Er hatte seine Entscheidung bereits getroffen und sich zu dem Volk bekannt, zu dem er gehören wollte und zu gehören glaubte: dem deutschen Volk. Ob es ein jüdisches Volk gab, war ihm gleichgültig. Er äußerte sich Herzl gegenüber nicht darüber, sondern schrieb ihm apologetisch und unaufrichtig:

„Glauben Sie mir, es tut mir leid, daß ich Ihnen Ärgernis bereiten mußte. Ich ahnte es, als ich Ihnen mein Buch schickte, und Ihr späteres Schweigen gab mir Gewißheit. Das Gewicht meines Aufsatzes sollte in der Kritik liegen, daneben wollte ich die grundsätzliche Apathie des Staates brechen. Meine Ziele sind nicht Politik. Von Erez Israel[13] bin ich — ich gestehe es — noch weit entfernt. Aber ich bin kein Feind . . ."[14]

Die Unaufrichtigkeit dieses Briefes ergibt sich aus einem anderen Brief, den er allerdings nicht an Herzl, sondern über ein Jahr zuvor an Harden schrieb:

„Er (Herzl) hat mir einen Posten als Zionswächter mit Oberleutnantsrang und Geh. Ober-Chasen angeboten unter der Bedingung, daß ich jeden Schabbes in der N. Fr. Pr. den Heiland verfluche und zu Pessach ein kleines, intimes Diner mit Christenkindern à la Béarnaise veranstalte. Ich glaube zwar, es ist nicht sein letztes Wort und denke, wir verständigen uns einfach auf Peijes und Kaftan".[15]

Die Erwähnung dieser Geschmacklosigkeit ist nur gerechtfertigt als Beweis für die Unaufrichtigkeit der Stellung Rathenaus zum Zionismus.

## II.

Das Thema des Rathenauschen Aufsatzes ist die „Judenfrage", aber nicht in ihrer Vollständigkeit, sondern ausdrücklich und absichtlich lediglich unter dem Aspekt der „gesellschaftlichen" oder — wie Rathenau sie nennt — der „Kulturfrage". Schon diese Gleichstellung von gesellschaftlichen und kulturellen Aspekten ist merkwürdig. Es ist charakteristisch für Rathenau, daß er sie auf eine Stufe stellt und den gesellschaftlichen Aspekt bereits für den „kulturellen" hält[16].
Rathenau erklärt zunächst, „daß die besten Deutschen einen tiefen Widerwillen gegen jüdisches Wesen und Treiben hegen, die am meisten, die nicht viel Worte machen, und etliche Ausnahmen — gleichsam als seltsame Naturspiele — zugeben". Was Rathenau unter „jüdischem Wesen und Treiben" versteht, sagt er in der Form einer „seltsamen Vision", deren

Formulierung später auch von Goebbels und Streicher kaum überboten wurde. Rathenau deutet zwar an, daß der Zustand, den er tadelt, von diesen Juden, von denen er sich natürlich distanziert, vielleicht nicht verschuldet worden sei, meint aber, „daß es nicht frommt, zu forschen, wie das geschah, und auf welcher Seite die Schuld liegt. Das Leben fragt nach dem, was ist, und die Geschichte gibt dem Unterliegenden Unrecht." Ihm genügt es, Tatbestände zu behaupten, und mit Angriffen gegen die Geschichte und die Religion der Juden auszuschmücken: „In engem Zusammenhang unter sich, in strenger Abgeschlossenheit nach außen —: so leben sie in einem halb freiwilligen, unsichtbaren Ghetto, kein lebendes Glied des Volkes, sondern ein fremder Organismus in seinem Leib."[17] So wirft er die Frage auf: Was kann zur Abhilfe geschehen? Dem „Stammesdeutschen", meint Rathenau, „ist die Frage so zuwider wie ihr Gegenstand. Er ist zufrieden, wenn das schwärzliche Volk ihm vom Leibe bleibt. Um ihre Zukunft sich zu kümmern, hat er keine Veranlassung."[18] Die Pflicht, dem gerügten Übelstand abzuhelfen, obliegt — nach Rathenau — also ausschließlich den Juden. „Und was tut Israel, um vom Banne befreit zu werden? Weniger als nichts. Für auserwählter als andere Leute haltet Ihr Euch freilich nicht mehr — kaum noch für schlauer. Aber mit dem, was an Euch bleibt, deucht Ihr Euch über alle Kritik erhaben."[19]

Die Juden — am wenigsten diejenigen, die Rathenau zu schildern glaubte — hielten sich allerdings keineswegs für ein „auserwähltes" Volk, und gewiß nicht für das „auserwählte Volk Gottes". Sie waren mit wenigen Ausnahmen religiös desinteressiert und zumeist ängstlich bemüht, der Kritik ja keinen Anlaß zu Angriffen zu geben — ein Bemühen, das naturgemäß vergeblich war. Sie hielten sich auch nicht für über alle Kritik erhaben, sondern litten unter den Schwierigkeiten, die ihnen von einer feindlichen Umwelt oder von Menschenverbesserern vom Schlage Rathenaus gemacht wurden, und bemühten sich, oft mit Erfolg, sich trotz aller Schwierigkeiten durchzusetzen. Es war kein „unbändiger Ehrgeiz, sich auszugaloppieren", wenn sie nach akademischen Würden und dem „kurulischen Stuhl" strebten, sondern ein natürliches Bemühen, ein geeignetes Feld für ihre Kräfte und Fähigkeiten zu finden. Da ihnen aber — außer nach vollzogener Taufe — diese Ziele versperrt waren, wurden sie Anwälte, Kaufleute, Ärzte und Literaten. Das waren „die freien Berufe"; frei vor allem in dem Sinn, daß sich selbst Juden in ihnen betätigen durften. Der Weg zum Erfolg war für die Juden naturgemäß schwerer als für die Nichtjuden. Daß sie dann, wie Rathenau behauptet, „sprachen ...: ‚Wer den Reichtum besitzt, der hat die Macht' ", ist — generell gesehen — falsch und geht am Ziel vorbei. Natürlich hat es auch Juden gegeben, die diesen Machtstandpunkt vertraten, den Rathenau schildert.

Aber sie waren so wenig charakteristisch für das jüdische Volk wie er selbst. Es ändert nichts, daß er sich selbst als Jude „bekannte". Es kann sogar dahingestellt bleiben, ob dies Bekenntnis echt war. Lamm glaubt: „Diese Art der Effekthascherei war ihm wohl wesenhaft."[20]
Die Nichte Rathenaus, Frau von Mangoldt, war der Ansicht, daß er wegen des Mottos seines Aufsatzes „Höre, Israel!"[21] mit dem „Bannfluch seines Volkes gezeichnet (worden sei), der auch Spinoza einst getroffen hat. Das Buch wurde daraufhin zurückgezogen. Später, als die Wogen des politischen Ruhmes meinen Onkel immer höher trugen, wurde er wieder liebevoll von den Juden als einer der ihren betrachtet."[22] So ist das unrichtig. Der große Spinoza wurde wirklich mit dem Bann belegt, weil sein Volk ihn nicht verstand, und er selbst verließ sein Volk, das ihn ablehnte, weil es fürchtete, daß seine Lehren ihm schaden könnten. Rathenau wurde nicht mit dem Bann belegt[23]; aber er wurde auch später nicht „wieder liebevoll ... aufgenommen". In gewisser Weise waren die Juden „stolz" auf ihn, denn er war ein Mann, auf den ein Volk stolz sein konnte; aber zu einer „liebevollen" Einstellung lag für die Juden kein Grund vor. Als „einen der Ihren" haben die Juden ihn natürlich immer betrachtet. Er war ja „einer der Ihren" – nicht weil er sich dazugehörig zählte, sondern einfach weil er ein Sohn ihres Volkes war. Nur war er – sozusagen – ein „Abtrünniger seines Volkes". Und vielleicht hätte er seinem Volk, dem jüdischen, einen Dienst getan, wenn er sich auch formell von ihm gelöst hätte.

## III.

Um Rathenau als Prototyp einer zwar kleinen, aber bedeutsamen Gruppe der Judenheit Deutschlands richtig zu verstehen, genügt es nicht, ihn nach dem Eindruck zu beurteilen, den seine „Jugendflegelei" 1897 und 1902 gemacht hat, sondern es erscheint wichtig, gewisse Voraussetzungen zu betrachten, von denen Rathenau ausging.
Das Wort von der „Auserwähltheit" des jüdischen Volkes, das noch heute zum eisernen Bestand der Vorwürfe der Antisemiten gehört, wurde von ihm in der Form eines Gambits verwendet, nämlich in dem Sinne – wie er sich selbst ausdrückt: „Das trifft zwar bei den andern zu, doch wir beide (d. h. er selbst und sein Leser) sind ganz anders!"[24]
Rathenau, der sich in seinen Briefen und Aufsätzen so gern als Sachverständiger für theologische Fragen darstellte, gab diesem Wort – vielleicht aus Unkenntnis, vielleicht auch in böser Absicht – einen Sinn, den es nicht hatte. Für fromme Juden, und nur für sie hatte dieses Wort über-

haupt eine Bedeutung, war es kein Ruhmestitel mit Sonderprivilegien, der den Juden einmal für alle Zeiten verliehen worden wäre, gleichgültig, wie immer sie sich verhalten, sondern es war eine schwere Verpflichtung zur Erfüllung der Gebote, die Gott seinem Volk auferlegt hatte, wie es in 2 Mos 19: 5 und 6 heißt:

„Wenn Ihr auf meine Stimme hören und meinen Bund wahren werdet, sollt Ihr vor allen Völkern auserlesen sein, denn mir gehört die ganze Erde: Ihr sollt mir ein Reich von Priestern und ein heiliges Volk sein".

Rathenau verstand aber die These vom „auserwählten Volk" ganz anders und spottete:

„Meint Ihr, der alte Stammesgott werde seinen Messias senden, um Euch zu helfen? Ach, es ist Euch nicht aufgefallen, daß er seit ein paar tausend Jahren, sich mit Euch nichts zu schaffen gemacht hat. Der Herr des Zorns und des Sieges hatte an einem Volk von Kriegern Gefallen; für ein Volk von Krämern und Maklern interessiert er sich nicht".[25]

Und wenig später schrieb er in einer Naivität, die nur noch Staunen erregen kann:

„Die christliche Sittenlehre ist dem gebildeten Judentum heute so selbstverständlich, daß man sich einredet, sie lasse sich aus dem Alten Testament abstrahieren".[26]

Gerade dieser Ausspruch ist ein Zeugnis dafür, daß Rathenau den Pentateuch entweder nicht aufmerksam gelesen oder nicht verstanden hat oder – und das dürfte das wahrscheinlichste sein – nicht hatte verstehen wollen. Mit seiner Formulierung konnte er höchstens die Taufe seiner Schwester Edith rechtfertigen[27], die er für sich selbst abgelehnt hatte.
Warum Rathenau sich nicht taufen ließ, deutete er in „Höre, Israel!" nur an: „Gerade die Feinfühligsten entschließen sich zu einem ideellen Schritt (zur Taufe) am schwersten, solange ein materieller Vorteil häufig untrennbar damit verbunden ist"[28]; und selbstverständlich rechnete er sich selbst zu diesen „Feinfühligsten". Dieses Argument als solches ist zweifellos richtig, wenngleich es seltsam klingt gerade bei dem Verfasser des „Höre, Israel!", der in diesem Aufsatz keinerlei Feingefühl erkennen läßt. Rathenau führte aber noch ein anderes Argument ins Feld. Er berief sich auf den Grundsatz des Staates: „Jude ist Jude"[29], den er insoweit anerkennt, als damit „der Verjudung des öffentlichen Wesens" gesteuert werden soll. Ob dieser Standpunkt sittlich gerechtfertigt werden kann, prüfte er absichtlich nicht. Er meinte, hierzu keine Veranlassung zu haben. Er glaubte nur: „Vom Standpunkt der Zweckmäßigkeit ist er falsch."[30] Ihm schwebte die Idee vor, daß diese These von einer Prüfung der „Kulturhöhe" abhän-

gig gemacht werden solle: „Aber in dem Maße, wie der Kreis der Kultur sich erweitert, wird es für den Staat eine Pflicht, von dem Grundsatz „Jude ist Jude" abzugehen, und mit der Erkenntnis, daß innerhalb des Judentums Unterschiede und Abstufungen bestehen, sich zu befassen. Man mag die strengste Prüfung der Herkunft, der Gesinnung, sogar des Äußeren zur Vorbedingung machen und die schärfste Beaufsichtigung der Führung walten lassen, aber die grundsätzliche, ausnahmslose Aussperrung muß aufhören"[31].

Daß diese Forderung auch auf ihn selbst Anwendung finden müßte, war Rathenau sicherlich klar. Es ist anzunehmen, daß er davon überzeugt war, selbst in einer „strengsten Prüfung" bestehen zu können.

Wie eine Illustration der voraussehbaren Folgen dieser Rathenauschen Forderung erscheint es, daß im Jahre des Erscheinens von „Höre, Israel!" der Führer der österreichischen Antisemiten, Dr. Lueger, nach einem jahrelangen Kampf mit der Regierung zum Bürgermeister von Wien ernannt wurde und sofort begann, dort seine antisemitischen Prinzipien in voller Schärfe durchzusetzen[32]. Auch er ließ – ähnlich wie Rathenau es für Deutschland gewollt hatte – gewisse Ausnahmen für seinen engsten Mitarbeiterkreis zu. Er begründete dies allerdings nicht mit so gewählten Argumenten wie Rathenau, sondern mit dem der Masse verständlicheren Satz: „Was ein Jud' ist, bestimme ich."[33] Die Geschichte der ersten Hälfte dieses Jahrhunderts hat dann bewiesen, daß Rathenaus Vorstellungen irreal waren.

## IV.

Was wußte Rathenau von den Juden seiner Zeit? Rathenaus Biographen nahmen an, daß er, wie auf anderen Gebieten, auch hier große Kenntnisse besessen hat. Beweise hierfür existieren nicht. Die Tatsache, daß Frau Rathenau nach dem Tode ihres Sohnes dem Rabbiner Leo Baeck[34] „einige Bücher aus dem Nachlaß ihres Sohnes, unter anderem Karl Marx und nachbiblische jüdische Literatur"[35] überließ, läßt nur den Schluß zu, daß der historisch gebildete Rathenau sich auch für jüdische Geschichte interessiert hatte. Mit dem Philosophen Buber stand er in einer ganz losen Verbindung[36]. Mit dem Neu-Kantianer Hermann Cohen und dem Religionsphilosophen Franz Rosenzweig – um nur diejenigen zu nennen, die damals nicht nur innerhalb der jüdischen Kreise wegen ihrer Stellung zu den jüdisch-religiösen Themen bekannt waren – scheint er keine Beziehungen unterhalten zu haben. Ob er den Rabbiner Baeck, der während der nationalsozialistischen Gewaltherrschaft zu einer legendären Figur für das deutsche Judentum wurde, überhaupt gekannt hat, steht nicht fest[37].

Beachtenswert ist ferner, daß der Antisemitismus an Rathenau offenbar spurlos vorübergegangen ist. Zur Zeit der Anfänge der alten Judenfeindschaft im neuen Gewand des „Antisemitismus" – also um 1880 – war Rathenau allerdings erst ein Kind von 13 Jahren. Dennoch sollte man glauben, daß er wenigstens von dem auffallenden Treiben des Berliner Gymnasiallehrers Henrici, der wegen seiner judenfeindlichen Agitation schließlich seines Amtes enthoben wurde, hätte gehört haben müssen[38]. Es gibt auch kein Anzeichen dafür, daß er an dem Verhalten des Berliner Rektors Ahlwardt, der 1892 nicht nur wegen seiner judenfeindlichen Verleumdungen bestraft wurde, irgendwelches Interesse nahm. Damals war Rathenau immerhin schon 25 Jahre alt. Erstaunlicher ist, daß Rathenau auch an der Xantener Ritualmordaffäre kein Interesse zeigte. Er war damals noch keineswegs vereinsamt, wie er es später mehr und mehr wurde, sondern „gesellig und fröhlich", hatte Sinn für Humor und bevorzugte jüdische Witze, die er „ausgezeichnet erzählte", und hatte „Freude am Zusammenleben mit einfachen Menschen"[39]. Die Annahme liegt nahe, daß so aufsehenerregende Vorgänge, die sich in der Welt um ihn herum abspielten, seine Aufmerksamkeit hätten erregen müssen. Jedoch ist nichts darüber bekannt, daß er von der Xantener Ritualmordaffäre, oder später von der von Konitz auch nur Kenntnis nahm[41].

Demgegenüber weist Wilde darauf hin, daß sowohl Rathenau wie sein damaliger Freund Harden von vornherein fest von der Schuld des Hauptmanns Dreyfus überzeugt waren, und seinen Verteidiger Zola für einen Romantiker hielten, der sich „völlig vergaloppiert hatte"[41]. Ich selber kann an Rathenaus Verhalten in diesem Fall nichts Bemerkenswertes finden. Schließlich war Dreyfus durch ein französisches Gericht nach einem scheinbar ordnungsgemäßen Verfahren verurteilt worden. Die Wahrheit über das Ausmaß des französischen Justizskandals kam erst viele Jahre später ans Licht; interessanterweise nahm Rathenau aber auch dann keine Stellung zu dieser Affäre. Offenbar war das für ihn nur eine rein französische Angelegenheit.

Und wen kannte Rathenau überhaupt von den Juden seiner Zeit? Mit denen, die er in seiner antisemitischen „Vision"[42] beschreibt, dürfte er sich wohl kaum abgegeben haben. Er kannte sie nur soweit, daß er sich von ihnen distanzierte. Sie gehören nicht zu seinem Kreis. Aber es gab andere, mit denen er gesellschaftlichen Verkehr pflegte. Ich möchte hier der Einfachheit halber als Juden diejenigen bezeichnen, die jüdischer Herkunft waren und von der Umwelt – gleichgültig ob getauft oder ungetauft – als Juden eingestuft wurden.

Da ist vor allem sein „Freund“ Maximilian Harden[43], – getauft –, mit dem er sich später verfeindete und der ihn schließlich über den Tod hinaus haßte. Ein anderer – nicht getaufter – Jude aus Rathenaus Bekanntenkreis war Albert Ballin, der Generaldirektor der HAPAG. Theilhaber nennt ihn „den jüdischen Defaitisten“: „Für jüdische Stellungsuchende war es nicht nur schmerzlich, sondern auch ihrer Existenz zuwider, daß das größte Unternehmen der Hansestadt (Hamburg), repräsentiert durch einen nichtarischen Generaldirektor, sich einer antisemitischen Personalpolitik verschrieb.“[44]

Nicht so antisemitisch verhielt sich der Bankier Carl Fürstenberg von der „Berliner Handelsgesellschaft“. Fürstenberg war mit dem Judentum durch nichts anderes als die Geburt verbunden. Er löste diese Verbindung dadurch, daß er offiziell aus dem Judentum austrat und seinen Sohn Hans „von Anbeginn dem christlichen Glauben anvertraute und (ihm) sogar eine streng protestantische Unterweisung zuteil werden ließ“[45]. Hans Fürstenberg fand sich mit der zwielichtigen Situation, in der er sich als der getaufte Sohn eines prominenten Juden befand, leicht ab. Daß er nicht Reserveleutnant bei den Pasewalker Gardekürassieren wurde, störte ihn – nach seinen Angaben – nicht. Er glaubte gerne, was man ihm erzählte, nämlich, daß dies gar keine rassische Diskriminierung bedeutet habe, sondern nur „eine grundsätzliche Ablehnung aller Bürgerlichen“ gewesen sei[46].

Lamm[47] zitiert ein ganzes Dutzend Juden, mit denen Rathenau in engem persönlichen Kontakt stand. Sie waren alle, wie Joachim Prinz sie nannte: „Juden am Rande.“[48] Ihre Haltung dem Judentum gegenüber war gleichgültig bis negativ; aber es gab unter ihnen auch andere, z. B. den Schriftsteller Emil Ludwig, Sohn des bekannten Breslauer Augenarztes, Dr. Hermann Cohn, der, wie Hans Fürstenberg, in der Wiege getauft worden und sein ganzes Leben lang Christ geblieben war, und dennoch sein Interesse am Judentum und der jüdischen Gemeinschaft nicht verloren hatte. Für sie alle – und sie waren der überwiegende Teil – galt nicht das Wort Herzls von den „starken Juden“, die „trotzig zu ihrem Stamm heimkehren, wenn die Verfolgungen ausbrechen“[49]. Das Bewußtsein, daß die Emanzipationsgesetze in Deutschland ihnen Rechte gegeben hatten, daß sie wirtschaftlich gesichert waren, und die Hoffnung, daß der stets vorhandene, aber nicht immer virulente Antisemitismus sich nicht an ihnen, sondern höchstens an den „kleinen Leuten“, den neueinwandernden, noch nicht assimilierten Juden austoben würde, wirkte auf sie wie ein Beruhigungsmittel. Ihre zumeist hohe Intelligenz lieferte ihnen genügend Argumente, um aus ihrem Wunschtraum die Überzeugung entstehen zu lassen, die für sie selbst, wenn auch nicht für die anderen, ausreichte, daß sie nicht nur echte Deutsche seien, sondern als solche von den „Stammesdeutschen" anerkannt würden, eine Überzeugung, die sich in der Zeit des nationalsozialistischen Regimes als trügerisch erwies. Diese Gruppe von Juden war es, von der Herzl am Ende des vorigen Jahrhunderts sagte, sie seien es, „die nichts vom Antisemitismus spüren, den sie doch eigentlich und hauptsächlich verschulden"[50]. Ihnen selbst aber genügte es, daß man ihnen keine Vorwürfe über verletzte Staatsbürgerpflichten machen konnte, und daß sie ihren Anteil an der Förderung des Wohles und Ruhmes ihres Vaterlandes voll und ganz, vielleicht sogar darüber hinaus erfüllten. Für ihre weniger gutgestellten „Glaubensgenossen" interessierten sie sich nicht, glaubten sogar ganz gern, was man diesen zur Last legte, weil dann ihr eigener Patriotismus um so strahlender glänzte — wenigstens in ihren eigenen Augen.

Rathenau allerdings ging einen Schritt weiter. Er raubte ihnen auch diesen Rest von Sicherheit mit den Worten:

„Ihr redet von erfüllten Pflichten: Kriegsdienst und Steuern. Aber hier war mehr zu erfüllen als Pflichten: nämlich Vertrauen. Man redet viel vom Recht des Schwächeren; dieses Recht besteht, aber es läßt sich nicht ertrotzen. Keinen Stein wird man Euch wegräumen und keinen Schritt ersparen".[51]

Es waren prophetische Worte. Ihm selbst ist es nicht gelungen, das „Vertrauen" der Mehrheit des deutschen Volkes zu erlangen, um das er sich so hingebungsvoll bemühte. Ein kleiner Kreis von Persönlichkeiten, die in Politik, Wirtschaft, Wissenschaft und Kunst führend waren, hat ihn anerkannt, aber die überwältigende Mehrheit Deutschlands lehnte ihn ab. Und wenn nach seiner Ermordung der deutsche Reichspräsident Ebert in seiner Trauerrede im Reichstag von dem feigen Mord sprach, der „Deutschland ... traf", scheint es, daß die Trauer, die dieser höchste Repräsentant des deutschen Volkes empfand, vielleicht mehr dem Verlust des deutschen Volkes galt als der Ermordung eines seiner begabtesten und treuesten Diener.

## V.

Die Vorwürfe, die Rathenau im einzelnen gegen die Juden erhob, wurden später von Goebbels' „Völkischem Beobachter" und Streichers „Stürmer" popularisiert. Sie gewannen dadurch an Schlag-, nicht an Überzeugungskraft. Was Rathenau über die körperlichen Mängel „der Juden"[52] vorzubringen wußte, bestand in groben Verallgemeinerungen, die in Einzelfällen richtig gewesen sein mögen, die aber ebenso in Einzelfällen auch bei anderen Völkern gefunden werden. Ein anderes Argument, das Rathenau vorbrachte, verdient Hervorhebung, weil es zeigt, wie sehr er in seinem Aufsatz pro domo sprach: „Man wird Euch den Vorwurf machen, international zu sein, solange Ihr mit allen ausländischen Cohns und Levys versippt und verschwägert seid. Laßt die exotischen Vettern und Basen, die trotz ihrem Leugnen in Paris, New York oder Budapest vielleicht mißliebiger sind als Ihr hierzulande, bleiben, wo sie sind. Renommiert nicht mit ihren Ansichten und Manieren und schämt Euch nicht, wenn Eure Kinder früher deutsch als französisch sprechen lernen. Wer sein Vaterland liebt, der darf und soll ein wenig Chauvinist sein."[53]

Rathenau selbst hatte vielleicht keine internationalen Vettern und Basen, aber einen großen Kreis internationaler Freunde, mit denen er in mehreren Sprachen in engem Kontakt stand. Er rühmte sich dessen nicht expressis verbis, aber er liebte es, seine Kenntnisse zur Schau zu stellen und genoß es, daß er vielleicht als der einzige Jude seines Kreises in die exklusive und internationale (und somit vielsprachige) „Große Welt" des Hofes Einlaß fand. „Man stieß auf ihn in der Hofgesellschaft, wo jeder jeden kannte, zunächst als Fremden; aber wenn man ihn einmal bemerkt hatte, vergaß man nicht sein Aussehen und auch nicht die eigenartige Wirkung, die von ihm ausging."[54] Er war dort ein Einzelgänger, der auffiel: schlank und groß, mit eigenartiger Kopfform, die „mehr negerhaft als europäisch aussah"[55]. Er erweckte „den Eindruck einer massiven Kraft und zugleich irgendeiner Schwäche, vielleicht, man wußte nicht, einer überzarten Haut. Er war interessant und etwas geheimnisvoll."[56] Kessler, von dem diese Beschreibung stammt, verglich ihn mit dem jungen Disraeli – ein nicht einleuchtender Vergleich; nicht nur weil Disraeli erreichte, was Rathenau vergeblich anstrebte, sondern auch deswegen, weil Disraeli nach den Beschreibungen seiner Biographen eine fest in sich ruhende Persönlichkeit war, während Rathenau das Bewußtsein seiner Andersartigkeit nie loswerden konnte[57]. Disraeli nahm es als ein Faktum hin, daß er während der ersten dreizehn Jahre seines Lebens ein Jude gewesen war, ohne darunter zu leiden, und er fühlte sich der „Rasse" der Juden zugehörig, auch nach seiner Taufe[58]. Rathenau hingegen schied nicht aus dem Judentum aus, aber er kämpfte sein Leben lang gegen die Juden, fühlte sich selbst als „Deutscher"[59] und zwar nicht nur der Staatsangehörigkeit nach, sondern als Deutscher schlechthin, weil er glaubte, bei sich selbst die „Anartung"[60] erreicht zu haben, die er als „Ereignis ohne geschichtlichen Vorgang" von den deutschen Juden im ganzen verlangte.

## VI.

Rathenau leugnete nicht nur Herzl gegenüber die „antisemitische“ Tendenz seines Aufsatzes[61], sondern verleugnete ihn später überhaupt seinem Freund Schwaner gegenüber mit den Worten: „Der Judenaufsatz war als Mahnung gedacht, in der unglücklichsten Stimmung meiner trübsten Zeit wurde er zur Anklage... Heute verstehe ich die Anklage kaum mehr ...“[62]

Was wollte Rathenau wirklich? Er lehnte die Taufe als Lösungsmittel ab und verlangte statt dessen „die bewußte Selbsterziehung zur Anpassung an fremde Anforderungen“. Um Mißverständnisse zu vermeiden, fügte er noch hinzu: keine „Mimicry“ im Sinne Darwins, sondern eine „Anartung“. Soweit wäre gegen Rathenaus Worte nichts einzuwenden. Es war die private Ansicht eines Mannes, der versuchte, für ein schwieriges Problem eine Lösung zu finden. Aber es bestand kein Anlaß, dieser Forderung die zweifellos antisemitischen Worte folgen zu lassen: „Könnte zugleich durch diese Metamorphose die Gesamtbilanz der moralischen Werte verbessert werden, so wäre das ein erfreulicher Erfolg.“[63] Mit diesen Worten reihte sich Rathenau in jene Gruppe ein, die Herzl in bezug auf die jüdischen Antizionisten „Mauschel“[64] nannte, also in die Gruppe, die durch ihr Verhalten den Zionismus – bzw. hier: die jüdische Gesamtheit – diskreditiert und dann zum eigenen Schutz in den Reihen der Gegner Zuflucht sucht.

Auch diese Äußerung wäre vielleicht noch verzeihlich gewesen, wenn sie – in ihrer Verallgemeinerung – fundiert gewesen wäre. Rathenau gab sich indessen keine Mühe, seine Behauptung zu unterbauen. So war sie nur eine der üblichen antisemitischen Verleumdungen seiner eigenen Gemeinschaft, die angesichts der feindseligen Stimmung in der nicht-jüdischen Umwelt besonders gefährlich war.

Wie stellte sich Rathenau die von ihm als Lösung gedachte Metamorphose überhaupt vor? Im Grunde recht einfach:

> „Zunächst wird sich ein Zwischenstand bilden müssen, der, von beiden Seiten anerkannt, ein Trennungs- und Verbindungsglied zwischen Deutschtum und Stockjudentum vorstellt: ein jüdisches Patriziertum – nicht des Besitzes – sondern der geistigen und körperlichen Kultur. Dieser Stand wird durch seine Wurzeln von unten herauf immer neue Nahrung aufsaugen und mit der Zeit alles verarbeiten, was an umwandlungsfähigem und verdaulichem Material vorhanden ist“.[65]

Daß „dieses Patriziertum unter den Juden schon vorhanden ist und, ihren höchst konservativen Neigungen gemäß, bereitwillig anerkannt wird“[66], ist für Rathenau selbstverständlich; es sei dies – so meinte er – aber nur „wenigen außen Stehenden bekannt“. Der Kontext verrät, daß er glaubte, selbst zu diesem „Zwischenstand“ zu gehören, der von beiden Seiten „bereitwillig anerkannt“ wurde. Die Hervorhebung der „höchstkonservativen Neigungen“ jener „Patrizier“ weist daraufhin, daß für den Rathenau der Jahre 1897 und 1902 politische Kräfte in Deutschland, die „links“ von den Konservativen standen, nicht zählten. Er änderte wenige Jahre später seine Einstellung in dieser Beziehung[67]. Vorläufig aber wandte er sich an jene „Einzelnen unter Euch, die es schmerzt und beschämt, Fremde und Halbbürger im Lande zu sein, und die sich aus der Ghettoschwüle in deutsche Waldes- und Höhenluft sehnen“, und er rief sie, „die Minderzähligen“ zu einer „schweren Aufgabe“ auf: „Ihr ... habt die schwere Aufgabe, die Abneigung Eurer Landesgenossen zu versöhnen. Ihr, die Ihr doch – verzeiht mir! – so wenig geschaffen seid, Euch Freunde zu machen. Dennoch wird es gelingen; und die Enkel der Indiffernten von heute werden Euch folgen.“[68]

Rathenaus Idee war so wenig realistisch wie Herzls flüchtige Idee einer Massentaufbewegung unter den österreichischen Juden[69]. Der Unterschied in den Plänen der beiden Männer lag darin, daß Herzl, der Freidenker, seine damalige Lösung in einem Konfessionswechsel sah, den er sich leicht, geradezu bedeutungslos vorstellte, weil er zur Religion keinerlei Beziehung hatte. Rathenau hatte eine solche Beziehung. Er sagte von sich selbst, er stehe auf dem Boden der Evangelien[70]. Ihm blieb überhaupt nur die Hoffnung auf eine mystische „Anartung“, obwohl sie in der jüdischen Geschichte noch nie vorgekommen war. Aber gerade darum hielt er es auch für möglich, daß sie, wenn sie nur ernsthaft genug angestrebt würde, erreicht werden könnte.

Beide Männer, Herzl und Rathenau, die ihrer Zeit in vieler Hinsicht voraus waren, fühlten, daß die Judenfrage, die bisher durch die Emanzipation nur legalistisch und nur teilweise gelöst war, eine wirkliche Lösung finden müsse, und daß die Lösung durch apathisches Abwarten, wie die frommen Juden auf der einen und die assimilierten Juden auf der anderen Seite sie wünschten, nicht möglich sei. Aber „wie nächtliche Wanderer mit der Laterne“ mußten sie sich einen Weg im Dunkeln ertasten und sahen „nur wenige Schritte voraus“[71], ohne zu wissen, daß sie beide damals auf Irrwegen waren.

Herzl hatte trotz seiner wirtschaftlichen Gebundenheit größere Bewegungsfreiheit in der Wahl seiner Wege als Rathenau. Er fand die Lösung schließlich darin, daß er seinem Volk, das er nicht kannte, aber zu lieben begann, neue normale Existenzbedingungen schaffen wollte. Daß er sein Ziel nicht erreichen würde, machte ihn nicht unglücklich. In seiner Programmschrift schrieb er: „Die ersten Männer, welche diese Bewegung beginnen, werden schwerlich ihr ruhmvolles Ende sehen. Aber schon durch das Beginnen kommt ein hoher Stolz und das Glück der innerlichen Freiheit in ihr Dasein."[72]

Rathenau hingegen war durch seine Natur und wohl auch durch seine Verstrickung in das Wirtschaftsleben Deutschlands gerade von derjenigen Umwelt etwas „Fertiges" vorlegen konnte. So bemerkte er nicht, daß selbst und alles, worüber er verfügte, zu opfern bereit war, wie durch eine undurchdringliche Glaswand getrennt. Er hatte niemanden, mit dem er sich in der Zeit der Konzeption seiner Ideen beraten konnte; denn er äußerte sich — wie wir am Eingang dieses Kapitels gezeigt haben — ja erst dann, wenn er seine Ideen völlig durchgearbeitet hatte und der Umwelt etwas „Fertiges" vorlegen konnte. So bemerkte er nicht, daß seine „Anratungsideen" einschließlich ihrer Vorschläge für eine Durchführung bei den Juden auf Ablehnung, bei den Nichtjuden auf Gleichgültigkeit stießen.

Das allein aber machte noch nicht die Tragik seines Lebens aus. Sie bestand darin, daß nicht nur er die Umwelt, sondern seine Umwelt auch ihn nur durch diese Glaswand sah. Und seine Umwelt verstand ihn nicht und wollte ihn nicht verstehen. So wurde gerade er von der überwältigenden Mehrheit des deutschen Volkes, das er für das seine hielt, mit Mißtrauen betrachtet, und seine Äußerungen wurden mißverstanden. Nur wenige sahen in ihm etwas so Besonderes, daß sie ihm Sonderstellung und Sonderrechte eingeräumt hätten. Sie sahen ihn nicht als einen der Ihren an, sondern als einen „Prinz aus Morgenland"[73], als „diesen braunen, hochgewachsenen Beduinen"[74], als jemanden, der durch eine Verkettung von Umständen zum Sprecher Deutschlands geworden, aber „mit einer fremden Seele"[75] ausgestattet war, so daß er an einer falschen Stelle wirkte, weil er sich zu Unrecht für einen Staatsmann hielt, während er in Wirklichkeit kraft seiner hohen Begabung „auf technischem Gebiet das größte Genie im Deutschen Reich" gewesen sei[76].

Da Rathenau niemanden liebte, und von niemandem Liebe zu empfangen bereit war[77], war er „zur Einsamkeit verurteilt"[78]. Seine Schwester, die unter ihrem „jüdischen Erbe litt", schrieb ihm und ihren jüdischen Vorfahren in ihrem Tagebuch einen erschütternden Nachruf:

„Was wissen die Menschen von dieser Einsamkeit, von dem ehernen Ring, der uns von allen trennt. Sie bewundern uns, sie verlassen sich auf uns, sie gebrauchen uns, aber sie lieben und verstehen uns nicht. Fremd sind wir Rathenaus geblieben, sehr fremd.

Verraten haben sie dich, Walther, gehaßt und getötet. Du starbst allein, wie Erich allein starb, und auch du, Mama, starbst allein. Ein großes, schweres Schicksal hat uns alle geformt. Mit grenzenlosem Leid sind wir alle gesegnet".[79]

## VII.

Wenngleich wir den direkten Anlaß für die Entstehung des „Höre, Israel!" nicht kennen, geben uns die Lebensumstände einen Einblick in seine seelische Entwicklung. Seine Studien- und Ausbildungsjahre in Straßburg, München und Neuhausen hatte er in freiwilliger Isolation verbracht. An Freunden aus jener Zeit ist nur der Hygieniker Rubens[80] bekannt. Vor Zusammenstößen mit Antisemiten schützte ihn, daß er sich keiner Studentenverbindung anschloß – eine jüdische Verbindung, selbst wenn sie paritätisch gewesen wäre, wäre für ihn kaum in Betracht gekommen. Während seines einjährigen Dienstjahres hatte er allerdings gewisse Taktlosigkeiten von Offizieren[81] und die Zurücksetzung in der Beförderung zum Reserveoffizier erlebt[82]. Das war sicherlich schmerzlich für diesen ehrgeizigen und selbstbewußten Mann, aber es war etwas so Normales, daß nur ein krankes Gemüt noch nach einer Reihe von Jahren unter dieser Tatsache gelitten hätte.

Kessler bietet eine interessante Erklärung an. Im Anschluß an seine Besprechung von „Blanche Trocard" ordnet er Rathenau in die sehr kleine Gruppe von Schriftstellern ein, die in Frankreich als „Moralisten" bezeichnet werden, „die in die Geheimnisse des menschlichen Herzens und des gesellschaftlichen Lebens mit Geist, mit Feingefühl, mit schöpferischer Phantasie eingedrungen sind und mit blitzblank geschliffenen Sätzen hineinleuchten". Er fügt zur Charakterisierung hinzu, daß sie „meistens unsichere oder durch äußere Umstände unsicher gewordene Naturen ... (waren), die in ihrem Abbild der Welt einen inneren Halt gegen die wirkliche Welt suchen"[83]. Diese These leuchtet ein. Kessler unterbaut sie dann allerdings mit einer weiteren Erörterung der Lebensumstände Rathenaus in den sieben Jahren zwischen 1893–99, in denen er in der aufstrebenden Fabrikstadt Bitterfeld (im Zusammenhang mit der AEG und der Hilfe von Großbanken) die Elektrochemischen Werke GmbH errichtete, leitete und durch die unvermeidlichen Anfangsschwierigkeiten jedes neuen Industriewerkes hindurchsteuerte, bis er sie schließlich zu einem rentablen Unternehmen machte. Für einen anderen Sechsundzwanzigjährigen wäre diese Aufgabe eine Herausforderung gewesen, auf deren Bewältigung er stolz gewesen wäre[84]. Federn-Kohlhaas meint aber: „... seine Seele forderte anderes"[85], und nach Kessler lebte er damals „vergraben in dem kleinen trostlosen Fabrikdorf, wo er um seine materielle Unabhängigkeit kämpfte ...."[86]

Diese Erklärungen sind zweifellos unrichtig. Bitterfeld war kein „trostloses Fabrikdorf", es war eine aufstrebende Stadt. Rathenau lebte dort nicht einsamer, als er irgendwo anders gelebt hätte. Kessler selbst gibt zu, daß er keine Zerstreuung, sondern Sammlung und inneren Halt suchte. Und außerdem ist es nicht richtig, sich vorzustellen, daß Rathenau in jener Zeit von der großen Welt abgeschnitten gewesen sei. Er besuchte mindestens einmal im Monat das nahegelegene Berlin, machte außerdem große Reisen und „baute mit der finanziellen Hilfe von Banken und fremden Industriellen vier Werke, zwei in Deutschland, eines in Frankreich und eines in Rußland"[87]. Von „trostloser" Lebensleere kann hier also wohl kaum die Rede sein.

Federn-Kohlhaas fügt darum als besondere Erklärung hinzu: „der Verzicht, den das Judentum immer wieder von ihm forderte, lastete auf ihm"[88]. Und sie erwähnt ein geheimnisvolles Liebeserlebnis, das Rathenau angeblich in der Bitterfeld-Berliner Epoche gehabt haben soll, worüber auch der Autorin selber nichts Genaues bekannt ist. Angeblich wäre eine Taufe nötig gewesen, „um diese Liebe in die menschliche Gemeinschaft einer Ehe hinüberzuleiten. Und so verzichtete er stillschweigend, und seine Persönlichkeit, der der Konfessionswechsel widersprach, siegte über seine Liebe."[89] Ich möchte nicht – wie Wilde[90] – dieses Erlebnis als solches bestreiten; es für den Aufsatz „Höre, Israel!" verantwortlich zu machen, halte ich aber für ebenso verfehlt.

Kessler gibt noch eine weitere Erklärung. Er sieht in der bereits wiederholt erwähnten „Vision" des „Höre, Israel!"[91] kein „hohles Pathos", sondern einen „Aufschrei . . ., einen Hilferuf aus tiefster Not, denn er (Rathenau), der Jude, stand mit dem Herzen von vornherein auf der Seite seiner Gegner". Nach Kessler ist es „die Tragödie des arischen Stamms", nicht die des jüdischen, die Rathenau quälte und die „das Besondere an Rathenaus Einstellung zur Judenfrage" ist[92].

Kesslers Erklärung scheint mir zum mindesten nicht erschöpfend zu sein. Zweifellos sah Rathenau die Judenfrage als das Problem des Kampfes der „arischen Rasse" und beurteilte diesen Kampf unter dem Gesichtspunkt der Gefahren für diese Rasse. Er drückte seine Gedanken sogar sehr klar mit den Worten aus:

„Der Inbegriff der Weltgeschichte, ja, der Menschheitsgeschichte ist die Tragödie des arischen Stammes. Ein blondes wundervolles Volk erwächst im Norden. In überquellender Fruchtbarkeit sendet es Welle auf Welle in die südliche Welt. Jede Wanderung wird zur Eroberung, die Eroberung zur Befruchtung der Kultur und Gesinnung. Aber mit zunehmender Weltbevölkerung quellen die Fluten der dunklen Völker immer näher, der Menschenkreis wird enger. Endlich ein Triumph des Südens: eine orientalische Religion ergreift die Nordländer. Sie wehren sich, indem sie die alte Ethik des Mutes wahren. Zuletzt die höchste Gefahr: die technische Kultur erringt sich die Welt, mit ihr entsteht die Macht der Furcht, der Klugheit, der Verschlagenheit, verkörpert durch Demokratie und Kapital . . ."[93]

Vieles an diesen Sätzen – vor allem der Begriff der arischen Rasse – ist falsch und von kompetenten Forschern längst widerlegt worden. Auch Rathenau selbst hat seine Rassentheorien später aufgegeben. Unter dem Aspekt der hier vorliegenden Untersuchung ist es aber wichtig, die Angst und Sorge zu betrachten, die Rathenau empfindet, wenn – oder genauer: da – er an die Überwindung des von ihm so geliebten blonden nordischen Volkes durch den dunklen, triumphierenden Süden denkt. Diese Angst vor der Niederlage der Nordländer veranlaßte Rathenau, seine Befürchtungen zum Ausdruck zu bringen.

Rechtfertigte sie auch den Angriff und besonders die niedrige Form dieses Angriffs auf das „schwärzliche Volk" der Juden? Diese Frage ist bereits durch ihre Stellung beantwortet.

Niemand kann sich seines Urteils in dieser Frage völlig sicher sein, da Rathenau selbst über den Werdegang seiner Gedanken schweigt. Aber selbst wenn noch persönliche Äußerungen im Nachlaß gefunden würden, wären sie kaum als beweiskräftiger anzusehen als die bereits vorhandenen; denn Rathenau war in der Vielgestaltigkeit seines Wesens neben vielem anderem auch ein „Zweckmensch", und für ihn selbst galt das, was er in seinem frühen Aufsatz von „Schwachheit, Furcht und Zweck" ausdrückte:

„Selbst wenn der Geist, mit lockerem Zügel sich selbst überlassen, seine Straße wählen darf, träumt der Zweckhafte höchstpersönliche und praktische Dinge: ‚Gesetzt, dies und das passiert: was werde ich antworten? Wie werde ich mich benehmen? Wie werde ich wirken?' Und so wird er zum Schauspieler seiner selbst".[94]

So können also selbst seine eigenen Zeugnisse nicht ohne Vorbehalt angenommen werden, sondern verlangen Vergleiche mit anderen Quellen und schließlich das Urteil des jeweiligen Forschers. Manche – vielleicht unbeabsichtigten – Äußerungen offenbaren aber doch mitunter den innersten Kern seines Charakters. Eine solche Äußerung findet sich in einem Brief aus Neuhausen an den Bruder Erich. Sie zeigt Rathenaus Auffassung von sich selbst und seine Überzeugung von der absoluten Richtigkeit der eigenen Ideen:

„Merkwürdig! Wenn ich längere Zeit mit jemandem verkehre, irre ich mich oder ist es so?, ich glaube dann immer, daß sie sich nach mir transformieren. Sie sehen mit meinen Augen und sprechen meine Sprache und haben alle das Gefühl, daß ich durch sie durchsehe. Und der (scil. ein Beamter der Aluminium-Industrie A. G.) nun speziell weiß, daß ich eventuell „der kommende Mann" und jetzt noch so leicht traitabel bin".[95]

Rathenau war, als er diese Worte schrieb, fünfundzwanzig Jahre alt, nur fünf Jahre jünger als zur Zeit des Erscheinens von „Höre, Israel!" Sein

Charakter hatte sich nicht wesentlich geändert; aber die Frage „irre ich mich oder ist es so?“ hatte sich für Rathenau in die Gewißheit verwandelt, daß er wirklich der „kommende Mann“ sei, der seiner Mitwelt Gedanken und Ideen geben und sie dazu bringen konnte, mit seinen Augen zu sehen und in seiner Sprache zu sprechen. Diese Selbstsicherheit gab ihm offenbar auch das Gefühl, daß er ein Recht habe, seiner Umwelt Forderungen zu diktieren und, wenn nicht ein Praeceptor Germaniae, so doch ein Praeceptor Judaeorum zu sein. Aus der Tatsache, daß die Juden ihm dieses Recht nicht einräumten, entstand der Bruch mit ihnen.

Um zu einer abschließenden Würdigung des Rathenau'schen Aufsatzes zu gelangen, erscheint es wichtig, zu beachten, daß Rathenau in der Tat Deutschland in einem Ausmaß liebte, wie es bei diesem nach außen so kühl und beherrscht erscheinenden Mann fast unvorstellbar war. Ruland schreibt: „Die ursprüngliche eigentliche Liebe Rathenaus, seine leidenschaftliche Sehnsucht gehörte Deutschland und den Deutschen. Er liebte sein Land durch alle Phasen des Liebenden: bewundernd und überschwänglich, verzweifelt und kritisch, verstehend und mahnend.“ Sein Biograph Harry Graf Kessler sagte von ihm, durch diese Liebe zu Deutschland, durch seinen Wunsch, als Deutscher anerkannt zu werden und seinem Land zu dienen, sei Rathenau „zeitweise in seiner Vernunft getrübt gewesen“. Man kann es so nennen. Man widerlegt damit die mißbrauchten Formeln von kühler Intellektualität und ehrgeiziger Eitelkeit, in die man ihn gerne sperrte[96].
Ich möchte nicht mit Ruland und Kessler über das Ausmaß der Liebe Rathenaus zu Deutschland und zu den Deutschen, auch nicht über das Ausmaß seiner „ehrgeizigen Eitelkeit“ streiten. Fest steht, daß Rathenaus Liebe zu Deutschland ihn in außergewöhnlichem Maße beherrschte, daß aber seine innere Disziplin ihn fast stets hinderte, diesem mächtigen Impuls Ausdruck zu geben. Einmal allerdings gab Rathenau seiner Liebe zu Deutschland ungehemmten Ausdruck. Es war dies in einem Zyklus von Gedichten – übrigens der einzigen Gedichtsammlung, die er veröffentlichte – mit dem Titel „1813, ein Festgesang zur Jahrhundertfeier“. Hier offenbarte er seine Empfindungen, die er sonst in sich verschloß und die nur aus seiner unablässigen Sorge für dieses Land erkennbar sind. Im achten Gedicht (im 2. Teil: „Erlösung“) heißt es am Schluß eines Gesanges, der die Überschrift „Die Stimme der Sehnsucht“ trägt:

„Mußte sich der Mund verschließen,
Daß das Herz umpanzert bliebe,
Endlich darf es überfließen:
Land, mein Land, du meine Liebe!“[97]

Rathenaus Eitelkeit war so allgemein bekannt[98], daß er sich mit diesem Vorwurf in seiner „Apologie“ sogar selbst auseinandersetzte[99]. Ich glaube, daß seine Eitelkeit, die sich in seinem Verhalten in vielen Einzelerscheinungen manifestierte, gerade seine Haltung den Juden gegenüber im Wesentlichen bestimmt hat. Weil er eitel war, litt er darunter, daß die Deutschen ihn nicht so akzeptierten, wie er es zu verdienen glaubte. Deutschland stützte seine Ablehnung Rathenaus vor allem auf die unleugbare Tatsache, daß er Jude war. Diese Begründung war aber wohl kaum richtig, sie war nur die, die auf der Hand lag. Die Abneigung war instinktiv; sie war latent zu allen Zeiten vorhanden und wurde von seinen antisemitischen Feinden nur skrupellos ausgenutzt. Mit dieser Begründung begnügte sich Rathenau auch selbst, da sie ihm gestattete, seine eigene Aversion gegen „die Juden“ aufrecht zu erhalten. Sie ermöglichte ihm, sein „Unglück“ darin zu sehen, daß er dazu verurteilt war, das Geschick einer Gemeinschaft zu teilen, zu der er nur durch seine Herkunft gehörte, von der er sich aber durch eigene Kraft gelöst zu haben glaubte und die er nicht weniger ablehnte als diejenigen, zu denen er sich hingezogen fühlte, die ihn aber selbst eben wegen seiner Herkunft zurückwiesen. Daß Deutschland und die Deutschen bei ihrer Beurteilung der Juden wenigstens zum Teil unrecht hatten, war ihm bewußt. Insoweit bekämpfte auch er dieses Unrecht. Aber im übrigen war er mit den „Deutschen“ in ihrem Verhalten gegen die „Juden“ durchaus einverstanden und bekämpfte mit den Deutschen zusammen die „Verjudung“ des deutschen Volkes. Da er nicht gegen Deutschland wüten wollte, wütete er gegen die Juden.

Mit „Höre, Israel!“ hatten Rathenaus antijüdische Gefühle ihren Höhepunkt erreicht. Er war an die Grenze des gedanklich Möglichen gelangt, fast schon jenseits der Grenze, an die ein Jude kommen konnte, der den formellen Schritt aus der jüdischen Gemeinschaft nicht tun wollte; viel weiter als die Deputierten des „Großen Sanhedrin“ von 1807[100], die die jüdische Volkspersönlichkeit leugneten, aber die jüdische Religion anerkannten. Und da er sich von der jüdischen Gemeinschaft nicht lossagte – wenn auch nicht aus edlen, sondern aus eitlen Gründen[101] –, wäre das jüdische Volk vielleicht berechtigt gewesen, diesen Mann, der mit seinem Aufsatz zu einem Schädling seines Volkes wurde, mit dem Bann zu belegen[102].

Mit zunehmender Reife wurde er auch in dieser Frage zurückhaltender. Daß er sich für die hebräische Sprache zu interessieren begann, wurde bereits oben berichtet[103]. Seine wiederholten späteren Stellungnahmen beschränkten sich mehr und mehr auf rein theologische Probleme. Ein Jahr vor seinem Tod soll er sich vorgenommen haben, „Palästina aufzusuchen, um sich ein eigenes Urteil zu bilden“[104].

## Anmerkungen

[1] *Sänger:* Neue Rundschau, IX/1926, S. 324.
[2] *Hillard:* Herren und Narren der Welt, S. 224.
[3] Rathenau hatte vorher „Blanche Trocard" (s. o., S. 63 f.) drucken, aber nicht erscheinen lassen. Zwei kleine Aufsätze wirtschaftlich-technischen Charakters aus dem Jahre 1895 über die „Elektro-Chemischen Werke" und „Industriepapiere" dürfen außer Betracht bleiben.
[4] Angeblich „bereute" er selbst Ton und Inhalt dieses Aufsatzes *(Federn-Kohlhaas:* Rathenau, S. 48). Die Biographin entnimmt diese „Reue" dem Brief Rathenaus an Schwaner vom 17. 7. 1914, den sie in Faksimile ihrer Biographie voransetzt. M. E. spricht dieser Brief nicht von „Reue", sondern nur von einer Sinnesänderung infolge neuer gedanklicher Auffassungen. Andere Forscher behaupten, daß Rathenau sich dem Wunsch seines Vaters gefügt habe (s. *Lamm:* Walther Rathenau, S. 50). Diese Annahme leuchtet mehr ein. Sie wäre auch für Emil Rathenau verständlich, der an Juden und Judentum zwar nicht interessiert war — s. o. S. 48 —, aber doch in besonderen Fällen sich plötzlich ohne jede Konzessionsbereitschaft zum Judentum bekannte.
[5] *Federn-Kohlhaas:* Rathenau, S. 48. — Der Herausgeber der „Zukunft", Maximilian Harden, war übrigens auch ein Sohn jüdischer Eltern. Er änderte — mit behördlicher Genehmigung — im Jahre 1878 seinen ursprünglichen Namen Witkowski in Harden um, nachdem er sich bereits ein Jahr zuvor hatte taufen lassen (*Weller:* Maximilian Harden, S. 21 f.). Die psychologisch äußerst interessanten Beziehungen zwischen Rathenau und Harden, die sich aus einer engen Freundschaft zwischen zwei bedeutenden Männern zu einer tödlichen Feindschaft — über den Tod Rathenaus hinaus — entwickelten, sind nicht Gegenstand dieser Untersuchung. In diesem Zusammenhang sei auf *Berglar:* Harden und Rathenau, Histor. Ztschr. Bd. 209, S. 75—94, verwiesen.
[6] *W. Frank:* „Höre, Israel! — Harden, Rathenau", S. 128.
[7] *Berglar:* Rathenau, S. 299.
[8] *Bein:* Theodor Herzl und Walther Rathenau, in Allg. Woch.-Zeitung (Aufsatz in 5 Teilen, beginnend mit Nr. VI/42, S. 10, 25. 1. 1952).
[9] *Bein:* a. a. O., Nr. VI/45, v. 15. 2. 1952. Rathenau an Herzl, Brief Nr. III, undatiert, aber wohl von Sommer 1901, abgedruckt Nr. VI/45.
[10] *Bein:* a. a. O., Herzl an Rathenau, Brief Nr. IV vom 7. 8. 1901, in Nr. VI/45, v. 15. 2. 1952.
[11] *Bein:* a. a. O., Herzl an Rathenau, Brief Nr. VIII, 14. 12. 1902 (in Nr. VI/46, v. 22. 2. 1952).
[12] Herzl beabsichtigte mit seinem Brief nicht, Rathenau für den Zionismus zu gewinnen. Dies ergibt sich eindeutig aus einem früheren Brief Herzls an Rathenau (Nr. V vom 14. 8. 1901) (Bein, a. a. O., Nr. VI/46, v. 22. 2. 1952), in dem er schrieb: „Erwarten Sie nichts Bekehrendes von meinem Buch" (gemeint ist „Altneuland"), „es ist nur de l'art pour l'art. Zum Zionismus müssen Sie auch so kommen". (Vgl. auch den einleitenden Aufsatz von Bein, a. a. O., Nr. VI/43 v. 1. 2. 1952.)
[13] Die Worte „Erez Israel" schrieb Rathenau, der eine Zeitlang bei einem palästinensischen Studenten hebräischen Unterricht nahm, in hebräischen Buchstaben.
[14] a. a. O., Rathenau an Herzl IX, v. 20. 12. 1902 (in Nr. VI/46 v. 22. 2. 1952).
[15] Rathenau an Harden, am 22. 8. 1901 (zit. bei *Berglar:* Harden und Rathenau, Hist. Z. Nr. 206, S. 83).

[16] *Rathenau:* Höre, Israel!, S. 3 (Die Seitenzahlen beziehen sich auf die Reproduktion dieses Aufsatzes in den „Impressionen"):
„Die Philosemiten pflegen zu verkünden: ‚Es gibt keine Judenfrage. Wenn die Juden ihr Land schädigen, so geschieht es durch unzulässige Handlungen Einzelner. Hiergegen schaffe man Gesetze oder verschärfe die bestehenden'. Sie haben nicht Unrecht. Aber von der wirtschaftlichen Frage will ich nicht sprechen. Drohender erhebt sich die gesellschaftliche, die Kulturfrage ..."

[17] a. a. O., S. 4, z. T. auch S. 12 f.

[18] a. a. O., S. 6.

[19] a. a. O.

[20] *Lamm:* Rathenau, Anmerkung 96 auf S. 50.

[21] Die Worte „Höre, Israel!" sind die Einleitungsworte zum Bekenntnis des „einen Gottes". Der ganze Satz lautet: „Höre, Israel! Der Ewige, unser Gott, der Ewige ist Einer!" (5 Mos. 6, 4).

[22] *Mangoldt:* Auf der Schwelle, S. 171.

[23] Daß Rathenau mit dem Bann belegt worden sei, ist einer der — nicht seltenen — Irrtümer bei Frau v. Mangoldt, die aber entschuldigt ist, da sie — wie sie selber zugibt — „leider kein gutes Gedächtnis" hatte und sich an vieles aus ihrer Jugend nicht mehr erinnern konnte (a. a. O., S. 46).

[24] „Höre, Israel!", S. 14.

[25] a. a. O., S. 6.

[26] a. a. O., S. 8 f.

[27] *Mangoldt:* Auf der Schwelle, S. 172.

[28] „Höre, Israel!", S. 9.

[29] a. a. O., S. 16 f.

[30] a. a. O., S. 17.

[31] a. a. O., S. 19.

[32] *Elbogen:* Ein Jahrhundert, S. 178.

[33] In ähnlicher Weise — nur nicht unter Angabe dieser Begründung — wurden auch während des nationalsozialistischen Regimes in Deutschland einzelne Juden von den antijüdischen Maßnahmen ausgenommen.

[34] Rabbiner Baeck hielt die Grabrede nach Mathilde Rathenau, die auf die Enkelin, Frau v. Mangoldt, einen tiefen Eindruck machte (s. *Mangoldt:* Auf der Schwelle, S. 23).

[35] *Baeck:* Walther Rathenau, 3. Vorlesung am 15. 6. 1956 in: Von Moses Mendelssohn zu Franz Rosenzweig, S. 41.

[36] Buber an Graf Kessler, 16. 1. 1928 (abgedr. in *Kessler:* Rathenau, S. 89 f.).

[37] Rabb. Baeck unterläßt a. a. O. jede Aussage in dieser Richtung. *Lamm,* a. a. O., S. 51 verneint es.

[38] *Dubnow* X, S. 32.

[39] *Federn-Kohlhaas:* Rathenau, S. 42.

[40] Der Mord an einem fünfjährigen christlichen Knaben in Xanten führte im Jahre 1892 zu einem Ritualmordprozeß gegen den jüdischen Fleischer Buschhof, der zwar mit dem Freispruch des Angeklagten endete, aber dazu führte, daß nicht nur Buschhof, sondern auch eine Reihe anderer jüdischer Familien als Folge der antisemitischen Verhetzung die Stadt verlassen mußten. Stöcker spielte in diesem Fall mit einer Reichstagsrede eine besonders unrühmliche Rolle (s. o. 3. Kap., S. 57; *Dubnow* X, S. 54 f.; *Elbogen:* Ein Jahrhundert, S. 173).
Im Jahre 1900 wurde in dem preußischen Städtchen Konitz der jüdische Fleischer

Israelski wegen Ritualmordes an einem christlichen jungen Mann verhaftet und angeklagt, nach eingehender Untersuchung aber wieder freigelassen. Der Mord wurde zwar nie aufgeklärt, aber in Konitz und benachbarten pommerschen Städten und Dörfern kam es fast zu Pogromen, die nach verkündetem Belagerungszustand nur durch herbeigerufene Truppen unterdrückt werden konnten. Meineidsprozesse gegen die antisemitischen Hetzer und Erpresser gaben dieser Affäre ein besonderes Gesicht (s. *Dubnow* X, S. 60; *Elbogen:* Ein Jahrhundert, S. 175).

41 *Wilde:* Rathenau, S. 39.

42 „Höre, Israel!" S. 4 und 12 f.

43 s. oben Anm. 5.

44 *Theilhaber:* Judenschicksal, Kap. Ballin — Politik des Ausgleichs, S. 206 f.

45 *Fürstenberg:* Kommentar, S. 408.

46 *Fürstenberg* a. a. O., S. 396. Sombart in „Judentaufen", S. 17.

47 *Lamm:* Rathenau, S. 55, Anm. 106.

48 *Prinz:* „Wir Juden" (siehe hierzu *Lamm:* a. a. O., S. 55, Anm. 106).

49 *Herzl:* Der Judenstaat, GZW I, S. 26.

50 *Herzl:* TB-Einleitung, GZW II, S. 5 f.

51 „Höre, Israel!", S. 7.

52 Daß die Juden körperlich keineswegs degeneriert sind, beweist das Verhalten der israelischen Armeen zur Genüge. Jedoch soll hierauf in dieser Untersuchung nicht eingegangen werden.

53 a. a. O., S. 15.

54 *Kessler:* Rathenau, S. 51.

55 Es sei hier als Illustration auf eine Photographie hingewiesen, die Wilde in seiner Biographie von Rathenau auf S. 43 wiedergibt und mit einem Zitat aus Franz Bleis „Das große Bestiarium" versah: „Dieser braune hochgewachsene Beduine". Vgl. auch die von Berghahn (Musil. S. 66) zitierte Tagebucheintragung Musils, nach der dieser sich den Karthager Hannibal so vorstellte, wie Rathenau aussah.

56 *Kessler,* a. a. O., S. 51.

57 *Kessler,* a. a. O.

*Wilde:* Rathenau, S. 27, spricht auch von einem Anderssein Rathenaus, nämlich von „einem erotischen Anderssein", das ihn schwerer getroffen habe als seine jüdische Herkunft, und deutet „ein unangenehmes Erlebnis" an, (man sprach in Berlin darüber, doch ließen sich dafür keinerlei Beweise bringen). Diese Andeutung — zusammen mit der von Kerr berichteten Episode (a. a. O., S. 42) — erscheint mir unglaubhaft. Rathenau hatte zu viele und zu mächtige Feinde, als daß eine derartige (erotische) „Andersartigkeit" hätte unentdeckt bleiben können (s. hierzu: *Rathenau:* Apologie, S. 73 f.). Gegen unfundierte, aber beharrliche Gerüchte, zumal wenn sie von gewitzten Feinden sub rosa weiterverbreitet wurden, war natürlich auch Rathenau machtlos.

58 Herzl zitierte in seinem Brief an Vámbéry, 21. 6. 1900, GZW III, S. 465, einen Satz, der um dessentwillen berühmt geworden ist, weil Disraeli trotz seiner Herkunft, trotz seines Aussehens und trotz seiner vielen Mißerfolge, bevor er sein Ziel erreichte, nie daran zweifelte, daß seine Bemühungen zum Erfolg führen würden, und diese Hartnäckigkeit für eine besondere Eigenschaft seines Volkes, i. e. des jüdischen erklärte.

59 Rathenau an Schwaner, 23. 1. 1916 Briefe I Nr. 191 S. 202 ff., ferner an Scheffler, 10. 10. 1917 („Ein preußischer Europäer", S. 236) u. a.

[60] „Höre, Israel!“, S. 10.
[61] Rathenau an Herzl — s. o. S. 291 (s. o. Anm. 10).
[62] Rathenau an Schwaner, 17. 7. 1914 (Briefe Bd. I., Nr. 137).
[63] „Höre, Israel!“, S. 10.
[64] *Herzl:* GZW I, S. 209 ff.
Johann Pfefferkorn (1469—1521), ein jüdischer Apostat, leitete zur Zeit der beginnenden Reformation mit seinen Flugschriften eine besondere Ära der Judenverfolgung und der Unterdrückung des Talmuds ein. Zur Verteidigung sowohl der Juden wie des Talmud trat damals Johannes Reuchlin (1455—1522) auf. (s. über Pfefferkorn: *Dubnow* VI, § 21, S. 192—199, auf *Graetz:* Volkstüml. Geschichte Bd. III, S. 170 ff.).
[65] „Höre, Israel!“, S. 10.
[66] Wie sehr sich Rathenau in dieser Beziehung getäuscht hat, zeigt am besten ein Ereignis aus dem Leben seiner Nichte, Frau v. Mangoldt, über das sie selbst in „Auf der Schwelle ...“, S. 159 f. berichtet. Ursula Andreae — wie sie vor ihrer Verehelichung hieß — war die Tochter des Bankiers Fritz Andreae, eines Nachkommen einer langen Reihe von christlichen Theologen, Kaufleuten und Bankiers (S. 10) und von Edith Rathenau, die sich 1911 hatte taufen lassen (S. 172). Die Tochter Ursula wurde als Kind getauft und studierte vor ihrer Verheiratung (christliche) Theologie mit dem Ziel, praktizierende Theologin zu werden. Als sie 1927 (!) Hans-Karl v. Mangoldt, den Sohn eines Hofmarschalls der königlichen Familie in Dresden, heiratete, „verlor er seine Mitgliedschaft in der Adelsgesellschaft, weil eine Frau mit jüdischem Blut dort unerwünscht war“ (S. 160).
[67] s. hierzu im 10. Kap. dieser Untersuchung, Abschn. VI und später.
[68] „Höre, Israel!“, S. 8.
[69] s. oben.
[70] Statt einer Reihe ähnlicher Äußerungen s.: „Eine Streitschrift vom Glauben“, GS, Bd. 5, S. 109.
[71] Rathenau an Lili Deutsch (bei *Kessler:* Rathenau, S. 77).
[72] „Der Judenstaat“, GZW I, S. 21.
[73] *Kessler:* Rathenau, S. 60.
[74] *Blei:* „Das große Bestiarium“ (bei *Wilde:* Rathenau, S. 179).
[75] Stinnes am 26. 11. 1921 in Spa: Rathenau besitze eine „fremdrassige Seele“ und zeigte daher für die Lage nicht volles Verständnis (*Federn-Kohlhaas:* Rathenau, S. 215). Es ist bemerkenswert, daß noch zu Rathenaus Lebzeiten eine deutsche Zeitung von dem „arischen Juden, Walther Rathenau und dem jüdischen Germanen, Hugo Stinnes“ schrieb, daß sie „auch äußerlich in ihren Erscheinungen und Bewegungen der Rasse zu widersprechen schienen, der sie tatsächlich entstammten“. (*Federn-Kohlhaas,* a. a. O., S. 59).
[76] Stinnes, im Berliner Lokalanzeiger, v. 26. 6. 1922.
[77] Rathenau an Fanny Künstler, 23. 9. 1914, Bd. I, Nr. 147, S. 161 ff.
[78] *Wilde:* Rathenau, S. 29 (Kapitelüberschrift).
[79] *Mangoldt:* „Auf der Schwelle“, S. 24. (Auszug aus dem Tagebuch der Mutter).
[80] s. oben S. 64.
[81] *Federn-Kohlhaas:* Rathenau, S. 42.
[82] Wie sehr diese Zurücksetzung Rathenau gekränkt haben muß, ergibt sich u. a. aus dem Brief, den er bei Beginn des Krieges an den Reichskanzler schrieb (s. „Ein preußischer Europäer“, S. 116) und in dem er bat, ihn „für die Dauer des

Feldzugs" irgendwie verwenden zu wollen, und fortfuhr: „Dem Heere gehöre ich leider nicht mehr an; ich war Unteroffizier, habe bei den Gardekürassieren gedient und bei den Brandenburger K. geübt." Natürlich — wie er wußte — war Rathenau dem Kanzler länger bekannt. Dennoch hielt Rathenau es für erforderlich, nicht zu verschweigen, daß er nicht zum Reserveoffizier aufgerückt, also offenbar ein Jude war. Diesen „Defekt" unterstrich er noch dadurch, daß er wie ein kleiner Stellungsuchender hinzufügte, daß er „Französisch, Englisch und einigermaßen Italienisch" spreche und schreibe!

83 *Kessler:* Rathenau, S. 49 f.

84 *Federn-Kohlhaas:* Rathenau, S. 46.

85 a. a. O.

86 *Kessler:* Rathenau, S. 41.

87 „Apologie", S. 81.

88 *Federn-Kohlhaas:* Rathenau, S. 46.

89 a. a. O., S. 40.

90 *Wilde:* Rathenau, S. 25.

91 „Höre, Israel!", S. 4.

92 *Kessler:* Rathenau, S. 43.

93 Zitiert aus *Kessler:* Rathenau, a. a. O.
Aus der „Einführung" und dem „Dank" in der Federn-Kohlhaas'schen Biographie (S. 11 und 256) ist zu entnehmen, daß die Autorin mit Rathenau selbst nicht in Verbindung stand. Ihre persönlichen Informationen erhielt sie von der Mutter, der Schwester, Freunden und Bekannten des Toten. Dasselbe trifft weitgehend auch auf Graf Kessler zu, von dem Fürstenberg (Kommentar, S. 384 f.) behauptet, er habe ein besonderes Interesse an Rathenau erst nach dem Mord erlangt.
s. Anm. 97. Allerdings öffneten — wie *Fürstenberg:* Kommentar, S. 386, annimmt — die Amtsstellen „bereitwillig ihre Archive, die hohen Herren der Ämter gaben Ratschläge und Hinweise, aber auch die Familie erzählte ihm alles, was für die geplante Publikation bedeutsam und erwünscht erschien".

94 „Von Schwachheit, Furcht und Zweck", GS Bd. 4, S. 21.

95 Rathenau an den Bruder, 15. 1. 1893 (Nachtrag Nr. 36, S. 58).

96 *Ruland:* Vorwort zum Kapitel „Sein Deutschtum und Judentum", in: Rathenau-Schriften, S. 84.

97 GS Bd. I. S. 293.

98 *d'Abernon,* in: Ein Botschafter der Zeitenwende, Bd. I, sagte über Rathenau, dessen „ungeheures Prestige im Ausland" er erwähnte und dessen „unendlich geschickte" Argumentation er rühmte, daß er „eine beherrschende Schwäche (gehabt habe), eine gewaltige Eitelkeit — wenn er nicht im Himmel herrschen konnte, wollte er auf Erden glänzen" (zit. in Rathenau-Schriften, S. 380 f.).
Auch der Reichskanzler Bülow schreibt in seinen „Denkwürdigkeiten" (Aufzeichnungen über das Jahr 1909, Bd. III, S. 39 f.): „Der Hauptvorwurf, der Rathenau von seinen Bekannten gemacht wurde, war der einer unangemessenen Eitelkeit." Bülow wollte „diesem Vorwurf nicht ohne weiteres beitreten", berichtet aber über einige Vorkommnisse, die er z. T. selbst mit Rathenau erlebt hatte, in denen Rathenau nicht nur bloß eitel, sondern geradezu maßlos eitel erscheint. (Interessanterweise sind die Persönlichkeiten, die Bülow in diesem Zusammenhang als Informationsquellen nennt, Juden: Ballin und Dernburg.)

99 „Apologie", S. 95.

100 s. oben, 1. Kap. S. 18 f.

101 Rathenau nahm an, daß er selbst nicht zu dem in „Höre, Israel!" geschilderten

profanum volgus der Juden, sondern zu den „Patriziern“ gehörte, die „ihren höchst konservativen Neigungen gemäß bereitwillig anerkannt“ wurden. Eine — wie in Anm. 59 oben gezeigt — recht trügerische Annahme.

[102] *Mangoldt:* „Auf der Schwelle“, S. 171 (s. Anm. 23 oben).

[103] s. Anm. 14 oben.

[104] *Ruland:* Vorwort zum Kapitel „Sein Deutschtum und Judentum“, S. 86. S. auch unten S. 385 (Rathenau an Kaliski, 28. 3. 1921, Briefe II, S. 303); ob es sich hierbei um eine ernste oder nur um eine für ihn selbst unverbindliche Absicht gehandelt hat, läßt sich nicht feststellen.

# 10. Kapitel
# Vor dem Weltkrieg

## I.

Als Rathenau nach der Beendigung seiner Tätigkeit in Bitterfeld (1899) nach Berlin zurückkehrte, begann er mit der zielbewußten Sachlichkeit, die ihn überall auszeichnete, mit dem Aufbau seiner gesellschaftlichen Karriere. Er brachte hierzu im Grunde alle Eigenschaften mit, die für den Normalfall einen Erfolg sichern konnten. Er war wirtschaftlich unabhängig[1]. Seine berufliche Tätigkeit, zunächst im Rahmen des AEG-Konzerns[2], dann als Geschäftsführer der Berliner Handelsgesellschaft[3], Berlins angesehenster Privatbank, und schließlich als der unbestrittene „Kronprinz"[4] der AEG gab ihm eine ungeheure wirtschaftliche Macht und ließ ihm dabei noch die Bewegungsfreiheit, die seinem Naturell entsprach. Dabei ist zu betonen, daß es für ihn kaum je leere „Frei"-Stunden gab, sondern daß seine Zeit stets sinnvoll und präzise eingeteilt und vorbestimmt war[5]. Rathenau war zu allen Zeiten ein Fanatiker des Organisierens, nicht nur für andere, sondern auch für sich selbst. Er lebte nach dem Grundsatz: „Lerne durch Organisation Deine Arbeitskraft vervielfachen"[6], und schrieb in seinen „Geschäftlichen Lehren":

> „Wer sich beklagt, daß er zu viel zu tun hat, beweist, daß er nicht organisieren kann. Napoleon hätte nie abgelehnt, Spanien zu erobern mit der Motivierung, er sei überlastet.
> Wer dagegen wenig zu tun hat, beweist, daß er überflüssig ist."[7]

Durch diese Vervielfältigung seiner Arbeitskraft gelang es ihm, seinen alles erfassenden Wissenshunger zu befriedigen. Sein Wissen war stets präsent und wurde von seiner Zuhörerschaft als enzyklopädisch empfunden[8]. Dazu kam eine bezwingende Art des Vortrags, ein dominierendes Auftreten begleitet von ausgezeichneten Umgangsformen; und außerdem verfügte er dank seinem Reichtum, der nicht so sehr in seinem großen Kapitalvermögen wie in seinem wirtschaftlichen Einfluß bestand, über ausgezeichnete Beziehungen zu jenen exklusiven Kreisen, die er damals suchte, den Berliner Hofkreisen. Sein Erfolg schien gesichert. Aber er litt unter einem unheilbaren „Gebrest"[9]: er war Jude.

Die „Gesellschaft", in der er, wie Kessler bezeugt, „bald nach 1900 als einziger seiner Gesellschaftsschicht ein gern gesehener Gast" war, war

„derjenige Teil der Hofgesellschaft, welcher Geist und Eigenart schätzte ... durch den etwas frische Luft und Kultur in die obersten Regionen des Militär- und Beamtenstaates eindrang“[10]. In diesem Zitat verlangen die beiden Worte „seine“ und „Gesellschaftsschicht“ eine genauere Erläuterung. Um die Wende des Jahrhunderts war hierunter vor allem die Schicht des Großbürgertums zu verstehen, die, gestützt auf ihren Reichtum und ihren Einfluß auf die sich rapide ausdehnende Volkswirtschaft, Einlaß in die exklusiven Hofkreise verlangte, aber von dem alten und herrschenden Adel als nicht standesgemäß nach Möglichkeit abgewehrt wurde. Innerhalb dieses Kreises gab es aber noch einen Sektor, für den auf jeden Fall – und zwar nicht nur von den bereits bestimmenden Kreisen, sondern sogar von denjenigen, die selbst erst in ihre Reihen aufgenommen werden wollten – die Juden als Kandidaten für die Aufnahme nicht einmal diskutabel waren.

Diesen doppelten Widerstand zu überwinden erforderte einen Kräfteeinsatz, zu dem sich auch die Befähigsten unter den Juden kaum bereit fanden. Sie begnügten sich dann manchmal – wie z. B. der Reeder Albert Ballin und der Bankier Carl Fürstenberg – damit, auf die entscheidenden Gremien sachlichen Einfluß zu nehmen, auf äußerliche Ehrungen aber zu verzichten; oder sie ließen sich taufen und erkauften sich ein Adelsprädikat mit dem Erfolg, daß sie dann von den „Altadligen“ als Parvenüs geduldet oder – geschnitten wurden.

Daß es Rathenau gelang, ohne Taufe von einem Teil der alten Adelsschicht akzeptiert, ja, sogar geschätzt zu werden, verlangte auch von ihm ein Opfer, das er jedoch nur allzu willig brachte, eigentlich schon gebracht hatte, nämlich sich von der übrigen Judenheit zu trennen. Er empfand hierbei keine Gewissensskrupel, hatte sogar nicht einmal das Gefühl, sich inkorrekt zu verhalten. Mit den Juden seiner Zeit verband ihn gefühlsmäßig nichts. Sachlich hatte er diese Trennung – soweit er sie für möglich hielt und durchführen wollte – schon in Bitterfeld mit seinem Aufsatz „Höre, Israel!“ vorgenommen. Ob er sich mit diesem Aufsatz gegenüber seinem neuen „Umgang“ nur ein Alibi verschaffen wollte, läßt sich nicht feststellen. Es wäre denkbar. Ich möchte es trotzdem verneinen, denn bei all seiner Gleichgültigkeit gegen die Schmach, die er seinen Mit-Juden durch seinen Aufsatz angetan hatte, halte ich es doch nicht für im Einklang mit seiner sonstigen vornehmen Gesinnung stehend, daß er ihn als Legitimation für seine gesellschaftlichen Ambitionen hätte benutzen wollen. Das Ergebnis allerdings war trotzdem eine capitis deminutio, die er sich selbst zufügte. Die Gründe, die er für sich selbst als ausreichend ansah, wurden nur von einer kleinen Gruppe seiner Freunde wirklich anerkannt. Für die anderen blieb er ein Jude wie andere Juden, ja schlimmer: er blieb für sie ein Jude, der sich in die verbotenen Gebiete hineingedrängt hatte und der schon darum um so heftiger bekämpft werden mußte.

Daß eine Taufe seine Situation im Grunde gar nicht ändern konnte, dürfte ihm klar gewesen sein. Hans Fürstenbergs[11] Behauptung, daß er Jude bleiben wollte, ist abwegig. Rathenau konnte nichts anders als Jude bleiben. So wurde aus dem dominierenden Mann, zu dem seine Umwelt unter anderen Umständen wohl gerne mit Bewunderung aufgesehen hätte, durch sein eigenes Verhalten ein „Snob“[12], über den diejenigen süffisant lächelten, die selbst in die Gesellschaft hineingeboren waren, in die er nun aufgenommen worden war, und der nun – in ähnlicher Weise wie sein Kommentator Hans Fürstenberg – nur so tat, als spüre er die Vorbehalte nicht, die ihm gelegentlich zu fühlen gegeben wurden[13]. Das mag der Grund für ein sonst kaum verständliches Verhalten gewesen sein. Zwei Beispiele mögen dies erläutern:

Nach Steinbömer[14] soll sich Rathenau in jener Zeit ein Reitpferd, das piaffieren konnte, gehalten haben, um bei passender Gelegenheit die Aufmerksamkeit des Kaisers auf sich zu ziehen. Es kann sich hier um eine der vielen unkontrollierbaren und boshaften Anekdoten handeln, die in der „Gesellschaft“ kursierten. Sie hat aber einen hohen Grad von Wahrscheinlichkeit für sich. Vor allem zeigt sie Rathenau als so eitel wie er von vielen, die ihn gut kannten, geschildert wurde. Sie paßt auch vorzüglich in das Bild, das er zu jener Zeit seiner Umwelt geboten haben muß. Bei seinem hohen Wuchs, seiner guten Reiterfigur und seiner Reitkunst, die er während seines Militärdienstes als Pasewalker Kürassier erworben hatte, stellte er nicht nur das genaue Gegenstück zu dem Bild her, das man sich in Hofkreisen damals von den Juden machte. Und daran lag Rathenau in hohem Maße. Es kam hinzu, daß es ihn auch in Gegensatz zu seinem – damals noch ungeliebten – Vater setzte, der nach den Berichten von Frau von Mangoldt in der Tat einmal dem Kaiser bei einem Ritt im Tiergarten begegnet war und bei dieser Gelegenheit als Reiter eine recht komische Figur abgegeben hatte[15].

Charakteristisch ist daran, was der Reichskanzler Bülow in seinen „Denkwürdigkeiten“[16] berichtet.

„Als ich nächsten Nachmittag auf der Terrasse des Reichskanzlerpalais saß ... trat, von meinem Diener geleitet, Walther Rathenau zum ersten Mal vor mich. Er war damals kaum vierzig Jahre, sah aber älter aus. Eine sehr sympathische Erscheinung. Er war tadellos angezogen. Er näherte sich mir mit einer gleichfalls tadellosen Verbeugung, in der Haltung eines jeune Premier des Théâtre Français, Delaunay oder Guitry, der in einem Stück von Emile Augier oder Victorien Sardou bei dem strengen Vater um die Hand der angebeteten Tochter anhält.

‚Eure Durchlaucht‘, begann er mit wohltönendem Organ und indem er die rechte Hand auf die linke Brust legte, ‚bevor ich der Gunst eines Empfanges gewürdigt werde, eine Erklärung, die zugleich ein Geständnis ist! ‚Er machte eine kleine Pause, dann, mit schönem Ausdruck: ‚Durchlaucht, ich bin Jude!‘ Ich entgegnete, daß ich keinen Anlaß gegeben hätte, bei mir Vorurteile und insbesondere antisemitische Tendenzen vorauszusetzen. ‚Von dem Fürsten Bülow‘, meinte Walther Rathenau, indem er sich nochmals und feierlich verbeugte, ‚habe ich diese edle Antwort erwartet.‘ Er blieb lange ...“[17]

Es unterliegt wohl keinem Zweifel, daß Bülow Rathenaus pathetische Rede als lächerlich empfunden hat. Er rühmte in seinen „Denkwürdigkeiten“ Rathenaus ungewöhnliche Begabung, aber seine Bewunderung für ihn, den er gern in sein Haus einlud, war mit erkennbarer Herablassung für den Parvenü Rathenau gemischt, über dessen Eitelkeit er bezeichnenderweise Ballin und den Staatssekretär Dernburg berichten läßt[18], also zwei Juden, bzw. Nachkommen von Juden, von denen der eine (Ballin) keinerlei jüdisches Interesse hatte und, wie erwähnt[19], in seinem Betrieb eine anti-jüdische Personalpolitik betrieb[20], der andere (Dernburg), der getauft war, auf seine berühmten jüdischen Verwandten[21] keinen, wohl aber auf den Umstand Wert legte, daß sich unter seinen Vorfahren auch ein christlicher Geistlicher befand[22].
Daß Rathenaus Einführungsrede bei Bülow ein reines Theater war, ergibt sich allein schon aus dem Umstand, daß sie voraussetzte, Bülow habe nicht gewußt, wer Rathenau, der für einen leitenden politischen Posten in Frage gekommen war[23], gewesen sei. Bei den damaligen Anschauungen über die Auswahl von Kandidaten für jeden Posten innerhalb der preußischen und deutschen Verwaltung war es jedoch undenkbar, daß die Frage nach der Religion, die schon über die Ernennung eines kleinen Beamten entschied, gerade bei Rathenau nicht schon längst geprüft und zum Gegenstand eingehender Erörterungen gemacht worden wäre.

## II.

Hat sich Rathenaus Stellung zur Judenfrage im ersten Jahrzehnt nach seinem Wutausbruch in „Höre, Israel!“ grundsätzlich geändert? Diese Frage kann ohne weiteres verneint werden. Es ergibt sich dies schon aus der Tatsache, daß er diesen Aufsatz fünf Jahre nach seinem anonymen Ersterscheinen (1897) in der „Zukunft“ in die „Impressionen“ (1902) an erster Stelle und unter seinem wirklichen Namen aufnahm. Rathenau betonte zwar in seiner Korrespondenz mit Herzl[24] und später in einem Privatbrief an seinen Freund Schwaner[25], daß der Aufsatz nur einen

„mahnenden“ Charakter gehabt habe, der aus Gründen persönlichen Leidens – sozusagen gegen seinen Willen – die scharfe Form der Anklage angenommen habe. Wir können über diesen schwächlichen und reichlich dubiosen Versuch einer Rechtfertigung schon deswegen hinweggehen, weil uns hier nicht so sehr interessiert, warum er etwas schrieb, als was er wirklich dachte. Ich bin jedoch der Meinung, daß in jener Zeit, als er gesellschaftlich bereits arriviert war, das Judenproblem für Rathenau zu einem Problem zweiten Ranges herabgesunken war, das ihn im Grunde nicht mehr sonderlich beschäftigte, jedenfalls nicht so stark, daß es ihn zu einer „Inneren Mission“ den Juden gegenüber veranlaßt hätte.

Die Wandlung Rathenaus – oder wie wohl genauer gesagt werden sollte, seine Weiterentwicklung – führte ihn zu einem neuen Weltbild, dem „Reich der Seele“, in dem er das Phänomen des Menschseins unter neuen Aspekten sah, und in dem das Judenproblem nur noch eine nebensächliche Rolle spielte. Er leugnete selbstverständlich nicht die Existenz von „Völkern mit besonderen Eigenarten und rassischen Merkmalen“. Aber sie waren für ihn nicht mehr „rassereine“ Urprodukte. Soweit sie „Geschichte“ hatten, waren sie für Rathenau „geschichtet“[26], und zwar so, daß sich ursprünglich einheitliche Urvölker mit Erobererv ölkern zu neuen Völkern uneinheitlichen Charakters mischten[27].

Hatte er in „Höre, Israel!“ Juden und Deutsche einfach in Antithese zueinander gesetzt, so leugnete er zwar auch später nicht ihre Gegensätzlichkeit, ihre „Polarität“; aber sie waren nach seiner Meinung nur noch Gruppen innerhalb der Gesamtheit der Menschen, an denen gewisse wertvolle oder beanstandungswürdige Eigenschaften leicht aufgezeigt werden konnten. Er unterschied jetzt ganz generell nur noch zwischen zwei Gruppen von Menschen:

„Soll die Trennung geschehen, so muß der Schnitt tief hinabdringen, bis auf den unbewußten Untergrund menschlicher Stimmung, bis auf jene Schichten, in denen menschliches Wesen auf der Grundveste der organischen Schöpfung ruht. Hier ist das Wollen und Denken noch indifferenziert verschmolzen, hier schlummern die Keime der Persönlichkeit und Individualität noch unbefruchtet.
Als Urkontrast der Geistesnatur leuchtet alsdann aus der Tiefe hervor die Polarität des Mutes und der Furcht.“[28]

Rathenau teilte die Menschheit in zwei Kategorien ein, auf der einen Seite die „Starken“, die „Vitalen“, die „Mutmenschen“ und auf der anderen die „Klugen“, die „Listigen“, aber „Kraftlosen“, die „Zweckmenschen“, die er auch die „Furchtmenschen“ nennt. Diese Gruppen unterscheiden sich – so meinte er – nicht nur charakterlich, sondern auch in ihrem Äußeren. Die Furchtmenschen sind mit dem „Kainszeichen“ gezeichnet. Was ist dies Zeichen?

„Nicht auf der Stirn, sondern dicht unter ihrem Aufstieg ist es zu suchen. Mit seinem Finger berührte Gott die Stelle zwischen den beiden Augen und drückte sie nieder. So, daß die Nase nicht mehr in kühnem Bogen der Stirn entspringend, die Augen trennte, sondern wehmütig hangend ihre Wurzel tief in der Verbindungslinie der beiden Augenwinkel befestigte. Aus dem Nasenansatz des Löwen, der breit und wuchtig aus der Stirn hervorquillt, wurde die spitze, dünne Nase des Affen, die ängstlich, weit hinter der Stirnfläche, aus der Nachbarschaft der Tränendrüsen herabläuft."[29]

Den Mutmenschen dagegen fehlt dieses Kainszeichen. Sie sind „hochnasig", weil – wie der Volksmund erkannt haben will – die Nasen der Furchtlosen „hochhinaufreichen"[30].

„Sollen Rassenhypothesen ausgesprochen werden, so muß man an einen nordischen Stamm denken, der, durch epochale Verhältnisse zum Hauptträger dieser Bildung gezüchtet, sein Abzeichen auf einige von ihm befruchtete Menschenarten vererbt hätte. Und so wäre man wieder bei jenem wunder- und geheimnisvollen Urvolk des Nordens angelangt, dessen blonde Häupter wir so gern mit aller Herrlichkeit des Menschentums krönen."[31]

Nach Rathenau war dies vielleicht noch niemals ausgesprochen worden, aber „die Künstler haben dies längst empfunden"[32]. „... Ihren Göttern und Heroen gaben die hellenischen Künstler die reinen Züge mutvollen Adels. Auch die älteren, idealisierten Menschenbildnisse weisen die götterähnliche Form ... Woher stammen nun die Götterzüge? Waren sie eine Erinnerung an ein entschwundenes, durch Mischung aufgezehrtes Volk von olympischer Bildung?"[33] „Michelangelos Brutus und alle Köpfe der Heroen tragen die Züge der Löwenstirn, alle Fratzen und Masken gemeiner Menschennatur den Stempel der Affen und Neger."[34]
Diese Rassephantasien waren, wie hervorgehoben werden muß, nicht speziell auf die Juden gemünzt. Sie bezogen sich auch auf Griechen, Römer und andere Völker. Rathenau kam dann manchmal zu so eigenartigen Erkenntnissen wie den folgenden, deren Richtigkeit sich leicht und mit einleuchtenden Argumenten bestreiten ließe:

CXXI. – „Stärke und Reinheit der Abstraktion hatten nur die germanischen Völker zu der erhabenen Sinnlosigkeit geführt, das geliebte Weib zu bewundern und anzubeten.
Alle anderen Rassen haben das Weib geliebt und geduldet, im besten Fall, wie die Juden und Gräkoromanen, geliebt und geehrt."[35]

Andere Aphorismen über die Furchtmenschen waren besonders auf die Juden gemünzt. Sie wurden auch von der Welt in diesem Sinne verstanden, selbst wenn sie expressis verbis gar nicht erwähnt wurden. Ein Beispiel hierfür ist der Aphorismus CXXII[36], der jedenfalls von den deutschen Antisemiten stets als eine Beschreibung jüdischer Verhaltensweise empfunden wurde:

„Das Schulterzucken und das Gestikulieren mit Ellenbogen und Handflächen sind alte Furchtreflexe, die der Abwehr des Schlages dienten."

Seine neuen Erkenntnisse legte Rathenau in einem programmatischen Aufsatz nieder, den er 1904 zunächst wiederum unter einem Pseudonym – diesmal als Ernst Reinhart – in der „Zukunft" unter dem Titel „Von Schwachheit, Furcht und Zweck" erscheinen ließ und 1908 in einem zweiten Buch „Reflexionen" an die Spitze seiner „Ethischen Betrachtungen" setzte[37]. Sie waren für ihn von ebenso programmatischer Bedeutung wie der Aufsatz „Höre, Israel!"

## III.

Im Jahre 1901 veröffentlichte Rathenau in der „Zukunft" eine Novelle, die er „Physiologie der Geschäfte" nannte. Er nahm sie als siebten Aufsatz in seine „Impressionen" und 1908 teilweise und mit Änderungen, auf die später noch zurückzukommen sein wird, unter dem Titel „Geschäftliche Lehren" auch in seine „Wirtschaftlichen Betrachtungen" in den „Reflexionen" auf. Es handelt sich bei dieser Novelle um eine Sammlung von kurzen Betrachtungen und Aphorismen über das „Geschäfts"-Wesen, die in so gekonnter Form als Aufzeichnungen eines „kaiserlich-russischen Etatsrats, Nikolaus von der Mühl" geschrieben waren, daß sie Herzls Bewunderung erregten[38]. Unter ihnen befinden sich einige, in denen Rathenau seine bereits bekannten negativen Beurteilungen der Juden in – gegenüber dem „Höre, Israel!" – etwas abgewandelter und milderer Form aufrechterhielt. Er spricht unter anderem von den Gesichtspunkten, die man bei der Auswahl von Angestellten – er nennt sie „Beamte", wie dies damals bei der AEG üblich war – beachten sollte, und stellt in seiner apodiktischen Art Behauptungen auf, daß, „wenn du Menschen findest, die sich mit Erfolg in eine Organisation einfügen, so sind es Germanen oder Angelsachsen. Von allen Rasseüberlegenheiten erscheint mir diese die wichtigste. Juden sind niemals Beamte. Selbst in der unbedeutendsten Stellung sind sie Unternehmer und Geschäftsleute auf eigene Faust. Unentbehrlich sind sie für neue Gebiete und alle Tätigkeit, die dem Wechsel der Zeit, des Ortes und des Geschmackes unterworfen sind. Denn sie sind neugierig, tätig und ausdauernd, wenn auch nicht beharrlich, sie verstehen sich aufs Kämpfen, aber nicht aufs Verfolgen. Deshalb arbeiten sie beständig nach außen, extensiv und expansiv; sie können organisieren und leiten, aber niemals verwalten"[39].

Es bedarf keines Beweises, daß diese Behauptungen sowohl für „Germanen" und „Angelsachsen" als auch für Juden der wissenschaftlich-sachlichen Unterlage entbehrten. Man muß sich aber vergegenwärtigen, daß an der Wende des 20. Jahrhunderts weder in der Anthropologie noch in der Psychologie hinreichend verläßliches Material vorhanden war, das richtigere Entscheidungen in Fragen wie diesen ermöglicht hätte[40].

Da es sich bei der Auswahl von Personal um ein Problem handelt, das zu allen Zeiten aktuell ist und nicht warten kann, bis die psycho-soziologischen Grundlagen geklärt sind, war es für jeden, der Personal brauchte, nötig, gewisse Prinzipien, nach denen er sich richtete, zu entwickeln, selbst auf die Gefahr hin, daß sie sich später als falsch erweisen sollten. Daß Rathenau als der designierte künftige Chef des AEG-Konzerns derartige Richtlinien aufstellte, war daher durchaus berechtigt. Aber auch für die damaligen Verhältnisse waren Rathenaus Ideen zu gekünstelt, seine Theorien in zu geringer Übereinstimmung mit der sichtbaren Wirklichkeit, als daß sie praktischen Wert erlangt hätten.

Dem Rathenau von 1908 stand für die Anwendung seiner Anstellungsprinzipien das große Gebiet des AEG-Konzerns zur Verfügung. Es wäre zu vermuten gewesen, daß er Juden nur in Stellungen aufgenommen hätte, die seinen vorstehenden Prinzipien entsprachen. Das war jedoch nicht der Fall. Und das fortgesetzte Wachsen der AEG beweist, daß die Inkonsequenz Rathenaus seinem Konzern zum mindesten nicht geschadet, vielleicht sogar genützt hat. Der Reeder Ballin hingegen verfolgte in seinem Betrieb, der HAPAG, Rathenaus Prinzipien systematisch; er trieb eine konsequent antisemitische Personalpolitik[41]. Allerdings stützte er sich nicht auf Rathenaus Lehren, die er vermutlich gar nicht kannte[42]. Bei ihm handelte es sich um einen jener nicht seltenen Fälle von jüdischem Antisemitismus, für den Theodor Lessing den anfechtbaren Namen „jüdischer Selbsthaß" gefunden hat. Auch seine Reederei florierte. Die Annahme erscheint daher berechtigt, daß weder bei Rathenau noch bei Ballin der Geschäftserfolg etwas mit ihrer Einstellung zu den Juden zu tun hatte; daß vielmehr ihre Personalpolitik von einem einfacheren Grundsatz geleitet war, nämlich dem des persönlichen Eindrucks von dem jeweiligen Bewerber.

Daß Rathenau seine eigenen Lehren in seinen Betrieben nicht anwandte, gehört übrigens mit zu jenen Merkwürdigkeiten, die in seinem vielseitigen Leben zuweilen beobachtet werden konnten. Die Untersuchung dieses Widerspruchs wirft ein eigenartiges Licht auf Rathenau[43]. Das Weltbild Rathenaus – und nicht nur das wirtschaftliche – wurde im wesentlichen durch die Jahrzehnte lang gespannten und feindlichen Beziehungen zwischen Vater und Sohn bestimmt[44]. Was der Vater war, war das, was der

Sohn nicht werden wollte. Als der Sohn für sein Weltbild die Polarität von Mut und Furcht innerhalb des Menschengeschlechts als den „Urkontrast der Geistesnatur" zu erkennen glaubte[45], war für ihn sein Vater der Prototyp des verächtlichen „Furcht- oder Zweckmenschen":

„Die Dinge selbst, vernachlässigt und verachtet, bieten (dem Zweckmenschen) keine Freude mehr, denn sie sind Mittel geworden. Mittel ist alles, Ding, Mensch, Natur, Gott; hinter ihnen steht gespenstisch und irrend das Ding an sich des Strebens: der Zweck. Der nie erreichte, nie erreichbare, nie erkannte: ein trüber Vorstellungskomplex von Sicherheit, Leben, Besitz, Ehre und Macht, von dem je so viel erlischt, als erreicht ist, ein Nebelbild, das beim Tode so ferne steht wie beim ersten Anstieg. Ihm drohend gegenüber erhält sich, realer und tausendfach überschätzt, das furchtbare Bild der Not. Von diesen Phantasmen gezogen und getrieben, irrt der Mensch vom Irrealen weg zum Irrealen hin: das nennt er leben, wirken und schaffen, das vererbt er als Fluch und Segen denen, die er liebt."[46]

Kessler glaubt – und ich schließe mich ihm an –, daß das Urbild dieses Zweckmenschen dem Sohn „beim Anblick des Vaters sehr bald eingeprägt worden (sei) durch tägliche Erlebnisse und Enttäuschungen. Sein Vater war nicht Herr, sondern Knecht der von ihm selbst aufgerichteten riesigen Maschine: umso unfreier, je größer diese Maschine wurde. Und hierdurch bekam das Verhältnis zwischen Vater und Sohn einen neuen Riß. Denn ein tiefer Grundzug Walther Rathenaus, vielleicht der ausgeprägteste in ihm, war eine unbändige Abneigung gegen jede Art von Abhängigkeit"[47]. Als dann im Laufe der Jahre eine Aussöhnung zwischen Vater und Sohn stattfand, wandelte sich das Bild des Vaters in den Augen des Sohnes. Nun durfte der Vater nicht mehr der verächtliche Furcht- und Zweckmensch, sondern mußte der starke Mutmensch sein. Dieser Wandel im Urteil wurde dadurch möglich, daß Rathenau sein Hauptaugenmerk von dem Menschen auf das Objekt übertrug: Nicht mehr das Zweckstreben Emil Rathenaus stand im Vordergrund, sondern das Unternehmen, das er schuf, dem er mit Treue und Hingebung diente:

„Das Objekt, auf das der Geschäftsmann seine Arbeit und seine Sorgen, seinen Stolz und seine Wünsche häuft, ist sein Unternehmen; es heiße, wie es wolle: Handelsgeschäft, Fabrik, Bank, Reederei, Theater, Eisenbahn. Dies Unternehmen steht ihm gegenüber wie ein körperliches Wesen ... Der Geschäftsmann kennt kein anderes Trachten, als daß dieses Geschöpf zu einem blühenden, starken und zukunftsreichen Organismus erwachse; materielle Wünsche außerhalb des Bereichs seiner Unternehmung hegt er nicht. Denn er weiß, daß wenn sie zu genügender Tragfähigkeit erstarkt, alle Belastungen gesteigerter Lebensführung, standesgemäße Repräsentation, ja selbst vorstrebenden Ehrgeizes ihr auferlegt werden können, und in gleichem Maße wie diese scheinbaren Güter ihm erschwinglich werden, verlieren sie an Wert. – Und zwar schwindet zuerst die Freude an käuflichen

Dingen. Denn wie die Fähigkeit des Menschen zu extensivem Genießen beschränkt ist, so ist seine Kraft zu besitzen eng begrenzt ..."[48]

Mit diesen Folgerungen war in der Beurteilung seines Sohnes aus dem knickrigen Emil Rathenau, der seiner Familie das Leben verbitterte und der Schrecken seiner Angestellten war, der große „Geschäftsmann" geworden, der er in Wirklichkeit auch war[49]. Für Rathenau war diese Entwicklung seiner Gedanken von wesentlicher Bedeutung. Dadurch, daß er für seinen Vater – und mittelbar auch für sich selbst – diese neue Klassifizierung fand, die ihn vom Makel des inferioren „Furchtmenschentum" aus dem „schwärzlichen Volk" befreite, brauchte er seine Ansichten über die Juden im allgemeinen nicht zu ändern. Das Gros der Angestellten und Arbeiter blieb natürlich „Furchtmensch" und „Sklave" wie früher. Aber die Hervorragendsten innerhalb des Beamtenkörpers der AEG, unter denen sich relativ viele Juden befanden, konnte er – nach seinen Theorien, wie er sie in „Von Schwachheit, Furcht und Zweck" darlegte – nunmehr ebenfalls als „Mutmenschen" verstehen:

„Alle Sklaverei ist freiwillig ... Deshalb ist Sklaverei nur möglich, wo Furcht herrscht ... Der Furchtlose übt weder noch duldet Sklaverei. ‚Lieber tot als Sklav' ist der Wahlspruch starker Menschen. Freilich kennen auch Starke die Abhängigkeit, die aber nicht Knechtschaft der Furcht sondern Gefolgschaft der Treue ist. Hier führen Achtung und Neigung, Überzeugung und Pflicht zu einem edlen Verhältnis, das nicht einseitige Rechte gestattet. So entsteht als vornehmste Form des Menschendienstes, die Königstreue germanischer Völker, die im Gegensatz zur Proskynese des Orients auf freier und selbstbewußter Schätzung eigener und fremder Kraft beruht."[50]

Bei dieser Einstellung waren naturgemäß auch Wandlungen in Rathenaus Haltung zur Judenfrage unvermeidlich. Die Formulierungen, die er in „Höre, Israel!" gebraucht hatte, waren zu aggressiv, nicht weil er seine Beurteilung jüdischen Individuen gegenüber geändert hätte, sondern weil er die Judenfrage nunmehr nur noch unter einem spirituellen Gesichtswinkel sah. Hatte er seine Kapuzinerpredigt „Höre, Israel!" an eine identifizierbare Gemeinschaft, die jüdische, gerichtet, so suchte er nunmehr eine Bestätigung seiner Ideen auf dem Gebiet der Religion, in dem für ihn selbst so vage Begriffe wie „orientalische Religionen"[51] oder das „Empfinden des Abendländers"[52] eine ebenso bedeutsame wie bestreitbare Rolle spielten. Sie bedeuten für Rathenau kein Abweichen von ursprünglichen Konzeptionen, sondern deren Vertiefung und Erweiterung. Individuum und Individuelles verlieren ihre Bedeutung, das Allgemeine, Absolute und Unkörperliche wird wesentlich. Daraus ergeben sich dann Sätze wie die nachstehenden, die den „Ungeschriebenen Schriften"[53] Rathenaus entnommen sind:

„Da Furcht und Zweck dem inneren Empfinden des Abendländers schmachvoll erscheint, darf seine Metaphysik nicht teleologisch sein.
Die Metaphysik vom Zweck zu befreien, ist die philosophische Aufgabe des Okzidents.

XXXI. — Ein ethischer, also zweckhafter Gott verlangt als Korrelat kraft des Gesetzes der Polarität die Existenz eines Teufels.
XXXII. — Ein zweckhafter Gott kann weder allmächtig noch unvergänglich sein.
XXXIII. — Durch alle Adern der Natur strömen die Wellen der Urkraft zu jeder Zeit deiner Seele entgegen, um in ihrem Brennpunkt die Welt von neuem fort und fort zu erzeugen. Ob sie durch Äther, Luft und Erde ihren Weg genommen haben, empfängst du sie als ein fleckenloser Spiegel. So trägst du die Verantwortung für die Welt in jedem Augenblick."

Als Folge dieser Gedankenhaltung ergibt sich eine neue Einstellung zur Begrenzung des Lebens des Menschen:

„LVIII. — Cäsar, Karl und Napoleon sind vergessen. Aber daß zu Römerzeiten ein junger Landmann im Osten über Gott und Menschheit sich Gedanken machte, das schwingt nach in jedem Wort unserer Zeit, in jeder Handlung, jedem Urteilsspruch, jeder Staatsaktion und jeder Sitte.
Die Geisteswellen sind die Energieform der Ewigkeit.
XXXVIII. — Das Gedächtnis der Welt ist ewig.
LXII. — Nicht der Mensch stirbt des Todes, sondern das Phantom. Noch heute lebt der Mensch aus der Zeit der Schöpfung: gestorben sind nur Personen."

Wie wichtig für Rathenau gerade diese „Erkenntnisse" waren, zeigt sich darin, daß er sie später u. a. in „Zur Mechanik des Geistes" — dem zweiten Teil der Trilogie seines Wirtschaftssystems — ausführlich behandelt und dort speziell die Frage: „Ist Tod möglich?" — in einer klugen und wirklich poetischen Form, allerdings nur für sich selbst, beantwortet hat[54].
Rathenau, der in jenen Jahren, in denen er sich mit dem Problem von Tod und Ewigkeit befaßte, den Gedanken — oder vielleicht den Wunsch —, eine eigene Familie zu gründen und Kinder aufzuziehen, bereits aufgegeben hatte[55], mag sich vor der Begrenztheit des Lebens, vor dem Tod, gefürchtet und sich mit seinen eigenen neuen Gedanken getröstet haben. Sie waren tröstlich, aber unbeweisbar. Sie hatten Wert, wenn auch nur für den, der bereit war, Rathenaus Philosophie zu akzeptieren; aber sie waren interessant auch für den, der dies nicht tat und nur schöne Formulierungen liebte, auch wenn sie anfechtbar sind.

## IV.

Rathenaus „Ungeschriebene Schriften“ waren nicht dazu geschrieben, eine Lehre systematisch zu entwickeln, sondern Ergebnisse mitzuteilen. Für den Leser, der mit Rathenaus Gedankenprozeß nicht vertraut war – und Rathenau weihte niemand in diesen Vorgang ein –, waren sie eine lose Folge von Aphorismen, deren Formulierung und Tiefe zum großen Teil Bewunderung erregten, die aber zum Teil nicht weniger abstrus anmuteten als einige der „Gedankensplitter“, die Herzl in der Zeit seiner „Inspiration“[56] niedergeschrieben hatte. Während Herzl aber unter einem fast physischen Schreibzwang stand – gewissermaßen von außen – und fürchtete, die seelischen Erschütterungen jener Tage im Sommer 1895 nicht ertragen zu können, es sei denn, daß er diesem Druck nachgab, erwecken die Aphorismen Rathenaus stets den Eindruck, als seien sie das Ergebnis einer langen und gewissenhaften intellektuellen Arbeit.

Unter diesem Aspekt verdient die Tatsache besondere Beachtung, daß Rathenau bei der ein Jahrzehnt später veranstalteten Herausgabe seiner „Gesammelten Schriften“ einige von ihnen nicht mitaufgenommen hat. Bei diesen wiederum läßt sich eine Gruppe von Aphorismen unterscheiden, die er in seinen drei Hauptwerken eingehender dargestellt hat, und eine andere Gruppe, deren Eliminierung nicht so begründet werden kann. Bei den letzteren liegt die Vermutung nahe, daß Rathenau entweder von ihnen wieder abgerückt war oder daß ihre Thematik für ihn an Bedeutung verloren hatte. Einige von ihnen sollen hier einer Betrachtung unterzogen werden.

In CXIX heißt es:

> „Das Seelenphänomen des jüdischen Volkes ist der religiöse Wahnsinn. Er brach aus in der hundertjährigen Angstperiode der assyrischen Kämpfe unter der paroxystischen Einzel-Erscheinung der Prophetie. Er erhielt das Volk während der babylonischen Helotie am Leben, die eine Vorschule der Diaspora bildete.
> Diese beiden furchtbaren Perioden haben das seltsame Volk sozusagen eingekocht und unlöslich gemacht.“[57]

Wenn wir von den Bewertungen Rathenaus, wie „religiöser Wahnsinn“, „Angstperiode“, „paroxystische Einzel-Erscheinung der Prophetie“ absehen, zeigt uns seine Geschichtsbeurteilung ein tiefes Verständnis für die eigenartige Entwicklung, die das jüdische Volk aus einem Volk, wie es deren Dutzende und Hunderte gab und gibt, zu jenem „seltsamen“ Volk umgewandelt hat, das „eingekocht und unlöslich“ wurde[58]. Selbstverständlich konnte Rathenau, der zu einer „Anartung“ an das deutsche Volk aufrief[59], nicht beide Thesen zur gleichen Zeit vertreten. So fiel das Aperçu CXIX wieder fort. Es dürfte ihm nicht mehr wichtig gewesen sein, nachdem er sich seine eigene Position in Deutschland errungen und die früher vielleicht bestehenden lockeren Beziehungen zu den Juden gelöst hatte[60].

Ein anderes Beispiel findet sich in CXVIII:

„Ohnegleichen in der Geschichte ist die Vergeudung des jüdischen Geistes in den letzten beiden Jahrtausenden. Das scharfsinnigste aller Völker schüttet die Geisteskraft von 60 Generationen in den Abgrund systemloser irrealer Kasuistik und Rabulistik.

Hier wird der kosmische Wert germanischer Synthese und Transzendenz im Kontrast deutlich: ein Hauch dieser Richtkraft hätte genügt, um die verworrenen Kräfte zur Sonne der Wesentlichkeit zu weisen."[61]

Rathenaus Qualifizierung der rabbinischen Literatur als ein „Abgrund systemloser, irrealer Kasuistik und Rabulistik" war so oberflächlich wie manches andere, das Rathenau schrieb. Wenn er aber schon dem jüdischen Geist eine gewisse Akribie zugestand, hätte er ebenso auch vermuten können, daß den Lehrern des jüdischen Volkes seit dem Ende des zweiten Jahrhunderts bis zur Gegenwart eine Systematisierung des im Talmud und der posttalmudischen Literatur zusammengefaßten Stoffes verhältnismäßig leicht möglich gewesen sein müßte, es sei denn, daß wichtige andere Gründe dem entgegenstanden. Es genügte Rathenau offensichtlich, einen angeborenen Mangel in der Struktur des jüdischen Geistes anzunehmen und weiter zu behaupten, daß dieser „Defekt" leicht zu beheben gewesen wäre, wenn die „Richtkraft germanischer Synthese und Transzendenz" sich der „verworrenen Kräfte" angenommen und sie „zum Wesentlichen" hingelenkt hätte.

Es ist nicht schwer, sich auszumalen, was für einen faszinierenden Eindruck er auf seine hochkultivierten Hörer gemacht haben muß, wenn er ihnen mit Aphorismen wie denen seiner „Ungeschriebenen Schriften" Einblicke in Gebiete eröffnete, die ihnen unbekannt waren und unbekannt sein durften, und über die er mit einer Sicherheit und Bestimmtheit sprach, als ob er wirklich jene Kenntnisse hätte, die zu besitzen er vorgab. Kessler, der die Namen derer nennt, die zu diesem Kreis gehörten — und sie waren wirklich die geistige Elite Deutschlands —, schreibt:

„Alle diese gehörten zu denen, die oft und gern in Rathenaus kleiner, noch bescheidener Fünfzimmerwohnung in der Viktoriastraße oder im Automobilklub mit ihm zusammensaßen, um seinen Ausführungen zuzuhören, ... die immer wie ein Märchen aus Tausendundeiner Nacht klangen oder in ein Brillantfeuerwerk ausliefen ... Aber immer blieb er etwas fremd, wie ein Prinz aus Morgenland, der jede allzu intime Annäherung fürchtet. Widerspruch verstimmte ihn; ein Angriff konnte ihn aus der Fassung bringen. Deshalb sprach er am liebsten selbst. ... so schmiedete er mit den Jahren bewußt Wort für Wort die glänzenden Zauberformeln, die sein Innerstes verhüllen und ihm Macht über die Dinge und die Menschen geben sollten; schmerzlich war es ihm, wenn man daran rührte, ärgerlich, wenn der Zugriff so unzart war, daß Gefahr bestand, der reichgewebte Schleier könnte reißen. Denn er konnte und wollte seine Ansichten nicht mit Gründen verteidigen ...“[62].

Kesslers Urteil dürfte im wesentlichen den Kern von Rathenaus vielfacettiertem Wesen richtig darstellen. Er war ein einsamer Mann, dessen Geist jedes Problem, mit dem er konfrontiert war, aufgriff und durcharbeitete; aber er war auch ein eitler Mann, der niemandem den Zutritt zur Werkstatt seiner Gedanken gewährte. Er war ein begabter Redner, der seine Zuhörerschaft mit esoterischen Formulierungen faszinieren konnte, selbst wenn sie weniger fundiert als brillant waren. Aber er war auch arrogant und hielt die Lösungen, die er einmal gefunden hatte, für endgültig, selbst wenn er das Gefühl hatte, noch nicht zur letzten Wahrheit vorgedrungen zu sein, bis er sie manchmal später spontan aufgab; und gerade das machte ihn empfindlich gegen jede Art von Widerspruch. So war er im Grunde bedauernswert, weil er auf seine Mitmenschen, auf die er herabsah, nicht verzichten konnte. Denn er brauchte ein Publikum, wenngleich er es nicht für gleichrangig mit sich hielt.

## V.

Rathenaus Karriere ging nicht weniger steil aufwärts als die seines Vaters. Im Jahre 1893, als er in Neuhausen als eine Art Volontär arbeitete, hatte er seine Berufswahl noch nicht endgültig getroffen. Zehn Jahre später war er bereits bekannt als Erfinder auf dem Gebiete der Elektrochemie, als Fabrikdirektor eines von ihm selbst geschaffenen Unternehmens, als Direktionsmitglied eines der größten Wirtschaftskonzerne, als Erbauer großer elektrischer Zentralstationen in aller Welt, als Geschäftsinhaber einer der größten und angesehensten Privatbanken Berlins; und er war dies nicht nacheinander, sondern baute einen Beruf auf den anderen auf: Während er bereits im Direktorium der AEG saß, war er auch noch Direktor der Werke in Bitterfeld und gleichzeitig auch der bevollmächtigte Vertreter (Delegierter) eines großen, außerdeutschen Elektrizitäts-Trusts. Als er dann formell aus dem AEG-Vorstand ausschied, weil in einer Generalversammlung das Wort von der „Dynastie Rathenau“ gefallen war[63], blieb er immer noch Mitglied des Aufsichtsrates und nicht nur der Form halber, sondern so aktiv, daß er, als der Vater durch den Tod seines Lieblingssohnes Erich im Jahre 1903 vor Kummer und Verzweiflung eine Zeitlang nahezu arbeitsunfähig geworden war, dessen Stelle als das „zweite Ich“

ausfüllte[64]. Daneben aber eroberte er, wie bereits oben erwähnt, die Hofkreise in Berlin und machte sich einen, wie man sagen könnte, „anonymen" Namen als Schriftsteller, so daß der literarische Redakteur der Neuen Freien Presse in Wien, Theodor Herzl, ihm eine glänzende literarische Zukunft prophezeite, wenn er erst einmal seine Anonymität aufgeben würde[65]. Und doch war Rathenau nicht ausgefüllt. Er las viel, „man" sagte, er habe „alles gelesen, wisse alles und spreche über alles" und zwar mit einer Sachkenntnis, die den Laien entzückte und die Fachleute veranlaßte, ihn – beinahe – als einen der Ihren anzusehen[66]. Daß seine Kenntnisse auch Lücken aufwiesen, und daß seine Urteile manchmal falsch waren, haben wir oben bereits festgestellt[67].

Aber all das genügte diesem universellen Mann nicht. Er wollte mehr. Zwei Gebiete verlockten ihn zu neuen Eroberungszügen: die Umgestaltung des Wirtschaftsaufbaues der Welt auf der Basis einer Ent-„Mechanisierung" der bestehenden Ordnung und die große Politik. Im Jahre 1906 vollendete sich für ihn seine Weltanschauung, wie Kessler es nennt[68]. Nun begann er den Aufbau dessen, was er das „Reich der Seele" nannte, und wofür wir Anzeichen bereits in früheren Veröffentlichungen finden. Zur selben Zeit begann er seinen Vorstoß in die Politik.

## VI.

Im Mai 1906 machte Rathenau eine Reise nach Griechenland. Sie war weder eine Erholungsreise noch die eines wissensdurstigen Touristen, sondern die eines Mannes, der „das Land der Griechen mit der Seele suchte". Kessler, dem die Briefe Rathenaus an Frau Deutsch, die „Freundin"[69], zur Verfügung standen, veröffentlichte in seiner Biographie einige in Auszügen, aus denen sich ergibt, daß Rathenau sich auf dieser Reise über vielerlei klar werden wollte, das ihn beschäftigte, vielleicht auch bedrückte, über das er aber in den Briefen an Frau Deutsch auch nur Andeutungen machte. Das moderne Griechenland scheint ihn wenig interessiert zu haben. Er suchte die Stätten auf, die vor Jahrtausenden in der griechischen Kultur und Religion eine bedeutende Rolle gespielt hatten und für Rathenau noch im 20. Jahrhundert nicht ihren mystischen Charakter verloren hatten: Eleusis, die Stätte heiliger Mysterien, Delphi mit seinem längst verstummten Orakel; doch befragte er dort das „Orakel" und zwar, wie er an Frau Deutsch schrieb: „auch ihretwegen, auch wegen Lili Deutsch"[70].

Obwohl ich mich in dieser Arbeit nicht mit der niemals gänzlich aufgeklärten Beziehung zwischen Rathenau und Frau Deutsch zu befassen habe, kann hier an der Orakelbefragung in Delphi nicht vorbeigegangen werden, weil sie offenbar einen Schlüssel zu diesem eigenartigen Verhältnis bietet. Als Antwort und Orakelspruch war plötzlich in der erhabenen Einsamkeit des Delphischen Gebirges ein Adler vor ihm aufgestiegen[71]. Die Deutung dieses „Orakelspruchs" lag auf der Hand. Kessler schrieb: „Die Frage an das Orakel kennen wir nicht; können sie uns aber denken. Und der Adlerflug hieß, wenn Rathenau ihn als Antwort auffaßte: ‚Steig auf, dann findest du Erlösung in der jenseitigen himmlischen Liebe'."[72]

Ich halte Kesslers Deutung nicht für erschöpfend. Kessler war zwar – sozusagen[73] – der „offizielle" Biograph Rathenaus. Ihm öffneten sich alle Archive. Auch Frau Deutsch gestattete ihm Briefe, die sie von Rathenau erhalten hatte, in seiner Biographie zu verwenden[74]. Die Orakeldeutung ist aber Kesslers persönliche Ansicht und darf als unschlüssig abgelehnt werden.

Daß zwischen Frau Deutsch und Rathenau enge Beziehungen bestanden hatten, war allgemein bekannt. Eine nicht aufgeklärte Frage, die nicht nur die Neugier der Berliner Gesellschaft, sondern auch die seiner wenigen Freunde und zahlreichen Feinde während vieler Jahre beschäftigte, war es, welcher Art diese Beziehungen waren. In jenen Jahrzehnten bis nach dem Ersten Weltkrieg konnte ein öffentlicher Skandal noch zur gesellschaftlichen Ächtung der Betroffenen führen. Und ein Skandal hätte sich sehr leicht durch eine unvorsichtige Veröffentlichung der Korrespondenz zwischen Rathenau und Frau Deutsch ergeben können, zumal es sich hier nicht nur um Personen aus der vielbeneideten obersten Schicht der deutschen Großbourgeoisie, sondern noch dazu um Juden handelte. Frau Deutsch[75] war die Schwester des bekannten New Yorker jüdischen Bankiers Otto Kahn und die Frau von Geheimrat Felix Deutsch, Sohn des jüdischen Kantors Deutsch aus Breslau.

Die Briefe, die Kessler von dieser Freundin erhielt, bezeugen ein tiefes seelisches Engagement Rathenaus. Einige Forscher glauben allerdings – und auch Frau Lili Deutsch selbst[76] –, daß Rathenaus Briefe zu kühl und zu unpersönlich seien, als daß aus ihnen auf unerlaubte Beziehungen zwischen diesen beiden Menschen geschlossen werden könne. Das Vorgehen von Felix Deutsch, der Kessler unter der Androhung gerichtlicher Schritte die Erwähnung des Namens seiner Frau verbot, ihm aber gestattete, Auszüge aus den Briefen Rathenaus zu zitieren[77], erscheint nur gerechtfertigt.

Wenn Rathenau nun an Frau Deutsch schrieb, er habe das Delphische Orakel „auch ihretwegen" befragt, und das plötzliche Auftauchen eines Adlers in der Einsamkeit jener Gebirgsgegend als „Antwort und Orakelspruch" verstanden, bedarf es keiner besonderen Deutungskunst, um hieraus zu entnehmen, daß Rathenau selbst dieses Zeichen so verstanden hat, als würde ihm sein eigenes Schicksal im Zusammenhang mit Frau Deutsch dahin gezeigt werden, daß er in großer Einsamkeit verbleiben müsse, ein einsamer Adler, der über den Niederungen der Welt dahinschwebt. Rathenau selbst nahm dies Orakel und seine Deutung ernst. Noch Tage später kam er in einem anderen Brief an Frau Deutsch auf dieses Erlebnis zurück. Er fand es „phantastisch und fast pompös, so daß ich (Rathenau) es wohl als ein Geheimnis werde hüten müssen"[78]. Das „Orakel" hatte ihm kaum Neues geboten. Es war in der besten delphischen Tradition – vieldeutig und ließ die eigene Deutung frei. Es hatte ihn wohl nur in einer Anschauung gefestigt, die er schon Jahre zuvor in einer Maxime formuliert hatte, und die diesen Orakelspruch vorwegnahm: „Vornehmheit ist Entsagen", heißt es in LXXXI der „Ungeschriebenen Schriften". Er blieb dabei. Jahre später schrieb er an Frau Deutsch: „Einsamkeit ist nun einmal mein Los und mein Genügen."[79]

Ich konnte an diesem Thema nicht vorbeigehen; denn es bleibt die erstaunliche Tatsache, daß dieser einsame Mann, der nur deswegen nicht aus der jüdischen Gemeinschaft ausgetreten war, weil die Welt in seinem Falle diesen Austritt nicht zur Kenntnis genommen hätte, und der unter den Deutschen, die er liebte, so eifrig und so vergeblich eine gleichgestimmte Seele suchte, daß man ihn in seinen Kreisen einen „Don Juan der Freundschaft" nannte[80], einen solchen Menschen nur unter Juden fand, denn Frau Deutsch war – wie erwähnt – Jüdin.

Das, was Rathenau auf jener einsamen Reise suchte, war die Antwort auf die Frage, wozu der Mensch überhaupt da sei. Und die Antwort die er erhielt, war: um das Glück der inneren Freiheit zu erlangen, um „seine Seele zu finden". Dazu aber mußte er frei sein.

In jenen Tagen schrieb Rathenau die zehn Sätze eines Breviarium mysticum. In jedem ist von der „Seele" des Menschen die Rede: was sie ist, wie sie entsteht, wer ihrer fähig und was ihre Beziehung zu Gott ist; welche Kräfte in ihr walten, in welcher Beziehung sie, die zweckfrei ist, zu ihrem Gegenpart, dem zweckhaften Verstand, steht; welcher Sprache sich „die Seele" („Kunst und unbewußtes Schaffen") und welcher sich „der Verstand" („Wissenschaft und bewußtes Schaffen") bedienen. Und er kommt zu dem Schluß: „Die Seele nährt sich vom Lebensdrang, der Verstand von der Todesfurcht."[81]

Diese Sätze, die ohne Erklärungen nicht verständlich sind, sind Weiterbildungen von Gedanken, die sich leicht bis zu seinem Traktat „Von Schwachheit, Furcht und Zweck" aus dem Jahre 1904, aber auch noch weiter zurückverfolgen lassen. Allerdings hat sich auch Rathenaus Beurteilung in mancherlei Hinsicht geändert. In jenem Traktat war z. B. die „Kunst“ noch ein Wunschausdruck des „sorgenvoll Voreingenommenen“, (= des „Furchtmenschen“), der „über die Natur hinaus (will), reicher sein will als sie, und diesen Reichtum sichern, so daß er nicht hinwegschmelzen, verblühen, verwehen kann, wie die reinen Gaben des Himmels und der Erde“. So bemächtigt er sich der „Gesetzmäßigkeiten“. „Ein Geheimnis nach dem anderen wird sein Eigen — und es entsteht die Kunst. Dem Sorgenfreien, Unbefangenen (= dem ‚Mutmenschen‘) ist alles dies eine Torheit.“[82] Aber dann — und darin liegt der Fortschritt in Rathenaus Gedanken — „geschah Gewaltiges, wenn eine Sturzwelle freigesinnter Stämme über die Dämme eines Zweckvolkes hereinbrach und das ruhende Gewässer aufwühlte. Dann erblühte der Kunst ein Frühling und dem Stil eine Epoche“[83].

Kessler bringt Rathenaus Gedanken in Zusammenhang mit dem (jüdischen) Chasidismus, über den in jenen Jahren Martin Buber die deutschsprachige Welt informierte[84]. Und gewiß lassen sich Parallelen zwischen Rathenaus Gedanken und denen des Chasidismus aufzeigen. Aber es scheint mir fraglich, ob es sich hier um mehr als zufällige Ähnlichkeiten handelt. Der Chasidismus entstand aus einer Notsituation des jüdischen Volkes nach den grauenhaften Vernichtungskriegen[85] des Kosakenführers Chmielnicki[86], die die Judenheit im Osten Europas an den Rand der Verzweiflung gebracht hatte. Damals lehrte ein Rabbi Israel aus Opek (Wallachei), der der „Bescht“ genannt wurde[87], seinen verzweifelten Glaubensgenossen die „Freude in Gott“ und daß diese Freude der „Weg der Seele zu Gott“ sei[88].

Der Chasidismus[89] wurde lange Zeit hindurch innerhalb des Judentums als eine Häresie empfunden und von der herrschenden Orthodoxie, den „Mithnagdim“[90], scharf abgelehnt. Im Verlauf langer Kämpfe zwischen diesen beiden Richtungen errang der Chasidismus dann zwar große Siege über die traditionelle Orthodoxie und fand Millionen von Anhängern in Galizien, Ungarn, Rumänien usw., aber er machte ideologische Wandlungen durch, deren Folge es ist, daß die ursprünglichen Ideen des Bescht und seiner unmittelbaren Schüler bei den späten Nachfolgern kaum noch zu erkennen sind. Ich muß diese Frage, die eine theologische ist, hier auf sich beruhen lassen, da sie mit dem Problem der jüdischen Existenz nur am Rande zu tun hat. Nur abschließend sei der Ansicht Kesslers diejenige von James Joll gegenübergestellt. Joll meint, daß sich aus Rathenaus religiösem Eklektizismus eine wäßrige Salonmystik entwickelt habe, „der sowohl die Disziplin der jüdischen Denkweise als auch die moralische Reife des Christentums fehlte“[91]. Ich glaube, daß Joll recht hat.

## VII.

Rathenaus politische Karriere begann im Jahre 1907 mit einem Artikel, den er „Die Neue Ära" nannte[92]. Es war ein Jahr nach der Konferenz von Algeciras (1906), auf der – wenigstens für weiterschauende Beobachter der Weltpolitik – sichtbar wurde, daß die hegemonide Außenpolitik des Deutschen Reiches in Europa bereits Gegenkräfte mobilisiert hatte, die gefährlich werden konnten. Damals zeigte sich auch Rathenaus scharfer Blick für politische Entwicklungen. Er polemisierte gegen die Politik des Reichskanzlers Bülow mit seinem Flottenbauprogramm. „Daß neue Kriege nicht mehr durch Einzelkämpfe der Heroen wie zu Homers Zeiten, noch durch gedrillte Grenadiere entschieden werden", sei bekannt. „Der Kriegsgott unserer Tage heißt wirtschaftliche Macht". Aber diese Erkenntnis sei noch nicht gedankliches Allgemeingut geworden und „solange nicht die Staaten nach der Art der Aktiengesellschaft durch Vorweisung ihrer Bücher und Bilanzen sich unblutig besiegen könnten", bleibe es bei dem alten Verfahren, nur mit dem Unterschied, daß an die Stelle der Heroen und Regimenter die „Panzerschiffe" getreten seien[93]. Im „Mühlespiel der äußeren Politik ... hat jeder so viele Steine, als seine wirtschaftliche Macht ihm leiht". Und Rathenau erläutert dies dahin, daß „eine Nation nach außen genau so viel Terrain gewinnen und beherrschen kann, als ihrer inneren Schwerkraft an moralischen, intellektuellen und wirtschaftlichen Werten entspricht[94]. Diese Tatsache habe, wenn auch unbemerkt „zu allen Zeiten gegolten"[95]. Etwas Neues sei, daß das Wachstum der wirtschaftlichen Werte „keiner Klasse in so hohem Maße obliegt als der bürgerlichen Intelligenz und den bürgerlichen Berufen". Diese seien heute in Deutschland aber „politisch zersplittert, gesetzgeberisch wenig bedeutend und als Regierungsfaktor Null"[96]. Die Zeichen der Zeit, d. h. die „Liberalisierung Europas, das wiedererwachende Interesse an konstitutionellen Fragen, die äußere politische Spannung und das Zurückweichen überlebter Phantome" ließen es jedoch als denkbar erscheinen, daß „die resultierende Kraft eine bürgerlich-nationale Bewegung auslöste"[97], denn mit ihren drei Millionen Stimmen seien die liberalen Parteien zur zweitgrößten Gruppe im Reichstag – der größten nach den Sozialdemokraten – geworden[98].

Die Attacke gegen die Regierung war vorsichtig formuliert und gut begründet. Der Reichskanzler Bülow, interessiert an einem „liberalen Anstrich"[99] für seinen „siegreich aus der Wahlschlacht hervorgegangenen Flottenblock"[100], bot dem politischen Neuling an, den Kolonialsekretär Dernburg auf dessen Inspektionsreisen nach Afrika als seine rechte Hand, also ohne eigentliches Amt und eigentlichen Rang, zu begleiten[101]. Rathenau nahm diesen Auftrag an. Die Reisen waren politisch ergebnislos[102], führten aber, da Rathenau nicht bereit und nicht imstande war, irgendwo die zweite Geige zu spielen, zu einer Entfremdung, vielleicht sogar zu einer ausgesprochenen Gegnerschaft mit Dernburg[103], der der offizielle Leiter der Expedition, früher sein „bester Freund"[104], und dem er auf der Reise selbst ein „ausgezeichneter Berater" gewesen war[105].

Einen Dank von der Regierung erhielt Rathenau erst, als Bülow bereits aus seinem Amt ausgeschieden war, in der Form eines Ordens[106], der zwar ein hoher war, aber nach Ansicht einiger Biographen Rathenaus Ehrgeiz und Eitelkeit kaum befriedigt haben dürfte. Eine täglich sichtbare Ehrung wie die Verleihung des Geheimratstitels, der ihm denselben gesellschaftlichen Rang gegeben hätte wie seinem Vater, war ihm damals und blieb ihm auch später versagt, als er dem deutschen Reich durch die Sicherung der Rohstoffversorgung zu Beginn des Krieges 1914 vielleicht den größten Dienst erwies, den ein Zivilist Deutschland in jener Zeit überhaupt leisten konnte.

So blieb dieser Vorstoß Rathenaus zunächst ohne Folgen. Erst im zweiten Jahrzehnt dieses Jahrhunderts bot der Führer der Nationalliberalen, Bassermann, Rathenau, den er bei einem Diner des Reichskanzlers Bethmann Hollweg kennengelernt hatte, eine Kandidatur für den Reichstag an[107]. Für den Ablauf dieser Episode, der für die Lebensereignisse Rathenaus charakteristisch war, möge es genügen, aus Kesslers Biographie zu zitieren:

„Das Angebot (Bassermanns) verdichtet sich im Mai zu der Einladung, in Frankfurt an der Oder zu kandidieren. Rathenau nimmt an unter der Bedingung, daß er von den Nationalliberalen und Freisinnigen gemeinsam aufgestellt werde, als erster Schritt in der Richtung auf eine große bürgerlich-liberale Partei, wie er sie in seinem ‚Neue Ära'-Artikel 1907 gefordert hatte. Nach mehrwöchentlichen Verhandlungen unerfreulicher Art zieht Rathenau seine Zusage zurück. Den Ausschlag scheinen die Meldungen aus dem Wahlkreis selbst gegeben zu haben: der Name Rathenau ‚wirke wie ein rotes Tuch', weil er Jude sei, und wegen seiner bekannten Ansichten. Zum ersten Mal bekommt Rathenau seine Unbeliebtheit und die Rückwirkungen seiner Ansichten praktisch zu fühlen. Ein öffentlicher Mißerfolg blieb ihm erspart; das Zwischenspiel blieb geheim. Die meisten, selbst seine nächsten Freunde, erfuhren nichts".[108]

Bei den Gründen, die zu Rathenaus Ablehnung als Kandidat führten, erwähnte Kessler die Tatsache, daß Rathenau Jude war, an erster Stelle, seine angeblich „bekannten Ansichten" erst an zweiter. Zweifellos nicht ohne Absicht. Die „bekannten Ansichten" können kaum als Grund für die Ablehnung gedient haben, da sie in der Öffentlichkeit zu jener Zeit (1911) noch kaum bekannt waren[109]. Die Tatsache des Jude-Seins hingegen war allgemein bekannt, und in jenen liberalen Kreisen nicht weniger bestimmend für eine Ablehnung als in den antisemitisch-konservativen. Dieser zumeist nur latente Antisemitismus kam auch nach der Revolution von 1918 immer wieder zum Vorschein[110].

## VIII.

Mit der Teilnahme an den Afrikareisen Dernburgs hatte Rathenau den Gipfel dessen erreicht, was er im diplomatischen Dienst Deutschlands in der kaiserlichen Zeit erreichen konnte. Gesellschaftlich war er arriviert; aber zum Staatsdienst wurde er nicht zugelassen. Der Reichskanzler Bülow war bereit gewesen, ihn wenigstens sofort durch einen hohen Orden auszuzeichnen, aber auch er war nicht imstande, den Widerstand der zuständigen Bürokratie zu überwinden. Bülow hatte ein eigenartiges Argument geltend gemacht: er wollte zeigen, „daß bei uns auch ungetaufte Juden nicht immer als Parias behandelt werden[111], und von Lobell, der zuständige Unterstaatssekretär des Reichskanzleramtes, erkannte Bülows Motive sogar an. Aber er war der Ansicht, daß Rathenau zwar „sowohl Orden wie auch den Titel ‚Geheimer Legationsrat' erhalten könne, aber nicht zum gegenwärtigen Zeitpunkt"[112]. So erhielt denn Rathenau schließlich den Roten Adler-Orden II. Klasse, nicht 1908, sondern erst 1910.
Diese Affäre zeigt, wie unüberwindlich die Schwierigkeiten waren, die einem deutschen Juden, selbst wenn er hochbegabt war, in Preußen entgegengestellt wurden[113]. Die für Deutschland kritischen Ereignisse am Ende des ersten Jahrzehnts und in der ersten Hälfte des zweiten erlebte Rathenau lediglich als ein Amateur in der Politik. In der Wirtschaft war er allerdings bereits zu einem der wichtigsten Männer aufgestiegen[114]. Sein Einkommen erreichte 1910 die 300 000 Mark-Grenze. Sein Privatvermögen belief sich auf nahezu 2 Millionen.
1909 erwarb er das Schloß Freienwalde. Wilde meint zwar, daß er sich dieses Schlößchen vom Hofmarschallamt habe „aufschwätzen" lassen[115]; aber für eine derartige Annahme liegt kein Anlaß vor. Der preußische Kronfiskus hatte dieses „einstöckige Landhaus" von fünf Fenster Breite und vier Fenster Tiefe inmitten eines mäßigen Parkgrundstückes am Rande der Stadt, das „Schloß" genannt wurde, weil es der Witwensitz der Gattin des Königs Friedrich Wilhelm II. gewesen war, verkaufen wollen, und Rathenau hatte es erworben, weil er die vornehmsparsame Bauweise des preußischen Klassizismus liebte und festgestellt hatte, daß es ein Werk des berühmten Architekten David Gilly war[116]. Es machte ihm Freude, das Gebäude wieder in seinen – noch erkennbaren – Urzustand

zurückzuversetzen und es mit altem Mobiliar und Bildern auszustatten. Gerade dieser Erwerb wurde ihm von seinen Gegnern vorgeworfen[117]. Die Vorwürfe waren von lächerlicher Bosheit. Er habe – so hieß es – das Schloß mit Antiquitäten und falschen Ahnenbildern gefüllt. Diese Vorwürfe wären wohl kaum erhoben worden, wenn ein nicht-jüdischer Millionär von der Bildung und dem Geschmack Rathenaus Haus und Grundstück gekauft hätte. Rathenau kannte natürlich die wahre Ursache dieser Anwürfe. Er ging aber in seiner „Apologie" nicht auf ihren versteckten Sinn ein, sondern antwortete so, als ob der Erwerb als solcher und die Verwendung des Hauses das eigentliche Problem gewesen sei: er habe „eines der merkwürdigsten Denkmäler der nachfriderizianischen Epoche" vor der Vernichtung retten und Haus und Park „unverändert der Zukunft und der Gemeinschaft erhalten" wollen. Zu diesem Zweck habe er auch eine Stiftung, die für den Besitz und seine dauernde Verwaltung zuständig sei, errichtet, sich allerdings das Recht vorbehalten, „jährlich einige Sommerwochen in Zurückgezogenheit dort zu verbringen"[118].

Auch auf diesen Vorgang einzugehen würde sich erübrigt haben, wenn nicht Rathenaus Erklärung eine der charakteristischen Halbwahrheiten enthalten würde, die oft bei ihm zu bemerken waren. Alles, was er als Grund angab, war richtig und doch zeigte es nicht die ganze Wahrheit. Sie enthüllte nicht das Motiv, das dem Erwerb des Schlößchens wirklich zu Grunde gelegen hatte. Dieses Motiv verrät ein Brief, den er an Frau Deutsch nach einer Plauderei mit einer alten Dame der Gesellschaft schrieb, die ihm von gesellschaftlichen Ereignissen in der Zeit um 1840 erzählt hatte. „Ich weiß", schrieb er, „das ist Ihnen alles gleichgültig, aber mir ist's etwas ganz besonderes, dem Elektrikerjungen, noch einmal mit Händen den Zauberring der Romantik zu berühren."[119] Es ließe sich die Ansicht vertreten, daß Rathenau auch hier nicht die ganze Wahrheit gesagt habe, daß es an Stelle von „dem Elektrikerjungen" hätte heißen müssen „dem Juden". Aber das würde voraussetzen, daß Rathenau mit seinem scharfen kritischen Geist auch seine eigenen Gefühle analysiert hätte. Gerade das aber erscheint mir unwahrscheinlich. Er lebte bereits damals in seinem „elfenbeinernen Turm" und sah die Welt nur noch durch die gläserne Mauer, von der Kessler spricht[120]. Er sah alles, was um ihn herum vorging, aber es fehlte ihm ein Mensch, von dem er Kritik angenommen hätte. Und ferner fehlte ihm die Selbstkritik, denn er anerkannte nur sich selbst. Aber im tiefsten Innern seines Ich war er doch wohl unsicher. Darum wurde er durch Einwände so leicht irritiert, wenn er in Gesellschaft einen seiner glänzenden „Monologe" hielt; auch in dem eigenwilligen Stil, den er mehr und mehr entwickelte, allerdings nicht im Geschäftsleben, wohl aber in den Schriften, in denen er seine wirtschaftlichen Theorien darlegte. Und es läßt sich auch am Stil seiner Reden und seiner Briefe erkennen, die ganz erheblich höflicher waren, als es dem Stil jener Zeit entsprach, und manchmal geradezu devot anmuteten. Ein Vergleich der Briefe Rathenaus mit denen Herzls, von welchen eine ganze Reihe im ersten Teil dieser Arbeit wiedergegeben ist, kann als Beweis unserer Behauptung dienen.

Zur selben Zeit, in der er Schloß Freienwalde erwarb, baute er sich sein Haus in der Königsallee im Grunewald, ein modernes Haus, das er in Grundriß und Anlage selbst entworfen, dessen Herstellung er überwacht und dessen „ganze innere Ausschmückung er mit Hilfe von einigen Malermeistern und Stukkateuren selbst besorgt" hatte[121]. Das Haus fand die Bewunderung seiner seltenen und sehr ausgewählten Besucher[122], und die Eingangstür war – worauf Emil Ludwig aufmerksam machte – so schmal, daß der Gedanke nahelag, sie wolle jedem Fremden den Zutritt verwehren[123].

## IX.

An der Wende des ersten Jahrzehnts des 20. Jahrhunderts wurde das Problem der „Judentaufen" als Lösung der Judenfrage wiederum aktuell. Es verstand sich bei Rathenaus Charakter von selbst, daß er öffentlich Stellung nehmen würde. Ausgangspunkt war für ihn ein Artikel des berühmten Juristen Josef Kohler, auf den er 1911 in einem des aus drei Briefen bestehenden Aufsatzes „Staat und Judentum, eine Polemik"[124] einging. (Im folgenden wird Rathenaus Aufsatz der Kürze halber „Polemik" genannt.)

Die Haltung, die die geistige Elite Deutschlands in dieser Frage einnahm, läßt sich an einer Rundfrage beobachten, die A. Landsberger – offenbar im Auftrage von Werner Sombart[125], dem Verfasser des in vielen Auflagen erschienenen Buches „Die Juden und das Wirtschaftsleben"[126] – angestellt und von der Sombart und Landsberger 29 Äußerungen von führenden jüdischen und christlichen Politikern, Nationalökonomen, Künstlern, Theologen und Schriftstellern im Jahre 1912 unter dem Titel „Judentaufen" herausgegeben hatten. Was bei diesen Äußerungen dem heutigen Leser, der das Geschick der deutschen Juden in den folgenden Jahrzehnten kennt, besonders auffällt, ist eine gewisse Naivität. Es erscheint wichtig, dies hervorzuheben, weil auch Rathenaus „Polemik" eine Naivität verrät, die dem heutigen Leser künstlich, ja, geradezu unaufrichtig erscheint, wenn er nicht weiß, wie andere Zeitgenossen damals die Judenfrage beurteilten.

Obwohl das Sombart-Landsbergersche Buch „Judentaufen" erst ein Jahr nach Rathenaus „Polemik" erschien, erscheint es zweckmäßig hier ein Exzerpt dieser Sammlung einzuschalten, zumal Kohler sich auch dort geäußert hat und Rathenaus erster Brief in seiner „Polemik" mit dem Titel „Erwiderung auf einen Artikel des Herrn Geheimrat***" eine kritische Stellungnahme zu den Ansichten Kohlers war. Die Enquete konzentrierte sich auf drei Fragen: 1) welches sind die voraussichtlichen Folgen einer Assimilation der gesamten Judenheit durch Taufe und Mischehe, 2) welche Folgen ergeben sich bei der Verwirklichung der zionistischen Idee einerseits für die dann „judenreinen" Staaten, andererseits für den „Zionistenstaat"; 3) welche Konflikte sind zu erwarten, wenn weder eine völlige Assimilation noch eine Separation eintritt? Um aber die Befragten zu veranlassen, sich nicht auf eine mehr oder weniger „wissenschaftliche" Beantwortung zu beschränken, lautete eine vierte Frage: Welche Lösung ist „wünschenswert"[127]. Die hier wiedergegebenen Ansichten deutscher und jüdischer Gelehrter enthalten ein treffendes Bild der um jene Zeit in Deutschland vorherrschenden Einstellung zu diesem Problem[128].

Der Katholische Politiker Matthias Erzberger, eines der ersten Opfer des Rechtsradikalismus, hielt „judenreine Staaten" für unmöglich, „denn an eine Zwangsausweisung aller Juden denkt nicht einmal der rabiateste Antisemit, umsoweniger ein objektiv denkender Politiker". Er sah Konflikte allerdings voraus, wenn eine „Häufung jüdischer Elemente in einzelnen bestimmten Berufen" einträte, wenn „z. B. in der Presse es besonders Blätter sog. jüdischer Richtung oder jüdischer Verleger sind, die sich fortgesetzt in unbefugter, frecher Weise in die inneren religiösen und kulturpolitischen Verhältnisse des Katholizismus einmischen". Dann allerdings konnten „im Laufe der Jahre im katholischen Volksteil ... Konflikte von selbst erwachsen". Natürlich ist Erzberger gegen „jede staatsbürgerliche Zurücksetzung der Juden", aber auch gegen alle angestrebte Bevorzugung einzelner Erwerbszweige". Er war für eine (prozentuale) „Eingliederung in alle Zweige der großen Gesamtheit"[129].

A. Eulenburg glaubte, daß eine „Legierung" des Deutschtums mit ungefähr 2% „Judentums" nur zum unstreitbaren Vorteil Deutschlands gereichen könne"[130]. Der bekannte (jüdische) Kultur- und Literaturhistoriker Ludwig Geiger ging von der von ihm verfochtenen These aus, daß die „Utopie" der Schaffung einer neuen Heimat für alle Juden in Palästina „ja freilich längst aufgegeben" sei. Judenreine Staaten hielt auch er für unmöglich. Eine Auswanderung sämtlicher europäischer Juden nach fremden Ländern war für ihn undenkbar. Aber „eine Assimilation wird und kann meiner (Geigers) Meinung nach erfolgen ohne Taufe und ohne Mischehe". Er kommt zu dem Ergebnis: „Von Konflikten ist in gesitteten

Ländern kaum etwas zu befürchten", höchstens von gelegentlichen Ausschreitungen „christlicher Pöbelmassen"[131].

Für den „Protestrabbiner"[132] Maybaum war „das Judentum Herzenssache". Seine Aufgabe durch Taufe kam für ihn daher selbstverständlich nicht in Frage. Eine völlige Assimilation bei Aufrechterhaltung der jüdischen Religion hielt er für wünschenswert und möglich: „Ich bin", beendete er seinen ersten Brief an Landsberger, „ein deutscher Staatsbürger jüdischen Glaubens, und wie ich diese beiden Qualitäten in mir harmonisch verbinde ... so hoffe ich, daß die gesunde Kraft des deutschen Volks den Antisemitismus völlig überwinden und damit auch uns befreien wird von der widerlichsten Erscheinung, von dem Antisemitismus in unserer Mitte."[133]

Für den Gründer des „Nationalsozialen Vereins", Friedrich Naumann, war „ ‚die Assimilation aller Juden durch Massenübertritt zum Christentum' nichts in der gegenwärtigen Weltperiode zu Erwartendes. Und ebensowenig die zionistische Errichtung des jüdischen Staates". Die Mischehen „als Methode (der Assimilation) rational zu empfehlen", war für Naumann, der von Beruf Geistlicher war, schlechthin „Unsinn". Über das, was „wünschenswert" sei, sprach er sich nicht aus, meinte aber, daß sich die Unterschiede und damit „die Spannung zwischen der deutschen (!) Bevölkerung und den unter ihr lebenden Juden ... nach allen Anzeichen vermindern"[134].

Nur der Heidelberger Theologie-Professor F. Niebergall beschäftigte sich mit der Frage, als was für eine Gemeinschaft die Juden eigentlich verstanden werden sollten und beantwortete sie von seinem „geschichtlichen" Aspekt aus als Deutsche schlechthin[135]. Er fügte hinzu: „Sie könnten sich diesem deutschen Volk entziehen, wenn sie auswanderten, also durch den Zionismus. Das bedeutete dann den Wunsch der Juden, ein eigenes Volk, also eine zusammengehörige und zusammenwollende Gemeinschaft, wenn auch in einem anderen Land und in einem anderen Staat zu werden. Sonst aber sind die beiden Hauptbegriffe, die wir aufgestellt haben, Deutschtum und Judentum, gleichartig."[136]

Wie war Rathenaus Stellung zu diesem Problem? Er begann seine „Polemik" mit einem Angriff auf Kohlers These[137], daß „das Institut, welches die Juden von der übrigen Bevölkerung fernhält, die Synagoge" sei[138]. Rathenau bestritt dies. Er glaubte, „die wahre Ursache der Trennung (liege) in tiefer und alter Stammesabneigung", und zwar sowohl auf jüdischer wie auf christlicher Seite. Bei den Juden sei diese Abneigung zwar im Abklingen, besonders weiche sie „bei den jungen Geschlechtern einer rückhaltslosen Anerkennung der Nation, der sie den wertvollsten Teil ihrer Geistesgüter verdanken"; aber auf „christlich-deutscher Seite sei die Abneigung bis vor etwa zwei Jahrzehnten stark angewachsen und zwar in gleichem Maße wie die Zahl, der Reichtum, der Einfluß, der Wettbewerb, das Selbstbewußtsein und die Schaustellung der Juden fühlbar wurde"[139]. Diese schonungslos einseitige Beurteilung Rathenaus, die ihn im Jahre 1897 in „Höre, Israel!" dazu veranlaßt hatte, absichtlich die Frage unerforscht zu lassen, „wie Das geschah, und auf welcher Seite die Schuld liege"[140], zeigt, daß der inzwischen 45jährige Rathenau während der seit dem Erscheinen des „Höre, Israel!" vergangenen fünfzehn Jahre in bezug auf die Juden jedenfalls nicht viel vergessen und nur wenig hinzugelernt hatte.

Diese Wiederholung des schon 1897 Gesagten — und 1902 noch einmal repetierten — war nicht nötig. Sie ist bemerkenswert als eine Liebedienerei, als die captatio benevolentiae eines Mannes, der sich zu Unrecht in die Reihe der „verlorensten Söhne des Staates"[141] eingruppiert fühlte und der hoffte, daß der Empfänger seines Briefes ihn vor dieser unwürdigen Einstufung in die Reihe der Juden ausnehmen würde. Sie diente übrigens nur als Ausgangspunkt für die Diskussion mit Kohler über Taufe und Mischehe als taugliches Mittel zur Lösung der Judenfrage, weil Kohler, der von sich berichtete, daß er sich „neben germanischem Blute eines sehr starken keltischen Zuschusses erfreuen kann"[142], und davon überzeugt war, daß „nicht reine, sondern Mischrassen von jeher die Welt beherrscht"[143] haben, verlangte, daß eine Annäherung zwischen Deutschen und Juden erreicht werden müsse, deren Voraussetzung wiederum sei, daß „diese zwei Volkskreise einander genähert werden, damit eine Assimilation möglich wird"[144]. Die Assimilation als solche aber verspreche eine Lösung des Problems; denn „Eigenschaften, die den Juden zukommen, finden sich auch in der deutschen Nation und zwar in sehr bedeutender Weise vertreten". „Wir Deutsche sind nun durch den Dreißigjährigen Krieg so verödet worden, daß wir im praktischen Leben mit unseren eigenen Talenten allein nicht vollständig das leisten würden, was nötig ist, damit wir anderen Völkern den Widerpart halten. Das ist ein Hauptgrund, der uns die Assimilation des Judentums wünschenswert macht."[145]

Rathenau begann die speziellen Ausführungen seiner „Polemik" mit einer Verbeugung vor dem Neuen Testament: „. . . er habe niemals einen Juden getroffen, der die Ethik des Neuen Testamentes abgelehnt hätte. Einzelne glauben sie im Alten Testament enthalten, andere erkennen rückhaltlos ihre Überlegenheit über alle uns bekannten Sittenlehren an." Und er kommt zu dem Schluß:

„Die Transzendenz des Christentums: Erlösung durch Liebe ist eine dem Judentum naheliegende Vorstellung, und die Göttlichkeit Christi im Sinne liberaler evangelischer Kirchenlehrer wird unter den Juden, die den Geist als Ausfluß der Gottheit fühlen, Bekenner finden."

Anders liege es mit „dem Bekenntnis der Taufe, dem Apostolikum"[146]. Dieses Bekenntnis mit seinen „vorwiegend nachevangelischen Sätzen, wie dem von der Himmel- und Höllenfahrt Christi", sei aber der „Empfindung des Juden nicht leicht vernehmbar zu machen". Gerade aber der Konflikt, der sich aus der Forderung nach diesem Bekenntnis ergibt, werde von der staatlichen Kirche, die erst unlängst „im Hinblick auf die Judenbekehrung offen ausgesprochen (habe): es sei an der Zeit, die Türen zu schließen"[147], „empfunden und geflissentlich vertieft"[148].

Die Forderung der Taufe als solcher würde Rathenau hiernach nicht als unbillig empfunden haben, aber die erkennbar antijüdische Kirchenpraktik, die einer antijüdischen Staatspolitik Vorschub leistete, forderte seinen Protest heraus. Und er, der sonst für seine Mit-Juden nur Worte heftigsten Tadels fand, stellt in diesem Teil seiner „Polemik" plötzlich ganz generell fest:

„Man kann nicht sagen, daß die deutschen Juden das erste Jahrhundert ihrer beginnenden Freiheit schlecht angewendet haben. Kulturell und materiell haben sie zum Wohl ihres Vaterlandes beigetragen. Ist der Makel sozialer Ungleichheit getilgt, so ist damit auch der offizielle Teil der Volksabneigung gegen die jüdischen Deutschen beseitigt und der Weg zum herzlichen Verständnis gebahnt . . ."[149]

Darum propagierte er nicht die Taufe als Allheilmittel der brennenden Judenfrage, sondern verlangte die Aufgabe der damaligen preußischen Judenpolitik, deren Grundvorstellungen „rückständig, falsch, unzweckmäßig und unsittlich" seien[150].

„Rückständig: denn alle Nationen westlicher Kultur haben diese Vorstellungen aufgegeben, ohne Schaden zu erleiden.
Falsch: denn Maßnahmen, die gegen eine Rasse gedacht sind, werden gegen eine Religionsgemeinschaft gerichtet.
Unzweckmäßig: denn an die Stelle der offenkundigen Verjudung, die bekämpft werden soll, tritt die latente, und zwar auf Grund einer üblen Auslese; gleichzeitig wird eine große, konservativ veranlagte Volksgruppe in die Opposition getrieben.
Unmoralisch: denn es werden Prämien auf Glaubenswechsel gesetzt und Konvertiten bevorzugt, während hunderttausend Staatsbürger, die nichts anderes begangen haben, als ihrem Gewissen und ihrer Überzeugung gefolgt zu sein, in ungesetzlicher Weise und durch kleine Mittel um Bürgerrechte verkürzt werden."[151]

Wer Rathenaus Leben und Entwicklung bis zum Zeitpunkt der Veröffentlichung dieses Briefes – also bis zum Jahr 1911 – verfolgt, wird be-

merken, daß auch dieser Brief sehr pro domo geschrieben war, aber doch schon mit Gründen, die sachlich waren und zutrafen. Das eigentlich religiöse Problem hatte er allerdings nur angerührt, nicht behandelt. Er hat es sechs Jahre später in seiner „Streitschrift vom Glauben“[152] nachgeholt. Zu der von Kohler geäußerten Ansicht über gewisse Eigenschaften, die die Resorption der Juden im deutschen Volkskörper empfehlenswert machten, äußerte sich Rathenau in seiner „Erwiderung“ nicht. Vermutlich hielt er zunächst noch an seinen Vorstellungen, die er in „Höre, Israel!“ zum Ausdruck gebracht hatte, fest, wenn auch nicht mehr, wie wir oben gesehen haben, in der ursprünglichen und aggressiven Form.
Rathenau veröffentlichte seine Polemik gegen Kohler zuerst im Januar 1911 in der Tageszeitung „Der Tag“[153] und besprach sie anschließend mit seinen Freunden Gerhart Hauptmann, Frau Deutsch und Harden[154]. Die Tendenz des Artikels fand bei diesen „Mißbilligung“[155]. Geheimrat Deutsch, der Ehemann von Lili Deutsch, hingegen war mit der Veröffentlichung der „Erwiderung“ an Kohler durchaus einverstanden und eine Reihe von guten, wenn auch vielleicht nicht intimen Bekannten, wie Ludwig Goldberger, der Gründer der Dresdner Bank, der Berliner und Berner Philosophie-Professor Ludwig Stein, der sich ein Jahrzehnt zuvor für Herzls Bemühungen um die Gründung der Jüdischen Kolonialbank eingesetzt hatte und von Herzl sogar als sein Nachfolger in der Führung der zionistischen Bewegung in Aussicht genommen worden war, stimmten Rathenaus öffentlicher Stellungnahme zu[156].

## X.

Von ganz anderer Art nach Form und Inhalt war der zweite Teil der „Polemik“, die durch den Brief des befreundeten Rittergutsbesitzers, Georg von Diezelsky, ausgelöst worden war, mit dem Rathenau seit dem Erwerb von Schloß Freienwalde in näheren Kontakt gekommen war[157]. Um den Inhalt von Rathenaus Brief an Diezelsky richtig zu würdigen, scheint es wichtig zu sein, hervorzuheben, daß zwischen Rathenau und Diezelsky freundschaftliche Beziehungen bestanden[158]. Diezelsky vertrat – der Inhalt seines Briefes ist nur aus Rathenaus Antwort erkennbar – „die normale Auffassung des preußischen Staatsbeamten, Offiziers und Standesherrn, somit des herrschenden Preußentums“[159]. Die Auffassung dieser Kreise basierte auf der Behauptung, „daß der deutsche Jude anders geartet und in entscheidenden Eigenschaften weniger wert sei als sein uransässiger Landsmann und seine staatsfördernde Befähigung nicht zureiche“. Diese Annahme berechtige „den gesitteten Staat ... ihm unbequem scheinende Elemente mit kleinen und verfassungsmäßigen Mitteln zu bekämpfen ... das heißt, eine Religionsgemeinschaft abzuwehren, um eine Blutsgemeinschaft fernzuhalten"[160].

Rathenau verzichtete darauf, den Nachweis dafür zu erbringen, daß „die deutschen Juden nicht ‚in jeder Beziehung anders geartet', daß sie nicht, praktisch betrachtet, menschlich und staatlich minderwertig sind"[161]. Er wiederholte auch nicht jenen bereits in die Literatur über die Judenfrage eingegangenen Satz, den er in der kurz zuvor veröffentlichten „Erwiderung auf einen Artikel des Herrn Geheimrat***" geschrieben hatte:

„In den Jugendjahren eines jeden deutschen Juden gibt es einen schmerzlichen Augenblick, an den er sich zeitlebens erinnert: wenn ihm zum ersten Mal voll bewußt wird, daß er als Bürger zweiter Klasse in die Welt getreten ist, und daß keine Tüchtigkeit und kein Verdienst ihn aus dieser Lage befreien kann."[162]

Er erwähnt nur, daß es ihm „vor einigen zwanzig Jahren ... Freude gemacht (hätte), Soldat bleiben zu dürfen ..." Dann aber macht er „drei Bemerkungen zu der Minderwertigkeitsfrage"[163], die unwiderleglich sind: Er verurteilt es grundsätzlich, „ein Verdammnisurteil über einen ganzen Volksstamm" anzuerkennen und weist darauf hin, daß derartige generelle Urteile, wie sie unter Nationen üblich sind, „nicht den Wert politischer Urteile" haben, zumal sie „durch persönliche Vorliebe und Abneigung und häufig durch zufällige Erlebnisse getrübt" seien. Er fügt außerdem ganz richtig hinzu: „Den Juden gegenüber wird das Urteil vorwiegend zum Identitätsurteil: denn in der Regel wird nur der unkultivierte Jude als Jude erkannt und getadelt."[164] Er weist ferner darauf hin, daß Juden „als neuerungsliebend" nur da erscheinen, wo man sie schlecht behandelt. „Neuerungsliebend" verstand Rathenau im absprechenden Sinne des novarum rerum cupidus. Diesen Vorwurf hatte er allerdings selbst implicite in „Höre, Israel!"[165] und in den „Ungeschriebenen Schriften"[166] erhoben. Jetzt aber rühmte er am Judentum „den strengsten Konservatismus, den die Geschichte kennt"[167]. Der scheinbare Widerspruch findet seine Auflösung in der These Rathenaus, daß es zwei Gruppen deutscher Juden gäbe, eine kleine „nur wenigen außen Stehenden" bekannte, der Patrizier, zu der er sich selbst rechnet, die „ihren höchst konservativen Neigungen gemäß, bereitwillig anerkannt wird"[168], nämlich als etwas Besseres, und die „Stockjuden"[168], von denen er haßerfüllte Zerrbilder zeichnete. Die achtenswerten Eigenschaften durfte er wohl nur bei den „Patriziern" unter den Juden gesehen haben. Immerhin ist zu bemerken, daß er in diesem Brief unter „den Juden" keine Unterschiede hervorhob. Und schließlich weist er darauf hin, daß es unter den Juden offenbar – Diezelsky scheint das nicht zu bestreiten – nicht nur Menschen von großer

Intelligenz gibt, sondern auch – wie auch bei den übrigen Landesbewohnern – Menschen, die diese Intelligenz mit ethischen Werten verbinden. Trotzdem werden in Preußen Polen, Slovenen, Rumänen, Serben ohne Einschränkung als regierungsfähig anerkannt, die Juden noch nicht einmal mit der Einschränkung einer besonderen Auswahl. Viele andere Völker hätten Juden längst in ihre Reihen aufgenommen und ihnen Ministerien übertragen. England zum Beispiel verdanke einem Juden seine „Imperialpolitik" und sein Standbild stehe vor der Westminsterkirche[169]. Frankreich, Italien, Rußland, Österreich „und sogar Preußen (hätten) ein paar ganz tüchtige Minister jüdischen Bluts gehabt . . ."[170]

Rathenau wandte sich einer weiteren Behauptung Diezelskys zu, daß nämlich „der jüdische Vorgesetzte keine Autorität" habe, und erledigt sie mit dem Hinweis darauf, daß doch gerade in Preußen „jährlich Dutzende von Juden, die durch die Taufe weder an Fähigkeit noch an Zuverlässigkeit gewonnen haben", befördert werden, „und Preußen fährt nicht einmal schlecht dabei"[171].

Ein einziges Argument, das unter den politisch veränderten Verhältnissen der heutigen Zeit kaum noch verständlich erscheint, wollte Rathenau allerdings gelten lassen. Diezelsky hatte mit „dankenswerter Offenheit" gemeint: „Unsere Familien haben den preußischen Staat geschaffen, wir arbeiten seit 200 Jahren daran, wir sollen nun Ihnen eine führende Hand an der Staatsmaschine lassen?"[172] Rathenau, der glühende Bewunderer des „leider absterbenden Preußentums"[173], hat dafür Verständnis: „Es ist hart, daß er (der Adel) seine hundertjährigen Vorrechte, mit wem es auch sei, teilen" soll[174]. Aber die Zeit, in der die Voraussetzungen, von denen Diezelsky ausging, bestanden, lag in der Vergangenheit. Damals war der Staat ein Agrarstaat und die Grundbesitzer trugen den Staat. „Heute tragen sie ihn nicht mehr, denn Preußen sowohl wie das Reich sind Industriestaaten geworden."[175] „Regieren ist heute nicht mehr dasselbe, was es vor hundert Jahren war. Es ist nicht mehr patriarchisches Verwalten anvertrauter Menschen und Dinge. Regieren heißt heute: führen und Initiative ergreifen; diese Initiative muß ethisch und ideell, sie muß aber auch geschäftlich sein . . . Bei Aufgaben vorwiegend geschäftlichen Charakters, welche aus kolonialen, auswärtigen und finanziellen Problemen sich ergeben, hat die preußische Verwaltungstradition schon mehrfach versagt."[176] Handel und Industrie sind die entscheidenden Faktoren der Wirtschaft; diese aber beruhen „auf dem Bürgertum und nicht zum mindesten auf dem jüdischen Bürgertum"[177]. Und so kommt Rathenau, der mit seinen jüdischen Zeitgenossen so scharf ins Gericht zu gehen gewohnt war, zu dem Schluß:

„Ein Volk von 65 Millionen Menschen kann verlangen, daß die führenden Stellen im Staatswesen von allerersten Talenten, die verantwortlichen Stellen von befähigten Spezialisten besetzt werden ...
Deshalb bleibe ich bei meiner Überzeugung und Zuversicht: der Staat kann auf keine seiner geistigen und sittlichen Kräfte verzichten; er muß und wird dem Bürgertum im weitesten Sinn, und somit auch den Juden, die Mitwirkung an den gemeinsamen Arbeiten zugunsten des Staatswohls gewähren, und dies in kürzerer Zeit, als die Beteiligten annehmen".[178]

Mit Zustimmung Diezelskys[179] veröffentlichte Rathenau seinen Brief zunächst Anfang Februar 1911 – wie die „Erwiderung" – im „Tag" und nahm ihn dann unter dem Titel „Sendschreiben an Herrn von N." in seine „Polemik" auf.

## XI.

Rathenau schloß die „Polemik" mit einer „Erwiderung auf das Schreiben eines befreundeten Gutsbesitzers". Dieser „Freund" – er ist offenbar nur eine fingierte Person[180] – hatte das alte „volkstümliche Kennwort des ‚Staates im Staate' " und damit den Standard-Vorwurf der Antisemiten von der „Internationalität der Juden" erhoben, ein Vorwurf, der die uralte Verdächtigung enthielt, „die deutschen Juden möchten sich im Kriegsfall auf die Seite des Feindes stellen"[181] oder „sie hätten gelegentlich in Friedenszeiten mit einer auswärtigen Macht zu liebäugeln oder anzuzetteln gesucht, um Deutschlands Stellung oder Politik zu erschüttern"[182]. Hier weist Rathenau darauf hin, daß eine derartige Verdächtigung vielleicht bei Polen, Elsässern und Dänen, die politische Zentren im Ausland haben, noch verständlich, bei den Juden indessen selbst „zugunsten eines jerusalemitischen Staates" doch wohl kaum denkbar wäre[183]; denn die deutschen Juden haben – wie Rathenau ausführt – im Gegensatz zu den vorgenannten nationalen Minoritäten kein politisches Zentrum außerhalb des Reichs und nicht einmal ein religiöses wie etwa die Katholiken. Bei den genannten Minoritäten werde nun aber eine staatsbürgerliche Loyalität bis zum Beweise des Gegenteils unterstellt, während bei den Juden, deren staatsbürgerliche Verhältnisse so viel unkomplizierter und günstiger liegen, der „Rechtfertigungsbeweis" durch die Taufe verlangt werde[184].
Rathenau wies mit Nachdruck darauf hin, daß keinerlei „Material politischer oder kriminaler Statistik" die Behauptung seines Korrespondenten rechtfertige, und daß die Tatsache, daß „viele kultivierte Länder den Juden bessere wirtschaftliche Aussichten als Deutschland, fast alle ihnen

größere Rechte" bieten und die Juden dessen ungeachtet „ihr wirtschaftliches und kulturelles Dasein an das Land ihrer Heimat gekettet haben", es doch wohl unwahrscheinlich mache, „daß sie dem Geschick dieses Landes gleichgültig oder übelwollend gegenüberstehen"[185].
Alle diese einleuchtenden Argumente trug Rathenau mit der leicht spöttischen Überlegenheit vor, die derjenigen glich, mit der man zu einem begriffsstutzigen Menschen spricht. Seine Argumente waren ja auch verständlich und einleuchtend – zum mindesten für jeden, der die Judenfrage ehrlich und ernsthaft diskutieren und sich nicht darauf beschränken wollte, einmal angenommene Ansichten vorzutragen und an ihnen festzuhalten. Dann aber ging er seinerseits zum Angriff über, und ein neuer Rathenau scheint vor uns zu stehen. Anstelle des halbherzigen Juden, der sich im Grunde von seiner Gemeinschaft distanziert und im besten Falle nur sich und seine kleine elitäre Gruppe anerkennt, tritt unversehens ein Wortführer der gesamten deutschen Judenheit auf:

„Was ist denn eigentlich nationale Gesinnung und Betätigung? Besteht sie lediglich in unterwürfigen Redensarten oder aggressiven Liedern? Dann gebe ich die der Juden gerne preis. Oder besteht sie in liebevoller und hingebender, aufopfernder und freier Kulturarbeit zu Ehren und zum Segen des angestammten Landes? Dann möge der aufstehen, der vor Gott und Gewissen behaupten kann, daß die deutschen Juden ihr Maß von Kulturarbeit nicht ehrlich und reichlich erfüllt haben, daß sie nicht mehr zu Deutschlands Hoheit, Glück und Ehre beigetragen haben als alle berufsmäßigen Antisemiten zusammen genommen. In diesem Zusammenhang ziemt es kaum und beschämt es fast, vom Materiellen zu reden. Dennoch sei die Nebenfrage gestellt: was geschähe wohl, wenn die armselige halbe Million deutscher Juden einmal zehn Jahre lang die Mittel, die sie den Zwecken der allgemeinen Wohlfahrt, den Aufgaben der Forschung und den Zwecken der Kunst zuwendet, bis zum Eintritt besserer Zeiten aufspeichern wollte? Manches wohltätige Werk bliebe ungeschehen, manches Problem ungelöst, und die deutsche Kunst, so sagen mir einige ihrer hervorragenden Vertreter, könnte auswandern. So viel von nationaler Gesinnung."[186]

Aber innerlich hatte sich Rathenau nicht geändert. Schon im nächsten Absatz kehrte er zu seinen alten Ideen von der strengen Auslese unter den Juden zurück[187] und zu seiner Forderung nach der Integrierung nur derjenigen Juden, die die strengsten Kriterien nach „Herkunft, Erziehung, Gesinnung, Talent oder Charakter" erfüllten[188].
Meine Annahme, daß Rathenau immer noch derselbe „jüdische Antisemit" war wie im Jahre 1897 wird durch einen Brief an den Rechtsanwalt Dr. Apfel aus jenen Tagen unterstützt, der mit seiner anmaßenden Härte in einem geradezu eklatanten Gegensatz zu den verständnisvollen, fast unterwürfigen Formulierungen steht, die in seiner „Erwiderung auf das

Schreiben eines befreundeten Grundbesitzers" enthalten sind. Während er mit den Adressaten seiner Briefe in der „Polemik" mit außerordentlicher Höflichkeit und großem Verständnis verkehrte, ist der Ton an Apfel grob und beleidigend. Er schrieb kurz und knapp unter Weglassung aller sonst von ihm geübten Höflichkeitsfloskeln[189]:

„Wenn die deutschen Juden sich über die Vorenthaltung bürgerlicher Rechte beklagen, so sollen sie bedenken, daß sie als Gesamtheit bisher so gut wie nichts unternommen haben, um den Staat zu einer Änderung seiner Judenpolitik zu bestimmen".[190]

Rathenau appellierte schließlich an alle diejenigen, die seinen Ausführungen beistimmten, aber eine „Änderung der bestehenden Dinge in absehbarer Zeit" nicht für möglich hielten. Er warf ihnen vor, daß sie sich durch die Unterstützung eines erkannten Unrechts selbst zu Mitschuldigen machten. Und er wandte sich schließlich am Ende seiner „Erwiderung auf das Schreiben eines befreundeten Gutsbesitzers" an die Juden mit den Worten:

„Von den Juden erhoffe ich, daß sie auch während der Dauer ihres Minderrechts unablässig an ihrer Selbsterziehung arbeiten, in allen guten Tugenden mit ihren christlichen Landsleuten wetteifern und in verdoppelter Liebe ihrem Lande dienen. Ihres guten, wohlerworbenen und ungesetzlich verkümmerten Rechtes mögen sie gedenken, nicht in Groll, aber in Zuversicht. Gott wird's richten".[191]

Waren diese frommen Worte Ausdruck einer Resignation, waren sie geheuchelt? Den echten Stolz eines Menschen, dessen Rechte verletzt wurden, zeigten sie nicht.

Rathenau scheint selbst empfunden zu haben, daß es ihm in seiner „Polemik" trotz aller Bemühungen nicht gelungen war, an den eigentlichen Kern des Problems heranzukommen. So fügt er diesen drei Briefen eine „persönliche Bemerkung" hinzu, die „diese Kontroverse aufklärend beschließen" sollte[192]. Er kämpfe nicht – so erklärte er ausdrücklich – „für den jüdischen Reserveleutnant", auch nicht für den „Juden, der sich staatliche Verantwortung wünscht und sie nicht erhält...". „Wer Einlaß erbittend sich an Stellen begibt, wo man ihn nicht haben will, tut mir leid; ich kann ihm nicht helfen."[193] Woran ihm läge, sei, dafür zu sorgen, daß Unrecht beseitigt werde. „Das Unrecht, das gegen das deutsche Judentum und teilweise gegen das deutsche Bürgertum geschieht, ist nicht das größte, aber es ist auch eines. Deshalb mußte es ausgesprochen werden. Das Beste aber wird sein, wenn jeder von uns in sein menschliches, soziales und bürgerliches Gewissen hinabsteigt und Unrecht abtut, wo er es findet."[194] Ob es ihm ernst damit war, das Unrecht gegen die Juden „abtun" zu lassen, kann bezweifelt werden. Er selbst war ja arriviert – finanziell und sozial. Mit kleinen Einschränkungen war für ihn, der gesellschaftlich mit Kanzlern, Ministern, Generälen und ihrem Anhang verkehrte, dieses Problem gelöst. Und mit den anderen Juden, die unter dem Antisemitismus litten, fühlte er sich nicht solidarisch. So war dies Problem in Rathenaus Augen gewiß kein Hauptproblem, höchstens ein Teilaspekt des Unrechts, das dem deutschen Bürgertum angetan wurde.

## XII.

Die Jahre nach Rathenaus Afrikareise waren voll politischer und unheilverheißender Spannungen. Das Reich steuerte immer mehr in die außenpolitische Isolation. Rathenau erkannte die Gefahren, die daraus erwuchsen. Zwei Jahre nach seiner „Polemik" griff er dann auch die deutsche Außenpolitik an: „Seit Bismarcks Scheiden betreibt Deutschland nicht mehr aktive auswärtige Politik". Warum? „Weil Preußen nicht von staatsgeschäftlichen Talenten, sondern von verdienstvollen Beamten geführt wird, und weil das Volk, im Gewinnen befangen, seine Staatssorgen nicht ernst nimmt."[195] Der Grund hierfür lag nach Rathenaus Meinung in einer falschen politischen Auslese des Nachwuchses. In Preußen komme für die höhere Laufbahn im wesentlichen nur der Landesadel in Betracht. Er bringe dazu hervorragende Qualitäten mit:

„Der preußische Adel bildet durch Pflichtbewußtsein, Ehrenhaftigkeit, Mut, Treue und Opferbereitschaft die vollendetste Militär- und Beamtenhierarchie, die wir kennen."

Zum Staatsmann gehöre aber die Mischung der Polaritäten: er müsse „wie Napoleon und Bismarck, halb Römer, halb Levantiner, halb Baldur, halb Loke sein"[196]. Das Bild vom preußischen Militär und Beamtentum, das Rathenau entwarf, entsprach seiner Verehrung für diese Bevölkerungsgruppe. Aber er war nicht blind gegenüber gewissen Mängeln, die er auch bei dieser Gruppe erkannte, und die sich in einem Standesdünkel, gemischt mit einer gewissen Sorglosigkeit in der Bewertung der deutschen Situation in der Welt, offenbarte. In seinem Artikel „Politische Auslese" sprach er dies nicht ausdrücklich aus. Er hatte es schon ein Jahr zuvor in der Schlußbemerkung zu seiner „Polemik" getan, als er warnte, daß „eine Zeit nicht deshalb sorgenlos (ist), weil der Leutnant strahlt und der Attaché voll Hoffnung ist"[197]. Nunmehr verlangte er eine Änderung der Auslesepolitik durch Hinzuziehung von Kräften aus dem Bürgertum. Denn „die aristokratische Einseitigkeit der Auswahl verkleinert nicht nur den Kreis der Verfügbarkeit im Verhältnis von hundert zu einem und verengert somit das diplomatische Deutschland bis unterhalb der Grenzen Dänemarks oder der Schweiz: sie gibt vor allem den intellektuellen Durchschnitt verändert und unvollkommen wieder. Hierin liegt ein Rückschritt gegen die Zeit vor hundert Jahren"[198].

Rathenau wies darauf hin, daß seine Forderung gerechtfertigt und durch den preußischen Staat bereits anerkannt sei; denn in Preußen gäbe es ja ein anderes Ausleseprinzip, nämlich in der Armee:

„Zu ihrem (der Armee) Berufssdienst wird jeder zugelassen, der gebildet, ehrbarer Herkunft, kein Krüppel und kein Jude ist ... Aus Hunderten werden die Brauchbarsten erprobt, der Akademie zugewiesen, geprüft und beobachtet. Die Besten im Dienst und Hörsaal ergeben die besten Führer. Deshalb ist unsere Heeresleitung in ihrer Gesamtheit vorbildlich und unerreicht".[199]

Die Änderung der überalterten Ausleseprinzipien für den Regierungsdienst, die in England[200], aber auch in Frankreich[201] längst verlassen worden waren, seien auch in Deutschland wegen der veränderten Gesamtwirtschaftslage unerläßlich, wenngleich die drohenden Schäden dem Bürgertum noch nicht erkennbar seien. Wenn aber politische Rückschläge kämen, würde auch der Bürger, der ebenfalls nach den herrschenden Ausleseprinzipien von der Mitwirkung in der Regierungsverwaltung ausgeschlossen war, kritisch werden: „Heute fürchtet er Gott und den Sozialismus, über Nacht lernt er andere Ängste."[202] Im Anschluß hieran machte Rathenau die sehr treffende, aber für die Zeit vor dem Ersten Weltkrieg erstaunliche Beobachtung:

„Nicht von der Arbeiterschaft drohen uns Gefahren, denn dem heutigen Sozialismus fehlt die Kraft positiver Ideen. Zwei andere Angriffskräfte werden die preußische Staatsauffassung erschüttern: Mangel an führenden Geistern und ungleiche Verteilung der Lasten; beide entspringend aus dem einstmals so bewährten Aristokratismus der Verwaltung."[203]

Rathenaus Artikel war – dem Wortlaut nach – nicht pro domo geschrieben. Aus seinen Erfahrungen auf den Afrikareisen 1907 und 1908 mit Staatssekretär Dernburg hatte er angeblich gelernt, daß „der Mann, der sich suchen und finden läßt (für zeitbegrenzte Staatsgeschäfte) ein Unbefriedigter oder Unbeschäftigter (ist): Er bleibt in gewissem Sinne Dilettant und Außensteher, seine guten Eigenschaften reiben sich auf, seine schlechten kompromittieren, und die unerfreuten Berufsgenossen atmen auf, wenn das heimatlose Meteor explodiert"[204]. Aber der Leser seines Aufsatzes spürt deutlich, daß Rathenau im Grunde nur seine eigenen Probleme ventilierte und daß die Erfahrungen, die er mit der preußisch-deutschen Regierung gemacht hatte, seine Feder beeinflußt hatten.

Seine Erfahrungen waren noch nicht hart genug, unangenehmere standen ihm bevor, als er zu Beginn des Weltkrieges die Organisation der Rohstoffwirtschaft übernahm.

Das Unrecht gegen die Juden, das ihn zu seiner „Polemik" veranlaßt hatte[205], beschäftigte ihn 1912, als er den Artikel „Politische Auslese" veröffentlichte, kaum mehr. Er wies zwar vorwurfsvoll darauf hin, daß in Deutschland Juden wie „Krüppel und Personen unehrenhafter Herkunft" noch immer vom höheren Militärdienst ausgeschlossen waren. Aber die Sorge um Deutschlands Zukunft überwog seine Bemühungen um die Bekämpfung des relativ kleinen Unrechts, das einer kleinen Minderheit von knapp einem Prozent Juden angetan wurde. Für ihn stand im Vordergrund, daß Deutschland unter den „Mächten" nicht den Rang einnahm, der ihm nach seinen Fähigkeiten und seinem wirtschaftlichen Potential zukam, und er litt darunter, daß er wußte, wie sehr das Ansehen Deutschlands in den Augen der anderen Mächte Europas gesunken war[206].

Rathenau ließ sich auch nicht durch die sichtbaren Wirtschaftserfolge blenden, die politische Mißerfolge verdeckten. „Unser vierzigjähriger Verzicht auf Zuwachs" sei zu Unrecht als „Friedensliebe" verstanden worden. In Wirklichkeit spiegele die Partei des gebildeten Bürgertums nur das symbolische Bild der gesättigten Volksindolenz wider. Das Bürgertum sei „forderungslos" geworden, „weil (seine) besitzende und konkurrierende Hälfte, dem gesellschaftlichen Aufstieg hingegeben, jede Unliebsamkeit scheut. Der liberale Reichstag ... hat ... keine kennzeichnende Spur eines Eigenlebens hinterlassen"[207]. Von unmittelbar praktischer Bedeutung waren diese Erwägungen – wie Rathenau genau wußte – zur Zeit nicht. Aber die Erschütterungen, denen die deutsche Wirtschaft entgegenging, die heute nur ökonomischer Natur waren, würden dann gewiß wieder außenpolitische Fragen aufwerfen. Und dann würde sich erweisen, daß Deutschland infolge des überholten Systems seiner Auslese des Nachwuchses keine geeigneten Männer mit der nötigen wirtschaftspolitischen Erfahrung für die Leitung der Staatsgeschäfte hat.

## Anmerkungen

[1] Apologie S. 80 f.: s. auch *Wilde:* Rathenau S. 37; über die Entwicklung seiner Einkommens- und Vermögensverhältnisse s. „Tagebuch", Vorbemerkung von Pogge- v. Strandmann S. 118.

[2] Die Aluminium Industrie AG in Neuhausen (Schweiz) war der AEG affiliiert; die Elektrochemischen Werke in Bitterfeld hatte Rathenau mit Hilfe einiger Banken für die AEG errichtet. Anschließend war Rathenau stets – auch in der Zeit,

in der er Geschäftsinhaber der Berliner Handelsgesellschaft war — ein führender Mann der AEG.

[3] Der leitende Kopf der Berliner Handelsgesellschaft war der Bankier Carl Fürstenberg, der seit 1894 dem Aufsichtsrat der AEG angehörte und von 1896 bis 1922 der Vorsitzende des Aufsichtsrats der AEG war (*Fürstenberg:* Kommentar S. 388). Fürstenberg schlug Rathenau 1902 vor, als Geschäftsinhaber in seine Bank einzutreten, da Rathenau zu jener Zeit noch nicht mit seinem Vater zusammenarbeiten konnte und in einer Generalversammlung eine Anspielung auf die „Dynastie Rathenau" gemacht worden war. (Zielenziger: „Juden in der deutschen Wirtschaft" S. 141).

[4] *Wilde:* Rathenau, S. 44, s. auch: Musil: „Der Mann ohne Eigenschaften", A. 192 (Daß Musils Dr. Arnheim als eine Darstellung Rathenaus gedacht war, wird von Adolf Frisé, dem Herausgeber des Buches, im „Nachwort", S. 1616, auf Grund der Entwicklungsgeschichte dieses Buches bestätigt.)

[5] s. Stefan *Zweig,* „Die Welt von gestern" (zit. bei *Wilde:* Rathenau, S. 182): „Dieser vielbeschäftigte Mann hatte immer Zeit."

[6] „Physiologie der Geschäfte" in „Impressionen" S. 205.

[7] „Geschäftliche Lehren" GS 4, S. 104 (= „Reflexionen" s. 100).

[8] s. „Die drei Ursachen von Arnheims Berühmtheit und das Geheimnis des Ganzen" in Musils: „Der Mann ohne Eigenschaften" S. 190 ff.

[9] *Heine:* aus dem Einweihungsgedicht „Das neue Israelitische Hospital zu Hamburg".

[10] *Kessler:* Rathenau S. 55.

[11] *Fürstenberg:* Kommentar, S. 408 f.

[12] Der Terminus „Snob" wird hier in dem üblichen Sinne als „sine nobilitate" verstanden, obwohl die Sprachforschung festgestellt hat (s. Duden Bd. 7 [Etymologie] S. 648), daß diese Erklärung etymologisch nicht berechtigt ist.

[13] Vgl. die Anekdote über sein Zusammentreffen mit „Exz. Wildenbruch", die Rathenau in einem Brief an Frau Deutsch erzählt (abgedr. bei *Kessler:* Rathenau S. 52 f.).

[14] *Hillard:* Herren und Narren der Welt, S. 220.

[15] *Mangoldt:* Auf der Schwelle, S. 20.

[16] Die in den „Denkwürdigkeiten" des Reichskanzlers Bülow enthaltenen Angaben sind nicht stets als zuverlässig anzusehen. Es wird in dieser Hinsicht auf Anm. 62 im 6. Kapitel oben verwiesen. Indessen trägt der hier nachstehende Bericht über Bülows erstes Zusammentreffen mit Rathenau den Stempel der Glaubwürdigkeit an sich.

[17] *Bülow:* Denkwürdigkeiten, Bd. III S. 39 f.

[18] a. a. O., S. 41.

[19] s. oben im 9. Kapitel S. 298.

[20] *Theilhaber:* Judenschicksal S. 207 („Ballin, der jüdische Defaitist").

[21] Die französischen Dernbourgs, Josef Naftali (1811—1895) und Hartwig (1844 bis 1911), waren berühmte Orientalisten nud aktiv in der Alliance Israélite Universelle tätig.

[22] Bülow: Denkwürdigkeiten a. a. O.

[23] Vgl. die Vorbemerkung von *Pogge-v. Strandmann* zu: Die ostafrikanische Reise, in: Rathenau: Tagebuch, S. 55 f. Anm. s. daselbst: Bülow soll damals mit dem Gedanken gespielt haben, Rathenau als Staatssekretär des Reichskolonialamtes zu berufen.

[24] Rathenau an Herzl. Brief III in Bein: Herzl u. Rathenau, A. W. Z. D. 4. Forts. v. 15. 2. 1952.
[25] Rathenau an Schwaner, 17. 7. 1914, Briefe Bd. 1, Nr. 137, S. 154.
[26] „Zur Kritik der Zeit", G. S., Bd. 1, S. 23 ff.: „Geschichtete Völker".
[27] a. a. O., S. 25 f.
[28] „Von Schwachheit, Furcht und Zweck", in „Reflexionen" S. 2.
[29] a. a. O., S. 13.
[30] a. a. O., S. 14.
[31] a. a. O., S. 15.
[32] a. a. O., S. 13.
[33] a. a. O., S. 13, 14.
[34] a. a. O., S. 13.
[35] „Reflexionen", „Ungeschriebene Schriften" CXXII S. 239.
[36] a. a. O. (CXXII)
[37] S. 1—23.
Rathenaus Freunde und persönliche Bekannte waren davon überzeugt, daß, wie sein Biograph Kessler (S. 67) schrieb, Rathenau schlechthin „alles las" (s. auch Wilde: Rathenau, S. 58), und in der Tat war sein Wissen so enorm, daß sogar sein Antityp Robert Musil seine „große Belesenheit" rühmte, die es dazu brachte, daß nur Fachleute in seinen Reden „jene kleinen Unrichtigkeiten und Mißverständnisse (bemerken konnten), an denen man eine Dilettantenarbeit so genau erkennen kann" (Der Mann ohne Eigenschaften S. 191).
[38] Briefwechsel zwischen Rathenau und Herzl, v. 31. 7. und 3. 8. 1901, abgedruckt als I und II bei Bein: Th. Herzl und W. Rathenau, in A. W. Z. D. v. 8. 2. 1952.
[39] „Physiologie der Geschäfte" in „Impressionen" S. 190.
(Rathenau hat einen großen Teil der „Beobachtungen", „die vielleicht dem Erfahrenen bekannt, dem Unerfahrenen wertlos, mir (scil Rathenau) aber teuer sind" (Phys. d. Gesch. S. 187), in seine Sammlung „Geschäftliche Lehren" mit dem Hinweis („Reflexionen" S. 90 Anm.*) aufgenommen, daß sein „früheres Werk" (eben die „Physiologie") „nicht mehr erscheinen soll". Die im Text zitierten Sätze sind in diesen „Beobachtungen" nicht enthalten.
[40] Das geistige Niveau der damals noch jungen Anthropologie war durch Werke wie „La France Juive" von E. Drumond in Frankreich, bzw. durch „die Grundlagen des 19. Jh." von H. St. Chamberlain in Deutschland gekennzeichnet, die beide inzwischen als wissenschaftlich bedeutungslose Reißer entlarvt worden sind.
[41] *Theilhaber:* „Judenschicksal" S. 207 (Kapitel: „Ballin").
[42] Ballin war zwar mit Rathenau befreundet, es ist jedoch nicht bekannt, daß er ihn als Schriftsteller geschätzt hat. Über die recht boshaften Anekdoten, die er über Rathenau verbreitete, siehe *Bülow:* Denkwürdigkeiten, III, 41.
[43] Ein Eingehen auf dieses widerspruchsvolle Verhalten Rathenaus mußte als nicht zum Thema dieser Untersuchung gehörig unterbleiben. (Ein Hinweis auf *Schmoller:* Rathenau und Preuß, S. 17 dürfte genügen.)
[44] *Kessler:* Rathenau S. 22 ff.
[45] „Von Schwachheit, Furcht und Zweck" in Reflexionen S. 2.
[46] „Von kommenden Dingen", GS. Bd. 3, S. 39.
[47] *Kessler:* Rathenau, S. 23; siehe auch oben S. 49—51.
[48] „Geschäftliche Lehren" („Vom Ziel der Geschäfte") in „Reflexionen", S. 82.
[49] Rathenau baute seine Vorstellungen über den (großen) „Geschäftsmann" spä-

ter in seinem Aufsatz „Vom wirtschaftlichen Gleichgewicht“ (Reflexionen, S. 102 bis 108) in interessanter Weise weiter aus.
[50] „Von Schwachheit, Furcht und Zweck“ in Reflexionen S. 11 f.
[51] Z. B. „Ungeschriebene Schriften“ XIX, in Reflexionen S. 206.
[52] Z. B. „Ungeschriebene Schriften“ XXX, in Reflexionen S. 210.
[53] Reflexionen S. 199—270.
[54] „Mechanik des Geistes“, GS. Bd. 2, S. 177 ff.
[55] s. z. B. Rathenau an Schwaner, 16. 9. 1915, Briefe I Nr. 176, S. 192 f.
[56] s. oben: 4. Kapitel, insbes. S. 90 f.
[57] Reflexionen, S. 238 f.
[58] s. hierzu unsere Ausführungen im 1. Kapitel insbes. Abschn. III dieser Untersuchung.
[59] „Höre, Israel!“ S. 10, (s. oben 9. Kap., S. 301).
[60] Natürlich stand Rathenau während seines ganzen Lebens mit Juden in Verbindung, aber nicht, weil er sich von ihnen als „Stammes-“ oder „Volksgenossen“ angezogen fühlte, sondern weil sie seiner geistigen Haltung am weitestgehenden entsprachen.
[61] Reflexionen, S. 238.
[62] *Kessler:* Rathenau, S. 59 f.
[63] *Zielenziger:* Juden in der deutschen Wirtschaft, S. 141.
[64] *Kessler:* Rathenau. S. 65.
[65] *Bein:* Th. Herzl u. W. Rathenau, in A. W. Z. D. 15. 2. 1952, Nr. IV, Brief Herzls an Rathenau v. 7. 8. 1901.
[66] s. *Musil:* Der Mann ohne Eigenschaften, S. 191.
[67] Z. B. Abschnitt IV, S. 305 ff.
[68] Kessler spricht in seiner Einleitung zur Biographie Rathenaus von der „einmaligen inneren Vision“ Rathenaus, von „innerlich erschauter Form“, von der bei ihm alles ausgeht, in sie alles zurückführt und dort organisch zusammenwächst. „Wie ein Künstler gibt Rathenau bewußt subjektive Wahrheit“ (a. a. O., S. 7).
[69] s. hierzu: *Fürstenberg:* Kommentar, S. 398 f.
[70] *Kessler:* Rathenau, S. 85.
[71] a. a. O., S. 85.
[72] a. a. O., S. 86.
[73] *Fürstenberg:* Kommentar, S. 386.
[74] *Kessler:* Tagebücher, S. 552 (21. 11. 1927).
[75] Über Frau Deutsch s. *Berglar:* Rathenau, Anm. 710, S. 373 f.; ferner *Mangoldt:* Auf der Schwelle, S. 27.
[76] Frau Deutschs Äußerung über Rathenau (Briefe an sie, s. oben Anm. 74) wird oft als eine Tatsachenangabe akzeptiert, während sie in Wirklichkeit nur die „Wertung“ einer „interessierten Zeugin“ und als solche von recht zweifelhaftem Wert ist.
[77] s. *Fürstenberg:* Kommentar, S. 399.
[78] Rathenau an Frau Deutsch, 23. 5. 1906 (zit. b. *Kessler,* S. 85).
[79] Rathenau an Frau Deutsch, (zitiert bei *Kessler:* Rathenau, S. 160).
[80] *Kessler:* Rathenau, S. 74.
[81] Faksimile (u. a.) bei *Kessler:* Rathenau, zwischen S. 112 und 113.
[82] „Von Schwachheit, Furcht und Zweck“ in Reflexionen S. 116.
[83] a. a. O., S. 17.
[84] s. Buber an Kessler, 16. 1. 1928 (gedr. bei *Kessler,* Rathenau, S. 89 f., Anm. 1).
[85] Es handelt sich um den Kosaken-Tataren-Russen- und Schwedenkrieg von

1648—1660, in dessen Verlauf nach den Ermittlungen jüdischer Historiker an die 300 jüdische Gemeinden ausgerottet und 100 000 Juden ermordet wurden. Die Massaker des Jahres 1648/49, die die schlimmsten der beginnenden Neuzeit waren, wurden in der jüdischen Geschichte die „Gseróth Tav-Chet u' Tav-Tet" = das „Verhängnis der Jahre 5408 u. 9" (entsprechend dem jüdischen Kalender) genannt.

86 Bogdan Chmielnicki (1595—1657), ein polnischer Adliger, der als Freiheitsheld der Ukraine gefeiert wurde, war der markanteste Initiator und Führer in diesen Kriegen (M. *Balaban:* Chmielnicke in Jüd. Lexikon, Bd. I, Sp. 1364—67, J. S. *Ettinger:* Encyclop. Judaica, Bd. V, Sp. 480—481).

87 Israel ben Elieser (1700—1760), bekannt als der Bescht, abgekürzt von den hebräischen Worten „Baal Schem Tov" (= der Herr des guten Namens) = der Wundertäter (s. *Müller* zu I. ben Elieser, in: Jüd. Lexikon, Bd. III, Sp. 68—72).

88 Eine Gegenüberstellung von „deutscher Mystik" u. Chasidismus nach Buber findet sich bei Kessler: Rathenau S. 89.

89 „Chasidismus" — von „Chasid" = der Fromme — ist eine Bezeichnung, die sich erst im Laufe der Zeit herausgebildet hat.

90 Die Gegner des Chasidismus waren die traditionellen Orthodoxen, die — als die Gegner der neuen Sekte, die „Mithnagdim" (= die Gegner) genannt wurden. Ihr Vorkämpfer war der Rabbi Eliahu (1720—97), der unter dem Namen „Gaon Wilna" (= der Erlauchte aus Wilna) bekannt ist.

91 *Joll:* Prophet ohne Wirkung, eine biographische Skizze, in: Walther Rathenau: Tagebuch 1907—1922, S. 21.

92 Erschienen im Hannover'schen Courier am 12. 2. 1907 und wieder abgedr. in „Nachgelassene Schriften" Bd. I, S. 15—22.

93 a. a. O., S. 16.

94 a. a. O., S. 16 f.

95 a. a. O., S. 17.

96 a. a. O., S. 17.

97 a. a. O., S. 20.

98 a. a. O., S. 22.

99 Vgl. die Anm. des Herausgebers zu dem Artikel „Die Neue Ära" in Nachgel. Schriften Bd. I, S. 264.

100 *Kessler:* Rathenau. S. 138.

101 *Bülow:* Denkwürdigkeiten, Bd. II, S. 266 f.

102 s. *Kessler:* Rathenau, S. 138 f., *Helmuth Böttcher:* Rathenau, S. 85.

103 *Bülow:* Denkwürdigkeiten, Bd. 3, S. 40 f., *Böttcher:* Rathenau, S. 86.

104 *Bülow:* Denkwürdigkeiten III, S. 39.

105 Külz über Rathenau (zitiert bei *Böttcher:* Rathenau, S. 85).

106 *Pogge-v. Strandmann:* In: W. R. Tagebuch, Vorbemerkung, S. 118; demgegenüber *Wilde:* Rathenau, im Kapitel „Kronenorden ‚zweiter Güte'" S. 51; über Bülows Haltung in dieser Frage s. unten S. 335.

107 6. 2. 1911, in W. R. „Tagebuch", S. 127.

108 *Kessler:* Rathenau, S. 152.

109 Rathenaus Ruhm als wirtschaftlicher und politischer Schriftsteller begann erst mit seinem Buch „Zur Kritik der Zeit", das im Jahre 1912 erschien.

110 s. unten S. 393.

111 s. *Pogge-v. Strandmann:* Kommentar z. W. R. TB. S. 100 ff.

112 a. a. O.

113 s. hierzu auch die Erlebnisse, über die Rathenaus Nichte U. v. Mangoldt

(Tochter von Rathenaus Schwester Edith) berichtet, deren Ehemann — in der Zeit der Weimarer Republik — seine Mitgliedschaft in der Adelsgesellschaft verlor, weil er die Halbjüdin Ursula Andreae heiratete.
(*Mangoldt:* Auf der Schwelle, S. 160).
114 *Pogge-v. Strandmann:* Vorbemerkung S. 118 zu „W. R. TB 1911".
115 *Wilde:* Rathenau, S. 48; vgl. auch *Musil:* Der Mann ohne Eigenschaften, S. 190 f.: „Er besaß eine Villa in modernstem Stil ... und ein wackliges altes Schloß irgendwo in der kargsten adeligen Mark, das geradezu wie die morsche Wiege des preußischen Gedankens aussah."
116 Apologie: S. 94—95.
117 a. a. O.
118 a. a. O., S. 95.
119 Rathenau an Frau Deutsch, abgedr. bei *Kessler:* Rathenau, S. 52.
120 *Kessler:* Rathenau S. 60, s. auch Böttcher: Rathenau S. 62 ff.
121 Rathenau an Rötger, 31. 3. 1911, Briefe Bd. 1, Nr. 54 S. 78.
122 *Musil:* Der Mann ohne Eigenschaften, S. 190 f.
123 *Ludwig:* Genie und Charakter, S. 137 ff.
124 „Staat und Judentum", eine Polemik, GS. I, S. 183—207.
125 s. Brief des (jüdischen) Mitherausgebers Dr. Landsberger an den Rabbiner Prof. Maybaum und Maybaums anschließende Äußerung (S. 71 und 72).
126 Zuerst erschienen 1911.
127 s. „Judentaufen": Vorwort von Dr. Landsberger S. 6.
128 Einige Persönlichkeiten, deren Stellungnahme von allgemeinem Interesse gewesen wäre, wie August Bebel, Fürst Bülow und Prof. Brentano haben sich allerdings (und sehr bedauerlicherweise) geweigert, die Fragen der Enquete zu beantworten.
129 a. a. O., S. 30—32.
130 a. a. O., S. 34.
131 a. a. O., S. 45, 47.
132 s. oben S. 155.
133 „Judentaufen", S. 70—73.
134 a. a. O., S. 79, 80.
135 a. a. O., S. 87.
136 a. a. O., S. 87 f.
137 Da Kohler sich zu dem Problem der Judentaufen auch ausdrücklich in der Sombart-Landsbergerschen Enquête äußerte, die erst ein Jahr nach Rathenaus Polemik erschien (s. oben S. 337), jedoch nicht anzunehmen ist, daß Kohler seine Anschauungen in der Zwischenzeit geändert hatte, werden hier seine Ansichten und seine Stellungnahme in den „Judentaufen" zitiert.
138 Polemik GS I, S. 185.
139 a. a. O., S. 186.
140 „Höre, Israel!" S. 4.
141 a. a. O., S. 20.
142 „Judentaufen", S. 62.
143 a. a. O., S. 67.
144 a. a. O., S. 65.
145 a. a. O., S. 67.
146 „Polemik", GS Bd. I, S. 187.
147 a. a. O., S. 188.
148 a. a. O., S. 187 f.

[149] a. a. O., S. 191.
[150] a. a. O., S. 190.
[151] a. a. O.
[152] „Die Streitschrift vom Glauben" erschien 1917 (sie wurde in den 5. Band der GS. [S. 95—119] aufgenommen).
[153] s. *Pogge-v. Strandmann:* W. R. Tagebuch, S. 120, Anm. 15; ferner „Kommentar" desselben a. a. O. S. 121 f.
[154] W. R. Tagebuch, 7. 1. 1911, S. 120 f.
[155] a. a. O.
[156] a. a. O., S. 121.
[157] Über die Identität des „Herrn v. N." und des Herrn „von Diezelsky" s. „W. R. Tagebuch", 17. 1. 1911, u. Anm. 28 a. a. O., S. 123.
[158] Über die Beziehung Diezelskys zu Rathenau s. dessen Kondolenzbrief an Frau Rathenau vom 28. 6. 1922 (veröffentlicht in: AEG „zum Gedenken an Walther Rathenau" S. 77).
[159] „Polemik", S. 192.
[160] a. a. O.
[161] a. a. O., S. 193.
[162] a. a. O., S. 188 f.
[163] a. a. O., S. 193 f.
[164] a. a. O.
[165] „Höre, Israel!" S. 17.
[166] „Reflexionen": Ungeschriebene Schriften CXVI, S. 248 und GS. Bd. 4, S. 227.
[167] „Polemik", S. 194.
[168] „Höre, Israel!" S. 10.
[169] Gemeint ist das Denkmal von Disraeli.
[170] „Polemik", S. 194.
[171] a. a. O., S. 195 f.
[172] a. a. O., S. 197.
[173] a. a. O.
[174] a. a. O., S. 197.
[175] a. a. O., S. 198.
[176] a. a. O., S. 199.
[177] a. a. O., S. 199.
[178] a. a. O., S. 199 f.
[179] WRTB, 30. 1. 1911, S. 125.
[180] Weder im „Tagebuch" noch in den bisher veröffentlichten Briefen Rathenaus ließ sich ein Hinweis darauf finden, wer der „befreundete Grundbesitzer" war.
[181] s. hierzu „Polemik" S. 201 und 2 Mos 1: 9—10.
[182] „Polemik", S. 201.
[183] a. a. O.
[184] a. a. O., S. 201 f.
[185] a. a. O., S. 203 f.
[186] a. a. O., S. 204.
[187] a. a. O., S. 204 f.
[188] a. a. O., S. 205.
[189] Rathenau an Apfel, 31. 1. 1911, Briefe Bd. I, Nr. 51 S. 76. In den Briefsammlungen des Carl Reissner Verlags wurden stets die Anreden und Briefschlüsse abgedruckt. In diesem Falle fehlen sie. Nur der Familien-, nicht einmal der Vorname Rathenaus ist angegeben. Ein sieben Jahre späterer Brief an Rh. Ap-

fel enthält die Anrede „Sehr geehrter Herr Doktor!" und den konventionellen Abschluß „In Ergebenheit" (Brief vom 16. 11. 1918, in Bd. II, Nr. 447, S. 76). Dieser Brief enthält allerdings eine Anerkennung eines Protestes von Dr. Apfel durch Rathenau!

190 Brief Nr. 51 (s. Anm. Nr. 189).

191 Polemik a. a. O. S. 206.

192 a. a. O. Abschnitt IV: Schlußbemerkung.

193 a. a. O.

194 a. a. O., S. 207.

195 a. a. O., S. 206. „Deutsche Gefahren und neue Ziele", GS, Bd. I, S. 270.

196 „Politische Auslese", GS. Bd. I, S. 225.

197 „Polemik", GS. Bd. I, S. 207.

198 „Politische Auslese", GS. Bd. I, S. 225.

199 „Politische Auslese", GS. Bd. I, S. 229.

200 a. a. O., S. 226.

201 a. a. O., S. 223, ferner „Parlamentarismus" a. a. O., S. 236.

202 a. a. O., S. 231.

203 a. a. O., S. 231 f.

204 a. a. O., S. 227 f.

205 „Polemik" a. a. O., S. 206.

206 s. hierzu den Aufsatz „Politik, Humor und Abrüstung" GS. I, S. 170—182, sowie „Deutsche Gefahren und neue Ziele", a. a. O. insbes. S. 269 ff.

207 „Parlamentarismus" a. a. O. S. 248 f.

# 11. Kapitel
# Weltkrieg 1914/18

## I.

Wie viele gebildete Menschen am Anfang des 20. Jahrhunderts fühlte auch Rathenau wie die europäische Politik auf eine große Krise zusteuerte. In einem sehr ernsten Artikel mit der Überschrift „Politik, Humor und Abrüstung"[1] aus dem Jahre 1911 propagierte Rathenau eine Rüstungskontrolle unter der Aufsicht eines internationalen Rechnungshofs[2], eine Idee, damals so neu und phantastisch, daß er seinem Aufsatz das Motto vorausschickte: „Den lieb' ich, der Unmögliches begehrt." Aber obwohl dieser und alle seine anderen Aufsätze aus jener Zeit vielleicht weniger gelesen als diskutiert, auf jeden Fall nur selten verstanden, von den angegriffenen Wirtschafts- und Diplomatenkreisen aber heftig bekämpft wurden, ließ er in seinem Kampf um die Durchsetzung seiner Ideen nicht nach. Er rügte den Mangel an Initiative, an „Zielen", der seit dem Ausscheiden Bismarcks in der auswärtigen Politik zu bemerken war, in einem Aufsatz „Deutsche Gefahren und neue Ziele", und rügte ein weiteres Mal, daß nicht „staatsgeschäftliche Talente" sondern nur „verdienstvolle Beamte" die Staatsgeschäfte führten.
Er machte auch konkrete Lösungsvorschläge. So empfahl er „die Erstrebung eines mitteleuropäischen Zollvereins, dem sich wohl oder übel über lang oder kurz die westlichen Staaten anschließen würden"[3]. Der aufrichtige Patriot Rathenau, der ein Jahrzehnt zuvor noch die hypernationale Ansicht vertreten hatte, daß „wer sein Vaterland liebt, der darf und soll ein wenig Chauvinist sein"[4], sah nunmehr in einer derartigen Wirtschaftsvereinigung mit allen ihren „Gefahren" für das Nationalbewußtsein der vereinigten Völker geradezu die Chance für ihr friedliches Zusammenleben:

„Die Aufgabe, den Ländern unserer europäischen Zone die wirtschaftliche Freizügigkeit zu schaffen, ist schwer; unlösbar ist sie nicht...; das Ziel würde eine wirtschaftliche Einheit schaffen, die der amerikanischen ebenbürtig, vielleicht überlegen wäre, und innerhalb des Bandes würde es zurückgebliebene, stockende und unproduktive Landesteile nicht mehr geben.
Gleichzeitig aber wäre dem nationalistischen Haß der Nationen der schärfste Stachel genommen. Denn es sind längst nicht mehr Religionen, Sprachen, Kulturen und Verfassungen, die sie entfremden ... Was die Nationen hindert, einan-

der zu vertrauen, sich auf einander zu stützen, ihre Besitztümer und Kräfte wechselweise mitzuteilen und zu genießen, sind nur mittelbar Fragen der Macht, des Imperialismus und der Expansion: im Kerne sind es Fragen der Wirtschaft. Verschmilzt die Wirtschaft Europas zur Gemeinschaft, und das wird früher geschehen, als wir denken, so verschmilzt auch die Politik. Das ist nicht der Weltfriede, nicht die Abrüstung und nicht die Erschlaffung, aber es ist Milderung der Konflikte, Kräfteersparnis und solidarische Zivilisation".[5]

## II.

Das Jahr 1913 brachte Deutschland die Erinnerung an die Siege der Befreiungskriege von 1813 und gleichzeitig die Forderung nach der Bewilligung eines weiteren hohen Rüstungsetats in Höhe von „einer Milliarde und der Rente von einigen anderen, um seine Rüstungen gegen den Osten und seine Heeresmacht gegen den Westen zu stärken"[6]. Die Begeisterung über die Siege der Vergangenheit wurde von der Regierung mit Erfolg als Mittel verwendet, das Volk in der Gegenwart „opferbereit" zu machen. Rathenaus Blick blieb aber auf die Zukunft gerichtet, die er in ein düsteres, unheilverkündendes Dunkel gehüllt sah. Ihn beruhigte nicht, was ein Jahrhundert zuvor geschehen war, und das Bild der Stärke, das Deutschland ein Jahrhundert später den eigenen Staatsbürgern durch seinen militärischen Prunk darbot. Er sah vielmehr das, was im Verlauf dieses Jahrhunderts und besonders, was in den letzten Jahrzehnten geschehen, bzw. nicht geschehen war, besonders daß Deutschland an der Neuaufteilung der Welt im 19. Jahrhundert kaum teilgenommen und nur wenige Kolonien erworben hatte.

Rathenau war Imperialist. Er litt darunter, daß man den „Ruf des stillsten, treuen und wahrhaften Volkes" schädigte und wagte, Deutschland als „Bluffer und Schaumschläger zu verschreien"[7]. Er war nicht gegen das – wie er es nannte – „Eumenidenopfer". „Das Opfer soll und muß gebracht werden. Deutschland ist reich und freidenkend genug, um sich den leisesten Vorwurf der Knauserei zu ersparen, wenn es sich um den Schutz seiner Söhne handelt." Aber er hielt es für eine „Vermessenheit", „die bundesrätliche Steuervorlage mit den Volksopfern der Zeit um 1813 zu vergleichen". Nach seiner Auffassung war „das Herrlichste jener großen Zeit ... nicht das Opfer und nicht der Sieg, sondern die Einkehr, die beiden voranschritt ... Das zerschmetterte Land klagte (um 1806) nicht Schicksal noch Sieger, nicht König, Heer und Waffen an, sondern erkannte das Unrecht. Der Hörige wurde (damals) frei, der Bürger verantwortlich, die Söldnertruppe zum Volksheer. Die Regierung gewann Selbständigkeit, das Land selbstverwaltetes Leben."[8] Universitäten und Aka-

demien wurden gegründet „scheinbar unendlich weit von der Wirklichkeit des Lebens" entfernt, aber dadurch wurde die Wirklichkeit jener der Erhebung vorangehenden Notjahre bezwungen, und „dem tief gereinigten Volke (konnte) kein Schicksal und keine Gottheit den Sieg versagen"[9].
Rathenaus Gedanken waren die eines Realisten, wenn sie auch in ihrer poetischen Ausdrucksweise den Eindruck machten, als trüge sie ein weltfremder Romantiker vor. Er sah sehr scharf, daß materielle Kräfte Gegenkräfte wachrufen, daß „die übertriebene Emphase und Schroffheit des neuen Mittels", d. h. des erhöhten Militärbudgets, zum Krieg führen wird[10]: „Das geängstigte Nachbarvolk (Frankreich) drängt sich in Ketten, die ihm die Glieder zerschneiden. Wird die Verlängerung der Dienstzeit in Frankreich ausnahmsloses Gesetz, so ist der Krieg besiegelt und zwar als ein Werkzeug in den Händen Englands, das ihn nicht heute und morgen, doch zu dem Zeitpunkt entfesselt, der ihm gefällt."[11] Er erkannte, daß die Spannung im Westen, „verschärft durch Rußlands Empfindlichkeit, das die Milliardensaat im Festungsgürtel längs seiner Grenzen aufsprießen sieht", das Schicksal nicht wenden, sondern beschleunigen wird. Er wies darauf hin, daß ein Volk, das „politisch nicht unreif, doch indolent in hohem Maße"[12], sich, von den eigenen wirtschaftlichen Erfolgen geblendet, gefallen ließ, von seiner Adelsschicht mit ihren überholt konservativen Traditionen von der Führung der Regierungsgeschäfte ausgeschlossen zu werden. Er strebte keine großartige Revolution an, sondern evolutionäre Maßnahmen, deren Zweck sei, das Unrecht abzustellen[13], beginnend zunächst „mit der Änderung der ungesetzlichen Wahlkreisgeometrie im Reich und des ungerechten Wahlgesetzes in Preußen"[14]. Dann würden sich auch die politischen Horizonte in Deutschland ändern. „Die Leidenschaft, die heute den Interessen des materiellen Lebens frönt, wird dann der Sorge um die Dinge der Gemeinschaft und des Staates weichen, und zugleich mit der Erschütterung des überreichen Gebäudes und der Wirtschaft werden morsche Rechte und Mächte dahinsinken."[15]
Das waren andere Töne als diejenigen, die Deutschland im Jahre 1913 zu hören gewohnt war. Und es ist auch wohl kaum ein Zufall, daß Rathenau bei der Suche nach einer vergleichbaren historischen Situation auf die Zeiten des Propheten Jesaja im 8. vorchristlichen Jahrhundert verweist[16]. Er spricht von dem Propheten nun nicht mehr als von einer „paroxystischen Einzelerscheinung der Prophetie", sondern von der moralischen Funktion gerade dieses Naví (= Gottessprechers[17]), unter dessen Einfluß das „Volk" – es war damals das jüdische – „tief den Blick ins Innere gewandt, und in der innersten Tiefe so glühend seine Gottheit gesucht hat"[18].
Ist hier eine Wandlung in Rathenaus Einstellung zum Judentum wahrzu-

nehmen? Die Bejahung dieser Frage liegt nahe. In einem Brief an Schwaner[19] führte er aus, daß er die Juden Deutschlands als Deutsche schlechthin verstehe und ihre Eigenart nicht anders bewerte als die Eigenarten anderer Stämme, aus denen sich das deutsche Volk zusammensetze[20]. So fand seine Ansicht eine Unterstützung gerade durch die Wahl der Motti, die er seiner Gedichtsammlung „1813, ein Festgesang zur Jahrhundertfeier", voranschickte, Zitate, die er den Büchern der Exilspropheten Jecheskel (Hesekiel) und Jeschajahu (Jesaja), entnahm und die ihn für diese Situation mehr ansprachen als Verse, die er sonst in der Weltliteratur hätte finden können. Ein Beweis dafür, daß in ihm eine Wandlung zum Judentum hin stattgefunden hatte, ist dies natürlich nicht.
Vielleicht zeigt dieses untergeordnete Détail aber, daß sich in Rathenaus Geist etwas von dem Geist des biblischen Judentums zu regen begann, das die Schuld an Mißständen niemals äußeren Umständen zur Last legte, sondern dem Volke selbst, das seine Schuld nur durch innere Einkehr sühnen konnte. Hierzu aufzurufen aber war Sache der Propheten. Die Gedichte Rathenaus waren erfüllt von echter Sorge, von wahrer Verantwortung für „sein" Deutschland. Der dritte Teil des Zyklus enthält ein Gedicht mit der Überschrift „Die Stimme des Gebets". Seine zweite und vierte Strophe enthält die Bitten:

„Gib, daß uns nicht Haß und Rache,
Menschenfurcht uns nicht entzweie,
Gib, daß deine Gottessache
Unberührte Seelen weihe.
Gib, daß deines Himmels Feuer
Falschheit, Wust und Dunst zerstiebe;
Härte uns, du Blitzestreuer
In dem Feuer deiner Liebe."

Diesem Teil seines Festgesanges setzte er die Verse des Propheten Jesaja voran, von denen er wohl kaum gewußt haben dürfte, daß sie dem Kapitel entnommen sind[21], das die Juden am ersten Schabbat nach der Trauerzeit um den Fall Jerusalems und die Zerstörung des Tempels[22] lesen.

## III.

Drei Tage vor Kriegsbeginn schrieb Rathenau: „Sechs Mächte verabscheuen und fürchten den Weltkrieg und wissen dennoch nicht, wie sie sich seiner erwehren sollen."[23] An den höchsten Stellen der Regierungen fehlte offenbar — so sah es auch Rathenau — der Wille, den Krieg wirklich zu vermeiden[24]. Kessler[25] bringt die Zeugnisse einer Reihe von Freunden, aus denen sich ergibt, daß der sonst so beherrschte Rathenau sich der Tränen nicht erwehren konnte, als er an den Krieg und seine Folgen dachte. Rathenau war „plötzlich stumm, alt, gebrochen"[26]. Kurze Zeit darauf fragte er den Reichstagsabgeordneten Konrad Haußmann: „Wissen Sie, weshalb wir diesen Krieg führen? Ich weiß es nicht. Sagen Sie es mir."[27] An Fanny Künstler, mit der er in der Zeit vom März 1914 bis Februar 1915 einen lebhaften Briefwechsel unterhielt, schrieb er unmittelbar vor Kriegsausbruch: „Ach, das Ende ist da, die Tage weichen zurück, in allen Gedanken liegt etwas von Abschied."[28] Und drei Wochen später:

„Die Epoche, in die wir geboren sind, begann mit einem Krieg; nun geht sie mit einem Krieg zu Ende. Es bricht das Neue an, das wir zu verkünden hatten, ein Leben, das stärker und tiefer sein wird als das klägliche Ende des vergangenen ... Im Alten waren wir jung, im Neuen sind wir alt. Werden die Dinge uns überholen? Das wäre schön. Und immer noch schön genug wäre es, wenn wir wenigstens die Morgenröte zu sehen bekommen.
Moses sah sein Land."[29]

Es war die erste Äußerung einer Lebensmüdigkeit des erst 47jährigen Rathenau[30]. War die Erwähnung von Moses ein Zufall? Folgte er hier nur einem üblichen Klischee, weil er die Zukunft nicht mehr zu erleben glaubte, aber wenigstens wünschte, ihr Nahen noch zu sehen? Uns scheint es einleuchtender zu sein anzunehmen, daß in jenen Tagen der Verzweiflung – wahrscheinlich ohne daß es ihm selbst bewußt war – seine Verbundenheit mit jenem Volk (in seiner historischen Einheit) wiederum zum Vorschein kam, mit dem er nichts zu tun haben wollte, von dem er zwar ausgegangen war, zu dem er aber die Brücken längst abgebrochen wähnte. Es wäre das ein ähnliches Verhalten gewesen wie das seines Vaters, der auch keine Beziehungen zum jüdischen Volk und zum Judentum hatte, und doch seiner Tochter strikt verbot, sich durch die Taufe, die sie aus religiösen Gründen wünschte, und zu der ihre Verheiratung mit einem Christen nur ein Anlaß war, vom Judentum zu trennen[31].
Die Todesbereitschaft, die aus Rathenaus Briefen aus jener Zeit sprach, war keine vorübergehende Stimmung. In einem anderen Brief an Fanny Künstler vom 6. 12. 1914 heißt es:

„Ich glaube an den Sieg, aber ich fürchte das Ende. – Überlebe ich den Krieg, so denke ich daran, in der Schweiz an einem der milden, grünblauen Seen ein Haus und einen Garten zu kaufen und an Deutschland zu denken, wie es einmal war und wie es einmal sein wird. Nochmal die Herrschaft der Unfähigkeit und der Überhebung zu erleben, und dazu den geistigen Rückschritt, den Fanatismus, der entstehen muß, um alle begangenen Irrtümer zu entschuldigen, das ertrage ich nicht. – Ich erhoffe brennend den Sieg; die Niederlage will ich nicht überleben ..."[32]

## IV.

Rathenau war Schöngeist und Tatmensch zugleich. Der Kriegsausbruch erschreckte ihn zutiefst, aber er trübte weder seinen Blick für das unmittelbar Notwendige noch seine Tatkraft, das als notwendig Erkannte zu verwirklichen. Anfang August 1914 meldete er sich „für die Dauer des Feldzugs für jede wie immer geartete Tätigkeit“ zum Dienst. Es gehörte mit zu seiner pathetischen Haltung, daß er diesen Brief an keine niedrige Dienststelle, die hierfür zuständig gewesen wäre, richtete, sondern an den Reichskanzler selbst und daß er dabei in einer offenbar unernsten Weise sowohl darauf hinwies, daß er es bei den Gardekürassieren bis zum Unteroffizier gebracht hatte, wie auch, daß er „Französisch und Englisch und einigermaßen Italienisch“ spreche und schreibe. Daß dieser Brief unbeantwortet blieb, ist kaum bemerkenswert. Er dürfte wohl ohne weiteres an die zuständige Stelle weitergeleitet worden sein, die ihn dann wohl wegen seiner Abwegigkeit unbeantwortet ließ[33].

Er ließ es aber bei dieser Bewerbung nicht bewenden. Er wußte, daß die Heeresleitung in der Annahme eines nur kurzfristigen „Feldzugs“ keine Vorkehrungen für einen länger dauernden Krieg getroffen hatte. Der über alle technischen und wirtschaftlichen Entwicklungen wohlinformierte Wirtschaftsorganisator Rathenau wußte, daß mit dem Eintritt Englands in den Krieg Deutschland „zur belagerten Festung geworden war“, und daß es „geschlossen zu Lande und geschlossen zur See ... nun angewiesen (war) auf sich selbst, (während) der Krieg vor uns lag, unübersehbar in Zeit und Aufwand, in Gefahr und Opfer“[34]. Er wußte, daß an den zuständigen Stellen niemand die sich hier eröffnenden Probleme einer ernsthaften Prüfung auch nur für wert gehalten hatte. Nach der englischen Kriegserklärung wartete er drei Tage und setzte sich dann mit dem Kriegsministerium in Verbindung. Nach einer Darstellung von Herzog, dem Rathenau 1915 Einzelheiten über die erste Unterredung im Kriegsministerium berichtet hatte, unterbrach Oberst Weitz, mit dem Rathenau zunächst gesprochen hatte, ihn bereits nach dem ersten Satz mit den Worten:

> „Aber, liebster Doktor, wo denken Sie hin? In vier Wochen sind wir in Paris. Am Sedan-Tage marschieren wir ein. Da brauchen wir uns nicht mehr um die Rohstoffversorgung zu kümmern“.[35]

Rathenau konnte auf einen derartigen Optimismus nichts entgegnen und ging nach Hause.

Wenige Tage später berief ihn dann der Kriegsminister von Falkenhayn zu einer langen Besprechung, die damit endete, daß dieser beschloß, „eine

Organisation zu schaffen, gleichviel wie groß, gleichviel mit welchen Mitteln; sie mußte wirksam sein und mußte die Aufgabe lösen, die uns auferlegt war"[36]. Als Rathenau sich verabschieden wollte, behielt ihn der Minister zurück, „indem er mir (Rathenau) die unerwartete Zumutung stellte, ich sollte die Organisation übernehmen. Vorbereitet war ich nicht; Bedenkzeit wollte ich mir ausbitten, das wurde nicht zugelassen, meine Zustimmung hatte ich zu geben, und so sah ich mich wenige Tage darauf im Kriegsministerium untergebracht."[37]

Das folgende halbe Jahr war für Rathenau voll von Anstrengungen, sachlichen Erfolgen, persönlichen Demütigungen und dem Undank der Regierung[38]. Briefe aus jener Zeit[39] zeigen, wie Rathenau seine Sorgen um Deutschland in jenen Monaten durch eine fast übermenschliche Arbeit zu betäuben suchte[40]. Am 1. 4. 1915 übergab er die Abteilung sodann als „ein gehendes, eingearbeitetes, fertiges Werk"[41] dem Kriegsministerium. Er konnte mit sich zufrieden sein. Er hatte mit insgesamt vier Personen in vier kleinen Zimmern seine Arbeit begonnen; als er sie nach acht Monaten verließ, war es eine riesige, aber auch erfolgreich arbeitende Organisation, die an Personal, Flächenraum und Arbeitsgebiet nur mit dem Kriegsministerium selbst und dem Eisenbahnministerium zu vergleichen war. Rathenau konnte mit tiefer Befriedigung behaupten, daß die Rohstoffversorgung Deutschlands „im Wesentlichen" gedeckt und daß der Krieg von der Rohstoffbeschaffung unabhängig sei[42]. Es war eine Tat „ohne geschichtliches Vorbild", die es ermöglichte, daß Deutschlands Kriegführung statt der vorausgeplanten vier bis fünf Monate den zehnfachen Zeitraum durchstehen konnte. Die organisatorischen Prinzipien, die hier angewandt wurden, waren so neu und so revolutionär, daß Rathenau in seinem Vortrag, in dem er 1915 über die Rohstoffversorgung berichtete[43] darauf hinwies, daß die angewandten Methoden eng an diejenigen „des Sozialismus und Kommunismus streifen und dennoch nicht in dem Sinne, wie radikale Theorien es vorausgesagt und gefordert haben"[44]. In diesem Vortrag verzichtete Rathenau darauf, von den Schwierigkeiten und den kleinlichen Infamien zu sprechen, denen er damals ausgesetzt war. Sein Biograph Kessler tat es später an seiner Stelle:

„Die Widerstände, die Rathenau überwinden mußte, hätten manchen starken Mann gebrochen. Einige Militärbürokraten betrachteten ihn, den Zivilisten und Juden, den sie sich gefallen lassen mußten, weil er das nachholte, was sie in langen Friedensjahren versäumt hatten, mit einem Mißtrauen, das sie behaglich vor ihm ausbreiteten. Eines Tages war seine Abteilung durch einen über Nacht gewachsenen Holzverschlag von denen der anderen alteingesessenen Herren im Kriegsministerium wie eine Cholerastation isoliert. Auch mit seinen nächsten

Mitarbeitern waren die Bezeihungen nicht immer friedlich; mit Industrie, Handel und Landwirtschaft, mit gewissen stellvertretenden kommandierenden Generälen draußen im Lande zeitweise kriegerisch. Aber seine in langer Geschäftspraxis durchtrainierte Zähigkeit und virtuos von Kindesbeinen an gehandhabte Überlegenheit erwiesen sich doch als stärker wie der Holzverschlag, hinter dem der Guerillakrieg gegen ihn geführt wurde ..."[45]

Rathenau war von der Behandlung, die er erfuhr, in seinem Stolz und seiner Ehre getroffen. Aber er sprach nur selten davon. Nur einmal erzählte er ausführlich dem Herausgeber des Forums, Wilhelm Herzog, den er im August 1915 – als er ein halbes Jahr nach seiner Amtsübergabe auf der Durchreise nach Lugano in München war – sprach. Auf Herzog machten Rathenaus Enthüllungen einen so tiefen Eindruck, daß er dieses Gespräch nie vergaß:

„Ich sah den mächtigen Mann mit dem kugelrunden, wohlgeformten Kopf und der mächtigen Glatze in einer gewissen Ermüdung und ein wenig melancholisch. Im Knopfloch seines Sakkos stak ein schwarz-weißes Bändchen, das Zivilverdienstkreuz. Er bemerkte meinen Blick und reagierte sofort, indem er die Hand fast unwillkürlich dahin führte und leicht verächtlich sagte: ‚Sie haben recht. Ich sollte es nicht mehr tragen!'
‚Warum', fragte ich. ‚Wenn Sie es verdient haben?'
‚Ja, ich habe es vielleicht mehr als andere verdient. Aber jetzt bin ich entlassen. Man braucht mich nicht mehr.'
‚Wie ist das alles so schnell gekommen?'
Er wartete kaum diese Frage ab, sondern fuhr mit deutlich sichtbarer Verbitterung fort ... (Es folgt hier ein Bericht über die Entstehungsgeschichte der Rohstoffabteilung, der mit den Worten endete:)
‚Der Mohr hat seine Schuldigkeit getan, der Mohr fährt nach Lugano für einige Wochen ...'"[46]

Die Organisation der Kriegsrohstoffversorgung war nur der eine von den beiden Schritten, die er in jener Zeit für wichtig hielt. Der andere war – wohlbemerkt, in den Anfangstagen des Weltkriegs – die Ausarbeitung des Projekts einer Zollunion für Deutschland, Österreich-Ungarn, Belgien und Frankreich. Die grundlegenden Ideen hierfür hatte Rathenau bereits ein Jahr zuvor in seinem Aufsatz „Deutsche Gefahren und neue Ziele"[47] niedergelegt. Nunmehr übersandte er – Ende August 1914 – seinen Plan[48] an den Reichskanzler, der ihn an den Staatssekretär des Inneren, Delbrück, weiterleitete. Dieser lehnte Rathenaus Plan ab[49]. Rathenau schrieb daraufhin erneut an den Reichskanzler einen Brief, dessen Inhalt bekannt, dessen Datierung jedoch umstritten ist. Pogge von Strandmann glaubt, daß dieser Brief den Reichskanzler noch erreicht haben müsse, bevor dieser seine eigenen Kriegszielvorschläge veröffentlichte. Auf jeden Fall sei der Kanzler „mit dem Rathenauschen Gedankengut zum Mitteleuropaproblem durch Unterhaltungen und Zeitungsartikel in der Neuen Freien Presse aus der Vorkriegszeit sowie durch die Denkschrift vom 26. 8. (das vorerwähnte Memorandum Rathenaus über die Zollunion) hinreichend vertraut gewesen, so daß der Schluß möglich erscheint, Gedanken und Züge der ‚Septemberdenkschrift' auf Rathenaus Einfluß zurückzuführen"[50]. Europa war damals für solche Ideen noch nicht reif. Erst heute – sechs Jahrzehnte später – gehören sie zum Gemeingut der westlichen Welt.

## V.

Rathenau war natürlich aus seinem Amt in der Rohstoffabteilung nicht – wie er zu Wilhelm Herzog gesagt hatte – „fristlos" entlassen worden. In einem Brief an Fanny Künstler von Ende Februar 1915[51] hatte er bereits geschrieben, daß der „Aufbau so gut wie beendet" sei und daß er hoffe, spätestens Mitte März „seinen Mitarbeitern und Nachfolgern die Last zugewälzt zu haben". Als er dann am 31. 3. ausschied, sandte ihm der stellvertretende Kriegsminister von Wandel einen sehr anerkennenden Dankbrief[52], und der damalige Direktor des Allgemeinen Kriegsdepartements und spätere Kriegsminister Wild von Hohenborn versuchte vergeblich, ihn zum Bleiben zu bewegen[53]. Aber sein Entschluß stand fest. „Verunglimpfung, Intrigen, Bürokratismus, Arbeitsüberlastung und der Widerstand einiger schwerindustrieller Kreise gegen ihn hatten seinen Schritt bestimmt."[54] Dazu kam – außer zu den Verdächtigungen, denen jeder ausgesetzt ist, der als ein Außenseiter ein Amt übernimmt –, daß ihn „der Antisemitismus, zum ersten Mal seit seiner Einjährigenzeit jetzt, nachdem er sich an weithin sichtbarer Stelle exponiert hatte, persönlich aufs Korn nahm"[55].
Ein Jahr nach seinem Ausscheiden aus dem Kriegsministerium schrieb er an Emil Ludwig:

> „Daß ich als Privatmann und Jude unaufgefordert dem Staat einen Dienst geleistet habe, können beide beteiligten Gruppen[56] mir nicht verzeihen, und ich glaube nicht, daß zu meinen Lebzeiten diese Stellungnahme sich ändert."[57]

Rathenau widmete sich in den folgenden Jahren in der Hauptsache der Leitung der AEG-Geschäfte, deren Zügel den Händen des Vaters entglitten waren, noch bevor er im Juni desselben Jahres nach einem Leben rastloser Arbeit starb. Walther Rathenau wurde Generaldirektor der AEG[58] und nahm für gewisse Geschäfte den in der Satzung dieser Gesellschaft vorgesehenen Titel eines Präsidenten an, ein Vorgehen, das – wie sein langjähriger Freund Paul Mamroth meinte – „ihm nicht nur von Widersachern verübelt wurde“[59].

Der Tod des Vaters erschütterte ihn tief und erweckte in ihm erneut eine Todessehnsucht[60], die durch sein starkes Pflichtbewußtsein gemäßigt wurde[61].

Wie alles, was er in der Öffentlichkeit tat, unterlag auch Rathenaus Verhalten bei der Beerdigung des Vaters einer feindseligen Kritik. Fürst Bülow hielt die boshaften Bemerkungen von Rathenaus „Freunden“ Dernburg und Ballin – obwohl er selbst von ihrer Wahrheit nicht überzeugt war, aber sie doch wohl für wahrscheinlich hielt – für denkwürdig genug, um sie in seine eigenen „Denkwürdigkeiten“ aufzunehmen:

„Ich weiß nicht, ob er wirklich, wie Albert Ballin und Bernhard Dernburg gern erzählten, während sein Vater in den letzten Zügen lag, die Gedenkrede memoriert hat, die er bei der Trauerfeier zu halten beabsichtigte, und daß er vor dem Spiegel sorgsam die Gesten und Blicke einstudierte, mit denen er seinen Trauersermon vortragen wollte. Der Sermon, den er mir später in Maroquin eingebunden verehrte, war übrigens sehr schön.“[62]

Es ist zuzugeben, daß Rathenaus Gebaren, wenn auch nicht denkwürdig, so doch derart merkwürdig war, daß es in jedem Fall als gekünstelt erschien, selbst wenn man den Stil jener Zeit und Rathenaus eigenartigen persönlichen Stil in Betracht zieht. Emil Rathenau, dem die jüdische Religion im gewöhnlichen Leben recht gleichgültig war, der aber die jüdische Gemeinschaft nicht verlassen hatte, wurde auf einem jüdischen Friedhof beerdigt – aber nicht nach dem jüdischen Ritus. Es war der Sohn und nicht ein Rabbiner, der dem Vater die Gedenkrede hielt, in die er so viel von seinem eigenen religiösen Weltbild einbaute, wie die Umstände gestatteten. Er begann mit einem Zitat aus dem Neuen Testament[63] und einer Interpretation des „Genius“. Das Wesen seines Vaters, dieses harten Tatsachenmenschen, der keine Rücksicht auf seine Mitmenschen nahm und nur seiner Arbeit und seinem Werk gelebt hatte, interpretierte er kühn als eine Vereinigung jener „vier Gaben“, die „der ewige Geist den Menschen spendet, die er liebt, die er mit Leiden segnet und denen aufs Haupt er die Verantwortung der Welt bürdet, vierfach herrlich, vierfach widersprechend und vierfach geheimnisvoll“: die der Einfalt, der Wahrheit, des Schauens und jener höchsten, die „die Gabe der Liebe“ ist[64]. Jedem, der Emil Rathenau gekannt hatte, mußte die Darstellung grotesk erschienen sein, selbst wenn man den kunstvollen Erläuterungen, die sein Sohn gab, Rechnung trägt. Es ist zuzugeben, daß diese Eulogie als oratorische Leistung ein Kunstwerk in der Verarbeitung heterogener Gedanken war.

Dem Religiösen – gleichgültig welchen Bekenntnisses – mag sie als eigenartige Interpretation von Stellen aus dem Alten und Neuen Testament und aus der Goetheschen Gedankenwelt[65] erschienen sein. Rathenau schloß seine Rede mit einem Bekenntnis zu einem Leben, das durch den physischen Tod nicht unterbrochen wird: „... wir bestatten nicht deinen Geist. Der steigt empor ... zu den Höhen, von denen er gekommen ist und zu denen er heimkehrt. Aber dein Leben lebst du jetzt wahrhaftig. Bei Gott, du lebst es wahrhaftig, du lebst es lebender als wir, die wir lebendig sind und gegen dich nur Schatten."[66] Er forderte die Erschienenen auf: „... an deinem Leben laß uns, Vater, unsere Lebensfackel entzünden, an deiner Wahrheit unser Irren erleuchten, laß uns aus deiner Kraft unsere Kraft schöpfen und unseren Glauben an deinem Glauben: zur Arbeit an unserem heiligen deutschen Lande und zur Arbeit im Dienste des ewigen Geistes." Und er schloß „in tiefer Ehrfurcht mit dem Segensgruß deiner und meiner Väter, mit dem Segen Mosis, der zum Segen geworden ist aller Menschenvölker und aller Geschlechter", dem dreifachen Priestersegen, mit dem die Cohanim[67] das jüdische Volk segnen[68].
Für den, der eine der üblichen Grabreden erwartet hatte, gesprochen von einem Geistlichen, dem man eine „gehobene" Sprache als Berufsdiktion konzediert, muß es eine eigenartige Überraschung gewesen sein, aus dem Munde des Sohnes diesen barocken Nachruf mit anzuhören, durch den der in seinem Werk geniale, in seiner Ausdrucksweise nüchterne, in seiner Lebensform harte Emil Rathenau zu einem Menschheitsbeglücker gemacht wurde. Wenn man aber Walther Rathenaus Rede ihres bombastischen Schwulstes entkleidet, so ist festzustellen, daß der Sohn das Wesentliche an der Arbeit seines Vaters doch richtig erkannt und dargestellt hatte: „Auch vor ihm gab es in Deutschland eine stolze bewundernswerte Technik, einen emsigen Kaufmannsstand von Ehrenhaftigkeit, Größe und Weitsichtigkeit ..., eine Wirtschaftskunst, welche die goldenen Ströme des Landes zusammenfaßte, um sie dahin zu leiten, wo das Bedürfnis sie forderte. Aber mit drei Griffen ... diese Kräfte zu sammeln, sie auf ein Ziel zu lenken, eine Einheit zu schaffen von Technik und Finanzkraft ... und Kaufmannsgenie: das ist sein Werk. Und das ist nach ihm vorhanden, vorher war es nicht da."[69]
Es schien mir notwendig, diesen Vorgang ausführlicher darzustellen, weil er Rathenau in einer Situation zeigt, die die harte und oft bösartige Reaktion der Umwelt wenigstens zum Teil erklären kann. Rathenau war damals 48 Jahre alt. Er hatte seine besondere Ausdrucksweise gefunden, die von der der Umwelt in vieler Hinsicht abwich und mit ihr manchmal völlig unvereinbar war. Rathenau lebte damals – vielleicht bereits schon zu lange – in seinem „elfenbeinernen Turm", getrennt von seiner

Umgebung durch die undurchdringliche Glaswand, die ihn die Geschehnisse der Welt sehen ließ, aber nicht hören, was die Welt von ihm erwartete und ihm zu tun gestattete. Seine Intelligenz befähigte ihn zu erkennen, was in seiner Umwelt falsch und verbesserungsbedürftig war, sein Wille zu helfen, brachte ihn dazu zu versuchen, die erkannten Fehler zu berichtigen, und seine ungewöhnliche Intelligenz zeigte ihm oft die Wege, durch die begangene Mängel abgestellt werden konnten. Er empfand sich selbst als etwas Einzigartiges, als ein Wesen, mit dem Gott ein Experiment angestellt habe[70], das ihn von allen anderen unterschied und trennte. Er fühlte sich nicht als Träger einer Mission – in seinen Briefen und Schriften gibt es keine Anzeichen dafür –, aber er empfand es als seine Aufgabe, für Deutschland zu sagen und zu tun, was er für richtig hielt, weil er wußte oder zum mindesten glaubte, klarer zu sehen als alle anderen.

Dabei legte er kein Gewicht auf das Verständnis durch die Massen. Popularisierungen lehnte er ab, denn er war davon überzeugt, daß seine Ideen sich ohnehin durchsetzen würden. Und er sah einen Beweis hierfür darin, daß seine Schriften trotz ihres schwierigen Stils zunächst im neutralen Ausland und später sogar in dem ihm feindlich gesinnten Deutschland mehr und mehr Leser fanden[71]. Für diese eigenartige Erscheinung gab er in der „Apologie“ eine Erklärung, die wohl kaum richtig ist: „Was ist es denn, was die Leser an meinen Schriften fesselt? Sind es wirklich bestechender Stil und geistvolle Einfälle? ... Was meinem Schreiben Kraft gibt, die eine, die es hat, ist, daß es nicht aus den Fingern gesogen und nicht ergrübelt ist. Es ist erlebt und vom Leben geschenkt ...“[72]

Was die Leser indessen wirklich an Rathenaus Schriften fesselte, war, daß sie neue Gedanken enthielten, die den neuen Umständen besser gerecht wurden als die altbekannten Lösungen, die diejenigen vortrugen, die in den alten Vorstellungen befangen waren. Darum stießen Rathenaus Gedanken auch auf den starken Widerstand gerade in Deutschland, dessen Wirtschaftsverhältnisse – im weitesten Sinne – er ändern wollte, und sein selbstbewußtes Auftreten, zusammen mit seinem fremdartigen Wesen und seiner eigentümlichen Diktion, gab seinen Gegnern, die keine besseren Ideen und auch keine beweiskräftigeren Argumente hatten, mit denen sie diejenigen Rathenaus hätten widerlegen können, den billigen, aber nicht zutreffenden Vorwand, ihn und seine Ideen aus Gründen abzulehnen, die nichts mit der Sache, sondern nur mit der Person Rathenaus zu tun hatten. In seiner Schrift „Diktator Rathenau“, die 1918 erschien, schrieb Walter Lambach:

„Wo Rathenau auf das Volk als Nation zu sprechen kommt, ist er für den schärfer Hinblickenden der Volksfeind ... Von allem, was anderen Menschen das Leben lebenswert macht, spricht er im Tone der Geringschätzung und des schlechtverhüllten Hohnes. Sittlich ist nur das, was er selbst predigt. So wird Rathenau zum Führer und Verderber auf allen Gebieten. Mag sein Wollen noch so rein sein, es führt zum Verderben. Der Geist, der in ihm lebt, ist vom Geiste der Zersetzung. Und die Macht, in deren Besitz er gelangt ist, kann sich nur auswirken zum Schaden des deutschen Volkes. Rathenau ist zu gefährlich, als daß er dem deutschen Volke nur in den Darstellungen des Stephan Zweig zu Gesichte kommen dürfte. Ihm, der uns alle niederzwingen will, müssen wir Aug' in Auge gegenübertreten können, seinen Willen müssen wir in uns selbst besiegen. Dann wird er zum Gespött seiner selbst, zum Harlekin, der nach der Krone griff, aber auch nur dann ...“[73]

Es bedarf keiner besonderen Analyse, um festzustellen, daß Lambach mit diesen Worten eine Widerlegung der Rathenauschen Ideen nicht einmal versuchte. Es genügte ihm, Rathenau zu verleumden und ihm Pläne zu unterstellen, die diejenigen, die Rathenaus Schriften nicht lasen oder nicht verstanden, zu glühendem Haß gegen ihn anfeuerten ... Und Lambach stand nicht allein. Der Verlag, in dem er seine Hetzschrift veröffentlichte, die „Deutschnationale Verlagsanstalt“, sorgte für eine weite Verbreitung des Lambachschen Pamphlets durch einen Appell an die Öffentlichkeit. die sie aufforderte, dafür zu sorgen, daß Lambachs Schrift durch „persönliche Empfehlung oder – was jedenfalls das Sicherste ist – durch Verteilung aus eigenen Mitteln (!) ... in die Hände nicht nur Tausender, sondern Hunderttausender gelangt“[74].

Lambachs Ideen fielen auf einen wohlvorbereiteten Boden. Die deutsche Wandervogelbewegung, die Hunderttausende von idealistischen Jugendlichen umfaßte, teilte sie fast uneingeschränkt. Charakteristisch ist eine Äußerung von Otger Gräff, der in den völkischen Kreisen der deutschen Jugendbewegung sehr bekannt und ein „Gildemeister des Greifenbundes und Bundesführer im Wandervogel e. V.“ war. Am 8. 8. 1916 schrieb Gräff aus „Welsch-Lothringen“ an Rathenaus Freund Wilhelm Schwaner, „Obmann des Bundes deutscher Volkserzieher“: „... Über Fall Rathenau-Volkserzieher sind wir nach wie vor anderer Meinung, denn selbst wenn es so wäre, daß er unser Retter ist, eine Schande wäre es für das deutsche Volk, daß ein Semit es sein muß.“[75]

Es scheint, daß Schwaner diesen Brief unverzüglich seinem Freund Rathenau übersandt hatte, da sich in der Sammlung „Briefe“, 1. Band, unter der Nummer 208 vom 18. 8. 1916 ein Antwortschreiben Rathenaus an Schwaner findet, das auf den Brief eines „Ltnt. G.“ Bezug nimmt und das vorstehende Zitat von Gräff an Schwaner fast wörtlich[76] erwähnt. Schwaner hatte offenbar einen Verteidigungsbrief an den „Ltnt. G.“ entworfen und Rathenau zur Kenntnisnahme und Weiterleitung an

„Ltnt. G." übersandt. Rathenau sandte Schwaner seinen Entwurf zurück. Eine Rechtfertigung durch Schwaner lehnte er aus grundsätzlichen Erwägungen ab, vor allem auch weil er eine Verständigungsmöglichkeit mit Menschen wie Gräff für nicht gegeben hielt.
Aus dem Antwortschreiben Rathenaus seien hier die folgenden Sätze zitiert, zunächst mit Bezug auf Gräff:

„Diesen Menschen, die einen Teil ihres Lebens auf Haß gestellt haben, denen ist dieser Haß ein Bedürfnis und eine Existenzbedingung, die kann man ihnen nicht nehmen. Warum sucht denn jemand sein Glück in der Verfolgung seines Nächsten? Weil es ihn tröstet und erhebt, sich über andere zu stellen. Glückliche Menschen sind das nicht. Dein Korrespondent spricht es ja offen aus: ‚Wenn dieser Rathenau uns geholfen hat, so ist es eine Schande und ein Ärgernis.'
Christus hätte das nicht verstanden."

Und unter Bezugnahme auf die Juden fuhr er fort:

„Und wie mit mir, Wilm, geht es mir auch mit den Juden; eigentlich in noch höherem Maße. Ich selbst möchte nicht von meinem Freunde wissen, daß er meine Eltern oder Geschwister verachtet. Daß aber die Juden in ihrer Gesamtheit Feinde haben, weiß ich, und das zu ändern ist nicht meine Sache. Bekämpft zu werden ist vielleicht für eine Mehrheit ein Element der Erziehung; vielleicht ist diesen Menschen (scil. den Juden) eine Aufgabe bestimmt, für die sie noch ein paar hundert Jahre durch Druck vorbereitet werden sollen. Vernichtet wird niemals ein Stamm durch solchen Druck; würde er's, so wär's verdient. Aber alle sind Geschöpfe in Gottes Hand; er läßt sich nicht zwingen, welche er verderben und welche er erhalten soll."[77]

Es war dies einer der wenigen Fälle, in denen Rathenau sich – wenn auch nur in einem Privatbrief – positiv zu seinen jüdischen Zeitgenossen stellte. Allerdings zog er nicht die Folgerungen, die Herzl 20 Jahre zuvor gezogen hatte, sich nicht nur zum jüdischen Volk zu bekennen, sondern auch zu ihm zu halten.
Im Verlaufe des weiter oben schon erwähnten Briefwechsels[78] mit Rathenau hatte Herzl nach der Lektüre der Rathenauschen „Impressionen" an diesen geschrieben, daß er sich zwar über „Höre, Israel!" geärgert habe, aber doch glaube, daß Rathenau noch „unter die Fahne treten (werde), unter die ich Sie rufe und unter die Sie nach ihren Prämissen gehören, wenn auch nicht nach Ihrem Schlusse"[79]. Zu einem weiteren Schritt einer Werbung zum Zionismus hatte sich Herzl jedoch nicht entschließen können[80]. Wie sich aus dem Fortgang des Briefwechsels ergibt, erwartete Herzl von Rathenau anscheinend nicht mehr als – im besten Falle – eine interessante Unterhaltung. Und dazu hatte er bereits keine Zeit mehr. Wäre er anderer Ansicht gewesen, so hätte er, der zum Wohle der zionistischen Bewegung Juden wie Nichtjuden zur Teilnahme an der

Lösung der Judenfrage in seinem Sinne geradezu bestürmte, wenigstens den Kontakt mit diesem – in Deutschland – sowohl auf dem Gebiete der Wirtschaft wie dem der Politik „kommenden Mann" intensiver gepflegt.

Dennoch läßt sich erkennen, daß die Haltung Rathenaus in der Judenfrage um 1916 etwas positiver geworden war. Ob dies allerdings ein wirklicher Gesinnungswandel, ob es eine schwächliche Reaktion darauf war, daß das von ihm so glühend geliebte Deutschland, vertreten durch die Kreise des konservativen Adels und der nationalistischen Jugend, die er für die beste Repräsentanz des Volkes hielt, daß dieses Deutschland ihn, diesen wahren deutschen Patrioten, nicht nur ablehnte, sondern geradezu für seinen Erzfeind hielt, läßt sich nicht mit Sicherheit feststellen. Die verständliche Empfindlichkeit Rathenaus, verstärkt durch seinen nach Maßgabe der Verhältnisse enttäuschten Ehrgeiz, könnte es vielleicht gewesen sein, die seine Haltung in der Judenfrage so beeinflußte, daß sie den irrigen Anschein erwecken konnte, er habe nun doch noch sein „jüdisches Herz" entdeckt und sei zum Defensor Judaeorum geworden.

Eine andere Erklärung liegt näher. Am 17. Juni 1916 hatte der antisemitische Reichstagsabgeordnete Dr. Werner an den damaligen stellvertretenden deutschen Kriegsminister von Wandel eine Eingabe gerichtet mit der Bitte, Erhebungen darüber anzustellen, wie viele Juden an der Front, in der Etappe, in den Garnisonsverwaltungen, wie viele reklamiert und wie viele für „unabkömmlich" erklärt worden seien. Ein ähnlich merkwürdiges Interesse an den Juden im Heer hatte einen Monat später[81] das stellvertretende Generalkommando des II. Armeekorps in Stettin bekundet. Der Kriegsminister Wild von Hohenborn hatte darauf im Oktober eine „Judenzählung"[82] angeordnet, die am 1. 11. 1916 in einer Weise durchgeführt wurde, die dem antisemitischen Geist entsprach, der zu jener Zeit in Deutschland und besonders bei den konservativen Kreisen und im Militär herrschte. Theilhaber schrieb[83]: „Die Zählung in der Front führte oft zu unglaublichen antisemitischen Übergriffen, z. B., daß jüdische Frontsoldaten für kurze Zeit aus der Front entfernt wurden usw., nur aus dem Bestreben heraus, die Zahl der jüdischen Frontsoldaten möglichst niedrig zu halten. Die Erhebung der Statistik hat naturgemäß sowohl an der Front wie in der Heimat den Antisemitismus gestärkt." Sie hatte aber nicht nur diesen Erfolg, sondern sie rief auch in den Kreisen der deutschen Juden eine tiefe Erbitterung hervor, zumal sie sich gegen diese Zählung, deren Resultate zunächst nicht veröffentlicht wurden, nicht wehren konnten. Was der wirkliche Grund für die Geheimhaltung der Zählungsergebnisse war, läßt sich nur vermuten: daß nämlich das Zählungsergebnis trotz aller amtlichen Verfälschungsmaßnahmen nicht so schlecht für die

Juden ausgegangen war, wie die Urheber dieser Aktion erhofft hatten. Der Kriegsminister selbst hielt die Erklärung, er habe „die Zählung nur zu seiner eigenen Information erlassen", für ausreichend[84]. Es war dies eine merkwürdige Begründung[85].
Rathenau, der vom Kriegsminister so hoch geschätzt wurde, daß er ihn 1915 dringend ersucht hatte, die Leitung der Kriegsrohstoffabteilung doch fortzusetzen, muß von dem damals wachsenden Antisemitismus und der Vorbereitung der diskriminierenden Judenzählung, die auch im Hinterland bekannt war, Kenntnis gehabt haben. Aber er, der sonst so eifrig bemüht war, alle öffentlichen Mißstände zu rügen, die seinem Deutschland schaden konnten, schwieg über die ihm sicherlich bekannten amtlichen Übergriffe, damals und später. Statt dessen ließ er sich mit einem christlichen Geistlichen[86] in eine theoretische Auseinandersetzung über Glaubensdinge ein.

## VI.

Der Theologe Kurt Trützschler von Falckenstein, Verfasser einer Schrift „Die Lösung der Judenfrage im Deutschen Reich", hatte den keineswegs originellen Gedanken, das Judenproblem durch die Bekehrung der Juden zum Christentum zu lösen. Er appellierte an die Humanität Rathenaus und bat ihn um eine Stellungnahme[87]. Rathenau entsprach dieser Aufforderung mit einem langen Brief, den er in den Tagen der „stillen Muße (des) dreifach ernsten, kriegszeitlichen und frühlingsarmen Karfreitags"[88] bis zum „freundlich kühlen Ostersonntag"[89] niederschrieb und unter dem Titel „Eine Streitschrift vom Glauben"[90] – im folgenden „Streitschrift" genannt – veröffentlichte. Er unterzog sich dieser Aufgabe mit großer Sachkenntnis vom Christentum und von der Kirche, ging aber nur wenig auf die jüdischen Aspekte ein, was gerechtfertigt war, da er sich ja mit einem christlichen Geistlichen auseinandersetzte, den die jüdische Seite der Problematik wenig beschäftigte.
Um das Problem in seiner historischen Perspektive richtig zu sehen, erscheint ein kurzer Rückblick auf die religiöse Entwicklung des Judentums während des letzten Jahrhunderts nötig. Am Ende des 18. Jahrhunderts hatte der Schweizer Theologe Lavater den Berliner jüdischen Philosophen Mendelssohn aufgefordert, in konsequenter Verfolgung seiner religionsphilosophischen Erkenntnisse von der jüdischen Religion zur christlichen überzutreten[91]. Mendelssohn hatte dies abgelehnt und sein Verhalten ausführlich begründet[92]. Die weniger philosophisch gebildeten und weniger im Judentum verankerten assimilierten, zumeist reichen

Juden Berlins, die nicht bereit waren, die Last des Jude-Seins weiter zu ertragen – darunter fast sämtliche Kinder Mendelssohns –, folgten der Verlockung, durch die Taufe der Diffamierung zu entgehen, zumal die Kirche damals bei der Aufnahme von Konvertiten von erstaunlicher Großzügigkeit war. Eine Gruppe „jüdischer Hausväter" – geführt von dem in der Berliner Judenheit eine große Rolle spielenden David Friedländer – hatte noch gewisse Skrupel und sandte an den Oberkonsistorialrat Teller in Berlin, den maßgebenden Vertreter des dortigen liberalen Protestantismus, einen offenen Brief mit der Anfrage, ob die evangelische Kirche bereit sei, auf gewisse Glaubensdoktrinen, die mit den naturwissenschaftlichen Erkenntnissen („Vernunftwahrheiten") unvereinbar seien, bei jüdischen Taufkandidaten zu verzichten[93]. Dieser offene Brief, über den sich Schleiermacher in aller Öffentlichkeit lustig machte, wurde von Teller ausweichend beantwortet[94] und führte zwar vorübergehend zu einer Verlangsamung in der Taufbewegung, unterbrach sie aber nicht völlig.

Im 19. Jahrhundert erlebten die Beziehungen der Deutschen Christen zu den Juden eine fundamentale Wandlung. Aus dem religiösen Judenhaß wurde zunächst unter Führung von Männern wie Gobineau und Wagner ein Rassenhaß, aus diesem dann der nationale Antisemitismus, bis dann in diesem Jahrhundert Rasse- und Nationalantisemitismus in der Hitlerzeit zu einem generellen Judenhaß vereint wurden.

In den letzten Jahren des kaiserlichen Deutschlands war die Zeit der „individuellen Lösung der Judenfrage" durch die Taufe – wie Herzl sie in seinem „Neuen Ghetto" nannte – jedenfalls noch nicht vorbei[95]. Die Anfrage Trützschler-Falkensteins an Rathenau war daher noch diskutabel (zumal Rathenau selbst in früheren Äußerungen zu diesem Thema und in der „Streitschrift" als bekannt voraussetzte, daß er „auf dem Boden der Evangelien" stand, wenngleich er im Dogmatisch-Mythologischen „eigene Wege ging wie fast alle meine christlich gläubigen Freunde"[96]). Dieses „Bekenntnis" Rathenaus dürfte auf den Empfänger seines Briefes und die Leser seiner „Streitschrift" kaum Eindruck gemacht haben, denn nach den Lehren des Christentums mußten diese – und besonders christliche Geistliche – die Evangelien für eine Weiterbildung der ethischen Lehre des Alten Testamentes halten. Rathenau begnügte sich daher nicht damit, auf seiner Feststellung aufzubauen und von da aus zu der ersten Gruppe seiner Schlußfolgerungen zu kommen, sondern wies darauf hin, daß die Judenfrage ja nicht nur eine religiöse ist, wie sein Gegner angenommen hatte, sondern auch noch eine soziale Seite habe, die er in seinen Schriften bereits mehrfach behandelt hatte[97].

Um dem Geistlichen auf seiner Ebene zu begegnen, untersuchte er zunächst die angreifbaren Punkte innerhalb der christlichen Lehre und Religionspraxis. Im Hinblick hierauf nannte er seine „Streitschrift" in vertrautem Kreise später gelegentlich sein „Kirchenfrevelchen". Das mag auf sich beruhen. Daß er gewisse Grundfragen der Kirche einer Kritik unterzog, war sein gutes Recht, denn er war zur Stellungnahme auf diesem Gebiet herausgefordert worden, und er hielt sich in den Formen einer sehr respektvollen Kritik. Er ging von der bestreitbaren These aus, daß die jüdische Religion keine Dogmen habe[98] und keine „Kirche" sei, sondern nur „das Bekenntnis zur göttlichen Einheit", dessen „Urform" in den vier Worten besteht, die in der von Rathenau gewählten Übersetzung lautet: „Der Herr ist unser Gott, der Herr, der Eine." Alles übrige sei Menschenwerk und nicht verbindlich[99].

Rathenau wies darauf hin, daß „jemand, der in den festen Formen kirchlicher Eindeutigkeit und Disziplin aufgewachsen ist, die Bildsamkeit und Bewegungsfreiheit einer undogmatischen Religion als formlos, wenn nicht als zügellos empfinden"[100] könnte, obwohl gerade diese Eigenschaft des „Mosaismus"[101] dieser Religion die Fähigkeit gegeben habe, die Gedankeninhalte der Jahrtausende zu „ertragen und aufzunehmen, ohne Kampf, ohne Verbitterung, ohne ihr Innerstes preiszugeben"[102]. Dieser Flexibilität setzte Rathenau die starren Formen der christlichen Kirchen mit ihren Rivalitäten und Ketzervorstellungen entgegen, die es dem „Fremdkonfessionellen" erschweren, festzustellen, welcher der verschiedenen Kirchen er sich als Taufwilliger anschließen solle[103].

Rathenau „vertiefte" sodann den Kirchenbegriff im Verhältnis zum Religionsbegriff und ging auf die Vorstellung des Augustinischen Gedankens von der Civitas Dei ein, d. h. das staatsähnliche Gebilde des theokratischen Imperiums[104], das durch Luthers Trennung der Begriffe von Kirche und Religion und die Bindung der Kirche an Fürsten und Staat zur „Nationalkirche, ja, zur Staatskirche" führte[105].

Rathenaus Untersuchung der fundamentalen Unterschiede zwischen der katholischen Kirche und den protestantischen dürfen hier übergangen werden, da es ihm nur auf das Religiös-Wesentliche ankam, das er in den Evangelien sah; aber er warf die Frage auf:

> „Wenn heute ein Dissident, ein Muselmann oder ein Buddhist zu mir käme und mir sagte, daß er seiner innersten Überzeugung nach den ursprünglichen Glauben der Evangelisten und Apostel in eigener, nicht willkürlicher, doch gefühlsmäßig abwägender Auffassung und Deutung redlich teile; jedoch nicht mehr und nicht weniger: dürfte ich ihm raten, einer der christlichen Konfessionen sich anzuschließen?"[106]

Nach längeren Ausführungen kam er zu dem Ergebnis, daß er einem solchen Frager antworten würde:

„Dein Glaube ist dem Schoße des Judentums entsprungen ... Willst du überhaupt (!) deinem Glauben den Stempel eines herkömmlichen Bekenntnisses aufdrücken, was bei dir steht, so scheint der mosaische Monotheismus kraft seiner Freiheit von Dogma und Kirche mir das einzige Bekenntnis zu sein, das deinen Glauben ohne inneren Widerspruch dulden darf und dulden muß."[107]

Hier ist einzuschalten, daß Rathenaus Auffassung der Dogmen- und Kirchenlosigkeit des Judentums durchaus bestreitbar ist. Wegen der Frage der Dogmen im Judentum sei auf einen grundsätzlichen Aufsatz Leo Baecks hingewiesen[108], und wegen der Formung des Judentums in die starre Organisation einer „Kirche" darf auf das erste Kapitel dieser Untersuchung Bezug genommen werden, in dem gezeigt wird, daß die jüdische Religion als Mittel zur Bindung sowohl seiner ideellen Glaubensinhalte wie auch des nationoalen Zusammenhalts seiner „Gläubigen" eine besondere Methode gefunden hat, die einer äußeren Organisationsform entbehren konnte, und doch so stark war, daß sie nicht nur die Jahrtausende des Exils, sondern auch die Zerstreuung über die ganze Welt während dieser Exilsdauer überstanden hat.
Ich halte es für unzulässig, das Problem der jüdischen Existenz so schematisch anzugehen, wie Rathenau es getan hat — und nach seiner inneren Einstellung auch tun mußte. Ich glaube, daß auch in dieser Frage der Besonderheit des jüdischen Volkes Rechnung getragen werden muß. Der Christ Balfour, der Vater der nach ihm benannten Deklaration der englischen Regierung von 1917, verstand diese Besonderheit und gab ihr in seinem Vorwort zu Sokolows „Geschichte des Zionismus", die ungefähr zur selben Zeit erschien wie Rathenaus „Streitschrift", mit folgenden Worten Ausdruck:

„Die Lage der Juden ist eine ganz eigenartige. Für sie sind die Fragen über Religion und Land derart miteinander verkettet, wie dies bei keinem anderen Volk, keiner anderen Religion, keinem anderen Land der Welt zutrifft. In keinem anderen Fall sind die Gläubigen einer der größten Religionen der Welt, um allgemein zu sprechen, nur unter den Angehörigen eines einzigen kleinen Volkes zu finden. Bei keiner Religion geht die geschichtliche Entwicklung so innig Hand in Hand mit der langen politischen Geschichte eines kleinen Gebiets, das zwischen Staaten eingezwängt war, die weit mächtiger waren, als es selbst je werden konnte. Keine andere Religion hat ihre Bestrebungen und Hoffnungen in einer Sprache und Ausdrucksweise kundgemacht, für deren Verständnis die Überzeugung unerläßlich ist, daß nur aus diesem einen Land, nur durch diese eine Geschichte und durch dieses eine Volk die volle religiöse Freiheit sich durch die Welt verbreiten konnte."[109]

Rathenau, obwohl er Jude war, hatte für die Eigenart des Volkes, dem er entstammte, kein Verständnis. Er wollte offenbar auch gar kein Ver-

ständnis für dieses Volk haben, da er seine ganze Liebe dem deutschen Volke gewidmet hatte und nur deswegen Jude geblieben war, weil er seine Vergangenheit nicht auslöschen konnte. Eine Lösung des Problems war für ihn nur durch die Anwendung einer besonderen Gedankenkonstruktion möglich, nämlich auf dem Weg über die Institution einer „Staatsreligion". Ausgehend von dem Gedanken, daß der Staat der „organisierte Wille der Nation"[110] sei, und unterstellend, daß sich die Idee einer Staatsreligion, die einen Souveränitätsanspruch[111] erhebt, „mit den Gefühlstendenzen unserer Zeit, wie sie seit mehr als 100 Jahren emporgekommen sind"[112], nicht vereinen läßt, kam er zu der Empfehlung eines Religionskompromisses[113] – „einer Versöhnung, nicht einer Verschmelzung"[114] –, für dessen Ermöglichung er nach dem Stande der Dinge – „außer in kulturkämpferischen Perioden"[115] – gute Aussichten sah.
Schon erwartete man, daß Rathenau eine allgemein anerkannte Religionsfreiheit empfehlen würde, die die verschiedenen Konfessionen unter einem allgemeinen ethischen Dach vereint, da machte er völlig überraschend eine Wendung zum Christentum:

„Ich will den christlichen Staat, denn auf seinem Boden sind wir und mit uns die gesamte abendländische Welt der Gedanken und Gefühle erwachsen."

Aber er ging nicht so weit, der christlichen Kirche eine Vormachtstellung einzuräumen, sondern fuhr fort:

„Ich glaube aber nicht, daß es der Staatsgewalt oder der Staatskirche bedarf, um Staaten ungezählter Millionen christlicher Bürger im christlichen Geist zu erhalten. Wäre dies nötig, so müßte man folgern, daß die heutigen christlichen Glaubensformen ihre Lebenskraft verloren hätten und sich neu gestalten müßten. Diese Folgerung trifft aber nicht zu; denn gerade in den kirchenfremden, ja, kirchenfeindlichen Staaten erhebt sich in unserer Zeit das christliche Bekennen zu neuer Kraft. Hilfe und Stütze schuldet der Staat jeder Glaubensform, soweit die Zahl ihrer Bekenner hinlänglich und ihre Lehre nicht der Vernunft und der Sitte zuwider ist."[116]

Rathenaus Vorschlag ist im Grunde nur eine Weiterführung der Lehre vom „christlichen Staat", den etwa zwei Generationen zuvor der Staatsrechtler Friedrich Julius Stahl zur beherrschenden Theorie der deutschen konservativen Schichten in Preußen – und da natürlich auf protestantischer Grundlage – gemacht hatte. Nur war der getaufte Jude Stahl[117] konsequenter als der – wie Adolf von Harnack ihn genannt haben soll[118] – „ungetaufte Christ" Rathenau. Stahls Theorie war klar und entsprach dem Empfinden der Masse einschließlich der Gebildeten. Es darf zum Verständnis dieser Situation naturgemäß nicht übersehen werden, daß die Juden innerhalb der deutschen Bevölkerung zu jener Zeit noch nicht einmal ein einziges Prozent ausmachten, daß also für die Religionsfrage eine Berücksichtigung der jüdischen Religion wegen der kleinen Zahl ihrer Bekenner zu der quantitativ 99fachen Überlegenheit der Bekenner anderer Religionen, insbesondere der christlichen, so gut wie außer Frage stand.

Rathenaus Ansichten wurden gelesen, diskutiert und ad acta gelegt. Sie waren Theorien eines geschickten Verhandlungstaktikers, der bei einem Ausgleich in finanziellen Fragen die Interessen feindlicher Kontrahenten dadurch „versöhnt", daß er sie zum gegenseitigen Nachgeben überredet. Sie waren zudem auf religiösem und philosophischem Gebiet die Hoffnungen eines Schwärmers und Träumers, wie die Abschlußworte der „Streitschrift" bezeugen:

„Wir leben und atmen der Freiheit entgegen. Nie wird das deutsche Volk Zügellosigkeit noch Anarchie verlangen. Wenn es aber ein Reich der intelligiblen Freiheit gibt und wenn wir dieses das Reich der Seele und das Reich Gottes nennen dürfen, so soll auch sein irdisches Abbild, das Reich des Glaubens, ein freies Reich sein."[119]

Wie eine Ergänzung zur „Streitschrift" erscheint ein Brief, in dem Rathenau wenige Monate später dem ehemaligen Staatssekretär von Jagow[120] eine Übersicht über die soziologische Struktur der jüdischen Bevölkerung in Deutschland gab. Da er die politische Judenfrage aus seiner persönlichen Perspektive und — wie er betonte — nur „in ganz kurzen Zügen" schilderte, mußte seine Darstellung zwangsläufig oberflächlich und zum Teil fehlerhaft bleiben. Sie genügt, um erkennen zu lassen, daß er während der zwanzig Jahre seit der Veröffentlichung des „Höre, Israel!" einiges, wenn auch nicht viel hinzugelernt hatte. Abgesehen davon, daß der Brief in einem nahezu unerträglich snobistischen Ton gehalten war, ist interessant, daß er nunmehr die „Anartung" an die Deutschen[121] nicht mehr als Allheilmittel ansah.

Er teilte die Juden jetzt nicht mehr in zwei Gruppen ein; eine kleine der „Patrizier" (zu denen er sich selbst rechnete) und eine größere, die „Stockjuden" (alle anderen), sondern in drei, von denen er annahm, daß sie zahlenmäßig etwa gleich stark waren: in die Vollassimilierten, die er, wie er „lieber sagen möchte, regeneriert" nennt, in einen „Mittelstand", der dem deutschen Mittelstand entsprach und nur etwas wohlhabender war als dieser. „Diese Leute gehen uns zeitweilig auf die Nerven, weil ihre unangenehmen Eigenschaften die sichtbaren, ihre guten die latenten sind." Und schließlich „das jüdische Proletariat", das „abermals wohlhabender als das nicht-jüdische" ist. „Hier treten alle ausgesprochenen, mittelalterlichen jüdischen Eigenschaften zutage. Die Lebensführung ist rituell, nähert sich der von Ihnen beobachteten östlichen an. Ein ausgesprochenes Familien- oder Cliquenwesen hält sie gesellschaftlich zusammen ..." „Antisemitismus lösen alle drei Teile aus. Der erste, indem er durch Einfluß und Vermögen Anstoß gibt, gelegentlich auch durch die uns bekannten, häßlichen Formen des neuen Reichtums, die aber allen nouveau riches anhaften. Der zweite Teil fordert durch Wettbewerb die Abneigung heraus. Der dritte Teil wirkt abstoßend und isoliert sich in Oppositionen. Summiert man alle diese Übelstände, so glaube ich, daß eine gleich große Bevölkerung von Polen erheblich größere staatliche und kulturelle Gefahren bietet, ohne gleichzeitig die entsprechenden kulturellen, wirtschaftlichen und intellektuellen Vorzüge dem Lande zu bieten."[122]

Hinsichtlich der Erfolge des Assimilationsprozesses fuhr er dann fort:

„Ich bin mit Ihnen der Ansicht, daß die Amalgamation nicht zu schnell vorschreiten darf. Ich teile weniger Ihre Ansicht, daß sie die endgültige Lösung bedeutet. Die endgültige Lösung wird meines Erachtens sein, daß in einem Lande mit stark gemischter Bevölkerung nach Herkunft ebenso wenig gefragt wird wie nach Bekenntnis. Und ich sehe diesen Zustand innerhalb der nächsten Jahrzehnte voraus."[123]

Noch immer ist Rathenau von der Idee beherrscht, daß der jüdische Teil in der deutschen Bevölkerung aufgehen und daher als Teil seines Volkes mit eigener Volkspersönlichkeit untergehen müsse – zum Wohle des deutschen Staates. Aber es lassen sich doch die gedanklichen Einflüsse erkennen, die in der Elite des deutschen Volkes – vor allem von Männern wie Sombart[124] und Kohler[125] – zum Ausdruck gebracht wurden, die sich von einer Symbiose von Juden und Deutschen großen Nutzen für die deutsche Nation versprachen.

## VII.

Zu der Zeit, als er seine „Streitschrift" schrieb, gehörte Rathenau zwar noch nicht zur Führungsschicht Deutschlands, war aber doch einer von jenen Männern eines kleinen Kreises, deren Rat eingeholt wurde, bevor die wirklich entscheidenden Männer ihre Entschlüsse faßten[126]. Es war also keineswegs richtig, als er im April 1917 schrieb, daß er „der Tagespolitik ferner stehe als je zuvor und nicht beabsichtige, (sich) ihr zu nähern"[127]. Sein Ansehen in den hohen Regierungs- und Militärkreisen muß außergewöhnlich gewesen sein, wenn man die Formalität beachtet, daß bei einem Besuch im Hauptquartier in Kowno im November 1915 dem vor kaum einem halben Jahr aus seinem Amt als Leiter der Abteilung für Rohstoffversorgung ausgeschiedenen Rathenau an der Tafel Hindenburgs der Ehrenplatz rechts vom Gastgeber und neben dem allmächtigen Ludendorff eingeräumt worden war, während Fürst Dohnah-Schlobitten, ebenfalls ein hoher Verwaltungsbeamter, sich mit dem links vom Hausherrn begnügen mußte[128].

Ob zwischen Rathenau und Ludendorff, die sich bei diesem Besuch persönlich kennenlernten, jemals persönliche Beziehungen bestanden haben, läßt sich kaum mehr feststellen. Ludendorff erwähnt zwar in einem Brief an Rathenau die „außerordentliche und verdienstvolle Arbeitsleitung, die Ihnen jeder einsichtige Mann anerkennen muß", aber er war, wie Frau von Mangoldt hervorhebt, in seinen Briefen an Rathenau „von einer distanzierten Kälte"[129]. Rathenau hingegen war von Ludendorff eine Zeitlang geradezu fasziniert. In einem Aufsatz „Schicksalsspiel", den er am 23. 11. 1919 im Berliner Tageblatt veröffentlichte, bekannte er: „Ich empfand, daß er (Ludendorff) der Mann war, der uns, wo nicht zum Siege, so doch zu einem ehrenvollen Frieden führen könnte, und gesellte mich von diesem Tage (dem Tage des Besuchs in Kowno) zur Zahl derer, die alles, was in ihrer Kraft stand, taten, um ihm den Weg zur obersten Heeresleitung zu ebnen." Aber dieses Vertrauen erfuhr mit der Zeit auf Grund von Einsichten, die er später hatte und denen er sich auf die Dauer nicht entziehen konnte, Abschwächungen, bis sich diese beiden Männer erst kühl, dann feindlich gegenüberstanden.

Mit der Erreichung des Status als einer der einflußreichen, aber nicht entscheidenden Männer erfüllte sich auch ein Teil des Schicksals Rathenaus, über das ich in einem unveröffentlichten Manuskript aus dem Jahre 1945 folgendes schrieb:

„Von da ab war er einer der Regierenden, einer von denen, von deren Ansichten das Schicksal des Ganzen und jedes Einzelnen abhing. Und damit — nicht deswegen! — wurde er für das verblendete Deutschland zum Sündenbock, zu dem, dem alles Unrecht zur Last gelegt wurde, das nicht er, sondern Deutschland beging, ja, weiter, dessen Taten alle, und wenn sie noch so offensichtlich Deutschlands Wohlfahrt förderten, als Verbrechen und Unheilstaten empfunden wurden.

Es ist das ein so phantastisches Phänomen, daß es einer näheren Betrachtung wert ist. Es ist eine Art Umkehrung des Märchens vom kleinen Zaches, das E. T. A. Hoffmann erzählt... Was Rathenau sagte oder vollbrachte: es ging nicht verloren... Für seine Gedanken fanden sich immer ‚Entlehner', für seine Taten immer offizielle Stellen, die den Ruhm ernteten, der ihm gebührte. Wurde aber irgendwo etwas verbockt, so dauerte es nicht lange, bis Rathenaus Name genannt wurde, und wenig später war es schon unmöglich, dem deutschen Volke auszureden, daß nicht Rathenau der Schuldige war... Die Liste der Vorwürfe gegen

Rathenau stimmt daher genau mit den Fehlern überein, die die deutschen Regenten während und nach dem Krieg begingen... Beginnen wir mit Rathenaus ruhmvoller Organisation der Kriegsrohstoffabteilung... Die Generale haßten ihn... er hatte ja ihren Mangel an Voraussicht, ihren geradezu jungenhaften Leichtsinn in der Vorausberechnung der notwendigen Änderungen in den Wirtschaftsverhältnissen bloßgestellt. Als Strafe genügte da nicht einfache Sabotage seiner Arbeit... Aber die Kriegsernährungsgesellschaften funktionierten schlecht und waren korrupt. So war es klar, daß er schon nach kurzer Zeit nicht nur beschuldigt wurde, sich und seinen Firmen Millionenaufträge zugeschanzt zu haben, sondern daß er auch für den Skandal dieser Gesellschaften, mit denen er nichts zu tun hatte, verantwortlich gemacht wurde...
Der unbeschränkte U-Boot-Krieg war ein schwerer Fehler. Ein unentschuldbarer Fehler Ludendorffs. Zwar versuchen sogar noch die Biographen Rathenaus, Ludendorff in Schutz zu nehmen. Er sei berechtigt gewesen, ‚sich auf seinen militärischen Instinkt, auf seinen Feldherrngeist zu verlassen' (Federn-Kohlhaas), es ‚hätten im April 1917 an den hundert Prozent', die für den Sieg notwendig gewesen seien, ‚nur wenig gefehlt' (Kessler), aber eine solche Verwirrung im Urteil selbst bei Menschen, die Rathenau schätzten und liebten, ist nur als Ausfluß jenes Zaches-Zaubers zu verstehen. Eine Rechnung ist ganz falsch, wenn sie nur fast richtig, aber doch nicht richtig ist. Und Ludendorffs Schätzung (anstelle der Rechnung!) war nur fast richtig. Das Ergebnis war aber nicht ein Fast-Sieg, sondern eine völlige Niederlage! Niemand hat das klarer gewußt als Ludendorff, der darum auch gar nicht die Entschuldigungen seiner Mitbürger und Anwälte aufnahm, sondern lieber mit einer massiven Lüge zum Angriff gegen Rathenau überging..."

Ob Rathenaus Enttäuschung über Ludendorff durch die Erklärung des „unbeschränkten U-Bootkrieges" ausgelöst worden war, erscheint fraglich. Herzog berichtete von dem Gespräch, das er bereits im August 1915 mit Rathenau hatte, er habe seinen „Monolog" über seine „Entlassung aus dem Staatsdienst als Leiter der Kriegsrohstoffabteilung" mit den Worten beendet:

„Geschieht mir ganz recht, denken Sie. Übrigens von Ihrem Standpunkt absolut zutreffend. Warum opferte ich mich für diese Bande? Der Krieg ist doch verloren. Der verschärfte U-Boot-Krieg wird automatisch den Eintritt der USA erwirken. Wir werden geschlagen werden, wie Deutschland nie geschlagen worden ist. Jena war ein Kinderspiel dagegen."[130]

„Die Bande" war, wie der Zusammenhang zeigt, „die Generalität". Für sie empfand Rathenau ohnehin keine große Hochachtung. Der Politiker Konrad Haußmann gibt eine Äußerung Rathenaus nach Beendigung der Marneschlacht wieder: „Wissen Sie weshalb wir den Krieg führen? Ich weiß es nicht... wir haben keine Strategen und keine Staatsmänner."[131]
Der Generalstab stand damals mit seiner Forderung nach Verschärfung

der Kriegsführung nicht allein. In einem Geheimdokument stimmten die sechs Verbände der Schwerindustrie und die bedeutendsten Persönlichkeiten der Industrie und Hochfinanz der von Ludendorff verlangten Verschärfung des U-Bootkrieges zu[132]. Nur zwei Männer waren dagegen: Ballin und Rathenau. Wie Herzog schreibt, sagte man damals im Berliner Generalstab verächtlich: „Die beiden Juden ... natürlich dagegen."[133] Es half diesen beiden Juden natürlich nichts, daß sie recht hatten. Nach dem Zusammenbruch das kaiserlichen Regimes nahm sich Ballin aus Verzweiflung über Deutschlands Schicksal das Leben. Und Rathenau wurde einfach für die militärische Niederlage Deutschlands mit verantwortlich gemacht.

Rathenaus Korrespondenz mit Ludendorff hatte im Frühjahr 1917 begonnen. Sie war im Stil jener Zeit geführt worden, in der das Militär unbedingten Vorrang vor allen zivilen Instanzen hatte und von den „Zivilisten" die Anerkennung dieses Vorrangs auch in der Formulierung von Briefen erwartete. Wenn daher Berglar von einem Brief an Ludendorff[134], in dem Rathenau von seiner Befürchtung eines Friedens mit England und seiner überschwenglichen Anerkennung der Siege Deutschlands über Rußland sagt, daß er nur voller „Unwahrhaftigkeit" und „reiner Liebedienerei" sei, so ist dies stark übertrieben. Rathenau war viel zu selbstsicher, als daß er sich um Ludendorffs Wohlgefallen bemüht hätte, wenn er in ihm nicht die überragende militärische Persönlichkeit gesehen hätte, die er damals wohl war. Außerdem hatte Rathenau über die Probleme der Kriegsversorgung Erhebliches und manchmal sehr Unangenehmes zu sagen, und er tat dies dann unmißverständlich wenngleich gemäßigt im Ton und in der U-Bootfrage zunächst in einem ausführlich warnenden Brief vom 19. 10. 1916[135] und in einem kurzen, aber sehr entschiedenen Schreiben vom 25. 6. 1917:

„Als ich in Berlin Sie zu sehen die Ehre hatte, sprach ich aus, daß ich die herrschende Auffassung von der Wirkung des U-Boot-Krieges für falsch hielt. Ew. Exzellenz werden inzwischen längst die gleichen Schlußfolgerungen gezogen und die — für mich feststehende — Eventualität ruhig ins Auge gefaßt haben, daß für die Beendigung des Krieges auf die U-Wirkung nicht zu rechnen ist."[136]

Fast gleichzeitig schrieb er an General von Seeckt noch einen ausführlichen Brief über dieses Thema, von dem er berechtigt war, anzunehmen, daß sein Inhalt Ludendorff zur Kenntnis gebracht werden würde[137]. Ludendorff jedoch antwortete wenige Tage später in einem Handschreiben[138] ganz kurz: „In bezug auf den U-Bootkrieg decken sich unsere Ansichten nicht. Er wirkt schon ..." Es war dies, wie Rathenau vorausgesehen hatte und wie sich später herausstellte, falsch.

Einer der Befürworter von Ludendorffs Verschärfung des U-Bootkrieges war Karl Helfferich, damals Staatssekretär des Inneren und stellvertretender Reichskanzler. Rathenau und Helfferich waren in jeder Hinsicht – körperlich und geistig – Gegensätze. An dieser Stelle soll nur betont werden, daß Helfferich es war, der die „Wirkungsberechnung" für den U-Bootkrieg angefertigt hatte. Er verlangte die Garantie der Versenkung einer bestimmten Tonnage der feindlichen Schiffe und erbot sich, die Auswirkung der verschärften U-Boot-Kriegsmaßnahmen sodann selbst zu berechnen[139]. Als Rathenau und Helfferich im Mai 1917 jedoch bei dem Reichskanzler Bethmann Hollweg zusammentrafen, ergab sich, daß Helfferich nicht einmal eine exakte Vorstellung von dem von England täglich benötigten Tonnageraum hatte[140], geschweige denn von den Erfolgsaussichten dieser letzten und gefährlichsten Verschärfung der Kriegsführung. Die Gründe für die Entscheidung Ludendorffs in dieser Angelegenheit waren schließlich Gegenstand einer persönlichen Besprechung am 10. 7. 1917, über die Rathenau in seinem Tagebuch berichtet:

Ludendorff „kam auf die Unterhaltung des Vormittags zurück, indem er sagte, daß er in einem Punkt meinen Darlegungen nicht im vollen Umfange folgen könne, das sei die Frage des U-Boot-Krieges. Ich fragte ihn, was ihn dazu bestimmte, und er antwortete, Gründe könne er mir nicht angeben, es sei sein inneres Gefühl, dasjenige Gefühl, das ihm auch für seine strategischen Maßnahmen entscheidend sei. Ich erwiderte, daß ich es nicht wagen würde, in seiner Gegenwart von strategischen Dingen zu sprechen, daß aber diese Fragen mir kalkulatorische und wirtschaftliche zu sein scheinen, in denen ich meinerseits einen Teil meines Lebensinhalts erblickte, und die ich daher auch meinerseits mit einem Gefühl der Intuition zu erfassen glaubte. Es müsse somit wohl der endgültigen Entscheidung anheimgestellt bleiben."[141]

Pogge von Strandmann kommentiert zu diesem Bericht[141]: die Unterredung zwischen Rathenau und Ludendorff wirkte sich nachteilig auf ihr Verhältnis aus. Rathenaus Bewunderung für Ludendorff hatte aufgehört[142]. Danach hat es auch keinen Briefwechsel mehr zwischen ihnen gegeben. Rathenaus Enttäuschung beschränkte sich nicht nur auf Ludendorff, sondern erstreckte sich auf die ganze deutsche Regierung. Einen Monat später schrieb er an seinen Freund Steinbömer (Hillard): „Das neue Regime enttäuscht mich nicht; es ist der adäquate Ausdruck des landesbeherrschenden Philisteriums und der (gestreckten) Bierersatz-Politik."[143]

## VIII.

Rathenaus Name spielte naturgemäß noch in vielen anderen Episoden jener Kriegstage eine Rolle. Und nicht immer waren die Vorwürfe, die gegen ihn erhoben wurden, unberechtigt.

Als im Herbst 1916 das Deutsche Kriegsministerium belgische Fabriken demontieren und auf das Drängen der deutschen Industriellen auch belgische Arbeiter nach Deutschland deportieren ließ, wurde Rathenau, der seit anderthalb Jahren bereits Privatmann war, auch hierfür verantwortlich gemacht. Nach Kessler[144] hatte er Ludendorff empfohlen, 700 000 belgische Arbeiter zwangsweise nach Deutschland überzuführen. Es ist nicht erforderlich, Wildes Behauptung zu verifizieren, daß dieser Brief vom 16. 9. 1916 vielleicht bei der Herausgabe der Briefe Rathenaus „unterschlagen" worden sei, denn in einem späteren Brief, der erhalten ist[145], schrieb er ohne jegliche Skrupel: „Auch wenn Belgien 100 000–200 000 Mann hergibt, was ich dringend für nötig halte, und wenn eine ähnliche Aktion in Polen qualitativ und quantitativ einigermaßen erträgliche Ergebnisse liefert, . . ." Die Vorstellung der zwangsweisen Deportation feindlicher Staatsangehöriger zur Verwendung in der eigenen Kriegsindustrie, die durch die Haager Landkriegsordnung verboten war, kümmerte ihn also wirklich nicht – so wenig wie irgendeinen seiner Kollegen in der deutschen Industrie. Es wäre daher vielleicht verständlich, wenn die Welt auch über ihn empört gewesen wäre, daß aber die öffentliche Meinung in Deutschland ihn und nur ihn deshalb später wie einen Kriegsverbrecher ansah, war reine Heuchelei.

Kessler versuchte eine Ehrenrettung Rathenaus:

> „Um seine Haltung in dieser Sache zu erklären, muß man . . . neben der Rücksicht auf Ludendorff auch noch andere psychologische Beweggründe annehmen: eine Trübung seines Urteils nicht durch die Kriegspsychose, denn gegen die war er immun, wohl aber durch sein Preußentum, seine tiefe Sehnsucht, restlos deutsch zu sein, die ihn schwach machte gegen antisemitische Angriffe und in diesem Fall die Erwägungen der Vernunft überrannte."[146]

Das Kriegsende zeichnete sich ab. Rathenau blickte keineswegs optimistisch in die Zukunft[147]. In der „Mittwochgesellschaft" hielt er eine Rede gegen den unbeschränkten U-Bootkrieg, die „für alle, die sie hörten, denkwürdig blieb". Sie soll eine der glänzendsten gewesen sein, die er je gehalten hatte[147]. Aber sie blieb ohne wirksamen Einfluß auf die weitere Entwicklung der deutschen Politik und Kriegsführung. Er selbst blieb – mehr noch als früher – ein verhinderter Politiker, der unter diesem Los litt. Seine Stellung als Industrieller, als Leiter eines Wirtschaftskon-

zerns von nunmehr schon gigantischem Ausmaß, füllte ihn nicht aus. Die Organisationsprinzipien, die er Jahrzehnte zuvor aufgestellt hatte, und sein wie ein Computer arbeitendes Gehirn ermöglichten ihm, seine Routinearbeit in wenigen Stunden zu erledigen. Sein Wirtschaftssystem, das er in der Trilogie „Zur Kritik der Zeit“ im Jahre 1912, „Zur Mechanik des Geistes“ im Jahre 1913 und „Von kommenden Dingen“ (1917) ausgearbeitet hatte, war abgeschlossen. Er fühlte sich wie ausgehöhlt. In einem Brief an Schwaner schrieb er 1916, als er noch an dem letzten Buch arbeitete: „Leise wird's Herbst. Das Laub ist noch voll und grün, doch das Leben wird still, und die Nebel sinken. Ich schreibe jetzt den ganzen Tag; aber es ist, wie wenn eine Witwe ein Kind trägt, solche Kinder leiden oft vom Weinen. Ich weine nicht, aber ich lache auch nicht mehr viel ...“[148]
Und dann machte er enttäuscht von der aktiven Politik, in der alles so unheilverheißend verlief, noch einen großen Versuch, wenigstens zu der jungen Generation Kontakt zu bekommen. Im Juli 1918 schrieb er einen Aufruf „An Deutschlands Jugend“. Ein der Öffentlichkeit unbekannter Mann hätte sich mit einem solchen Aufruf wohl lächerlich gemacht. Daß ein Jude ihn schrieb, erschien geradezu wie eine Herausforderung. Aber Rathenau nahm darauf keine Rücksicht. Er kannte seine Stellung in der Wirtschaft, und die Auflagen, die seine Bücher erreichten, bewiesen, daß er trotz ihres schweren Stils[149] unter den denkenden Deutschen einen geradezu ungeheuren Leserkreis gefunden hatte. Und daß er als Jude für ein Sendschreiben an Deutsche nicht legitimiert wäre – dieser Vorwurf erschien ihm unberechtigt. Dennoch hielt er es für nötig, über sich als Juden in der Einleitung zu sprechen:

„Ich bin ein Deutscher jüdischen Stammes. Mein Volk ist das deutsche Volk, meine Heimat ist das deutsche Land, mein Glaube der deutsche Glaube, der über den Bekenntnissen steht. Doch hat die Natur, in lächelndem Eigensinn und herrischer Güte die beiden Quellen meines alten Blutes zu schäumendem Widerstreit gemischt: den Drang zum Wirklichen, den Hang zum Geistigen. Die Jugend verging in Zweifel und Kampf, denn ich war mir des Widersinns der Gaben bewußt. Das Handeln war fruchtlos und das Denken irrig, und oftmals wünschte ich, der Wagen möchte zerschellen, wenn die feindlichen Gäule auseinanderstürmend sich ins Gebiß legten und die Arme erlahmten. Das Alter sänftigt. Noch immer ist der überschüssige Wille nicht ganz gebrochen, noch immer stehe ich im praktischen Handeln, doch nicht um eigener Ziele willen. Und manchmal erscheint es mir, als sei aus diesem Handeln auch etwas in meinem Denken befruchtet worden, als habe die Natur mit mir den Versuch vorgehabt, wie weit betrachtendes und wollendes Leben sich durchdringen können.“

Und er fuhr mit großem Stolz fort:

„Ein Zeichen des Friedens wurde mir gegeben. Als ich zum ersten- und letztenmal, nicht freiwillig, sondern von Not gezwungen, mich den Getrieben des Staates näherte, da wurde durch das geringe Werkzeug meines Kopfes und meiner Hände vom deutschen Willen aus einem Guß eines vollbracht, das sonst nicht im Schaffen eines Einzelnen beschlossen ist: die bewußte Schöpfung einer neuen Wirtschaftsordnung, die nicht vergehen kann und alle künftigen Wirtschaftsformen in ihrem Schoß trägt."

Rathenau spielte hierbei offenbar auf seine Leistung als Deutschlands „Rohstoffdiktator" an, deren Wert er in erster Linie darin sah, Deutschland die Fortführung seiner militärischen Aktionen ermöglicht zu haben, in höherem Maße aber in der neuen Konzeption einer geordneten Volkswirtschaft überhaupt. Und zum ersten Mal ließ er an diesem Verdienst das (jüdische) Volk teilnehmen, dem er selbst entstammte:

„Das war wohl die sichtbare Frucht, die der alternde Stamm nach auferlegtem Willen tragen durfte; nun schüttet er die verspäteten Knospen und Blätter in euren Schoß."[150]

Es ist hier nicht zu prüfen, ob Rathenau sein Werk richtig bewertete, auch nicht, ob die Idee der Schaffung der Kriegsrohstoffabteilung ausschließlich von ihm allein stammte. Er selbst erhob einen derartigen Anspruch nicht, sondern nannte seinen Freund, den Ingenieur Wichard von Möllendorff, als den, der „zuerst in freundschaftlichen Unterhaltungen den Finger auf diese ernste Wunde unserer Wirtschaft gelegt hatte"[151]. Aber er unterschied mit Recht zwischen der Konzeption einer Idee und ihrer Umsetzung in die Tat. Und diese war zweifellos die seine, wenngleich auch dies in der volkswirtschaftlichen Literatur bestritten wird[152].

Im Zusammenhang mit unserer Erforschung der Wege seiner Existenz als Jude war darauf hinzuweisen, daß es – wie gesagt – zum ersten Mal in Rathenaus Leben geschah, daß er sein Werk als einen Ausfluß des jüdischen Geistes in ihm verstand.

Rathenaus „An Deutschlands Jugend" enthielt kaum Gedanken, die er nicht schon in früheren Schriften vorgetragen hatte. Aber diese Schrift zeigt ihn als einen Mann, der erkannte, daß die Männer der Generation, die mit ihm entstanden war, kaum geeignet sein würden, eine Nachkriegswelt mit ihren neuen Forderungen aufzubauen. So fürchtete er:

„Der kommende Friede wird ein kurzer Waffenstillstand sein, und die Zahl der kommenden Kriege unabsehbar, die besten Nationen werden hinsinken, und die Welt wird verelenden, sofern nicht schon dieser Friedensschluß den Willen besiegelt zur Verwirklichung dieser Gedanken.

Ein Völkerbund ist recht und gut; Abrüstung und Schiedsgerichte sind möglich und verständig: doch alles bleibt wirkungslos, sofern nicht als erstes ein Wirtschaftsbund, eine Gemeinwirtschaft der Erde geschaffen wird."[153]

So wandte er sich an die junge Generation, die „der Krieg ... von uns scheidet“[154], und warnte sie vor einem Frieden, der nicht „der Frieden der Gerechtigkeit und der guten Gesinnung“ ist. „Wäre ein anderer Frieden erreichbar, ihr dürftet ihn nicht nehmen, denn er wäre kein Frieden, sondern ein heimlicher vergifteter Krieg.“[155] Aber „wo sind die Menschen“?[156] In dem Deutschland seiner Generation fand er sie nicht. Sie litt an dem „beschämendsten und undeutschesten, was in diesem Kriege geschah, (der) maßlosen, schamlosen Ausschüttung des Selbstlobs. Nichts hat so sehr zur Entsittlichung des Landes, zur Mißachtung des Gesetzes, zur Überempfindlichkeit der Stimmung beigetragen als die lang andauernde tägliche Selbstverherrlichung“[157], die er nun an einzelnen Beispielen illustrierte. Diesem Deutschland hielt er jenes Volk als warnendes Beispiel vor, aus dem er selber kam (obwohl er hier seine Verbindung mit ihm nicht ausdrücklich erwähnte) und über das er während der seit 1897 vergangenen 20 Jahre ein genaueres Bild sich zu verschaffen nicht für nötig befunden hatte.

„Es hat ein Volk gegeben, das sich das auserwählte genannt hat. Es war kein schlechtes Volk, es hat der Welt die Offenbarung, viele Propheten und ein herrliches Buch gebracht. Wegen seines verruchten Stolzes auf seine Auserwähltheit aber ist es in die vier Winde zerstreut worden, seine Kinder haben zweitausend Jahre in Blut und Tränen gebüßt, und ihrer Buße und Tränen ist noch heute kein Ende.
Gott verhüte, daß auf unser deutsches Volk dieser Frevel falle. Wir sind kein auserwähltes Volk und wollen es nicht sein. Wir sind ein junges Volk ...“[158]

## IX.

Der Aufruf „An Deutschlands Jugend“ hatte die Druckpresse kaum verlassen, als der Krieg überraschend zu Ende ging.
Rathenau übte heftige Kritik an dem Waffenstillstandsbegehren der deutschen Regierung vom 29. 9. 1918. Er glaubte, daß nicht eine aussichtslose Lage an der Westfront, sondern die schlechten Nerven vor allem Ludendorffs den übereilten Schritt ausgelöst hätten. Prinz Max von Baden, der damalige Reichskanzler, schreibt in seinen Erinnerungen, daß Rathenau, als er von dem Waffenstillstandsbegehren hörte, wie ein kleines Kind geweint habe. Es sei, so sagte Rathenau, „die katastrophalste Dummheit aller Zeiten“ gewesen, „statt der Liquidation den Bankrott zu erklären“. Am 7. 10. 1918, also nur kurz nach dem Gesuch um Waffenstillstand, veröffentlichte er einen Artikel, in dem er den begangenen Fehler wieder gutzumachen suchte[159]. Er forderte ein „Verteidigungsamt“ mit genau

festgelegtem Aufgabenkreis, insbesondere die Neuetablierung einer Front. „Wir wollen nicht Krieg, sondern Frieden. Doch nicht den Frieden der Unterwerfung."[160] Aber die Oberste Heeresleitung hatte eben die Nerven verloren[161]. Es ist nicht ohne Interesse, daß Ludendorff wenige Tage später zugab, sich getäuscht zu haben, daß die Front standhielt[162]. Das schadete aber seinem Ruhm und seinem Ruf nicht. Rathenau jedoch war von da an als der „Kriegsverlängerer" gezeichnet.
Rathenau, der in jenen Tagen in nicht-amtlicher Funktion für die deutsche Regierung tätig war, entwarf damals nach einer Unterredung mit dem Staatssekretär des Auswärtigen Amtes, Solf[163], eine Botschaft, die Prinz Max von Baden als Reichskanzler an den Präsidenten der Vereinigten Staaten, Th. W. Wilson, den Verfasser des „14-Punkte-Programms", richten sollte. Dieser Brief war mutig, aber gewiß nicht im Stile einer amtlich deutsch-preußischen Botschaft, sondern trug den Stempel der Rathenauschen Persönlichkeit[164]. Rathenaus Entwurf kam nicht zur Versendung.

Rathenau kehrte als Privatmann an seinen Schreibtisch zurück. Von dort aus entwickelte er in der Zeit der Novemberrevolution und unmittelbar danach eine fruchtbare schriftstellerische Tätigkeit. Eine seiner Schriften trug den Titel „Der Kaiser". Diese Schrift, die vielleicht Rathenaus künstlerisch wertvollste und reifste war und zu seinen meistgelesenen, oder wenigstens zu den meistzitierten gehört[165], verdankt ihre Verbreitung zum großen Teil einer Aussage Ludendorffs, die er im November 1919 vor dem Untersuchungsausschuß des Reichstages über den Krieg und die Ursachen der Niederlage machte. In ihrer Bösartigkeit[166], um nicht zu sagen, in ihrer Infamie wurde Ludendorffs Aussage zunächst nur zum Rufmord, im Laufe der Entwicklung aber dann auch zum Ruf nach dem Mord an Rathenau.
Ludendorff sagte:

> „Zu meinem Bedauern bin ich auch gezwungen, noch eine zweite Äußerung zu tun. Ich muß einen Ausspruch Walther Rathenaus wiedergeben, in dem er etwa sagt, an dem Tage, wo der Kaiser als Sieger mit seinen Paladinen auf weißen Rossen durch das Brandenburger Tor einziehen würde, hätte die Weltgeschichte ihren Sinn verloren[167]. Es waren also Strömungen im Volk vorhanden, die nicht die Ansicht der Obersten Heeresleitung vertraten, daß wir auf den Sieg kämpfen müßten, und diesen Strömungen mußten wir Rechnung tragen."[168]

Rathenau wies darauf sofort in seinem Aufsatz „Schicksalsspiel"[169] darauf hin, daß Ludendorff ihm Kriegssabotage unterstellte, ein Vorwurf, den auf sich sitzen zu lassen er nicht gewillt war[170]. Es half ihm nichts. Es half ihm auch nicht, daß er seine Rechtfertigung in Privatbriefen fortsetzte und darauf hinwies, daß Ludendorffs Beschuldigung im Widerspruch zu seinen Veröffentlichungen und seiner Tätigkeit als Organisator der Kriegsrohstoffwirtschaft stand[171].

Bereits am Anfang dieses für Rathenau so entscheidenden Jahres 1919 hatte sich in der deutschen Nationalversammlung folgende Szene abgespielt:

„Schriftführer Abgeordneter Dr. Neumann-Hofer (verliest): ‚Zum Präsidenten Deutschlands vorschlage im Namen vieler Auslandsdeutschen unseren von Freund und Feind im Inland und Ausland gleich hoch geachteten und weitblickenden Walther Rathenau. (Große Heiterkeit) Er werde unser Führer. Eugen Müller, Stockholm.' (große Heiterkeit rechts).“[172]

Dieser nüchterne Bericht läßt das „Menetekel“ kaum erkennen. Rathenau erkannte es. Wenige Monate später schrieb er die „Apologie“, an deren Schluß er auf diese Szene zurückkam:

„Was ich dem Volk an Gedanken bot, mag es bescheiden oder gering sein, warb nicht um Dank, doch es verdiente weder Hohn noch Haß, und daß ich zu einer Rechtfertigung gezwungen wurde, ist ein Unrecht der Zeit gegen mich.

Ein Großer, mit dem ich mich nicht vergleiche, wurde zu einer Rechtfertigung gezwungen, die in Platos Niederschrift die Jahrtausende überdauert; doch wie das Größte sich im Kleinsten spiegelt, so werde ich in dieser meiner Schrift, die für wenige deutsche Zeitgenossen bestimmt ist, an die Worte erinnert, mit denen Sokrates, verurteilt, sein Strafmaß beantragt. Als Ausdruck der Tatsache, daß Klage und Verteidigung ihre Plätze gewechselt hatten, verlangte er die Bürgerehrung der Speisung im Prytaneion.

An diese Forderung werde ich aus umgekehrtem Anlaß erinnert: denn mir hat durch seine berufenen Vertreter das deutsche Volk die Bürgerehrung erwiesen, die es für angemessen hielt, und die dem Gedächtnis erhalten bleiben soll.

Am Tage der Wahl des Reichspräsidenten war von Auslandsdeutschen ein gutgemeintes, doch unbedachtes und höchst abwegiges Telegramm in Weimar eingelaufen, das mit dem feierlichen Vorgang meinen Namen in ungereimte Verbindung brachte.

Es wäre leicht gewesen, diese Äußerung, wie es täglich mit vielen anderen geschieht, beiseite zu legen. Sie wurde verlesen.

Das Parlament eines anderen Kulturstaates hätte aus Achtung für jeden beliebigen Vertreter geistiger Arbeit es angemessen erachtet, die abgeschmackte Verlesung einer abgeschmackten Kundgebung zu überhören oder stillschweigend zu erledigen.

Das erste deutsche republikanische Parlament, das bestimmt war, sein Siegel unter die deutsche Schmach zu setzen, zur Sitzung vereint in dunkelster Zeit, in feierlichster Stunde, schüttelte sich vor Lachen. Minutenlange Heiterkeit verzeichnen die Blätter, und Augenzeugen erzählen, daß Männlein und Weiblein zum Gruß an einen Deutschen, dessen geistige Arbeit sie kannten, oder nicht kannten, sich beseligt auf ihren Sitzen kugelten.

Als ich es las, war ich erstaunt, doch nicht um meinetwillen betrübt. Ich mußte an das sardonische Gelächter des Unheils in der Burg von Ithaka denken, wie es Homer beschreibt."[173]

Ludendorff hatte zwar in seiner oben zitierten Aussage von dem „Bedauern" gesprochen, das er empfunden haben wollte, als er seine verleumderische Anklage gegen Rathenau erhob; aber dieses „Bedauern" wurde nicht von allen als aufrichtig anerkannt. Kessler leitete seinen Bericht über diesen Vorgang mit den Worten ein: „Ludendorff, dem jede Ausflucht recht war, um die Schuld für den Verlust des Krieges von sich abzuwälzen . . ."[174], schrieb:

„Ludendorffs Mißdeutung stempelte Rathenau für weite Kreise, namentlich der völkischen Jugend, zu einem Schädling, einem Verbrecher, an dem Rache zu nehmen ihnen als eine vaterländische Tat erscheinen mußte."[175]

Von da an war Rathenau „ein Gezeichneter"[176].

## Anmerkungen

1 In GS. I, S. 171—182.
2 a. a. O., S. 181.
3 „Deutsche Gefahren und Neue Ziele" in GS. Bd. I, S. 276.
4 „Höre, Israel!" S. 15.
5 „Deutsche Gefahren . . ." a. a. O. S. 277 f.
6 „Das Eumenidenopfer", GS. Bd. I, S. 253. a. a. O., S. 255.
7 a. a. O., S. 254.
8 a. a. O., S. 257.
9 a. a. O., S. 258.
10 a. a. O.
11 a. a. O.
12 a. a. O., S. 261.
13 a. a. O., S. 258 f.
14 a. a. O., S. 261.
15 a. a. O., S. 263.
16 a. a. O., S. 257.
17 Das hebräische Wort „Navi" wird üblicherweise mit „Prophet" (= Vorhersager) übersetzt, während es in Wirklichkeit „Künder" d. h. des göttlichen Willens bedeutet.
18 a. a. O., S. 257.
19 Rathenau an Schwaner, 18. 8. 1916, Briefe I, S. 218 ff.
20 a. a. O., S. 220.
21 *Jesajas* 40: 1, 31.
22 Dieser Schabbath wird im jüdischen Kalender der „Schabbath: ‚Tröstet' " genannt.
23 „Ein Wort zur Lage" in GS. I, S. 305.
24 Vgl. Rathenau an Fanny Künstler: 1. 11. 1914, Briefe I, Nr. 155, S. 171 f.

[25] *Kessler:* Rathenau, S. 184 ff.
[26] a. a. O., S. 185 (aus einem Bericht von Frau Sophie v. Hindenburg, Ehefrau Konrads v. Hindenburg, eines Vetters des Gen.-Feldmarschalls und späteren Reichspräsidenten).
[27] *C. Haußmann:* Schlaglichter, S. 13 und 20.
[28] Rathenau an Fanny Künstler, Ende Juli 1914, Briefe I, Nr. 140, S. 157.
[29] Rathenau an Fanny Künstler, 19. 8. 1914, Briefe I, Nr. 141, S. 157.
[30] Vgl. auch den weiter unten zitierten Brief an Fanny Künstler v. 6. 12. 1914: s. Anm. 32.
[31] *Mangoldt:* Auf der Schwelle, S. 172.
[32] Rathenau an Fanny Künstler, 6. 12. 1914, Briefe I, Nr. 157, S. 173.
[33] „Ein preußischer Europäer" S. 116. Rathenaus Berufung zum Organisator der Rohstoffwirtschaft Deutschlands ist jedenfalls nicht die Folge dieses pathetischen Briefes. Siehe hierzu die folgende Anmerkung.
[34] „Deutschlands Rohstoffversorgung" in GS. V, S. 27.
[35] *W. Herzog:* Menschen, denen ich begegnete (abgedruckt bei *Lamm:* Rathenau S. 98).
[36] „Deutschlands Rohstoffversorgung", GS. V, S. 28.
[37] a. a. O.
[38] s. unten, S. 346 f. *Pogge-v. Strandmann:* WR. Tagebuch: Vorbemerkung zu „1915", S. 191.
[39] Z. B. an Schwaner, 6. 9. 1914, Briefe I, Nr. 143, S. 158; an F. Künstler, 1., 14. 9. 1914, a. a. O. Nr. 142 und 145, S. 158 und 160; an v. Diezelsky, 10. 10. 1914, a. a. O., Nr. 149, S. 163 f., an v. Mutius, 10. 10. 1914, a. a. O., Nr. 150, S. 164 ff. (insbes. 166).
[40] s. „Deutschlands Rohstoffversorgung" Bd. 5, S. 29—37. Vgl. z. B.: Rathenau an v. Diezelsky, 10. 10. 1914, Briefe I, Nr. 149, S. 163 f.
[41] Rathenau legte sein Amt als Leiter der Kriegsrohstoff-Abteilung am 31. 3. 1915 nieder, s. Deutschlands Rohstoffversorgung a. a. O. S. 52; vgl. hierzu auch: „Apologie" S. 102.
[42] s. hierzu: Deutschlands Rohstoffversorgung a. a. O., S. 35 f.
[43] „Deutschlands Rohstoffversorgung", a. a. O. S. 23—58.
[44] a. a. O., S. 23.
[45] *Kessler:* Rathenau S. 190.
[46] *Herzog:* Menschen, denen ich begegnete (zitiert bei *Lamm:* Rathenau, S. 98 f.).
[47] In GS. I, 265—272.
[48] Pogge-v. Strandmanns Kommentar zu WR. Tagebuch 13. 3. 1914, S. 185 f.
[49] a. a. O., S. 185.
[50] a. a. O., S. 186 (Schluß der Kommentar-Bemerkung von Pogge-v. Strandmann).
[51] Rathenau an F. Künstler, 21. 2. 1915, Briefe I, Nr. 164, S. 178.
[52] Abgedruckt in der Einleitung Pogge-v. Strandmanns zu WR. Tagebuch, S. 191.
[53] a. a. O.
[54] a. a. O.
[55] *Kessler:* Rathenau, S. 244.
[56] Der Inhalt des Briefes läßt vermuten, daß die Verwaltungs- und Wirtschaftskreise gemeint sind.
[57] Rathenau an Ludwig, 17. 5. 1916, Briefe I, Nr. 200, S. 212.
[58] Es war offenbar nicht selbstverständlich, daß Walther Rathenau („der Kronprinz") Nachfolger seines Vaters werden würde. Über Diadochenkämpfe zwi-

schen W. R. und Felix Deutsch (dem Ehemann von Lili Deutsch) s. WR. Tagebuch 10. 12. 1912, S. 175.
59 Über den Titel „Präsident" s. P. Mamroth in „AEG: Zum Gedenken an WR", S. 10.
60 „Wiederum möchte ich ein paar Monate nicht sterben ..." (aus einem Brief Rathenaus an Eberhardt, v. 26. 8. 1915, Briefe I, Nr. 174, S. 191).
61 Rathenau an Schwaner, 30. 6. 1915 (nach Emil Rathenaus Tode) Briefe Nr. 169, S. 182.
62 *Bülow:* Denkwürdigkeiten Bd. III, S. 41.
63 Ev. Johannis 3: 8.
64 Gedächtnisrede für Emil Rathenau in GS. 5, S. 12.
65 a. a. O., S. 17 (Es handelt sich um ein Zitat aus Goethes „Maximen und Reflexionen")
66 a. a. O., S. 20.
67 „Cohanim" = Angehörige einer besonderen Priesterfamilie (4 Mos 6: 23), deren Rechte und Pflichten sich vererben.
68 4 Mos. 6: 24—26.
69 „Gedächtnisrede" a. a. O. S. 19.
70 Rathenau an Lili Deutsch (abgedr. bei Kessler: Rathenau S. 63): „... mit mir hat der Herrgott ein Experiment angestellt, das, selbst wenn es mißlingt ... interessant war. Und das Beste ist, daß ich mit Ernst und Ehrlichkeit bei der Sache bin und dem Faden durch alle Windungen folge, gleichviel wohin er führt." Ferner Rathenau an Lili Deutsch (abgedr. bei *Kessler:* Rathenau, S. 160).
71 Die erstaunlichen Auflagenziffern, die Rathenaus Schriften erreichten, sind in den GS. auf den letzten Seiten der einzelnen Bände und in den, in den GS. nicht aufgenommenen Einzelbänden, angegeben.
72 Apologie, S. 85.
73 *Lambach:* Diktator Rathenau (zitiert bei *Böttcher:* Rathenau, S. 79).
74 Deutschnationale Verlagsanstalt, zitiert bei *Böttcher:* Rathenau, S. 79.
75 Gräff an Schwaner, 8. 8. 1916 (abgedr. bei *Wilde:* Rathenau, S. 91).
76 Rathenau an Schwaner: Briefe I, Nr. 208, S. 218—221.
77 a. a. O., S. 219 f.
78 *Bein:* Th. Herzl und W. Rathenau, in: Allg. Wochenzeitung d. Juden in Deutschland, 25. 1.—22. 2. 1952.
79 Herzl an Rathenau, 12. 10. 1902, a. a. O. v. 22. 2. 1952, Nr. VIII.
80 In jener Zeit hatten die Verhandlungen Herzls mit der englischen Regierung bereits begonnen; anderer Ansicht *Blumenfeld:* Erlebte Judenfrage, S. 168 ff.
81 Eingabe vom 16. 7. 1960.
82 *F. A. Theilhaber:* Judenerzählung im Weltkrieg, Jüd. Lexikon Bd. III, Sp. 460 f.
83 a. a. O.
84 Die Regierung, deren Vertreter in diesem Fall der Kriegsminister war, hat niemals versucht, die Verfälschungen in der Erhebung dieser Statistik zu berichtigen! Siehe hierzu: *Theilhaber,* in: Jüd. Lexikon zu „Judenzählung im Weltkrieg", Bd. III, Sp. 460 f. (S. auch Anm. 63 im Kap. 3 oben.)
85 Es ist hier daran zu erinnern, daß in der Petition, die 1880 Bismarck überreicht wurde, bereits eine Judenzählung wenn auch anderer Art, von den Petenten verlangt worden, aber von der Regierung mit Stillschweigen übergangen worden war.
86 Von *Trützschler-Falkenstein,* s. unten Abschn. VII.

[87] s. „Eine Streitschrift vom Glauben", GS V, S. 97.
[88] a. a. O.
[89] a. a. O., S. 116.
[90] „Eine Streitschrift vom Glauben", GS V, S. 97—119.
[91] Lavater an Mendelssohn, 25. 8. 1769: „Zueignungsschreiben" (s. Mendelssohn, Ges. Schriften", Bd. 7, S. 1).
[92] Mendelssohn an Lavater, 12. 12. 1769, a. a. O. S. 5—7.
[93] *Graetz:* Bd. 11, S. 172 f., Dubnow VIII, S. 202.
[94] *Graetz* Bd. 11, S. 173, Dubnow VIII, S. 206.
[95] Das Neue Ghetto: 1. Akt, 3. Szene, GZW V, S. 17.
[96] „Streitschrift", S. 109.
[97] Vor allem in „Höre, Israel!" S. 18, „Staat und Judentum" GS I, S. 190 f.
[98] „Streitschrift", S. 100. (Über das Problem der Dogmen in der jüdischen Religion siehe: *Leo Baeck:* Hat das überlieferte Judentum Dogmen? in: Aus drei Jahrtausenden, S. 17—27.
[99] Auf das sehr komplizierte Thema der „Verbindlichkeit" der religiösen Vorschriften jenseits des monotheistischen Bekenntnisses des 5 Mos 6: 4 kann hier nicht eingegangen werden; vgl. jedoch die S. 376 zitierte Äußerung Lord Balfours im Vorwort zu Sokolows Geschichte des Zionismus. Es darf aber doch gesagt werden, daß Rathenaus Ausführungen in dieser Hinsicht die Art des Dilettantismus verrieten, über den Musil in seinem Roman „Der Mann ohne Eigenschaften" schrieb.
[100] „Streitschrift", GS 5, S. 101.
[101] a. a. O., S. 100.
[102] a. a. O., S. 101.
[103] a. a. O. und folg. S.
[104] a. a. O., S. 102.
[105] a. a. O., S. 104.
[106] a. a. O., S. 109.
[107] a. a. O., S. 110.
[108] s. oben Anm. 98.
[109] s. oben Anm. 99.
[110] „Streitschrift" S. 111.
[111] a. a. O., S. 112.
[112] a. a. O., S. 113.
[113] a. a. O., S. 114.
[114] a. a. O., S. 117.
[115] a. a. O., S. 114.
[116] a. a. O., S. 118.
[117] Vgl. oben 2. Kap. S. 42 und Anm. 59 das.
[118] *Mangoldt:* Auf der Schwelle, S. 171.
[119] „Streitschrift", S. 118 f.
[120] Rathenau an Jagow, 11. 7. 1917, Briefe — Neue Folge Nr. 185, S. 230—234.
[121] Die er in „Höre, Israel!" als die Lösung empfohlen hatte („Impressionen", S. 10).
[122] Brief an Jagow (s. Anm. 120) S. 232.
[123] a. a. O., S. 233.
[124] s. oben S. 337.
[125] s. oben S. 339.

[126] s. die Kommentare (Vorbemerkungen) Pogge-v. Strandmanns zu WR Tagebuch S. 192, 204, 208 f.
[127] Rathenau an Baronin v. S., 28. 4. 1917, Briefe I, S. 261.
[128] WR Tagebuch, „Reise nach Kowno", 18.—22. 11. 1915, S. 194.
[129] *Mangoldt:* Auf der Schwelle, S. 39. *Frank:* Höre, Israel! Harden, Rathenau und die moderne Judenfrage, (1939), zitiert bei *Wilde:* Rathenau, Anm. 107, S. 164.
[130] *Herzog:* Menschen, denen ich begegnete, S. 18 (abgedr. bei *Lamm:* Rathenau, S. 99).
[131] *Haußmann:* Schlaglichter, S. 13, 20.
[132] *Herzog:* Menschen . . ., S. 18.
[133] a. a. O.
[134] *Berglar:* Rathenau, S. 285.
[135] Rathenau an Ludendorff, 19. 10. 1916, Pol. Briefe Nr. 41, S. 62—64.
[136] Rathenau an Ludendorff, 25. 6. 1917, Pol. Briefe Nr. 78 S. 148.
[137] Rathenau an Seeckt, 26. 6. 1917, Pol. Briefe Nr. 79, S. 148—153.
[138] Ludendorff an Rathenau, 27. 6. 1917 (Faksimile), in: *Mangoldt:* Auf der Schwelle, S. 40.
[139] Rathenau an Ballin, 18. 5. 1917, Pol. Briefe Nr. 73, S. 138; ferner: Rathenau an Steinbömer, 26. 5. 1917, auch Nr. 75, S. 143 (Ob Helfferich allerdings wirklich stets ein Befürworter des „unbeschränkten U-Bootkrieges" war, ist fraglich. S. hierzu den Kommentar von Pogge-v. Strandmann in WR Tagebuch, S. 212 f.).
[140] WR Tagebuch: Gespräch mit Bethmann Hollweg etc. S. 214.
[141] WR Tagebuch: Zweites Gespräch mit Ludendorff, 10. 7. 1917, S. 225; vgl. hierzu auch „Schicksalsspiel" in „Was wird werden?" S. 11.
[142] WR Tagebuch: Vorbemerkung von Pogge-v. Strandmann, S. 216.
[143] Rathenau an Steinbömer, 9. 8. 1917, Pol. Briefe Nr. 85 (zit. auch von Pogge-v. Strandmann in der Vorbemerkung S. 216).
[144] *Kessler:* Rathenau, S. 252.
[145] Rathenau an Ludendorff, 23. 10. 1916, Pol. Briefe Nr. 43, S. 66.
[146] *Kessler:* Rathenau, a. a. O. (S. 252).
Rathenau an L., 26. 2. 1917, Briefe I Nr. 228, S. 239 (Schlußsatz).
[147] *Kessler:* Rathenau, S. 254.
[148] Rathenau an Schwaner, 2. 9. 1916, Briefe I, Nr. 209, S. 222.
[149] Emil Rathenau soll über die Bücher seines Sohnes gesagt haben, sie seien leichter zu schreiben als zu lesen. Wegen der Auflagenziffern wird auf Anm. 71 oben verwiesen.
s. Vorvermerk des S. Fischer-Verlags vor der Titelseite zu „An Deutschlands Jugend".
[150] „An Deutschlands Jugend", S. 9 und 10. Interessant ist die Formulierung des letzten bei den im Text wiederholten Zitaten. Sie rechtfertigt das Urteil des Dichters H. v. Hofmannsthal und des Kunstmäzens Bodenhausen über Rathenaus Buch: „Von kommenden Dingen", daß sie „einen abstoßenden Eindruck von gewissen Fragmenten" gehabt hätten. (s. WR Tagebuch, Vorbemerkung von Pogge-v. Strandmann zu 1917 S. 208).
[151] s. Deutschlands Rohstoffversorgung, GS. 5, S. 29 f.
[152] Vor allem wurde sein System der Kriegsrohstoffversorgung von seinen Gegnern in ein System der „Demoralisierung der Kriegswirtschaft" umgedeutet und ihm vorgeworfen, es habe „Aussaugung, Pfründnertum und Drückebergerei ge-

fördert". Gegen diese Vorwürfe verteidigte sich Rathenau in der „Apologie" S. 100—102.

153 „An Deutschlands Jugend", S. 86.

154 a. a. O., S. 75.

155 a. a. O., S. 95.

156 a. a. O., S. 14.

157 a. a. O., S. 107.

158 a. a. O., S. 108.

159 „Ein dunkler Tag", zuerst erschienen am 7. 10. 1918, in der Vossischen Zeitung abgedruckt und zitiert nach: „Nach der Flut", S. 49.

160 a. a. O., S. 51.

161 s. hierzu: *Kessler:* Rathenau, S. 265 ff.; sowie statt vieler die Vorbemerkung von Pogge-v. Strandmann zu dem Kap. „1918" in WR Tagebuch, S. 226 f.

162 Am 24. 10. 1918 rief Ludendorff — offenbar überzeugt, daß die deutsche Front noch standhalte — das Heer zur Fortsetzung des Widerstandes auf! Zwei Tage darauf wurde er verabschiedet und floh später in Zivil — durch eine dunkle Brille unkenntlich gemacht — nach Schweden.

163 s. Pogge-v. Strandmann in WR Tagebuch, a. a. O., S. 226 f., ferner Brief Rathenaus an Solf, 7. 10. 1918, Briefe II, Nr. 435, S. 68 ff.

164 — nicht abgesandter — Entwurf eines Briefes für Prinz Max v. Baden an den Präsidenten Wilson vom 17. 10. 1918 in WR Tagebuch, S. 227—229.

165 „Der Kaiser", eine Betrachtung, erschienen 1919, wurde innerhalb eines halben Jahres nicht weniger als 50mal aufgelegt; siehe Verlagsanzeige am Schluß des Buches „Was wird werden?"

166 s. S. 390 unten.

167 „Der Kaiser" (1919): S. 28.

168 Einleitungszitat zum Aufsatz „Schicksalsspiel", S. 5, in „Was wird werden?"

169 „Schicksalsspiel", S. 5.

170 a. a. O. (3. Abs.)

171 Z. B. Rathenau an C. H., 5. 12. 1919, Briefe II, Nr. 592, S. 203 f., ferner Rathenau an Pachnike, 25. 1. 1921, Briefe II, Nr. 697, S. 297 f.

172 s. „Die deutsche Nationalversammlung" (herausgegeben von *Heilfron*): 2. Sitzung, 17. 2. 1919.

173 „Apologie", S. 106 f.

174 *Kessler:* Rathenau, S. 287.

175 a. a. O., S. 286.

176 Kessler übernimmt hier einen Ausdruck, den Rathenau in seiner Betrachtung „Der Kaiser" (S. 27) auf Kaiser Wilhelm II. anwendete.

# 12. Kapitel
# Im Dienste des Staates – Tod

## I.

Als im Herbst 1918 das kaiserliche Regime zerbröckelte, glaubte Rathenau, daß die vom Schicksal gefügte Stunde zum Neuaufbau Deutschlands für ihn gekommen sei. Schon im Oktober verlangte er in einem Aufsatz „Staat und Vaterland" die Schaffung „eines Menschenreichs als Abbild des Gottesreichs, des Reiches der Seele"[1], in dem nicht die „Bevorrechtigten", sondern die „Befähigten" das Wort führen, nicht „Interessen, sondern Schöpfung" das höchste Gesetz, „nicht Reichtum und Macht, sondern Geist" das Ziel sein würden. Und dann kam der erstaunliche Satz: „Die Knechtschaft der Menschen, der Stände, der Altersstufen und Geschlechter hört auf."[2] Seine Worte wurden nicht gehört. Sie waren noch nicht zeitgemäß. Außerdem stammten sie von Rathenau und waren in seinem besonderen Stil geschrieben. Es hätte schon genügt, daß sie von ihm kamen, um nicht zur Kenntnis genommen zu werden. Da sie aber in seinem Stil geschrieben waren, waren sie außerdem mißverständlich und wurden mißverstanden.

Als dann die Revolution kam, rief er zur Schaffung eines „Demokratischen Volksbunds" mit einem Programm auf, aus dem die folgenden Punkte zitiert werden sollen:

7. Vermögen, Einkommen, Erbschaft werden begrenzt.
8. Wirtschaft ist nicht Privatsache, sondern Sache aller ... Die Wirtschaft muß versittlicht, das Leben vereinfacht werden[3].

Heute erscheinen seine Forderungen vielleicht schon banal. Sie werden überall erhoben. Ihre Erfüllung steht aber immer noch weitgehend in der Zukunft. Damals waren sie extrem revolutionär. Ein Vergleich mit den Formulierungen der Weimarer Verfassung liefert den Beweis.

Der Demokratische Volksbund kam nicht zustande. Eine geringe Hoffnung bestand, daß Rathenau in der praktischen Politik ein neues Arbeitsgebiet finden würde. Die Zahl der Parteien, denen er sich zur Verfügung stellen konnte, war gering. Die sozialistischen kamen schon deshalb nicht in Frage, weil er ein vielfacher Millionär und Wirtschaftsführer war. Außerdem hatte er in der Einleitung zu seinem Buch „Von kommenden Dingen" im Jahre 1917 geschrieben: „Dieses Buch trifft den dogmatischen Sozialismus ins Herz. Denn er erwächst aus materiellem Willen ..."[4]

Und noch früher, nämlich schon 1912, hatte er erklärt: „Dem heutigen Sozialismus fehlt die Kraft positiver Ideen."[5] So war er für die sozialistischen Theoretiker und für die Beherrscher des Parteiapparats von vornherein indiskutabel. Für jene, die seine Schriften nicht kannten, war er ganz einfach der „Kapitalist" schlechthin und außerdem „der Kriegstreiber und -verlängerer".

Für die Rechtsparteien war er trotz seiner hervorragenden Leistungen für die Versorgung der Armeen mit den erforderlichen Kriegsrohstoffen vor allem ein „Geschäftemacher". Wegen seiner Tätigkeit in der Kriegsrohstoffabteilung konnte man ihm keine korrupten Geschäfte nachweisen, so brachte man seinen Namen wenigstens mit den recht korrupten Kriegsgesellschaften, denen die Lebensmittel- und Materialversorgung des Landes oblag, in Verbindung, obwohl er mit diesen nichts zu tun gehabt hatte[6]. Außerdem war er ein Jude, „ein Feind Christi".

Rathenau wehrte sich gegen die Anwürfe von links und rechts mit großer Vehemenz. Es lag ihm daran, beim Neuaufbau Deutschlands seine ganze Kraft einsetzen zu dürfen. Ein Brief, den er an einen Vertreter der Schicht richtete, die informiert sein mußte, wenn sie nur wollte, den Reichstagsabgeordneten Reinhard Mumm, ist bezeichnend:

„Sie bringen meine Tätigkeit immer wieder in Verbindung mit der Gewinnsucht von Kriegslieferanten und maßlosen Kriegsgewinnen. Ich wiederhole demgegenüber, daß mir außer meiner Abteilung im Kriegsministerium nicht der mindeste Einfluß zustand. Diejenigen Ressorts, die mit Lieferungsvergebung, Preisbemessung, Einkauf und allen wie immer geschäftlich gearteten Maßnahmen zu tun hatten, waren mir nicht unterstellt und hätten mir nicht den geringsten Einfluß auf ihre Geschäftsführung eingeräumt, auch wenn ich diese gekannt hätte. Doch auch die Kenntnis der Geschäftsführung war mir vollkommen verschlossen. Meine Maßnahmen waren nicht geschäftlicher, sondern organisatorischer Art ...

Bis zu meinem Ausscheiden (am 1. April 1915) waren ... die gewerblichen Mißstände in Deutschland beschränkt einerseits auf überstürzte Bestellungen des Kriegsministeriums zu Kriegsbeginn und ein daraus entstandenes Provisions- und Agentenwesen ..., sodann auf Steigerung von Rohstoffpreisen (Wolle und Metalle), Vorgänge, mit denen ich nach der mir gegebenen Anweisung ebenfalls nichts zu tun hatte ...

Die großen Ausschreitungen des gewerblichen Lebens begannen mit dem Hindenburg-Programm im Jahre 1916. Sie wollen mich verantwortlich machen für solche Dinge, die ‚auch nach meinem Ausscheiden vorgegangen sind' ... Die politischen Vorwürfe, die sie gegen mich erheben, kann ich somit mit gutem Gewissen dahin beantworten: ich hatte mit diesen Dingen nicht das mindeste zu tun; soweit mir Übergriffe über mein Ressort hinaus überhaupt möglich waren, habe ich sie versucht, und zwar genau im Sinne Ihrer Forderungen, indem ich Höchstpreise schuf, an die damals noch kein Mensch dachte.

Ihre Bezeichnung der Juden als ‚Feinde Christi' bezog ich nicht auf mich. Schmerzlich und verletzend war sie mir gleichwohl, denn unter den zahlreichen Juden, die mir bekannt sind, kenne ich viele, die in den Evangelien den Hauptinhalt ihres religiösen Bekenntnisses erblicken, und nicht einen einzigen, der der Person Christi gleichgültig, geschweige feindlich gegenübersteht."[7]

Es half nichts. „Mächtige Verbände und Vereine der Industrie und des Handels glaubten ihre Interessengebiete verletzt, ein gewaltiger Aufwand an Geld und Arbeit setzte ein, um durch Pressefeldzüge, Wanderredner, politische Agitation und massenhafte Druckschriften meine (Rathenaus) gefährlich erachteten Gedanken zu bekämpfen. Diese Kämpfe wurden durch den Krieg verschärft, durch die Revolution nicht beendet... Man durchforschte also mein berufliches und häusliches Leben, indem man Auskunfteien und Detekteien, entfernte Verwandte, Angestellte, Hauspersonal, Geschäftsberichte und Grundbücher zu Rate zog, und fand Dinge, die man für genügend interessant hielt, um sie in Abertausenden von Abdrucken zu verbreiten... Man durchforschte das Leben meiner Eltern und füllte Schriften, die gegen mich gerichtet sein sollten, mit lügenhaften Beschimpfungen meines verstorbenen Vaters..."[8]
Die Situation war hoffnungslos. Der einzig offene Weg schien der zur Deutschen Demokratischen Partei zu sein, die aus der alten fortschrittlichen Volkspartei unter Friedrich Naumanns Führung und der Beteiligung süddeutscher Ortsgruppen der Nationalliberalen hervorgegangen war[9]. Diese Partei zählte unter ihren Mitgliedern verhältnismäßig viele Juden aus den intellektuellen Schichten des Mittelstandes, die sich weder den Linken noch den Rechten, noch dem Zentrum anschließen wollten. Aber auch diese Partei stieß ihn aus antisemitischen Gründen zurück. So kam es zu einer Wiederholung des Vorgangs seiner Kandidatur im Jahre 1911 in Frankfurt a. O.[10]: Seiner Kandidatur widersetzte sich die dort maßgebende antisemitische Opposition mit dem Erfolg, daß ihm zunächst mit formalistischen Gründen das Wort versagt wurde, und daß seine Kandidatur zur Nationalversammlung für alle Stellen niedergestimmt wurde. Nur auf der „Preußenliste" erhielt er den sechsten Platz, eine Kandidatur, die von vornherein aussichtslos war[11].

## II.

Es widersprach Rathenaus Charakter, vor Schwierigkeiten zu kapitulieren. In den Anfangstagen des Krieges, als Deutschland vor einem militärischen Zusammenbruch wegen seiner mangelhaften Rohstoffversorgung nur durch Rathenaus Weitblick und Organisationsgeschick bewahrt worden war, hatte er sich so neuartiger Methoden bedient, daß er sie ein Jahr später als etwas „ohne geschichtliches Vorbild" bezeichnete und von ihnen in jener Epoche des fast noch uneingeschränkten kapitalistischen Denkens sagte, es sei ein wirtschaftliches Geschehnis gewesen, „das eng an die Methoden des Sozialismus und Kommunismus streifte"[12]. Nach dem Eintritt jenes militaristisch-politischen Ereignisses, das er in einem Zeitungsartikel mit dem Titel „Es war keine Revolution"[13] „bloß einen Zusammenbruch" nannte, glaubte er annehmen zu dürfen, daß die Männer, in deren Händen die Regierung Deutschlands und sein Wiederaufbau lag, sich seiner bewährten Fähigkeiten bedienen würden. Es geschah nicht. Er wurde zwar zunächst in die von der Regierung zusammengestellte (erste) Sozialisierungskommission aufgenommen, jedoch schon vor ihrem Zusammentritt wieder ausgeschlossen. Der Grund hierfür war „ein Protest von 50 Mitgliedern des Soldatenrats"[14]. Auch ein sogenannter „politischer Rat geistiger Arbeiter" (unter der Führung von Kurt Hiller), der „die Zusammenarbeit der kulturpolitischen liberalen Parteien unter Ausschluß des Zentrums ... empfohlen" hatte[15], lehnte sein Aufnahmegesuch ab[16]. Rathenau hatte sich zwischen alle Positionen manövriert.

Dennoch konnte man nicht an ihm vorübergehen. Dazu war er als Persönlichkeit zu überragend und im Ausland zu bekannt. Kessler zitiert im Hinblick hierauf Rathenaus offenen Brief an den Oberst House, den Berater des Präsidenten Wilson[17]. Der Brief eines Unbekannten wäre wohl kaum beachtet worden. Da er von Rathenau kam, hatte er auf seinen Empfänger eine geradezu erschütternde Wirkung und wurde sofort an den Präsidenten weitergeleitet[18].

So war es nur natürlich, daß Rathenau wenigstens in die zweite Sozialisierungskommission aufgenommen wurde, die zwar recht erfolglos arbeitete[19], aber der Anlaß dazu wurde, daß Rathenau und der damalige Reichskanzler Wirth persönlichen Kontakt aufnahmen. Wirth erkannte Rathenaus besonderes Verhandlungstalent und beauftragte ihn 1920, als einer der Sachverständigen für Deutschland bei den Verhandlungen in Spa mitzuwirken. Daß das sogenannte „Kohlenprotokoll" vom 16. 7. 1920 zustande kam, war wenn auch vielleicht nicht sein ausschließliches, so doch hauptsächlich sein Verdienst[20].

Die Verhandlungen in Spa waren für Deutschland von größter Bedeutung. Jenseits des rein Politischen – der Regelung von Kohlenlieferungen an die alliierten Mächte – bahnte sich damals unter Rathenaus maßgebender Beteiligung ein Wendepunkt im Geschick Deutschlands an. Wirth soll dies in einem Gespräch mit Kessler in die Worte gekleidet haben, das sei die „Geburtsstunde der Erfüllungspolitik" gewesen[21].

Rathenaus Gegner in Spa waren nicht so sehr die alliierten Mächte wie ein anderer Experte auf deutscher Seite, der Großindustrielle und Großkaufmann Hugo Stinnes. Stinnes war – vielleicht noch mehr als Karl Helfferich – in seiner ganzen Persönlichkeit das genaue Gegenteil von Rathenau. Die Gegensätze zwischen diesen beiden Männern sind von Rathenaus Biographen Federn-Kohlhaas[22], Kessler[23], Böttcher[24], Wilde[25], um nur die bekanntesten zu nennen, bereits so übereinstimmend und gerade in bezug auf jene zwei letzten Jahre in Rathenaus Leben so prägnant herausgearbeitet worden, daß auf sie verwiesen werden kann. Stinnes hatte keine Hemmungen, über Rathenau die gemeinsten Verleumdungen verbreiten zu lassen[26]. Er prägte in Spa das böse Wort von Rathenaus „fremdartiger Seele“[27]. Daß ein solches Wort über einen Mann wie Rathenau verbreitet werden konnte, ist weniger beachtlich als die Tatsache, daß es an ihm haften blieb, und zur Kondensation aller Eigenschaften Rathenaus wurde, die von der amorphen Masse der Deutschen, die sowohl nationalistisch wie antisemitisch war, als „jüdisch“ = „antideutsch“ empfunden wurden, obwohl er seinem Leben und seinen Erfolgen nach leicht erkennbar ein wahrer deutscher Patriot war, ohne daß sich jemand daran stieß, daß dieses Wort ausging von einem Manne, dessen eigener Patriotismus durchaus in Zweifel gezogen werden kann, dessen Geschäftsgebaren stets undurchsichtig und dunkel war und der bei einer auch nur oberflächlichen Betrachtung ein heftiges Mißtrauen hätte erregen müssen.

## III.

Seit der „Kohlenkonferenz“ vom Juli 1920 in Spa[28] war Rathenau trotz aller Angriffe, die mehr und mehr an Vehemenz zunahmen, aus der Reihe derer, die Deutschlands politisches Geschick leiteten, nicht mehr auszuschalten. Als Joseph Wirth (1879–1956) im Jahre 1921 sein erstes Kabinett zusammenstellte, bot er Rathenau das Ministerium für Wiederaufbau an. Rathenau nahm es nach einigem Zögern an[29]. Bevor er dies tat, trat aber noch einmal die jüdische Frage in seinen Lebenskreis. Ein Brief vom März 1921 zeigt ihn in einer ganz überraschend neuen Haltung[30]. Hatte er 1918 an Rechtsanwalt Apfel[31], der sich schon lange vor dem Krieg um die körperliche Ertüchtigung und seelische Erziehung der jüdischen Jugend in Deutschland große Verdienste erworben hatte, arrogant, wenn auch nicht in so beleidigender Tonart wie ehedem[32], geschrieben: „Die überwältigende Mehrzahl der deutschen Juden ... hat nur ein einziges Nationalgefühl: das deutsche. Wir wollen, wie unsere Väter, in Deutschland und für Deutschland leben und sterben“, und im Hinblick auf eine zionistische Lösung mit den Worten geschlossen: „Mögen andere ein Reich in Palästina begründen —: uns zieht nichts nach Asien“[33], so schrieb er jetzt:

„Die Palästinensischen Fragen treten in stets erneuter Form an mich heran. Aus naheliegenden Gründen ist es nicht möglich, Unternehmungen unseres nationalen Wirtschaftslebens für diese Frage zu interessieren; ihre Behandlung kann daher nur Aufgabe von Privatpersonen sein.
Obwohl die Leistungsfähigkeit des einzelnen, insbesondere die meine, sich durch die bekannten Verhältnisse auf einen Bruchteil verringert hat, bin ich der Meinung, daß man sich den Aufgaben des jungen Landes, sofern seine inneren Verhältnisse gesund sind, nicht entziehen soll. Die Nachrichten, die von dort kommen, und die mir insbesondere vor wenigen Tagen auf meiner Reise nach Holland zuteil geworden sind, widersprechen sich so vielfach, daß ich es für nötig halte, gelegentlich ein eigenes Urteil zu bilden. Freilich müssen die Verhältnisse sich noch etwas ändern, bevor es mir möglich ist, eine Reise nach Palästina zu machen; ich habe aber den Wunsch, sie zu unternehmen, sobald meine Belastung es gestattet. Bevor ich in die Verhältnisse einen Einblick genommen habe, kann ich mich nicht zu einer Stellungnahme entschließen.“[34]

Dieser Brief war wohlüberlegt und, wie sein Schluß zeigt, zur Veröffentlichung „in geeigneter Form“ bestimmt. Lag hier ein Gesinnungswechsel vor? Diese Frage dürfte zu bejahen sein. Der Grund hierfür dürfte allerdings weniger in einem Wechsel der Grundhaltung Rathenaus liegen als in einer Anpassung an die veränderten äußeren Verhältnisse des jüdischen Volkes ...
Wir haben bereits im zweiten Kapitel dieser Untersuchung[35] darauf hingewiesen, daß unter den Juden, die innerhalb des deutschen Raumes lebten, fundamentale Auffassungsunterschiede zwischen den „deutschen“ und den „österreichischen“ bestanden, die nur historisch zu erklären sind. Die „deutschen“ Juden hatten entsprechend der historischen Entwicklung Deutschlands, die in der zweiten Hälfte des vorigen Jahrhunderts zur Gründung des deutschen Kaiserreichs geführt hatte, für das Problem nationaler Minderheiten so gut wie kein Verständnis, während die „österreichischen“ Juden dieses Problem angesichts der heftigen fast hundert Jahre dauernden Auseinandersetzungen innerhalb der Habsburger Doppelmonarchie sehr wohl kannten. In Deutschland hatte dies, wie Kurt Blumenfeld, der „Lehrer und Meister mehrerer Generationen deutscher Zionisten“[36], es nannte, „paradoxerweise“ dazu geführt, daß die erste zionistische Generation, unter der sich so bewußte Nationaljuden befanden wie der bekannte Nationalökonom Franz Oppenheimer, der Kölner Justizrat und Freund Herzls, Max Bodenheimer und der Herzl-Biograph Adolf Friedemann, den Gedankengängen des „Zentral-Vereins deutscher

Staatsbürger jüdischen Glaubens", der in seinem Programm die Idee von der Existenz einer jüdischen Nation strikt ablehnte[37], sehr nahestand[38]. Für die deutschen Juden war ein Leben im „deutsch-patriotischen Sinn" etwas Selbstverständliches.

Es unterliegt keinem Zweifel – und wenn es eines Beweises bedurft hätte, so wäre er durch die Namensliste der 12 000 im Weltkrieg für Deutschland Gefallenen schlüssig erbracht gewesen[39] –, daß die deutschen Juden dem Deutschen Reich alle Opfer gebracht hatten, die Deutschland von ihnen verlangte. Aber allein schon die Idee, die eigenen Opfer in die Beziehung von Leistung und Gegenleistung zu bringen, wurde in Deutschland von Juden wie Nichtjuden als unzulässig angesehen. Rathenau selbst hatte diesen Gesichtspunkt in „Höre, Israel!" einst mit grausamer Schärfe herausgearbeitet: „Ihr seid Fremde geblieben und verlangt, er (der Staat) solle nun die volle Gleichberechtigung aussprechen? Ihr redet von erfüllten Pflichten: Kriegsdienst und Steuern. Aber hier war mehr zu erfüllen als Pflichten: nämlich Vertrauen."[40] Rathenaus Sonderforderung speziell an die Juden, eine Forderung, die er weder an die Polen, noch an die Elsaß-Lothringer gestellt haben würde, entsprach seiner im Grunde antisemitischen Lebenseinstellung. Sie ist noch einigermaßen zu verstehen bei einem juristisch nicht geschulten Antisemiten, der von Mißtrauen gegenüber allem Jüdischen erfüllt ist, aber nicht bei einem Juden. Für den Juristen aber ist dieses Problem einfach: Die Verleihung von Staatsbürgerrechten ist ein Staatsakt, der durch den Staat vielleicht auf Grund diskretionären Ermessens gewährt wird und daher vielleicht nicht erzwungen werden kann. Aber einmal erteilt, verleiht er dem neuen Staatsbürger alle Rechte und Ansprüche, die ihm nicht einseitig wieder geschmälert oder entzogen werden können. Ein Recht des Staates, von einer Gruppe von Bürgern mehr zu verlangen als von einer anderen, und dies willkürlich und ohne Rechtskontrolle, gibt es in einem modernen Rechtsstreit nicht. Fürst Hardenberg, der Reformer der preußischen Verwaltung, hatte dies – speziell für die Juden – in die klassisch einfache Formel gebracht: „Gleiche Pflichten – gleiche Rechte."[41]

Die Realität für die Juden Deutschlands sah anders aus. Die stetige Diskriminierung zwang sie zu einer Vorsicht, die der deutschen zionistischen Jugend – besonders aber der akademischen Jugend – der Vorkriegszeit wie Leisetreterei erschien. Sie, die Jungen, die wie Blumenfeld richtig bemerkt[42], in einer „künstlichen" Welt lebten, für die die zionistischen Studentenverbindungen[43] eine Art von „Orden" (waren), „der das Leben der Gefährten nach seinen Gesetzen regelte", die „die wirkliche Welt als wesenlosen Schein, bevölkert nur mit dem verachteten Heer der Philister", ansahen, aber zumeist von den Monatswechseln lebten, die

ihre „philiströsen" Eltern im schweren Tageskampf um die Erhaltung der realen Existenz verdienten, hatten für das vorsichtige Verhalten der Eltern-Generation nicht allzu großes Verständnis, bis dann das Problem an sie selbst herantrat, wenn sie als Ärzte, Anwälte, Gerichts- oder Verwaltungsräte in die reale Welt ihrer Eltern hineinwuchsen.
Diese Einstellung änderte sich im Grundsatz, als durch die Balfour-Deklaration vom 2. November 1917 und ihre spätere Aufnahme in die Konstitution der Völkerbundsliga die Judenfrage gemäß der Vision Herzls zum Weltproblem geworden war. Nunmehr hatte die Welt formell anerkannt, daß es ein jüdisches Volk gibt, und daß diesem das Recht auf ein „national home" zusteht. Die Juden durften sich offen zu ihrem Volk bekennen, ohne daß aus dieser Tatsache diskriminierende Schlüsse gegen sie hergeleitet werden konnten. (Ob allerdings dann eine Diskrimination, die bis dahin ja ohnehin praktiziert wurde, hätte vermieden werden können, ist eine besondere Frage, die hier nicht weiter zu erörtern ist.)
Auch für Rathenau brachte diese historische Entwicklung eine eigene innere Entwicklung. Selbstverständlich wurde er nicht Zionist, aber er entzog sich den neuen Gegebenheiten in der Entwicklung der Judenfrage nicht. Sie waren Tatsachen, die anerkannt werden mußten und daraufhin zu prüfen waren, ob sie die Erwartungen der Zionisten rechtfertigen würden und was für Konsequenzen sich für ihn selbst hieraus ergeben würden. Baeck[44] meint zwar, es sei die Tragik dieses Mannes gewesen, daß er, der unterwegs war, „auf dem Wege, gleichsam am Wegesrand gestorben" sei. „Vieles hätte er dem jüdischen Denken und Hoffen auch geben können, hätte er länger gelebt, hätte er, der sein Judentum gesucht hatte, es auch gefunden." Aber die Annahme von Baeck ist unrichtig. Rathenau suchte nicht das Judentum, sondern nur „sein" Judentum; ein Judentum, das er sich selbst konstruierte, und von dem keine Brücke zu dem lebenden Judentum und seinem Volk führte. Und als er – wiederum einige Jahre später – das Problem eines „jüdischen Palästinas" unter dem Gesichtspunkt der Verwirklichungsfähigkeit unter den Voraussetzungen der Balfour-Deklaration prüfte, tat er es aus dem Gesichtswinkel eines privaten Unternehmers und kam, damals gerade deutscher Außenminister, erneut zu abwegigen Schlußfolgerungen[45].

## IV.

Die Annahme des Postens als Minister für den Wiederaufbau fiel Rathenau gewiß nicht leicht, wenn auch unterstellt werden darf, daß die Vorstellung, einen Ministersessel einzunehmen, seiner Eitelkeit sehr geschmeichelt haben wird. Er sah besser als jeder andere die Schwierigkeiten voraus, die in diesem Amt auf ihn warteten, zumal die alten Verleumdungen und Hetzereien gegen ihn in jener Zeit an Vehemenz und Vulgarität zugenommen hatten. Welchen Tiefstand sie erreichten, beweist auf höchstem fachlichen Niveau ein Briefwechsel, den Rathenau mit dem Vorsitzenden des Reichswirtschaftsrates, Edlen von Braun, zu führen hatte[46]. Auf einem niedrigerem Niveau fand die Hetze gegen Rathenau in solchen dichterischen Leistungen Ausdruck wie denen, die die Mannschaften des „Oberschlesischen Selbstschutzes" als Marschlied sangen:

„Auch Rathenau, der Walther,
Erreicht kein hohes Alter,
Knallt ab den Walther Rathenau,
Die gottverdammte Judensau."

Es mag hier genügen, auf diese Vorkommnisse hinzuweisen, die sich im letzten Jahr vor Rathenaus tragischem Tod zugetragen haben. Hatte er selbst damals Vorahnungen seines vorzeitigen Todes?
In einem Brief an seinen einstigen Nachfolger als Leiter der Kriegsrohstoffabteilung, den späteren Reichswirtschaftsminister Josef Koeth, schrieb er recht pessimistisch über seine Erfolgsaussichten: „Der einzelne kann den Verhältnissen und Komplikationen gegenüber wenig ausrichten. Aber es muß ein Signal dafür gegeben werden, daß einer nach dem anderen in die Bresche springt, und das erste Opfer zu sein, ist vielleicht das einzige, was die Trennung von einer dreißigjährigen Lebensarbeit rechtfertigen kann."[47] Die bildhaften Formulierungen, die Rathenau liebte, lassen keine allzu wörtliche Ausdeutung der Phrasen wie „in die Bresche springen" und „erstes Opfer" zu. Ein Brief an den Geheimrat Witting, den Bruder seines ehemaligen Freundes und nunmehrigen Gegners Maximilian Harden, läßt darauf schließen, daß er die Metaphern im Brief an Koeth nur in dem Sinne gemeint hatte, daß weder ihm selbst noch einem seiner unmittelbaren Nachfolger ein durchschlagender Erfolg beschieden sein würde.
Er schrieb:

„Ich fasse meine Aufgabe dahin auf, den Weg für die Nachfolgenden zu ebnen. Die ersten zwei, drei Leute können nur den Weg weisen, der vierte wird es schaffen. Aber ein Anfang muß gemacht werden. Wir müssen endlich beginnen, in Deutschland mit dem vorhandenen Intellektualkapital bescheidene, aber konsequente Wirtschaft zu treiben."[48]

Rathenaus erste Ministerzeit (30. 5.–22. 10. 1921), in der er ebenso originelle wie kluge und wirtschaftlich gesunde Pläne eines Wiederaufbaus nicht nur für Deutschland, sondern vor allem auch für Frankreich anstrebte, verlief wegen ihrer Kürze, aber auch wegen des Widerstandes, den er in beiden Ländern – außer bei seinem Freunde, dem Reichskanzler Wirth – fand, ohne durchgreifenden Erfolg. Einen Ansatz allerdings bedeutete das mit dem französischen Wiederaufbauminister Loucheur Anfang Oktober 1921 unterzeichnete „Wiesbadener Abkommen", mit dem an die Stelle der drückenden, ja geradezu unmöglichen Goldzahlungen Sachlieferungen traten[49].

Rathenaus erste ministerielle Amtsperiode endete in gewisser Weise unmotiviert und abrupt mit dem Rücktritt des ersten Kabinetts Wirth am 22. Oktober 1921. Ausgelöst wurde dieser Rücktritt durch eine Entscheidung des Völkerbundsrates, der am 20. 10. 1921 Polen einen erheblichen Teil Oberschlesiens zugesprochen hatte. Rathenau hatte den Rücktritt des Kabinetts schon acht Tage zuvor angeregt, als der „Oberste Rat" die Lösung der oberschlesischen Frage dem Völkerbund überwiesen hatte. Seine Begründung war mutig und klug: Anders als frühere Kabinette habe sich das Kabinett Wirth eine „internationale Vertrauensstellung" erworben[50]. Noch sei das Kabinett in seiner Handlungsfreiheit nicht beeinträchtigt. Wenn die Schlesienfrage – wie zu befürchten stand – gegen Deutschland entschieden würde, würde das Kabinett ohnehin zum Rücktritt gezwungen sein, da „Oberschlesien zu einem nationalen Palladium geworden sei"[51]. Damals hatte Kanzler Wirth noch gezögert. Zehn Tage später trat er jedoch mit seinem Kabinett zurück. Drei Tage später trat er jedoch wiederum die Reichskanzlerschaft an – im neuen alten Kabinett fehlte nur Rathenau.

Wer und was war an dem Sturz Rathenaus schuld? Rathenau selbst schilderte die Vorgänge aus jener Zeit in zwei Reden, die er in Mannheim und Frankfurt am Main wenige Tage nach Beendigung seiner Ministerzeit hielt[52]. Sie enthielten eine Verteidigung Wirths, ein Bekenntnis zur deutschen Demokratie, einen Angriff auf die Willkürentscheidung des Völkerbunds in der Schlesienfrage und eine sehr formelle und sehr lahme Entschuldigung der demokratischen Fraktion, die ihn hatte fallenlassen.

Kessler schilderte den Vorgang in knappen Worten:

„Zum Protest zog die Demokratische Partei ihre Minister aus dem Kabinett zurück: Rathenau mußte gegen seinen Wunsch und erkennbaren Vorteil für Deutschland zurücktreten."[53]

Rathenaus eigene offizielle Erklärung bestand in längeren Ausführungen über die Besetzungsakrobatik für Kabinette seitens der deutschen Parteien: Den Demokraten, deren Fraktion er gar nicht angehörte[54], hätten nur drei und nicht vier Sitze zugestanden. Es wäre daher auf die Frage hinausgekommen, ob er oder der Reichswehrminister Gessler Minister bleiben sollte. Er habe es für richtiger gehalten, daß Gessler bliebe. Das sei sein freier Wunsch gewesen; so habe er sich „in freier demokratischer Unterordnung ihrem Beschluß (gefügt), wenigstens noch diesmal“[55]. Diese Erklärung ist erkennbar nur zur Hälfte richtig, nämlich insoweit, als er sich einem Fraktionsbeschluß fügte, obwohl die demokratische Fraktion ihm keine Vorschriften zu machen hatte, da er ihr nicht angehörte[56]. Böttcher meinte: „Damit hatte auch die Amtstätigkeit des Wiederaufbauministers Rathenau schon nach vierteljähriger Wirksamkeit ein unharmonisches und im rechtverstandenen Sinne vernunftwidriges Ende gefunden.“[57] Die Frage, was die Demokraten zu ihrer Haltung veranlaßte, bleibt offen. Die Diskriminierungen, die Rathenau in seiner politischen Laufbahn hatte hinnehmen müssen, lassen den Schluß zu, daß auch in diesem Fall der Antisemitismus eine Rolle spielte.

## V.

Vom Tage des Rücktritts Wirths im Oktober 1921 bis zum 31. 1. 1922 gehörte Rathenau zwar nicht mehr der Regierung an, war aber einer der wichtigsten Männer der deutschen Politik. Er verhandelte als Sonderbeauftragter in London und Paris[58] über den Aufschub der fälligen Reparationsrate; einen Erfolg konnte er jedoch nicht erzielen, da damals die Siegermächte mit dem besiegten Deutschland noch nicht die Sprache moralischer und wirtschaftlicher Vernunft sprachen.
Am 31. 1. 1922 übernahm er dann nach einigem Zaudern, zum großen Kummer seiner Mutter[59], das Außenministerium. Selbst wenn — wie so oft bei Rathenau — unterstellt wird, daß dieses politische Comeback seiner Eitelkeit geschmeichelt hat, darf angenommen werden, daß er dem Ruf seines Freundes, des Reichskanzlers Wirth, nur aus Pflichtgefühl gefolgt ist[60]. Dieser Schluß wird durch eine Reihe von Momenten, die unabhängig voneinander wirkten, bestätigt:
Zu unbestrittenem Ansehen war Rathenau damals nicht so sehr als Wirtschaftskapitän wie als Wirtschaftstheoretiker gelangt — allerdings weniger im Inland als im Ausland. In Schweden war er so anerkannt, daß er in seiner „Apologie“[61] sagte, er habe dort „eine zweite geistige Heimat gefunden“. Und während er sich in Deutschland noch zwei Jahre später gegen Verleumdungen eines Münchener Professors verteidigen mußte[62], hatte er die Genugtuung, am selben Tag, an dem er den Theologen zur Rede stellte, einem französischen Wirtschaftsphilosophen für ein Buch zu

danken, das dieser in einer Zeit, in der Deutschlands Ruf in der Welt auf einem Tiefstand angelangt war, über seine Ideen und Wirtschaftsprojekte veröffentlicht hatte[63]. Sofern also die von Bülow kolportierte Anekdote von Rathenaus übersteigerter Eitelkeit[64] nicht völlig aus den Fingern gesogen war, darf angenommen werden, daß sowohl sein Ehrgeiz wie seine Eitelkeit in der Anerkennung als internationaler Wirtschaftswissenschaftler eine ausreichende Befriedigung gefunden haben könnte, auf jeden Fall eine weniger gefährliche, als die es war, die ihm die sehr zweifelhafte Ehrung als ein deutscher Minister jüdischer Herkunft in einem Lande verschaffen konnte, in dem der wachsende Rechtsradikalismus Rathenau zum „Staatsfeind Nr. 1" abgestempelt hatte. Und die Gefahr einer Ermordung durch Mitglieder des Geheimbundes „Organisation Consul" war nach dem Mord an Matthias Erzberger, dem früheren Reichsfinanzminister, kaum als nur theoretisch anzusehen.

Ein anderes Moment kam hinzu. Rathenau hatte seine Verbindung zu den Juden als einer besonderen Gruppe zwar längst gelöst, aber die zu einzelnen weiter aufrechterhalten. Nur wenige von diesen waren darüber erfreut[65], daß er zu Rang und Würden aufgestiegen war. Sie fürchteten Rückwirkungen auf die Judenheit in Deutschland, die pogromähnliche Ausschreitungen befürchtete[66]. Von den Juden, die mit Rathenau in gesellschaftlichem Kontakt standen, wurde er ernstlich gewarnt, und er selber hatte den Standpunkt seiner Warner oft vertreten. Hillard berichtet:

„... an dem Tag, als er mich mit seiner Ernennung zum Außenminister überraschte, fand ich ihn eher bedrückt als froh. Erinnerte er sich der Warnung, die er vor meinem Ohr so oft den Juden erteilt hatte, in diesem Lande sich nicht an die höchsten und exponiertesten Stellen zu setzen, weil man nicht dort opfern soll, wo man kein Opfer will?" (Er habe dann allerdings in bezug auf seine eigene Position hinzugefügt:) „Ich konnte mich dem Drängen nicht entziehen."[67]

Blumenfeld[68], damals der unbestrittene Führer der deutschen Zionisten, war entschlossen, Rathenau zu beeinflussen, „sein Amt als Außenminister aufzugeben". Und da er sowohl wußte, daß Rathenau auf ihn, den Zionisten, nicht hören würde, wie, daß Albert Einstein, der ein guter Zionist war, zu Rathenaus engstem Freundeskreis gehörte, bat er diesen, an einer Unterredung mit Rathenau teilzunehmen. Blumenfeld berichtet über diese Besprechung, die Anfang April 1922 in Rathenaus Haus stattfand, ausführlich in seiner Autobiographie[69].

Blumenfelds Vorhaben, Rathenau zu einer Niederlegung seiner Ämter zu veranlassen, war von vornherein aussichtslos. Aber es ist interessant, sich diese „Kampfunterredung"[70] zu vergegenwärtigen, über die Rathenau selbst weder in seinem Tagebuch noch an anderer Stelle je berichtet hat. Rathenau erwies sich in dem Gespräch als informiert, aber strikt ablehnend. Den Zionismus hielt er, wie auch sein Vater es getan habe, für etwas „angesalbtes“, für eine Sache, die „immer auf das Wohlwollen der nicht-zionistischen Juden angewiesen“ sei. „Eine Sache, die nicht ‚self-supporting‘ werden kann“, erklärte er, „ist auch als Idee nicht interessant. Die Idealisten in Palästina, auch wenn sie bereit sind, für ihre Sache zu sterben, bleiben für die anderen Juden doch nur eine durch Wohltätigkeit erhaltene Gruppe.“[71] Rathenau wechselte im Laufe der Unterhaltung die Thematik der Gespräche so häufig, daß Einstein ihn schließlich fragte, was er eigentlich damit bezwecke. „Ich bin in dieser Sache nur ein advocatus diaboli“, erwiderte Rathenau, „mich interessiert es, die zionistische Sache unter verschiedenen Aspekten zu sehen.“ Nunmehr schaltete sich Blumenfeld ein: „Wir glauben, daß diese Sache Sie angeht, und wir sind zu Ihnen gekommen, um Sie auf die Schwierigkeiten Ihrer eigenen Position hinzuweisen. Nach meiner Meinung haben Sie kein Recht, als Minister des Äußeren die Angelegenheiten des deutschen Volkes zu leiten.“ Natürlich hatte Blumenfelds Appell auch nach dieser Erklärung keinen Erfolg.

Es erschien aber angebracht, die Ansicht Blumenfelds hier im Wortlaut zu zitieren, da sie weitgehend mit der der Antisemiten in Deutschland übereinstimmte und ebensowenig rechtlich zu vertreten war[72] und von den Zionisten, von denen sich viele in hohen Staatsämtern befanden, praktisch auch gar nicht vertreten wurde.

Der Versuch Blumenfelds, Rathenau zur Niederlegung seines Ministeramts zu bewegen, mußte scheitern, weil die beiden Männer in keiner Weise dieselbe Sprache führten. Nach Blumenfelds Auffassung, die er seit 1910 vertrat, war „der deutsche Jude in Deutschland wurzellos“[73]. Allerdings ist zu betonen, daß Blumenfeld – 17 Jahre jünger als Rathenau – damals nicht der Sprecher der gesamten zionistischen Judenheit Deutschlands war, sondern der des jüngeren Teils dieser Gruppe (hauptsächlich der Studenten). Und es ist hier hinzuzufügen, daß auch von dieser Gruppe die meisten, als sie erst ins Wirtschaftsleben traten, dieselbe Lebensweise führten wie ihre Vorgänger. Auf die komplizierten Gründe dieser Sinneswandlung kann jedoch im Rahmen dieser Untersuchung nicht näher eingegangen werden. Rathenau hingegen fühlte sich schlechthin als Deutscher. In einem ausführlichen und grundsätzlichen Brief an seinen Freund Wilm Schwaner aus dem Jahre 1916 schrieb er:

„Mein Volk sind die Deutschen, niemand sonst. Die Juden sind für mich ein deutscher Stamm, wie Sachsen, Bayern oder Wenden ... Für mich entscheidet über die Zugehörigkeit zu Volk und Nation nichts anderes als Herz, Geist, Gesinnung und Seele. In diesem Empfinden stelle ich die Juden etwa zwischen die Sachsen und die Schwaben; sie sind mir weniger nah als Märker und Holsteiner, sie sind mir vielleicht etwas näher als Schlesier oder Lothringer. Ich rede natürlich nur von deutschen Juden."[74]

Die Niederlegung seines Ministeramtes wäre Rathenau zu jenem Zeitpunkt wie eine Feigheit, wie ein Zurückweichen vor den zahlreichen Mordandrohungen, die er so ernst nahm wie die Behörden, die bereit waren, ihm durch die Polizei einen besonderen Schutz zu gewähren, erschienen. Zudem war er fest davon durchdrungen, daß er der einzige Mann in Deutschland war, der zu jener Zeit für diesen Posten ernsthaft in Betracht gezogen werden konnte. Darum sagte er zu seiner Mutter an dem Tage, an dem er ihr seine Ernennung nicht mehr verheimlichen konnte: „. . . ich mußte es ja, weil sie keinen anderen gefunden haben."[75]

## VI.

Noch bevor Rathenau seine Tätigkeit als Außenminister begann[76], hatte er als Leiter der deutschen Delegation in Cannes an den Reparationsberatungen des dort zusammengetretenen Obersten Rates der Alliierten teilgenommen[77]. Die Aussichten für eine Verbesserung der für Deutschland katastrophalen Reparationsbedingungen waren günstig. Da stürzte das Kabinett Briand, so daß das Siegergremium beschlußunfähig wurde.
Auf Cannes folgte Genua[78]. An dieser Konferenz sollten alle Staaten durch ihre Ministerpräsidenten vertreten sein; für Deutschland erschienen der Reichskanzler Wirth und Rathenau als Außenminister an der Spitze einer größeren Delegation. Frankreich war bezeichnenderweise nicht durch seinen Ministerpräsidenten Poincaré, sondern durch den Außenminister Barthou vertreten.
Während die offiziellen Verhandlungen in Gang kamen, liefen seit langem angebahnte Fühlungnahmen zwischen Deutschland und Sowjetrußland, dem eventuell Ansprüche gegen Deutschland auf Wiedergutmachung von Kriegsschäden zugestanden hätten, insgeheim weiter. Durch den Versailler Vertrag hatten die Alliierten[79] sich alle derartigen Rechte Deutschland gegenüber ausdrücklich vorbehalten[80]. Zweck der deutsch-russischen Verhandlungen war, die Gefahr – die nunmehr von seiten der Alliierten drohte – durch einen gegenseitigen Verzicht zu beseitigen. Ob ein solcher Verzicht ohne Zustimmung der (ersatzberechtigten) Alliierten rechtsverbindlich sein würde, erschien zweifelhaft. Rathenau hatte Bedenken; Reichskanzler Wirth hingegen war bereit, das Verzichtsab-

kommen mit Rußland eventuell auch ohne Rathenau abzuschließen[81]. Bei dieser Sachlage entschloß sich Rathenau, das Verzichtsabkommen, das ein wesentlicher Teil des sogenannten Rapollo-Vertrages[82] war, zu unterzeichnen und die volle Verantwortung für diesen Abschluß auf sich zu nehmen. Aber die Unsicherheit, die er bei diesem Schritt über das Ausmaß seiner Befugnis und die rechtliche Gültigkeit des Abkommens überhaupt empfand, läßt sich aus den kurzen Mitteilungen ersehen, die er an die Personen schrieb, die ihm menschlich am nächsten standen[83].
Rathenaus Besorgnisse waren nicht unberechtigt. Das Rapallo-Abkommen löste eine ungeheure Erregung bei den Siegermächten aus, die erstaunt bemerkten, daß Deutschland nicht mehr lediglich ein Diktatsempfänger sein wollte – es schon nicht mehr war. Ostentative Schritte folgten. Sie konnten die Tatsache nicht verschleiern, daß die kompetentesten politischen Vertreter der Alliierten die Zeichen der Zeit nicht richtig zu deuten vermocht hatten und daß die verspäteten Gegenmaßnahmen der Siegermächte zu leeren Gesten geworden waren. Bergmann gibt folgende Schilderung:

„In einer von allen alliierten Vertretern gezeichneten Note vom 18. April 1922 wurde Deutschland mit bitteren Worten der Vorwurf illoyaler Handlungsweise gemacht, weil es im geheimen ein Abkommen mit Rußland getroffen habe, das gerade die Fragen behandle, die Deutschland sich verpflichtet hatte, in loyaler Zusammenarbeit mit den Vertretern der anderen Länder zu erörtern. Deutschland wurde bis zum Schluß der Konferenz von der Diskussion eines Abkommens mit Rußland ausgeschlossen. Eine Gegenäußerung der deutschen Regierung, die aufklären und einlenken sollte, war ohne Wirkung. Der politischen Maßregelung Deutschlands in Genua entsprach die gesellschaftliche Behandlung seiner Vertreter. Sie wurden, wo es irgend anging, auf Festen und bei sonstigen Zusammenkünften direkt geschnitten, auch von den Neutralen ...“[84]

Bergmann, der in jener Zeit Vertreter der deutschen Regierung bei der Reparationskommission und später der Vertrauensmann bei allen Verhandlungen mit den Siegergremien war, fügte diesem Bericht hinzu, wie sich die allgemeine Ächtung auf ihn persönlich auswirkte. Seydoux, der damalige Direktor der Handelsabteilung im französischen Auswärtigen Amt und damit sein Verbindungsmann zu Frankreich, in dessen Hotelzimmer bis dahin alle die Tagung betreffenden Ereignisse besprochen worden waren, ließ ihm nunmehr sagen, „er könne mich (Bergmann) jetzt nicht mehr sehen, so leid ihm das auch persönlich tue“[85].

## VII.

Ob Rapallo ein Sieg für Deutschland war, mag dahingestellt bleiben. Bergmann schrieb drei Jahre nach dem Ereignis[86] recht skeptisch: „Auf die Früchte des Vertrages von Rapallo warten wir noch heute.[87] Daß Rathenau „die Triebfeder des Vertrages von Rapallo" gewesen sei, hielt er für eine Fabel. Mit seiner Schlußansprache an die „Vollversammlung" am 19. 5. 1922[88] erntete Rathenau einen wohlverdienten persönlichen Erfolg. Er benutzte die Gelegenheit nicht für eine Rechtfertigung Deutschlands und seiner Vertreter, sondern ging die Probleme, mit denen sich die Konferenz hatte beschäftigen sollen, unter einem weiteren, weltumspannenden Gesichtswinkel an. Für ihn, der das Weltgeschehen, an dem er auf deutscher Seite so hingebungsvoll mitgewirkt hatte, nunmehr als ein allgemeines Wirtschaftsproblem ansah, stellte sich an jenem Schlußtage die Kriegskatastrophe als ein Unheil dar, das nur durch gemeinsame Anstrengung aller „repariert" werden konnte. Vier „Wahrheiten" ergaben sich für ihn als „unbedingte Voraussetzungen für eine Gesundung der Weltwirtschaft":

1) „Alle hauptsächlichen Wirtschaftsländer sind in einen Verschuldungskreis hineingezogen, der die meisten gleichzeitig zu Gläubigern und Schuldnern macht."
2) „Kein Gläubiger sollte seinen Schuldner am Bezahlen der Schulden hindern" (z. B. durch das Bestehen auf einer bestimmten vereinbarten Zahlungsmodalität, wenn eine andere denselben Zweck auf einfachere Weise erreicht; diese ‚Wahrheit' war ganz offensichtlich gegen Frankreich gerichtet, wenngleich Rathenau es nicht expressis verbis sagte).
3) Eine gesunde Weltwirtschaft ist erst dann möglich, „wenn ein imponderabiler Wert wiedergewonnen ist, nämlich das wechselseitige Vertrauen. Dieses Vertrauen kann aber nur wiederkehren, wenn die Welt im wahren Frieden lebt".
4) „Niemals ist ein Wiederaufbau anders gelungen als durch Anwendung gewaltiger neuer Mittel". Hier bestehen sie „in der gemeinsamen Aufbringung großer neuer Mittel für den Wiederaufbau"[89].

Nur zum Schluß seiner Rede wies er darauf hin, daß Deutschland den Weg, den diese „Wahrheiten" andeuteten, bereits durch die Annäherung Rußlands „an den Kreis der westlichen Nationen"[90] begonnen habe. Und er schloß mit dem mehr durch ihn als durch seinen Autor berühmt gewordenen Petrarca-Wort: Io vó gridando Pace, Pace, Pace!"[91]

Für ein richtiges Verständnis dieser Rede ist es notwendig, sie einem Aufsatz aus dem Jahre 1913 gegenüberzustellen: dem „Eumenidenopfer". Damals stand Deutschland auf der Höhe seiner Macht, die prunkhaft, aber unerprobt war und von aller Welt gefürchtet wurde. Zu jener Zeit hatte Rathenau die „Stärke" Deutschlands analysiert und schonungslos

die Schwächen aufgedeckt, die in Deutschlands „politischer Passivität", in seinem Mangel an „Ideen, Anknüpfungspunkten, Eisen im Feuer" bestand[92]. Er hatte zur „Einkehr"[93] gemahnt, die Tage der ernsten Selbstprüfung heraufbeschworen, die in Deutschland in der Zeit um 1813 zu einer Umgestaltung des Geistes- und Wirtschaftslebens, zu einer Bereitschaft zum „Opfer und der Erhebung" geführt hatte, wie sie dem jüdischen Volk in den „Prophetentagen des Jesajas"[94] beschieden waren. In Genua empfand er es nicht als seinen Auftrag, die Siegermächte zur „Einkehr" zu mahnen, zur Abstandnahme von Haß und – vielleicht verständlichen – Rachegefühlen[95]. Aber er sah die Konsequenzen voraus, die das Austoben solcher primitiven Regungen für das Weltwirtschaftsleben zeitigen müßten. Und seine Hörer fühlten sich von seinen in glänzender Diktion und mutiger Würde vorgetragenen Ideen berührt, wenn auch vielleicht nicht überzeugt.
Die Teilnehmer der Versammlung waren gewiß nicht sentimental, und unter ihnen befanden sich genügend hervorragende Redner, die selbst gerne wohlklingende Worte zu schmieden, aber auch mit großer Reserve solche Phrasen zu hören gewohnt waren. Von klingenden Worten allein wären sie wohl kaum zu einer Reaktion veranlaßt worden. Aber sie erkannten in der Rede Rathenaus, daß er nicht nur die schwärende Wunde der kriegsverkrüppelten Welt offengelegt, sondern auch den einzigen Weg zu ihrer Heilung aufgezeigt hatte. Und so groß war die Wirkung des echten Pathos, das aus Rathenaus wohlgefeilten Sätzen herausklang, daß sie dem Redner eine Ovation bereiteten, wie sie zuvor keinem anderen zuteil geworden war[96].

## VIII.

Die Auswirkungen der Tage von Genua auf Deutschland waren unterschiedlich. Bergmann meint, man habe „in Deutschland die mannhafte Tat von Rapallo und den endlich gefaßten Beschluß der deutschen Regierung, eine aktive auswärtige Politik zu betreiben", gefeiert[97]. Der Reichspräsident Ebert war jedoch über den plötzlichen und sogar für ihn überraschenden Vertragsabschluß von Rapallo nicht erfreut und machte Wirth und Rathenau gegenüber kein Hehl aus seiner Mißbilligung[98].
Auch der in der Beurteilung politischer Situationen sehr unabhängige Graf Kessler, der selbst sporadisch als Berufsdiplomat tätig gewesen war[99] und der an der Konferenz in Genua als eine Art Verbindungsmann für Deutschland zu den Missionen Englands, Frankreichs und Italiens teilgenommen hatte, beurteilte den Wert dieser Konferenz zunächst recht abfällig:

„Mir kam ... zum Bewußtsein der Druck, den die Atmosphäre des absoluten Dilettantismus, auf mich seit fünf Wochen in steigendem Maße ausübte. Dilettantismus und kleinlicher partikular-politischer Egoismus sind die beiden Klippen, an denen die Konferenz gescheitert ist. Bei uns gratuliert man einander auch innerhalb der Delegation nur, weil ‚wir mit einem Gewinn für uns nach Hause kommen'. Damit gibt man sich zufrieden! ‚Wir haben gut abgeschnitten!' Daß damit nichts für den Wiederaufbau oder Neubau Europas erreicht ist, kommt gemäß der alten Einstellung auch Leuten wie Wirth oder Rathenau oder Hirsch nicht zum Bewußtsein. Verdrängter Nationalismus, der kaum weniger tödlich ist als der offene!"[100]

Sechs Jahre später kam er allerdings in seiner Rathenau-Biographie zu dem Ergebnis, daß Deutschland bei der Konferenz geradezu der einzige Gewinner gewesen sei und daß es „in einer neuen Lage aus Genua zurückkehrte: für den unvermeidlichen Kampf am Rhein durch neue Sympathien gestärkt, die zum Zusammenbruch der französischen Rhein-Politik in den folgenden Jahren entscheidend beitrugen"[101]. Und er fügte hinzu:

„Die intellektuelle Kraft und Zähigkeit, mit der Rathenau es verstand, einem Teil unserer früheren Feinde die Überzeugung von der Ehrlichkeit seiner Verständigungspolitik beizubringen, hat entscheidend dazu beigetragen, Deutschland in den furchtbaren Jahren, die bevorstanden, zu retten und seinen späteren überraschend schnellen Wiederaufstieg vorzubereiten."[102]

Dem deutschen Volk waren diese internen und recht verwirrenden Vorgänge naturgemäß unbekannt. Es war auch nicht an ihnen interessiert. Für die nationalistischen Kreise stand das Urteil über Rathenau unverrückbar fest. Es spiegelte sich in einem Satz wider, der in der Zeitschrift „Der Unternehmer" im August 1921 in die apodiktischen Worte ausklang: „Daß man allen gegenteiligen Versicherungen zum Trotz auch in der Zukunft von Rathenau nur das Allerschlimmste erwarten kann."[103]
Und die nationalistischen Gefühle erfaßten weite Kreise Deutschlands.
Rathenau hatte allen Grund, solche Worte ernst zu nehmen. Seit 1921 existierten neben den verschiedenen Freikorps, unter denen die „Organisation Consul" eine besonders verhängnisvolle Rolle spielen sollte, die national-sozialistischen Sturmabteilungen (SA) zur Terrorisierung politischer Gegner.
Schon vor Genua hatte die preußische Polizei Informationen über Attentatsabsichten gegen Rathenau erhalten. Als Kessler Rathenau kurz nach seinem Amtsantritt als Außenminister aufsuchte, erzählte dieser ihm recht ausführlich über die Schwierigkeiten seines Amtes, die „nach seiner Ansicht keiner ... länger als sechs Monate aushalten" könne[104], daß die

physischen Anstrengungen enorm seien, aber das Schlimmste sei doch die „bösartige Gegnerschaft in Deutschland selbst". Jeden Tag bekomme er „nicht bloß Drohbriefe, sondern auch ernst zu nehmende Polizeianzeigen". Es sei so weit, daß er nur noch mit diesem kleinen Instrument ausgehen könne. Dabei zog er einen Browning aus der Tasche."[105] Dennoch lehnte Rathenau den ihm angebotenen Polizeischutz ab.

In einem Brief an Kessler berichtete diesem der Reichskanzler Wirth von einer Information, die ihm (Wirth) ein katholischer Geistlicher über ein bevorstehendes Attentat auf Rathenau gegeben hatte:

„Ich war mir des Ernstes dieser Mitteilung wohl bewußt und machte darüber auch an die zuständige Stelle der Reichskanzlei selbst die entsprechende Mitteilung. Dann wurde Rathenau gerufen. In eindringlichen Worten beschwor ich ihn, doch endlich seinen Widerstand gegen einen starken Sicherheitsdienst aufzugeben. In seiner bekannten und vielen seiner Freunde wohl vertrauten Art lehnte er diesen entschieden ab. Ich eröffnete ihm darauf den oben geschilderten Vorgang und frug ihn, ob er einsähe, daß der Schritt des katholischen Priesters eine hochernste Sache sei. Meine Mitteilung machte auf Minister Rathenau einen tiefen Eindruck. Bleich und regungslos stand er wohl zwei Minuten vor mir. Keiner von uns wagte, auch nur mit einem Wort die Stille zu unterbrechen. Rathenaus Augen waren wie auf ein fernes Land gerichtet. Er kämpfte sichtlich lange mit sich. Plötzlich nahmen sein Gesicht und seine Augen den Ausdruck unendlicher Güte und Milde an. Mit einer Seelenruhe, wie ich sie nie an ihm gesehen habe, trotzdem ich das Maß seiner inneren Beherrschtheit bei Besprechung mancher ernsthaften Frage sachlicher und persönlicher Art kennengelernt hatte, näherte er sich mir, legte beide Hände auf meine Schultern und sagte: ‚Lieber Freund, es ist nichts. Wer soll mir denn etwas tun?' Unser Gespräch war damit nicht abgeschlossen. Nach einem nochmaligen Betonen ... der absoluten Notwendigkeit des polizeilichen Schutzes verließ er ruhig und gelassen mit dem Ausdruck eines mir unverständlichen Sichgeborgenfühlens, die Reichskanzlei ..."[106]

## IX.

Die „Tragödie Rathenau" vollendete sich in den knapp acht Wochen nach Beendigung der Konferenz von Genua. Sie waren ausgefüllt mit rastloser Arbeit, die sich fast ausschließlich auf seine politische Tätigkeit konzentrierte. Sein persönliches Leben schien aufgehört zu haben und jedes Interesse an Geschehnissen außerhalb dieses Gebietes erloschen zu sein. Nichts deutet darauf hin, daß er in jener Zeit auch nur das geringste Interesse an jüdischen Fragen hatte, obwohl sich der allgemeine Vulgär-Antisemitismus gerade damals wieder in bedrohlichen Formen regte.

Ein anderes Problem, das seiner Beziehung zu Frau Deutsch, führte zu einem nahezu schicksalsbestimmten Ende. Es war so undramatisch wie alles, was aus dieser Beziehung der Nachwelt bekannt wurde. Und doch war es in gewisser Weise so „vollendet“ wie alles, was Rathenaus Leben betraf, soweit er in der Lage war, es selbst zu gestalten. Kessler, der einzige, der einen Einblick in die Briefe hatte[107], die sich von Rathenau erhalten haben und die damals im Besitz von Frau Deutsch waren, bezeichnet den Brief vom 17. 5. 1922 als „den letzten an die Freundin aus Genua“[108]. Er war vielleicht der letzte überhaupt; jedenfalls ist er ein Abschiedsbrief in des Wortes ureigentlichster Bedeutung, und zwar ein Abschiedsbrief von der „Freundin“ und – im weiteren Sinne – ein Abschiedsbrief vom Leben.

Frau Deutsch hatte in einem Brief, der dem hier erwähnten voranging und der nicht erhalten ist, offenbar geschrieben, daß ihre Beziehungen unter den Umständen, die ihrer beider Geschick lenkten, gelitten hätten, und daß manches anders verlaufen wäre, wenn sie beide ihr Leben „gerade“ geführt hätten. Rathenau antwortete darauf:

„Ich denke manchmal und es ist der stärkste Trost: was wäre das Leben, das gerade verliefe? Es ist das Wundervolle: daß alle echten Schmerzen schön sind. Häßlich ist nur das Töricht-Schiefe, das Willkürlich-Verkehrte. In unserem Leben war alles Gesetz: so waren die Dinge gegeben, so der Ablauf bestimmt. Nichts war vergeblich, nichts kann weggedacht, nichts geopfert werden ...

Ich bin jetzt von Menschen frei. Nicht in dem Sinne, daß mir Menschen jemals gleichgültig werden könnten: im Gegenteil. Je mehr ich frei bin, desto mehr sind sie mir – trotz allem – verwandt und liebenswert, und ich erkenne freudig, daß ich für sie, nicht sie für mich da sind.

Der Mensch, der frei und selbstbewußt, ohne der Stütze, der Hilfe, ja selbst des Dankes zu bedürfen, für mich da ist und vollen Anteil an meinem inneren Leben hat, das sind Sie. Das danke ich Ihnen.

Es ist freilich nicht mehr viel von mir übrig. Die Flamme brennt nieder. Aber Sie wissen, es ist mir bestimmt, mich bereit zu halten, um für andere aufzunehmen, was sie bedrückt, und wunschlos zu bleiben: Ihnen gehört, was ich zuweilen noch zurückdränge, bewahre und verschweige.“[109]

Es ist nicht bekannt, wie Frau Deutsch auf den Empfang dieses Briefes reagierte. Fünf Jahre nach der Ermordung Rathenaus hatte sie eine Unterhaltung mit Kessler, über die dieser schrieb: „Im ganzen war, was Frau Deutsch über ihn sagte, mehr skeptisch als bejahend, und der Unterton Enttäuschung.“ Sie faßte dann ihr Urteil über Rathenau in die zum Teil bereits oben erwähnten Worte zusammen: „Grundtrieb bei Rathenau war der Wille zur Macht, alles andere darum herum nur Rankwerk, auch die Menschen; alle seien sie für ihn ‚nur Episode‘ gewesen, auch sie selbst. Die Briefe, die er an sie geschrieben habe, hätte er ebensogut an eine andere schreiben können, obwohl sie der Mensch gewesen sei, der ihm am nächsten gestanden habe."[110] Sie sprach dann ausführlich über ihre Beziehung zu Rathenau, die die Grenzen des Erlaubten niemals überschritten hätte, obwohl er sehr leidenschaftlich gewesen sei. Und dann gab sie eine Erklärung, die im Munde dieser hochkultivierten und assimilierten Jüdin eigenartig anmutet, aber vielleicht die Lösung eines Teils des hier behandelten Problems enthält: „Vielleicht käme so etwas nur zwischen Juden vor, diese kühle Zurückhaltung trotz starker Leidenschaft."[111] Frau von Mangoldt, die Nichte Rathenaus, nahm an, daß die harte Beurteilung durch Frau Deutsch „gekränkter Eitelkeit entstammte"[112]. Das mag dahingestellt sein. Interessant ist nicht, aus welchem Grunde Frau Deutsch zu ihrem Urteil kam, sondern daß sie, die selbst dem Judentum entfremdet war, für die imponderabile Restbeziehung, die sowohl sie wie Rathenau so stark beeinflußte, keine andere Erklärung wußte als eben das „Jüdische", das in ihnen beiden wirksam war.

## X.

Am 21. 6. 1922 hatte Rathenau noch ein letztes Mal Gelegenheit, in einer großen Rede vor dem Reichstag[113] namens der Regierung die Verbundenheit des Reichs mit dem Saarland zum Ausdruck zu bringen und zu erklären, daß eine Preisgabe deutscher Gebiete unter keinen Umständen und für keinerlei Zugeständnisse in Frage komme.

Die letzte Phase der Hetzkampagne gegen Rathenau begann mit einer Angriffsrede des „Schreibtischmörders"[114] Helfferich, die so voll Haß, Lüge und Verleumdung war, daß sie sogar im Reichstag einen Sturm der Entrüstung hervorrief. Rathenaus Amtskollege, der Finanzminister Hermes, antwortete sofort, während Rathenau sich seine eigene Stellungnahme für einen späteren Zeitpunkt vorbehalten zu haben scheint. Sie wäre für ihn ein Grund besonderer Aufregung gewesen, denn er soll gesagt haben: „Wenn Helfferich von mir behauptet hätte, ich hätte den Kronprinzen von Abessinien ermordet, und ich auch nachweisen könnte, daß es den nie gegeben habe, so würde ich mich doch lieber aufhängen, als das Ergebnis seiner Verleumdungen abzuwarten."[115] Sein Tod hat es ihm erspart, auf das Niveau Helfferichs, der schon der geistige Urheber des Mordes an Erzberger war[116], herabzusteigen.

Die tatsächlichen Mörder warteten bereits seit Tagen. Sie empfanden ihren Anschlag als eine heilige Mission – eine Ansicht, die vom Staatsgerichtshof, der das Urteil über sie sprach, nicht anerkannt wurde:

„Bei der Frage, ob den am Mord Beteiligten die bürgerlichen Rechte aberkannt werden sollten, erwog das Gericht zutreffend, daß die Mordtat ihre Beweggründe allerdings auf politischem Gebiete hatte; die Haupttriebfeder, die zum Mord führte, die blinde Feindseligkeit gegen ‚den Juden Rathenau' war kein Grund, den Mord aus der Klasse der gemeinen Verbrechen herauszuheben und ihm den Schimmer des politischen Verbrechens zuzugestehen; dies um so weniger, als die Ausführung alles Heldenhaft-Männliche vermissen läßt und die Täter sich mit allem Bedacht bestrebten, jede persönliche Gefahr bei der Ausführung der Tat auszuschalten."[117]

Nicht der Wirtschaftler, nicht der theoretische Denker, der erfolgreiche Politiker oder der deutsche Patriot, den sie nicht kannten, aber haßten, der sein Ziel der Aussöhnung Deutschlands mit der Welt in einer Weise zu erreichen versuchte, die nicht von allen seinen Mitbürgern für richtig gehalten wurde, war das Opfer, sondern ein „Angehöriger der jüdischen Rasse", bei dem es im Grunde gleichgültig war, wer er war und was er wollte.
Die Worte des Gildemeisters Otger Gräff aus dem Jahre 1916 kommen ins Gedächtnis:

„... wenn es so wäre, daß er unser Retter ist, eine Schande wäre es für das deutsche Volk, daß ein Semit es sein muß ..."[118]

Entscheidend war für diese jungen Männer, die im Alter von 16 bis 26 Jahren standen, lediglich, daß er als Jude es gewagt hatte, das Amt eines Reichsministers zu bekleiden. Natürlich hatten die Mörder auch feste Vorstellungen über Rathenau als Mensch und Patriot. „Unreifes, Unfertiges, Halbes, ungenau Gewußtes, Verwechseltes mischte sich mit Weltanschauung, Weltanschauungssurrogat, echter und unechter Vaterlandsliebe, Verzweiflung über verdiente und unverdiente persönliche Bedrängnis, schließlich auch mit dem Bewußtsein von deutscher Not und deutscher Enge in der ungerechten Behandlung, die Deutschland damals noch immer ertragen mußte."[119]
So schließt sich hier der tragische Kreis von Rathenaus Leben: Er, der immer nur Jude war, weil er das historische Faktum seiner Herkunft nicht ungeschehen machen konnte, der in jeder anderen Beziehung deutscher war als die Deutschen selbst und treuer und selbstloser als seine Mörder und ihre Anstifter, der verabscheute, was er an Juden seiner Zeit sah, es sei denn, daß sie dachten wie er selbst, der mit dem Herzen auf der Seite der Judenfeinde stand und diejenigen Juden, die leitende und weithin sichtbare Positionen anstrebten, warnte, aus ihrer obskuren Anonymität herauszutreten[120], und der doch schließlich selber an die exponierteste Stelle gelangte, weil die regierende Gruppe ihn für den „richtigen Mann

am richtigen Platz“ hielt – gerade er wurde aus keinem anderen Grund ermordet als dem, daß er ein Jude war[121].

Wer waren seine Mörder?

1. Erwin Kern, 25 Jahre alt, früher Oberleutnant, Jurastudent, Mitglied der Brigade Ehrhardt, dann der Organisation Consul, blond, blauäugig, genau der Typ, „dem Rathenau – es ist tragisch, das festzustellen – unbedingt vertraute“[122]. Ob er Rathenau selbst gekannt hat, ist nicht bekannt. Einige von seinem Freunde, Ernst von Salomon[123], mitgeteilte und von Ebermayer zitierte Aussprüche lassen es vermuten. Er soll gesagt haben:

„Er wüßte, daß er bei dem, was er jetzt vorhabe, einem Mann untreu würde. Aber Pflicht sei nicht mehr Pflicht, und Treue nicht mehr Treue, und Ehre nicht mehr Ehre!“

„Wir trafen bisher Glieder, aber nicht das Haupt, nicht das Herz.“

„Ich habe die Absicht, den Mann zu erschießen, der größer ist als alle, die um ihn stehen. Das Blut dieses Mannes soll unversöhnlich trennen, was auf ewig getrennt werden muß.“[124]

Kern gab die tödlichen Schüsse auf Rathenau ab. Er selbst wurde auf Burg Saaleck in einem Kugelwechsel mit der Polizei erschossen.

2. Hermann Fischer, 26 Jahre alt, angeblich Ingenieur, früheres Mitglied der Brigade Ehrhardt und der Organisatino Consul. Fischer warf die Handgranate, die den bereits tödlich verletzten Rathenau traf. Er verübte schließlich auf Burg Saaleck Selbstmord, um der Verhaftung zu entgehen.

3. Ernst Werner Techow, Mitglied und Vertrauensmann der Organisation Consul in Berlin, chauffierte den Wagen, von dem aus der Mord begangen wurde. Er wurde lediglich als Gehilfe verurteilt und erhielt 15 Jahre Zuchthaus.

Jahrzehnte später wurde von der amerikanischen Zeitschrift „Politics“ verbreitet, Techow habe als französischer Fremdenlegionär unter dem Namen Tessier gedient, seine Tat bereut, im Zweiten Weltkrieg als „Ein-Mann-Komitee“[125] mehr als 700 jüdische Flüchtlinge vor den nationalsozialistischen Behörden nach Spanien gerettet. Leider ließ sich diese melodramatische Geschichte nicht verifizieren[126]. Dem Leser seiner Monographie „Gemeiner Mörder? Das Rathenau-Attentat“ ist eine derartige spätere Sinneswandlung schwer vorstellbar.

4. Ernst von Salomon, Bankbeamter, Mitglied des Korps Märker, besorgte den Wagen und wurde als Gehilfe mit 5 Jahren Zuchthaus bestraft.

Salomon hatte ein besonderes Geschick. Er wurde Schriftsteller und hatte mit einigen seiner Bücher, darunter „Die Geächteten“ und „Der Fragebogen“, großen Erfolg. Das letztgenannte Buch enthält eine Autobio-

graphie, die seinen moralischen Unwert so eklatant offenbart, daß seine Rechtfertigung unmöglich ist[127].
Andere Teilnehmer waren der sechzehnjährige Bruder des oben genannten Techow, Hans Gerd, Willi Günther und ein Privatdetektiv Waldemar Niedrig, die als Gehifen zu vier, acht bzw. fünf Jahren Zuchthaus verurteilt wurden.
Eine besondere Note erhält dieser Mord durch die Tatsache, daß einer der Komplizen die anderen verraten hat – und nicht etwa aus einem ehrenhaften Motiv, sondern gegen Barbezahlung[128].

## XI.

Eine Darstellung der Mordtat selbst gehört nicht in den Rahmen dieser Untersuchung; aber gewisse Momente in diesem Vorgang dürfen nicht unerwähnt bleiben, weil sie das Charakterbild Rathenaus und die Beziehung, die die Vertretung des deutschen Volkes zu ihm hatte, beleuchten[129].
Trotz aller Todesdrohungen hatte Rathenau sein Haus im Grunewald in seinem offenen, nicht sehr schnellen Wagen verlassen, um in sein Amt zu fahren. Die Mörder, vertraut mit seiner Tageseinteilung, erwarteten ihn in einem schnellen Auto, überholten seinen Wagen an einer S-Kurve der Wallotstraße, wo Rathenaus Wagen langsam fahren mußte. Kern gab dort die tödlichen Schüsse ab, und Fischer warf seine Handgranate. Rathenau richtete sich auf, vielleicht um seine Mörder zu sehen, vielleicht nur durch die Wucht der Explosion emporgehoben, dann fiel er zurück. Er lebte noch, als er in sein Haus gebracht wurde, schlug noch einmal die Augen auf; der herbeigerufene Arzt konnte jedoch nur noch den Tod feststellen. Niemand weiß, wann er das Bewußtsein verloren hat.
Rathenau hatte 1912 in seinem Buch „Zur Mechanik des Geistes“[130] über die Frage „Ist Sterblichkeit möglich?“ meditiert und den Tod als solchen geleugnet. In seinem Sinn ist er in der Tat noch nicht gestorben, denn seine Gedanken leben weiter, wenn auch in anderer Form und obwohl bei vielen von ihnen nicht bekannt ist, daß er es war, der sie als erster gedacht und verkündet hat.

Der Tod Rathenaus brachte dem deutschen Volk einen vorübergehenden Gesinnungswandel. Plötzlich wußte es, wen es in diesem Manne verloren hatte. Als sich am Nachmittag des Mordtages der Reichstag versammelte, gab es dort einen Aufruhr. Die Linke drang auf die Rechte ein, und auf der rechten Seite des Hauses sah man einen dicken Knäuel von Abgeordneten, die gegeneinander schrieen und gestikulierten[131]. Als Helfferich eintrat, wurde ihm zugerufen: „Mörder! Mörder! Hinaus mit den Mördern!" Als ihm trotzdem ein Verehrer einen Blumenstrauß überreichte, brach ein tobender Lärm aus. Er legte sich erst, als Helfferich totenblaß den Raum verließ[132].

Am folgenden Tage demonstrierten über 200 000 Menschen im Lustgarten. Am 27. fand eine offizielle Trauerfeier im Reichstag statt. Der Reichspräsident würdigte den Toten. Er sprach „sehr leise, vor Bewegung kaum hörbar, aber schön"[133]. Der Zentrumsabgeordnete Bell sprach für den Reichstag; für die Demokratische Partei, der Rathenau angehörte, sprach ein Pastor[134]. Ob das eine Demonstration des christlichen Charakters dieser Partei sein sollte? Ob sich in jenen Tagen jemand daran erinnerte, daß Rathenau in seiner „Streitschrift"[135] den „christlichen Staat" gefordert hatte? Ob es einfach ein Zeichen von mangelhaftem Taktgefühl war, dem Mann durch einen christlichen Geistlichen den Nachruf halten zu lassen, der „in Deutschland (als) ein Jude in hervorragender Stellung ermordet worden (war), eben weil er ein Jude an hervorragender Stelle war"[136], ob diese Partei, die ihn so oft verraten hatte, nicht erkannte, daß es wohl besser angebracht gewesen wäre, einen der vielen jüdischen Rabbiner Berlins mit dieser Aufgabe zu betrauen, läßt sich heute nicht mehr feststellen, aber es ist – zum mindesten – auffallend.

## Anmerkungen

1 „Staat und Vaterland" in „Nach der Flut", S. 48. (In „Staat und Vaterland" – veröffentlicht im Oktober 1918; in: „Nach der Flut" wurde der Aufsatz als „der letzte vor der Revolution" bezeichnet.)
2 a. a. O.
3 Abgedruckt bei *Kessler:* Rathenau, S. 270.
4 GS. Bd. 3, S. 16.
5 „Politische Auslese", GS. I, S. 232.
6 „Apologie", S. 100 f.
7 Rathenau an Mumm, 27. 5. 1919, Pol. Briefe Nr. 147, S. 246–249.
8 Apologie, S. 72–74.
9 *Kessler:* Rathenau, S. 271.
10 Kommentar von *Pogge-v. Strandmann* zu WR Tagebuch, S. 127.
11 *Kessler:* Rathenau, S. 272.
12 „Deutsche Rohstoffversorgung", GS. Bd. 5, S. 25.
13 „Es war keine Revolution" (in „Die Welt am Montag" vom 16. 11. 1918) (in Nachgelassene Schriften Bd. I, S. 106 f.).
14 Rathenau an Ebert, 12. 12. 1918, Briefe II, Nr. 470, S. 87 f.
15 *Wilde:* Rathenau, S. 112.
16 a. a. O.

[17] „Offener Brief an Oberst House" (veröffentlicht in der Presse des neutralen Auslands im Dezember 1918 und abgedruckt in „Nach der Flut", S. 59—63).
[18] Rathenau an Lili Deutsch, zu Neujahr 1919, abgedr. bei *Kessler:* Rathenau, S. 283.
[19] *Pogge-v. Strandmann:* Vorbemerkung zu „1920" in WR Tagebuch S. 230.
[20] s. hierzu *Bergmann:* Der Weg der Reparation, S. 63, *Kessler:* Rathenau, S. 293—298 (insbes. S. 297 f.).
[21] *Kessler:* Rathenau, S. 297.
[22] *Federn-Kohlhaas:* Rathenau, S. 59.
[23] *Kessler:* Rathenau, S. 293 f.
[24] *Böttcher:* Rathenau, S. 212—215.
[25] *Wilde:* Rathenau, S. 129.
s. *Kessler:* Rathenau, Anm. 3 auf S. 295.
[26] Emile Buré im Eclair (zitiert bei *Federn-Kohlhaas:* Rathenau, S. 215, *Kessler:* Rathenau, S. 298).
[27] Kessler: a. a. O., Wilde: Rathenau, S. 129.
[28] Über die Konferenz von Spa s. *Bergmann:* Der Weg der Reparation, 5. Kapitel, S. 52—65 (Interessanterweise erwähnt Bergmann in diesem Kapitel Rathenaus Tätigkeit nicht).
[29] Rathenau an seine Mutter, 27. 5. und 1. 6. 1921, Briefe II, Nr. 713 und 716, S. 312 f. und S. 314.
[30] Über Rathenaus ursprüngliche Haltung s. oben im 9. und im 10. Kapitel.
[31] Rathenau an Apfel, 16. 11. 1918, Briefe II, Nr. 447, S. 76.
[32] Vgl. Rathenau an Apfel, 3. 1. 1911, Briefe I, Nr. 51, S. 76.
[33] s. Anm. 31 u. 32 oben.
[34] Rathenau an Kaliski, 28. 3. 1921, Briefe II, Nr. 704, S. 203.
[35] s. oben, S. 30.
[36] *Tramer:* Einleitung zu *Blumenfeld:* Erlebte Judenfrage, S. 11.
[37] s. oben 1. Kapitel, S. 20 f.
[38] *Blumenfeld:* Erlebte Judenfrage, S. 115.
[39] Reichsbund jüdischer Frontsoldaten: „Die jüdischen Gefallenen des deutschen Heeres etc. 1914—1918, ein Gedenkbuch." (In diesem Buch sind die Personalien aller jüdischen Gefallenen, die feststellbar waren, verzeichnet und im Anhang genaue Berechnungen über die wirkliche Zahl der Gefallenen, die naturgemäß höher sein mußte, angestellt.)
[40] „Höre, Israel!" S. 7.
[41] *Dubnow:* VIII, S. 223.
*Graetz:* Bd. 11, S. 327 ff.
[42] *Blumenfeld:* Erlebte Judenfrage, S. 113 f.
[43] Die zionistischen Studentenverbindungen in Deutschland waren im K. J. V. (= Kartell Jüdischer Verbindungen) zusammengeschlossen.
[44] *Baeck:* Von Moses Mendelssohn zu Franz Rosenzweig, 3. Vorlesung, S. 41.
[45] s. weiter unten S. 407 ff.
[46] Rathenau an Braun, 2. und 21. 5. 1921, Briefe II, Nr. 707 und 710, S. 306 ff. und 309 ff.
[47] Rathenau an Koeth, 3. 6. 1921, Briefe II, Nr. 720, S. 316 f.
[48] Rathenau an Wittig, 8. 6. 21, Briefe II, Nr. 724 S. 319.
[49] s. hierzu *Bergmann:* Der Weg der Reparation, 12. Kapitel, S. 123—127.
[50] *Pogge-v. Strandmann:* Vorbemerkung zu Rathenaus Besprechungen in London und Paris (1921) in WR Tagebuch, S. 262.

[51] Kabinetts-Protokoll vom 12. 10. 1921 (zit. bei *Pogge-v. Strandmann*).
[52] „Reden" in Mannheim am 27. 10. 1921 S. 267—285 u. in Frankfurt am 28. 10. 1921 S. 289—327.
[53] *Kessler:* Rathenau, S. 315.
[54] In „Reden", S. 300 (Rede in Frankfurt a. M., s. oben Anmerkung 58).
[55] a. a. O., S. 299 und 300.
[56] a. a. O., S. 300.
[57] *Böttcher:* Rathenau, S. 240.
Die peinlichen Vorgänge bei Rathenaus Parlamentskandidaturen in Frankfurt/Oder im Jahre 1911 und Liegnitz 1918 werden durch Vorgänge bestätigt, die der Verfasser dieser Untersuchung am Beginn der zwanziger Jahre in Berlin beobachten konnte.
[58] s. *Pogge-v. Strandmann* in WR Tagebuch, Vorbemerkung S. 263 und Text des Tagebuchs S. 263—267.
[59] *Federn-Kohlhaas:* Rathenau S. 233.
[60] *Brecht:* Aus nächster Nähe, S. 349 f.
[61] „Apologie" S. 73.
[62] Rathenau an Goettsberger, 14. 2. 1921, Briefe II, Nr. 757, S. 341 f.
[63] Rathenau an Raphael, 14. 12. 1921, Briefe II, Nr. 756, S. 339 f.
[64] Die von Bülow in seinen „Denkwürdigkeiten" Bd. III, S. 41 erwähnte angebliche Äußerung Rathenaus (Ballin gegenüber) über die „drei ganz großen Männer", die „merkwürdigerweise alle drei Juden" gewesen seien, nämlich Moses, Jesus und „den dritten zu nennen, verbietet mir meine Bescheidenheit", wird mit geringen Veränderungen von einer Reihe bedeutender Männer überliefert. Bülows Anmerkung: „Se non è vero, è ben trovato", charakterisiert Bülows „Denkwürdigkeiten", bezeigt aber keinen guten Geschmack.
[65] *Mangoldt:* Auf der Schwelle, S. 171.
[66] In der Tat wurden in Berlin und anderen deutschen Städten damals derartige Vorkommnisse erwartet und gewisse jüdische Studentenvereinigungen trafen Vorkehrungen, derartigen Exzessen entgegenzutreten.
[67] *Hillard:* Herren und Narren, S. 241.
[68] s. oben S. 402 und Anm. 36.
[69] *Blumenfeld:* Erlebte Judenfrage, S. 142 ff.
[70] s. Anmerkung 69 oben.
[71] *Blumenfeld:* Erlebte Judenfrage, S. 142.
[72] s. hierzu Abschnitt IV des 1. Kapitels dieser Untersuchung. Der Irrtum in der juristischen Konstruktion der Blumenfeld'schen Ansicht ergibt sich aus der Tatsache, daß jeder (zivilisierte) Staat das Institut der Naturalisation kennt, durch das Staatsangehörige unter gewissen Voraussetzungen ihre Staatsangehörigkeit wechseln und auf diesem Weg die Bürgerrechte eines anderen Staates erwerben können.
[73] *Blumenfeld,* a. a. O., S. 69 und 70.
[74] Rathenau an Schwaner, 18. 8. 1916, Briefe I Nr. 208, S. 220.
[75] *Federn-Kohlhaas:* Rathenau, S. 233.
[76] Rathenau nahm das Amt des Außenministers am 31. 1. 1922 an (vgl. den Brief an Frau Deutsch von diesem Datum, zitiert bei *Kessler:* Rathenau, S. 323).
[77] *Bergmann:* Der Weg der Reparation, 16. Kapitel, S. 146 ff.
[78] Am 10. 4. 1922.
[79] Wir folgen hier der Darstellung, die der damals zuständige Staatssekretär im

Reichsfinanzministerium Carl Bergmann in seinem Buch „Der Weg der Reparation" gibt.

80 Der Friede von Brest-Litowsk war durch Art. 116 des Versailler Vertrags aufgehoben worden und die Alliierten hatten die Rechte Rußlands auf Wiedergutmachung sich selbst vorbehalten (*Bergmann,* S. 161).

81 a. a. O., S. 163.

82 a. a. O.

83 Rathenau an seine Mutter in Briefe II, Nr. 765, S. 348 und an Frau Deutsch (zitiert bei *Kessler:* Rathenau S. 343). (Beide Mitteilungen beginnen zwar mit den Worten: „Heute am Ostersonntag . . .", tragen aber verschiedene Datierungen, die Nachricht an die Mutter das Datum des 19. 4., die an Frau Deutsch das des 16. 4. 1922.) Das Datum des 16. 4. 1922 dürfte richtig sein.

84 *Bergmann,* a. a. O., S. 164.

85 a. a. O.

86 Das Buch Bergmanns erschien im Jahre 1926.

87 a. a. O.

88 „Rede vor der Vollversammlung der Genueser Konferenz vom 19. 5. 1922" in „Reden" S. 398—403.

89 a. a. O., S. 398, 394 f., 400 und 402.

90 a. a. O., S. 403.

91 a. a. O.

92 GS. Bd. I, S. 256.

93 a. a. O., S. 257.

94 a. a. O.

95 Rathenaus Rede zeichnete sich vor allem dadurch aus, daß sie davon absah, emotionell, apologetisch oder aggressiv zu sein, und mit großer Sachlichkeit die Aufgaben herausarbeitete, die sowohl dem besiegten Deutschland wie den Alliierten in nächster Zukunft aufgebürdet sein würden.

96 *Wilde:* Rathenau, S. 141; *Brecht:* Aus nächster Nähe, S. 383.

97 *Bergmann* a. a. O., S. 164.

98 *Kessler:* Rathenau, S. 347; *Brecht:* Aus nächster Nähe, S. 384.

99 Kessler war von 1918—1921 Gesandter in Polen.

100 „Tagebücher", S. 315 f.

101 a. a. O., S. 351.

102 a. a. O., S. 352.

103 am 15. 8. 1921.

104 „Tagebücher": 20. 3. 1922, S. 276.

105 *Kessler:* Rathenau, S. 353.

106 a. a. O., S. 355.

107 s. hierzu *Fürstenberg:* Kommentar, S. 398 f.

108 abgedruckt bei *Kessler:* Rathenau, S. 353 f.

109 a. a. O., S. 354.

110 *Kessler:* Tagebücher, 21. 11. 1927, S. 552.

111 a. a. O.

112 *Mangoldt:* Auf der Schwelle, S. 27.

113 „Reden", S. 423 ff.

114 „Der Führer dieser Demagogie . . . war Helfferich . . . Schon hatte er Erzberger auf dem Gewissen. Seit dessen Tod wandte er seine dürre, nur von Galle geschwollene Rhetorik gegen Rathenau. Kreidebleich, mit dem Kainszeichen auf der

Stirn . . . ist er nach Rathenaus Ermordung aus dem Reichstag geflohen" (*Kessler:* Rathenau, S. 357).

115 *Böttcher:* Rathenau, S. 289 (Böttcher hat diesen Ausspruch Rathenaus von Sombart gehört).

116 *Brecht:* Aus nächster Nähe, S. 299 f.

117 *Ebermayer:* 50 Jahre im Dienst am Recht, S. 184.

118 abgedruckt bei *Wilde:* Rathenau, S. 91.

119 *Böttcher:* Rathenau, S. 291.

120 *Hillard:* Herren und Narren, S. 241.

121 *Brecht:* Aus nächster Nähe, S. 386.

122 *Kessler:* Rathenau, S. 359.

123 s. unten S. 418.

124 Zitiert von *Ebermayer* a. a. O., S. 188.

125 *Böttcher:* Rathenau, S. 317 ff.

126 *Mangoldt:* Auf der Schwelle, S. 45.

127 Charakteristisch für v. Salomon ist die Begegnung, die Frau v. Mangoldt mit ihm auf einer Buchmesse in Frankfurt hatte (s. in „Auf der Schwelle" S. 42).

128 *Kessler:* Rathenau, S. 361.

129 Genaue Darstellungen befinden sich in fast allen Biographien, s. vor allem *Kessler:* Rathenau, S. 358 ff., *Böttcher:* Rathenau, S. 308 ff., *Wilde:* Rathenau, S. 142 ff. Eine kurzgefaßte Darstellung des Prozesses gegen Rathenaus Mörder gab der damalige Reichsanwalt Ebermayer in seiner Autobiographie „50 Jahre im Dienst am Recht", S. 181 ff.

130 GS. Bd. II, S. 177 ff.

131 *Kessler:* Tagebücher, S. 323.

132 *Böttcher:* Rathenau, S.31 3, s. auch oben Anm. Nr. 114.

133 *Kessler:* Tagebücher, S. 327.

134 a. a. O.

135 GS. Bd. V, S. 118.

136 *Brecht:* Aus nächster Nähe, S. 386.

# 13. Kapitel
# Ergebnisse

## I.

Diese Untersuchung hat das Leben von Herzl und Rathenau daraufhin geprüft, wie ihre Wege als jüdische Existenzen am Ende des vorigen und am Beginn dieses Jahrhunderts verlaufen sind. Es bleibt zu prüfen, ob diese Lebensläufe besonders hervorragender Menschen als typisch, als charakteristisch oder als Sonderschicksale jener Zeit anzusehen sind.
Gewiß waren diese beiden Männer keine Massentypen, dazu waren sie zu eigenartig, zu individuell und zu bedeutend. Und doch kann nicht geleugnet werden, daß ihre Schicksale charakteristisch für das der gesamten Judenheit jener Zeit waren.
Bei Herzl ergibt sich dies aus der Tatsache, daß er, dem sein Judentum während seiner Jugend und frühen Manneszeit gleichgültig, vielleicht sogar lästig war, sich das letzte Jahrzehnt seines kurzen Lebens mehr und mehr seinem Volk widmete, bis er, unter der Last seiner Aufgabe zusammenbrechend, „am Wegesrande starb", ein zweiter Moses, der das verheißene Land von ferne sah, dem es aber nicht beschieden war, es zu erreichen.
Rathenau hingegen hatte sich vom jüdischen Volk, dem er zwar angehörte, aber nicht angehören wollte, bereits in seiner frühen Jugend losgesagt. Er hatte sich dann, soweit es ihm möglich war – und er wußte, daß eine völlige Trennung für ihn nicht in Frage kommen konnte –, von dem Volk seiner Herkunft distanziert und dem Volk angeschlossen, das er liebte und das – als Volk – seine Liebe mit Haß vergalt. Er hatte um dieses Volk mit seiner ganzen Kraft geworben, dank seiner ungewöhnlichen Begabung Hervorragendes für es geleistet. Aber er hatte erkennen müssen, daß all sein Streben nicht nur nicht anerkannt, sondern willentlich verkannt und mißdeutet wurde. Auch er starb „am Wegesrand", und auch er sah, daß seine Bemühungen in einer Zukunft, die nach seinem Tod lag, einmal das Ziel, das er sich gesetzt hatte, erreichen würden: Deutschland mit der Welt zu versöhnen. Aber das Ziel selbst zu erreichen, war ihm versagt. Ein gütiges Schicksal hat ihm wenigstens einen Tod gewährt, wie er ihn sich vielleicht gewünscht haben mag: einen heroischen Tod, der ihn seine Feinde sehen ließ, dieselben Menschen, die er als Typus des Deutschen so glühend liebte, die ihn aber nicht verstanden, weil sie ihn

haßten, und die ihn haßten, weil er ein Jude war. Erspart wurde ihm, die zwölf Jahre zu erleben, in denen die Ideen seiner Mörder Deutschland und das Volk seiner Herkunft an den Rand des Unterganges brachten.

## II.

Herzl war es, der seine Brüder aus dem „Hause der Knechtschaft“ herausführen wollte, in ein Land, das ihnen gehören sollte, das sie selbst aufbauen sollten zum eigenen Wohl, aber auch zum Wohle der gesamten Menschheit. Wo dieses Land liegen würde, war ihm zunächst gleichgültig. Erst im Laufe der letzten Jahre wurde ihm klar, daß für sein Volk nur ein einziges Land in Frage kommen konnte: jenes ihm vor Jahrtausenden für immer verheißene Land, das damals unter dem Namen Palästina eine armselige, vernachlässigte, ausgebeutete Provinz des türkischen Kaiserreichs war, das über keine Bodenschätze verfügte und dessen Erde durch jahrtausendelange Mißwirtschaft unfruchtbar geworden war. Als ihm dies klar wurde, verwandelte sich der „Judenstaatler“ Herzl in einen wirklichen „Zionisten“, den Vater des Staates Israel[1].

Für Rathenau, der Jude nur durch seine Geburt war, der vom Judentum nur das Christentum der Evangelien anerkannte und der dennoch, wenn er für seine Schriften auf machtvolle Kernsprüche zurückgriff, mit Vorliebe die Propheten des Alten Testamentes zitierte, kam die Idee einer Verpflanzung des Volkes, aus dem er stammte, zu dem er sich aber nicht rechnete, obwohl er sich zu ihm „bekannte“, nicht in den Sinn. Und als andere Juden ihn hierauf ansprachen, lehnte er es unwillig und mit großer Schärfe ab. Das, was in 5 Mos. 4: 32, 34 als eines der größten Wunder der Bibel bezeichnet wurde, daß ein Volk aus der Mitte eines anderen Volkes herausgehoben und in ein ihm vor Urzeiten bestimmtes Territorium versetzt werden könnte, war ihm unbegreiflich und daher in seinen Augen unmöglich. Noch viel unmöglicher wäre es ihm erschienen, daß die Juden „aus den vier Enden der Erde“ in ihre alte Heimat, zu der er selbst kein Gefühl der Zugehörigkeit verspürte, würden zurückkehren wollen. Ihm schien es an der Wende des 20. Jahrhunderts geboten zu sein, durch „Anartung“ an andere Völker die Auflösung des jüdischen Volkes als einer Sondergruppe in der menschlichen Gemeinschaft herbeizuführen. Er selber wollte ein Deutscher sein und nur ein Deutscher, und er starb als Märtyrer des Deutschtums.

Als Herzl starb, traf sein Tod seine Anhänger wie ein nationales Verhängnis. Sie kamen aus allen Teilen der Welt herbeigeströmt, nicht nur um ihrem Führer die letzte Ehre zu erweisen, sondern um die Trennung von ihm so lange wie möglich hinauszuschieben. In einer seiner testamentarischen Verfügungen hatte er vorgesehen, daß ihm ein Leichenbegängnis in der „ärmsten Klasse" gegeben werden solle – „ohne Reden und ohne Blumen"'. Wolffsohn sagte am Grabe anstelle der Trauerrede, die Herzl nicht gewünscht hatte: „Du hast nicht gewollt, daß an Deinem Grabe Reden gehalten werden, aber schwören wollen wir, daß wir das von Dir begonnene Werk mit allen unseren Kräften fortführen werden, schwören wollen wir, daß wir Deinen Namen stets heilighalten und Dich nie vergessen werden, solange noch ein Jude auf Erden lebt! In dieser schweren Stunde wollen wir den Schwur wiederholen: Im éschkochéch Jeruscholajim, tíschkach, jemíni ...! Wenn ich dein vergesse, Jerusalem, verdorre meine Rechte!"[2] Und die sechstausend, die den Trauerzug gebildet hatten, brachen in hemmungsloses Schluchzen aus. Sie fühlten, daß sie mehr verloren hatten als einen Führer und daß ihnen nur übrigblieb, auf dem Wege weiterzugehen, den er ihnen gezeigt hatte.

Es dauerte fast fünf Jahrzehnte, bis aus Herzls Vision des „Judenstaats" ein „Staat von Juden" wurde. Damals war Wolffsohns Rede vielleicht schon vergessen. Sie wird nicht erwähnt. Aber in der Unabhängigkeitserklärung, die Ben Gurion am 14. 5. 1948 in Tel Aviv verlas, wird als einziger Name der von Herzl erwähnt. Und einige Jahre später wurden seine Überreste von Wien nach Jerusalem überführt. Hunderttausende nahmen an dieser feierlichen Überführung teil, ein Berg in der Nähe Jerusalems wurde als Grabstätte ausgewählt und auf seinen Namen benannt. Als Grabschrift wurde auf dem Stein über seinem Grabe sein Name eingemeißelt; nur sein Name, der unvergessen bleiben wird. Seinem Volk genügt sein Name!

Rathenau wurde „die königliche Ehrung"[3] eines Attentats zuteil. Nach dem Attentat wurde ihm ein feierliches Staatsbegräbnis gewährt, bei dem ihm der Reichspräsident, die Vertreter von Reichsregierung, Reichstag und der Partei, der er angehörte, ohne Mitglied ihrer Reichstagsfraktion zu sein, die Nachreden hielten. Die geistige Elite Deutschlands rühmte sein Leben, sein Werk, seine Vaterlandsliebe, seinen Opfermut; das Volk, die organisierte Arbeiterschaft Deutschands, legte ihm zu Ehren und als Warnung an seine Feinde die Arbeit nieder. Die Mörder wurden bestraft, die Anstifter erwiesen sich als unerreichbar[4].

Auch auf seinem Grabmal, das zugleich die Grabstätte der Familie Rathenau war, ist nur sein Name eingemeißelt. Als dann das nationalsozialistische Regime auch die letzten Spuren seines Lebens vernichten wollte, entging dieses Grabmal nur durch eine banale List der Zerstörung[5].

In seinem Tagebuch hatte Rathenau zehn Jahre vor seinem Tod – und unvermittelt zwischen anderen Notizen – vermerkt: „Welches Fressen werde ich für den Privatdozenten von 1950 sein."[6] Er war damals 45 Jahre alt und stand vor dem Höhepunkt seiner wirtschaftlichen, schriftstellerischen und gesellschaftlichen Karriere. An einen vorzeitigen Tod wird er damals wohl kaum gedacht haben, eher noch an einen weiteren Aufstieg auf jedem dieser Gebiete. Das Jahr 1950 hätte er – nach der damaligen allgemeinen Lebenserwartung und der wirklichen Lebensdauer seiner Eltern – vielleicht noch erlebt. Er wäre bereits über 80 Jahre alt gewesen. Vielleicht hätte er noch die Neuherausgabe seiner gesammelten und nicht nur seiner nur „ausgewählten" Schriften besorgt. Sein Leben verlief aber nicht nach dem vorgesehenen Schema. Er starb 28 Jahre vor diesem Datum als einer, der trotz seines oft recht schwer verständlichen Stils, manchmal trotz seiner recht abwegigen Ideen, einer der meistgelesenen wirtschaftlichen Schriftsteller seiner Zeit war. Schon im Jahre 1929 war eine „Walther Rathenau Bibliographie" erschienen, die 345 Seiten umfaßte[7].

Die Zahl der Forscher, die sich um die Entschlüsselung des Rätsels seines Lebens bemüht haben, hat sich seit seinem Tode vervielfacht. Eine Herausgabe aller seiner Schriften, Briefe, Aufzeichnungen, die für 1973 angekündigt war, wartet noch immer auf ihre Vollendung[8]. Ob sie wesentlich Neues bringen wird, ist fraglich. Das ehemals vorhandene „Archiv" ist endgültig verloren[9]. Er selbst ist weitgehend, wenn auch nicht ganz, vergessen. Die Wirtschaftsforscher sind immer noch darum bemüht herauszuarbeiten, welche von den Prinzipien, die für die heutige Volks- und Weltwirtschaft maßgebend sind, zuerst von ihm erdacht und verkündet worden sind. Aber unter den Lehrmeistern der Gegenwart wird er nicht genannt, höchstens unter denen, die künftige Entwicklungen voraussagten und bei denen es interessant ist, festzustellen, welche Ideen von ihm selbst erdacht worden sind, für welche er sich derjenigen von Vorläufern bedient hatte, die er selbst nicht nannte, und welche seiner Gedanken in der einen oder anderen Weise ohne Nennung seines Namens doch verwirklicht wurden. Die „Privatdozenten von 1950" hätten all das ermitteln können.

Vielleicht wäre er überhaupt bereits vergessen, wäre er nicht ermordet worden. Es ist jedoch müßig, diese Frage näher zu untersuchen.

Blumenfeld meinte: „Jeder Mensch darf selbst entscheiden, wofür er sterben will, und man tut Rathenaus Andenken nichts Gutes, wenn man ihn wider Willen zum Märtyrer des jüdischen Volkes macht."[10] Und doch war er gerade dies: ein „Zeuge" der Existenz des von ihm geleugneten jüdischen Volkes. Diese Feststellung berührt nicht seine „Existenz"; sie enthüllt eine Tatsache, die Tragik des jüdischen Volks!

Rathenau war zweifellos ein bedeutender Mann und nicht, wie Löwenberg annahm, „eine Persönlichkeit zweiten oder dritten Ranges“[11]. Wäre er nicht ein Jude in Deutschland gewesen, so wäre er der Umwelt als eine Persönlichkeit von höchster Bedeutung erschienen. In Deutschland war er ein Sisyphus, der, solange er lebte, den Stein, den für ihn seine Zugehörigkeit zum jüdischen Volke bedeutete, fortrollen mußte. Es gelang ihm dies manchmal und für kurze Fristen. Aber der Stein war da, und er rollte ihm immer wieder zurück in seinen Weg. Welche Kräfte den Stein ins Rollen brachten, ist im Grunde gleichgültig. In seinem Falle waren es Menschen, die ihn nicht kannten, aber haßten. Sie waren Werkzeuge der Geschichte, nur dies.

## III.

Rathenau hat keine weithin sichtbaren Spuren seiner Existenz zurückgelassen. Hat Herzl es getan? Daß sein Volk ihn nicht vergaß, haben wir erwähnt. Ist dieses Andenken, das er sich durch seine hingebungsvolle Arbeit verdient hatte, durch sein Werk gerechtfertigt?
Wir haben oben gezeigt[12], daß der „Judenstaat“, den er sich ausdachte, mit dem „Staat der Juden“, wie er in Israel erstand, nur geringe Ähnlichkeit hat. Und doch sind viele seiner Ideen bereits verwirklicht worden oder wenigstens auf dem Wege zu ihrer Verwirklichung. Vor allem ist es das Sozial- und das Fremdenrecht, das altes jüdisches Erbgut ist und bereits im Pentateuch in einer Klarheit und Bestimmtheit seinen Ausdruck findet, daß es noch heute für die Welt vorbildlich sein könnte, wenn sie sich die Mühe gäbe, auf diese Quelle zurückzugehen, und das Alte Testament nicht nur als ein Buch religiöser und moralischer Lehren ansehen würde, die durch das Neue Testament überholt sind. Diese alten Grundsätze sind es, die bei Herzl erneut Ausdruck fanden, obwohl er sich mit seinem jüdischen Erbgut kaum befaßt hatte und es vielleicht nicht einmal kannte.
Als dreizehn Jahre nach Herzls Tod Chaim Weizmann die für den modernen Staat Israel grundlegende (säkulare) politische sogenannte Balfour-Deklaration erreichte, sagte einer seiner treuesten Anhänger, Jacob Hodess, wenige Tage nach der Veröffentlichung dieser Erklärung: „... Es sieht in der Tat geradezu ironisch aus, daß durch ihn (scil. Weizmann), der einer der heftigsten Kritiker des ‚diplomatischen Zionismus‘ war, eine solche diplomatische Tat vollbracht worden war. Man kann sich den Geist Herzls vorstellen, wie er sagt: ‚Chaim, mein Sohn, ich habe dich besiegt, du hast im Lichte meiner Vision gehandelt.‘“[13]

In einer ausführlichen und sehr kritischen Analyse des ersten Bandes der Herzlschen Tagebücher kam der damals noch sehr junge Ernst Simon, heute ein Laureat des Staatspreises von Israel, zu dem Ergebnis, daß Herzl „kein großer Mensch“ gewesen sei[14]. Er tadelte mit Unnachsichtigkeit Herzl als Feuilletonisten, als Lustspielschreiber, sogar als Korrespondenten der Neuen Freien Presse und fand ihn recht zweitrangig, seine Vorstellungen vom „Judenstaat“ als diejenigen eines „Literaten“ – und Simon legte in diesen Terminus den Sinn von mangelndem Ernst. Die Programmschrift Herzls fand er recht unrealistisch, in manchen Teilen geradezu lächerlich[15]. Für Simon handelte es sich nicht um „liebenswürdige, kleine Eitelkeiten‘“, sondern um einen „Narzißmus“, mit dem er den „Literaten“ abwertete[16]. Dann aber kommt er zu dem Schluß:

„Theodor Herzl erlebte die große Gnade, daß ihm die Wirklichkeit nachwuchs: er erfuhr die große und fruchtbare Hemmung, seine Berufung bekam Richtung, sein Schwung bekam Schwere, sein Leben erhielt einen Sinn. Er nahm diese Last entschlossen auf sich. Ein ‚Muß‘ war an die Stelle von tausend Möglichkeiten getreten ... Die Wirklichkeit wuchs ihm nach – die jüdische und die menschliche Wirklichkeit ...“[17]

Und er schloß mit den Worten:

„Er war kein großer Mensch. Aber er war der Führer, denn er hatte ein großes Amt.“[18]

Wir stimmen nicht in allem mit Simon überein. Für uns ist Herzl nicht nur ein „Führer mit einem großen Amt“, sondern ein wirklich großer Mensch; denn er unterwarf sich gehorsam seinem Schicksal, das, wie Kessler über Rathenau sagte, „unter Millionen einer hat“: der Kämpfer für die Entwicklung seines Volkes zu werden, die er nur ahnte und sich nur an Bildern seiner Gegenwart vorstellen konnte. Nicht die Wirklichkeit wuchs ihm nach; sie war sehr verschieden von seiner Vision. Aber er setzte Kräfte in Bewegung, die für eine Neuorientierung des jüdischen Volkes wichtig waren, damit es den neuen Weg beschreiten konnte, der es unter unsäglichen Opfern zu einer neuen Existenz in „seinem“ alten Lande führte.

## Anmerkungen

[1] In einer Rede zur Eröffnung der Sitzung des Großen Aktionskomitees in Wien am 11. 4. 1904 erklärte Herzl:
„Als Judenstaatler habe ich mich Ihnen vorgestellt. Ich gab Ihnen meine Karte ab, auf der stand: ‚Herzl, Judenstaatler‘. Ich habe dann im Verlauf der Zeit viel ge-

lernt ... Wenn ich Ihnen heute sage: ‚Ich bin Zionist geworden und bin es geblieben, und alle meine Bestrebungen gehen auf Palästina hin‘, so haben Sie alle Ursache, mir zu glauben“ (abgedruckt bei *Bein:* Herzl, S. 679).
Diese Feststellung wird heute ganz allgemein anerkannt.

[2] *Cohn:* David Wolffsohn, S. 161.

[3] Herzl hatte sich in Petersburg vor dem Antritt seiner Reise nach Wien die Frage vorgelegt, „wird man mir dort die königlichen Ehren eines Attentats erweisen?“ (s. oben S. 254 u. Anm. 108). Er wurde jedoch mit Jubel als der Retter seines Volkes empfangen. Rathenau wurde diese königliche Ehrung, an die er vielleicht nicht glaubte, tatsächlich erwiesen.

[4] *Ebermayer:* „50 Jahre im Dienste des Rechts“.

[5] *Böttcher:* Rathenau, S. 317 („Nachklang“).

[6] WR Tagebuch, 12. 2. 1912, S. 159.

[7] *Gottlieb:* Walther Rathenau-Bibliographie.

[8] „Walther Rathenau – Werke und Briefe“ (kommentierte historisch-kritische Ausgabe in 6 Bänden, Gotthold Müller Verlag – Verlag Lambert Schneider) ist noch nicht erschienen. (Bd. VI soll Ende 1976 erscheinen).

[9] AEG (Bereich Forschung und Entwicklung) an den Verfasser dieser Untersuchung, 6. 6. 1969.

[10] *Blumenfeld:* Erlebte Judenfrage, S. 145.

[11] *Löwenberg:* Walther Rathenau and German Society, S. 3.

[12] s. oben S. 118.

[13] *Rabinowicz:* 50 years of Zionism, S. 11

[14] *Simon:* „Theodor Herzls Tagebücher“ in „Der Jude“ (1921/22), S. 659.

[15] „belustigende“ Beispiele gibt *Simon,* a. a. O., S. 655.

[16] a. a. O., S. 657.

[17] a. a. O.

[18] a. a. O., S. 659.

# Literaturangaben


*A. Lexica und Sammelwerke*

*The Jewish Encyclopedia* (ed. I. Singer), 12 Bde. (1901—1906).
*Encyclopaedia Judaica*, Eschkol-Verlag, 10 Bde. unvoll. Hg.: J. Klatzkin (1928 bis 1934).
*Jüdisches Lexikon*, 5 Bde. (1927—1930) (Hg.: Herlitz und Kirschner).
*The Universal Jewish Encyclopedia*, 10 Bde. (1939—1948) (ed. I. Landmann).
*The Standard Jewish Encyclopedia* (1958/59), ed. Cecil Roth.
*Lexikon des Judentums* (1967/70), ed. J. F. Oppenheimer.
*Encyclopaedia Judaica* — Jerusalem (1972) (eds. Cecil Roth/L. Wigoda).
*Zeitgenossen über Herzl* (1929) (hg. v. T. Nussenblatt).
*Warum gingen wir zum ersten Zionistenkongreß?* Hg.: Zionistische Organisation — Berliner Büro (1922).

*B. Einzeluntersuchungen*

*Achad Haám* (= Ascher Ginzberg): Am Scheideweg, 2 Bände (1923), Essays, Letters, Memoirs (translated and edited by Leon Simon, 1946). Nationalism and Jewish Ethic (edited and introduced by Hans Kohn, 1962)
*Adler*, Joseph: The Herzl Paradox, Political, Social and Economic Theories of a Realist (1962)
*Allgemeine Electrizitäts-Gesellschaft* (AEG) (Hg.): Zum Gedächtnis an Walther Rathenau (1922)
*Arendt*, Hannah: Elemente und Ursprünge totaler Herrschaft; gekürzte Ausgabe (1955)
*Arnim*, Otto (= Alfred Roth): Die Juden im Heer (1919)
*Arnold*, Paula: Leon Kellner in: Herzl, Year Book, vol. 2 (1959)
*Auerbach*, Elias: Pionier der Verwirklichung (1969)
*Auernheimer*, Raoul: The Beard of the Prophet, in: Herzl Year Book, vol. 6 (1964/65)
*Baden*, Prinz Max von: Erinnerungen und Dokumente (1928)
*Baeck*, Leo: Hat das überlieferte Judentum Dogmen?, in: Aus drei Jahrtausenden (1938/58); Von Moses Mendelssohn zu Franz Rosenzweig. Franz Delitzsch Vorlesungen, 1955 (1958)
*Balfour*, A. J.: Introduction zu Sokolows History of Zionism; deutsche Übersetzung von St. Hofer: Geschichte des Zionismus, mit einer Einleitung von A. J. Balfour (1919; s. a. a. O., S. 36 f.)
*Bein*, Alex: Theodor Herzl, Biographie; s. auch: *Bein/Samuel* (1934); Theodor Herzl und Walther Rathenau, ein Briefwechsel, mitgeteilt und eingeleitet von A. Bein, in: Allg. Wochenzeitung der Juden in Deutschland (1952)

*Bein/Samuel:* Bein, Alex: Theodor Herzl Biography, abridged English Translation by Maurice Samuel (1940)
*Berghahn,* Wilfried: Robert Musil in Selbstzeugnissen und Dokumenten (1963)
*Berglar,* Peter: Walther Rathenau, seine Zeit, sein Werk, seine Persönlichkeit (1970); Harden und Rathenau, zur Problematik ihrer Freundschaft (1969), in: Historische Zeitschrift, Bd. 209; Rathenau, ein deutscher Jude im Umbruch der Zeit (1965)
*Bergmann,* Carl: Der Weg der Reparation von Versailles über den Dawes-Plan zum Ziel (1926)
*Bileski,* Moritz: Acham Haám, Darstellung und Kritik seiner Lehren (1916)
*Blumenfeld,* Kurt: Erlebte Judenfrage, ein Vierteljahrhundert deutscher Zionismus; hg. und mit einer Einleitung versehen von Hans Tramer (1962)
*Bodenheimer,* Max J.: So wurde Israel, aus der Geschichte der zionistischen Bewegung, hg. von H. H. Bodenheimer (1958); Im Anfang der zionistischen Bewegung (eine Dokumentation auf der Grundlage des Briefwechsels zwischen Theodor Herzl und Max Bodenheimer, bearbeitet von H. H. Bodenheimer, 1965)
*Bodenheimer,* Max und Henriette: Die Zionisten und das kaiserliche Deutschland (1972)
*Böhm,* Adolf: Die zionistische Bewegung, I. Teil: Die Bewegung bis zum Ende des Weltkriegs ([2]1935)
*Borries,* Achim von (Herausgeber): Selbstzeugnisse des deutschen Judentums, 1870—1945, mit einem Geleitwort von Helmut Gollwitzer (1962)
*Böttcher,* Helmuth M.: Walther Rathenau, Persönlichkeit und Werk (1958)
*Brainin,* Ruben: Chajej Herzl (hebr.), 1. Band (1919)
*Braun,* Siegfried: Über Josef Nedavás Negohóth min he-Avat, in: „Mitteilungsblatt der IOME" vom 15. 11. 1963, No. 46
*Brecht,* Arnold: Aus nächster Nähe, Lebenserinnerungen, 1884—1927 (1966); Mit der Kraft des Geistes, Lebenserinnerungen, zweite Hälfte (1967)
*Buber,* Martin: Die jüdische Bewegung, gesammelte Aufsätze und Ansprachen, 1900—1915 (1916); Israel und Palästina, zur Geschichte einer Idee (1944/68)
*Bülow,* Bernhard, Fürst von: Denkwürdigkeiten, 3 Bände, herausgegeben von Franz von Stockhammern (1930/31)
*Chouraqui,* André: A Man Alone, the Life of Theodor Herzl (1970)
*Cohen,* Gustav G.: Die Judenfrage und die Zukunft (1891)
*Cohen,* Israel: Theodor Herzl, founder of Political Zionism (1959)
*Cohn,* Emil Bernhard: David Wolffsohn, Herzls Nachfolger, mit einem Vorwort von Jacobus Kann (1939)
*Dubnow,* Simon: Weltgeschichte des jüdischen Volkes von seinen Uranfängen bis zur Gegenwart (10 Bände), autorisierte Übersetzung von A. Steinberg, 1925 bis 1929; Mein Leben (aus dem Russischen übersetzt von E. Hurwicz und B. Hirschberg-Schrader, 1937); Nationalism and History, Essays on old and new Judaism (ed. by Koppel S. Pinson, 1958)
*Ebermayer,* Ludwig: Fünfzig Jahre im Dienste des Rechts (1930)
*Elbogen,* Ismar: Ein Jahrhundert jüdischen Lebens (hg. von Ellen Littmann,

1967); Die Geschichte der Juden in Deutschland, eine Einführung (neu bearbeitet von Eleonore Sterling, 1966)
*Ellern,* Hermann und Bessi: Herzl, Hechler, the Grand Duke of Baden and the German Emperor, 1896—1904; Documents found by ... and reproduced in Facsimile (1961)
*Eynern,* Margarete von: Ein preußischer Europäer, Briefe (eingeleitet und herausgegeben von ..., 1955)
*Federn-Kohlhaas,* Etta: Walther Rathenau, sein Leben und Wirken (1927)
*Fichte,* Johann Gottlieb: Beitrag zur Berichtigung der Urteile des Publikums über die französische Revolution, 1. Teil (1795)
*Fränkel,* Josef: Lucien Wolf and Theodor Herzl (1960)
*Freund,* Ismar: Die Emanzipation der Juden in Preußen, unter besonderer Berücksichtigung des Gesetzes vom 11. 3. 1812, 2 Bände (1912)
*Friedemann,* Adolf: Das Leben Theodor Herzls (1914)
*Fürstenberg,* Hans: Erinnerungen an Walther Rathenau, ein Kommentar, Erinnerung an Walther Rathenau (1962)
*Gelber,* N. M.: Philipp Michael de Newlinski (Herzls Diplomatic Agent), in: Herzl Year Book, vol. II (1959)
*Gold,* Hugo: Geschichte der Juden in Wien, ein Gedenkbuch (1966)
*Goldin,* Juda: The living Talmud, the Wisdom of the Fathers and its classical Commentaries, selected and translated with an Essay by ... (1933)
*Gottlieb,* Ernst: Walther-Rathenau-Bibliographie. Mit einem Vorwort von Edwin Redslob (1929)
*Graetz,* Heinrich: Geschichte der Juden von den ältesten Zeiten bis zur Gegenwart, 11 Bände, 1. Auflage (1853—1876), 2. Auflage (1866—1891)
Volkstümliche Geschichte der Juden, 3 Bde. (1923), Briefwechsel einer englischen Dame — (anonym erschienen, 1883)
*Haas,* Jacob de: Theodor Herzl, a biographical Study, 2 Bde. (1927)
*Hagelstange,* Rudolf: Rathenau, ein Jude in der deutschen Politik, in: Thilo Kochs Porträts deutsch-jüdischer Geistesgeschichte (1961)
*Halevy,* Shosana: Napoleon's „Land of Israel", in: The Jerusalem Post Magazine (14. 11. 1969)
*Hamburger,* Ernst: Juden im öffentlichen Leben Deutschlands (1968)
*Harttung,* Arnold: s. Walther-Rathenau-Schriften
*Haussmann,* Conrad: Schlaglichter, Reichstagsbriefe und Aufzeichnungen (herausgegeben von Ulrich Zellner, 1924)
*Heil,* Helmut J.: Die neuen Propheten (1969)
*Herzl,* Theodor: Gesammelte Zionistische Werke (abgek.: GZW), 2. bzw. 3. Auflage (1934/35); Das Palais Bourbon, Bilder aus dem französischen Parlamentsleben (1895); Feuilletons (mit einem Vorwort von R. Auernheimer), 2 Bde. (1911); Solon in Lydien, Schauspiel in drei Akten (1904); Philosophische Erzählungen (1919); Altneuland, Roman; hg. unter den Auspizien des Herzl Centenary Committee, Jerusalem (1962)
*„Theodor Herzl"-Studentenverein* (Hg.): Zu Theodor Herzls 100. Geburtstag (1960)

*Hess,* Moses (Moritz): Rom und Jerusalem, die letzte Nationalitätenfrage. Briefe (1862/1935)
*Heuss,* Theodor: An und über Juden, aus Schriften und Reden (1906—1963); zusammengestellt und herausgegeben von Hans Lamm; Vorwort: Karl Marx (1964)
*Heymann,* Michael: The Minutes of the Zionist Council: The Uganda Controversy (2 vol.) edited with an Introduction by . . . (1970)
*Hillard,* Gustav (= Gustav Steinbömer): Herren und Narren der Welt (1954)
*Hoffmann,* Martha: Herzl ha-Zair; hebr. (1941)
*Holdheim,* Gerhard: Zionistisches Handbuch (1923)
*Höxter,* Julius: Quellenbuch zur jüdischen Geschichte und Literatur, Bd. V: Neueste Zeit: 1789 bis zur Gegenwart (1935)
*Jenne,* Günter: s. „Walther-Rathenau-Schriften"
*Jenks,* William A.: The Jews in the Habsburg, Empire, in: Leo Baeck Institute, Yearbook XVI, S. 155—162 (1971)
*Kastein,* Josef: Theodor Herzl, das Erlebnis des jüdischen Menschen (1935)
*Katznelson,* Siegmund (Herausgeber): Jüdisches Schicksal in deutschen Gedichten, eine abschließende Anthologie (1959); Juden im deutschen Kulturbereich. *Über Rathenau:* Karl Schwarz: Kunstsammler, S. 125, Karl Misch: Politik S. 578, Ernst Noam: Sozialreform S. 686 (1959)
*Kellner,* Leon: Theodor Herzls Lehrjahre, nach den handschriftlichen Quellen, 1860—1895 (1920)
*Kessler,* Harry Graf: Walther Rathenau, sein Leben und sein Werk (1928); Tagebücher, 1918—1937 (herausgegeben von Wolfgang Pfeiffer-Belli) (1961), dtv-Ausgabe 1965
*Kohn,* Hans: Propheten ihrer Völker; Studien zum Nationalismus des 19. Jahrhunderts, übersetzt von Knopfmacher und Treuenfels (1948); Nationalism, its Meaning and History (1935)
*Kohn,* Hans, und *Weltsch,* Robert: Zionistische Politik (1927)
*Lamm,* Hans: Walther Rathenau, Denker und Staatsmann (o. J.)
*Landau,* S. R.: Sturm und Drang im Zionismus (1937)
*Laqueur,* Walter: A History of Zionism (1972)
*Lichtheim,* Richard: Das Programm des Zionismus (1918); Die Geschichte des deutschen Zionismus (1954)
*Lehmann-Rußbüldt,* Otto: Die blutige Internationale (1933)
*Lessing,* Theodor: Der jüdische Selbsthaß (1930)
*Lewisohn,* Ludwig: Israel (1925); Theodor Herzl, a Portrait for this age, with a preface by David Ben Gurion (1955)
*Lipsky,* Louis: A Galery of Zionist Profiles (1956)
*Löwenberg,* Peter Jacob: Walther Rathenau and German Society (1966); Theodor Herzl, a Psychologic Study in Charismatic political Leadership (Manuscript, 1969)
*Löwenthal,* Marvin: The Jews of Germany (1944)
*Ludwig,* Emil: Genie und Charakter, 20 männliche Bildnisse (1925)

*Mahrer,* Grete: Herzl's Return to Judaism, in: Herzl Year Book, vol. II (1959)
*Mann,* Golo: s. Walther-Rathenau-Schriften
*Mangoldt,* Ursula von: Auf der Schwelle zwischen Gestern und Morgen (1963)
*Mommsen,* Theodor: Auch ein Wort über unser Judentum (1880)
*Musil,* Robert: Der Mann ohne Eigenschaften, herausgegeben von Adolf Frisé mit einem Nachwort des Herausgebers (1952—1960)
*Niewyk,* Donald L.: The Economic and Cultural Role of the Jews in the Weimar Republic, in: Leo Baeck Institute, Year Book XVI (1971)
*Nedavá,* Josef: Negohoth min he-Avar, s. S. Braun oben (im Mitteilungsblatt der IOME, No. 46 vom 15. 11. 1963)
*Nordau,* Anna und Max: Max Nordau (1943)
*Nordau,* Max: Zionistische Schriften (2 Bde.). Herausgegeben vom Zionistischen Aktionskomitee (1909)
*Nussenblatt,* Tulo: Zeitgenossen über Herzl, s. *Zeitgenossen* oben A; Ein Volk unterwegs zum Frieden (1933); Theodor Herzl-Jahrbuch (1937)
*Pinsker,* Leon: Autoemanzipation, Mahnruf an seine Stammesgenossen von einem russischen Juden (1882)
*Popper,* K. R.: The Poverty of Historicism, dt. Das Elend des Historizismus, übersetzt von L. Walentik (1965)
*Popper-Lynkeus,* Josef: Fürst Bismarck und der Antisemitismus (1886 u. 1925)
*Preuß. Abgeordnetenhaus:* Die Judenfrage, Separatdruck der Verhandlungen des . . . vom 20. u. 22. 11. 1880 (1880)
*Rabinowicz,* Oskar K.: 50 Years of Zionism (a historical analysis of Dr. Weizmann's Trial and Error, 1919 u. 1952); Herzl, Architect of the Balfour Declaration (1958)
*Rathenau,* Walther: Impressionen (1902) (2. Auflage); Reflexionen (1908); Gesammelte Schriften (fünf Bände, 1925); Zeitliches, Aufsätze (1918); An Deutschlands Jugend (1918); Nach der Flut, Aufsätze (1919); Der Kaiser, eine Betrachtung (1919); Kritik der dreifachen Revolution — Apologie (1919); Was wird werden (1920); Briefe, 2 Bde., neue erweiterte Ausgabe (1927); Briefe, Neue Folge (1930); Gesammelte Reden (1924); Nachgelassene Schriften, 2 Bände (1928); Tagebuch 1907—1922, herausgegeben und kommentiert von H. Pogge-v. Strandmann, mit einem Beitrag von J. Joll (Prophet ohne Wirkung) und einem Geleitwort von F. Fischer (1967); Walther-Rathenau-Schriften, ausgewählt und eingeleitet von Arnold Harttung, Günther Jenne, Max Ruland und Eberhard Schmieder, mit einem Beitrag von Golo Mann (1965)
*Reichsbund jüdischer Frontsoldaten:* „Ein Gedenkbuch", die jüdischen Gefallenen des deutschen Heeres, der deutschen Marine und der deutschen Schutztruppen, 1914 (1932)
*Riedler,* A.: Emil Rathenau und das Werden der Großwirtschaft, enthaltend die von Emil Rathenau verfaßte und in seinem Nachlaß vorgefundene Selbstbiographie (1916)
*Rieger,* Paul: Zur Jahrhundertfeier des Judenedikts vom 11. 3. 1812, ein Rückblick auf den Kampf der preußischen Juden um die Gleichberechtigung (1912);

Heinrich Graetz, der Mann und sein Werk (Einleitung zu H. Graetz, Volkstümliche Geschichte der Juden, Bd. I, S. XIII ff.)
*Robinsohn,* Abraham: David Wolffsohn (1925)
*Rosenbaum,* Eduard: Reflections on Walther Rathenau, in: Leo Baeck Inst., Year Book IV (1959)
*Roth,* Cecil: Geschichte der Juden — nach der englischen Ausgabe übertragen von Kurt Blaukopf — 2. Aufl. (1964)
*Ruland,* Max: s. Walther-Rathenau-Schriften
*Ruelf,* Isaak: Aruchas Bas Ami, Israels Heilung (1883)
*Ruelf,* Michael: Israels Heilung, Isaak Rülf und die Anfänge des Zionismus in Deutschland, in: Bulletin des Leo Baeck Inst., Heft 22, S. 126—147 (1963)
*Ruppin,* Arthur: Die Juden der Gegenwart, eine sozialwissenschaftliche Studie, 2. Aufl. (1911); Der Aufbau des Landes Israel; Ziele und Wege jüdischer Siedlungsarbeit in Palästina (1919); Soziologie der Juden, 2 Bde. (1930/31); 30 Jahre Aufbau in Palästina, Reden und Schriften (1937)
*Sachar,* Howard Morley: The Course of Modern Jewish History (1963)
*Schmieder,* Eberhard: s. Walther-Rathenau-Schriften
*Schmoller,* Gustav: Walther Rathenau und Hugo Preuß, die Staatsmänner des neuen Deutschlands (1922)
*Schnitzler,* Arthur: Jugend in Wien (1963)
*Schustermann,* A.: Mission of Israel, in: Universal Jewish Encyclopedia, Bd. 7
*Schwarz,* K.: Juden im deutschen Kulturkreis
*Silberner,* Edmund: Moses Hess, Geschichte seines Lebens (1966)
*Simon,* Ernst: Theodor Herzls Tagebücher, in: Der Jude, 6. Jahrgang (1921/22)
*Simon,* Leon: About Zionism, Speeches and Letters by Prof. Einstein, translated and edited with an introduction by ... (1930); Achad Haám — Asher Ginzberg, a biography (1960); Achad Haám, Selected Essays, translated from the Hebrew with an introduction; Achad Haám, Essays, Letters, Memoirs (translated from the Hebrew and edited by ... 1946)
*Sokolow,* Nahum: Hibbath Zion (The love for Zion, 1934); History of Zionism, vol. I (1919)
*Sombart,* Werner, und *Landsberger,* A., u. a.: Judentaufen (zit. *Judentaufen,* 1912)
*Stein,* Leonhard: The Balfour Declaration (1961); Chaim Weizmann; the Letters and Papers, edited by ... (1968)
*Stern,* Arthur: Die genetische Tragödie der Familie Herzl, ein Vortrag (1965)
*Stern,* Selma: Josef von Rosheim, Befehlshaber der Judenschaft im Hl. Römischen Reich Deutscher Nation (1959)
*Swarsenski,* Hardi: Walther Rathenau, Leben, Werk und Wollen, in: Zeitschrift für die Geschichte der Juden, S. 1—20 (1968)
*Techow,* Ernst Werner: Gemeiner Mörder? Das Rathenau-Attentat (1934)
*Theilhaber,* Felix: Die Juden im Weltkrieg (1916); Judenschicksal, acht Biographien (1946)
*Thon,* Osias: Theodor Herzl (1914)
*Tramer,* Hans: Die Hamburger Kaiserjuden, in: Bulletin des Leo Back Inst., No. 11, S. 177 bis 189 (1960)

*Treitschke,* Heinrich von: Ein Wort über unser Judentum, Sep.-Druck aus dem 44. und 45. Band der Preußischen Jahrbücher v. 1879 (1880)
*Vogel,* Léon: La vie pathétique de Theodor Herzl (hebr. Ausgabe: Acharon ha-Neviim = der letzte der Propheten, 1968)
*Weinzierl,* Erika: Die Stellung der Juden in Österreich seit dem Staatsgrundgesetz von 1867, in: Zeitschrift für die Geschichte der Juden (1968)
*Weisgal,* M. W.: Theodor Herzl — A Memorial (Contributions by numerous writers, 1929)
*Weizmann,* Chaim: Trial and Error (deutsche Übersetzung: „Memoiren", Das Werden des Staates Israel, 1953)
*Weltsch,* Robert: iZonistische Politik: s. *Kohn,* Hans, An der Wende des modernen Judentums (1972)
*Whiteside,* Andrew: Comments on the Papers of William A. Jenks and Donald L. Niewyk, in: Leo Baeck Inst., Year Book XVI, S. 174 ff. (1971)
*Wiese,* Leopold von: Volk, in: Handbuch der Sozialwissenschaften, Bd. 11, S. 362 ff. (1961)
*Wilde,* Harry (= Harry Schulze): Walther Rathenau, in: Selbstzeugnissen und Dokumenten (1971)
*Zangwill,* Israel: Träumer im Kongreß, in: Träumer des Ghetto (2 Bde.), in Deutsch herausgegeben von H. H. Ewers, Bd. 1, S. 170—182 (1908)
*Zielenzieger,* Kurt: Juden in der deutschen Wirtschaft (1930)
*Zlozisti,* Theodor: Moses Hess, jüdische Schriften enthaltend eine biographische Studie, S. I—CLXXXI und 17 Aufsätze (1905)
*Zweig,* Arnold: Caliban oder Politik und Leidenschaft, Versuch über die menschlichen Leidenschaften, dargetan am Antisemitismus (1927)

# Personen- und Sachregister

# Materialien zur jüdischen Geschichte bei Klett

Reiner Bernstein

## Quellen zur jüdischen Geschichte

Von den Anfängen bis ins Zeitalter der Emanzipation 84 S., Nr. 4236

*Inhalt*

Einführung
I. Der jüdische Staat in der antiken Welt
II. Der christliche Staat, die Kirche und die Juden
III. Innerjüdisches Leben
IV. Zur Sozial- und Wirtschaftsgeschichte der Juden im Mittelalter
V. Judenverfolgung und Judenschutz im Mittelalter
VI. Zur Geschichte der Juden außerhalb Deutschlands
VII. Zwischen Vertreibung und neuem Selbstverständnis
VIII. Das Zeitalter der Emanzipation
Quellen- und Literaturverzeichnis

Eine Darstellung von Epochen und Elementen jüdischer Geschichte. Von der Offenbarung am Sinai und ihrer talmudischen Deutung ausgehend, wird die Frage zu klären versucht, aufgrund welcher Faktoren die Juden bis in die Zeit der Emanzipation an ihrer Identität festgehalten haben.

Ludger Graf Westphalen

## Geschichte des Antisemitismus in Deutschland im 19. und 20. Jahrhundert

80 S., Nr. 4259

*Inhalt*

Der deutsche Antisemitismus bis zum 19. Jahrhundert
I. Aufklärung und Humanismus als Wegbereiter der Emanzipation
II. Überliefertes Vorurteil, romantische Abneigung und konservativer Widerstand gegen die Assimilierung des Judentums
III. Der Antisemitismus im deutschen Kaiserreich
IV. Stimmen aus dem Judentum zum deutschen Judenhaß
V. Der rassische Antisemitismus
VI. Der Antisemitismus in Österreich
VII. Der nationalsozialistische Antisemitismus und die Vernichtung der Juden
Anhang: Zahlentabellen I—V
Literaturverzeichnis

Die meisten europäischen Völker sind kürzer oder länger, leichter oder heftiger vom Fieber des Judenhasses befallen worden; daß er in Deutschland seinen fürchterlichsten, mit nichts vergleichbaren Höhepunkt gefunden hat, ist nicht allein aus der besonderen geschichtlichen Situation Deutschlands zu erklären, sondern setzt auch ein unmittelbares Versagen, eine Schuld einzelner Menschen und Gruppen voraus. Eine geschichtliche Betrachtung des Antisemitismus muß den Zusammenhang zwischen Schicksal und Schuld abwägen und das Maß der Verantwortung an dem Millionenmord zu bestimmen suchen, das der deutschen Nation gerechterweise auferlegt werden kann.

Wanda Kampmann

## Israel
## Gesellschaft und Staat

88 S., Nr. 4255

*Inhalt*



Israel einzuordnen in Begriffe, an die wir gewöhnt sind, ist nicht leicht. Entwicklungsland, Industrienation, Einwandererland, Kolonie Europas, Staat der semitischen Region, modern und weltlich oder eine halbe Theokratie? Wo Unsicherheit herrscht, gedeihen Simplifizierung und Dogmatisierung. Deshalb muß politischer Unterricht die Klischees wegräumen, die Entstehungs- und Existenzbedingungen des Staates sichtbar machen und, ganz allgemein, Aufgeschlossenheit für ein Novum zu wecken versuchen.

(Quellen- und Arbeitshefte zur Geschichte und Politik)